교회성장이해

도날드 A. 맥가브란 지음

한국복음주의 선교학회
전재옥, 이요한, 김종일 옮김

한국장로교출판사

UNDERSTANDING CHURCH GROWTH

by
Donald A. McGavran

Tr. by
Korean Evangelical Missiological Society Translators
Chun Chae Ok
Lee Yo Han
Kim Jong Il

1987

Publishing House
The Presbyterian Church of Korea

개정판 머리말

　지난 20년 동안 교회는 온 세상의 민족들을 신앙과 복종에로 인도하라는 하나님의 명료한 부르심을 새롭게 듣고 있다. 교회는 점증적으로 그 막대한 자원을 복음전도와 교회성장에 투자하고 있다. 작은 교단들과 큰 교단들, 개신교인들, 가톨릭 교인들을 막론하고 국내외에서 복음을 전파하는 데 힘을 기울이고 있다. 인간 사회 속에 믿음을 실행하는 보다 많은 기독교인들과 믿음의 교회들이 있기 전에는 선, 평화, 정의에 있어서 위대한 진보는 이루어질 수 없으리라는 것이 더욱 분명해지고 있다.
　복음전도는 개인들의 구속과 그리스도의 교회들의 증가를 목표로 한다. 복음전도와 교회성장에 대한 관심은 기독교 신앙의 필수적인 부분이요, 교회 사역에서 떼어 낼 수 없는 부분이다. 교회는 그리스도의 몸이다. 교회는 복음을 모든 민족들에게 효율적으로 선포하므로 사람들과 국가들을 신앙과 복종에로 인도하고, 각 민족으로부터 나아온 사람들을 전진하는 교회들에 입회시킨다. 이러한 신념을 가지고 교회는 행동을 준비한다. 하지만 많은 훌륭한 활동들에 종사하는 기독교인들은 흔히 교회성장을 당연한 것으로 여긴다. 그들은 교회성장을 위하여 간절히 기도하지 않고 또한 이를 위하여 체계적으로 일하지도 않는다. 그들은 기독교인들이 성경을 공부하고, 다른 사람들에게 선을 행하며 하나님을 예배할 때, 교회성장은 자동적으로 이루어질 것으로 가정한다.

그 결과로 복음수용의 가능성이 큰 상당수의 사람들 가운데 존재하면서도 많은 교회들은 성장을 멈추고 별 근심없는 중산층 기독교인들의 정체된 집단들로 존재한다. 이 교회들은 굶주린 자를 먹이고, 병자를 심방하며, 헐벗은 자에게 옷을 주고, 매력적인 예배처들을 건설하고, 지도자들을 훈련시키며, 사회에 유익한 영향을 미친다. 그러나 이 교회들은 성장하지 않는다. 이들 교회 가운데에는 초대교회의 활력이 존재하지 않는다. 유럽—아메리카에 사는 거대한 수의 주민들, 그리고 아프리카—라틴 아메리카—아시아에 사는 더욱 거대한 수의 주민들이 제자화되지 않은 상태로 존속한다. 그들은 하나님의 아들을 소유하지 못하였다. 그들은 영생을 소유하지 못하였다. 교회성장이 이루어질 법하나 슬프게도 실현되지는 못하였다.

이것이 20세기 기독교회의 해외 선교의 실상이었다. 엄청난 자원이 선교사업에 투자되었으나 흔히 교회성장은 별 성과가 없었다. 성장이 불가능한 곳에서라면 이러한 결과는 이해될 만하다. 그러나 별볼 일 없는 성장은 말도 안 되는 경우가 많았다. 기독교인들, 목사들, 선교사들은 곡식이 익어 추수하게 된 밭에서 빈 손으로 나왔다. 제 2차 세계대전 이후 몇 십 년 동안에 미국에 있는 대부분의 교단들에 있어서도 또한 약간의 성장 또는 전무한 성장이 특징을 이루었다. 인구증가로 인한 자연적인 증가와 이사로 인한 증가는 있었다. 그러나 개종으로 인한 성장은 미미하였다. 모든 교단들이 정체되었고 또는 실제로 쇠퇴하였다. 아메리카 내의 목사들은 해외의 그들의 형제들처럼 몇 해 동안 교인수가 답보상태에 있거나 심지어는 몇백 명이 줄어드는 교회들로 인도하였다.

교회성장을 이해하고 그것이 발생한 곳과 발생하지 않은 곳을 기록하고 성장과 쇠퇴의 원인들을 확인해 보려는 진지한 노력이 처음에는 해외에서 시작되었다. 하나님께서는 나에게 많은 나라들에서 이러한 문제들을 연구할 독특한 기회들을 허락해 주셨다. 그러므로 1955년에서 1970년 동안의 교회성장 운동은 주로 해외 교회성장에 결부된 것이었다. 어떻게 하면 교회들은 하나님께 더욱 신실해질 수 있는가? 선교회들이 거둔 수확은 만족스러운 것인가? 아프리카-라틴 아메리카-아시아의 교회들은 하나님께서 원하시는 만큼 배가되고 있는가? 어떻게 하면 선교사들이 더욱 효율적인 복음전도에 종사할 수 있는가? 새로운 교단들에 있어서 어떤 요소들이 교회성장을 가속시키며 어떤 요소들이 성장을 막는가? 이러한 것들이 제기된 물음들이었다.

세계적인 잡지인 *Chruch Growth Bulletin*은 이러한 소재들을 제목으로 하여 수백개의 논문들을 게재하였다. 이 논문들은 여러 많은 나라의 기독교 지도자들에 의하여 집필된 것이었다. 경력이 풍부한 선교사들이 이 문제를 연구하기 위하여 교회성장 세미나에 모여들었고 오레곤주 유진에 있는 유서깊은 교회성장 재단에 등록하였고 후에는 훌러신학교 세계 선교학교에 등록하였다. 교회성장에 대한 강의과정들이 제공되었다. 그리고 그 과정들은 경력이 풍부한 선교사들에 의하여 수행된 연구결과 발견된 성장의 측면들에 알맞게 수정되어 다시 제공되었다. 1967년에 「교회성장 이해」 (*Understanding Chruch Growth*)의 초고가 집필되었다. 복사된 원고가 3년 동안 교회성장의 기본 교재로 사용되었다가 1970년에는 책으로 출판되었다.

1971년에 교회성장에 관한 저술들이 미국에서 널리 유포되고 「교회성장 이해」가 교역자들에 의하여 읽혀지고 연구되게 되자 성장은 선교협회들과 아프리카, 아시아 교회들의 관심사일 뿐만 아니라 아메리카 교회들의 관심사이기도 하다는 확신이 형성되기 시작하였다. 와그너 박사(Peter Wagner), 윈터 박사(Ralph Winter), 안 박사(Winfield Arn), 헌터 박사(George Hunter)가 이러한 신념의 확산에 의미있는 역할을 하였다. 남침례교회, 나사렛교회 기타 다른 여러 교단들이 교회성장을 위해 막대한 자원을 투자하였다. 그 결과 아메리카에서 70년대는 교회성장에 대한 진정한 관심의 폭발을 경험하게 되었다. 스카디나비아 제국과 영국에서도 관심은 나다나고 있다. 책들과 논문들이 쏟아져 나오고 있다. 수백명의 교역자들이 교회성장 세미나에 모인다. 많은 신학교들에서 교회성장 박사학위 과정이 시행된다. 교단본부들은 쇠퇴를 저지하고 성장의 시기의 도래를 실현시키기 위하여 매년 상당한 예산을 할당한다.

아메리카의 지도자들이 1970년판 「교회성장 이해」(그들은 이 책을 기본적인 교재로 생각하였다.)를 연구하게 되면서 그들은 그 사례들이 주로 해외의 것들임을 발견하였다. 그러므로 일부 미국인들은 교회성장의 원리들이 미국에는 적용되지 않는다는 생각을 하려는 유혹을 받았다. 보다 생각이 깊은 사람들은 이 원리들이 성과가 있음을 깨달았고 이 원리들을 행동에 옮기는 것이 용이하다는 것을 쉽게 인식시켜 주기 위해 1970년판을 개정해 달라고 내게 요청하였다.

이에 더하여 70년대(70년대의 10년은 모자이크처럼 엄청날 정도로 복잡한 인류에게 신앙을 전달하는 방법들에 관한 통찰들이 풍부한 시기였다.) 동안에 주도적인 교회성장 주창자들이 교회성장 연구에 주된 공헌들을 이룩하였었다. 나는 이러한 연구들이 한 책 속에 집성되어야 할 필요를 느꼈다. 문제는 어떤 것이 주된 공헌들이며, 어떤 것이 일반화되고 적용될 필요가 있는지를 어떻게 결정하느냐 하는 것이었다. 교회성장의 많은 측면들에 대한 책들이 이 10년 동안에 출판되었었다. 한 책에 집대성하기에는 너무나도 많은 수백여 연구들이 이루어져 있었다. 그러므로 개정판을 준비하면서 근**원적 원리**들을 떠나서는 안 된다는 것을 나의 지속적인 목표로 삼아야만 했었다.

교회성장은 교회 역할들에 명칭을 부여하는 것 이상으로 훨씬 넓고 깊다. 그것은 사람들과 민족들이 어떻게 하면 진정으로 기독교인이 되며 하나님께서 그들로 하여금 있게 하신 문화들과 주민들을 어떻게 하면 변화시키고 복을 주는가 하는 것을 탐구한다. 교회성장은 신학과 충실한 성경적 근거 가운데서 발생한다. 그것은 언제나 사회 속에서 발생하기 때문에 또한 사회과학들에 크게 의존한다. 그것은 하나님께서 성장을 허락하신 사례들을 계속해서 추구하며, 그런 다음 축복하사 성장하게 하신 **진정한** 요소들이 무엇인가를 질문한다. 1970년판 머리말(바로 뒤에 나온다.)은 교회성장의 이러한 폭넓은 본질적인 중점들을 강조하고 있다. 그러므로 이 책을 읽기 전에 읽혀져야 한다.

이 책을 출판하면서 나는 이 책이 하나님의 교회를 시급히 활성화하고 많은 남녀들을 그 교회로 영입하는 일에 도움이 되도록 하나님에 의해 사용되고, 그리하여 모든 국가들 가운데서 주된 사회적 진보가 이루어질 수 있기를 기원한다. 교회성장의 장기적 목표는 모든 민족(*panta ta ethne*)을 제자화하는 것이다. 그리하여 풍부한 영생수의 강이 전 지구상에 거하는 모든 민족에게 신속하고 거침없이 흐르게 되는 것이다.

1980년 7월 1일

캘리포니아, 패사디나 훌러신학교
선교학교에서
도날드 맥가브란

추천사

현대 세계선교에 있어서 가장 중요한 선교이론은 훌러신학교 세계선교 대학원의 교회성장론이며, 도날드 맥가브란 교수는 교회성장론의 "사도"라 하여도 과언이 아니다. 1960년대 중반 그의 교회성장학이 본격적으로 소개되기 시작하자 많은 사람들로부터 찬사를 받은 반면, 또한 낡은 교회주의의 부활이라는 비평도 받았다. 그러나 훌러신학교 학장 후바드(David A. Hubbard) 박사가 잘 지적한 것 같이 그의 이론이 논쟁의 바람을 일으켰지만 결코 무시될 수는 없다. 한국교회도 1970년대에 세계선교에 적극 참여하며, 하루에 6개의 개척교회가 등장하는 폭발적인 교회성장과 더불어 교회성장 이론에도 관심을 기울여 훌러의 교회성장론을 목회와 선교에 활용하며, 나아가 신학교의 정규과목으로 채택하였다.

지금까지 교회성장에 관한 많은 저서와 논문들이 나왔지만 훌러의 교회성장학을 대변하는 교과서는 맥가브란 교수의 「교회성장 이해」이다. 이 책은 1970년에 초판이 나왔고 그후에 증보판이 나왔다. 한국복음주의선교학회는 한국교회에 교회성장에 대한 정확한 지식과 정보를 바로 이해하는데 도움이 되도록 하기 위하여 본서의 번역을 결정하고 교수님에게 허락을 요청한 바 쾌히 승낙을 받아 세 교수님들에게 번역을 위촉하였다.
　본서를 바로 이해하지 않고는 교회성장을 이해할 수 없다해도 과언이 아닐 만큼 본서는 교회성장의 "경전"이다. 맥가브란 교수는 1970년에 출판된 「교회성장 이해」의 초판에서 "이 책은 오늘날 선교의 전형을 이루고 있는 여러 가지 수단과 목적들의 혼란에 대처하여 형성되었다. 이 책은 선교신학, 선교이론, 선교실천을 모두 다룬다. 이 책은 결코 이 주제에 대한 최종적인 마무리는 아니다. 오히려 이 책은 실제의 기존 교회들을 염두에 두고서 진지하게 예수 그리스도의 교회에서 사람들을 하나님께 화해시키는 일을 진지하게 취급하려는 시도이다. 이 책은 교회들(세례받은 신자들의 모임)의 설립이 하나님을 기쁘시게 한다는 것을 시종일관 주장한다. 그리고 이것은 이 책의 신학적 기초를 이루는 주춧돌 가운데 하나이다. 더 나아가서 이 책은 제자화되지 않은 사람들의 규모, 수효, 인종적, 문화적 구성 및 그들과의 관계가 만일 기독교인이 훌륭한 하나님의 은총의 청지기가 되려면 측정될 수 있고 또한 파악되어야만 하는 문제들이라는 것을 시종일관 주장한다. 그리고 이것은 이 책의 인간학적 기초를 이루는 주춧돌 가운데 하나이다. 나는 교회—하나님의 평화, 용서의 단위들—에 관한 다른 많은 책들이 계속 집필되기를 희망한다"고 하였다.
　맥가브란 교수의 교회성장은 미국적인 실용주의가 가미된 것은 사실이지만 19세기 서구 복음주의 선교이론을 계승, 발전시켰으며, 나아가 아시아 문화의 배경에서 발전된 깃이기 때문에 우리는 본서를 결코 무시할 수 없다. 본서에는 교회성장의 중심사상인 동질집단원리, 수용성의 원리, 집단개종, 제자화와 양육 등의 기본원리가 명료하게 제시되었으며 전통적인 선교전략의 문제점도 신랄하게 지적한다.
　세계 50여개 국가에 선교사를 파송한 한국교회는 선교이론과 전략의 부재라는 비평을 들으며, 물량위주의 성공과 성장에 불안을 표하는 자들이 있다. 반면에 교회성장과 선교는 신앙의 영역이라는 잘못된 편견에서 과학적인 연구나 전략을 무시한다. 본서는 교회성장이 신앙의 영역이지만 사회학적 연구와 성장의 의지가 필요하다는 것을 역설한다. 동시에 성장에 따르는 침체와 교만의 위험을 심각하게 경고한다. 오늘날 한국의 경제성장이 교회의 영적 침체를 초래하지 않을까 외국교회의 언론과 지도자들까지 염려하며 충고하는 실정에서 본서의 번역은 시기상으로도 적절하다고 생각된다. 또한 우리는 본서를 통하여 교회성장의 이론과 실천의 통합을 배우며, 성장과 성숙, 개혁과 갱신이 함께 해야 함을 배운다.

  본서의 번역을 계기로 한국복음주의선교학회는 앞으로도 꾸준히 복음주의 선교이론과 교회성장론을 연구하여 한국교회에 발표하고자 한다. 본서 번역에 수고하신 전재옥, 이요한, 김종일 교수에게 감사를 드린다. 끝으로 본 번역서가 한국교회에 크게 기여하기를 바라며 독자들의 계속적인 성원을 바란다.

1987년 12월 1일

한국복음주의선교학회 회장
선교학 박사 **전 호 진**

한국어판에 부치는 저자의 글

본인의 졸저 *Understanding Church Growth*를 한국어판으로 번역하고 싶다는 편지를 받고서 나의 기쁜 마음을 전합니다.

또한 저자와 함께 이 책을 가지고 공부한 분들에 의해 번역된다니 더욱 기쁘기 그지 없습니다. 이미 놀라운 교회성장을 이룩한 한국교회에 이 책이 그 성장의 동력을 이해하기 위한 안내서가 되기를 바랍니다.

이 책에 수록된 성장사례들을 한국교회의 성장사례들로 바꾸어 편집되었으면 하는 것이 본인의 본래의 계획이고 바램이었지만, 이에 따른 여러가지 어려움으로 인해 그대로 출판할 수 밖에 없는 사정도 이해할 수 있읍니다.

그러니 이 책에 소개한 교회성장의 토착적 원리와 그 동안의 복음전도의 이론과 경험을 기초로 하여 한국교회 성장의 현장에서 한국교회의 당면과제를 근본적으로 해결할 수 있기를 기대합니다.

고맙게도 어드만스출판사(Eerdmans Publishing Company)가 이 책의 한국어판 출판을 허락해 주셨읍니다. 또한 본 서신을 통하여 저자의 동의도 전달하는 바입니다.

모든 일이 잘 진행될 것으로 믿으며 하나님께서 번영하는 위대한 나라에 계시는 나의 모든 동료들에게 가장 풍성한 복을 내리시기를 기도합니다.

1986. 2. 6

그리스도 안에서 영원한 여러분의 동료
도날드 맥가브란

Donald McGavran

역자의 글

본 역자가 미국 훌러신학원 내의 세계 선교대학원에서 선교학 중 교회성장학을 공부하고 귀국하고 보니 마침 한국교회의 거센 성장의 경험이 서서히 정지되고 있는 중이었다.

물론 한편에서는 계속적인 교회의 성장을 경험하고 있었으나 대부분의 교회는—자신은 자각하고 있건 말건—과거와 같은 폭발적인 성장의 경험으로부터 서서히 벗어나고 있는 중이었다. 그래서 어떤 이는 성장의 둔화를 경험하면서 비록 내적이기는 하나 작은 불안을 토로하고 있었다. 또 어떤 이는 당연히 올 것이 왔다고 교회성장 자체를 거세게 비판하고 있었다. 교회의 비대화 현상 속에서 경험되어진 부정적인 제 사건들을 지적하고 있었던 것이다.

교회 역사적인 관점에서 볼 때 한국교회 성장은 이제 폭발적인 성장의 제1기를 마무리짓고 있다는 것이 본 역자의 견해이다. 이 말의 뜻은 한국교회는 이제 과거와 같은 성장의 경험을 오랫동안 그칠 것이라는 견해보다는 당위적으로 우리는 이제 과거 우리의 성장의 경험을 되새겨보며 그 현장을 교회성장학적인 면에서 진단해 보아야 한다는 것이다. 무엇이 우리의 강점이었고 어떤 것이 우리의 약점이었는가? 앞으로의 계속적인 성장을 위한 제2기의 도약을 위해서 지금 우리는 전략적으로 어떤 준비를 해야 될 것인가?

한국교회의 성장에 대한 본 역자의 진단에 의하면, 과거 한국교회 성장의 강점은 한국교회 지도자들의 지도력에 근거하고 있다. 그들은 세계 어느 교회의 지도자들보다 더 많이 일했고, 더 많이 기대했고, 더 많이 희생했다. 교회 지도자로서의 제일 조건이 영적인 권위(Spiritual Authority)라고 실제적 모범을 보임으로 세계교회 성장 현장에 강력한 도전을 보여 주었다. 이제 세계교회의 모든 지도자들은 마땅히 한국교회의 지도자들에게 겸손히 배움을 요청할 때가 되었다.

그러나 여기에서 우리가 한 가지 지적하고 지나가야 할 점은 먼저 한국교회 지도자들의 영적인 권위가 사회 행동 과학적인 관점에서 실제적으로 교회 현장에서 어떻게 복합적으로 작용했는가에 대해 객관적인 분석이 아직 우리에게는 제대로 시도되고 있지 않다는 점이다. 교회성장을 이룩한 지도자 자신도 왜 자기 교회가 성장했는지, 자신의 지도력 가운데 어떤 점이 어떻게 교회현장에 적용했는지 정확한 분석을 못하고 있는 실정이다. 바로 이 점이 우리가 세계교회 성장 현장과의 연결을 위해 지금 밝히고 지나가야 할 과제이다.

두 번째, 우리의 과제는 현 교회성장의 결과를 가지고 무엇을 해야 할 것인가에 대한 미래 지향적인 결단이다. 이 과제는 교회가 왜 성장해야 하는가에 대한 궁극적인 목적 설정과도 직접적으로 연결되어진다. 교회성장의 궁극적인 목적의 범주는 개체교회의 성장에서 그치지 않는다. 개체교회가 성장해야 함은 세계 선교에 과감히 참여하기 위함이다. 세계교회 성장이라는 과제가 도외시되고는 개체교회 성장이란 별 의미가 없는 것이다. 경직된 개체교회 성장만을 위한 노력은 도리어—거시적으로 볼 때—세계교회 성장에 부정적 결과를 가져올 수도 있다.

한국교회 지도자들은 이 점에 각별히 유의해야 할 필요가 있다. 예수 그리스도의 지상 명령이 '전 세계인의 구원'을 요구하고 있다는 사실을, 그 일을 위해서 주님께서 자기 교회를 성장토록 축복해 주셨다는 사실을 잠시도 잊어서는 안 된다.

교회성장학의 시조이며 이 책의 저자인 맥가브란(Donald McGavran)은 세계교회 성장을 위해서 일생을 바친 분이다. 그는 예수의 지상명령을 실제로 실천하기 위하여 인도의 오지에 복음을 들고 들어가 선교사의 생활을 실천했던 행동가였으며, 동시에 세계교회 성장 현장을 광범위하게 연구하였다. 물론 은퇴를 한 지금도 매일 미국 패사디나에 있는 그의 연구실에 출근하여 80이 지난 고령의 노구를 이끌고 연구활동을 계속적으로 이어오고 있다. 그는 금세기 최대의 신학자 중 한 분으로 평가되어질 수 있고, 20세기 교회성장 현장에 가장 큰 공헌을 한 학자이다.

이 책은 그의 일생의 연구와 경험을 집대성한 금세기 교회성장학 부분의 최고의 걸작품이다. 이 책은 앞으로 오랜 세기 동안 귀하게 쓰여질 영구적인 복음 전략의 이론과 경험을 우리에게 제공할 것이다. 즉 어떤 상황이나 경우에 있어서도 교회성장을 위한 보편적 원리를 약속하고 있다.

이 책은 한국교회 성장의 현장에서 우리들이 현재 당면하고 있는 제 과제들을 극복키 위한 근원적인 해결책을 제시하고 있음은 물론이다. 이 책을 자세히 연구하면 자기 교회 성장의 과거와 현재를 분석해낼 수도 있으며, 앞으로의 지속적인 성장을 위한 전략적 준비의 작업도 훌륭히 해낼 수 있다. 앞으로 이 책이 신학교의 강의실에서, 혹은 목회자의 서재에서 꾸준히 읽혀지고 연구되어질 때 우리 한국교회 성장의 미래는 더욱 긍정적이 될 수 있다는 것이 본 역자의 확신이다.

이 책을 한국교회 지도자들에게 소개하기 위하여 전재옥 박사, 김종일 박사께서 많은 고생을 하셨다. 본인도 작은 에너지를 투입하였다. 우리들은 결코 이 책의 번역이 완전하다고는 생각지 않는다. 앞으로 계속적으로 번역의 부족을 교정해 갈 작정이다.

앞으로 계속될 한국교회의 성장과 발전을 기도한다.

1987년 초가을

서울 신사동 연구소에서
이 요 한

차 례

교회성장 이해
차 례

개정판 머리말 / 5
추천사 / 11
한국어판에 부치는 저자의 글 / 15
역자의 글 / 17
전문용어에 대한 해설 / 24

Ⅰ. 신학적인 고찰 ·· 27
   1. 복합적인 충성, 그것이 곧 교회성장　　29
   2. 하나님의 뜻과 교회성장　　56
   3. 오늘의 과제, 기회 및 명령　　81

Ⅱ. 윤곽의 분별 ·· 103
   4. 놀라운 모자이크　　105
   5. 세계적인 안개　　129
   6. 우리에게 필요한 사실　　152

Ⅲ. 교회성장의 원인 ······································ 189
   7. 성장방법의 발견　　191
   8. 교회성장의 원인에 대한 고찰　　217
   9. 교회성장 이해를 위한 조력과 장애　　251
   10. 신앙부흥과 교회성장　　286

Ⅳ. 사회학적 기초 ··· 313
    11. 사회구조와 교회성장　　　　　　　　315
    12. 사회적인 장벽을 헐지 않고　　　　　　337
    13. 복음에 대한 인간과 사회의 수용성　　367

Ⅴ. 교회성장의 특별한 본질 ································· 397
    14. 대중, 계층 및 교회성장　　　　　　　　399
    15. 구속과 향상으로 인한 중단　　　　　　434
    16. 도시인들에 대한 제자화　　　　　　　460
    17. 인간운동　　　　　　　　　　　　　　485
    18. 인간운동 및 그 돌봄의 종류　　　　　513
    19. 토착적 교회의 원리와 성장하는 교회　539

Ⅵ. 교회성장을 위한 행정 ···································· 565
    20. 다리를 통한 왕래　　　　　　　　　　567
    21. 목표를 설정하라　　　　　　　　　　　590
    22. 힘들고 과감한 계획을 세우라　　　　618

에필로그 / 651
참고문헌 / 653

전문용어에 대한 해설

여러 해 동안 전문 분야에 종사한 사람은 누구나 다 자신이 계속해서 다루고 있는 상황들과 개념들에 대하여 자기 고유의 용어들을 발전시키는 경향이 있다. 이러한 용어들은 어떤 경우 그렇지 않았더라면 번거로운 어법을 구사해야 할 것을 간결하게 표현해 준다. 또 어떤 용어들은 보다 정확한 의미 또는 보다 함축적인 의미를 전해 준다. 몇 개 안 되는 이러한 용어들은 상당한 도움을 주므로 학생들과의 진지한 대화에서 뿐만 아니라 집필을 통해서도 사용하기로 하였다. 이들 용어들은 관념들을 인습적 어투로 부연설명할 수고를 덜어 준다.

대부분의 미국인들은 "United States"(미합중국)이라는 용어로부터 형용사 또는 지시대명사를 만드는 것이 어색하거나 또는 불가능하다는 사실 때문에 "American"이라는 용어를 사용한다. 아프리카, 라틴 아메리카, 아시아, 기타 군소 지역들을 통칭하는 용어가 없다는 점이었다. 나는 편의상 "Africasia"라는 용어를 조어하여 이 모든 지역들을 포함시켰다. 아마 동일한 관념을 일상적인 용어로 전달하려면 적어도 2,3행의 행간이 요구되었을 것이다(복음전도와 선교회에 관한 책에서 지구상의 이 광범위한 지역을 동일한 단락에서 한 번 이상 또는 한 페이지에서 서너 번까지 언급할 필요가 자주 발생한다는 사실은 말할 필요조차도 없다. Eurican, Africasia는 각각 유럽-아메리카, 아프리카-라틴 아메리카-아시아 또는 아시아-아프리카 등으로 번역할 수 밖에 없었는데 이 점에 대한 유의를 바란다-역주).

내가 사용하는 기타의 전문용어들은 본문에서 그 정확한 의미가 명백하게 드러날 수 있는 동질적 용어들로서 부족이라는 의미로 사용되는 people, lift, stoppage, overhang, winnable, classes, masses 등으로 많은 숫자는 아니다. 내가 다룬 주제를 계속적으로 접하지 않은 사람들에게 이 용어들은 처음에는 생소한 것처럼 보일 수 있다. 그러나 그 유익성은 이론의 여지가 없다. 사실 교회성장 분야에 있어서 사실의 광범한 영역들이 부분적으로는 그 사실들에 적용할 쉬운 명확한 용어들이 결여되었기 때문에 너무나 오랫동안 간과되었거나 또는 불완전하게 인식되어 왔다. 선교학이 성장됨에 따라 더욱 많은 용어들이 전문적인 의미로 사용될 것이다. 그리고 새로운 용어들로 주조될 것이다. 그것들은 정확한 사상을 전달하는 데 유용할 것이다.

정확한 사고를 하려는 노력의 일환으로 나는 교회가 교단 또는 보편적 교회, 일반적인 교회를 의미할 때 첫 글자를 대문자로 하여 Church라고 표기하였다(한글 번역에서는 문맥에 따라 각기 다르게 번역하였다-역주). 이 용어가 회중을 의미할 때 또는 형용사로 사용될 때는 church로 표기하였다.

이러한 예외적인 용어들 또는 관용귀들이 독자에게 줄 수 있는 불편함 또는 독자의 언어감에 주었을 장애에 대하여 사과한다. 또한 독자가 이러한 장애로 인하여 내가 이 책에서 전하려고 노력한 것의 보다 깊은 의미를 흘려 버리지는 않게 되기를 바란다.

D. McG.

I
신학적인 고찰

1
복합적인 충성, 그것이 곧 교회성장

오늘날 개신교회는 엄청나게 성장하고 있다. 어떤 관찰자들은 세계적인 인구폭발과 그 인구폭발이 수반하는 비기독교인의 인구비율이 증가하게 됨에 따라 이러한 교회성장의 추세를 분명하게 인식하지 못하고 있다. 나는 이 책이 끝나기 전에 개신교회 성장의 잠재력이 위의 이유들 때문에 빛을 잃게 되지 않는다는 것을 밝힐 수 있기를 희망한다. 한편, 실제로는 기독교인들의 수가 과거 그 어느 때보다도 많다. 자유교회들의 발생과 비기독교인 주민들 사이에서의 교회의 확장과 더불어, 백 명 이하의 교인들로 구성된 작은 교회들이 많이 형성되었다.

현재 교회는 북아메리카의 여러 마을들과 도시들에서, 그리고 다양한 문화들과 종속문화들, 언어들과 방언들, 종족들과 계층들, 혈족들로 이루어져 해외에서 한결같이 확장되어 가고 있다. 1800년에는 교회가 주로 유럽과 아메리카에만 국한되어 있었지만, 최근 20세기 말에 들어서서, 교회는 지상의 거의 모든 나라로 확장되었다.

흔히 한 교회가 갈라지면 두 쪽이 모두 성장한다. 비관론자들은 1950년대에 한국에서 있었던 장로교회의 분열들을 암흑시대와 쇠퇴에 대한 증거로서 널리 인용하였다. 그러나 50년대에 한국의 장로교회(모든 분파들)는 두 배 이상 성장하였으며, 수백개의 새로운 교회를 건축하였다. 그리고 1960년에는 1950년보다 이 땅에서 훨씬 큰 영향력을 행사하였다. 칠레의 로마 가톨릭 교인들 중에 생각이 얕은 사람들은 가톨릭 교인 가운데 10분의 1이 오순절 교인들이 되었다는 것을 애도하였을 것이다. 그러나 그들 중에 현명한 사람들은 교회들 중에서 오순절 교파들의 생명력과 성장을 보고 하나님을 찬양하였을 것이 틀림없다. 우리 교단이 보다 생동감이 있는 다른 교단에 교인들을 빼앗길 경우에, 우리는 종종 교파적인 자만심으로 인하여 우리가 깨달음을 얻고, 보다 많이 노력하도록 자극받고, 그렇게 되면 전체 교회가 번영하게 된다는 사실을 인식하지 못하게 되는 경우가 있다. 따라서 크롬웰시대에 조오지 폭스(George Fox)가 퀘이커파 모임들을 영국 전역에 걸쳐 확대시키고 이러한 것이 전세계로 확산되었을 때, 전체적인 교회가 번영하였다는 것을 누가 의심할 수 있는가? 또한 종교개혁자들이 1890년경에 인도의 케랄라에 있는 시리아 정교회를 남겨 두고 마르 토마 시리아(Mar Thoma Syrian) 교회를 설립했을 때(이 교회는 당시 몇 사람의 회중으로 시작하여 1977년에 신도수 40만의 교단으로 성장하였다.) 전체 교회는 번영했을 뿐만 아니라, 잠자고 있던 시리아 정교회도 선교에 나서게 되었던 것이다.

　때로는 작고, 때로는 큰 교회의 교파들은 물론 때때로 난관이나 어려운 문제에 봉착하기도 하고, 불안의 시대를 맞기도 한다. 전쟁, 기근, 질병, 쇠약하게 하는 신학의 확산, 철저히 새로운 상황에의 적응, 새로운 땅이나 도시들로의 이주, 전제적 억압 등은 교회성장을 방해할 뿐만 아니라, 하나님의 백성을 한동안 쇠약하게 하는 요인들이 된다. 미디안의 손은 때때로 이스라엘보다 우세하다— 하나님께서 기드온을 들어 쓰실 때까지는. 하지만 이러한 분명한 사실도 전 세계적인 교회의 성장을 모호하게 가려 놓지는 못한다. 비기독교인의 인구가 엄청나게 증가하고 있는 것과 마찬가지로, 기독교 공동체 안에서 태어나는 사람이 죽는 사람보다 훨씬 많기 때문에 자신들을 세속주의자나 마르크스주의자나, 유교신자나, 불교신자나, 기타 다른 신앙을 가졌다고 생각하기보다는 기독교인들로 간주하는 사람들의 수가 엄청나게 증가하고 있다. 한편, 그 이후로 그리스도를 개인적으로 고백함으로 말미암아 매년 수십만의 사람들이 확신을 얻은 기독교인들로 변화되고 있다. 안으로부터의 이러한 증가에 밖으로부터의 증가가 추가되어야만 한다. 이러한 밖으로부터의 증가는 수많은 기존의 회중들의 옆에 사는 불신자들의 개종을 통하여, 그 교인들과의 결혼을 통하여, 그리고 자신들을 약간은 불확실하기는 하나 "기독교인"으로 간주함으로써 이루어지는 것이다. 1936년과 1966년 사이에 12만 명의 이디오피아 이교도들이 수단 내륙 선교회(Sudan Interior Mission)에 의해서 설립된 교회에서 세례를 받고 신자들이 되었다. 1966년 이전 20년 동안 포르모사에서는 8만 명의 고지대 사람들이 장로교인들이 되었다. 1947년 인도가 독립한 이후, 라이쿠르 비카라바드 지역에서 감리교회는 10만 신도에서 20만 신도로 성장하였다. 많은 다른 예증들이 쉽게 제시될 수 있다.

내부의 문제나 교단의 유지에 급급한 기독교인들은 하나님께서 모든 여섯 대륙들에 계속 베풀고 있는 강력한 교회성장을 종종 인식하지 못한다. 어떤 사람들은 이러한 성장의 정도에 놀라서 그 사실성을 의심할 수도 있다. 그러나 에베레스트 산처럼 그것은 명약관화한 사실이다. 그리고 그것을 이해하는 일은 절실한 과제이다.

교회성장은 하나님께 대한 충성이다.

개신교회의 성장을 이해하려고 하는 사람은 그것을 기본적으로 하나님께 대한 충성으로 인식해야만 한다. 하나님은 그것을 원하신다. 기독교인은 그의 주님처럼 잃어버린 자들을 찾아 구원하도록 보냄을 받는다. "그리스도를 위하여 너희의 종"이 되는 것은 자신을 위해서 물질을 얻는 것보다도 잃은 자를 찾는 데 있는 것이다. 교회성장이란 자비의 행위이다. 즉 강한 자들이 약한 자들의 짐을 지고, 굶주린 자들에게 생계의 수단이 되는 빵을 공급하는 일인 것이다. 그럼에도 불구하고 하나님께 순종하는 종들은 교회성장을 인간애로써 행해지는 한 행위로 보지 않고, 오히려 교회의 확장이 하나님을 기쁘시게 하는 일이기에 그것을 구한다. 교회성장이란 충성심이다.

기독교인들이 사랑에 못이겨 순종하는 마음으로 밀고 나아가서 사람들에게 구주의 기쁜 소식을 전할 경우에만 교회는 확장되고 증대된다. 그리스도를 선포하는 일에 충성함이 없으면 성장이 있을 수 없다. 또한 듣는 일에도 순종이 있어야 한다. 복음을 듣는 많은 사람들 가운데서 순종하는 사람이 많고, 그리스도를 아버지나 어머니보다 더 사랑하여 그들 자신들을 부인하고 매일 그들의 십자가를 지고 그를 따르는 사람이 많지 않고서는 교회는 한 나라 전체, 한 도시 전체로 확산될 수 없다.

  기독교인들이 잃어버린 자들을 찾아 내는 일에 충성함을 보이게 되면 교회는 성장하게 된다. 잃은 양을 찾는 것만으로는 충분하지 않다. 주님 되시는 목자는 증거를 찾는 것으로 만족하시지 않는다. 그는 그의 양이 발견되기를 원하신다. 그의 목적은 찾는 것이 아니라 발견하는 것이다. 그 목적은 먼 나라에 있는 아들에게 우유가루나 친절한 메시지를 보내는 것이 아니다. 그것은 그가 그의 아버지의 집 문안으로 걸어 들어오는 것을 보는 것이다. 교회성장은 또한 발견된 이들에게 순종을 요구한다. 그것은 무관심한 자들이나 반역적인 자들이 그들의 무관심이나 반역을 단념하지 않는 한 결코 일어나지 않는다.

  교회성장이란 잃어버린 자들이 발견될 뿐만 아니라 우리 안에서 정상적인 삶으로 회복될 경우에 발생한다. 하지만 그것은 그들이 결코 의식적으로 인식하지 못했던 삶일 수도 있다. "우리에 넣고 먹이는 것"—이것은 불행하게도 따르는 것이라는 무미건조하고 피상적인 용어들로 불리워 왔다—에 있어서의 충성함은 지속적인 교회확장을 위하여 핵심적인 것이다. 기존의 기독교인들이 주님의 명령에 따라 순종하여 나아가고 그의 자비하심으로 충만하여 방황하는 자들을 우리에 들어가게 하고 양떼를 먹일 때에 교회는 증대된다. 그러나 그들이 그리스도를 위하여 값비싼 결단을 내렸던 사람들이 다시 세상 가운데로 표류해 가도록 방치할 경우에, 실제로 교회는 성장하지 않는다. 선포와 발견하는 일에 충실한 것만 가지고는 충분하지 않다. 그 이후에 충실한 돌봄이 있어야만 한다. 또한 발견된 자들 사이에는 말씀을 먹이는 일에 충실함이 있어야만 한다.

  성경으로 양육되고 성령으로 충만한 교회들의 증대는 하나님의 목적들을 수행함에 있어서 **필요불가결의 것**(sin qua non)이다. 다시 말해서, 제자들이 된다는 것은 기쁜 마음으로 형성되어 그의 몸 안으로 들어가는 것이다. 그들은 광야에서 혼자 방황해서는 안 된다. 일부 교회들은 교회의 주님되신 예수 그리스도에 일치되지 않는 어떤 가치나 권위를 교회의 실제적 모습인 양 나타내기 때문에 일부 오도된 개신교인들은 애매모호한 하나님의 나라가 마치 인간을 위한 자연적인 목표요, 우리 모두가 자동적으로 지향하여 나아가고 있는 양 인간들 사이에 기독교회들이 많아지는 것이 무가치한 목표라고 이야기한다. 이것은 성경을 오해하는 것이며 상식을 거슬러서 뛰어넘는 것이다. 그리스도께서 권능 가운데서 다시 오시기까지 하나님의 승리의 통치는 도래하지 않겠지만, 이 시대에 그리스도를 사랑하고 "그 안에서" 그의 몸의 지체로 사는 사람들이 많으면 많을수록, 선함과 진리가 그들의 공동체 안에서 보다 더 우세하게 될 것이다. 건전한 교회들이 현재 예수 그리스도와 아무런 연관도 맺지 못하고 있는 30억의 사람들 사이에로 퍼져 나갈 때 의로움과 평화는 확실히 확장될 것이다.

충실한 성장이란 인간적인 기반이 견고하여 성장할 수 있고, 또한 성별되고 거룩하여 하나님을 기쁘시게 하면서 발전하는 교회들에 있어서의 하나님께 대한 충성스런 순종을 의미한다. 교회들이 그들의 이웃들과 너무나 분리되어 폐쇄적이 되고 내성적이 되어 복음을 전달할 수 없게 된다는 것은 사실이다. 이러한 교회들은 그들 자신들을 세상 밖으로 이끌고 감으로써 성경에 불순종하게 되었다. 기독교인들은 세상에 남아 있어야만 한다. 그들의 주님처럼 그들은 실제 세상의 무지하고, 추악하고, 죄악된 마을들이나 도시들에서 성육신이 되어야만 한다. 그들은 인류의 가족들 안에서 "종들"이 되어야만 한다. 이것을 행하는 것은 어려운 일이다. 그리고 "세상에 속하지 않게" 된다는 더 큰 어려운 문제가 있다. 그럼에도 불구하고 그것은 성경의 명령이다. 기독교인들은 기독교인으로 남아 있어야 한다. 그들은 "나와서 성별되어야" 한다. 그늘은 그리스도와—애매모호한 우주적인 그리스도가 아니라, 복음서들과 서신들에 묘사된 예수 그리스도와의 생생한 삶을 유지하기에 충분할 만큼 분리되어야 한다. 아마도 이것이 모든 것 가운데서 가장 어려운 충성함일 것이다. 그러나 이것 없이는 거의 성장하지 못한다. 그의 교회들은 세상과 더불어 견고해야 하지만 또한 분명하게 그의 것이어야만 한다.

교회성장은 단순히 사회학적인 과정만은 아니다. 확실히 불가지론자는 편협한 자기 사고 가운데서 그것을 단순히 인간학적, 역사적, 경제적, 정치적 요인들의 상호작용의 산물로만 보려고 한다. 초월적인 진리의 근원을 믿지 않는 불가지론자는 실체를 이해함에 있어서 현재까지 제한되게 발전된 이성의 창살을 통해서 그의 마음 안으로 여과되어 들어오는 증거들에만 집착한다. 그러나 본 필자는 불가지론자가 아니다. 나는 확신있는 기독교인이다. 나는 전능하신 하늘과 땅의 창조자 하나님을 믿으며 그의 아들 예수 그리스도를 믿는다. 내가 신봉하고 있는 진리는 우주의 궁극적인 재료 안에 본래부터 있는 것이다. 태초에 하나님과 함께 계셨으며, 모든 것이 그로 말미암아 지은 바 되었고 아무 것도 그로 말미암지 않고는 창조된 것이 없는 말씀―그가 진리이며, 나는 그에게 내가 생각하고 말하고 행하는 모든 것에 대하여 대답한다.

나는 나의 편견들에 사로잡힐 자유가 없으며, 그 증거 가운데 어떤 것도 가볍게 간주할 만한 자유가 없다. 나는 나의 작은 이성을 통하여 여과되어 들어오는 것과 계시를 통하여, 그리고 기타 다른 방식으로 나에게 오는 것을 고려해야만 한다. 모든 증거는 진리의 자 앞에서 중요하게 평가되지 않으면 안 된다. 따라서 나는 교회성장을 단순히 사회학적 과정으로만 간주할 수 없다. 교회성장은 확실히 사회학적인 과정이다. 그러나 그것은 그 이상의 어떤 것이다. 그것은 하나님이시며, 우리 주 예수 그리스도의 성부이신 그분께 대한 충실함이 있을 때에 일어나는 것이다.

교회가 전 세계로 확장되는 것은 단순히 인간적인 조건들로만 생각되어서는 안 된다. 우리는 어떤 미국적인 기구의 지국들이 확장되는 것에 관하여 이야기하고 있는 것이 아니다. 그것은 문화적 제국주의가 될 것이다. 쿨만(Cullmann)이 말한 것 같이(1961:46), "교회 자체는 … 성령에 의해서 제정된 … 종말론적인 현상이다." 그것은 예수 그리스도의 부활에서 시작된 새로운 질서의 일부이다. 전 세계 모든 민족들 안에서 증가하고 있는 교회들은 새로운 시대가 시작되었음을 표현해 준다. 성령처럼 교회들은 하나님께서 그의 원하시는 때에 완성하실 하나님의 승리스런 통치의 보증인 것이다.

교회성장은 기본적으로 신학적인 자세이다. 하나님은 그것을 요구하신다. 그것은 하나님이 무엇을 행하시기를 원하시는가 하는 방향을 알기 위하여 성경을 본다. 그러한 신학적인 자세는 사도행전 4：12, 요한복음 14：6과 이와 비슷한 많은 귀절들이 참되다고 믿는다. 그것은 성경에 따라서 이해된 예수 그리스도에 대한 신앙이 구원을 위해서 필수적인 것임을 주장한다. 교회성장은 확고한 신학적 확신 가운데서 발생한다.

그러나 교회성장은 초교파적인 환경에서 태어났고, 여러 가지 많은 신학적 이해들을 가진 선교사들과 성직자들을 가르쳤으며, 하나님의 잃어버린 자녀들이 찾아져야 되고 그의 교회들이 증가해야 한다는 하나님의 바램을 가리울 만한 교단적인 차이들을 허용하지 않기 때문에, 따라서 교회성장을 주장하는 자들은—지금 이런 상황 하에서—교회성장을 유발시키지 않거나 방해할 만한 그들 나름대로의 신학적인 신념들을 발설하는 것을 삼가해 왔다. 따라서 자연히 교단 신학자들에게 있어서는 교회성장이 신학적인 것이라고 볼 수 없는 것처럼 여겨진다. 그들은 그것을 신학이 아니라 방법으로 생각한다. 침례중생파 교인들은 교회성장이 침례를 믿지 않는다고 불평한다. 일부 칼빈주의자들은 교회성장이 하나님의 주권을 경시한다고 불평한다. 오순절파 사람들은 교회성장이 성령을 충분히 강조하지 못한다고 느끼는 경향이 있다. 사회정의를 위해서 투쟁하는 자들은, 교회성장을 이야기하는 사람들은 값싼 은혜를 가르친다고 말하기를 좋아한다. 예전에 관심을 가지고 있는 자들은 교회성장이 예전에 관하여 거의 아무 것도 이야기해 주지 않는다는 것을 발견하게 된다.

그러한 모든 비평가들에게 우리는 다음과 같이 대답한다. "교회성장의 기본적인 입장들은 심오하게 성경적이고 신학적인 것이다. 그러나 그것은 복잡한 신학이 아니다. 전도의 긴박성과 권위를 당신의 신학 안에 체계화시켜 넣음으로써 **당신의** 신학을 완성하라. 당신이 당신의 회중들과 당신의 교단을 위해서 교회성장 이론과 신학을 표현할 때에 당신 자신의 신조적인 언급들과 당신 자신의 체계를 사용하도록 하라. **교회성장의 신학을 당신 자신의 특유의 말씨로 이야기하라.** 교회성장을 신학적으로 부적절한 것으로 공격하지는 말라. 교회성장을 당신의 교단이 강조하는 교리들에 따라서 적합한 것으로 만들도록 하라. 당신이 이것을 행했는가 아닌가에 관한 검증은 당신의 회중들이 신약성경의 교회들이 예증을 보여 준 것과 같은 감동적인 감사의 성장을 자극받았는가 그렇지 않은가에 달려 있다."

이러한 충성은 복합적인 것이다.

오늘날 세계 안에서는 대단히 다양한 종류의 교회성장이 발견되고 있다. 그것은 사람에 따라, 때에 따라, 교단에 따라 다르게 나타난다. 만일 교회성장을 연구하는 사람이 많은 유형들과 그 다양한 단계들을 인식하지 못한다면, 교회성장의 본질을 이해하기는 불가능하다. 그가 양육을 받은 그리고 그가 보아 온 성장의 형식들로부터 출발하여 활동하게 된 그는 계속해서 많은 다른 형식들을 인식하고 기억해야만 한다. 다만 비범한 연구자, 즉 전문가만이 수천 가지의 교회성장의 형식들-문자 그대로-을 잘 알게 되는 것을 희망할 수 있을 것이다. 왜냐하면 교회성장은 많은 요인들과의 관련성 속에서 나타나며, 이러한 것들은 세계의 여러 부분들을 거의 천문학적인 숫자의 다양한 형태로 결합하거나 재결합하기 때문이다.

미국과 기타 다른 나라들로부터 선정한 다음의 여섯 개의 예증들은 말이 다르고 문화가 다른 많은 지역들에서 교회가 그 회중들을 늘려가는 엄청나게 복잡한 과정을 보여 줄 것이며, 하나님께서 신앙하는 모든 사람들 사이에서 그의 자비로운 통치를 어떻게 이루어 나가시는가를 보여 줄 것이다.

중앙 필리핀에서의 교회성장

1942년 일본인들이 필리핀을 점령하였을 때, 레오나르도 G. 디아 (Leonardo G. Dia) 목사와 그의 아내는 그들과 제휴하기를 거부하고 케부 (Cebu)시에서 떠나 그 섬의 내지 산악지방으로 들어갔으며, 세 개의 작은 소외된 장로교 회중들과 운명을 같이하였다. 이 회중들에게는 디아 목사와 같이 유능한 사람이 그곳에 정착하여 시무하는 최초의 상임목회자였다. 처음 몇 달 동안 그 부부는 여기저기 흩어져 있는 기독교인들의 가정을 꾸준히 방문하였다. 그러한 것은 산악지방에서는 힘든 일이었다. 그들은 제2세대의 기독교인들이 기독교에 대해서는 우호적이었지만 그들은 성경에 대하여, 그리고 그들이 왜 복음주의자들인지에 대하여는 무지하다는 것을 발견하였다. 디아 목사의 권고에 따라서 세 채의 작은 예배당이 은밀한 곳에 대나무와 짚으로 세워졌다. 규칙적인 예배와 가르침이 시작되었다. 그 목사는 필리핀에서의 개인전도에 필요한 성경의 사용법에 대한 브라운(R. H. Brown)의 책을 가지고 있었는데 이 책은 몇 해 전에 한 장로교 선교사에 의해서 마련된 것이었고, 기독교의 진리를 100개의 신약성경귀절들에 근거하여 설명하고 있었다. 가르침은 성경 안에서 이러한 귀절들을 찾고, 그 귀절들의 의미를 설명하고, 그 귀절들을 암기하는 것으로 이루어졌다. 누구든지 그 모든 귀절들을 관련된 내용들과 함께 익히고 그 귀절들이 의미하는 것을 설명할 수 있게 되면, 즉시 그의 이름을 예배당 벽 위에 기록하게 하였다(전시에 무엇을 기록할 만한 종이를 얻기는 어려웠다). 경쟁심이 모든 사람의 학습을 자극한다.

회중들이 그 귀절들을 배우게 되었을 때, 이러한 기독교인들은 놀랍게도 서로에게 "우리의 종교는 참되다"라고 말할 정도로 변하였다. 그리고 나서 그들은 뛰쳐나가 사랑하는 자들과 친구들을 설득하여 기독교인들이 되게 하였다. 맨 처음 여섯 달 동안 교인수가 배가 되었다. 그 이듬해 그 수가 다시 배가 되었다. 다른 회중들이 설정되었다.

이러한 구체적인 교회성장은 동일한 계기에 수렴된 일곱 가지 뚜렷한 요인들로 가능하게 되었다. (1) 소외되었던 기독교인들이 상당한 자질을 갖춘 목회자를 얻게 되었다. (2) 그들은 죽음을 각오하고 그들의 적대자와 협력하기를 거부했던 애국 성직자를 얻게 되었다. (3) 그는 그들에게 훌륭한 설교와 가가호호의 심방, 성경에 대한 방대한 지식을 제공했을 뿐만 아니라 작은 반경 내에서 소외되었던 기독교인들에게 그리스도의 도(道)의 개요를 잘 익힐 수 있도록 만들었다. (4) 제2세대의 복음주의자들은 명목상으로만 로마 가톨릭 교인들인 친척들이나 친구들과 가까이 접촉하면서 살고 있었다. 한때 복음주의자들은 그들이 전달될 수 있는 복음을 가지고 있었다. (5) 복음주의자들은 미국인들이 필리핀에서 학교교육을 강조했던 덕택으로 주로 글을 아는 사람들이었다. (6) 로마 가톨릭 사제들은 분명히 어느 정도는 전시의 혼란으로 인하여 개신교회에 참석하거나 복음주의자들에 대하여 직접적인 박해를 하지 않았다. (7) 디아 목사는 그리스도를 선포하고, 잃은 자들을 찾고, 그들을 먹이고, 그들을 성장하는 교회들로 세움에 있어서 충실하였다.
 이러한 특수한 종류의 교회성장은 제2차 세계대전으로 조건이 형성되고, 성경에 의존하였으며, 자격을 갖춘 성직자와 긴밀하게 연결되었고, 부흥한 회중들로부터 자연스럽게 분출되어 나온 것이며, 글을 아는 것, 그리고 서양 문명의 다른 산물들로서 가속화된 것으로 세계의 대부분의 지역들에서는 발생할 수 없는 것이다. 다른 종류의 성장은 가능하나, 이러한 특수한 종류의 성장은 불가능하다.

미국에서의 교회성장

 남북전쟁 기간에(1860-64) 침례교회들은 장로교회나 감리교회와 마찬가지로 둘로 분열되었다. 북부 침례교인들은 모든 노예의 매매를 철저히 금지하였다. 남부 침례교인들 중에는 많은 사람들이 노예를 소유하고 있었다. 이러한 구분은 오늘날까지 지속되고 있다. 각 교단이 그 나름대로의 헌장과 관련법과 규칙들을 가지고 있다.
 1930년대까지만 하더라도 그 두 헌장들에는 남부 침례교인들은 남부에서 일하고, 북부 침례교인들은 북부에서 일하는 것으로 되어 있었다. 캘리포니아는 북부 침례교회 영역이었다. 남부 일리노이주는 기묘한 이유 때문에 한동안 인위적으로 북부에 속해 있었으나 남침례회 영역으로 간주되었다. 간단히 말하자면 의례적인 협정이 준수되고 있었던 것이다. 1930년에는 캘리포니아 전지역에 남침례회 교회들이 12개밖에 없었다. 그 십년 동안에, 북침례교인들이 캘리포니아에서 교회를 열심으로 확장시키지 않는 것을 보고 있던 남침례교인들은(이들은 땅을 사들이고 일자리를 얻기 위해 그 주로 몰려들고 있었다.) 퉁명스럽게 말했다. "만일 너희들이 캘리포니아에서의 교회성장의 호기를 이용하지 않는다면, 우리는 더이상 그 주를 너희의 지역으로 간주하지 않을 것이다. 우리가 들어가서 남침례회 교회들을 확장시킬 것이다." 북침례회 교인들은 그것을 달가와하지 않았다. 그들은 남침례회의 "침략"을 불평하였으나, 그것을 멈추게 하지는 못했다.
 성장은 두 가지 방식으로 일어났다. (1) 침례교인들은 조지아주, 캐롤라이나주, 텍사스주, 그 밖의 남부 주들로부터 캘리포니아로 옮겨가서 남침례회 회중들을 형성하였다. 어느 정도 그들은 그들 나름대로 이 일을 수행하였으며, 어느 정도 그들은 조지아주 애틀란타에 있는 국내 선교국의 적극적인 도움을 받았다. (2) 게다가 남침례회 지도자들은 자주 교회가 없는 공동체를 찾아 내고, 남부인 핵심 요원이 있든 없든을 불문하고 거기에 새로운 교회를 설립하였다. 그들은 이주민 백인들과 백인 원주민들 사이에서 뿐만 아니라 일본계, 한국계, 필리핀계, 중국계 이주민들 사이에서도 이 일을 행하였다.

그 결과 1934년의 열두 개의 교회들이, 1979년에는 일천 개 이상으로 증가하였다. 다른 주요 교단들 가운데 그 어떤 교단도-감리회, 그리스도의 교회, 장로회, 루터교회 등등-이러한 엄청난 성장을 보이지 않았다는 사실은 주목할 만하다. 분명히 성장의 소지는 있었으나 그 교단들은 성장을 이루지는 못했다. 우리는 이 책의 후반부에서 수용성에 관하여, 그리고 수용적인 주민들을 인식할 필요에 관하여 이야기하려고 한다. 그러나 남침례회의 캘리포니아에서의 성장은 다음과 같은 사실을 증거해 준다. 즉 성장하고자 하는 의지가 없이는 적극적인 전도가 하나님을 기쁘시게 하지 못하는 것이며, 실제로 그것이 하나님에 의해서 명령되고 있다는 것을 인식하지 못하고서는 교단들은 상당히 수용적인 주민들 가운데서 응당 성장해야 할 정도 만큼도 성장하지 못한다는 사실이다. 교회가 하나님께 충성하지 않으면, 곡식이 익은 들에서 많은 이삭들을 거둘 수 없다.

남부 인도에서의 교회성장

1840년에 미국 침례교인들은 인도의 동부연안에 있는 넬로레(Nellore)에서 선교를 시작하였다. 25년간 그들은 상류 카스트 계급들 사이에서 활동하여 100명이 못되는 개종자들을 얻는 데 그쳤다.

1865년에 존 클라우(John Clough)와 그의 아내는 새로운 신교사들로 들어갔다. 그들이 언어를 익히고 하나님께서 그들이 무엇을 하기를 원하시는가를 알기 위해서 성경을 연구했을 때 그들은 각각 고린도 전서 1 : 26~28에 근거하여 상류 카스트 계급들에서만 개종자들을 얻으려고 했던 이전 선교사들의 엄격한 정책은 하나님께서 싫어하시는 것이라는 결론에 이르게 되었다(Clough 1915 : 133). 기독교의 메시지에 감동을 잘 받는다고 알려진 마디가스(Madigas;불가촉천민)는 그들에 대하여 세례를 베풀게 되면 힌두스 사람들을 기독교인으로 만드는 것이 어렵게 될 것을 우려하여 무시되었다. 클라우 부부는 넬로레로부터 옮겨가서 옹골레(Ongole) 기지를 개설하고, 괄목할 만큼 성실한 마디가스의 영적 지도자들 몇 사람에게 세례를 주기 시작하였다. 1869년에 이르러서 수백 명의 사람들이 주님께로 돌아왔다.

1877년에 대기근이 인도의 그 지역을 휩쓸었다. 3,000명의 세례교인들 가운데 많은 사람들이 기아로 사망하였다. 존 클라우는 그가 할 수 있는 한 그들을 기아로부터 구제하기 위하여 정부가 기근 구제사업으로 진행시키고 있었던 연장 5.6km의 운하건설을 계약하였다. 그는 그렇게 하여 힌두스 계급이 감독으로 있었던 운하지역들에서 일자리를 얻는 것이 불가능했던 1,500명의 기독교인 남녀들에게 일자리와 음식을 마련해 주게 되었다. 그리고 나서 기아에 허덕이는 그들의 비기독교인 친척들과 다른 마디가스들이 쇄도하여 그는 1,500명의 이교도 마디가스들에게 일자리를 마련해 주었다. 그 운하를 따라서 설치된 기근지역 사람들의 캠프에서 기독교인들은 예배와 교육을 위해서 저녁에 모임을 가졌다. 이교도 마디가스들도 역시 말씀을 기쁨과 놀라움으로 들었으나 세례를 받지는 않았다. 사람들이 빵과 물고기 때문에 기독교인들이 되는 것을 우려하여, 클라우는 1877년 초에 세례 주는 것을 중지하였었다.

운하가 완성되었을 때, 기근은 더욱 심각하게 되었다. 정부와 선교회들은 다른 사업들을 시작하였으며, 심지어 식품을 무상으로 배급하기도 하였다. 10만 달러가 클라우의 손으로 넘어갔으며, 수천 명의 인명이 구제되었다.

위기가 지나간 후에, 가르침과 세례를 위한 요청들이 기독교인들의 이교도 친척들로부터 쇄도하였다. 클라우와 그의 협력자들은 많은 마을들을 방문하여 설교하였다. 그들은 가르치고, 검토하고, 가능성있는 교회들을 설립하는 일을 도왔다. 그리하여 1978년 7월 2, 3, 4일에 3,536명의 사람들이 세례를 받았다. 몇 달 안에 6,000명 이상의 사람들이 그들을 따라서 교회로 들어와 9,601명이 교회로 들어오게 되었고, 전체 교인수가 12,806명에 이르게 되었다. 신자들의 수는 헤아려지지는 않았으나 훨씬 더 많은 수였다(Clough 1915 : 284).

이러한 종류의 교회성장은 처음의 두 종류와는 엄청나게 다른 것이다. 그 성장의 조건적인 요인들－억압, 불가촉천민 상태, 눌린 자들이 구원에서 제외되어서는 안 된다는 불타는 신념, 무서운 기근, 그 지역을 지나가는 운하－에 훌륭한 선교사가 추가되었다. 그는 운하의 일부를 계약할 만큼 유능한 기사였으며 불가촉 천민들에게 복음을 설교할 만큼 충분한 열심이 있었으며, 그들이 자신들의 마을로 돌아가기까지 세례를 연기할 만큼 현명하였고, 한 해에 9,601명에게 세례를 줄 수 있을 만큼 용기가 있었다. 이러한 특수한 조건들은 다시는 결코 서로 맞아떨어질 수 없을 것이다. 다른 유리한 요인들이 단 하나의 시간과 공간에 집중될 수는 없을 것이지만 결코 이와 똑같은 요소들은 아닐 것이다. 정확하게 말하자면 이러한 종류의 교회성장이 다시 일어나리라고 기대할 수는 없을 것이다.

학교를 통한 교회성장

독특한 종류의 교회성장은 로디지아와 잠비아에서 발견된다. 아프리카의 이 지역에는 19세기 후반기에 선교회들이 들어왔다. 런던 선교회가 1859년에 그곳에서 활동하기 시작했고, 남아프리카 네덜란드 개혁교회가 1872년에, 성공회 교인들이 1888년에, 영국 감리회 신도들이 1891년에, 미국 감리회 교인들이 1898년에 활동하기 시작했다. 많은 다른 선교회들도 이 땅에 들어갔다.

1952년 World Christian Handbook(pp. 195, 203)은 그해 이 지역에 34개의 개신교회들 또는 선교회들이 있었다고 기록하고 있다. 세례교인수가 총 125,266명이었고, "예배 장소들"이 3,883개였다고 한다.

이러한 양상들이 시사해 주는 성장의 정도는 얼핏 보기에는 만족할 만한 것으로 생각될 것이다. 하지만 (1) 125,266명의 신도들 가운데 상당한 부분이 유럽인들이었고(213,000명의 유럽인 주민들 가운데 적어도 35,000명이 세례교인들이었다), (2) 1950년 현재 아프리카의 총인구가 약 350만 명이었다는 것을 생각해 보면, 아프리카 세례교인들(약 9만 명)은 전체 아프리카 인구의 2.6%에 불과했다는 것을 쉽게 알 수 있다.

영어로 예배가 행해지던 곳을 300여 곳으로 가정한다면, 9만 명의 상용어를 사용하는 아프리카인 세례교인들은 약 3,500여 곳에 나뉘어져 있었다. 마을이나 선교회 기지, 교육 장소들에 약 3만 명의 세례교인들이 약 200개의 큰 아프리카인 교회들을 이루고 있었다는 것을 가정할 때 나머지 6만 명의 아프리카인 세례교인들은 3,300여 개소의 예배처들로 나뉘어져 있었다. 따라서 평균잡아 생각해 보면 매예배처에는 약 15명의 세례교인들이 있었던 셈이다.

리빙스턴(David Livingstone)의 땅에서 처음 100년 동안의 선교활동의 이러한 결과는 어떤 종류의 교회성장을 말해 주는 것인가?

그것은 본 필자가 "학교를 통한 교회성장"이라고 부르고자 하는 특수한 종류의 것이다. 선교회들은 그들의 전도활동의 핵심적인 부분으로서 학교들을 운영하였다. 언젠가 한 추장이 어떤 선교사에게 말했다. "우리 성인들은 우리의 물신(物神)들에게, 그리고 우리의 종족신들에게 우리를 맡기고 있다. 우리는 일부다처주의자들이다. 우리는 기독교인이 될 수 없다. 그렇지만 우리의 젊은이들을 맡아 달라. 그들을 학교에 보내라, 그들은 기독교인들이 될 것이다." 선교회를 통하여 모든 교육을 행하는 것은 또한 정부의 정책이었다. 학교와 진료소들을 운영하겠다고 약속하는 선교회들만이 이러한 나라들에 들어가는 것이 허용되었고, 그들 나름대로의 지역들에 위임되었다. 1950년 이전에 아프리카의 아동이 교육을 받을 수 있는 유일한 길은 미션스쿨(mission school)에 가는 것이었다. 그곳에서 그들은 매일매일 기독교인 교사들에게서 성경을 배웠으며 그리하여 종종 기독교인이 되었다. 선교회 기지들과 그리고 멀리 퍼져 있는 학교들을 중심으로 하여 많은 사람들이 기독교인들이 되었다. 이것은 학교운영의 결과였고, 교회 선교시설에 고용되거나, 진정한 개종, 기독교인이 되는 것이 유리하다고 하는 약삭빠른 계산, 탈종족화한 서구적인 생활양식에의 참여 등의 결과였고, 또한 다른 이유들의 결과였다. 이러한 양상은 교사들에 의해서 주도되고 학교 건물들에서 모인 많은 작은 교회들의 모습이었다. 한편, 성인들로 구성된 종족의 이교적 권력구조는 본래의 모습대로 남아 있었다. 복잡한 제도들과 고용체제를 가지고 있는 보다 큰 도시들이나 선교기지들에서는 성직자들이 인도하는 수십명 규모의 회중들이 교회 건물들에서 모였다.

로디지아와 잠비아에서 학교를 통한 선교방법은 이러한 독특한 종류의 교회성장을 이루어 냈다. 이것은 사하라 남쪽 아프리카 지역에서는 공통적으로 있는 현상이다. 그러한 현상이 발생했기 때문에, 종족사회 안에서의 섬세한 긴장의 균형으로 말미암아 이교도 부모를 가진 어린 아이들이 그들의 가족관계를 크게 깨뜨리지 않고도 기독교인들이 될 수 있었다. 인도나 라틴 아메리카나 그 밖의 다른 지역들에서는 이러한 종류의 교회성장이 일어날 수 없다. 그들의 부모들이 세례로 인도하지 않는 한, 자녀들은 기독교인이 될 수 없는 것이다.

이러한 종류의 교회성장이 유리한 상황에서 오랫동안 계속되자, 그것은 제2, 제3세대 기독교인들에 의해서 그리고 기독교 신앙을 향한 많은 대중운동으로 말미암아 후자(종종 부흥운동이라고도 불리운다)는 여러 종족들을 (1) 선교회와 연결된 교단들 안으로 끌어오며 (2) 그 신학적 기초가 성경적인 것에서 시작하여 혼합주의적인 데까지 산포되어 있는 독자적인 아프리카의 교단들 안으로 끌어들인다. 대중운동은 몇몇 대가족들에게 영향을 미치는 연약하고 빨리 사로잡히는 그리스도를 향한 충동들로부터 몇 년에 걸쳐서 그들이 수천명으로 된 한 종족(또는 몇 종족들)을 기독교 신앙으로 인도하기까지 그칠 줄 모르는 강력한 물결들에까지 다양한 것이다. 남부 로디지아와 잠비아에는 선교회가 설립한 교단들 안으로 사람들이 몰려들어오는 대중운동이 거의 없었다. 그러한 곳들에서 발생한 운동은 연약하고 쉽게 사로잡히는 것이었다. 따라서 학교를 통한 방법이 분명한 것으로 부각되고 있다.

이러한 접근방식의 뒤에 있는 분명하게 드러나지 않은 가정들은 우리가 그러한 것들을 분명하게 알기 위해서는 편지들, 선교회와 정부의 정책들, 선교회 예산의 계좌들과 그 밖의 다른 자료들을 더 찾아 보아야 한다. 이러한 탐구조사가 행해지기까지는 우리는 다만 다음과 같은 사항들을 크게 추측해 볼 도리밖에 없다. (1) 종족의 생활은 구원받을 수 없을 정도로 이교적이고, 무지하고, 악하다. (2) 선교회들과 행정 당국의 공동목표는 그 종족들을 해체시켜 개종자들을 현대적이고 종족 이후의 사회적 질서 안으로 끌어들이는 것이다. (3) 일부다처제도는 종족의 생활에 너무나 확고하게 뿌리박고 있기 때문에, 그 종족의 대부분의 성인들이 기독교인이 되는 것은 불가능하다. (4) 따라서 기독교화하는 올바른 방식은 연장된 학교교육을 통한 것이다. 그 논리는 이런 것이다. 많은 소년과 소녀들은 그들이 결혼하기 전에 기독교인이 될 것이다. 많은 사람들은 그 종족의 압력에도 불구하고 기독교인들로 남게 될 것이다. 나이많은 세대는 죽어서 사라질 것이다. 교육받은 기독교인들이 점차적으로 사회를 장악하게 될 것이다. (5) 영국 정부는 계속해서 아프리카인들에게 큰 유익이 될 것이다. 여러 세기에 걸쳐서 옛 이교도 질서는 점차적으로 시들어갈 것이고 기독교인 아프리카인 주민들이 그 자리를 차지할 것이다. (6) 선교기지들, 진료소들, 병원, 학교-그것들과 연관하여-교회들을 설립하는 것은 선교회들의 주요 임무이며 진행시켜야 할 유일한 건전한 방식이다. (7) 종족들의 압도적인 기독교화는 기독교의 확신과의 불가능한 타협들에 의해서만 일어날 수 있다. (8) 인구의 2%가 세례교인이 되고, 탈종족화 되고, 기독교인이 되는 것은 훌륭한 것이다. 우리는 영국의 기독교적 제도 안에서의 점차적인 역사적 과정을 신뢰한다. 기독교적인 도식은 위로부터 아래로 확산되어 결국 주민들의 대부분을 포괄하게 될 것이다.

영국의 제도가 남아 있는 한, 학교를 통한 접근방식은 상당히 유리할 것이다. 그것은 신약성경의 실천에 기초한 것이 아니었다. 그러나 1880년과 1950년 사이의 아프리카의 상황은 신약성경의 세계와는 너무나 다른 것이었다.

하지만 영국의 제도가 붕괴된 이후로, 상황은 전혀 달라졌다. 교육은 급속도로 아프리카 국가들의 손으로 넘어가고 있다. 세속주의, 유물주의, 마르크스주의는 교육받은 자들의 추종대상이 되었고, 어느 누구도 정부가 제시하는 어떤 제도 안에서 몇백 년 동안 평화롭게 발전하리라는 것을 점칠 수 없게 되었다. 오늘날의 상황 하에서는 학교를 통한 접근방식이 거의 쓸모없게 되고 있다. 그 방식은 너무나 느리고, 너무나 연약하며, 너무나 생소하고, 너무나 독선적이다. 확실히 교회들은 대중들이 종교적인 것이든 아니든 간에 인간들의 충성을 요구하는 큰 이데올로기들에 사로잡히기 전에 그들을 얻기 위하여 전진하지 않으면 안 된다.

로디지아와 잠비아에서, 1880년-1950년에 한 가지 종류의 정치구조와 사회구조에 합당하게 발전된 이러한 편협한 종류의 교회성장은 20세기말 남아프리카의 정치적, 사회적 현실에 합당한 방식으로 급속하게 변화되어야만 한다. 교회와 선교회들이 학교를 통한 접근방식을 통하여 성공할 수 있다고 하는 냉랭한 발전에 만족한 채로 남아 있게 된다면 그것은 자살이나 마찬가지이다. 급속하게 성장하고 있는 도시들과 마을들에서 회중들의 수를 확장시키는 복음화는 시급한 것이다. 교회들과 선교회들이 "도시활동을 증가시키는" 것으로는 충분하지가 않다. 대중들인 비기독교인들을 회심시키는 일에 실패하는 도시활동("활동"이라는 말이 모호하다.)은 거짓된 수단이다. 그것은 필요한 일이 행해졌다는 인상을 준다. 그런데 사실은 대단히 값진 자원들이 의도한 목적을 이루지 못한 채로 낭비되고 있는 것이다. 올바른 종류의 전도 계획이 이 상황 안에서 실행되면, 그것은 새로운 종류의 교회성장이 일어날 것이다.

 종족은 아프리카에서 새로운 중요한 정치적, 사회적 실체로서 인정되고 환영되어야만 할 것이다. 설령 지금으로부터 100년 후에 종족들이 사라지게 될 것이라고 하더라도, 그들은 현재의 상황 안에서는 강력한 부분인 것이다. 선교의 양식은 개인들 뿐만 아니라 "개인들과 사회들"을 개종시키기 위해서 완전해져야만 한다. 대부분의 촌락들과 행정구역들의 성인 권력구조는 기독교인들로 구성되어야만 한다. 각 행정구역과 촌락들을 지배하는 성숙한 사람들은 그들이 죽어 없어지기를 희망하여 안일하게 이교도인 채로 남겨져서는 안 된다. 종족들은 한때 스코틀랜드 씨족들이 가졌던 것과 같은 그리스도인 됨의 의식을 가져야만 한다. 이것은 학교를 통한 접근방식으로 생성되었던 것과는 대단히 다른 유형의 교회성장을 요구할 것이다.

 모든 부락들, 주택지들, 행정구역들, 촌락들—그것들의 단위가 어떤 것이든—안에 건전하고 자기 선교적인 회중들을 남겨 놓는 새로운 방식의 교회성장을 제외하고는 아무 것도 아프리카 시민들을 구원할 수 없을 것이다. 현재의 방식으로 로디지아와 잠비아에서 교회가 성장하리라고 상상하는 소박한 견해는 무모할 뿐만 아니라 위험스러운 것이다. 교회성장이라는 충실함의 복합적인 성격은 이 두 나라들에서 뿐만 아니라 사하라 남부 모든 나라들에서 교회와 선교지도자들에게 연구하라고 큰 소리로 외치고 있다.

A. D. 1000년경의 아이슬랜드

번트 니얄(Burnt Nyal)의 전설은 아이슬랜드 어느 지방에서 있었던 가문의 불화에 대한 피맺힌 이야기이다. 그 이야기는 몇몇 장들에서 그 원주민들이 어떻게 이교에서 기독교로 변화하게 되었는가를 상세히 이야기한다는 점을 제외한다면 단순히 고물수집가의 관심거리에 불과할 것이다. 번트 니얄은 역사가 아니다. 그러한 변화는 실제로 수십년에 걸쳐서 일어났다. 처음에는 한 집단의 가문들이, 그 다음으로는 또 다른 집단의 가문들이 기독교화하였다. A.D. 1000년경에 그린랜드에서 정착하였던 에릭(Eric the Red)은 이교도로 사망하였다. 한편 그의 아내 트요딜드(Thjodhild)와 그의 아들 레이프(Leif)는 아메리카를 발견하였고 기독교인이 되었다. 그럼에도 불구하고 이야기되고 있는 사건들은 실제적인 사건들이나 일어났던 일들이다(이 전설은 1861년에 조오지 데이슨트(George Dasent)경에 의해서 영어로 번역되어 E. P. Dutton & Co에서 출판되었다).

아이슬랜드 사람들은 덴마크, 노르웨이, 오르크네이 섬과 셔틀랜드 섬, 아일랜드 등의 해안들을 따라서 있는 해양공동체들로부터 가장 멀리 떨어져 있었다. 그들은 어로와 동물을 기르는 것(당나귀들이 흔히 언급되었다.), 좋은 땅을 습격하여 터는 것 등으로 생계를 유지하였다. 그들은 억세고 야만적이고 난폭하였다. 그들은 노예들을 부렸는데 그들을 죽이는 것을 아무렇지도 않게 생각하였다. 대가족들 사이의 계속적인 불화로 인해서 약한 자들이 죽어 갔다. 여자 영아살해가 행해졌다. 이는 아마도 그 공동체에 여자가 남아 도는 것을 방지하기 위한 것이었을 것이다.

이 이야기 안에는 콜스케그(Kolskegg)에 대하여 지나가는 언급이 있다. 그는 덴마크로 가서 덴마크의 왕 포크버드(Forkbeard)에게 맹세를 하였다. 그는 그곳에서 세례를 받고 남부로 가서 미클가르트(콘스탄티노플)에서 살면서 황제를 섬겨 일하다가 한 기독교인 여성과 결혼하였다(Dasent, 1861 ed., 1960 : 142).

그때에 그 섬에는 이런 이야기가 있었다 :

> 노르웨이에는 통치자들의 변화가 있었다.… 그리고 신앙의 변화도 있었다. 그들은 옛 신앙을 던져 버렸으며 올라프(Olaf) 왕은 서부지역,

셔틀랜드, 오르크네이 그리고 파로에 제도들에 세례를 받도록 하였다.… 많은 사람들은 옛 신앙을 버리는 일이 생소하고도 악한 일이라고 말했다. 그러나 니얄은 말했다. "내가 생각하기에는 이 새로운 신앙이 훨씬 더 좋으며 다른 것보다는 이것을 따르는 자가 행복할 것이다. 따라서 만일 이 신앙을 전하는 자들이 여기에 온다면 나는 그들의 뒤를 밀어 줄 것이다." 그해 가을에 배 한 척이 가우타비크에 있는 아이슬랜드의 협강들 안으로 들어왔다. 선장 탕브랜드(Thangbrand)가 그 신앙을 전하도록 왕 올라프에 의해서 파견된 것이었다. 그와 함께 구들리에프(Gudlief)라는 아이슬랜드 사람이 왔다. 그는 대단한 사람살해자였으며 가장 강한 사람 가운데 하나였다(Dasent, 1861 ed., 1960 : 176).

이 사람들이 협강에서 협강으로 여행할 때에 어떤 사람들은 기독교를 받아들였고 어떤 사람들은 거부하였다. 토르켈(Thorkell)이라는 아이슬랜드인은 그 신앙에 격렬하게 반대하였고 탕브랜드에게 결투를 신청하였다. 그 결과로 탕브랜드가 토르켈을 살해하게 되었다. 그 이야기의 대표적인 귀절은 이렇게 기록하고 있다. "그리고 나서 힐디르 가장과 그의 온 집안이 새로운 신앙을 받아들였다." 많은 가문들과 혈통들이 기독교화한 후에, 섬 전체의 입법집회가 법률의 언덕에서 소집되었다. 거기서 대략적인 정의가 부여되고 불화들이 판결되었다. 사람들은 그 입법집회에 전투태세를 갖추고 모여들었다. 왜냐하면 어떤 신앙이 그 섬을 장악할 것인가를 결정하기 위해서 이교도들이 기독교인들에게 싸움을 걸 것처럼 보였기 때문이다. 양편 모두 법률의 언덕으로 갔다. 기독교인들과 이교도들은 각각 "다른 법률에서 벗어나겠다"고 선언하였다. 결정적인 순간에 기독교인 대변인은 이교도 마법사이자 라이트워터의 사제인 토르게이르(Thorgeir)에게 돌아서서 "그 법이 어떠해야 할 것인가를 말하도록 은화 세 닢을 주었다."

토르게이르는 그날 하루종일 땅에 누워서, 외투를 펼쳐서 머리에 뒤집어 쓰고 있었다. 그래서 어떤 사람도 그와 이야기할 수 없었다.… 그 이튿날 사람들이 법률의 언덕으로 가자, 토르게이르는 이렇게 말했다. "사태가 막다른 골목에 이른 것처럼 보인다. 만일 법에 분열이 있게 되면, 우리는 이 땅에서 더이상 살 수 없을 것이다. 그래서 나는 기독교인들과 이교도들 모두에게 그들이 내가 이야기하는 법을 택할 것인지를 묻고자 한다." 그들은 모두 그렇게 하겠다고 대답했다. … 그는 말했다. "이것은 우리 육의 시작이다. 모든 사람들은 기독교인들이 될 것이고 한 하나님을 믿을 것이다.… 그러나 모든 우상숭배를 떠나고, 어린 아이들을 내버려 죽게 하지 말고, 말고기를 먹어서는 안 된다. 어떤 사람에게서 그러한 일이 공공연히 행해진 것으로 입증되면 추방자가 될 것이다. 그러나 만일 이러한 일이 몰래 행해지면 그것은 결백한 일이 될 것이다." 그러나 모든 이교적인 것은 몇 년 안에 사라지게 되었고, 그래서 그러한 일들은 은밀하게나 공공연하게 행해지는 것이 허용되지 않았다(Dasent, 1861 ed., 1960 : 184).

 이러한 독특한 교회성장은 오늘날의 기독교인들에게는 의문스럽고 유쾌하지 않은 것으로서 천 년 전만 하더라도 북부 유럽에서는 보기 드문 일이 아니었다. 그러한 교회성장은 결코 다시 발생하지는 않을 것이다. 그러한 교회성장을 빚어 냈던 특수한 조건들은 이제 존재하지 않는다. 우리는 모두 그러한 야만성과 무지와 고립을 혐오하지 않을 수 없다. 그러한 것들은 유럽의 암흑시대에 성경과 구주에 대한 지식을 희귀하게 만들어서 단지 천박한 형태의 기독교만이 발전하게 되었던 것이다. 그러나 생각이 깊은 사람들은 그러한 난폭한 사람들이 "새로운 신앙을 따르기로" 결정한 것을 기쁘게 생각해야 할 것이다. 그들은 결정적인 한걸음을 내디딘 것이며, 이 발걸음으로 말미암아 위클리프나 녹스, 루터, 폭스, 웨슬레, 캐리(Careys), 하우게(Hauges)와 같은 사람들이 기독교적인 삶을 후대에 발전시키게 된 것이다. 일천 년 전의 아이슬랜드의 교회성장은 하나님을 기쁘시게 하는 복합적인 충실함의 일부였던 것이다.

라틴 아메리카 도시지역에서의 교회성장

 1964년에 복음주의 교회지도자들은 브라질 아라카주(Aracaju)에서 모여 선교사들과 함께 일년 동안 행해질 도시 규모의 복음 전도운동을 계획하였다. 그들은 그 도시를 여러 구획들로 나누어 각 구역에 한 교회를 할당하였다. 그들은 신앙부흥과 수확을 위해서 기도하기 위해 각각 세포들을 조직하였다. 성직자들은 불신자들이 길을 잃고 있다는 것과 죄를 회개하고 예수 그리스도를 주님이요, 구주로 받아들이는 자들이 복되다는 것을 설교하였다. 연합 옥외예배가 개최되었다. 하나님께서 복음전도자들로부터 초청되었다. 그 계획은 교회모임들로부터 시작해서 각 행정구역의 모든 복음주의자들의 모임에까지 진행되었다. 수십만 부의 전도지들과 쪽성경들이 배포되었다. 거리거리마다 인파의 행렬이 물결을 이루었다. 기독교인들은 두 명씩 짝을 지어 도시지역에 있는 모든 가정들을 방문하고, 사람들에게 주님의 도를 가르치기 위하여 모임에 초대되었다.

하나님의 성회(Assemblies of God)를 비롯하여 연합장로교회에 이르기까지 모든 복음주의 교회들은 이 운동에 협력하였다. 교회교회마다 기대감이 일어났다. 남녀노소를 막론하고 주일마다 사람들이 기독교 신앙으로 돌아왔으며, 그들의 이웃들과 친구들을 전도하는 일에 가담하였다. 그들은 죄를 고백하였다. 잘못한 것들을 보상하기도 하였다. 깨어진 가족들이 재연합되기도 하였다. 모든 교회에서 초신자들과 교리문답자를 위한 학급이 개설되었다. 그 운동이 끝나고 초심자들이 교육을 받고 세례를 받았을 때, 복음주의 교회들의 교인수는 배가 되었다. 세례교인수가 1,200명에서 2,400명이 된 것이었다.

이러한 교회성장은 위에서 서술한 다른 방식들보다는 북아메리카의 방식과 유사한 것이다. 아메리카인들은 이러한 방식이 옹골레나 로디지아에서 발생했던 것보다 더 실질적이고 더 영적인 것이라고 느낀다. 그 방식이 보다 더 영적인 것이라고 하는 데는 의견이 있을 수 있다. 그러나 그것은 확실히 다른 것이다. 이러한 특수한 형태의 성장은 특정한 상황에서만 가능한 것이다. 전체적인 대중은 이미 그 자체를 어떤 방식으로든 스스로 기독교적이라고 생각하는 것이 틀림없다. 대중은 성서가 자신의 경전이라고 믿으며, 전도지들과 쪽성경들을 읽고 그것을 염두에 두고서 설교와 증언을 듣는다. 다수공동체 지도자들로부터의 반대는 온순한 것이며 없다고 해도 과언이 아닐 정도의 것이다. 기존의 많은 복음주의자들은 회심하지 않은 이웃들과 친척들과 가까이 살아야만 한다. 기존의 교회들과 교단들은 철저히 민족적인 것으로 나타날 수 있도록 충분히 토착적이어야 한다. 그럼에도 불구하고 전 도시적인 규모의 전도운동을 재정적으로 뒷받침할 수 있는 선교회의 도움이 있어야만 한다. 교회들에는 주 예수를 받아들이는 것이 인간이 할 수 있는 가장 중요한 일임을 믿는 선교사와 민족지도자들이 있어야 한다. **그들의 지상의 의무로서의** 사회재건을 진척시키는, 또는 다른 종교들과의 대화를 모색하는 지도자들은 그러한 전도운동을 실패하게 할 것이며, 교회가 1년에 두 배로 증가하게 되는 것을 방해하게 될 것이다.

이렇게 요약하여 이야기한 여섯 가지 교회성장의 경우들은 하나님께서 그의 교회들을 증가시키는 것을 기뻐하시게 되는 과정의 복잡성을 개략적으로 시사해 준다. 몇몇 협곡들에서 노출된 석탄의 얇은 층들이 거대한 매장량을 시사해 주듯이, 그러한 경우들은 교회에 결정적으로 중요한 현상을 시사해 준다. 석탄을 채굴하여 이용하는 것이 사람들이 평생을 바쳐 연구해야 할 학문분야이듯이, 전혀 다른 차원에서 교회성장을 이해하고 그 이해를 세계복음화에 적용시키는 것은 많은 교인들의 필생의 사업이 되어야 할 것이다. 그 땅의 비천한 보화가 인간의 복지에 기여하듯이, 하나님의 섭리 가운데서 교회성장으로 나타나는 숨겨진 불은 오늘날의 모든 장애들에도 불구하고 이루어지는 것을 보게 될 보다 나은 세상에 크게 기여하고 있으며, 앞으로 더욱더 공헌하게 될 것이다. 기독교회가 아메리카나 다른 민족들의 문화들 가운데서 교회를 세울 때에, 교회는 그 문화들을 가진 사람들에 의해서 쉽게 이해될 수 있는 믿을 만한 증인들을 많이 증가시키게 된다. 교회성장은 "수십만, 수백만, 수천만, 수억만의" 사람들을 예수 그리스도에 대한 구원의 믿음으로 인도하게 될 것이다. 그리스도께서는 그들을 "모든 혈통, 언어, 민족, 국가"로부터 구원해 내고 있기 때문이다.

교회성장의 복합성에 대한 도식적 개관

헤아릴 수 없이 복잡한 교회성장은 아래와 같은 다섯 개의 분포자, 즉 축 위에 각 교회를 위치시킴으로써 더 잘 이해될 수 있다.

A. 의존성 대 자주성
B. 개인개종 대 집단개종
C. 전체 주민의 비례
D. 성장의 속도
E. 토착화

축 A에서 "가장 의존적인 교회"는 맨 왼쪽에, "가장 자주적인 교회"는 맨 오른쪽에 표시되게 된다. 다른 모든 교회들은 그들의 자주성의 정도에 따라서 그 사이에 표시되게 된다.

A. 의존성 대 자주성

| 1 | 2 | 3 | 4 | 5 | 6 |

위치 1에 해당하려면, 한 교회는 영적으로나 물질적으로 그 설립 선교회에 대단히 의존적인 것이다. 위치 6에 해당하려면, 그 교회는 해외로부터 선교회의 도움을 받지 않아야 하며, 그 교회의 내부적인 일을 효과적으로 수행해야 하며, 그 자체의 언어지역 안에서와 밖에서 기독교를 전파해야 할 것이다.

이와 유사하게 교회들은 그들의 성격에 따라서 양편 끝의 위치가 설정된 다른 네 개의 축들에 표시될 수 있을 것이다.

B. 개인개종 대 집단개종

| 1 | 교회가 순전히 개인적인 결단에 의해서 발생함. | 교회가 순전히 집단적 결정에 의해서 발생함. | 6 |

C. 전체 주민의 비례

| 1 | 교회가 관련된 계급이나 종족의 1%이하로 형성됨. | 교회가 관련된 계급이나 종족의 90%이상으로 형성됨. | 6 |

D. 성장의 속도

| 1 | 교회가 매10년마다 10%이하로 성장함. | 교회가 매10년마다 200%이상으로 성장함. | 6 |

52   Ⅰ. 신학적인 고찰

E. 토착화

| 1 교회가 외국 창설자의 틀로 형성됨. | 교회가 토착적인 틀로 형성됨. 6 |

만일 다음과 같은 축들에 아이슬랜드(A. D. 1000), 옹골레(1900), 로디지아(1952), 아라카주(1964), 캘리포니아(1970) 교회들을 머릿글자로 표시한다면, 다음과 같은 분포가 이루어질 것이다. 각 교회에 있어서 꼭대기로부터 맨 아래까지의 도식이 관찰되어야 하며, 상황의 복잡성을 반영하기 위해서는 **많은 이 이상의 축들이** 필요하다는 것을 기억해야 할 것이다. 이 다섯의 분포는 상당히 간단한 도식들만을 나타내 준다. 하지만 다른 수백여 교회들을 이 다섯 개의 다른 축들에 따라서만 표시한다고 하더라도 도식들의 수는 엄청나게 많아질 것이다. 옹골레 교회의 지그재그형 도표는 가능성들을 시사한다.

이러한 교회들의 정확한 연대는 꼭 필요한 것이다(1000, 1900, 1952, 1964, 1934). 왜냐하면 각 교회는 해에 따라서 변화하기 때문이다. 이러한 축들의 도식은 어떤 구체적인 때를 위해서만 계산될 수 있을 것이다. 매10년마다 변화하는 교회들의 운명은 가능한 성장도식의 복잡성을 더해 준다.

A. 의존성 대 자주성			
O	R A		I

B. 개인개종 대 집단개종			
R	A	O	I

C. 전체 주민의 비례			
A	R O		I

D. 성장의 속도			
R	A	O	I

E. 토착화			
R	O A		I

축 A로부터 시작해서 로디지아(R)와 옹골레(O) 교회들이 상당히 의존적이라는 것, 하지만 전자는 개인개종으로부터 발생했으며, 후자는 집단개종에 의해서 발생했다는 것을 주목해 보라(축 B).

축 E를 관찰하면서, 옹골레에서는 집단개종이 일어났으나 상당히 토착적이지 않다는 것, 하지만 집단개종으로 말미암아 옹골레 교회는 로디지아 교회와 같은 극단적인 위치에 서는 것을 막아 주었다는 것을 주목해 보라.

이 모든 다섯 축들에서 아이슬랜드 교회(I)의 위치에 관하여, 우리는 A. D. 1000년경의 극단적인 고립이 아마도 다른 것보다 오른쪽에 일률적으로 위치하게 된 것과 보다 많은 관계가 있을 것이라고 평가할 수 있을 것이다.

21세기에, 기독교가 유럽―아메리카나, 아프리카―아메리카―아시아의 각양각색의 문화들 전체를 통하여 확장될 때에 때와 장소에 따라 달라지는 많은 요인들이 각 교회의 성장도식을 독특하게 형성하게 될 것이며, 그 결과 각 교회는 각 축들에서 특수한 위치를 점하게 될 것이다. 다음과 같은 것들 가운데에 교회들이 최초로 발생하게 되는 방식들이 있게 될 것이다. 즉 창설하는 교회들이나 선교회들의 신학적, 교회론적 신념들(그리고 진수), 반대의 정도, 성장의 속도, 창설자들에 의해서 발산된 문화적 이질성의 취향, 성장하는 교회에 의해서 발산된 친근한 향기, 최초의 기독교인들의 경제적 여건, 그들의 믿음과 기도생활의 강도, 그리스도와 성경에 대한 충성심의 확고함―이러한 모든 것들과 많은 다른 요소들이 있다.

각기 다른 수천개의 경우들은 수십 종류의 성장유형으로 분류될 수 있다. 이 분야에 대한 우리의 지식수준으로 볼 때, 이러한 분류를 시도하는 것은 너무나 이른 일이다. 그러나 분명히 몇 가지 양식들은 다음과 같이 이야기될 수 있을 것이다. 하지만 보다 간결하게 표현될 수도 있다. 우리는 성장을 다음과 같은 사항들을 통하여 인식할 수 있을 것이다.

이름뿐인 기독교인 주민들로부터의 개인적인 접근(아메리카에서 흔한 형태)

Ⅰ. 신학적인 고찰

　　비기독교인 주민들로부터의 개인적인 접근
　　높은 공동체 의식을 지닌 종족들의 운동
　　낮은 공동체 의식을 지닌 종족들의 운동
　　해체되는 사회들 안에서의 거미집운동
　　새로운 터전에서 활동하는 선교회들
　　자신들의 혈연 사이에서 활동하는 선교회들

　이러한 각각의 양식들 아래에는 더 세분화된 다양성들이 기록될 수 있을 것이다. 예컨대 높은 공동체 의식을 가진 종족운동에는 인도의 카스트 계급들의 종족운동, 많은 나라들의 종족들의 대중운동, 런던에서의 중국인들과 같이 많은 나라들에 있어서 비기독교 소수 종족의 운동이 포함될 수 있을 것이다. 인도에서 수백개의 카스트 계급들은 사회적으로, 경제적으로, 인종적으로, 언어적으로 서로 크게 다르기 때문에 이렇게 큰 나라에서의 인간운동은 수많은 세분화된 다양성을 가지게 될 것이다. 또한 비기독교인 주민들로부터의 개인적인 접근에는 세분화된 다양성들이 있을 수 있다. 예컨대 세속주의자들, 애니미즘 신앙자들, 고상한 불교인들, 애니미즘적 불교인들, 고상한 힌두교인들, 힌두교인 애니미즘 신자들, 코란경을 믿는 모슬렘들, 애니미즘적 모슬렘들, 마르크스주의 골수분자들, 명목상의 마르크스주의자들, 그밖의 많은 사람들의 개인적인 접근이 있을 수 있다.

요 약

　교회성장의 본질과 참된 근원을 이해하기 위해서 교회성장의 실제적인 경우들을 분류해 보려고 한 가능한 시도들을 살펴 보게 되면, 우리는 우리가 대하게 되는 다양성으로 인하여 어리둥절할 수 밖에 없다. 교회가 인류의 누적되는 복잡성을 생각하고 각각의 민족적, 언어적, 문화적 단위들 안에서 교회가 각기 다른 비율로, 각기 다른 방식으로 성장해 왔다는 것을 관찰할 때에, 교회는 하나님께서 행하도록 부르시는 과제에 놀라게 된다. "가서, 모든 족속(*panta ta ethne*)—계급, 종족, 혈통, 땅의 백성들—

으로 제자를 삼으라." 바로 이러한 이유 때문에 교회의 확장은 충실함으로 파악되어야 하는 것이다. 교회, 교회들, 모든 기독교인들은 사람들이 하나님과 화해하게 되기를 간구하면서, 그들의 이웃과 민족들을 모두 제자로 삼으면서, 최종적인 결과를 하나님께 맡기면서 충실하게 앞으로 나아가야만 하는 것이다.

2
하나님의 뜻과 교회성장

교회성장은 오늘날 분열과 미움과 전쟁이 가득 찬 만화경 같은 세계 가운데 있는 교구와 해외에서 수행되어져야만 한다. 이러한 세계에서 소련은 수억의 사람들의 눈 앞에서 카불을 점령하고 있으며, 세계평화에 대한 전망은 인간을 당혹하게 하기도 하고 영감을 주기도 한다. 이러한 세계 가운데서 오랫동안 전통적인 신앙과 충절에 매달려 있던 남녀들은 새로운 과학적 진리, 세계 문명, 풍요로운 삶에 대한 꿈, 민주주의와 공산주의의 원리들, 그리스도 안에서의 하나님의 혁명적인 계시와 접하게 되었다. 이전에 적응했던 표준들, 사회적, 정치적, 경제적, 종교적 도식들에서 털고 나와서, 그들은 보다 낫고, 보다 참되고, 보다 만족스러운 삶의 방식들을 찾고 있다. 인구폭발로 말미암아 새로운 도시들에서나 오래된 지방에서 모두 헤아릴 수 없이 많은 사람들의 수가 증가하고 있다. 그들은 그들의 부모들보다 더 많은 변화의 영향을 받게 될 것이다.

이러한 세계 가운데서 선교는 하나님께서 원하시는 것임에 틀림없다. 그것은 인간이 주도권을 가지는 행위가 아니라 **하나님의 선교**(missio Dei)이다. 하나님 자신이 그것을 책임지시기 때문이다. 따라서 선교의 문제들은 그의 계시된 뜻 가운데서 고찰되어야만 한다. 그 자신을 그리스도 안에서 드러나도록 하신 하나님은 어떤 종류의 선교를 원하실까? 그것은 선교가 본질적으로 그리고 신학적으로 무엇을 의미하느냐 하는 문제이다.

"인간을 위한 하나님의 계획"으로 규정되고 있는 선교는 분명히 다면적인 것이다. 그 프로그램의 각 측면이 선교라고 불리워질 수 있다. 하나님께서는 이러한 각양각색의 선한 행위들 가운데 어떤 것에 우선권을 부여하였는가? 예컨대 하나님이 보시기에 미국의 모든 시민들을 위해서 교육의 기회의 동등성을 확립하는 것이 고속도로를 아름답게 단장하는 일보다 우위성을 가지는 일인가? 우리는 그가 그렇게 원하시리라고 믿는다. 이러한 일들에 있어서 그의 뜻은 그의 계시로부터 배울 수 있으며 기독교인들에게는 명령적인 것이다.

하나님은 무엇을 원하시는가?

하나님의 선교의 수많은 측면들을 하나씩 하나씩 고찰할 필요는 없다. 오늘날 삶의 취사선택권은 편리하게 집단화되었다. "하나님이 원하시는 것"을 교회가 직면하고 있는 당황스러울 정도로 많은 훌륭한 대안들 가운데서 우리의 길을 선택하는 일에 도움이 될 범위를 사용하여, 간단하게 보다 쉬운 선택집단들을 살펴 보기로 하자. 먼저 선한 일이 인간과 그리스도 안에 계신 하나님이 화해하는 일에 반대되는 것으로 간주해 보자.

그리스도의 빛 가운데서 폭발하는 지식, 대중들, 혁명들, 육체적인 요구들, 절망적인 영적 굶주림과 헐벗음, 거짓 신들과 악마적인 이념들에 노예화되는 세계를 바라볼 때에 우리는 기독교인의 선교가 확실히 많은 활동들을 수행해야 함을 실감하게 된다. 그 수효는 엄청나게 많고 그 부름은 너무나도 긴박하여 기독교인들은 그러한 일들 사이에서 쉽게 길을 잃어버리며, 그러한 모든 것들을 동등한 선교로서 파악하게 된다. 그러나 선을 행함에 있어서 그들은 가장 최상의 것을 잃어버릴 수 있다. 예비조건들을 갖추면서 그들은 가장 중요한 사냥감을 놓치는 것이다. 그들은 환자가 콜레라로 죽어가고 있는데 몸을 치료하는 일에 매달릴 수 있는 것이다. 어떤 것이 우선적인 것이냐 하는 문제는 회피할 수 없는 것이다. 이렇게 급변하는 잔인한 혁명적인 시대에, 많은 행위들이 요구되는 시대에 그러한 행위들의 비중을 올바르게 할당하는 것은 건전한 정책에 있어서 핵심적인 것이다. 그리고 우리의 활동들에 있어서 참되고 건전한 비율의 적정선은 하나님의 계시된 뜻의 빛 가운데서 성경적 원리들에 따라 결정되어야만 한다.

그리스도 안에 나타나신 하나님의 다른 바램들 가운데서 그는 두말할 나위도 없이 사람들이 발견되기를—즉 그 자신과 화해하게 되기를 원하신다. 하나님께서는 다른 목적들도 갖고 계신다는 것을 가장 충심으로 인정한다고 하더라도, 우리는 **사람들을 찾으시는** 하나님을 섬기고 있다는 것을 기억해야 한다. 하나님은 사람들이 구원되어야만 한다는 우선적인 관심을 갖고 계신다. 하지만 우리는 말씀, 즉 성경의 증거가 인간은 "길을 잃었다"고 분명하게 이야기한다고 이해한다. 찾으시는 하나님은 그들이 **발견되기를** 원하신다. 즉 예수 그리스도와의 구속적인 관계에 이르게 되고, 그의 이름으로 세례를 받고 그들이 그의 집안의 식구가 되기를 원하시는 것이다. 그는 길을 찾을 수 있는 많은 양들이 산 위에서 낙오된 채로 있으며, 혹심한 바람에 떨고 있는 것을 기뻐하지 않으신다. 보다 많이 발견할수록, 하나님께서는 보다 더 기뻐하시는 것이다.

따라서 선교의 특성들 가운데 중요하며 다른 것으로 대체될 수 없는 것은 바로 이것이다. 즉 선교는 거대하고 계속적인 하나님의 찾으심이라는 것이다. 중요하고도 다른 것으로 대체 불가능한 선교의 한 목적은 교회성장이다. 섬김은 선한 것이다. 그러나 그것은 결코 찾음을 대신할 수 없다. 우리 주님께서는 주린 자를 먹이고, 병든 자를 고치는 것으로 만족하시지 않았다. 그는 더 나아가서 그의 목숨을 많은 사람들을 위한 대속물로 주셨으며, 그를 따르는 자들을 모든 민족들을 제자로 삼기 위해 보내셨다. 또한 섬김이 전도를 희생시키면서까지 불균형스럽게 강조되어 찾을 수 있는 사람들이 계속 길을 잃은 상태로 남아 있어서는 안 된다. 섬김과 교회를 세우는 일이 적정비율을 유지하는 가운데 성취되고 있는 성장의 정도가 항상 고려되어야만 한다. 하나님의 종들은 급변하는 세계 가운데서 선교를 수행하며, 계속해서 섬김과 전도의 비율을 조정해야만 한다. 그래야 교회는 소수의 흩어진 세포들로부터 주민들 가운데 중심적인 다수를 형성할 정도로 성장하게 되며, 이해에 **최대치의 발견이 일어나게 되는 것이다.**

둘째, 사회질서의 기독교회를 "모든 인종과 언어와 백성과 국가" 전체에 기독교인들로 된 세포확장에 반대되는 것으로 보도록 하자.

오늘날, 죄악된 사회질서는 모든 곳에서, 특히 사려깊은 기독교인들이 많고 강력한 곳에서 그들을 괴롭힌다. 가진 자들과 못가진 자들의 엄청난 빈부의 차이, 그리고 억압받는 소수파들에 대해 가해지는 잔혹한 처우는 분명히 우리 주 예수 그리스도의 하나님 아버지의 뜻에 반대되는 것이다. 각기 다른 신학적 견해를 가진 기독교인들도 이것을 인정하고 있으며, 각기 다른 방식으로 그들이 책임을 맡은 영역에서 그것을 바로잡기 위해 일하고 있다. 그들은 이러한 준-기독교적 관행들에 대항해서 광범위한 전쟁을 수행하고 있으며 그러한 일에 참여하고 있는 정도는 매우 뚜렷하다.

그러나 그들은 전도에 부여하고 있는 상대적인 중요성과 사회질서를 기독교화하는 일에 부여하고 있는 상대적인 중요성에 있어서 대단한 차이를 두고 있다. 한 학파는 직접적인 이유에 근거하여 사회질서의 기독교화에 비중을 둔다. 오늘날 그들에게 가장 절박한 것으로 보이는 일은 그들과 선한 뜻을 가진 다른 사람들, 그리고 모든 종교인들과 비종교인들이 보고 있듯이 비극적인 인간의 상황이라는 것이다. 다른 학파는 예수 그리스도의 삶과 죽음과 부활의 빛 가운데서 성경적 원리들에 기초하여 전도에 비중을 둔다. 이 학파는 사회질서의 기독교화란 그리스도 안에서의 새로운 삶과 교회의 증가의 산물이며, 따라서 우선 순위에 있어서 낮은 순위에 해당되는 것이라고 주장한다. 확실히 어떤 환경 하에서 그리고 제한된 시간 동안에는 사회질서의 어떤 측면을 기독교화하는 것에 보다 높은 우선권을 두는 것이 정당할 수 있고, 전도보다 더 큰 주목을 받을 수도 있을 것이다. 60년대를 지배하였던 상황에서 일부 기독교 지도자들은 한동안 사람들을 그리스도에게로 인도하는 일에서 돌아서서 인권투쟁을 지향하였다. 그러나 대체로 거듭난 기독교인들의 세포를 증식시키는 일이 계속 보다 높은 우위를 유지하고 있다. 모든 인종들로 이루어진 실천하는 수백만의 아메리카의 기독교인들이 아니었다면, 인권투쟁은 결코 높은 우위로 올라갈 수 없었던 것이다.

1977년 3월 *Church Growth Bulletin*에서 조오지 헌터(George Hunter)는 이 점을 강경하게 주장하였다. 그는 말한다. "나는 그 '거룩한 가방'을 기독교인의 사회적 행동―평화, 식량, 화해, 정의―으로 삼고 있는 교회 안에 있는 자들에게 말한다.… 지난 19세기들에 걸쳐서 세계의 어느 곳을 막론하고 기독교의 운동이 제자삼기를 강조했을 때, 두 가지 일이 일어났었다.… 우리는 일부 새로운 사람들을 제자들로 만들었으며, 여러 교회들을 세워 왔고, 우리들의 수에 비례하여 사회적 영향력을 행사해 왔다. 그러나 기독교의 선교가 제자삼기를 소홀히 하고 그리스도의 일이 다른 측면들에 집중될 때에, 우리들은 항상 많은 제자들을 얻지 못했으며, 많은 교회들을 세우지도 못했고, 많은 사회적 영향력도 갖지 못했다! **참여하는 기독교인들을 많이 얻지 못한다면 우리의 사회적인 대의들도 승리하지 못할 것이다.**"

기독교인들의 많은 세포들이 사회의 한 주어진 구획 안에 존재하게 되기까지 그 성원들은 정의로운 질서를 발생시키기에 합당한 조치들을 취할 수 없다고 결론을 내릴 수 있지 않겠는가?

하나님은 그의 백성에게 이러한 선택에 직면하여 이러한 우선 순위를 기억하면서 "사람들을 찾는 일"과 사회적 행위를 수행하는 일을 진행시켜 나가라고 명령하신다. 머리되신 주님과의 결정적인 관계 속에서 살아가는 기독교인 회중들은 개인생활과 집단생활 안에서 성령의 열매를 맺어야 할 것이다. 교회들은 성령이 오늘날 공동체 생활 가운데서 요구하시는 것을 그 성원들에게 올바르게 보여 주어야 한다. 이 모든 것을 인정한다손치더라도 찾으시는 하나님은 길을 잃은 인간 존재들의 기본적인 요구가 최소화되고 소홀히 될 때에―즉 죄를 회개하고, 주 예수를 믿고, 그를 순종하는 마음을 따라서 세례를 받고, 성령으로 충만한 생활을 하는 것이 등한시될 경우에 제한된 일부 전선들에서의 승리를 기뻐하시지 않는다.

탐색의 신학과 추수의 신학

지금까지 선교는 "인간을 위한 하나님의 통전적인 계획"으로 규정되어 왔으며, 따라서 우리는 그러한 정의로부터 발생하는 여러 가지 대안들을 생각하여 왔다. 이제 선교는 훨씬 더 의미있게 정의될 수 있을 것이다. 성경 안에서 계시된 바 하나님은 사람들을 예수 그리스도와의 살아 있는 관계 안으로 인도하는 것에 최고의 우선권을 부여하셨기 때문에, 우리는 좁은 의미의 선교를 **예수 그리스도의 복음을 선포하는** 것과 사람들로 하여금 그의 제자들이 되도록, 그리고 그의 교회의 의존적인 지체들이 되도록 설득하는 것에 전념하는 일이라고 정의내릴 수 있을 것이다. 선한 행위들과 사회적 행동, 전도 사이에 우선 순위를 정한 후에도 교회는 여전히 많은 대안들 가운데서 당황하게 되며, 따라서 만일 우리가 그러한 대안들 가운데서 찾으시는 하나님이 원하시는 길을 발견하려고 한다면 이러한 정의가 필요할 것이다.

"육신이 되어 우리 가운데 거하시는" 하나님은 사람들이 구원을 받는 것에 가장 큰 관심을 가지고 있으며, 따라서 그의 선교도 그러한 일에 관심을 가져야만 한다. 오늘날의 응답하는 세계 안에서 그러한 선교는 신약성경이 제시하기 위해서 독특하게 준비하고 있는 추수의 신학을 요구한다. 그럼에도 불구하고 이 결정적으로 중요한 시대에 많은 기독교인들은 씨뿌림의 신학에만 철저하게 사로잡혀 있다. 이것은 탐색의 신학(theology of search)이라고 말할 수 있을 것이다. 그 신학은 막 끝나가고 있는 선교의 시대에 발생하였다. 그 신학은 기독교의 선교에 있어서 본질적인 것을 찾음이 아니라 어디든 가서 복음을 선포하는 것이라고 주장한다. 이러한 사실에 대하여는 우수한 성경적 근거가 뒷받침되고 있다는 것이다.

탐색의 신학은 네 가지 주요 요인들의 영향을 받아서 그 주요 신앙을 형성하였고, 따라서 이러한 요인들이 그 발생시에 행했던 역할을 이해하지 않고서는 그 신학을 이해할 수는 없다.

첫째, 그 신학은 국내에서의 무관심과 해외에서의 적대감에 직면하여 발생하였다. 서양의 교회들은 국내에서의 선교를 자연스럽게 수행하지 않았다. 다른 나라들에서의 비기독교인들의 회심은 교회에 희생이 따르고, 정치적으로 불편하며, 간섭을 하게 되는 일이며, 위험하고 하나님의 뜻이 아닌 것처럼 보였다. 각 교단들이 해외선교에 참여하게 되기까지는 각 교단들에서 선지자들이 일어나서 일깨우는 작업이 있었다. 선교회들은 교회들의 변두리―여성들 사이에서, 독실한 신도들 사이에서, 또는 특별히 관심이 있는 사람들 사이-에서 조직될 수 밖에 없었다. 해외에서 기독교 선교는 반대에 부딪쳤다. 서양의 무역상들은 선교사들이 그들의 사업에 방해가 되지나 않을까 하여 반대하였고, 어떤 문화들은 기독교를 침략적인 제국주의의 창끝으로 간주하여 반대하였다. 기독교 선교는 그것이 국내에서 연약하였고, 해외에서는 어려운 곤경에 처하였던 오랜 기간 동안에 든든한 뒷받침이 될 신학을 필요로 하였다. 바로 이러한 일을 탐색의 신학이 감당하였다. 그 신학은 그 결과들이 선교와 어떤 관계를 가지고 있다는 것을 끈질기게 부인하였다. 탐색의 신학은 하나님의 뜻이었다.

둘째, 최근에 기독교 이외의 종교들에 대한 연구에 기초한 거대한 상대주의는 서양을 휩싸고 있으며, 기묘한 방식으로 탐색의 신학을 괴롭히고 있다. 그 상대주의는 그리스도가 완전하고, 최종적이며, 모든 것을 단번에 계시한 하나님의 계시라는 교리를 강력하게 공격하였다. 또한 이 당연한 결과로서 모든 기독교인은 그리스도를 선포해야만 하며, 사람들을 설득하여 그의 제자들이 되게 하고, 그의 교회의 책임있는 지체들이 되도록 해야 한다는 교리를 공격하게 되었다. 이러한 상대주의는 근본적으로 동정적인 충동의 산물이기 때문에 보다 강력하며, 보다 교활하다고까지 말할 수 있을 것이다. 지난 50년이 채 못되는 기간에 우리는 이전에는 잘 알지 못했던 민족들과 나라들과 민족의 역사들과 문학과 민족예술의 모든 종류들이 서로 전달되고, 운송되고, 문화적으로 교류되고, 인정되는 변화된 세계를 물려받게 되었으며, 이렇게 인간의 관심과 지식이 집합된 가운데서 단 몇 가지의 줄기들에 불과한 명성을 이어받게 되었다. 동시에 서양 교육제도의 무한한 혜택으로 말미암아 다른 대륙들에서 온 방문자들이 서양과 그리고 그들 주변에 있는 다른 민족들과 보다 가까이 의사소통을 하게 되었다(이러한 혜택은 역으로 서양인들에게는 소용이 되는 것이 결코 아니다). 그리고 서양에 대해서 보다 많은 말을 하게 된 그들은 귀중한 사람들인 우리들에게 실질적이고 현실적으로 부각되고 있다.

우리들 사이에 있는 새롭고 온화한 상대주의는 기독교 이외의 종교들의 풍요로움 앞에서 경의를 표하거나, 치료를 하거나, 상처를 입히기가 불안하여 평가를 중단하고 있는 것이다. 서양 사람들이 때때로 그러했듯이 과거의 철저한 무관심을 보충하기 위해서 열심히 노력하고 있는 것이다. 하나님께로 이르는 데에는 많은 길들이 있으며, 인간은 그들이 가지고 있는 어떤 빛을 따르든지 신실함에 의해서 "구원"받는다고 결론짓는 것은 잘못된 것이다.

한편, 감수성이 예민한 기독교인들은 기독교인들이 지배했던 서양 사회에서의 잔악함, 인종차별, 형제애의 결핍과 같은 혐오스러운 현상들을 부끄럽게 여겨서 다른 종교를 자신의 종교보다 무가치하다고 이야기하기를 주저하고 있다. 선교와 교회성장의 솔직한 현실들을 이야기하는 데에는 확실히 거리낌이 되는 요소들이 있다. 종교적 상대주의의 태도에 있어서 그러한 평등주의적 요소로 말미암아 성경을 신화적인 것으로 생각하고, 기독교 자체를 단순히 유대-기독교적 생활방식에 불과한 것으로 생각하는 사람들 사이에서는 이러한 거리낌이 때때로 거의 예절상 필요한 것으로 간주되고 있다. 상대주의는 그들이 이질적인 인종들이나 신조들에 대한 억압과 경멸의 전체 인간역사에 대한 반동을 표현하는 방식들 가운데 하나이다.

확실히 대부분의 헌신적이고 지식을 갖춘 기독교인들은 그러한 의미에서의 상대주의를 받아들였다고 생각하지는 않을 것이다. 그러나 그러한 상대주의적인 분위기가 그들과 그들의 선교사들을 감싸고 있으며, 그들이 해야 할 가장 가치있는 일이 무엇인가에 대한 생각에 크게 영향을 미쳤다. 상대주의에 영향을 받은 자들은 또한 탐색의 신학에 동의하였다. 그들은 말하기를 사람들을 찾고 말씀과 행위로써(특별히 친절한 행위로써) 그리스도를 선포하는 것이 옳다고 한다. 그러나 실제적인 개종을 하기 위해서 일하는 것은 잘못된 것이라고 본다. 그들은 교회를 세우던 시대는 분명히 끝났다고 주장한다. 다른 종교들과의 우호적이고 협력적인 관계 가운데서 선교의 목표는 새로운 인간성, 새로운 정의롭고 협동하는 사회를 발전시키는 것이라고 한다.

사회를 개혁하고자 하는 오늘날의 열정과 결합된 현대의 거대한 상대주의로 말미암아 대부분의 에큐메니칼 교회들과 선교회들은 전도와 교회 증가로부터 전향하게 되었다. 기독교의 선교에 있어서 이러한 결정적인 사건의 기록적인 역사는 광범위한 것이다. 그것에 대한 간략한 언급은 다만 탐색의 신학(또는 탐색의 신학의 좌파에 해당하는 신학적 입장)이 추수의 신학으로 대체되는 것이 얼마나 쉬운 일인가를 예증해 줄 뿐이다.
 "탐색"의 신학에 영향을 미친 세 번째 요인은 급속하게 발전하는 서양에서의 삶의 표준과 아프리카-아메리카-아시아에서의 대중들의 삶의 표준 사이의 엄청난 간격이었다. 이러한 간격으로 말미암아 선교사들은 모든 곳에서 행해야 할 많은 선행들을 발견하게 되었다. 20세기 서양과 비교해 본다면, 아프리카-아메리카-아시아에서의 사람들의 건강상태, 문맹도, 영양상태, 위락시설, 생산물, 청결함, 계몽상태, 전체적인 도움 등은 개선되어야 할 여지를 많이 남겨 놓고 있었다. 선교사들은 학교, 병원, 농업시범단지 등에 대한 요구들로 괴롭힘을 당할 정도였다. 그의 기독교의 메시지는 의심을 받았으나, 그의 서양의 문화적 부속물들은 상당히 많이 요구되었다. 그는 많은 개종자들을 낼 수 없었다. 그러나 그는 많은 병원시설들을 만들어 낼 수 있었고, 많은 학교 졸업장을 만들 수는 있었다. 그의 뜻과는 달리, 그리고 그의 진정한 과제는 민족들을 제자로 삼는 것이라는 그의 신실한 주장에 거슬려서, 그는 모든 종류의 박애활동에 끌려들 수 밖에 없었다. 이러한 활동들은 "복음을 위한 준비작업"으로, "복음을 선포하기 위한 보다 효과적인 방식"으로, 때로는 복음 만큼이나 의로운 일로 옹호되었다.
 네째, 교회는 선교를 행하면서 많은 현장들에서 교인수가 대단히 작게 성장하였다. 교회는 개종자들의 수에 의지하지 않는 존재근거와 계속 존재할 근거를 찾아야만 했다. 그러한 상황 하에서 교회는 "오로지 탐색"만이 하나님의 명령이었다고 선포한 선교의 신학을 기꺼이 받아들였다. 결과를 계산해서는 **안 된다**는 것이다.
 이러한 네 가지 압력들에 몰린 탐색의 신학은 결과를 강조하는 것을 강력하게 공격하였다. 환자들이 치료되었는가, 학생들이 한 학급에서 얼마나 상급학교에 진학하였는가, 평당 몇 톤의 쌀이 생산되었는가, 정부가 얼마나 인정하고, 사람들이 얼마나 갈채를 보내는가라는 관점에서 점수를 매겨서는 안 된다는 것이다. 이러한 것들이 탐욕스럽게 추구되었다. 그러나 그리스도에게로 인도된 사람들이라는 관점에서의 결과들은 교회의 폭 넓은 활동을 의심하게 되었다. 결과들은 기독교 선교의 목표로 분명하게 포함되는 일이 거의 없었다. 기껏해야 지극히 희귀한 경우들에만 교회의 대변인은 그가 숫자적인 증가에는 관심이 없으며 오히려 변화된 삶에 관심이 있다고 서둘러서 이야기한다. 선교에 관한 저술가들은 서로 경쟁하듯이 숫자의 가치를 낮게 평가한다. 잃은 양을 찾아 나섰던 목자들은 문에서 만나서, 그들은 얼마나 많은 양을 찾는가에 특별히 관심을 가지고 있지 않다고 이야기한다.

전형적인 소식은 이렇게 기록한다. "에브리미쇼너리(John P. Every-missionary) 목사와 그의 동역자들은 학교와 병원과 진료소들과, 개선된 농사기술, 식량증산, 목축과 전도라는 광범위한 프로그램을 수행하고 있다." 이러한 목표를 가지고 있으니 통상 "발견된" 자들의 수는 적게 마련이다. 주로 강조되는 것이 사람들을 하나님과 화해시키는 것이 아니다.

탐색의 신학이 해외 선교회들에만 영향을 미쳤다고 생각해서는 안 된다. 그것은 또한 아메리카의 목회자들의 효력을 감소시킨다. 그들은 자신들의 지역에 교회가 있다는 사실로 만족하고 있다. 만일 어떤 사람이 복음을 듣기를 원한다면, 그는 아침예배에 참석할 수 있다. 그들은 추수되기를 기다리는 영혼들에 대한 추수라는 개념을 너무나 강압적인 것이라고 생각한다. 그러한 태도는 성경을 너무나 문자적으로 보는 것이다. 이러한 탐색의 신학을 지향하도록 강요하는 모든 다양한 요인들이 아메리카의 회중들과 신학교들에서 발견된다. 하지만 아마도 보다 정확하게 말하자면, 아메리카에서 그러한 요소들은 현상유지의 신학이라고 불리울 수 있을 것이다. 그러한 것들이 어떤 이름으로 불리우든지 그들은 계속적인 전도에 열렬한 관심을 갖지 말 것을 되풀이해서 가르치고 있는 것이다.

하나님은 탐색의 신학을 기뻐하시는가?

탐색의 신학은 예수 그리스도 안에 계시된 하나님께 대하여 진실된 것인가? 하나님 앞에서 우리는 다음과 같은 세 가지 물음들을 물으려고 한다. 이 물음들의 구체성은 어떤 사람들에게는 거슬릴지도 모를 일이다. 그러나 우리는 이 문제를 다음과 같은 질문으로 좁혀나가는 것이 가장 바람직하다고 생각한다. **하나님**은 헤아릴 수 있는 사람들이 그리스도에게로 돌아오는 것에 관심이 있으신가?

1. 신학적으로 말해서, 발견되는 사람들의 수는 탐색의 방향과 강도와 어떤 연관성을 가져야 하는가?
2. 하나님 앞에서 가장 신실하게 이야기하자면, 회개와 제자직에로의 부름에 순종하는 죄인들의 수는 어디서, 어떻게 그 부름이 제시되는가에 영향을 미쳐야 한다고 생각하는가, 그렇지 않은가?
3. 사람들이 하나님과 화해하지 않을 곳에서보다는 화해할 곳에서 그리스도를 선포하는 일이 하나님을 기쁘게 하는 일이 아닌가?

이러한 물음들은 미국과 전 세계에서의 교회의 확장과 연관된 하나님의 뜻에 초점을 맞추고 있다. 이러한 문제들은 교회성장이 오늘날 우리의 문화적 상황 안에서 용이한 것인가, 아니면 인간적으로 바람직한 것인가의 여부에 관련되는 것이 아니다. **하나님은 무엇을 명령하시는가?** 그것이 문제이다.

탐색의 신학을 가지고 있는 기독교인들은 이 세 질문들에 대하여 "아니요"라고 대답할 것이다. 그들은 선교라는 것은 사람들이 든든 아니 든든지, 그들이 순종하든지 그렇지 않든지 **어디서든** 말씀과 행동으로써 그리스도를 선포하는 것이라고 주장한다. 하나님은 에스겔에게 이렇게 명령하셨다. "너의 백성에게 가서 그들에게 말하라. 그들이 든든 아니 든든지 '여호와께서 이렇게 말씀하신다.'" 많은 사람들은 교회의 선교가 이와 같은 방식으로 그리스도를 선포하는 것이라고 주장한다. 이러한 입장은 결과들에 대해서 중립적이다. 우리는 그것을 중립적 입장이라고 부를 수 있을 것이다. 결과들에 눈을 돌리는 것은 하나님께 대하여 건방진 것이며 동료 인간에 대해서는 강압적인 것일 수 있다는 것이다.

이러한 선교관은 여러 가지 방식으로 신학적으로 정당화된다. 어떤 사람들은 주장하기를 천년왕국에 앞선 이러한 섭리 가운데서 하나님은 이방인들로부터 제한된 수의 사람들을 택하여 그의 교회가 되게 하신다고 한다. 기독교인은 그의 목적들에서 아무 것도 더할 수도 뺄 수도 없다는 것이다. 때가 차면 천년왕국이 도래할 것이다. 교회와 성령이 세상으로부터 들리워지게 되면, 하나님께서는 먼저 유대인들을, 그리고 그 다음으로는 이방인들을 그 자신과 화해하도록 하실 것이다. 따라서 오늘날의 선교는 단순히 모든 피조물에게 복음을 선포하는 일이다. 우리는 누가 구원받고 누가 구원받지 못할 것인가를 이야기할 수 없다는 것이다.
 어떤 기독교인들은 우리 시대의 사회적 경향들을 변화시키는 것 뿐만 아니라 심리학을 연구하였다. 그들은 인간이 쉽게 그의 행위들을 합리화시키고 부도덕한 행위들에 대하여 완벽한 동기들을 부여한다는 것을 알고 있다. 그들은 "사람들을 그리스도에게로 인도하는 것" 또는 "교회를 세우는 것" 또는 "하나님의 나라를 확장하는 것"이 실제로 제국주의, 오만, 또는 무의식적으로 은혜를 베푼다는 우월감의 표현이라고 생각한다. 바꾸어 말하자면, 기독교인의 딜렘마는 교회가 **그 사람의** 교회라는 점이다. 만일 그가 사람들을 그 안으로 끌어들이고자 한다면, 그는 그 자신의 자아를 구축하고 있는 것이다. 그는 천진스럽게도 사람들을 그 자신의 목적에 몸을 굽히게 하고, 그 사람들을 **자신의** 종교의 과시에 이용한다는 것이다. 최근에 한 저술가는 전도가 "소수의 개인적인 또는 집단적인 뜻을 그리스도의 이름으로 다른 사람들에게 강요하는 방법"이라는 이론에 근거하여 모든 전도에 반대하였다. 그러한 기독교인들은 선교라는 것은 그리스도가 우리를 위해서 행하신 일에 대한 순수한 감사의 마음에서 그리스도를 단순히 선포하는 것이라고 주장한다. 그들은 진정한 기독교인은 "사람들의 세계 안에서의 어떤 '결과'를 구하지 않고 그리스도를 선포한다"고 말한다. 따라서 사람들을 조종하는 위험이 없이 또는 어떤 방식으로든 사람들을 기독교인이 되도록 설득한다는 것이다. 그러한 순수한 유형의 전도에 대해서 아무도 거슬릴 사람은 없다. 그리스도를 고백함으로써 하나님을 찬양하는 것은 기독교인이 멀리할 수 없는 권리이다. 이러한 방식은 아무도 강요하지 않으며 아무도 개종시키지 못한다. 그럼에도 불구하고 성령께서는 다른 사람들에게 죄를 확신시키고, 그들을 회개로 부르며, 교회들에 많은 사람들을 더하기 위해서 완전히 하나님께 중심을 둔 이러한 선포를 사용하실 수 있고 사용하신다.
 여섯 대륙들, 특히 북아메리카와 유럽에서 침체하고 쇠퇴해 가는 교단들 가운데 일부에 있어서 그들의 침체된 상황의 원인은 위에서 말한 왜곡된 전도관이 평신도 지도자들과 성직자 지도자들에게 침투하였다는 데 있다.
 여전히 어떤 기독교인들은 "그리스도 사건의" 신학에 크게 의존하여 모든 생명을 가진 것들에 대한 그리스도의 주권을 선포하는 것이 선교라고 말한다. 그리스도는 역사의 중심으로 오셨다. 선교는 이 사건을 말과 행위로 선포하는 것이다. 산업생활, 정치생활, 조직인, 원시인, 도시인, 비인간화된 인간, 현대인—그리스도께서는 이 모든 것들의 주가 되신다. 기독교인들은 그를 그렇게 인식하고 살 때에, 그들은 선교를 수행하고 있는 것이다. 그러나 여기서 다시 기독교인은 그가 하나님이 아니라 인간임을 기억하게 된다. 그는 단지 그리스도 안에서 행해진 하나님의 행위를 선포할 뿐이다. 숫자에 관심을 갖는 것은 주제넘은 일이다. 하나님은 그가 원하시는 자는 누구든 교회 안으로 불러모으신다. 기독교인들은 수의 결과에 관심을 갖지 않는다. 그것은 엄격하게 하나님 소관인 것이다.

일부 기독교인들은 하나의 영혼이 무한한 가치를 지닌 것으로 간주하기 때문에 숫자를 두려워한다. 그리스도는 각 사람을 위해서 죽으셨다. 따라서 모든 각각의 영혼은 오순절 날로부터 그 이후로 모든 선교의 노력을 기울여 얻을 만한 가치가 있는 것이다. 그들은 주장하기를 한 교회나 한 선교회가 50년에 걸쳐서 50명의 영혼들을 그리스도의 발 아래로 인도하는 것은 한 교회나 선교회가 동일한 기간에 5만 명의 영혼들을 얻고 모든 방방곡곡에서 교회를 굳건히 세우는 것과 동일하게 하나님을 기쁘시게 하는 일이라고 한다. 무관심한 또는 거부하는 주민들을 복음화하는 사람들은 통상 이러한 이유 때문에 탐색의 신학을 가지고 있다.

"신학적으로 말해서, 효과적으로 **발견될** 수 있는 자들의 수는 탐색의 강도나 방향에 어떤 관계를 가지고 있는가?"라는 물음에 직면하여, 이러한 네 형태의 그리스도인들은 "아니요! 복음은 모든 곳에서 선포되어야 하며, 하나님께서는 그가 원하시는 자들을 그의 교회 안으로 불러모으신다"고 대답할 것이다.

일관성있는 탐색의 신학에 근거하여 이러한 중립적인 위치를 주장하는 비교적 소수의 기독교인들에게는 비기독교인 주민들을 위하여 "짐을 지고 있는" 훨씬 많은 수의 사람들이 추가되어야만 한다. 저항적인 중국계 씨족, 모슬렘 도시, 불교의 지식인들, 또는 기독교 신앙을 가지고 태어난 세속적인 서양인 등. 이러한 많은 기독교인들은 우리가 설득하는 것이 아니라 선포하도록 지시받고 있다고 주장한다. 우리는 잃은 양을 찾는다.

찾음은 우리의 뜻대로 되는 일이 아니다. 하나님께서는 그가 원하시는 때에 증가시킬 것이다.

우리는 탐색의 신학에, 영감을 불어 넣는 목적들에, 그리고 그 신학이 종종 표현하는 제한된 진리들에 크게 공감한다. 그리스도의 재림과 더불어, 현재 불가능한 것으로 보이는 것이 가능하게 될 것이다. 복음은 복음을 받아들이든 거부하든 모든 사람들에게 선포되어야만 한다. 복음을 받아들이도록 하기 위하여 사람들을 강제하거나 괴롭혀서는 안 된다. 인격은 존중되어야만 한다. 이 모든 이야기는 옳은 말이다. 그럼에도 불구하고 이러한 사항들을 가장 진실되게 인정한다고 하더라도 우리는 이러한 중립적인 입장이 **신학적으로** 건전하다고 생각지는 않는다. 그것은 기독교 계시의 주류와 조화되지 않는다. 그리스도의 말씀과 행위는 그 입장에 대립된다. 사도들과 초기교회는 그것을 거부했을 것이다.

기본적으로 문제가 되는 것은 단순한 탐색, 냉랭한 증언─회심시키고자 하는 깊은 바램없이, 전심을 기울인 설득없이 기독교인들의 수적인 증가를 두려워하면서─은 성경적으로 정당화될 수 없다. **단순한 탐색은 하나님께서 원하시는 것이 아니다.** 하나님은 그의 잃어버린 자녀들이 발견되기를 원하신다. 그 증거를 함께 검토해 보자.

찾고자 하는 하나님의 정열

네 종류의 성경적 증거들은 하나님께서 사람들을 찾으시고자 하는 정열을 갖고 계시다는 확신을 뒷받침해 준다.

1. 우리 주님과 사도들의 명백한 언급은 중립적인 입장에 반대되는 것이다. 마태는 기록하기를(9:37) 우리 주님은 하나님께서 **그의** 추수에 일꾼들을 보내 달라고 기도하라고 세사들에게 가르치셨다고 한다. 한 구체적인 주민의 응답함을 보면서 우리 주님은 추수자들의 필요를 인정하셨다. 희게 된 하나님의 들이다. 단지 그 들을 지나가면서 그리스도의 주권을 선포하는 것만으로는 충분치 않다. 하나님께서는 이삭을 베어, 단을 묶고, 그의 창고 안으로 들이기를 원하신다.

마태복음 10:14(마가, 누가, 사도행전에서의 평행귀절)에서, 주님은 "누구

듣지 너희를 영접도 아니하고 너희 말을 듣지도 아니하거든 그 집이나 성에서 나가 너희 발의 먼지를 떨어 버리라"고 말씀하신다. 우리 주님은 복음을 거부하는 자들과 시간을 지체하지 말고 복음을 환영하는 자들에게로 서둘러 가라고 제자들에게 주의깊게 가르치셨다. 사도행전 13 : 51은 바나바와 사울이 이러한 가르침을 알고 그 가르침을 따랐다는 것을 시사한다. 신약성경 시대의 교회의 공통된 관습이 이러하였다는 것은 공정한 추론이다. 그 관습은 복음을 거부하는 자를 괴롭히거나 성가시게 하지 않았으며, 오히려 신도들이 되려고 하는 자들에게로 서둘러 가는 것이었다. 제자들의 의무는 목이 곧은 자들에게까지 복음을 선포함으로써 이루어지는 것이 아니었다. 기독교인들은 믿고 영생에 들어갈 수 있는 자들을 찾았다.

주 예수의 이러한 말씀들과 초대교회의 이러한 관습은 모든 시대, 모든 주민들에게 적용되는 것은 아니다. 수십년 동안 응답이 없다가 교회가 급속도로 성장하게 되는 경우도 얼마든지 있다. 그럼에도 불구하고 이러한 신약성경의 원리는 구체적으로 한 교회나 선교회가 신약성경적인 상황을 만날 때마다, 즉 청중들의 일부가 응답을 하고 일부는 복음에 대해서 돌처럼 굳어져 있을 경우에 적용되어야 할 것이다. 기독교인들은 그러한 곳에서 얻을 수 있는 자들을 얻을 만한 때에 얻어야만 한다. 최근에 멕시코로부터 미국으로 이주해 오는 사람들의 경우가 그러하다. 신약성경의 본보기는 완전히 적절하다.

에스겔 34장에서, 그 예언자는 잃어버리고 흩어져 있으며 헤아릴 수 있는 양떼를 찾아서 집으로 데려오기 위해서 다른 행위들을 포기하는 목자들에 관하여 몇 마디의 엄격한 말을 하고 있다. 그는 신학적으로 이야기하고 있다. **하나님**은 헤아릴 수 있는 사람들이 발견되기를 원하신다. 아흔 아홉 마리의 양을 잃어버린 목사가 한 마리를 찾아 내고 집에 머물면서 그 양을 먹이고 돌보는 것이 권장되고 있는 것은 아니다. 하나님께서는 길을 잃은 양을 찾는 것보다 "더 영적인" 어떤 일을 행하고 있다는 변명으로 기뻐하시지 않으신다. 잃어버린 자들을 하나님과 화해시키는 것보다 더 영적인 일은 없다.

대 위임 자체가 큰 증거이다. 대단히 희귀한 경우에만 우리 주님은 구체적으로 그의 추종자들에게 "민족들을 제자로 삼으라"고 명령하셨다. 이것은 직설적인 언어이다. 신약성경은 한 기독교인이 그리스도를 증거할 수 있으나 개종을 의도하지 않을 수도 있다는 편안한 교리를 이야기하지 않는다. 바울이 고린도에서 그리스도를 선포했을 때의 기록은 이렇다. "안식일마다 바울이 회당에서 간증하고 유대인과 헬라인을 권면하리니," 만일 우리가 이 귀절을 로마서 9:1~3에 비추어서 읽는다면 그리스도가 예수이었음을 증거하면서 바울이 유대인들을 기독교인이 되도록 설득하는 것을 관계치 않았다고 생각할 수는 없다.

실제로, 기독교인을 찾음, 유지, 또는 중립적 입장―하나님의 주권을 존중해서든 아니면 종교적 제국주의에 대한 두려움에서든―으로 제한하는 어떤 규정도 인위적인 테두리를 가지고 있다. 그것은 하나의 제도에 합당한 것이지 신약성경에 합당한 것이 아니다. 그것은 사람들을 조작하는 것을 피하면서 다른 측면을 간과하는 죄에 빠진다. 이러한 방식은 기독교인들로 하여금 응답이 없는 사회에서 계속 증거하도록 만들 수도 있으며, 점점 커지고 있는 도시 안에서 침체한 회중을 유지하도록 만들 수도 있다. 그러나 그것은 하나님을 기쁘시게 하지도 않으며, 신약성경의 교회에 합당하지도 않다.

2. 우리 주님의 비유들은 종종 실제적인 발견을 강조한다. 여인은 찾을 뿐만 아니라 잃어버린 동전을 **다시 찾기까지** 노력한다. 목자는 명목상으로만 사냥을 하지도 않으며 빈 손으로 돌아오지도 않는다. 그는 "**잃은 것을 찾도록 애써 찾아다닌다.**"

큰 잔치에서 그 주인은 초대받은 자들이 올 수 없다는 소식을 가져온 종들을 칭찬하지 않았다. 그는 "이러한 무관심한 사람들이 받아들이기까지 계속 초대하라"고 말하지 않았다. 그는 그의 종에게 "가난한 자, 벙어리, 소성, 설름발이들 데려오라"고 말했다. 아직도 빈 자리가 있게 되자 그는 다시 말했다. "길과 산울가로 나가서 사람들을 강권하여 데려다가 내 집을 채우라." 초대를 하는 것이 끝이 아니었다. 그 끝은 하나님의 잔치에 참여하는 것이었다. 만일 어떤 집단이 부름을 받아들이지 않는다면, 종은 부름을 받아들일 다른 사람들을 찾아야만 한다.

비유들이 부당하게 강조되어서는 안 된다. 그러나 위의 세 비유들에 있어서 그 의미는 객관적인 발견에 있다. 증거의 목적은 기독교적인 문화적 발전이 아니라 죄인들을 찾는 것이다. 그 증언을 단순히 기독교인들에게만 유익한 영적인 훈련으로 간주하는 것은 성경의 증거 및 초기 기독교인들이 그 증거를 이해했을 것으로 이해되는 가능한 방식을 크게 왜곡하는 것이다. 성경에서 증언이란 항상 잃어버린 자들을 되돌아오게 하기 위한 방법이다. 기본적인 문제는 증거자가 그 자신의 신분을 순종하는 비이기적인 인격으로 어떻게 유지할 것인가가 아니라, 사람들이 **실제로** 그리스도 안에 나타나신 하나님과 화해하도록 하기 위하여 기독교인이 어떻게 증거할 것인가 하는 것이다.

기독교인이 잃은 자들을 공개적으로 찾는 일은 피할 길이 없다. 진정한 기독교인은 사람들이 동료 제자들이 되기를 원한다는 것을 솔직하게 공언하며, 그 목적을 위하여 모든 노력을 기울인다. 분명한 정직함이 그것을 요구한다. 중립적인 입장을 취한다고 해서 사람들을 조종하는 일을 피할 수는 없다. 만일 그리스도가 선포될 때, 성령께서 사람들을 개종시키지 않는다면, 선포자가 그들을 조종한 것이 아닌가? 사실상 인간이란 치료할 도리가 없는 설득자이다. 인간의 삶이란 다른 사람들에게 영향을 미치는 것을 수반한다. 우리는 매일 그렇게 한다. 기독교인들은 다른 사람들이 어떤 핑계를 구실로 피신하기보다는 심오한 생명력이 있는 자유하게 하는 그리스도를 체험하기를 크게 원한다고 고백하는 편이 낫다.

설득의 정당성은 설득당한 자의 마음 속에서만 일어나는 행위의 새로운 과정에만 전적으로 의존하는 것이 아니다. 그 정당성은 철저히 ① 제안된 행위가 설득당한 자에게 유익한 것인지의 여부, 그리고 ② 그가 그것을 자유롭게 받아들이는지의 여부에 달려 있다. 불타오르는 건물 안에서 잠자는 사람이 이 경우에 해당한다. 그를 흔들어 깨워서 떠나도록 설득하는 것이 정당한 것인가? 확실히 정당하다-실제로 그 일어난 자가 사람들의 갈채를 위해서 또는 그가 그 일을 위해서 보상을 받았기 때문에 그의 목숨을 건 경우에도 정당한 것이다. 그의 동기들은 설득의 정당성과는 전혀 관계가 없다.

엄격하게 말하자면, 깨어난 사람을 강제로 떠나게 하는 것은 정당하지 않다. 만일 그가 불타는 건물 안에 남아 있기를 원한다면 그는 그렇게 하도록 내버려 두어야 한다. 소방수나 경찰관이 보편적으로 자살하고자 하는 그러한 충동들을 무시한다는 사실은 그 사건에 관련된 사람들이 제정신으로 돌아왔을 때 그들이 구제된 것을 기쁘게 생각할 것이라는 가정에 근거해서만 찬성을 받을 수 있다. 종교적 자유, 그것이 우리가 시작하는 근거이다. 생명의 특성이라 할 수 있는 자유로운 설득과 반대설득 가운데서, 인간들은 그들이 하기를 원치 않는 것을 행하도록 강제되거나, 계교로 속임을 당하거나 매수되어서는 안 된다. 우리가 그 일이 그들에게 유익할 것이라고 굳게 확신하는 경우에도 마찬가지이다. 그러나 종교적 자유는, 설득이란 모종의 인격의 침해이며 또한 하나님의 주권의 침해를 의미하기 위하여 설정된 것이 아니다. 설득하시는 하나님 자신의 방식들 사이에는 바로 이러한 방법이 있다. 즉 그는 우리들의 노력을 통하여 설득시키시는 것이다.

설득과 관련하여 이렇게 갑작스럽게 민감함을 나타내는 양상의 뒤에서 실제로 문제가 되는 것은 기독교의 참됨이다. 만일 하나님께로 이르는 길이 많이 있다고 한다면, 기독교인들이 다른 사람들을 그들의 길을 따르도록 유도하는 것은 실제로 자기 확대가 될 수 있을 것이다. 그러나 만일 다른 신앙들이 많은 측면에서 풍성함을 가지고 있다고 하더라도 그리스도가 유리하게 참된 구주라고 한다면, 사람들로 하여금 그를 받아들이도록 설득하는 것은 하나님의 사랑의 인간 대리인들이 아무리 불완전하다고 할지라도 실제로 이기심의 혐의를 면하게 된다.

3. 하지만 위에서 언급된 구체적인 귀절들과 비유들의 뒤에는 더욱더 비중이 큰 증거가 있다. 그리스도 안에서 정점을 이루는 하나님의 계시는 하나님 자신이 찾으시는, 구원하시는 하나님이심을 말해 준다. 그는 이스라엘을 애굽에서 찾으셨고, 시내산 계약에서 이스라엘을 그 자신에게 결속시키셨다. 이스라엘이 거듭거듭 그 계약에 충실하시 않을 경우에노 그는 충실하셨다. 하나님은 사람들—많은 사람들이 그와 화해하시길 원하신다. 그는 그리스도 안에서 **세상을** 그 자신에게 화해시키셨다.

우리 주 예수 그리스도는 잃은 자들을 찾아 구원하시기 위해서 오셨다. 잃은 자들은 항상 사람들이다. 그들은 항상 헤아릴 수 있는 몸들을 가지고 있다. 성경은 이렇게 기록한다. "우리가 이 보배를 질그릇에 가졌으니"―이 질그릇들은 헤아려질 수 있다. 또한 "예수의 생명이 또한 우리 죽을 육체에 나타나게 하려 함이니라"―이 육체는 바다의 모래들처럼 많은 사람들 사이에 분포되어 있다. 우리 주님은 발견된 자들의 수가 찾음의 방향과 전혀 관계가 없다는 생각을 거부하셨을 것이다. 단 하나의 구원된 영혼에 대해서도 하늘에서 기뻐함이 있다고 하는 그의 언급은 많은 구원된 영혼들의 절박한 중요성에 추가된 증거이다. 건전한 사실주의가 예수의 가르침을 꿰뚫고 있다. 그가 처음에 제자들을 이스라엘 집의 잃어버린 양들에게만 제한시켰던 것은 정확하게 말하자면, 이스라엘 안에서라야 충분히 많은 사람들이 발견되고 구원을 받아 교회를 시작할 수 있을 것이었기 때문일 것이다.

이러한 찾음은 기본적으로 인간의 현실적인 삶의 영역에 속하는 일이 아니다. 우리 주님은 삶의 육신적인 면을 멸시하지 않았다. 그는 사람들을 치료하였고 먹이셨다. 그럼에도 불구하고 그는 종종 그의 제자들에게 몸을 멸망시킬 수 있는 자들을 두려워하지 말고 지옥에서 몸과 영혼을 모두 멸망시킬 수 있는 분을 두려워하라고 경고했다. 그는 그들에게 그들의 소유를 팔아 자선을 베풀고 그들 자신들을 위해서 낡지 않은 전대를 준비하라고 충고하였다. 그는 스스로 거룩한 진리를 가르치는 자, 그리고 몸과 마음을 치료하는 자에서 돌아서서 갈보리에서 그들을 위해 죽었다. 그는 자신이 예루살렘에서 죽임을 당할 것을 알면서도 의도적으로 그곳을 향했다. 성경본문에 대한 그 어떤 비평적인 검토도 이 모퉁이 돌을 흔들지는 못한다. 십자가는 인간들이 중요시하지 않는 무수한 사람들의 영원한 구원을 위한 하나님의 소망을 나타내는 척도이다. 사랑의 하나님께서는 그 많은 사람들의 머리카락까지 다 세시는 것이다. 그리고 또한 십자가는 위안이나 현실적인 생활의 필요사항들보다 구원이 우선한다는 것을 나타내는 척도이기도 하다.

하나님께서 그 자신을 그렇게 계시하셨기 때문에 **하나님께는** 선포는 중요한 일이 아니다. 주된 것은 사람들의 구원이다. 이것은 너무나 분명하기 때문에 말하기가 오히려 이상할 정도이다. 구주되신 우리 하나님이 실제로 구원되는 남녀들에 대해서보다는 형식에 더 관심을 가지고 있다는 것을 생각할 수 있는가? 그는 "그리스도의 사건을 감사함으로 증언함"에 의해서 더 기뻐하실 것인가, 아니면 잃어버린 아들 딸들이 아버지의 집으로 맞아들여지는 것으로 더 기뻐하실 것인가? 복음의 선포는 방법이다. 방법이 목적과 혼동되어서는 안 된다. 목적은 사람들—많은 사람들이 그리스도 안에서 하나님과 화해하는 것이다.

성경은 숫자는 중요하지 않다는 오늘날의 상투적인 문귀를 전혀 이야기하지 않는다. 이것은 어느 정도 처음에 작은 운동들로 시작한 자유교회들이 국가교회들로부터 떨어져 나갔던 방식에서 나온 문귀이다. 이 문귀가 발생하도록 만든 진리의 핵심은 한 교회의 정당성이나 속성이 필연적으로 그 크기에 정비례하지는 않는다는 것이다. 이러한 진리는 거부하는 주민들에게 그리스도를 선포하는 복음화 노력들을 올바르게 뒷받침해 준다. 그러나 이 진리가 왜곡되어서는 안 된다. "숫자는 중요하지 않다"는 것이 일반적인 전제로 언급되면 참이 아니게 되고, 성경적 근거가 없는 상투적 표현으로 되어 버린다. 하나님의 계시 전체는 구원받은 자의 수를 헤아리는 것을 전제한다. 예컨대 하나님의 계시는 은혜가 **보다 많은 사람들에게** 확장될 때에 하나님의 영광에 대한 감사는 증가한다는 것을 믿는다(고후 4:15).

4. 마지막으로, 우리는 신약성경의 교회가 사람들이 응답했던 곳으로 갔으며 이것이 하나님의 뜻이라고 믿었던 것을 주목하게 된다.

아마도 약 15년 동안, 증언은 거의 완전히 유대인들에게만 제한되었던 것 같다. 그들은 도를 유대인들에게만 전하였다. 유대인들이 그리스도의 제자들이 됨으로써 응답했던 기간 동안에 교회는 유대인들 사이에서 증가하였다. 이것은 종종 초기 교회에서의 한탄스러운 과오로 간주된다. 반면에 당시의 지배상황에서 그것은 큰 덕을 지니는 공이었다. 교회는 얻을 만한 자들을 얻을 만한 때에 얻었다. 만일 베드로가 오순절에 이방인들을 얻으려고 노력하여 모든 사람들에게 먹고, 예배하고, 결혼하고, 선포하는 일에 있어서 포용성을 가진 개종자들이 될 것을 요구하였다면, 그리고 사도들이 즉시 예루살렘과 유대에 살고 있는 이방인들에게 많은 관심을 보였다면, 유대인들은 거의 기독교인이 되지 않았을 것이다.

바로 이러한 이유 때문에 우리 주님께서는 "예루살렘으로부터 시작하여" 온 인류에게 복음이 전파되어야 한다고 명령하셨다. 거기서는 사람들이 응답할 것이고, 세례를 받고 교회들을 형성할 것이기 때문이었다.
 A.D. 48년 이후에 교회는 유대인들-히브리인들에게서 난 히브리인들-에게서 떨어져 나와 많은 수의 이방인 개종자들과 경건한 사람들과 동조자들로 이루어진 회당공동체 안에서 급속도로 확산되어 나갔다. 실제로 만일 교회가 로마 세계의 회당들에서 엄청나게 증가하지 않았다면, 그들의 이방인 주변지역에서는 결코 기독교인이 나지 않았을 것이다.
 사도들이 의도적으로 이러한 순서를 정하지는 않았다. 누가가 우리에게 이야기하고 있듯이, 그러한 일은 성령의 지시 하에서 발생하였다. 그리고 그것은 신학적으로 중요한 의미가 있는 것이다. 초대교회는 유대인이든 이방인이든 그 선교의 방향과 강도를 결정하기 위해서 많은 사람들이 세례받는 것을 허용하였다. 초대교회는 우리가 언급한 예수의 어록들과 비유들(그리고 우리가 가지고 있지 않은 다른 것들)을 기억하고, 반복적으로 이야기하고, 마지막으로 기록하였다. 이러한 어록들과 비유들은 기독교인들에게 들의 익은 곡식을 추수하도록 지시하는 것이다. 그 교회는 그리스도 안에 나타난 하나님의 계시의 최초의 밝은 빛 가운데서 살았으며, 찾으시는 하나님을 생생하게 인식하였다. 그 주님께서는 그가 죄인들을 회개시키려고 왔으며, 아들을 소유한 자는 아버지를 소유하였고, 아들을 소유하지 못한 자는 아버지를 소유하지 못했다는 것을 반복해서 말씀하셨다. 예수를 메시야로 믿도록 사람들을 설득하는 것이 하나님의 영원한 본성과 조화된다는 것을 확신한 그들은 가는 곳마다 복음을 선포하고 그들의 친지와 친척들이 제자들이 되기를 구하였다. 이러한 하나님 이해를 가지고 그들은 어떻게 그들의 최고의 특권이자 의무로서 얻을 만한 자들을 얻을 수 있었는가?
 사도들은 하나님의 주권을 믿었으며, 우리들이 대사들인 한, 우리를 통하여 말씀하시는 분은 하나님이심을 강조하였다. 그럼에도 불구하고 그들은 그들의 책임을 강조하였으며 그들 자신들이 철저히 찾는 일에 몰두하였다. 그들은 예수의 말씀을 기록하였다. "이제부터 너희는 사람을 낚는 어부가 되리라." 그들은 베드로의 설교가 사람들의 마음을 쪼갰다고 굳게 믿었으며, 그가 사람들에게 회개하고 세례를 받도록 지시하였다고 기록하였다. 그들은 인간이 말씀을 선포하지만 하나님이 설득하신다는 취지로 핑계를 대지 않았다. 그들은 하나님께서 교회에 구원받는 자의 수를 날마다 더하게 하신다는 것을 믿었고, 성령이 그들 안에서 그리고 그들을 통해서 역사하신다는 것을 믿었지만, 마치 인간이 개종에 있어서 실제적인 역할을 하는 것처럼 이야기하기를 주저하지 않았다. 바나바, 바울, 실라, 아볼로, 그리고 그 밖의 사람들은 "제자들을 삼았으며", "사람들을 주님의 도로 가르쳤고", "헬라인들을 설득하였으며", "그들이 하나님께 화해하게 되기를 기원하였고", "사람들이 구원받기를 위하여 마음에 끊임없이 걱정하였고, 마음의 깊은 기도를 드렸다." 누가는 기록하기를 베드로와 요한이 성령이 강림하시기를 기원하여 손을 얹었을 때 성령이 내려왔다(행 8:15-18)고 한다. 초대교회는 하나님께서 사도들에게 성령을 부여하는 능력을 주었으며, 그들이 그 능력을 사용하기를 기대한다고 믿었다.

거대한 발견

이러한 모든 사항들과 그 이상의 많은 증거들을 고려해 볼 때, 우리는 선교의 목적을 **거대한 그리고 뚜렷한 목적을 지닌 발견**으로 간주해야 하지 않을까? 성경적으로 볼 때 "찾는 것"만이 유일한 것이며, 문제가 되는 것은 동기들이고, 많은 사람들을 발견하는 것은 비열하게 기계적인 어떤 것이며, 또한 "성공에 눈이 먼" 어떤 것이라고 주장할 수 있는가? 우리는 구원받은 사람들의 숫자에 무관심한 것이 신학적으로 이치에 맞는 것이라고 생각할 수 있는가? 주님께서 교회에 더하게 하신 수를 진지하게 취급하는 것―이것은 통계의 횡포에 복종하는 것인가?

성경의 증거는 오히려 찾으시는 하나님이 보시기에 구원받은 사람들의 수가 중요하다는 것을 시사하고 있지 않은가? 하나님 자신은 많은 사람들이 그리스도의 교회 안에서 그 자신과 화해하게 되기를 원하신다. 실제로 하나님께서는 **잃은 자들을 발견하기 위하여** 그들을 열심히 찾기를 명령하신다. 우리 구주가 피로 값주고 사신 교회는 다른 사람들이 하나님께 화해하기를 구하는 구원받은 죄인들로 이루어진다. 사람들에게 그리스도를 선포하지 않고, 그들을 그의 제자가 되고 그의 교회의 책임있는 성원이 되도록 설득하지 않는 회중은 종교적인 크럽에 지나지 않으며, 예수 그리스도의 몸은 아닌 것이다. 그의 몸은 그의 영으로 충만하며, 잃어버린 사람들을 찾아 내는 일을 한다.

찾으시는 하나님은 현재 그리고 앞으로도 항상 그의 선교를 책임지실 것이다. 그는 오늘 그의 잔치자리가 채워지기를 원하신다. 만일 어떤 집단이 거부한다면, 또 다른 집단이 설득되어야만 한다. 만일 그 잔치에 참여한 사람들이 불충분하다면, 여전히 그의 식탁에 와서 참여하도록 다른 사람들이 찾아져야만 한다.

따라서 선교는 항상 사람들이 실제로 발견되는 곳에서 행해질 수 있도록 장소를 고려하여 적절하게 관심이 기울여져야 한다.

수확할 정도로 곡식이 익은 들과 확실한 이삭들을 골라 단을 묶어 나르는 일꾼들의 행렬은 신학적인 의미를 갖고 있다. 기독교인들은 그들 자신의 뜻으로 들에 가지 않는다. 하나님이 그들을 그곳으로 보내신다. 그들은 그들 자신들의 유익을 위해서 단을 나르지 않는다. 그들은 곡식단을 주인의 창고로 운반한다. 하나님께서 성장시키시고, 곡식을 익게 하시며, 일꾼들에게 상을 주신다.

앞에서 이야기한 문제들로 되돌아가서, 하나님 앞에서 회개와 제자직에로 부르는 부름에 순종하는 죄인들의 수는 그 부름이 발하여지는 장소와 방법에 영향을 주어야만 한다. 확실히 사람들이 하나님께 화해하지 않는 곳에서보다는 화해하는 곳에서 그리스도를 선포하는 것이 하나님을 더 기쁘시게 하는 일이다. 추수의 신학이 그렇게 말해 주고 있다.

우리가 살고 있는 세상을 혁명적으로 동요시키는 가운데 교회들을 놀라울 정도로 증가시키는 것은 하나님의 뜻이다. 기초를 요동케 하시는 분은 하나님이시다. 하나님은 전능하신 성부이시며, 어떤 눈이 먼 세력이나 어떤 우주적인 충동이 아니기 때문에 그의 행위에는 어떤 선한 목적이 내재하고 있음에 틀림없다. 땅 위에 있는 모든 사람이 그 자신의 친지로부터 복음을 들을 기회를 갖게 되기까지 그의 교회를 인도하고, 훈련시키고, 강건하게 하고, 증가시키는 것 이외에 어떤 목적이 인간들을 구원하시고자 하는 그의 의도에 부합할 것인가? 사람들은 그의 친지로부터 복음을 들을 때에 자신이 사용하는 언어로 듣게 되며 문화적 장벽들로 인하여 방해를 받지 않게 되기 때문이다. 선교사들은 많은 지역들에서 그 과정을 시작해야만 한다. 그러나 복음이 모든 인간들에게 다 선포될 수 없다는 것은 분명한 사실이며, 교회들이 온 지구상에 있는 인간의 모든 집단들, 도시나 지방, 높은 카스트 계급이나 낮은 카스트 계급, 문맹자들이나 교육받은 자들 사이에 존재하게 되기까지, 신앙은 모든 사람에게 실제로 취사선택권이 될 수 없다. 추수의 신학이 그렇게 이야기한다.

탐색과 발견과 십자가

그렇다면 탐색의 신학은 거짓된 것인가? 결코 거짓된 것은 아니다. 그러나 그것은 부분적인 것이다. 어떤 사람들이나 어떤 주민들에게는 그 신학은 옳은 것이다. 그 신학이 유일한 전도신학임을 자처하거나 모든 사람들에게 적용될 수 있다고 주장하면 그것은 잘못된 것이다.

우리가 무관심하거나 적대적인 사람들을 대면하게 될 경우에, 우리는 하나님께서 그의 모든 자녀들의 구원을 열망하고 있다는 것을 기억해야만 한다. 그는 발견하지 못할 때에도 찾으신다. 우리 주님은 문에서 두드리신다. 그러나 그는 문이 열려질 때에만 들어가신다. 그렇다. 하나님은 찾으시는 분이며, 찾으라고 명하신다.

우리는 응답하고 발견되는 자를 볼 때에—그리고 그들의 이름은 군대이다—하나님이 발견하신다는 것을 기억해야만 한다. 이미 발견된 자들인 우리들이 이것을 기억하는 것은 쉬운 일이다. 그는 찾으셨을 뿐만 아니라 발견하셨다. 하나님께서는 발견하기까지 찾으신다. 그는 발견하는 곳에서 찾으신다. 그는 사람들을 그 자신에게 화해시키신다. 그는 우리들을 목자로 임명하셨다. 그는 우리에게 잃은 자를 발견하여 구원하라고 명령하신다.

선교의 신학은 하나님이 한분이심을 기억하면서 찾으시는 하나님과 발견하시는 하나님을 동등하게 보아야 한다. 기독교인의 목표가 "탐색만"이라는 것은 신학적으로 용납할 수 없는 것이다. 물론 때때로 어떤 주민들에게는 성과가 애석하게도 탐색에 불과한 것일 수도 있다. 기독교인의 가장 깊은 내심의 욕망과는 달리 오로지 탐색에서 그치고 말 때 십자가는 그를 위로한다. 그 성과가 탐색에서 그칠 때도 그는 그리스도와 함께 십자가에서 연합하게 된다. 그러나 만일 탐색에만 그쳐 기독교인이 십자가에 매달리지 않고 비참하게 되지도 않으며 좌절하고 십자가에 못박히지 않는다면, 그는 그리스도와 하나로 연합될 수 없다. 그리스도께서는 잃은 자들을 발견하고 구원하시기 위해서 오셨기 때문이다. 또한 그리스도의 교회도 그러해야 할 것이다.

3
오늘의 과제, 기회 및 명령

교회 앞에 수많은 과제들이 놓여 있고, 하나님께서 교회에게 그 모든 과제를 수행하도록 요구하고 있을 때 오늘의 과제에 대해 말한다는 것은 쉽지 않은 일이다. 내적으로나 외적으로나 해야 할 과제들이 산적해 있다. 내적인 과제로는 교회의 예산을 확보하는 일, 기독교인들로 하여금 은혜 안에서 성장하도록 돕는 일, 젊은이들을 교육하는 일, 새로운 건물들을 세우는 일, 평신도 지도자들을 훈련시키는 일, 성경을 가르치는 일 등 수없이 많고, 외적인 과제로는 인종 간의 분쟁의 와중에서 형제애를 확립하는 일, 불우한 처지에 있는 청소년들에게 기회를 주는 일, 평화와 정의를 위해 일하는 일, 복음화되지 않은 사람들에게 복음을 전하는 일, 적당한 장소에 교회를 세우는 일 등 수없이 많다. 해외에서의 요구 또한 이에 못지않게 다양하고 긴급하다. 수많은 사람들이 해마다 굶주림과 영양실조로 죽어 가고 있으며, 주거지를 제공해 주어야 할 피난민들, 글을 가르쳐 주어야 할 문맹인들, 치유해 주어야 할 병자들 등이 수없이 많으며, 무엇보다도 그리스도의 이름을 들어 보지도 못한 30억의 인류가 있다. 우리는 그들에게 구주를 알게 해주어야 한다.

이 모든 과제들에도 불구하고 이 장의 명제는 성경에 따르면 세계의 번영을 위해, 인류를 위해 한 가지 과제가 가장 중요하다는 것이다. 즉 오늘의 가장 큰 과제는 지구상의 수용적인 사회들에 교회를 효과적으로 증식시키는 것이다.

우리가 해야 할 선하고 절박한 다른 일들은 이러한 명제와 상반되는 것이 아니라 오히려 그것을 촉진시켜 준다. 우리는 우리에게 절박한 많은 과제들을 수행해야만 한다. 이 점에 대해서는 이의가 있을 수 없다. 좋은 설교를 하는 것, 문맹자들에게 글을 가르쳐 주는 것, 산아제한이나 세계의 식량공급을 위해 노력하는 것, 교회행정을 효과적으로 하는 것, 기독교를 삶의 모든 영역에 적용시키는 것, 의사전달을 위해 매스미디어를 사용하는 것, 그리고 그 밖의 수많은 활동들은 결코 죄악된 것이 아니라 선한 것이다. 그 중의 어떤 일은 매우 절박한 것이다.

그러나 그런 일들이 모두 똑같이 중요한 것인가? 교회가 교회 밖에서 하는 모든 일들을 교회의 선교로 정의한다고 할지라도 그 모든 활동들은 똑같은 가치를 지니는 것인가? 선교란 기독교인들이 그 가치의 차이를 분별할 수 없는 수많은 일들로 이루어져 있는가? 어떤 것을 먼저 해야 하고, 어떤 것은 나중에 해야 할 것인가 하는 것은 문제가 되지 않는가?

인간이 성경 안에서든 밖에서든 자신이 보기에 합리적인 것처럼 보이는 것을 따르는 것 이외의 다른 아무런 지침도 없이 지구상에 산다면, 선교가 존재한다 할지라도 그 선교는 그 중요성의 차이를 분간할 수 없는 수많은 유사한 일들로 이루어지게 될 것이다. 왜냐하면 각각의 선교는 그것을 지지하는 사람의 권위 이외에 다른 어떤 권위도 갖지 못하게 될 것이기 때문이다. 인간이 천재이거나 또는 어떤 강력한 기독교 조직이나 장치에 대한 통제력을 가지고 있다면, 그의 프로젝트는 일시적인 중요성을 얻게 될 것이다. 그는 그의 프로젝트의 중요성을 증가시키고 다른 사람들을 설득시키기 위해 그의 목적들을 뒷받침해 주는 성경귀절들을 임의로 인용할 것이다. 그러나 곧 어떤 "지침"에 근거하여 자신의 입장을 주장하는 다른 사람들이 권력을 장악하게 될 것이고, 그들은 선교에서의 그들의 취지를 뒷받침해 주는 다른 성경귀절들을 인용할 것이다. 왜냐하면 그들의 입장은 인간에게 합리적인 것처럼 보이는 것에 의존해 있기 때문이다. 그렇게 될 때 지침에 혼란이 오게 된다.

 이러한 혼돈과는 대조적으로 기독교인들은 완전한 의미에서 성경의 권위를 받아들이며 그리스도와 성경 안에서의 하나님의 계시가 모든 인간들을 위한 지침이라고 믿기 때문에 성경 안에서 다양한 행위들의 상대적인 중요성에 대한 확실한 지침을 발견한다. 그들은 인간이 책임적 존재라고 주장하거나 인간이 자동적인 기계장치와 같은 존재라고 주장하는 사람들처럼 인간의 지혜에 의존하지 않는다. 그들은 최고의 선이 윤리적 성취에 있는지 아니면 그리스도 안에 거하는 것인지에 대해 의문을 가질 필요가 없다. 하나님의 계시가 그들의 길을 비추어 준다. 이러한 기독교인들은 뿌리와 열매의 차이를 구별할 수 있고, 또한 구별해야 하며, 그것에 그들의 선교정책의 근거를 두어야 한다. 선교예산을 세우고 선교기금을 사용하는 사람들은 그들이 원하는 궁극적인 결과에 대해 결코 의심해서는 안 된다. 왜냐하면 하나님께서 그들에게 궁극적인 목적으로 인도해 주시기 때문이다. 그들은 수많은 활동을 수행할 것이며, 수많은 조치를 취할 것이다. 그러나 그들은 궁극적인 목적이 무엇인지에 대해 확신을 가져야 한다. 교회는 복음을 전하기 위해 선교사들을 보내는 것(그 일이 인기있을 때)과 인기있는 "알약"을 배포하는 것 사이에서 동요하지 않는다. 교회는 최고의 의무감을 가지고 성령에 의해 인도함을 받으면서 순종하는 마음으로 성경에 따라 하나님의 선교에 참여한다.

 우리는 기독교인들이 마치 하나의 과제만을 수행할 수 있고, 다른 모든 과제들을 방치해 둘 수 있는 것처럼 상황을 지나치게 단순화시켜서는 안 된다. 그들은 많은 과제들을 함께 할 수 있고 또한 그렇게 해야만 한다. 느헤미야가 성벽을 건축할 때 사람마다 하는 일이 달랐다. 어떤 사람은 돌을 날랐고 어떤 사람은 물을 날랐으며, 어떤 사람들은 돌을 제 위치에 가져디 놓았다. 하지만 모든 사람은 한 가지 중요한 목적에 의해 시배를 받았다. 즉 그들은 모두 성벽을 쌓았다. 최고의 목적이 모든 일들을 인도하였다. 돌과 모르타르는 최대한의 성벽건축을 보장할 수 있도록 적절한 때에 적절한 비율로 성벽까지 운반되었다.

 그와 마찬가지로 오늘날 선교에 있어서도 많은 과제들이 함께 수행되어야만 한다. 하지만 많은 선한 활동들은 인간들을 예수 그리스도의 교회

안에서 가능한 한 많이 하나님과 화해시키는 데 공헌해야만 한다. 그런 활동들은 단지 분주한 사업이 되어서는 안 된다. 하나님은 인간들이 다음과 같은 의미에서 구원받기를 원하신다. 즉 그들이 믿음을 통해 그리스도 안에서 살고, 순종을 통해 그의 이름으로 세례를 받으며, 그의 몸의 책임 있는 지체들로서 사는 것이다. 그러므로 하나님은 그의 식구들에게 가서 "모든 민족을 제자로 삼으라"고 명령하신다. 이 명령을 수행하는 것은 전체 선교를 인도해야만 하고, 선교의 우선 순위를 세우며 그 모든 활동들을 조정해야만 할 최고의 목적이다.

1977년에 나는 나의 저서 *Conciliar Evangelical Debate : The Crucial Documents 1964-76* 에서 세계교회협의회 측에서 15명, 그리고 복음주의파 교회에서 15명의 논객들의 글을 제시하였다. 이 책은 선교의 목적과 수단에 대한 양측의 날카로운 견해 차이를 보여 주고 있다. 필자들은 전도와 선교의 기본적인 문제들에 대해 말하고 있는데 그들의 견해는 날카롭게 대립되고 있다. 주요 사상가들의 확신은 이성과 계시 간의 균형을 이루고 있느냐에 의해 평가되었으며, 적절한 균형을 이루고 있을 때는 받아들여졌고, 그렇지 않을 때는 거부되었다.

1979년, 당시 미국 개혁교회의 의장이었던 하비 호익스트라(Harvey Hoekstra)는 그의 저서 *The WCC and the Demise of Evangelism*을 출판하였으며, 이 책에서 "새로운 선교"의 이론과 신학을 따르고 있는 WCC에 속한 교회들과 선교부의 지도자들은 인간의 물질적인 필요를 충족시켜 주고 세계적인 사회질서의 기본적인 부정의를 시정하는 데 몰두하는 동안 사실상 전도를 포기하였다고 보았다.

내가 그러한 문제에 대해 깊이 공감하고 있고 실제로 오랫동안 절박한 물질적 필요들을 충족시키는 일에 종사한 적이 있지만(나는 여러 해 동안 문둥병 요양소에서 목회를 하였다.) 나는 사회적 행위를 최우선시하는 사람들의 견해에 동조할 수가 없다. 그와 반대로 나는 예수 그리스도를 믿는 사람들에게 부여되는 구원이 인간의 최고의 필요이며, 인간의 다른 모든 선은 먼저 하나님과 화해되는 것을 통해 주어지게 된다고 확신한다.

주 예수는 그 점을 다음과 같이 간명하게 말씀하셨다. "너희는 먼저 그의 나라와 의를 구하라. 그리하면 이 모든 것을 더하시리라." 예수님은 인생의 가장 소박한 필수품인 음식과 의복에 대해 말씀하셨다. 그러나 여기서 말하는 이 모든 것 속에는 안전, 건강, 교육, 안락, 생산 및 심지어는 정의, 평화, 형제애 등 많은 것들이 추가될 수 있을 것이다. 우리가 인간들에게 이러한 것들을 성취하도록 도우려 할 때, 우리가 그들에게 내딛게 할 수 있는 최초의 발걸음은 그리스도를 주와 구세주로 믿고 그의 교회의 참된 교인들이 되게 하는 것이다. 인간 영의 엄청난 해방과 인간들 사이에서의 의의 확장은 아직도 그리스도에게 충성을 바치고 있지 않은 30억의 인류 사이에서 그리스도의 건전한 교회들이 증가될 때 가능해질 것이다. 이와 같이 해방된 사람들과 회중들은 그들 자신의 문화와 공동체에서 세상의 실제적인 극심한 문제들을 해결하기 위한 참된 협력을 가능케 할 뿐만 아니라 "선한 일"을 행할 수 있게 하는 가장 효과적이고 지속적인 원천이 될 것이다.

위와 같은 주장을 쉽게 인정하는 진지한 기독교인들 중에서도 교회를 증가시키는 것을 오늘날의 주요 과제로 여기지 않는 사람들이 있다. 왜냐하면 그들은 그들의 목적을 양보다는 질에 두고 있기 때문이다. 그들은 전도받은 사람들이 보다 훌륭한 기독교인들이 되지 않는다면 그들의 수를 증가시키는 것이 무슨 소용이 있느냐고 묻는다. 그들은 아프리카—아시아의 대부분의 지역에서는 기독교인들의 교육이 전도보다 더 중요하다고 주장한다. 또한 그들은 아메리카에서는 형제애나 교회의 일치가 교회확장보다 더 중요하다고 주장한다.

교회가 교육과 형제애를 촉진시켜야만 한다는 것은 틀림없다. 둘 다 흑암의 세력에 대한 끊임없는 싸움의 중요한 요인들이다. 기독교인들은 성경을 읽을 수 있어야만 하고, 하나님이 우리 시대에 우리에게 허락하신 놀라운 학문을 신속히 전해 주어야만 한다. 다른 집단과 문화에 속한 사람들에게 평등한 기회를 제공해 주기를 거부하고 또한 하나님이 모든 인류의 아버지임을 의심하는 것처럼 보이는 인종적 우월감 역시 확고히 거부해야만 하는 것이다.

그러나 우리는 쥐를 잡으려고 독을 깨서는 안 된다. C. S. 루이스(C. S. Lewis)가 말한 것처럼(나도 그렇게 믿는다.) 하나님을 아버지로 믿지 않고는 인간의 형제애를 확립할 수가 없다. 인종, 언어, 국가, 종족에 관계없이 모든 사람들을 그리스도의 제자들(그리스도 안에서는 유대인도 없고 헬라인도 없다.)이 되게 하는 것보다 학문과 형제애를 증진시킬 수 있는 길은 없다.

한걸음 더 나아가서 우리는 평등에 대한 이 매력적인 호소를 면밀히 살펴 보아야만 한다. 우리가 우리 주님이 가장 간절히 원했던 것, 즉 잃어 버린 자를 찾아 구원하는 것과 질적인 성장을 분리할 때 그것은 곧 기독교적인 것이 되지 못할 것이다. 아무리 복잡한 이론을 전개한다 할지라도 이 간단한 사실을 변경시킬 수는 없다. 형제애를 증진시키기 위해 노력하는 것은 좋은 일이다. 그러나 형제애가 구원보다 더 중요하다고 주장하는 것은 잘못이다. 만일 아프리카-아시아에서 우리들이 높은 교양을 갖추고 있고 멋진 영어를 말하며 훌륭한 교육을 받기는 했으나 회개하지 않은 그들의 동족을 하나님과 화해시키는 일에 대해서는 전혀 관심이 없는 그런 기독교인들을 길러 낸다면, 기독교인들로서 그들이 자랑하는 질은 무용지물일 것이다. 우리들이 다른 인종의 사람들과 완전한 형제처럼 살고 있기는 하지만 그들에게 영생을 얻게 해주려는 간절한 욕구를 가지고 있지 못한 그런 기독교인들을 만들어 낸다면, 그들의 질은 의심스런 것임에 틀림없다.

이런 종류의 질을 진지하게 지지하는 사람들은 모두 사실상 선행을 통한 의를 주장하고, 성령의 열매인 윤리적인 성취를 복음으로 대치하고 있는 사람들이다. 기독교인들이 성경과 그리스도에 충실할 때, 그들은 그러한 율법주의를 거부하게 될 것이며, 윤리적 성취는 **그리스도 안에 거하는 삶에서 나오는 것이며** 따라서 그것이 그리스도에 대한 믿음을 위한 필수 조건이 되어서는 안 된다고 주장할 것이다.

실제적으로 교회의 지도자들은 절박한 과제들-그것들은 모두 선한 것이다-중에서 무엇인가를 계속해서 선택하지 않으면 안 된다. 그들은 랄프 윈터(Ralph Winter) 박사의 다음과 같은 말에 주의를 기울이는 것이 좋다.

나는 대부분의 선교에서 공통적으로 발견되는 선교의 다양한 유형과 방법에 대한 전문가였다. 최근에 나는 그 모든 일 중에서 가장 중요한 것은 교회를 세우는 것이라는 사실을 점점 더 분명히 깨닫게 되었다. 회중들을 돌보고, 먹이며, 재생산시키는 것은 그러한 모든 방법들이 지향해야만 할 핵심적인 활동이다.

가장 중요한 과제 : 그것은 흔히 방치되고 있다.

기독교 선교는 미미한 성장을 보이고 있는 많은 아프리카—아시아 교회들을 심각하게 고려해야만 한다. 물을 날라다 주는 전문가들은 많으나 벽돌공들은 거의 없다. 모르타르는 많이 도착하고 있으나 돌이 부족하다. 따라서 성벽이 세워지지 않는다. 자유주의적이든 보수주의적이든 많은 교파들이 미미한 교회성장을 보여 주고 있다. 더욱더 안타까운 일은 성장의 부족을 당연하고 어쩔 수 없는 일로 받아들인다는 것이다.

멕시코 서부의 시날로아주에서는 회중교회, 즉 오늘날의 연합그리스도 교회가 50년 이상이나 활동을 하고 있다. 그동안 이 교파의 헌신적인 선교사들이 진지한 노력을 해왔다. 그러나 1962년 현재 이 교파에는 "9개의 작은 교회에 300명의 교인"밖에 없었다 (McGavran, 1963 : 45).

북아메리카에 있는 크고 작은 수많은 교파들은 현상유지를 하고 있거나 쇠퇴하고 있다. 예를 들면 세 개의 대교파인 연합장로교, 연합그리스도교회, 연합감리교회는 1965년에서 1975년 사이에 10~12%의 교인이 감소되었다. 오레곤 연례 친우회(Oregon Yearly Meetings of Friends)는 대표적인 소교파이다. 1961년에 이 교파에 속한 61개 회중에서 교회학교 학생들을 포함하여 주일 아침예배에 참석하는 평균 총교인수는 5,300명이었으며, 1968년에는 불과 100명이 증가한 5,400명이었다(Willcuts : 27).

대만에서는 장로교가 크게 성장하였다. 장로교인수는 1952년에 57,407명에서 1964년에는 176,255명으로 증가하였다(Taiwan Presbyterians, Synodical Office 1966 : 76,80). 그리고 침례교인들은 1948년에는 본토에서 넘어 온 수백명에 불과하였으나 1967년에는 21,783명이 되었다 (Coxill, 1968:181). 감리교인들은 감리교도인 장개석과 그의 부인 치양이 열렬한 기독교인이었음에도 불구하고 1967년 현재 4,553명에 불과했다. 대만의 감리교회는 수용적인 주민들 사이에서도 교회성장이 이루어지지 않을 수 있다는 사실을 입증해 주고 있다.

칠레의 경우 지난 50년 동안 오순절 교파들은 무에서 시작하여 총세례교인이 360,000명으로 증가하였으나, 선교사 30명이 파견되어 거의 30년 동안 선교를 하였던 북아메리카 선교회는 불과 300명의 교인밖에 없다. 그 선교회는 칠레의 "주민들이 거의 이슬람교도들"이라고 믿고 있다.

커다란 보수적인 선교회의 한 간사는 최근에 이렇게 말한 적이 있다. "우리는 지난 30년 동안 일본에서 3백만 불을 썼다. 그러나 거기서 우리 선교회를 통해 설립된 교회의 세례교인수는 현재 500명도 채 안 된다."

내가 처음으로 교회성장에 대해 관심을 갖게 된 것은 내가 선교사로 일하고 있던 인도 중부지역에 있는 134개의 선교지부들이 10년간 평균 12% 정도, 다시 말해서 1년에 1% 정도의 교회성장율밖에 보이지 못하고 있다는 피케트(Pickett, 1956:ix)의 조사 보고서를 통해서였다. 내가 속해 있던 선교회인 인도 그리스도 제자 선교회에 속한 10개의 선교지부들 역시 다른 124개의 선교지부들과 별로 다를 것이 없었다. 우리 선교회에는 한 명의 간사와 75명의 선교사들이 있었고, 한 가지 "위대한 일"만을 하였다. 그러나 교회를 세우는 일에는 이상할 정도로 성공을 거두지 못했다. 아내와 내가 다른 여섯 명의 선교사들과 함께 1924년에서 1930년까지 함께 일한 적이 있던 하르다 마을에서는 1918년에서 1954년까지 36년 동안 그 교회 밖에서는 한 건의 세례도 행해지지 않았다.

나도 교회성장의 결여를 직접 체험하였다. 나는 위에서 대부분의 선교적인 노력이 어떤 결실을 맺고 있는지에 대한 몇 가지 사례를 들었다. 위에서 인용한 교회들과 선교회들이 다른 교회들과 선교회들보다 더 비난을 받을 만한 것은 아니다. 실제로 나는 그들이 비난을 받을 만하다고 말하기조차 어렵다. 그들은 선한 일을 하고 있으며, 그들의 생명을 바쳐 그리스도를 증거하고 있고, 사람들을 가르치고 치유해 주며, 분유를 나누어 주고, 농사기술을 증진시켜 주고 있다. 그러나 그들이 이 모든 일들을 할 뿐만 아니라 그 이상의 일을 한다 할지라도 그들의 교회는 단지 그들 자신의 자녀들에게 세례를 줌으로써 성장할 뿐이다. 아메리카와 그 외의 다른 지역에서의 오늘날의 대부분의 교회들과 선교회들에 대해 우리는 "교회가 성장하든 않든 간에 훌륭한 선교사업"을 하고 있다는 모호하고 진부한 표현을 할 수 있을 것이다.

성장이 이루어지지 않는 짧은 기간 동안의 예를 드는 것은 공정치 못하다. 신속히 증가하는 교회들조차도 때때로 정체현상을 나타낸다. 그러므로 우리가 자메이카에서의 네 개의 교회 교인수가 1세기 동안 어떻게 성장했는가를 도표를 통해 살펴 보는 것은 우리에게 유익한 교훈을 줄 것이다.

1850년에 자메이카에 있던 침례교회, 감리교회, 모라비아교회, 장로교회의 총세례교인수(도표 1을 참조하라.)는 54,000명이었다. 그후 100년 동안 교인수는 6만 명으로 증가하였다. 그들은 그동안 영국으로부터 끊임없이 선교사들과 자금의 지원을 받았는데도 불과 6천 명밖에 교인이 증가되지 않았다. 다시 말해서 교파당 1년에 겨우 15명이 증가한 셈이다.

한편 자메이카 섬의 인구는 40만 명에서 140만 명으로 증가되었다. 이들 네 교회의 세례교인수는 1850년에는 전 인구의 13%였으나 1950년에는 4%에 불과하였다(McGavran, 1962 : 20).

자메이카에서는 1840년에서 1880년까지만 선교사들이 교회에 대한 지배권을 행사하였고 그 속에는 자국인들이 권위를 가지고 있었다. 자국인들이 아프리카-아시아에 대한 지배권을 갖게 된다면, 사정이 호전될 것이라고 믿고 싶어하는 사람들에게 자메이카에서의 교회성장에 대한 기록은 충분한 경고가 될 것이다.

일부 교파들이 성장하고 있다는 사실에 의해 입증된 바와 같이 위에서

도표 1. 자메이카에서의 교회성장

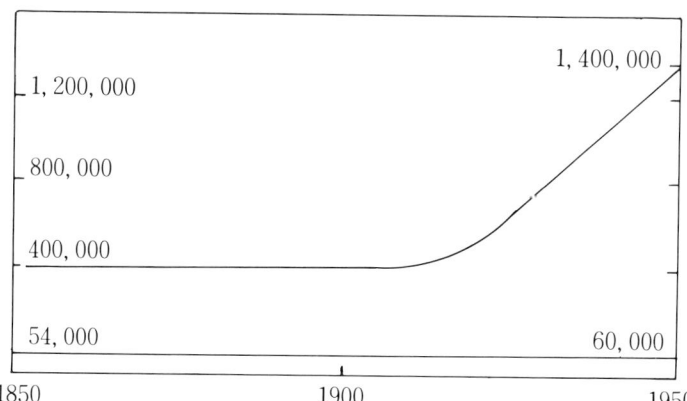

든 사례들은 교회가 성장할 수 있는 지역들에서 든 것이다. 교회가 성장할 수 있는 지역에서 몇몇 선교사들과 선교회들, 교회들과 사역자들이 그리스도를 증거하는 "많은 선한 일들"을 하고 있음에도 불구하고 거의 또는 전혀 교회성장을 이루고 있지 못하다는 사실은 주목할 만하다. 사람들은 주민들 중의 일부가 그리스도를 받아들인 지역에서, 복음을 거부한 사람들 사이에서, 또는 교회성장을 가져다 주지 못하는 방식으로 복음을 전파하려고 하고 있다. 영국, 아메리카 그리고 그 이외의 지역에 있는 오늘날의 대부분의 교파가 이런 곤경에 처해 있다.

수용적인 지역에서의 성장의 결여에 대한 예들은 한없이 들 수 있을 것이다. 보수적이든 진보적이든 간에 대부분의 선교회들이 자신들이 돕고 있는 아프리카-아시아 교회들의 성장을 정확히 기록해 본다면 그들은 미미한 성장밖에 보이지 않고 있는 많은 사례들을 발견할 것이다. 예를 들면 포스퀘어(Foursquare) 복음교회(오순절 계통의 활력있는 교회)의 지도자들은 최근에 그들이 개척한 교회들 중 열 교회의 발전에 관한 연구를 하였다. 그들은 한 교회가 25,000명으로 크게 성장되었고, 세 교회는 약 10,000명으로 성장하였고, 나머지 여섯 교회는 각각 2천 명 남짓되는 것을 발견하였다.

몇몇 경우에 있어서 비성장이나 미미한 성장은 어쩔 수 없는 것이다. 왜냐하면 그런 현상은 복음을 전해 들은 사람들의 마음이 완고하고 반역적이기 때문에 일어난 것으로 볼 수 있기 때문이다. 그들은 복음에 순종하기는커녕 그것을 들으려고도 하지 않을 정도로 적대심이 크고 복음에 대해 반항적이다. 거의 모든 나라에는 기독교인들이 수십년 동안 설교하고 가르치고 병 고치는 일을 하지만, 실제로 그리스도를 영접하는 사람은 단 한 사람도 없는 그런 주와 도시들이 있다. 그런 반항적인 주민들이 실제로 존재한다. 이러한 경우에 있어서 어떻게 해야 할 것인지에 대해서는 이 책의 뒷부분에서 논의될 것이다. 그러나 모든 사람들에게 복음을 전하라는 주님의 명령을 기억할 때 교회는 결코 그들을 회피해서는 안 된다.

하지만 대부분의 경우에 있어서 그러한 상황은 필연적인 것이 아니라 해결될 수 있다. 교회성장의 정체는 잘못된 방법에 기인된 것일 수도 있다. 목자가 빈 손으로 돌아올 때 그 이유는 양들이 복음을 받기를 거부하고 목자가 다가갈 때 도망가기 때문인 경우도 없지는 않다. 하지만 때때로 헛수고는 습관적인 것이며, 그 원인은 복음을 받기를 거부하는 사람들에게 애착을 느낀 나머지, 복음을 받기를 갈망하는 사람들을 소홀히 하면서 양들이 없는 산골짜기를 기웃거리고 다니는 데 있다. 때때로 그 원인은 수십년 동안 효과가 없음이 입증된 방법을 계속 고수하는 데 있기도 하다. 많은 교회들과 선교회들은 그러한 원인들을 제거할 때 교회성장을 이룰 수 있을 것이다.

오늘의 기회 : 수용적인 주민들

오늘날 교회가 선교에 가장 민감한 반응을 보이는 세상을 직면하고 있다는 사실로 인해 교회성장은 더욱 절실히 요청된다. 오늘날 많은 교회들은 거의 성장하고 있지 않으며, 몇몇 교회들은 약간 성장하고 있을 뿐이며, 소수의 교회들만이 급성장하고 있다. 대부분의 교회들에 있어서는 거의 성장이 이루어지지 않고 있으나 소수의 교회들에 있어서는 놀라울 정도의 성장을 보이고 있다. 우리가 교회성장의 정체는 필연적인 것이 아니라는 사실과 그러한 정체 대신에 그리스도 안에서 새로운 피조물이 된 사람들 사이에서 계속적이고 건전한 성장이 이루어질 수 있다는 사실을 깨닫게 될 때 우리는 오늘날 얼마나 많은 기회가 주어져 있는지를 보다 잘 인식할 수 있을 것이다.

북아메리카는 일반적으로 전도하기가 힘든 지역으로 간주되고 있다. 이 지역의 세속적이며 다원적인 주민들은 그리스도에 대한 무관심을 보이고 있다. 교파들은 감소하고 있고 교회성장은 거의 일어날 가능성이 없는 것처럼 보인다. 그렇다면 전도를 위한 노력을 할 필요가 어디 있는가? 정체된 교회의 지도자들에게는 그와 같은 생각이 들 것이다. 하지만 바로 이 지역에서 총회파 침례교(General Conference Baptists)의 교인수는 1940년에 4만 명이었으나 1978년에는 125,000명으로 증가하였다. 이러한 사실은 북아메리카에서도 풍성한 수확을 거둘 수 있음을 입증해 주는 것이다. 그러나 추수할 일꾼들이 필요하다. 밭에서 수확을 거둘 수 있으려면, 추수의 주님께서 그들을 일하도록 파송하였다는 확신을 갖는 것이 필수적이다.

해외지역에서도 백 년 전의 조건들과 비교해 볼 때 오늘날에는 복음전도의 여건이 훨씬 더 개선되었음을 알 수 있다. 백 년 전의 대부분의 선교회들의 주요한 목적은 폐쇄된 지역으로 들어가서 어떻게 해서든지 그곳에 정주하는 데 있었다. 서구의 많은 선교사들이 무서운 풍토병으로 인해 사망하였다. 생사여탈권을 가지고 있던 비기독교적인 지배자들과 정부들은 선교사들을 서구 제국주의의 앞잡이들로 간주하였으며, 할 수 있는 한 그들의 입국을 제지하였다. 그러한 방해를 뚫고 선교사들이 입국하였다 할지라도 그들은 믿기 어려운 난관들에 봉착하였다.

오늘날 수많은 지역들에서 이러한 상황은 변화되었다. 건강에 대한 위험은 놀라울 정도로 축소되고 있으며 선교사들의 입국은 비교적 자유로와졌다. 물론 아직도 중국, 인도, 이집트, 러시아 등 몇몇 나라들에서는 선교의 자유가 보장되어 있지 않다. 그러나 옛날과 비교해 볼 때 세상은 전도의 기회들로 가득 차 있으며 사람들은 복음을 받을 준비가 되어 있다. 그리고 전도에 수반되는 생명의 위험도 과거와 비교해 볼 때 훨씬 적어졌다. 이제 6개월을 도보로 걸어야 하는 일은 하지 않게 되었다. 오늘날 선교사들은 오늘날 제트비행기를 타고 가서 성장하고 있는 대교회들로부터 환영을 받는다. 그들이 하나님께서 예비해 주신 사람들이 어디에 있는지를 찾아서 그들을 복음화시키기를 원할 때, 그들은 대체로 우리 주님의 시대의 민중들처럼 기꺼이 복음을 듣고 순종하려고 하는 수백, 수천명의 사람들을 발견할 수 있다.

그러나 식민지 시기가 끝난 후 어떻게 적응하느냐에 따라 제 민족들이 복음을 받아들이려는 태도는 때때로 완고해지기도 했다. 아프리카—라틴 아메리카—아시아의 교회들에서는 교회에 대한 권한을 자국인들에게 이전해 주는 일이 제대로 이루어지지 않은 경우가 많았다. 교회의 지도자들과 선교회 지도자들 간의 갈등은 양편 모두에게 유쾌한 일이 아니었다. 교회 외적으로도 신생 독립국들은 때때로 유럽—북아메리카인들이 전에 아프리카—라틴 아메리카—아시아인들을 대했던 것처럼 유럽—북아메리카에서 온 선교사들을 대했다. 선교사들의 입국이 허가되지 않고, 기존의 선교사들은 국외로 추방되었다. 하지만 이와는 달리 선교사들은 그들이 일하고 있는 지역에서 환대를 받기도 하였다. 오늘날 해외선교사들의 수가 역사상 다른 어느 때보다도 많다는 사실은 복음의 문이 열려 있음을 입증해 주는 놀라운 증거이다.

아프리카-라틴 아메리카-아시아에서의 교회성장에 대한 비관적인 견해가 대두되는 보다 큰 원인은 유럽과, 특히 아메리카에서의 국내 사정에 있다. 유럽의 열강들은 그들의 제국들이 사라지는 것을 목격하였다. 공적 예배와 개인적인 예배도 쇠퇴해 가고 있다. 두 번에 걸친 세계대전은 교회를 파괴시켰다. 국가 교회들이 그들 자신의 명목상의 교인들을 복음화 시킬 능력이 없다는 점과 자국 교회들로 하여금 그들을 복음화시키는 것을 허용하지 않으려고 했다는 사실(그들이 자기 나라에서 "종파들"을 양산시키지 못하게 하려고)로 인해 갱신의 최대의 원천이 봉쇄되었다. 또한 아름다운 기독교의 옷을 입고 나타난 세속주의라는 새로운 종교가 특히 매력적인 것처럼 보이게 되었다. 이 모든 요인들로 인해 지적인 사람들은 교회성장이 더이상 기대할 수 없는 것이라는 생각을 갖게 되었다.

이러한 국내의 사정으로 인해 해외선교에 대한 부정적인 생각을 갖게 된 것이다. 전위적인 유럽-아메리카 기독교인들은 교회가 "사회적인 성공주의"(sociological triumphalism)를 포기하고 인류라는 가정에서 겸손하고 보다 더 기독교적인 종의 역할을 해야만 한다고 느끼게 되었다. 유럽-아메리카 기독교인들의 이러한 생각은 필연적으로 유럽-아메리카뿐만 아니라 아프리카-라틴 아메리카-아시아에 있는 수많은 사람들의 영적인 갈등을 보지 못하게 하였고, 그들이 변화받을 준비가 되어 있다는 사실을 보지 못하게 하였다. 복음을 받아들이려는 준비가 성숙되어 가고 있었다. 그러나 기독교인들은 그들 자신의 문제에 빠져 있었기 때문에 그것을 볼 수 없었다.

물론 우리는 복음에 대한 이러한 수용성을 과장해서는 안 된다. 사실상 교회와 거의 무관한 1억 6천만 명의 사람들 중에서(이미 그들 중에 약 빈은 명목상으로는 교회명부에 올라 있을 것이다.) 적어도 3천만 명은 완고한 이교도들이다. 어떤 교파도 이들을 기독교인으로 개종시키기는 어려울 것이다. 이들 아메리카인들은 복음에 대해 특히 비수용적이다.

세계 인구의 약 절반 이상은 지금도 여전히 복음에 대해 무관심하거나 심지어 적대적이다. 수많은 사람들이 그리스도에 대해 적대적인 태도를 취하고 있다. 기독교 선교사들은 러시아, 중국, 쿠바 및 그 밖의 공산주의 국가들에서 추방을 당하였다. 아프가니스탄과 아라비아에 있는 수백만 명은 아직도 전도를 받을 수 없는 상황에 있다. 우리는 이 모든 사실을 염두에 두어야만 한다. 그럼에도 불구하고 많은 지역들과 많은 국민들은 복음에 대해 수용적이다. 과거에는 거의 모든 사람이 복음에 대해 적대적이었다면 지금은 일부만 적대적이라고 말할 수 있다.

공산주의 국가들을 제외하고 국민들 중 일부가 기독교를 받아들이지 않은 나라는 거의 없다. 칠레의 상류층과 중산층은 1900년대와 마찬가지로 지금도 여전히 복음적 기독교에 대해 적대적이다. 그러나 오순절 교파들의 급성장이 입증해 주는 것처럼 칠레의 대중들 중에는 복음을 듣고 이에 순종할 수 있는 사람들이 많다. 인도에서는 복음을 받을 수 있는 사람들이 아직 충분히 나타나지 않고 있다. 그러나 1947년 이래 두 개의 인도 감리교 지역회에서만 교인수는 10만 명에서 20만 명으로 증가하였다 (Seamands, 1968 : 121). 영국이 떠났을 때 인도의 많은 교파들(북인도와 남인도의 연합교회들을 포함하여)은 적극적인 전도를 함으로써 박해를 받는 것을 꺼려하였다. 그러나 위에서 말한 감리교회는 박해를 기쁨으로 견디면서 전도하여 하층민들 사이에서 신도수를 배가시켰다. 간단히 말해서 감리교는 독립국가가 된 인도에서는 교회가 성장할 수 없다는 겁장이들의 조언을 거부하고 인도의 수용적인 주민들 속에서 많은 회중을 세웠다.

사회주의 국가가 되기 이전에 이디오피아에서 수용적인 집단들에게 복음을 전한 선교회들은 교회를 크게 성장시켰다. 1967년 현재 수단선교회는 비록 그 선교회 소속의 대부분의 선교사들이 복음을 거부하는 지역들에서 선교를 하고 있었음에도 불구하고 세례교인수가 만 명이 되는 한 교회를 지원하고 있었다(Coxill, 1968 : 67). 만일 그 선교회가 복음에 대해 수용적인 사람들에 대한 선교에 노력을 집중시켰다면, 수단교회는 훨씬 더 성장하였을 것이다.

각 나라마다 인구 중 복음을 받을 준비가 되어 있는 사람들의 수는 놀라울 정도로 많았다. 이제 마지막으로 한 가지 예를 들어 보자. 금세기 초에 수십만명의 이탈리아 사람들이 남부 브라질로 이민을 왔다. 그들 대부분은 로마 가톨릭에 대해 냉담했다. 그들은 후에 공산주의자들이 된 이탈리아의 노동자 출신들이었다. 첫 세대나 제2세대는 이탈리아어를 사용했다. 그들은 복음의 메시지에 대해 매우 수용적이었다. 하지만 감리교, 장로교, 루터교, 침례교 등은 포르투갈어를 사용하는 브라질 사람들에게만 열심히 포교를 하였다. 그들 교회의 지도자들은 포르투갈어밖에는 알지 못했으며, 이탈리아인들이 복음을 받을 준비가 되어 있었다는 것도 알지 못했다.

하지만 시카고에서 온 한 이탈리아인 개종자가 북아메리카에서 브라질로 이주하여 아무런 재정적 도움도 없이 그리스도를 전파하였다. 그는 그곳에 교회를 설립하여 1936년까지 이탈리아어로 예배를 드렸으며, 1965년에 그 교회의 세례교인수는 무려 40만 명이 되었다. 상파울루에 있는 모교회는 4천 개의 좌석을 가진 아름다운 교회이다. 일반적으로 우리는 많은 나라들에 복음에 대해 수용적인 사람들이 있음에도 불구하고 선교사들이나 국내 교회지도자들이 그들을 항상 발견하지는 못한다고 말할 수 있을 것이다(Read, 1965 : 20-44).

오늘날 이 세상에는 과거보다 복음에 대해 수용적인 사람들이 훨씬 더 많이 살고 있다. 일리노이주와 카나다에는 100년 전보다 복음에 대해 수용적인 사람들이 훨씬 더 많이 있다. 많은 주와 지역의 일반 국민들은 과거보다 그리스도에 대해 호의적이며, 회심에 대해 보다 더 개방적이다.

인도에는 오늘날 캐리(Carey)나 클라우(Clough)의 시대보다 복음에 대해 수용적인 사람들이 훨씬 더 많이 있다. 아프리카-라틴 아메리카에는 복음화될 수 있는 사람들이 수없이 많다. 라틴 아메리카는 오늘날 복음을 전할 기회로 가득 차 있다. 역사상 복음을 전하기에 이와 같이 좋은 기회는 없었다. 이들 주민들은 우연히 복음에 대해 수용적이 된 것이 아니다. 영적인 눈을 가지고 있는 사람은 누구나 복음에 대한 그들의 수용성에서 하나님이 역사하고 있는 것을 볼 수 있을 것이다. 하나님은 그의 햇빛과 비를 통해, 그의 섭리와 성령을 통해 수많은 사람들로 하여금 복음에 대해 수용적이 되게 하였다. 우리는 오늘날 역사의 주님과 인간사에 개입하시는 하나님에 대한 말을 많이 듣고 있다. 기독교인들은 봉건 영주와 지주들에 의한 민중의 억압에 대해 민감하며, 해묵은 부정의를 시정해 줄 혁명을 갈망하고 있기 때문에 역사 속에서 일하시는 하나님에 대한 말을 많이 한다. 물론 하나님은 심지어 그를 거부하는 사람들 사이에서도 의와 정의를 가져다 주기 위해 여러 가지 방식으로 역사하신다. 그와 마찬가지로 우리는 하나님께서 그들이 그의 아들 예수 그리스도에 대한 놀라운 수용성을 갖도록 그들 가운데서 역사하시고 있다고 추론할 수 있을 것이다.

오늘날 대부분의 민주주의 국가들이 가장 많은 비율의 기독교인들을 가지고 있는 나라들이라는 것은 사실이다. 그러나 우리는 하나님이 정의로운 통치를 가져다 주시려고 하실 때 행하시는 첫 번째 일이 사람들로 하여금 "그리스도인들 사이에서는 헬라인과 유대인이나 … 야인이나 스구디아인이나 종이나 자유인이 분별이 있을 수 없다"(골 3:11)는 바울 사도의 말씀을 들을 수 있게 하는 것이라고 말할 수는 없을 것이다. 민주주의를 하려면 새로운 피조물이 필요하다. 어떤 나라의 국민들이든 간에 사람들은 그리스도 안에서만 새로운 피조물이 된다.

복음에 대한 놀라운 수용성은 잘 알려져 있다. 선교에 대한 유명한 권위자인 네일(Neill) 감독은 이렇게 말하고 있다. "건전하게 평가해 볼 때 기독교인이 20세기말 무렵에 사하라 이남의 아프리카는 대체로 기독교 대륙이 될 것이라고 생각하는 것은 무리가 아니다"(Neill, 1964 : 568). 이 예언(나는 이 말에 완전히 동의한다.)이 반만 이루어진다 할지라도, 우리는 향후 40년 동안 역사상 가장 많은 사람들이 교인들이 되는 것을 볼 수 있을 것이다. A.D. 200년에서 1000년간의 800년 동안에 유럽에서 서서히 기독교인이 된 수백만명은 세상에 대한 하나님의 전략상 소수의 선구자들이었다고 말할 수 있을 것이다. 1960년대에 들어서서 하나님은 아프리카, 한국, 대만, 아삼 및 그 밖의 나라들의 백성들을 애굽에서 구출하여 약속의 땅으로 인도하려는 준비를 하고 있다. 유럽과 북아메리카에서 수백만명이 예수 그리스도의 신실한 추종자들과 그의 교회의 지체들이 될 수 있으며, 우리는 실제로 그렇게 될 것이라고 확신한다. 우리의 앞에는 위대한 운동이 놓여 있다.

한 가지 일만이 이 세상의 제 민족들로 하여금 그리스도의 제자가 되는 것을 지연시킬 수 있다. 추수의 때에—하나님의 그의 교회에 허락하신 가장 수용적인 때에—하나님의 종들이 하나님을 실망시킨다면, 익은 곡식은 수확되지 못할 것이다. 교회성장이 미미하다면 복음을 받을 준비가 되어 있는 사람들을 그리스도에게로 인도하지 못할 것이다. 선교회들과 교리들이 계속 미미한 성장에 만족한다면 잔치를 위한 하나님의 준비는 헛수고가 될 것이다.

전문가와 교회성장

전문가는 복음전파를 방해하기도 하고 도움을 주기도 한다. 교회의 일이 복잡하고, 여러 가지 상이한 의사를 가진 사람들이 필요하기 때문에 전문가는 복음전파에 도움이 된다. 하지만 전문가들은 교회의 중심적인 과제가 전도라는 사실을 망각하기 쉽기 때문에 복음전파에 방해가 되기도 한다. 세계복음전도국제회의가 말한 바와 같이 "**전도와 영혼구원이 교회의 핵심적인 사명이다**"(31). 특별한 의무를 수행하고 있다고 해서 이러한 일차적인 의무로부터 면제되는 것은 아니다. 모든 기독교인들은 그리스도를 증거해야만 한다. 그들은 휴머니스트들이 할 수 있는 역할만을 해서는 안 된다. 그런 일들을 한다고 해서 다른 사람들로 하여금 예수 그리스도보다 개인적인 관계를 맺도록 의도적인 노력을 하는 것을 결코 소홀히 해서는 안 된다.

유럽—아메리카에서의 전문가

유럽과 아메리카, 그리고 오래 전에 교회가 설립된 다른 대륙들의 기독교 공동체들에서 특별한 역할을 하고 있는 기독교인들은 종종 의도적인 전도를 소홀히 하는 경향이 있다. 그들은 다른 사람들을 그리스도께 돌아오게 해달라고 기도하지도 않으며, 그런 일이 일어나도록 아무런 의도적인 노력도 하지 않는다. 사탄은, 그런 일은 보수를 받고 있는 목사가 할 일이라고 그들에게 가르친다. 교회학교 교사, 성가대원, 예배 안내자, 교회 식사담당자들이 전도에 영향을 주는 경우도 간혹 있으니 그들은 흔히 구원받지 못한 자들을 인도하기 위해 아무런 일도 하지 않는다.

아프리카—라틴 아메리카—아시아에서의 전문가들

오늘날처럼 전도의 문이 활짝 열린 시대에 해외에서 활동하는 많은 특수 선교사들은 바로 위에서와 같은 일이 일어날 위험성을 증가시키고 있다. 특수 선교사들의 필요성을 의심할 사람은 아무도 없다. 특수 선교사들의 수는 자연히 증가될 것이다. 학문이 발달함에 따라 삶은 점점 더 복잡해져 가고 있으며, 50년 전만 해도 상상할 수 없을 정도로 전문가의 역할이 증대되어 있다. 각각의 전문화는 삶을 풍요롭게 해준다. 예를 들면 의학에서 X선 촬영기술은 정확한 진단에 큰 도움을 주는 전문적 기술이다. 오늘날 많은 선교사들은 X선 촬영 전문가처럼 해외에 파송된다. 우리는 이 이외에도 많은 예를 들 수 있다. 그러나 특수 선교사가 가져다 줄 수 있는 이러한 삶의 풍요로움이 교회성장을 대치해서는 안 된다. 특수 선교사들은 교회성장을 지연시키지 않도록 각별히 유의해야만 한다. 아메리카의 여러 교파들에 속한 전문가들도 마찬가지이다.

나는 전문가로서 말한다. 나의 전공은 교육이다. 나는 여러 해 동안 인도에서 교육을 담당하였다. 나는 전문적인 전도자로서가 아니라 전도를 보조하는 일, 즉 교육에 대한 전문적인 훈련을 받고 대부분의 시간을 교육하는 일에 보내고 있는 선교사의 관점에서 교회성장에 접근하고 있다.

선교현장에서 뿐만 아니라 북아메리카 교회들에서 일하고 있는 전문가의 가장 큰 시험은 어떤 다른 사람이 복음을 전하고, 그리스도의 제자들이 되도록 사람들을 설득하는 일을 해주기를 바라는 것이다. 교회의 목사가 그 일을 해야 한다는 것이다. 왜냐하면 그는 그 일을 하도록 훈련을 받은 사람이기 때문이라는 것이다. 특수 선교사는 자국인 기독교인들이 그리스도를 선포해야만 한다고 생각하기도 한다.

그는 이렇게 묻는다. "내가 그들로 하여금 특수 선교사가 복음을 전하러 갈 것이라고 생각하도록 하는 것은 옳은 일인가? 평신도 선교사는 복음을 전해서는 안 된다. 복음전도는 안수받은 성직자들이 하는 것이다. 교사들은 가르치고, 의사들은 치료하며, 전도 전문선교사들은 전도를 해야 한다."

끝으로 전문가는 신학적인 변명을 한다. "나는 사람들을 그리스도에게로 인도할 수 없다. 그것은 성령의 특권이다. 나는 단지 교회학교에서 가르치고 성가대에서 찬양하면서 내가 드리는 예배, 내가 나누어 주는 구호물자, 내가 가르치는 영어 수업, 내가 행하는 친절한 행위에 의해 증거할 뿐이다. 인간들에게 죄를 깨닫게 하고 구주에게로 나아가게 하시는 분은 성령이시다. 그런 일은 내가 하는 것이 아니라 성령이 하시는 것이다. 나는 너무도 바쁘다. 나는 내가 책임맡은 중요한 할 일이 있다." 오늘날 많은 전문가들이 있기 때문에 이런 유혹은 널리 퍼져 있다.

그 결과 많은 좋은 일이 행해지고 있기는 하지만 교회성장은 거의 이루어지지 않고 있다. 온갖 종류의 유익한 예배가 드려지고 있고 필요한 일들이 행해지고 있으나 교회는 여전히 불모의 상태에 있다. 교회성장은 이루어지지 않고 있다. 성경시대에 예수님은 열매맺지 못하는 나무를 꾸짖었다. 오늘날 세계의 많은 지역들에서 인구가 폭발하고 있음에도 불구하고 교회는 불모의 상태에 있다. 전문가들은 흔히 그들이 일하고 있는 회중들을 불모의 상태에 빠지게 하는 일에 일익을 담당하고 있다.

전문적인 선교사들이 귀국하게 되면, 해외에는 외국으로부터 많은 헌금을 받아 선한 일을 하는 데 익숙해 있던 비생산적인 소규모의 회중들이 남는다. 그들은 그들이 하던 일마저도 계속할 수 없게 되며, 더구나 그들의 이웃을 전도하는 일을 거의 전혀 할 수 없게 된다.

하지만 전문가가 반드시 교회성장을 방해하는 것은 아니다. 그는 그의 교회로 하여금 열매를 맺고 많은 자녀들을 낳도록 도움을 줄 수 있다. 그가 그의 전문직에 드리는 만큼의 진지성을 가질 때 그는 하나님으로부터 파송받은 나라에 있는 그 자신의 교파와 다른 교파들에서 교회들이 어떻게 성장하는지를 알 수 있다. 교육자들, 라디오 기술자들, 문맹퇴치 전문가들, 농업 전문가들, 건축가들 등 소수 선교사들도 안수받은 선교사들 못지않게 교회성장에 대한 지식을 얻을 수 있다. 수학한 후(휴가를 이용하여) 선교현장으로 돌아가 원주민들에게 그리스도를 증거하는 데 보다 나은 통찰력을 발휘하고 있다.

전문가가 해야 할 가장 직접적이고 실제적인 일은 매주일 정기적으로 교회를 세우는 일에 시간을 보내는 것이었다. 그는 불신자들에게 그리스도를 영접하고 세례를 받고 교회의 성직자가 되게 하려는 목적을 가지고, 정기적으로 복음을 전파하고 설득하는 일을 해야 한다. 이미 전문가들 중에서는 이런 일을 하고 있는 사람들이 있다. 그러나 보다 많은 사람들이 그런 일을 해야 한다.

오하이오주의 한 도시에서 나는 내가 목격한 중에서 가장 현저한 교회성장을 보인 사례들 중의 하나를 목격하였다. 한 전문가—그는 철물장사를 하면서 생계를 유지하고 있었다—가 개인전도에 대한 열정을 가지고 있었다. 그는 해마다 수십명의 사람들을 전도하여 그의 교회로 인도하였다.

성공회 루안다교회는 여러 해 동안 선교사로 파송된 몇몇 의사들로부터 많은 도움을 받았다. 그들은 병원에서 의사로서의 일을 하는 이외에도 많은 사람들을 그리스도에게로 인도하였다. 침례교도인 인도의 한 의사는 그의 병원에 찾아온 모든 환자들에게 복음을 전하는 것 이외에도 일주일에 이틀 밤을 전도하는 일로 보냈으며, 때로는 환자들이 찾아오지 않았던 지역에까지 가서 복음을 전했다. 그로 인해 병원 직원 중의 상당수가 적극적인 평신도 전도자가 되었다. 그로 인해 그 교회에는 일 년에 무려 천 명의 교인이 증가하였다. 마드라스 기독교 학교의 교장인 밀러씨는 많은 학생들을 그리스도에게로 인도하여 세례받게 하는 하나님의 도구였다. 1884년에 펀잡주의 쿠라족이 홍수처럼 교회로 몰려왔을 때 연합장로교 선교회의 모든 선교사들은 그들의 전문 영역이 무엇이든지 간에 설교하고, 가르치고, 세례를 주고, 새로운 교회들의 양떼를 돌보는 일에 전념하였다.

교회는 모든 기독교인—가정주부, 농부, 목수, 기술자, 트럭운전사, 교사 등—에게 개인전도를 하기를 기대한다. 하물며 복음의 선교사에 대해서는—그가 어떤 선교회에 속해 있든지, 어떤 특수한 일을 맡고 있든지 간에—그가 사람들을 주님의 발 아래로 인도하는 신성한 특권을 행사해주기를 얼마나 더 기대할 것인가! 모든 안수받은 사람과 신학교수에 대해서도 마찬가지이다.

오늘날의 선교의 명령

오늘의 과제와 복음전도의 기회를 생각해 볼 때 우리는 한층 더 성경의 명령을 따르지 않을 수 없다. 지금은 사람들을 하나님께로, 예수 그리스도의 교회에로 인도해야 할 절호의 시기이다. 우리는 우리의 선배들의 작은 기대에 의해 위축당해서도 안 되고 과거의 패배에 의해 내일의 진전을 평가해서도 안 된다. 국민들이 복음에 대해 수용적인 태도를 보이고 있을 때 복음에 대해 적대적인 사람들에게 적합했던 전도방식들을 계속 사용해서는 안 된다. 하나님이 우리 교회에게 무엇을 하기를 원하시는가에 대한 개념들은 우리 선배들이 단지 현상유지를 하는 것으로 만족했던 암담한 시대에 형성된 것이다. 따라서 우리는 적어도 주민들 중의 일부가 복음에 대해 수용적인 태도를 갖게 된 오늘날 그러한 생각에서 벗어나 과감히 교인들을 배가시킬 계획을 세워야 한다.

로마서 1:5은 여기에 지침을 제공해 준다. 우리는 이 귀절을 바울에게 주어진 대 위임이라고 부를 수 있다. 마태복음의 마지막 귀절들과 성경 전체에 기술되어 있는 하나님의 구속의 목적들에 비추어 볼 때, 이 귀절 역시 교회 전체에게 말한 것이다. 이 위임은 로마서의 세 곳에서 발견된다. 그러나 나는 뉴 잉글리쉬 바이블(New English Bible)에서 나타나는 것처럼 이것을 16:25~26에서 인용한다. "내가 너희에게 전한 복음은 … 영세 전부터 감추었다가 이제는 나타내신 바 되었으며 영원하신 하나님의 명을 좇아 … 모든 민족으로 믿어 순종케 하시려고 알게 하신 것이다." 여기서 헬라어 *panta ta ethne*는 "모든 나라들"보다 "모든 민족들"로 번역하는 것이 정확한 번역이다. 사도 바울은 여기서 인도나 미국 같은 현대의 국가들을 염두에 두고 있었던 것이 아니다. 그는 언어, 부족, 계층, 혈통 등이 상이한 인간 가족들을 염두에 두고 있었다. 이곳과 마태복음 28:19에 나오는 *ta ethne*의 정확한 의미는 바로 그것이다.

나라 전체가 복음에 대해 수용적인 나라는 거의 없고 단지 각 나라의 많은 부분들만이 복음에 대해 수용적일 때에 이 귀절을 이해하려면 이것을 정확히 번역하는 것이 중요하다. 민족들이 사회계층들이나, 도시로 이주한 소작농들이나 소민족들, 부족들, 수많은 다른 인종들처럼 복음에 대해 수용적이 될 때 *ethne*를 믿음과 순종에로 인도하라는 성경의 명령은 특별한 의미를 지니게 된다. 그러나 하나님은 명령만을 하시는 것이 아니라 그것을 시험할 수 있는 기회를 제공해 주시고 있다. 모든 민족들이 복음에 대해 적대적이었던 시대에 하나님의 이러한 명령을 소홀히 하였던 기독교인들은 용서를 받을 여지가 있다. 그러나 국내외를 막론하고 많은 사람들이 변화받을 준비가 되어 있고, 복음을 듣고 기독교인이 될 수 있는 대도 불구하고 우리가 그들을 하나님과 화해시키는 일을 소홀히 한다면 우리는 하나님께 무엇이라고 변명할 수 있겠는가? 또한 우리가 그들에게 생명의 잔치에서 참된 양식을 제공해 주지 않고 쓸데없는 것들만을 제공해 주고 있다면 우리는 그들에게 어떻게 대답할 수 있는가?

그러므로 오늘날 우리들이 가장 힘써야 할 일은 지구의 모든 대륙에서 점점 증가해 가고 있는 복음에 대해 수용적인 민족들에게 복음을 전하여 교회를 증가시키는 것이다. 이것은 하나님의 명령이며, 우리에게는 이제 그 일을 할 수 있는 기회가 주어져 있다.

II
윤곽의 분별

4
놀라운 모자이크

하나님은 세계 도처에 있는 모든 민족들(복수형이라는 사실에 주목하라.)이 복음을 듣고 예수 그리스도를 믿어 그의 몸인 교회의 지체가 될 수 있는 진정한 기회를 갖기를 원하신다. 우리가 이 사실을 생각할 때 우리는 한 가지 충격적인 사실에 직면한다. 즉 세계의 엄청난 인구 (1978년 현재, 40억) 중에서 **30억이 아직도 복음을 믿지 않고 있다**는 사실이다. 더우기 그들 중의 대부분은 그들로 하여금 그리스도의 제자와 그의 교회의 책임있는 성원들이 될 수 있게 해주는 복음을 아직 들어 보지도 못하였다는 사실이다. 이 숫자는 급속히 증가할 것이며 A.D.2000년에는 50억이 될 것이다.

이러한 충격적인 사실은 1920-1960년 동안 교회에 대한 권한이 신교회들로부터 최근에 설립된 아프리카-라틴 아메리카-아시아의 교회들로 이전됨으로써 수반된 도취감으로 인해 은폐되었다.

도취감

이 기간 동안 선교회들은 다음과 같은 흐뭇한 메시지를 발표하였다.

우리 선교사들의 영웅적인 수고로 인해 그동안 좋은 결실이 맺어졌다. 하나님은 우리 선교사들을 축복하시어 그들로 하여금 많은 지역들에서 강한 교회들을 세우게 해주셨다. 그들은 놀라운 기독교인들을 길러 냈다. 우리는 그들의 헌신과 능력으로 인해 하나님께 감사한다. 이제 독립국이 된 나라들에서는 우리의 선교사들이 아니라 그들 자신이 교회를 관장해야 할 것이다. 훌륭한 선교사는 그의 후임자를 위한 준비를 해주고 귀국하고 있다. 과업을 성공적으로 완수한 것을 기뻐하라. 앞으로 선교란 복음화를 의미하는 것이 아니라, 우리의 자매교회들에 적절한 양의 우호적인 도움을 제공해 주고 우리 자신의 사회를 정의와 평화와 의가 충만한 사회로 재구성하는 것을 의미한다.

아프리카-라틴 아메리카-아시아 교회의 지도자들은 그들이 새로운 책임을 맡게 된 것을 너무도 기뻐하였으며 선교사들이 그들에게 해준 친절한 말을 너무도 심각하게 받아들였기 때문에 그들 주위에서 미해결된 상태로 남아 있는 엄청난 과제에 대해서는 거의 관심을 기울이지 못했다. 그들 중의 일부는 서방 교회들로부터 보다 많은 권력과 돈을 인수받기를 원했기 때문에 "선교사들은 고국으로 돌아가라"고 외치면서, 선교회들의 활동중지를 요구하였다. 그들은 자신들이 주변에 있는 수많은 비기독교인들 중에서 10%(심지어 5%)도 전도할 수 없고, 교회도 세울 수 없다는 사실을 깨닫지 못했던 것이다. 당시 비기독교인들은 방글라데쉬에 8천만 명, 회교권에 6억, 중국에 8억이 있었다. 아프리카-라틴 아메리카-아시아 교회의 지도자들은 보다 오래된 서방 교회들에게 "아직 복음이 전해지지 않은 민족들에게 많은 선교사들을 보내 달라"는 요구를 거의 하지 않았다.

공정하게 말하면 대부분의 선교회들과 선교사들 역시 그런 일을 하지 않았던 것이다. "자매교회들에게 권한을 이전시켜 주었다는 사실"에 대한 도취감으로 인해 대부분의 선교학자들은 현재 남아 있는 비복음화된 지역 주민들은 보다 오래된 서방 교회들에 의해 사려깊은 지원을 받고 있는 "젊은 교회들에 의해 장차 신속히 복음화될 것이라고 믿었다. 우리는 그들에게 많은 돈을 지원해 주거나 그들을 강압해서는 안 된다. 이제 제3세계의 선교의 책임은 우리가 아니라 그들이 지고 있다."

안일한 도그마

1963년에 멕시코에서는 세계교회협의회 전도위원회가 개최되었다. 동위원회는 앞으로 각 교회는 그 자신의 위치에서 복음을 전하는 선교를 수행해야 할 것이라고 선언하였다.

이러한 안일한 선언은 대부분의 지역들에서 제3세계의 교회가 전인구의 극히 적은 일부에 불과하며 전 인구의 미미한 부분에 지나지 않는다는 사실을 무시한 것이었다. 유럽-아메리카의 대부분의 교회들은 이러한 선언을 듣고 세계전도의 주요한 과업은 이제 **끝났다**는 안일한 생각을 갖게 되었다. "우리 시대의 위대한 새로운 사실"은 교회가 세상의 모든 대륙에 존재하고 있다는 것이다. 앞으로 각국의 헌신적인 기독교인들이 그들의 이웃들을 복음화시킴에 따라 교회는 자연히 증가될 것이다. 그들은 외국 선교사들보다 훨씬 더 효과적일 것이다.

폭탄적 선언

1974년에 윈터 박사는 이러한 이단된 상황에 폭탄을 던졌다. 이 폭탄을 이해하려면, 그 배경을 살펴 볼 필요가 있다. 윈터 박사는 과테말라에 파송된 장로교 선교사였다. 1965년에 나는 훌러에 있는 세계선교학교의 학생들을 위해 *Church Growth Bulletin*에 글을 기고할 사람을 찾다가 그에게 원고를 청탁하였다. 그의 논문 "Gimmickitis"는 1966년 1월호에 실렸다—이 논문은 오늘날에도 여전히 읽을 만한 가치가 있는 것이다. 그 중에서 두드러진 한 대목을 인용해 보자.

> 나는 새로운 기술에 대한 전문가였다. 나는 힘써 그 기술을 사용할 수 있는 어떤 새로운 것을 찾고 있었다. 그러나 여기 과테말라에서 나는 모든 기술 중에서 가장 훌륭한 기술은 회중들을 세우는 것이라는 사실을 점점 더 분명하게 인식하게 되었다. 회중들을 돌보고 양육하는 것은 모든 새로운 기술들이 이바지해야 할 중심적인 전략적 활동이다.

나는 윈터 박사를 선교학교의 교수로 초빙하기로 결정하였다. 그를 초빙한 목적은 무엇보다도 *panta ta ethne*—모든 계층, 부족, 인종, 경제집단—를 제자로 삼으라는 그리스도의 명령에 비추어서 세계선교의 사실들을 보고, 가능한 한 신속히 그들을 신자가 되게 할 수 있는 전략을 마련하는 데 있었다. 그래서 그를 교수로 초빙하였다.

여기서 그는 교회성장에 대한 사실을 정확히 기술하는 책임을 맡은 교수가 되었다. 따라서 그는 필연적으로 수많은 지역들에서의 교회성장 상황을 조사하지 않으면 안 되었으며, 그러한 지역들에서 활동하고 있는 전문인인 선교사들과 지도적인 원주민들이 우리의 연구에 동참하였다. 윈터 박사는 곧 WCC 전도위원회의 안일한 도그마가 엄청난 환상이라는 사실을 발견하였다.

선교가 촉진될 것이라는 주장은 모든 나라의 인구가 동질적인 단위로, 다시 말해서 그들은 하나의 가능한 단일민족으로 이루어져 있는 것으로 가정했으며, 그런 가정은 대부분의 선교사들과 제3세계의 독자들에 의해서 무비판적으로 받아들여졌다. 아프리카에는 아프리카인들이 살고 있고, 중국에는 중국인들이, 인도네시아에는 인도네시아인들이 살고 있다! 전도가 촉진될 것이라는 주장을 하고 있는 주민들 역시 모든 시민들이 동일한 민족이기 때문에, 그곳의 교회 역시 동일한 것이며, 따라서 모든 사람들에게 쉽게 복음을 전할 수 있을 것이라고 가정하였다. 그것은 착각이었다. 사실은 매우 달랐다.

사실 대부분의 나라들은 다양한 민족으로 이루어져 있었다. 그들은 모자이크였다. 예를 들면 1979년에 와그너(Wagner) 박사가 그의 기념비적 저서인 *Our Kind of People*에서 지적한 바와 같이 미국의 경우 여덟 개의 주요 집단들(그리고 수백 개의 소집단들)로 구성되어 있는 9천만 명의 미국인들은 미국이라는 모자이크에 동화될 수 없는 부분을 이루고 있다. 인종적인 차이에 교육적, 경제적 차이를 추가할 때 모든 사람들이 영어를 사용하고, 모두 미국인들인 미국에서조차도 우리는 모자이크의 다양한 부분들을 이루고 있는 수백개의 서로 다른 인종적, 문화적, 경제적 집단들이 있음을 발견하게 될 것이다. 그 중 한 부분에 강한 교회가 있다고 하여 그 교회가 또 다른 부분에 쉽게 전도를 할 수 있는 것은 아니다. 예를 들면 조지아주에서 태어난 원주민 백인들의 회중은 최근에 아틀란타로 이주해 온 굳게 결합되어 있는 프랑스계 카나다인들이나 집시공동체에서 복음을 전하는 것이 어렵다는 것을 발견할 것이다.

또 다른 예를 들면 멕시코에서는 400년간의 스페인 통치 기간 중에도 80개의 인디언어가 존속했으며, 그러한 언어는 지금도 상당한 규모를 지닌 80개의 공동체에 의해 사용되고 있다. 인도의 경우 인구는 3천 개의 종족으로 나뉘어져 있으며, 각 종족은 동족결혼을 하고 있고 동족이 아닌 사람과 결혼한 사람들은 모두 추방시킨다. 안드라주에 있는 루터교회는 최하층민 개종자들로 인해 크게 성장하였다. 루터파 교인들의 98%가 말라출신 또는 마디가출신이다. 그러므로 그들의 교회—기독교 신앙에 의해 교회에 상당한 정도의 자유가 주어졌음에도 불구하고—가 중산층과 상류층을 성공적으로 전도할 수 있다고 가정하는 것은 터무니없는 일이다. 마찬가지로 런던 동부에 사는 자메이카인 기독교인들이 부유한 서부 런던의 세속적인 앵글로 색슨 주민들을 설득하여 자메이카 교회의 교인들이 되게 할 때 영국에서의 부흥이 이루어질 것이라고 생각하는 것 역시 터무니없는 일이다.

나는 1974년에 세계전도국제대회에서 다음과 같이 말한 적이 있다.

> 기독교 신앙은 동질적인 집단 내에서는 잘 전달되지만 언어와 인종의 장벽 앞에서는 중단되는 경향이 있다. 대부분의 회중들은 하나의 언어, 하나의 인종적 단위 그리고 빈번히 하나의 사회적, 경제적 계층에 제한되어 있다(100).

이 책의 11장에서 주장되고 있는 바와 같이, "인간들은 동일한 인종, 언어, 계층 내에서 기독교인이 되기를 원한다."

간단히 말해서 수많은 사람들은 모자이크의 다른 부분들에 속해 있으며, 그 중에서 소수만이 기독교인이 되었다. 그들은 그들의 이웃들에 대해 복음화될 수 없다. 그들은 어떤 외부의 선교사들에 의해서도 복음화되기가 어렵다. 미국인 기독교인 존 두(John Doe)는 영어를 사용하며, 연봉 2만불을 벌고 중산층 가정에서 살며, 교인수가 약 3백 명 되는 전형적인 교회에 다니고 있다. 그가 미국에 이민온 레바논인, 포르투갈인, 폴란드인, 프랑스계 카나다인, 인도인, 중국인 등에게 그리스도를 전하여, 그들을 그의 교회로 인도하기란 매우 어려운 일이다. 설사 그들이 예수 그리스도를 알고 그 교회의 교인이 되었다 할지라도, 그들은 결코 편안함을 느끼지 못할 것이다. 그들이 예배를 드리기 위해 한번 왔다 할지라도 그들은 다음 주일에는 나오지 않을 가능성이 높다. 그들이 교인이 되었다 할지라도 그들은 몇 달 뒤에는 탈락할 가능성이 높다.

다른 지역들에서의 상황은 이보다 훨씬 더 두드러진다. 대만에서 학카(Hakka)어를 사용하는 중국인들은 기독교 복음에 대해 저항적인 사람들로 알려져 있다. 그러나 데이빗 리아오(David Liao) 박사는 학카어를 사용하는 2백만 명의 중국인들이 아무런 이유없이 소홀히 되고 있다고 주장한다. 민난(Minnan)어 또는 만다린(Mandarin)어를 사용하는 교회들이 그들에게 복음을 전하여 그들로 하여금 기독교인이 되도록 초대한 적이 있었다. 민난어를 사용하는 기독교인들이 학카 소수민족에게 복음을 전했음에는 틀림없다. 그러나 복음의 씨는 "돌밭에 떨어졌다." 학카족에게 복음을 전하려면 학카어를 사용하는 **선교사들이 필요할 것이다.** 만다린어를 사용하는 중국인 대만시민들 또는 미국인이나 브라질인들이 학카어를 배워 선교사들이 될 수도 있을 것이다. 그들은 학카어를 배운 후 학카에서 **전도하고, 학카인들로 구성된 회중들을 세우고, 학카인 집사, 장로, 목사들을 임명할 수 있는 것이다.**

윈터(Winter) 박사는 세계복음화국제대회에서 다음과 같이 선언함으로써 이러한 주장을 요약하고 있다. "전 세계에는 가까운 이웃사람의 전도에 의해 전도할 수 있는 비기독교인들, 다시 말해서 기독교인들과 유사한 문화 속에 살고 있는 사람들이 약 3억이 있다. 그러나 **24억의 인구는 선교사에 의해서만 복음을 전할 수 있다**"(pp. 229, 230). 이것은 폭탄적인 선언이다. 선교의 시대는 끝난 것이 아니라 이제야 비로소 시작된 것이다. 우리의 앞에는 주요한 과제가 놓여 있다.

세계전도의 수량화

윈터 박사는 이러한 상황을 보여 주는 많은 도표들을 만들었다. 그 중 가장 유명한 것은 그가 로잔느대회에서 사용한 것이다(*Let the Earth Hear His Voice*, p. 229를 보라. 그것도 아래에 인용되어 있다).

  그는 전도를 E-0, E-1, E-2, E-3의 네 종류로 구분하고 있다. 이러한 구분은 그가, 인류가 모자이크로 구성되어 있다는 사실을 심각하게 고려했다는 사실을 보여 주는 것이며, 그것은 선교학에 대한 그의 탁월한 공헌들 중의 하나가 되었다. E-0는 기존 기독교인들을 갱신시키거나 재회심시키는 데 목적을 둔 전도를 가리킨다. E-1은 기독교인들의 언어와 관습이 유사한 비기독교인에 대한 가까운 이웃 기독교인들의 전도를 가리킨다. E-2는 인종, 언어, 문화의 간격이 그렇게 크지 않은 사람들에 대한 전도를 가리키며, E-3는 그러한 간격이 매우 큰 사람들에 대한 전도를 가리킨다.

  이 도표에서의 직사각형 전체는 1974년의 세계인구를 가리킨다(이 본문에서 현재형으로 쓰이고 있지만 독자들은 이 숫자들이 현재의 숫자가 아니라 1974년의 숫자라는 사실을 명심하기 바란다. 1974년에 인구는 3,902,000,000명이었고, 1980년에는 43억이었으며, A.D.2000년에는 60억이 될 것이다). 세계의 모든 기독교인은 중간에 있는 굵은 선 위에 위치해 있으며 10억이 약간 넘는다. 그들 중 (일반적으로 추산된 숫자임) 2억(직사각형의 가장 위쪽에 있는 사람들)은 헌신적인 실천적 기독교인들인 반면에, 97,900만 명(그 다음 사람들)은 명목상의 주변적인 기독교인들이다. 그들 중의 대부분은 기독교적 이교도들, 세속주의자들, 실증주의자들, 마르크스주의자들, 쾌락주의자들이다. 2억의 헌신적인 기독교인들 중에서 각 4천만 명이 아프리카와 아시아에 있다는 사실에 주목하라. 반면에 97,900만 명의 명목상의 기독교인들 중에는 단지 아프리카에 7,600만 명이 있고, 아시아에 5,800만 명이 있을 뿐이다.

  중간의 굵은 선 아래에 있는 사람들은 272,300만 명의 비기독교인들이다. 그들은 불교도, 회교도, 힌두교도, 유태교인, 애니미즘 신봉자들, 무신론적 마르크스주의자들 및 선불교나 헤어 크리쉬나(Hare Krishna)와 같은 소종파의 추종자들이다.

  비기독교인들은 크게 두 부류로 구분된다. 위쪽의 직사각형 속에는 기독교인들과 동일한 언어, 인종, 문화를 가지고 있는 33,600만 명의 비기독교인들이 포함되어 있다. 그들에게는 E-1 전도방법에 의해 전도할 수 있

112 Ⅱ. 윤곽의 분별

도표 4.1. 세계

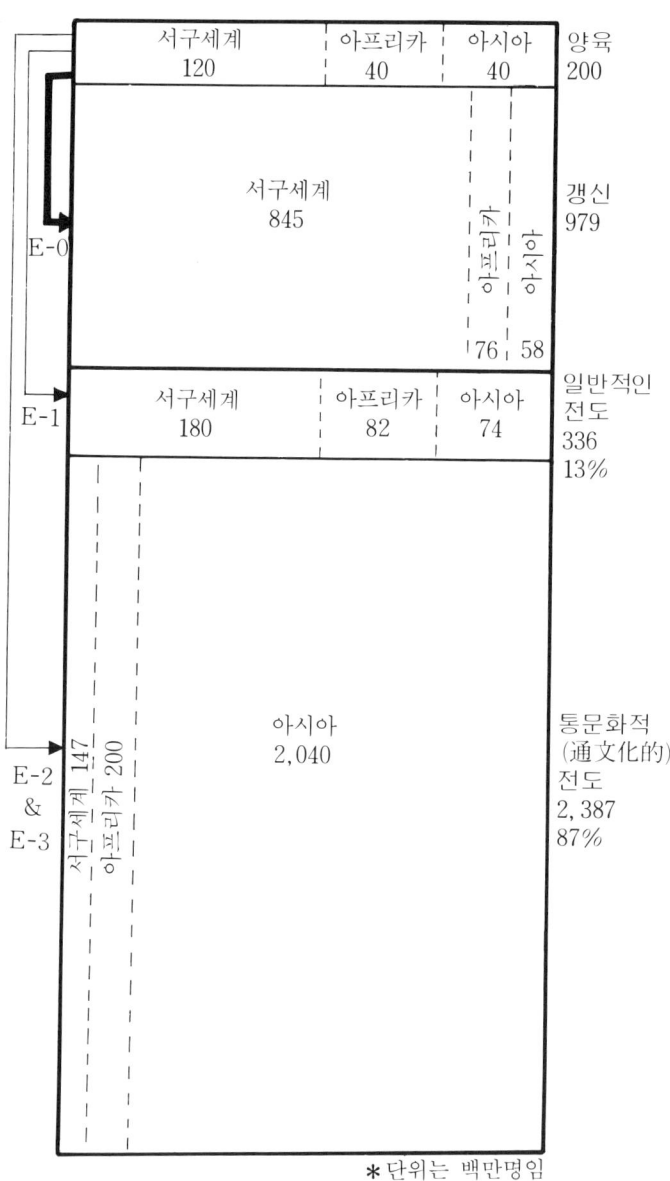

다. 그 아래에 있는 직사각형 속에는 기독교인들과는 아주 다른 언어, 문화, 인종 등을 가진 238,700만 명(약 24억)의 비기독교인들이 포함되어 있다. 이들의 수는 해마다 증가하고 있으며, 지금은 1974년보다 훨씬 더 많다. 이 많은 사람들에게는 언어, 경제 및 교육수준, 문화 등에서의 현저한 차이를 넘어서서 E-2와 E-3 전도방법에 의해서만 전도할 수 있다. 물론 이런 전도는 선교사들에 의해서만 행해질 수 있다. 모든 나라들에 있는 모든 교파의 교회들은 통문화적(通文化的)인 전도자들(선교사들, 즉 문화의 장벽을 극복한 선교사들)을 준비시켜 파송해야만 한다.

 이 도표에 나오는 모든 수치는 주의깊게 추산된 것이다. 독자들은 이 수치가 정확하게 맞는지에 대해 논쟁하는 데 시간을 허비할 필요가 없다. 이와 같은 수치가 존재한다는 것으로 충분하다.

 모든 전도(화살표에 의해 묘사되고 있음)가 2억의 헌신적인 기독교인들에게서 시작된다는 사실에 주목하라. 주변적인 기독교인들은 전도하고자 하는 욕구가 없다. 또한 굵은 화살표, 즉 E-0만이 주변적인 기독교인들을 향한 것이라는 사실에 주목하라. 대부분의 전도는 명목상의 기독교인들에 대한 전도이다. 두 번째 화살표가 첫 번째 화살표보다 가늘다는 것은 인종적으로나 문화적으로 전도하는 사람과 유사한 비기독교인들에 대한 E-1 전도에는 비율적으로 볼 때 적은 노력밖에 들여지지 않는다는 사실을 보여 준다.

 가는 화살표 중 두 번째 것은 E-2와 E-3, 즉 인종적으로나 문화적으로, 그리고 때로는 경제적으로 기존의 기독교인들과는 상당히 다른 엄청난 사람들을 위해서는 적은 노력밖에 들여지지 않고 있다는 것을 보여 준다. 그러나 그리스도께서는 그들을 위해서도 죽으셨다! 중요한 것은 이들 중 많은 사람들이 지리적으로 볼 때 기존의 기독교인들과 가까이 있다는 사실이다.

 조사에 따르면 기독교 신앙에 대한 거부로 간주되고 있는 대부분의 현상은 자신의 공동체와 다른 공동체의 회중들에 가입하기를 거부하는 것으로 밝혀지고 있다. 간단히 말해서 수억의 사람들이 그들의 기독교인 이웃들로부터 복음을 **들을 수 없다**. 그들은 인류라는 모자이크의 다른 조각들에서 살고 있다. **문화적** 차이가 증가함에 따라 그들을 전도하기는 더욱더 어려워진다.

이 도표는 현재의 상황이 어떤지를 보여 준다. 이 도표는 앞으로 선교는 각 교파가 그 자신의 위치에서 그들의 이웃을 전도하는 것이 되어야 한다는 안일한 도그마를 무너뜨린다. 아프리카—라틴 아메리카—아시아의 회중들과 교파들이 열심으로 전도하는 일(이런 일은 세계 어느 교회에서도 나타나고 있지 않다.)에 전념한다 할지라도, 기존의 기독교인들과 상당한 문화적 차이를 보이고 있는 2,387,000,000명의 영혼이 복음을 받아들임으로써 그리스도의 제자들이 되어 기독교인들이 될 수 있도록 복음을 전할 수는 없을 것이다. 24억의 영혼들에 대한 E-2와 E-3의 전도를 하려면 선교사들이 필요하다. 어떤 문화, 언어, 인종(피부가 검거나 갈색이거나 노랗거나 빨갛거나 붉거나 희거나 간에)에 속한 사람들이라 할지라도 선교사들이 될 수 있다. 그러나 그들은 자신들의 문화를 포기하고 다른 언어를 유창하게 말하며, 다른 문화 속에서도 편안함을 느끼면서 교회가 없는 곳에 교회를 세우고 인류의 수많은 부족들(그들 중에는 극히 소수의 사람들만이 기독교인이다)에게 다리를 놓아 주어야만 한다.

Church Growth Bulletin 지의 1977년 5월호와 6월호에 게재된 윈터의 논문 "30억은 누구인가?"라는 두 개의 놀라운 도표에 의해 중국인들과 힌두교인들의 예를 들므로써 이 점을 분명하게 보여 주고 있다. 각 원에서 기존의 교회(각 교파에 속한 모든 기독교인들)는 큰 원 밖에 있는 작은 원으로 표

도표 4.2

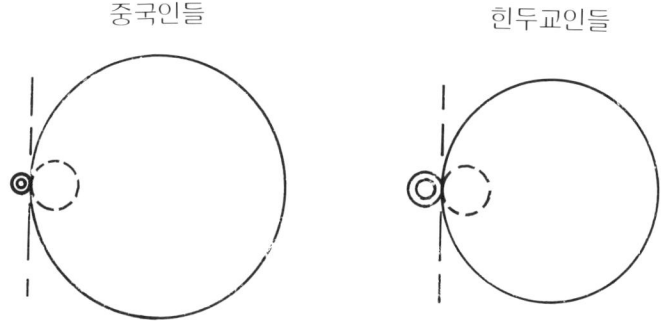

시되고 있다. 교회가 전도할 수 있는(그러나 대체로 전도하지 못하고 있다) 비기독교인들은 큰 원 안쪽에 있는 색칠하지 않은 원으로 표시되어 있다. 큰 원 안쪽에 있는 색칠한 넓은 공간은 기존의 교회들이 선교사들을 파송하지 않고는 전도할 수 없는 비기독교인들이 나타난다.

중국인의 경우를 살펴 보자. 수직선의 좌측에 있는 작은 원을 보라. 이 원은 헌신적인 기독교인들을 나타낸다. 이들만이 대 위임을 순종하는 사람들이다. 이제 색칠한 큰 원 안쪽에 있는 색칠이 안 된 작은 원을 보라. 이 작은 원은 전체의 50%에 불과하며 기독교인들과 동일한 언어, 문화, 지리적, 경제적 환경을 가지고 있는 기독교인이 아닌 중국인들을 가리킨다. 기존의 기독교인들은 그들과 같은 문화를 가지고 있는 4천만 명의 중국인들에게만 복음을 전할 수 있다. 그러나 실제로 그렇게 할 가능성은 희박하다. 신실한 기독교인들의 수가 많지도 않거니와 그들은 충분한 전도의 열정을 지니고 있지도 못하다. 중국의 기독교인들에 의해 행해지는 대부분의 전도는 기존의 기독교인들에 의해 행해진다. 다시 말해서 그들을 보다 나은 기독교인들이 되게 하려고 하는 데 중점이 주어지고 있다. 윈터는 이렇게 말하고 있다.

> 만일 우리가 조금이라도 하나님의 마음에 민감하다면, 우리는 인류의 절대다수를 차지하고 있으며, 복음이 전달되지 않는 이 방대한 인구를 보고 놀라움과 가슴아픔을 금치 못할 것임에 틀림없다(*Church Growth Bulletin*, May 1977:124).

교회성장에 대해 진지한 연구를 하는 모든 사람들은 5월호와 7월호에 게재된 윈터의 논문 전체를 읽어야만 할 것이다. 그의 논문은 지금까지 이 분야에서 출판된 선교학 논문 중 가장 영향력있는 것들 중의 하나이다.

만일 카나다와 미국에서 교회들이 본토에서 태어난 중산층 백인들에 대한 관심에서 벗어나 그들에게 쏟은 만큼의 관심과 노력을 쏟는다면, 그들은 스페인, 아시아, 아프리카에 살고 있는 10억 이상의 주변적 기독교인들과 비기독교인들, 그리고 아메리카에 살고 있는 유럽계 소수민족들을 효과적으로 복음화시킬 수 있을 것이다.

만일 전 세계에 걸쳐 비기독교인들(그들은 신속히 배가되어 가고 있다.)이 살고 있는 중요한 지역들의 사람들로 하여금 복음을 믿고 그리스도의 몸의 지체들이 되게 하려면, 기존의 어린 교회들 밖에서 복음을 전파하고 수많은 새로운 회중들을 증가시키는 효과적인 방법을 훈련받은 **수많은 선교사들이 파송되어야만** 할 것이다. 교회가 매우 강한 유럽과 아메리카는 수만명을 파송해야만 한다. 제3세계에 있는 교파들도 역시 상당히 많은 선교사들을 파송해야만 할 것이다.

E-1을 선택할 것인가, E-2를 선택할 것인가?

이 놀라운 모자이크에서 수많은 단편들 사이에 존재하는 "문화적 차이"는 상당히 다양하다. 내가 살고 있는 이웃에는 나의 친척들, 동료들(흑인과 백인), 대학 교수들, 공립학교 교사들, 사업가들(그들 중에는 기독교인도 있고, 유태교인들도 있고, 세속적인 유물론자들도 있다.), 스페인계 미국인들, 부유한 흑인 미국인들, 아르메니아인들 등이 있다. 그들은 모두 탁월한 영어를 사용하며, 내집에서 1마일 거리 이내에 살고 있다. 그러나 나와 그들 각각 간의 문화적 차이는 매우 크다. 그러므로 그들 각각을 전도할 수 있는 전도방법에도 차이가 있을 것이다. 나는 이들 집단들을 전도하려고 할 때 E-1을 사용해야 할 것인가, 아니면 E-2를 사용해야 할 것인가?

나의 상황은 정확히 교회가 창설된 지 최초의 15년 동안의 팔레스틴의 기독교인들의 상황과 동일하다. 그들의 이웃에는 히브리인 대중들도 있었고, 사두개인들과 상류층 유대인들도 있었으며, 직업 군대로서 그곳에 주둔하고 있던 이탈리아인들도 있었고, 이교도인 아랍인 상인들도 있었으며, 희랍인들과 크레타인들도 있었다. 교회는 히브리인 대중들을 그리스도에게로 인도하는 데는 상당한 성공을 거두었다. 그러나 서기관들, 바리새인들 및 관원들을 전도하는 데는 성공을 거두지 못했다. 유태인이 아닌 사람들을 전도하는 데는 훨씬 더 성공을 거두지 못했다. 그들은 기독교인들과 같은 도시와 같은 마을에 살고 있었고, 의사소통이 가능한 아랍어를 사용하고 있기는 했지만 초기 기독교인들과 상당한 문화적 차이가 있었으므로 기독교인들은 그들을 전도할 수가 없었다(팔레스틴에 있던 교회는 대체로 유대적 배경을 지니고 있었다). E-1 전도는 사도들처럼 "무식하고 배우지 못한" 유태인 대중들을 전도하는 데 효력이 있었다. 그러나 그 외의 집단들을 전도하는 데는 E-3이나 E-2, 또는 E-1의 변형방법이 필요하였다.

오늘날에도 모든 대륙의 대부분의 기독교인들 주위에는 그들과 다양한 문화적 차이를 보이고 있는 사람들이 있다. 어떤 지역에 있는 시민들이든 E-1 전도를 통해 전도할 수 있다고 말하는 것은 지나치게 단순한 말이다. 우리는 E-1과 E-2로 분류하는 대신에 E-1을 여러 종류로 구분할 수 있다.

예를 들면 1974년 5월호 *Church Growth Bulletin*에 보고된 바와 같이 1974년에 프랑스에는 10만 명 이상의 집시들이 살고 있었다. 그들은 지리적으로 수많은 개신교와 로마 가톨릭 기독교인들 근처에 살고 있었다. 그들은 모두 프랑스에 살고 있기는 했지만 그들은 기독교인들과 문화적으로 현저한 차이를 지니고 있었다. 1958년에 하나님의 성회에 소속되어 있는 선교사 끌레망 르 꼬세(Clement le Cossec)가 비로소 집시들에게 전도를 시작하여 교회를 세우기 시작했다. 집시들은 집시어로 성경말씀을 듣고, 기도를 하고 예배를 드렸다. 그후 집시인 전도운동은 활력을 얻게 되었다. 1961년에(전도한 지 불과 3년 뒤에) 그는 집시지도자들을 목사와 동료로 임명하였다. 1974년에 프랑스에 있는 모든 집시들의 약 3분의 1이 복음을 받아들였다. 그 결과 신앙공동체에 참여한 신자들의 수는 3-4만에 달하였다. 프랑스에서 시작된 집시 전도운동은 많은 나라들로 확산되었다. 1979년 여름에 나는 파사네아에 있는 나의 집에서 약 10마일 떨어진 곳에 있는 300명이 모인 한 집시교회에 참석한 적이 있다. 선교사들이 그들과의 문화적 간격에 다리를 놓기까지 집시들은 자신들이 프랑스, 미국 및 그 밖의 나라들에서 생계를 유지하면서 날마다 스쳐지나가던 교회의 교인들이 될거라고는 꿈에도 생각지 못했다. 프랑스에 있던 집시들에게는 E-2 전도방법을 사용했겠는가, 아니면 일종의 E-1 방법을 사용했겠는가?

두 번째 예를 들면, 이러한 상황은 미국에서 보다 더 분명히 인식될 것이다. 1959년에 나는 웨스트 버지니아에 살았다. 거기서 나는 그 주에는 장로교, 제자회, 감리교, 침례교 등의 영향력있는 교파가 있었지만 많은 광산 마을들과 산악지대의 작은 계곡 마을들에 사는 사람들 중에는 그러한 교파의 교회에 다니는 사람들이 거의 없다는 사실을 발견하였다. 오래되고 교세가 강한 교파들은 주로 주의 중심적인 읍들과 도시들에만 국한되어 있었다. 그러한 교파들이 1800년대 초부터 뿌리를 내렸고 주요한 교파들이었음에도 불구하고, 그들은 광산과 산골 벽지에서 살고 있는 영어를 사용하는 공동체들(그들과 약간의 문화적 차이를 보이고 있는)에서는 전도에 성공을 거두지 못했다. 이들 주요 교파들은 그러한 공동체들을 전도하는 데 필요한 약간 다른 종류의 전도방법에 숙달되어 있지 않았던 것이다.

제3세계의 예를 들기는 매우 쉽다. 홍콩에서 중국인 노동자 계층은 수십만의 중국인 기독교인들과 같은 도시에 살고 있었음에도 불구하고 사실상 기독교 신앙에 접하지 못했다. 그 이유는 기독교인들이, 선교회가 운영한 학교제도를 통해 교육받은 중산층 내지는 상류층이 된 데 있었다. 목사들은 훌륭한 교육을 받은 사람들이어야만 했다. 따라서 공장 노동자들은 이러한 문화적 회중에게서 소외감을 느꼈다. 그들은 비록 교인들이 된다 할지라도 그곳에서 장로들과 지도자들이 될 가능성이 거의 없었다. 그러므로 노동자들 중에서 기독교인들이 된 사람들은 거의 없었다. 이들 공장 노동자들을 설득하려면 어떤 종류의 전도방법이 필요한가? E-1인가, E-2인가?

이러한 질문에 대한 하나의 정답은 없다. 관련된 집단에 따라, 그리고 이 질문에 답해야 할 사람의 입장에 따라 E-1과 E-2의 다양한 방법들이 선택될 수 있다. 어떤 선교학자는 르 꼬셰의 전도방법을 E-1의 변형으로 볼 것이다. 왜냐하면 그는 프랑스 시민들을 전도하였기 때문이다. 또 다른 사람은 그것을 E-2 전도방법이라고 볼 것이다. 왜냐하면 집시들은 다른 하위 문화를 가지고 있었기 때문이다. 다음에 제시되고 있는 헌터(Hunter)의 유형은 기독교인들이 자신들과 동일한 문화를 가진 사람들을 **전도할 때에도 서로 다른 집단들을 만나게 되며, 따라서 다른 전도방법을 사용해야만 한다**는 것을 훌륭하게 가르쳐 준다.

헌터의 일곱 가지 전도유형

인류라는 이 복잡한 모자이크의 수많은 조각들은 많은 다양한 종류의 전도방법을 요구한다. 이처럼 다양한 방법들을 이용하지 않을 때 우리는 그들을 전도할 수가 없다. 따라서 우리가 여러 종류의 상이한 전도방법들을 이해할 때 우리는 이 모자이크에서 감추어져 있는 많은 조각들을 볼 수 있게 될 것이다.

선교와 전도 분야에서 창조적인 학자들 중의 한 사람인 조오지 헌터(George Hunter)는 윈터의 네 종류 전도방법에 기초하여 우리가 앞에서 고려해 온 문제, 즉 E-1이냐, E-2냐 하는 문제에 대해 효과적으로 대답해 주고 있다. 그가 제시하고 있는 원리들은 모든 나라에 적용될 수 있다. 그는 다음과 같이 말하고 있다.

나는 교회성장학에서 E-1 전도를 E-1-A, E-1-B, E-1-C, 그리고 E-1-D라는 네 개의 하위 범주로 구분하는 것이 바람직하다는 것을 발견하였다. 윈터가 시도한 전도의 유형은 문화가 동일한 지역뿐만 아니라 다른 지역들에서 어떻게 전도할 것인가에 대한 정보를 최초로 제공해 준다. 그러나 E-1은 다음과 같이 세분해 볼 수 있을 것이다.

E-1-A 수준에서의 전도는 전도자와 동일한 문화와 하위 문화에 속해 있는 사람들, 즉 **전도자 자신의 친지들**-친척, 동료 및 가까운 친구들-을 전도하는 것이다. 전도자는 그들과 자연스런 많은 관계를 맺고 있으며, 그들과 함께 많은 시간을 보낸다. 그는 그들의 집에서 식사를 하기도 하고, 그들은 그의 집에서 식사를 하기도 한다. 그는 그들 중의 한 사람이나. 그가 행하는 일은 그들과 밀접한 관계를 지니고 있고, 그들이 하는 일은 그와 밀접한 관계를 지니고 있다.

E-1-B 수준의 전도는 두 번째 집단의 개인들을 전도하는 것이다. 그들은 그와 상당히 유사한 사람들이기는 하나 그의 절친한 친구들은 아니다. 사회 경제적 수준, 교육, 직업, 필요, 생활방식, 배경, 심미

적인 기호 등에 비추어 볼 때, 그들은 전도자와 많은 공통점을 지니고 있다. 그러므로 그는 그들에게 말을 걸 수 있고, 그들과 자연스런 관계를 맺을 수 있다. 그는 그들과 적응하려고 의도적인 노력을 할 필요가 없다. 그는 대체로 그들을 그리스도에게로 인도하기 위해 직접적인 전도방법과 동기유발적인 호소방법을 사용할 수 있다.

E-1-C는 전도자의 문화와 동일한 문화를 가지고 있기는 하나 **하위문화에 있어서는 다른 사람들을** 전도하는 것이다[웨스트 버지니아에 있는 광부들과 홍콩의 공장 노동자들과 같은 사람들]. 전도자와 (특히) 전도를 받는 사람은 생활방식, 교육, 어휘, 계층, 취미 등에 있어서 서로 차이를 느낄 때, 그러한 차이들을 하위문화적인 장애물들로 경험하게 된다. 전도를 받는 사람은 주로 무의식적인 수준에서 다음과 같은 자문을 한다. "나는 왜 그녀에 대해 편안한 감정을 느끼지 못하는가? 그가 그런 말을 한 것은 무엇을 의미하는 것인가? 그녀는 왜 나에게 말을 걸고 있는가?"등등. 간단히 말해서 전도를 받는 사람이 그의 동료에 대해서 보다 다른 하위문화에 속한 전도자를 신뢰하고 그에게 반응하기가 더 어렵다는 것이다. 통문화적인 민감성과 의사전달 기술을 가지고 있는 전도자들은 때때로 효과적인 전도를 할 수 있다. 그러나 그들은 전도대상자의 문화적 준거체제에 적응해야만 한다. 미국에서 아크론, 오하이오 등에 있는 상류층 감독제 교회 교인들이 이웃에 살고 있는 아팔라치아 출신의 육체 노동자들에게 방문전도를 하려고 할 때, E-1-A나 B보다는 E-1-C 전도가 훨씬 더 요구될 것이라는 사실을 발견할 것이다. 그들은 상향적인 계층이동을 갈망하는 소수의 사람들을 전도하는 데 성공할런지는 모른다. 그러나 감독제 교회에 다니는 아팔라치아 출신 신자가 **그들의** 동료들에게 전도하기까지는 전도에 큰 성공을 거두지 못할 것이다.

E-1-D, E-1-A가 전도자 자신의 하위문화와 동일한 문화를 지니고 있는 친척들과 친밀한 친구들에게 전도를 하는 것이고, E-1-B는 전도자 자신의 하위문화와 동일한 문화를 지니고 있기는 하나 그의 친지들이 아닌 사람들에게 전도를 하는 것이며, E-1-C는 전도자와는 다른 인접지역의 하위문화권에 살고 있는 사람들에게 전도를

하는 것이며, 반면에 E-1-D는 이중적인 하위문화를 지닌 사람들에게 전도하는 것을 말한다.

이에 대한 미국의 예를 들어 보자. 지난 300년 동안 수백만명의 사람들이 많은 상이한 나라들에서 미국으로 이민을 왔다. 미국은 아프리카계 미국인, 멕시코계 미국인, 폴란드계 미국인, 쿠바계 미국인, 한국계 미국인 등 다른 인종 출신의 많은 민족들로 이루어진 하나의 모자이크이다. 그들의 자아의식과 집단의식 또한 이중적이다. 즉 미국적인 동시에 출신 인종의 특성을 지니고 있다. 그들 중의 일부는 동화된 주류 미국인들이 되거나, 되기를 바라고 있다. 그러나 오늘날에는 과거보다 그런 사람들의 수가 훨씬 적다. 대부분의 사람들은 생계를 유지하고 차를 구입하고, 그들과 경쟁하는 등 "미국인"처럼 되기는 했지만 의도적으로 그들의 이전의 문화적 정체의식을 유지하려고 하고, 그것을 아름다운 것으로 믿으며, 그것을 자녀들에게 전달해 주고, 사회적으로도 주로 "그들의 동족"과 상호 교제를 나눈다. E-1-D는 E-2 만큼 어렵지가 않다. 왜냐하면 영국계 미국인 전도자는 그들이 부분적으로 미국화되어 있기 때문에 보다 쉽게 그들과 관계를 맺을 수 있기 때문이다. 그러나 그들에게 "어떻게" 전도할 것인가 하는 것은 E-1-C보다 훨씬 더 복잡하다. 전도대상자들과의 의사소통을 할 수 있으려면 사전에 그들의 필요, 그들과의 접촉점, 적절한 반응양식 등을 알아 보기 위한 탐색, 면접 및 경험이 필요할 것이다.

이러한 전도유형이 다음과 같은 두 가지 사실을 함축하고 있다는 사실에 주목하라.

첫째, 특정한 회중은 그 회중의 선교구역 내에 있는 사람들, 즉 대부분의 회중의 성원들 및 지도자들과 E-1-A와 B의 문화적 차이를 보이고 있으며, 따라서 사람들을 그리스도의 제자로 삼음으로써 회중의 범위를 쉽게 넓힐 수가 있을 것이다. 그 회중은 E-1-C의 문화적 차이를 보이고 있는 사람들로부터 소수의 개종자를 얻을 수 있으며, E-1-D, E-2 및 E-3의 문화적 차이를 보이고 있는 사람들에게서는 극소수의 개종자밖에 얻지 못할 것이다. 후자에 속한 사람들을 개종시키려면 그들과의 의사소통을 가능하게 하는 안내자로서 회중 내에 있는 토착적인 집단들의 도움을 받아야 할 것이다. 그러나 우리는 **그들과 동족으로 구성되어 있는 새로운 회중들을 증가시키는 것을** 통해서만 그들을 많이 개종시킬 수 있을 것이다. 현명한 회중은 양쪽에 대한 대비를 모두 할 것이다. 즉 그들은 한편으로는 올 수 있는 모든 사람들을 받아들이고, 다른 한편으로는 그 회중의 교인이 되고 싶기는 하지만 될 수 없는 사람들을 위해 자매교회들을 세울 것이다.

둘째, 전도의 주대상으로 있는 사람들 사이에서 전도운동을 시작하기 위해서는 전도자들은 문화적 장벽을 넘어 그들을 전도하는 데 어떤 희생이 요구되든지 간에 그 희생을 감수하면서, E-1-C에서 E-3에 이르기까지 어떤 수준의 전도가 요구되든지 간에 그들에 대한 전도를 시작해야 할 것이다. 하지만 모자이크의 각 부분에 속해 있는 새로운 개종자들이 그들의 동족을 전도하여 그들의 회중으로 끌어들이는 일은 빨리 시작하면 빨리 시작할수록 교회는 롤랜드 알렌(Roland Allen)이 "자연적인 확장"이라고 부른 것과 도날드 맥가브란(Donald McGavran)이 "동족 복음화"라고 부른 것을 그 만큼 빨리 경험하게 될 것이다.

전도운동에 전염되어 있는 사람들이 "하나님의 다리들(가교)"로서 사회적인 조직원으로 헌신하였을 때 그들은 발전할 것이다. 더 나아가서 새 신자들은 그들의 친척들, 친구들, 이웃들 및 동료들에게도 전도할 것이다.

헌터가 분류한 유형은 다음과 같이 도표로 제시될 수 있을 것이다.

E-0 : 이미 교회에 소속되어 있기는 하지만 현재 적극적으로 예수 그리스도를 따르지 않는 사람들을 전도하는 것.
E-1-A : 우리와 동일한 문화를 가지고 있으나 교회에는 다니지 않는 우리의 친지들을 전도하는 것.
E-1-B : 우리의 문화와 하위문화에 속해 있으나 우리의 절친한 친구들도 아니고, 교회에도 다니지 않는 사람들을 전도하는 것.

E-1-C : 우리와 동일한 문화에 속해 있으나 하위문화가 다르고 교회에도 다니지 않는 사람들을 전도하는 것.
E-1-D : 이중적, 민족적 특성을 지닌 사람들을 전도하는 것.
E-2 :   다른 나라, 다른 문화 속에서 살고 있으나 동일한 대륙에 속해 있는 사람들을 전도하는 것.
E-3 :   다른 문화와 다른 대륙에 살고 있는 사람들을 전도하는 것.

 이상과 같이 일곱 가지 유형으로 분류하는 것은(예를 들면) 문화적으로 현저히 폴란드적인 세속적 미국인들을 전도하는 방법과 독일 루터파 교회의 배경을 지닌 세속적인 미국인들을 효과적으로 전도하는 방법 간에 매우 큰 차이가 있을 것이라는 사실을 알 수 있게 해준다는 데 그 가치가 있다. 로스앤젤레스에 거주하고 있는 콜롬비아인들이나 아르헨티나인들을 전도하여 독실한 성경적 기독교인들을 많이 만드는 전도와 멕시코에서 새로 이주해 온 사람들을 전도하여 그와 같은 사람들로 만드는 전도 간에는 비록 둘 다 스페인어를 사용하고 있다 할지라도 매우 큰 차이가 있을 것이다. 아르헨티나인들에게 적합한 전도방식과 교회 설립방식은 멕시코인들에게는 적합치 않을 것이다. 멕시코인들은 아르헨티나인들에게 적합한 방식을 사용할 때 반응치 않을 것이다. 실제로 그러한 전도를 하는 사람들의 눈에는 멕시코인들이 들어오지 않을 것이다. 그들에게 있어서 멕시코인들은 숨겨진 민족일 것이다.
 그와 마찬가지로 페루나 에콰도르에서 스페인어를 사용하는 메스티조인들로 구성된 교회들은 케추아(Quechua)어를 말하는 인디언들을 전도하여 기독교인을 만드는 데는 효과적이지 못할 것이다. 나마슈드라인들을 개종시켜 교회를 설립하려고 하는 방글라데쉬의 선교회들은 그 비옥한 땅에 거하는 6천만 명의 회교인들을 전도대상으로 고려하지 않는다. 진정한 외미에서 그러한 선교회들은 회교도들을 보지 못하고 있는 것이다. 케냐에 있는 수백개의 캄바 회중들은 북쪽으로 2백 마일 떨어져 있는 30만 명의 투르카나인들에 대해서는 거의 관심을 갖지 않을 것이다. 왜냐하면 그들은 캄바인이 아니며 우리들과는 다르기 때문이다. 따라서 그들을 발견하지 못하기가 쉽다. 기독교인들은 이러한 일곱 가지 유형을 통해 그들과 약간의 차이가 있는 많은 이웃 종족들을 발견할 수 있을 것이다.

숨겨진 종족들

사람들은 내가 지금까지 기술해 온 환상(아프리카-라틴 아메리카-아시아의 여러 교파들에 의해 행해질 수 있는 일에 대한)을 믿기가 쉽다. 그들은 흔히 수많은 종족들(계층들, 카스트들, 특정 집단들)을 보지 못한다. 북아메리카에서는 8천만 명의 사람들이 어떤 교파와도 관계를 맺지 않고 있다. 하지만 대부분의 교회들에서 그들은 기도의 대상이 되고 있지 않다. 미국의 많은 교구들에서는 완고한 합리주의자들-기독교를 더이상 믿을 수 없는 교만한 사람들-이 미국 사회의 숨겨진 집단을 이루고 있다. 유태인들, 회교도들, 힌두교도들에 대한 선교회는 있으나 합리주의자들에 대한 선교회는 없다. 유럽-아메리카에 있는 기독교인들은 아시아나 아프리카에 있는 기독교인들은 아시아나 아프리카에 있는 그들의 자매교회들에 대한 지나친 자부심을 가지고 있는 나머지, 그러한 자매교회들이 전체 인구의 극히 적은 부분에 불과하다는 사실을 망각하고 있다. 예를 들면 버마의 경우(1978년에 버마 인구는 3,100만 명이었으며, 2007년에는 6,200만 명이 될 것이다.) 기독교인들은 스가우족, 카렌족, 친족, 카친족, 리수족에서만 그 공동체의 주요한 일부를 이루고 있다. 그리고 소수의 다른 부족들에서(샨족, 푸오 카렌족과 같은) 기독교인들은 그 공동체의 소수를 이루고 있을 뿐이다. 대부분의 버마 사람들은 불교신자인데 그 중 불교 배경을 가진 기독교인은 0.2%도 되지 않는다. 버마에서는 2,600만 명의 불교신자들이 숨겨진 민족인 셈이다.

세계의 수많은 종족들을 하나의 거대한 모자이크의 조각들(대부분의 조각들은 선교회와 교회의 시선에서 숨겨져 있다.)로 볼 때 우리는 선교의 과제에 대한 이해를 크게 넓힐 수 있을 것이다. 이러한 새로운 비전은 다양한 방식으로 강조되어 왔다. 랄프 윈터(Ralph Winter)와 세계선교센터는 이러한 **숨겨진 민족들**에 대해 집중적인 관심을 가지고 있다. 피터 와그너(Peter Wagner)와 에드워드 데이턴(Edward Dayton)은 **복음을 접해 보지 못한 민족들**(unreached peoples)에 대한 관심을 가지고 있다. 둘 다 많은 동질적 단위들에 대해 말하고 있다. 즉 그들은 인종적으로, 지리적으로, 문화적으로, 경제적으로 서로 다른 인류의 여러 부분들에 대해 말하고 있는 것이다. 이러한 부분들을 어떻게 정의하는가에 따라 숨겨진 민족들의 수는 수천 또는 수만이 될 것이다.

숨겨진 민족들이라는 용어는 매력적인 용어이다. 이 용어는 소홀히 되고 있는 인류의 다수에 주목한다. 이 용어가 산악지대나 섬과 같이 멀리 떨어져서 숨겨져 있는 작은 부족들을 가리키는가? 1935년까지 뉴기니아 고지대의 석기시대 부족들은 이러한 제한된 의미에 있어서 숨겨진 민족들이었다. 그때 위셀(Wissel)이라는 사람이 이 섬의 분수령 너머에 있는 높은 계곡들에 많은 사람들이 살고 있는 것을 발견하였다. 그들은 숨겨진 민족이었던 것이다. 이와 같이 숨겨진 민족들은 드물고 그 수도 적다. 따라서 이 용어는 그러한 사람들을 가리키는 데 사용되어서는 안 된다.

세계의 중요하고 매우 많은 숨겨진 민족들은 둘로 대별될 수 있다. 첫째는 중국과 이슬람 세계에 있는 수십억의 사람들을 들 수 있다. 공산주의 정부와 회교 정부는 그들의 세계에 기독교 선교사들이 들어오는 것을 금하고 있다. 둘째는 자신들과 다른 언어, 인종, 문화적 배경을 가진 기독교인들과 섞여서 대도시와 여러 지방에 살고 있는 민족들(복수형에 주의하라.)을 들 수 있다. 예를 들면 인도에 있는 많은 브라만 카스트들은 기독교인들을 쭉 알고 있다. 그들은 교회 건물들을 알고 있고 날마다 그 건물 곁을 지나다니기도 한다. 그러나 브라만들과 기독교인들 간에는 건너뛸 수 없는 엄청난 사회적, 인종적 간격이 있다. 따라서 기독교인들에게 있어서 50개나 그 이상의 브라만 카스트들과 종속 카스트들은 사실상 복음에 접하지 못한 종족들 또는 숨겨진 종족들이다. 페루에는 수천명의 중국인들이 있다. 페루에 있는 개신교파들과 선교회들은 거의 전적으로 스페인어를 사용하는 메스티조족과 아이마라 또는 케추아어를 사용하는 인디언들로 이루어져 있다. 따라서 페루에 있는 대부분의 개신교도들에게는 수천명의 중국인들이 숨겨진 민족이다. 브라질에는 2천 명의 일본인 교인들로 구성된 소규모의 자유 감리교회 교파가 존재하고 있음에도 불구하고, 이 거대한 나라에 있는 대부분의 복음적인 선교회들과 교회들은 일본계 브라질인들에게는 전도를 하지 않고 있다. **브라질에 있는 대부분의 복**

음주의자들에게 있어서 일본인들은 숨겨진 민족이다. 미국에 있는 2백만 명의 희랍계 미국인 공동체 역시 거의 모든 미국인 개신교도들에게는 숨겨진 민족이다.

와그너와 데이턴은 복음에 접해 보지 못한 민족들에 대한 조사보고서를 정기적으로 출판할 생각을 가지고 있다. 각각의 책은 이전에 출판된 책을 보충하는 성격을 띠게 될 것이다. 각각의 책은 기록된 민족들의 수를 증가시킬 것이다. 시간이 지남에 따라 몇몇 민족들은 이 명단에서 제거될 것이다(희망사항이기는 하지만). 그들에게 복음이 전달될 것이다. 그러나 인류의 한 부분, 모자이크의 한 조각에 복음이 전해진다는 것이 무슨 의미가 있는가? 최초의 선교사가 그곳에 도착할 때 그곳에 복음이 전해졌다고 볼 수 있는가? 아니면 그곳에 실제적으로 소수의 사람이라도 기독교인이 되고, 교회가 설립되어 그들이 교회에 다니게 된 후에야 비로소 그곳에 복음이 전해졌다고 볼 수 있는 것인가?

나의 판단으로는 한 민족의 구성원들 중 많은 사람들이 그리스도의 제자들과 그의 몸의 책임있는 지체들이 되었을 때에야 비로소 그 민족에게 복음이 전해졌다고 본다. 교회가 그 사회에 깊은 뿌리를 내리기 전까지 그 사회에는 복음이 전해진 것이 아니다. 이와 같이 정의할 때 우리는 남은 과제가 엄청나게 크다는 것을 분명히 알 수 있다. 그리스도는 그를 따르는 자들에게 인류의 모든 민족들을 제자로 삼으라고 명령하셨다. 거의 200년 동안의 현대적인 **선교가** 행해진 뒤에도 세계의 수많은 민족들 중에서 단지 소수의 민족들만이 교회로 통합되었다. 즉 그리스도의 제자들이 되었다. 1979년 가을에 인도 총회 침례교회의 선교책임자인 랄 레마(Lal Rema) 박사는 나에게 아삼에 있는 60만 명의 보로 카카리인들 중에서 약 2만 명이 기독교인이 되었다고 말했다. 우리는 그러한 대중 전도운동이 시작되었다는 이야기를 듣고 기뻤다. 그러나 그렇다고 해서 보로 카카리인들이 복음화되었다고는 말할 수 없다는 사실에 주목하라. 왜냐하면 그곳에 300개 이상의 회중들이 산재해 있고, 선교회의 지원을 받는 인도 교회들이 그들 가운데서 전도활동을 하고 있기는 하지만 그들 중의 거의 97%가 아직도 예수 그리스도를 믿지 않고 있기 때문이다. 그들은 아직 복음을 받은 민족이 아니며, 숨겨진 민족이다.

미조족과 나가족의 경우는 다르다. 두 민족은 현재 75% 이상이 기독교인이다. 따라서 두 민족은 복음화된 민족이며, 더이상 "숨겨진 민족"이 아니다.

특정한 민족의 전체 인구 중에서 정확히 몇 퍼센트의 인구가 기존교회에 소속되어야 복음화된 민족이라고 부를 수 있는가에 대해 논쟁을 하는 것은 귀중한 시간을 낭비하는 일이다. 더우기 이러한 논쟁을 할 경우 우리는 핵심에서 벗어나게 될 것이다. 그 비율을 어떻게 보든지 간에 분명한 사실은 **수많은 민족들, 수많은 특정 사회들, 수많은 계층 및 이웃들 전체가** 아직 효과적으로 복음화되지 않았으며, "기독교인들"이 되지 않았다는 것이다.

점점 더 많은 교파들이 행해지지 않은 이러한 과제를 보게 될 때, 이와 유사한 성격을 지닌 수많은 발견들에 의해 윈터, 와그너, 데이턴 등의 의의있는 연구결과는 보강될 것이다. 미국에서의 숨겨진 민족들(대부분의 개신교들에게 있어서)은 모두 인종적 소수자들이다. 개신교 교파들은 중산층 토박이 백인들로 구성되어 있으며, 따라서 주로 그들에게만 전도를 하는 경향이 있다. 대부분의 개신교도들은 우파이든 좌파이든 교육받은 엘리트이든, 최근에 온 이민들이든 간에 미국인이라는 모자이크의 다른 부분들을 보지 못하고 있다. 개신교도들에게 있어서 양자는 다같이 "미국의 숨겨진 민족들"이다. 마찬가지로 아시아, 아프리카 및 라틴 아메리카에 있는 모든 교파는 주로 그 자신의 종족에 관심을 가지고 있고 그들의 주위에 있는 여러 계층, 부족, 카스트 등으로 이루어진 기독교인이 아닌 대중들을 문자 그대로 보지 못하고 있다. 모든 교파들은 물론 그런 민족들이 존재한다는 사실에 대해서 지적으로는 동의할 것이다. 누가 그것을 부인할 수 있는가? 그러나 그들은 그러한 부분들을 복음화시키는 데에 시간을 바치지 않을 것이며, 그들이 구원을 위해 시간을 내어 하나님께 기도하지도 않을 것이다. 아프리카―라틴 아메리카―아시아의 각 교파들에게 있어서(유럽과 북아메리카에 있는 교파들에게처럼) 복음화되지 않은 수많은 민족들은 대체로 그들의 눈에 띄지 않은 채로 남아 있다.

남은 과제와 기회

세계구원을 위한 하나님의 계획이 시행될 수 있으려면, **대부분의 나라들에 있는 모자이크의 대부분의 조각들에서 생명력을 지닌 회중들의 폭발적인 증가**가 일어나지 않으면 안 된다. 이러한 일은 개인구원뿐만 아니라 집단적인 구원을 가져다 줄 것이다. 수많은 사람들이 죄사함과 구원에 대한 확신을 통해 평안, 기쁨 및 능력을 발견하게 될 것이다. 그러면 주 예수님의 헌신적인 추종자들로서 **생명력을 지니고 있고, 헌신적이며, 봉사적이고, 지도적인** 수많은 시민들로 인해 개인적인 의와 집단적인 의의 엄청난 증가가 일어날 수 있을 것이다. 교회들은 인간에게 알려진 사회진보의 가장 강력한 도구들이다. 인류라는 이 놀라운 모자이크의 모든 조각에서 교회들이 증가되어야만 한다. 그것이 교회성장의 도전이다.

5
세계적인 안개

미국의 주와 도시들에는 약 300,000명 이상의 회중들이 산재해 있다. 각 회중은 설립되어 현재의 규모로 성장하였다. 문자 그대로 수억의 사람들이 이러한 교회의 교인들이 되었다. 엄청난 교회성장이 이루어지고 있다. 하지만 최근까지 교회성장에 대해서는 알려지거나 저술된 것이 많지 않았다. 교회들이 어떻게 성장하고 어떻게 소멸되는지는 신비에 싸여 있다. 대규모의 전도운동들이 실제로 교회를 성장시켰는가? 모든 교회학교들이 교회를 성장시켰는가? 아니면 단지 일부만 그러한가? 교회들은 도심지에서도 살아 남을 수 있었는가? 지난 십 년 동안 회중은 얼마나 성장해 왔으며 그 중의 어떤 부분들이 가장 성장하고 있는가? 이러한 질문들에 대해서는 거의 만족스런 대답이 이루어지지 않았다. 안개가 교회를 감싸고 있다.

1964년 현재, 세계에는 42,000명의 개신교 선교사들이 있는 것으로 보도되었다. 이러한 숫자는 역사상 최대의 숫자이다. 모두 합해서 수백만의 교인수를 가지고 있는 교회들이 아시아, 아프리카 및 라틴 아메리카에 산재해 있다. 그러한 지역들에 있는 많은 교파들이 선교에 대한 반응을 보

여 왔다. 수백개의 선교회가 그들의 규정 속에 대 위임을 가장 큰 목적이
라고 명시하였다. 그렇다면 왜 교회성장에 대해서는 그렇게도 알려져 있
지 않은가?

왜 교회성장은 거의 나타나지 않았는가? 왜 그것은 오래 전에는 알려
져 있지 않았는가? 우리는 식물, 동물 및 인간들이 어떻게 성장하는가에
대해서 많은 것을 발견해 왔다-우리는 왜 교회들이 어떻게 성장하는지에
대해서 거의 알지 못하고 있는가? 우리가 농업기술을 가르치고 농업 분
야에서 연구하는 데 막대한 양의 돈을 투자하고 있음에도 불구하고 우리
는 왜 교회문화, 즉 스스로를 전파하는 교회의 설립과 보살핌에 대해서
배우거나 가르치는 것에는 그렇게 적은 돈을 투자하였는가?

이러한 질문들에 대해서는 많은 부분적인 대답들이 주어졌다. 거룩한
삶의 결핍은 믿음의 전파를 방해한다. 세속성은 그것이 어떤 형태이든 간
에 기독교인의 삶으로 하여금 전도의 힘을 지니지 못하게 한다. 그러나
이러한 대답들은 전도에 적극적으로 참여하고 있는 선교사들이나 목회자
들에게보다는 전도와 무관한 기독교인들에게 적용되는 것이다. 나의 관심
은 후자에 있다. 아시아, 아프리카 및 라틴 아메리카에서의 교회성장에
대해서는 거의 아무 것도 알려져 있지 않고 연구되지 않은 이유는 무엇인
가? 유럽과 아메리카에서도 그런 이유는 무엇인가?

그렇게 많은 전도가 그렇게 적은 성장을 가져다 주는 이유는 무엇인
가? 교회성장을 가로막는 장애물들은 무엇인가?

병 구멍을 막고 있는 마개처럼 제일 먼저 제거되어야만 할 최초의 장애
물은 **교회성장이 거의 고려되지 않고 있다**는 점이다. 모든 교회와 선교회
는 교육, 의학, 재정 등의 위원회를 가지고 있다. 그러나 그들은 교회의
확장을 주목적으로 삼고 있는 위원회는 거의 갖고 있지 않다. 아마도 지
도자들은 이 모든 활동들을 통해 사람들을 그리스도에게 인도하고 복음을
전파하려는 생각을 가지고 있을 것이다. 그러나 그들이 그러한 의도를 갖
고 있다면, 그들은 그러한 의도가 실제로 이루어졌는지를 알아 보기 위해
때때로 그들의 의도를 왜 점검해 보지 않을까? 여러 가지 증거로 미루어
보아 우리는 이러한 활동들이 그 자체를 목적으로 삼고 있으며 기독교를
전파한다는 인식을 갖지 못하게 한다고 믿지 않을 수 없다. 교회나 선교

회의 지도자들 중에서 교회성장을 예리하게 인식하고 있는 사람은 거의 없다.

선교사 양성학교들은 성경, 아프리카-라틴 아메리카-아시아의 문화, 그리고 기독교 이외의 종교들, 열대 의학, 언어 등에 대한 필요하고도 훌륭한 과정들을 개설하고 있다. 그러나 선교사들이 파견된 지역들에서 교회가 어떤 방식으로 성장하는지에 대해서는 거의 가르치고 있지 않다. 선교사 지망생들은 그러한 특수한 상황 속에서 교회성장을 촉진시키거나 방해한 요인들이 무엇인지에 대해서는 가르침을 받지 못했다. 온갖 종류의 협의회들이 빈번히 개최되었다. 그러나 최근에 이르기까지 교회성장에 관한 협의회는 거의 없었다.

전도 자체가 본질적으로 교회성장과 관련되어 있으며 대부분의 기독교적인 활동의 본질적인 일부라고 하는 것에 반대하는 사람이 있다면, 우리는 그들에게 유럽-아메리카와 아프리카-라틴 아메리카-아시아에서의 많은 전도가 교회성장을 가져다 주지 못하고 있으며, 교회성장을 기대하고 있지도 않다는 점을 지적해 주어야 할 것이다. 전도가 행해질 때 전도자들은 갱신이나 씨를 뿌리는 전도를 하고 있다고 가정할 것이다. 그들은 교회들이 어떻게 생겨나고 얼마나 성장해 왔는가에 대한 질문들은 회피할 것이다. 지난 몇 년 동안 선교신학 분야의 문헌들에서는 기독교인들과 교회의 증가에 대한 언급이 거의 없었다. 교회를 증가시키는 것이 하나님을 기쁘시게 하는 일이라는 것을 인식하지 못하고 쓰여진 많은 책들을 볼 수 있다. 신학자들이 전도가 교회성장을 가져다 줄 것이라고 가정한다면 그들은 매우 불안정한 가정을 제시하고 있는 셈이다. 이 모든 선교에 대한 문헌들에서는 교회성장에 대한 관심이 나타나 있지 않다. 그것은 거의 고려되고 있지 않으며 관심의 대상이 되고 있지도 않다.

다양한 원인들

복합적인 요인들은 우리들로 하여금 교회성장을 자각하지 못하게 하며 교회지도자들로 하여금 지금까지 일어났던 일을 조사하고 앞으로 해야 할 일을 계획하는 것을 방해한다. 이러한 요인들은 교회성장이라는 현상을 마치 안개에 의해 가려진 것처럼 볼 수 없게 만든다. 교회지도자들과 선교사들은 이러한 안개에 둘러싸여서 여러 가지 프로그램을 운영하고, 설교를 하며 주어진 일들을 수행하고 예산을 세우며 행정을 하고, 회심자들에게 세례를 주며 학생들을 가르치고 새로운 선교사를 모집한다. 그러나 그들은 단지 때때로 그러한 안개가 걷힐 때에만 교회성장의 상태를 얼핏 볼 뿐이다. 모든 사람들은 마땅히 교회성장에 대해서 알고 교회성장의 중요성을 인식해야 한다. 물론 교회성장은 할 수 있는 한 최대한으로 이루어지고 있다. 대부분의 지도자들은 그들 자신의 회중들에 대해서 많은 것을 알고 있다. 그러나 그들의 교파들이 활동하고 있는 문화와 주민들을 통해서 교회가 전파될 수 있는 복잡한 과정들에 대해서는 거의 알지 못하고 있다. 그러나 목사들은 참된 교회성장이 무엇인지를 거의 알지 못하고 있으며 어디서, 언제 일어났는지를 정확히 알지 못하고 있다. 교회성장에 대해서는 거의 조사되거나 논의되고 있지는 않다.

　교회성장을 발견하고 연구하며 이해하는 것이 모든 목사들, 선교사들, 선교회의 집행위원들 및 교회의 지도자들에게 매우 중요하다는 사실에 비추어 볼 때, 그러한 교회들과 선교회들이 교회성장에 무지하다는 사실에 주목해야만 한다. 교회의 일에 참여하고 있는 모든 사람들이 교회성장의 방법에 대해 잘 알게 될 때까지 사람들을 그리스도 안에서 하나님께로 화해시키는 일은 잘 이루어지지 않을 것이다. 이제 그러한 안개의 원천을 제거하고 이 문제에 대해 직접적으로 관심을 가져야 할 때가 왔다.

　나는 로스앤젤레스에서 스모그가 낀 날, 이 장을 쓰고 있다. 흐릿한 안개가 도시 위를 덮고 있었다. 최근까지 스모그는 당연한 현상으로 받아들여졌으나 곧 제거될 수 있는 것임이 밝혀졌다. 스모그는 곧 완전히 제거될 것이다. 그와 마찬가지로 우리는 선교에 참여하고 있는 기독교인들이 보편적인 안개의 원천들을 제거하기를 바랄 수 있을 것이다. 그런데 이러한 안개는 선교에 참여하고 있는 기독교인들로 하여금 그들이 하나님의 선교를 얼마나 잘하고 있는지, 아니면 얼마나 서투르게 하고 있는지를 보지 못하게 하였다. 이 안개를 제거하는 첫걸음으로써 나는 그러한 현상 자체를 분명히 지적하고 그것에 대한 몇 가지 원인을 기술하고자 한다. 한 예를 들면, 1970년대까지 교회성장에 대한 책들은 놀라울 정도로 거의 없었다. 신학교 도서관의 카드 목록표를 살펴 볼 때 우리는 교회성장에 관한 책을 거의 발견하지 못한다. 교회성장이 모든 교파와 모든 기독교 선교회의 중요하며 대치될 수 없는 목적인데도 말이다. 선교연구 도서관에서 출판된 책의 목록들 중에서 임의로 선택한 천 권의 책을 분류해 본다면 우리는 아프리카—라틴 아메리카—아시아와 그 민족들에 대한 많은 책을 발견하게 될 것이다. 역사와 문화에 관한 서적들은 많이 있다. 전기와 자서전들이 이 목록의 약 10%를 차지할 것이다. 후원자들에게 선교사업에 참여할 것을 권고하기 위해 쓰여진 책들은 더 큰 비중을 차지할 것이다. 기독교 이외의 종교들에 대해서도 광범위하게 다루어졌을 것이다. 그 나라의 유명한 기독교인들의 전기들도 부족하지 않을 것이다.

그러나 유럽—아메리카와 아프리카—라틴 아메리카—아시아의 교회들에 대한 책들은—그들의 구조, 교인수, 성장 비율, 전망, 지리적 위치, 성장을 촉진시키는 요인들, 성장을 방해하는 장애물들 및 성장의 원인들 등— 1980년대까지만 해도 매우 적었다. 이러한 주제들에 대한 책들이 늘어날 전망이기는 하지만 아직은 매우 드물다.

레만(Lehmann)은 그의 흥미있는 저서 *It Began at Tranguebar*에서 인도에 파견된 최초의 개신교 선교사들인 지겐발크(Ziegenbalg)와 그의 동료들에 대한 이야기를 하고 있다. 그 중에는 다음과 같은 문장이 나온다. "… 트랜크바의 기독교인들의 숫자는 1725년에 280명에서 1,321명으로 늘어났다. 그리고 주변 마을들에 있는 기독교인들을 합하여서 1739년에는 총 3,766명이 되었다"(Lehmann, 1956:121). 이 말은 1739년에 주선교지역인 트랜크바에 기독교인들이 1,321명이 있었으며 주변 마을들에 2,445명의 기독교인들이 있었음을 의미하는 것으로 보인다. 또 한 가지의 특기할 만한 사실은 1728, 1729 및 1730년에 해마다 약 250명의 타밀인들이 기독교인이 되었다는 사실이다. "1730~38년 사이에 회중의 숫자는 급증히였디." 이 깁직스런 증가에 대해서는 더이상의 언급이 없는데 그것은 아마도 이 책에서 기록된 가장 중요한 시작인 것으로 보인다. 이러한 괄목할 만한 성장이 어디에서 일어났었는가? 주요한 개종자들은 수드라족이었는가? 파리아족이었는가? 어떤 방식에 의해 그러한 일이 일어났는가에 대해 우리는 거의 알지 못하고 있다.

미국 남침례교인들은 1900년에 약 2백만 명에서 1980년에는 1,300만 명으로 증가하였다. 그러나 나는 이처럼 놀라운 증가를 세밀하게 분석하고, 어떤 신학적 확신들이 그러한 성장을 촉진시켰으며, 어떤 조직적인 구조가 그것을 뒷받침해 주었고, 어떤 주에서 그 교파가 성장하였고, 어떤 주에서 쇠퇴했는지, 그리고 그러한 성장을 촉진시킨 방법들이 무엇이었는지를 정확히 알려 주는 그러한 책을 알지 못한다.

*Cross and Crisis in Japan*에서 제 1 장의 제목은 "일본의 몇몇 교회들"이다(Iglehart, 1957). 우리는 이 책에서 일본의 연합그리스도교회에 대한 기록을 발견하기를 바랬으나 그런 것은 나와 있지 않았다. 1장은 미국의 후원자들에게 일본의 교회들이 미국의 교회들과 똑같다는 것을 말하기 위해 2차 대전 이후에 쓰여졌다. 우리는 그러한 사실을 기록할 정도로 그들이 친절하다는 것에 대해서 감탄할런지 모른다. 그러나 100명 중에서 겨우 한 명 정도가 기독교인이며 전형적인 회중은 주일 아침예배에 예배자들이 40명도 채 안 되는 그런 나라에서 "일본의 교회는 미국의 교회와 똑같다"라고 말하는 것은 사람들에게 일본의 교회들을 이해시키는 데 아무런 도움도 주지 못할 것이다.

대침체기에 빠진 어린 교회들의 경제적 상태에 대한 멜리 데이비스(Merle Davis)의 연구들은 올바른 방향에서 행해진 첫 번째 연구였다. 선교운동은 그러한 연구의 도움을 받을 수 있다. 그와 동시에 우리는 교회성장 분야에서 행해진 가장 유망한 연구인 **브라질에서 교회는 어떻게 성장하는가**라는 연구가 그 주제를 밝혀 주기보다는 오히려 일반적인 안개를 보여 주고 있다는 사실을 주목해야 할 것이다. 브라질에 있는 여섯 개의 주요 교파들에는 총 1,755개의 교회들과 191,847명의 세례교인이 있다. 그러나 이 책에는 각각의 교파가 얼마나 빠르게 성장하였는지를 알아 볼 수 있는 통계가 나와 있지 않다. 오순절파와 재림파가 급격히 성장하고 있다고는 하지만 우리는 교회성장이 어디서 얼마나 많이 일어났는지 확신할 수 없다. 또한 우리는 교회성장에 선교사의 노력이 얼마 만큼 기여하고 있는지, 그리고 정체적인 회중들로 인해 분명한 복음전도의 기회가 얼마나 상실되고 있는지를 발견할 수가 없다. 또한 어떤 일들이 교회성장을 촉진시키는지, 그리고 어떤 종류의 사람들을 통해서 교회성장이 이루어지는지를 알 수가 없다. 교인증가에 대한 객관적인 기준이 없이 모든 선교와 교회의 일은 선한 것으로 평가되고 있다. 폰테 노보(Ponte Novo ; 식민지 회중을 가지고 있는 전형적인 선교단체, 여기서는 연간 헌금액의 82%를 선교사들이 내고 있다.)에 대한 8페이지에 걸친 기술은 폰테 노보의 박애주의적인 여러 가지 봉사에 대해 찬사를 보내고 있으나 거기서의 선교자원들이 복음전도의 가능성이 희박한 지역에 있는 정체된 한 회중에 묶여 있다는 사실을 언급하지는 않고 있다.

이러한 방법이 바로 대부분의 선교에 대한 글들과 말들이 교회의 성장을 다루는 전형적인 방식이다. 거기에는 어떤 선교사업이 다른 것들보다 더 큰 우선 순위를 지니고 있는가에 대한 암시가 나타나 있지 않다. 그들은 모든 사업을 중요시하고 있으므로 그러한 사업들 간의 우선 순위를 평가할 수 없게 한다. 모든 판단은 그 사업 자체의 관점 안에서만 이루어진다. 따라서 어떤 제자가 직업학교의 장점과 약점에 대해 논할 수는 있지만 그러한 논의는 항상 직업학교라는 관점에서만 이루어진다. 그는 학교가 선교라고 하는 주요한 목적을 성취하는 데 얼마 만큼 공헌하고 있는가에 대해서는 전혀 언급하지 못한다.

우리가 교회와 선교에 대한 노작이 한결같이 교회성장에 대하여 신뢰할 만하고 의미있는 진술을 하지 못하고 있다는 사실을 생각할 때 우리는 그것이 고의적으로 그것을 은폐하려 했다고 생각해서는 안 될 것이다. 그보다는 오히려 그 방면에 대한 무지에서 기인된 것이라고 보는 것이 옳을 것이다. 이와 같이 중요한 정보를 빠뜨리고 있다는 것은 기이할 뿐만 아니라 불행한 현상이다. 그러나 엄밀히 말해서 의도적인 것은 아니다.

1965년 이래 미국과 아프리카-라틴 아메리카-아시아에서의 몇몇 회중들과 교파들이 성장을 정확히 기술하고 있는 수십권의 책이 저술되었다. 교회성장 독서회에는 이들 시작들의 내부분이 보관되어 있다. 그러나 아프리카-라틴 아메리카-아시아의 수많은 지역과 미국에 있는 이십만 회중들에서는 여전히 이러한 서적들을 찾아 보기가 어렵다. 우리가 말할 수 있는 것은 단지 이제 이러한 안개가 걷히기 시작하고 있을 뿐이라는 것이다.

전반적인 주제에 대한 이러한 정보의 안개는 스모그처럼 그 원인을 해결할 때만이 제거될 수 있다. 그러므로 우리는 이 안개를 야기시킨 요인들을 인식하는 것이 중요하다. 이러한 각각의 요인들은 그 자체로도 민족들을 복음화시키는 일을 방해한다. 그러한 요인들이 함께 모일 때 그것들은 선교에 치명적인 영향을 줄 수 있다. 교회들과 그들의 선교사업은 중요한 분야에서의 이와 같은 엄청난 무지에 대해서 즉각적인 관심을 가져야 할 필요가 있다.

통계적인 원인들

우리가 교회성장을 정확하게 이해할 수 없는 이유 중의 하나는 교인들의 수를 제멋대로 부정확하게 보고하는 데 있다. 대략적인 보고, 누락 및 각각 다른 정의 등으로 인해 정확한 교인수가 집계되지 않는다. 정의가 다른 경우를 예로 들면, 어떤 교회가 "교회에 공헌한 사람들"을 교인으로 정의할 때 교인수는 4,800명이었는데 "세례받은 모든 성인 신자들"을 교인들로 정의했을 때 실제로는 교인이 한 사람도 추가되지 않았지만 교인수는 6,000명으로 증가되었다.

교인수의 정확한 집계는 한 교파 내에서는 쉽지만 개신교의 총 교파로 확산될 때는 매우 어렵게 된다. 침례교인들에게 있어서 교인이란 "침례받은 성인 신자들"을 의미하고, 감독제 교회원들에게 있어서는 "유아든 성인이든 침례받은 모든 사람들"을 의미한다. 공동체도 교파에 따라 너무 다양하게 정의되므로 공동체의 숫자는 무의미하다. 예를 들면 어떤 교회는 그들의 공동체가 그들의 입교인들의 수와 정확히 똑같다고 보고하고 있는 반면에 다른 교파들은 그러한 공동체의 열 배나 큰 것을 공동체로 본다.

미국에서 영명(슈名)높은 「미국교회연감」(*Yearbook of American Churches*)은 교인수를 발표하고 있는데 그 중에는 침례교인만을 가리키기도 하고 일부는 침례받은 유아들을 포함한 전교인을 가리키기도 한다. 따라서 3백만 명의 신자를 가지고 있는 감독제 교회는 침례교인수가 3백만 명이 되지 않는 그리스도교회들보다 더 큰 것처럼 보이지만 실제로는 그리스도교회보다 훨씬 더 규모가 작다.

해외에 있는 많은 교파들은 초가집교회나 천막교회에서 예배를 드리는 수백개의 산재해 있는 시골 회중들로 구성되어 있다. 흰개미들이 교회의 기록들을 갉아 먹는다. 교인 등록부(대체로 싸구려 공책이다.)는 긴급한 경우에는 필기장으로 사용되며, 때로는 교인 명부가 적힌 종이가 뜯겨져 나가기도 한다. 시골 목사들은 교육을 별로 받지 못한 사람들이며 따라서 기록의 정확성에 대한 개념을 가지고 있지 않다. 그들은 다른 도시로 이주한 교인들의 이름을 계속 기록해 놓고 있으며, 그들이 멀리 갔음에도 불구하고 그들의 고향 교회에 헌금을 보내 주다가 곧 다시 돌아올 것으로 기대하고 있다.

본부에 보고서를 보내는 도시 목사들과 선교사들은 시골을 방문하는 일이 드물며 개별적인 기독교인들의 가정을 방문하는 일은 거의 없다. 따라서 최종적인 집계가 정확할 리가 없다. 주간학교의 숫자는 정확한 것이다. 왜냐하면 정부의 조사관이 학교들을 방문하여 보고서들을 점검하기 때문이다. 그러나 회중들의 명부를 점검하는 사람은 아무도 없다.

이러한 숫자가 통계로 집계될 때 심각한 안개를 야기시킨다. 교회행정가들은 부분적으로는 통계의 정확성에 대한 의문을 가지고 있기 때문에 교회의 통계들에 대해 거의 관심을 기울이지 않는다.

행정적인 원인들

지역, 국가 및 선교본부 수준에서의 선교행정은 교회성장의 중요하지 않은 것처럼 이루어지는 경우가 빈번하다. 교회들이 성장하거나 성장하지 않거나 간에 모든 선교회들에게 예산은 균등하게 분배된다. 예를 들면, 선교본부에서 10,000불을 더 보내면 그 돈은 모든 교회들에 균등하게 분배된다. 때때로 액수가 감소될 때는 그에 비례하여 모든 교회들에 균등한 삭감이 행해진다. 이러한 평등주의적인 "민주적" 절차를 고집함으로 인해 행정은 무의두적이긴 하지만 중요한 것은 신실한 일이라는 것을 효과적으로 공포한다. 즉 중요한 것은 복음을 전한 이후의 결과라기보다는 일이라는 것을 효과적으로 선언하는 셈이다.

교회나 선교행정에서의 이러한 보편적인 현상들을 기술하기는 쉽지만 그것을 피하기는 어렵다. 우선 순위의 필요성을 발견하는 것과 그것들을 실천하는 것과는 다른 문제이다.

복음은 모든 사람들에게 전해져야 한다. 삼 세대에 걸쳐 선교사들이 그들의 생명을 바친 이 수십만명의 힌두교도들에게 단순히 그들이 복음을 듣지 않으려고 한다는 이유로 인해 그들에게 그리스도를 증거하지 않은 채 내버려 둘 수 있겠읍니까? 라고 한 선교사는 말했다. "모든 사람에게 복음을 전하는 것"과 "민족들을 믿음과 복종에로 인도하는 것" 간에는 차이가 있다. 우리가 이 양자들 사이에서 어떤 것에 더 우선 순위를 두어야 하는가를 결정하기는 어렵다.

주님께 대한 충성을 가지고 복음을 받아들인 사람들이 복음을 거부한 사람들보다 우선권을 가지고 있으며, 그의 교회, 선교회 또는 선교위원회가 대 위임의 깃발 아래 전진하는 교회들을 세우게 될 것이라고 결론짓고 있는 행정가조차도 여러 가지 어려운 문제들에 직면한다. 그는 추수를 기대하기 전에 싹이 나서 자랄 때까지 시간을 허용해야만 한다. 씨가 언제 싹트게 되며 언제 썩을런지를 판단하기란 어려운 일이며, 연약하고 정체된 회중에 대한 지원을 철회하기란 훨씬 더 어렵다. 왜냐하면 그것은 "우리의 교회"이며 그 지역이나 그 주에서 가지고 있는 유일한 교회이기 때문이다.

그러나 이 모든 어려움들을 인정한다 할지라도 선교행정가들은 교회성장이 중요치 않은 것처럼 그렇게 행동해서는 안 된다. 이것은 복음을 거역하는 것이다. 단순히 무비판적인 평등주의를 지속하는 것은 해답이 되지 못한다. 그러나 그것은 많은 선교사업을 특징짓고 있다. 그것 자체가 교회성장을 가리우는 안개의 결과이며, 이것은 많은 선교사업 자체를 모호하게 하고 많은 선교회로 하여금 하고 싶지 않은 일을 하게 한다.

미국의 교회성장 학자들은 해외선교에서 이러한 문제를 쉽게 발견할 수 있다. 그러나 이러한 문제는 유럽이나 미국에서도 존재한다. 회중이 성장하지 않는다고 할지라도 무엇이 문제인가? 왜냐하면 여성을 위한 일, 청년사업 그리고 훌륭한 예배의식 등이 정규적으로 행해지고 있기 때문이다. 최근에 화려한 새 예복을 구입하였으며 우리 교회의 차임벨이 마을의 화제가 되고 있다. 청구서들은 모두 지불되었다. 그런데 우리가 왜 성장하지 않겠는가? 우리는 바로 지난 주일에 멋진 한 가정을 방문하였다. 그러나 이런 식의 행정이야말로 교회성장을 가로막는 원천이다.

해외에서의 문화적인 편견

교회성장을 교묘하게 가로막고 있는 베일은 선교사들의 자기 민족 중심주의이다. 보다 간단히 말하면 그들의 문화적 편견이다. 사람들은 모든 것을 그들 자신의 문화적 준거체제에 비추어서 보는 경향이 있다.

선교지도자들은 교회들이 그들 자신의 고국에서 어떻게 성장했는가를 알고 있다. 그들은 그러한 자신들의 지식이 충분하다고 생각한다. "기독교인들은 복음을 전하고, 그리스도를 증거하며, 하나님의 축복을 간구하고 열심히 일한다. 하나님은 교회를 성장시켜 주신다. 미국에서 우리 교파는 25년 동안 회중수가 79개에서 134개로 증가하였다. 교회가 성장한 이유는 바로 거기에 있다."

모든 교회성장에 있어서는 위에서 언급된 활동들과 하나님의 뜻이 매우 중요하다. 하지만 한 가지 분명한 사실이 있다면 그것은 아프리카-라틴 아메리카-아시아의 다양한 문화들 속에서 교회들은 유럽과 아메리카의 부유하고 교육수준이 높고, 개인주의적인 개신교 주민들 사이에서처럼 성장하지는 않는다는 것이다. 복음이 하나이고 교회도 하나라는 것은 분명하다. 그러나 하나님이 세계의 모든 벽지에서 창조하시는 가시적인 교회들은 다른 곳의 교회와는 현저히 다르다. 어떤 사람들은 만다린(Mandarin)어를 사용하고, 어떤 사람들은 타갈로그(Tagalog)어를 사용한다. 어떤 사람들은 강한 자들에 의해 억압받고 있는 소수민족으로 존재하고 있고, 어떤 사람들은 권력구조 그 자체로 존재한다. 어떤 사람들은 교육수준이 높고, 건강하며, 뚱뚱하고, 어떤 사람들은 문맹이고, 병약하고, 기아의 상태에 있다. 어떤 사람들에게는 교육수준이 높은 전문적인 목회자들이 있고, 어떤 사람들에게는 교육받지 못한 무급의 평신도들만이 있을 뿐이다. 이러한 차이들을 야기시키는 성장의 과정들 자체도 매우 다르다.

강한 종파심(놀랍게도 하나님은 이러한 종파심을 축복하여 교회들을 급성장하게 하시기도 했다.) 또한 대체로 유럽과 아메리카의 선교사들로 하여금 아프리카-라틴 아메리카-아시아에서의 교회성장의 세부적인 내용을 이해할 수 없게 한다. 그들은 감독교회, 자유 감리교회, 제자회, 친우회 등을 보다 어린 교회들로 간주한다. 그들은 특정한 성장방식을 통해 나타난 그러한 교회들이 유럽-아메리카에서 그들이 창설한 교파들이 유사한 것보다 서로 훨씬 더 유사하다는 사실을 잊고 있다. 여자 고아들과 때때로 얻어지는 개종자들을 모음으로써 이루어진 인도 루터교회는, 독일이나 미네소타의 루터교회보다 동일한 방식으로 이루어진 인도 침례교회와 훨씬 더 유사할 것이다.

기본적으로 교회성장의 종류는 다양하다. 그러나 교파적으로 볼 때 지역 교인들은 그러한 차이를 알 수 없다. 그들은 자신들이 유럽-아메리카의 교회들과 동일한 교회들을 만들었다고 믿고 있으며, 따라서 자신들의 교회나 유럽-아메리카의 교회들이 성장하는 것처럼 성장한다고 믿는다. 교리와 정체에 관한 한 이러한 견해는 어느 정도 타당성이 있다. 그러나 사회학적 구조, 성장유형, 가능성, 독창성에 관한 한 그러한 견해는 커다란 오류일 수 있다.

문화적 차이는 또한 교회성장을 모호하게 한다. 왜냐하면 문화적 차이에 따라 전도에 대한 개념이 다르기 때문이다. 미국에서 전도란 교인을 만들고 새로운 교회를 세우는 것이다. 복음을 전하여 한 사람의 개종자도 얻지 못한 전도자는 결코 다른 교회들로 초빙받지 못할 것이다. 실제로 미국의 선교사들은 그들의 활동 기간 중에 교인수가 줄어들었을 경우 일반적으로 사임하도록 요구받는다. 미국에서 전도란 흔히 교회성장을 의미한다. 그러나 아프리카-라틴 아메리카-아시아에서 전도란 대체로 그런 것을 의미하지는 않는다. 거기서의 전도란 대체로 실제적인 회심에 대한 큰 기대없이 씨를 뿌리는 것을 의미한다. 본토인 기독교인들과 선교사들은 선교를 하고, 전도지와 쪽성경을 나누어 주며, 방송을 하고, 성경을 가르쳐 주며, 그리스도의 이름으로 많은 선한 일들을 한다. 그들은 이 모든 활동들을 전도라고 부른다. 즉 전도란 씨를 뿌리는 것이라고 본다. 많은 씨가(때로는 그 전부가) 길가에 떨어진다. 선교적인 일 속에 많은 전도가 포함되기는 하지만 그런 일을 통해서는 교회성장이 거의 이루어지지 않는다. 하지만 그들은 전도가 행해지기 때문에 교회성장이 일어날 것이라고 잘못된 가정을 한다. 많은 경우에 있어서 "전도"는 사실상 교회성장에 대한 관심을 다른 곳에 돌리게 한다. 이와 같은 다양한 형태의 문화적 편견은 교회성장에 대한 생각 자체를 갖지 못하게 하는 안개를 증가시킨다.

의미상의 원인

이 분야에서는 많은 의미를 지닌 모호한 용어들이 있으며, 그러한 용어들이 이러한 안개를 증가시킨다. **교회**라는 단어가 예이다. 우리는 이런저런 나라들에 있는 백 개의 교회들에서 선교가 행해지고 있다는 기사를 읽는다. 여기서 백 개의 교회란 각각 평균 200명의 교인이 있고, 영구적인 건물이 있으며, 교회에 의해 전적으로 사례비를 지급받는 훈련받은 목사들이 있는 그런 교회들을 의미하는가? 아니면 각각 10~30명의 문맹자 교인들이 가정이나 마을의 들판에서 모이는 백 개의 예배 모임들을 가리키는가?

한 선교회는 **전도**를 가장 중요시하고 있다는 보고를 하고 있다. 이 말은 그 선교회가 매년 천 개의 마을들을 순회하면서 무관심한 사람들에게 전도지를 나누어 주고, 개종자들을 기대하지 않으면서 복음을 전하고, 80개의 회중들에게 개인전도를 하고(그러나 열매는 거의 맺지 못하는) 1년에 새로운 교회를 열두 개나 설립하는 일에 선교회의 대부분의 정력을 바치고 있다는 것을 의미할 수도 있다. 막연한 말은 우리에게 선한 일이 행해지고 있다는 확신을 주지만 그 일이 무엇인지에 대해서는 거의 아무 것도 알려 주지 않는다. 정확한 이해보다는 오히려 모호한 접근이 이 안개의 한 가지 특성이다.

최근에 **사업**(Work)이라는 모호한 단어가 유행하고 있다. 거의 공통점을 찾기 어려운 이 단어 속에는 온갖 종류의 활동들이 포함되어 있다. 설교, 가르침, 치유, 신학적인 훈련, 방송, 건축, 어린이 교육 등이 모두 사업이다. 남침례교회와 같이 열심있는 교회설립자들은 이 말을 사용하는 데 습관이 되어 있기 때문에 그들이 멕시코의 어떤 마을에서 교회를 시작할 때조차도 "우리는 여기서 하나의 사업을 시작했다"라고 말할 것이다. 이 단어가 어디서 사용되든지 간에, 이 단어는 행해시고 있는 일이 어떤 일인지를 알지 못하게 한다. 그들은 실제로 이렇게 말한다. "선교란 많은 좋은 사업들이다. 당신은 그것이 정확히 어떤 일인지를 말할 수 없다." 이러한 선교의 개념이 널리 퍼질 때, 교회성장은 안개에 가리우게 된다.

증거(Witness)라는 단어 역시 모호하다. "우리는 금년에 우리의 증거를 일곱 개의 새로운 스페인어 통용지역으로 확대하였다"라고 한 선교사는 말하고 있다. 그가 말하는 의미가 우리가 일곱 개의 새로운 교회들을 세웠다는 것인가, 아니면 금년에 여행을 하면서 우리가 다시 보기를 결코 기대하지 않는 일곱 개의 지역에 도착하여 대표에게 복음을 전했다는 것인가? 그의 후원자들은 대체로 그가 실제로 무엇을 했는지에 대해 거의 알지 못한다. 연합교회가 "우리는 그 지역에 증거를 하였다"고 말했을 때, 그것은 교회 연합이 바람직하다는 것을 증거한 것이지 그리스도를 증거한 것을 의미하는 것이 아니었다. 그러나 독자들은 그 사실을 알지 못했다.

마찬가지로 **호의적인 관심, 반응, 전파, 만남** 등의 단어들도 너무나 모호하고 그 단어들 속에 많은 활동들을 포함하고 있기 때문에 회중들의 성장에 대해서는 거의 아무 것도 알려 주지 않는다. 이러한 용어들이 많이 사용되면 될수록 건전한 교회들의 실질적 증가의 관점에서 정확한 결과들을 보기란 그 만큼 더 어려워진다. 이러한 단어들이 사용됨에 따라 안개는 더욱 활개를 친다. 의미상의 원인은 미국과 다른 지역들에서 상당히 중요한 원인이 되고 있다.

심리적인 원인

이러한 원인들 중에서 대표적인 것은 합리주의이다. 교회성장을 거의 이룩하지 못한 교인들은 자신들이 교회성장에 대해서 관심도 없을 뿐만 아니라 교회성장을 원하지도 않는다고 변명한다. 우리는 숫자에는 구애받지 않는다고 그들은 항변한다. 우리는 회심자들을 구하거나 셀 정도로 그렇게 신속하고 쉬운 결과를 기대하지는 않는다고 그들은 말한다. 우리는 그리스도의 인격을 세워 주는 것과 같은, 보다 높고 고상한 어떤 것을 목표로 하고 있다. 어떤 지역들에서는 **교회성장과는 무관한** 미사여구를 말한다.

그 중에서 가장 두드러진 미사여구는 몇 년 전에 중국에서 나왔다. "우리는 그리스도를 중국의 기초로 삼는 일에 참여하고 있다." 닥치는 대로 거의 모든 일을 하고 있는 선교사는 이러한 폭넓고 인상적인 표어를 사용하여 풍부한 자금을 모을 수 있었다.

교회성장에 대한 유럽-아메리카의 기대는 또 다른 심리적 원인으로 인해 모호해진다. 교회가 굳건히 확립된 나라들에서 400명의 교인이 있는 회중이 몇십 년이 지나도 항상 그 숫자를 유지하고 있는 것은 정상적이라고 그들은 말한다. 만일 10년이 지난 후 그 교회 교인수가 500명으로 증가할 때 그들은 그것을 예외적인 것으로 간주한다. 유럽-아메리카에서의 회중의 성장은 슬프게도 그 회중의 주요 사업으로 간주되는 일이 거의 없다. 그보다는 기독교인의 헌신, 사회참여, 선교사 파견, 교파연합 활동에의 참여 등의 증가를 더 중요한 것으로 간주한다. 성장에 대한 이러한 미미한 기대와 상대적인 평가는 흔히 교인수가 백 명이 되는 교회가 하나도 없고, 따라서 회중의 주요 목표를 성장에 두어야만 할 그런 나라들에서도 무의식적으로 적용되고 있다. 유럽-아메리카에서의 이런 기준들은 우리들로 하여금 큰 성장을 이룩할 수 있는 곳에서 미미한 성장이 일어난 것을 보고도 놀라운 성장이 일어났다고 판단하게 하며, 따라서 교회가 없는 지역들에서 교회를 세우는 일을 안개에 감싸여 있게 한다.

실패하지 않고 반드시 달성될 일을 선교나 교회일로 정의한다는 것은 흔히 교회성장을 제거하고 보다 성취 가능성이 높은 어떤 목적을 정하는 것을 의미한다. 만일 내가 졸업반 학생 중 국가에서 실시하는 시험에 통과할 수 있는 학생을 50%가 되게 하는 것, 굶주린 자들을 구제하는 것, 내가 인도하는 교인들을 행복하게 해주는 것, 청구서를 지불해 주는 것, 또는 주일마다 좋은 설교를 하는 것을 나의 일로 정의한다면, 나는 교회성장을 나의 일로 정의하는 것보다 그 목표를 달성할 가능성이 훨씬 더 높을 것이다. 내가 나의 일을 그와 같이 정의할 때, 나는 실패하지 않을 보장을 받게 된다. 내가 교회성장을 이룩하지 못할지라도 그것은 나의 책임이 아니다.

북아메리카와 세계 도처에서 교회성장을 이룩하지 못하고 있는 사람들에 의한 중요한 변명 중의 하나는 "나는 양이 아니라 질에 관심이 있다"는 것이다. 윈터는 *Crucial Issues in Missions Tomorrow*의 한 장에서 이러한 공통적인 변명에 대해 효과적으로 반박하고 있다. 그는 이렇게 말한다.

모든 일은 질적인 차원과 양적인 차원을 모두 가지고 있다.… 모든 양적인 수치는 특정한 질을 나타내는 것이다. …풍요한 질들은 양적 측정이 가능한 차원들을 가지고 있다. 양적인 수치를 해석하는 올바른 방식은 그것을 질을 나타내는 신뢰할 만한 지표로 간주하는 것이다(1972 : 178).

이러한 심리적 원인에 의해 문제에 직면해 있는 모든 사람은 윈터의 저서 전체를 읽어 보아야 한다. 그의 저서는 탁월한 방식으로 통계와 그래프의 사용을 정당화시켜 주고 있다.

이러한 것들 중에는 사소한 것들도 있을 것이다. 그러나 이러한 것들과 다른 심리적 원인들이 결합되어 교회성장에 대한 혼돈을 증가시키고 있다.

선교후원 촉구로 인한 원인들

선교사업을 계속하기 위해 필요한 선교후원 촉구활동들보다 더 해외에서의 교회성장에 대한 혼돈을 초래하는 것은 없다. 북아메리카의 해외선교 단체들에 의해 연간 지출되는 5백만 달러(또 그 이상)는 저절로 생기는 것이 아니다. 그러한 돈은 모금되어야만 한다. 그리고 전 세계에 걸쳐 42,000명에 달하는 개신교 선교사들은 주로 휴가를 이용한 선교사들의 선교후원 촉구 강연을 통해서 선교에 대해 들은 젊은이들에 의해 끊임없이 갱신되지 않으면 안 된다. 그러한 촉구는 선교에 절대적으로 필요한 것이다. 그것은 대부분의 선교사들과 모든 선교회가 행하고 있는 일의 중요한 일부이다.

하지만 과거와 현재와 미래의 기증자들을 만족시키고 선교회들을 호의적으로 제시하려는 데 주목적을 두고 있는 이러한 촉진적인 저서들과 연설들은, 선교를 통해 나타나야만 할 결과들을 그들이 설립한 교회와 하나님과 화해시켜 예수 그리스도의 교회에 참여케 한 사람들이 얼마나 되는가 하는 관점에서 정확히 기술해 줄 수 없다. 선교에 대한 관심과 헌신을 촉구하는 말과 글은 대체 인간적인 관심으로 포장된 낙관적인 견해를 제시하는 경향이 있다. 따라서 그것은 필연적으로 교회성장이 무엇을 의미하는지를 정확하게 보지 못하게 하거나 심지어 전혀 보지 못하게 하는 경향이 있다.

선교사들이 급성장하는 교회들에서 일하고 있지 않을 때, 그들의 촉진적인 연설은 필연적으로 교회성장 이외의 다른 활동들을 열거할 수 밖에 없다. 의사는 그의 의료사업에 대해 말할 것이다. 성장하지 않거나 느리게 성장하는 교회들에서 일하는 선교사들은 기독교인들에 대한 그들의 수고나 씨를 심거나 뿌리는 전도(결실은 없는)에 대해 상세히 설명할 것이다. 모든 선교사들은 누구나 자신들이 궁극적인 민족복음화를 목표로 하여 노력하고 있다고 주장하는 경향이 있다. 대부분의 촉진적인 연설은 필연적으로 교회성장을 초점에서 벗어나게 하며 교회성장이 어떻게 이루어지고 있는지를 은폐시킨다.

회심과 교회성장에 대한 보고를 할 때조차도, 현저한 회심이나 성공적인 교회설립을 생생한 예화를 사용하고 그것을 반복적으로 말하기 때문에 그것이 마치 전형적인 것 같은 인상을 심어 준다. 연설자가 청중에게 그것이 예외적인 사건이라고 말할 때조차도 청중들은 그렇게 생각한다. 예를 들면 존 클라우(John Clough)는 옹골레에서 자신이 하루에 2,222명에게 세례를 주었다는 것을 연설할 때마다 말하며, 그 이후로 그 이야기는 다른 수많은 사람들에 의해 사용되었다. 그럼으로써 이 하나의 희귀한 사례로 인해 실제 상황이 은폐된다.

때로는 희망과 목적이 마치 실현된 것처럼 진술되기도 한다. 일본의 한 선교사는 이렇게 보고하고 있다. "이와 같이 기독교 서점들을 통해 기독교 서적이 배포됨으로써 일본은 그리스도의 발 앞으로 인도되고 있다." 이것은 소망이지 성취된 것이 아니다. 이러한 소망은 현실을 보지 못하게 한다.

무슨 일을 하든지 간에 돈을 모금해야만 하기 때문에, 후원을 촉구하는 말은 무슨 일을 보고하고 있든지 간에, 즉 아프리카 리틴 아메리카—아시아의 교회들을 돕는 것이든, 구제를 하는 것이든, 미션스쿨을 운영하는 것이든 간에 그 일은 **정확히 대 위임을 수행하기 위해 행해지고 있는 것이라는 가정을 한다.** 그러나 만일 대 위임을 분명한 목적으로 삼고 있고, 그런 목적을 달성하기 위해 지금까지 알려진 가장 훌륭한 절차들을 사용하고 있다면, "지금 행해지고 있는 일"은 대체로 상당히 수정되어야 할 것이다. 간단히 말해서 선교후원을 촉구하는 말은 지금 행해지고 있는 일에 대해 호의적으로 말한다. 그것은 상황을 분명히 보게 하는 데 필수적인 비판적인 평가를 할 수 없게 만든다(목사들과 평신도들은 회중들과 교파들에서 이루어지고 있는 대부분의 생각과 말이 선교후원을 촉구하는 관점에 의해 크게 영향을 받고 있다는 것을 인정할 것이다).

만일 목사나 선교사가 선교후원을 촉구하는 말을 하기 전에 그가 어떤 위치에 있는지를 곰곰이 생각하고 그의 위치에 대한 확신을 가질 수 있다면, 오늘의 대부분의 안개(교회성장에 대한 혼돈)는 사라질 것이다.

신학적인 원인들

오늘날의 엄청난 신학적 변화는 선교의 목적에 대한 불확실성을 야기시키고 있으며 그 결과 선교의 결과와 목적에 대해 모호함을 가져다 주고 있다. 몇몇 신학 학파들에 의해 이루어지고 있는, 지금 진행되고 있는 선교에 대한 재해석에 대해서만 쓰려고 해도 한 권의 책이 필요한 것이다. 여기서는 보다 공통적인 새로운 출발점들에 대해 세 가지 예만을 들고자 한다.

많은 개신교 지도자들은 교회는 단지 도구에 불과하다고 말하고 있는 것처럼 보인다. 즉 그들은 교회 그 자체는 아무런 가치도 없으며, 보다 나은 세계를 가져다 주기 위한 수단에 불과할 뿐이라고 말한다. 이러한 관점에 따르면, 하나님은 교회를 사랑하는 것이 아니라 세상을 사랑하신다(요 3 : 16). 하나님은 교회를 확장시키는 것을 일차적인 관심사로 삼지 않는다. 하나님은 기독교인이든 아니든 간에 모든 사람들 사이에서 정의, 평화, 의가 넘치는 하나님의 나라를 확장하신다. 교회들이 사회적 열정에 불타고 있으며, 보다 인간다운 사회를 이룩하기 위해 여러 가지 변화를 초래하고 있을 때 그러한 교회들의 존재는 하나님의 목적과 부합된다. 그러나 그러한 일을 하지 않고 단순히 예수 그리스도를 믿고 성경을 그들의 신앙과 실천의 규범으로 받아들이는 사람들로 이루어진 교회들을 세우는 것은 이기적인 것이다.

이러한 신학과 철학이 널리 퍼져 있는 곳에서는 어디서나 교회성장에 대한 관심이 쇠퇴한다. 이러한 신학을 가지고 있을 때 교회의 주된 과제는 교회성장이 아닌 어떤 다른 것이 된다. 이러한 관점에 의해 지배되고 있는 출판물들과 성명서들로 인해 교회성장에 대한 모호성은 증가된다.

두 번째 신학적 변화는 기독교인들이 기독교 이외의 타종교들에 대해 어떤 태도를 취해야 하느냐에 대한 복잡한 문제와 관련되어 있다. 다원주의 사회에 의해 큰 영향을 받고 있고, 성경의 권위를 인정치 않으며, 하나님이 타종교들 속에서도 많은 것을 계시해 주셨다는 견해를 가지고 있는 사람들은 기독교인들이 타종교에 대해 취할 수 있는 유일한 태도는 그들로부터 배우는 것이라고 생각한다. 그들은 타종교를 믿는 신자들과의 대화를 통해 함께 진리를 탐구하는 것이 현대의 "선교"방식이라고 선언한다. 이들 기독교인들은 성경이 대체로 이러한 견해에 대해 반대하고 있다는 사실에 대해 조금도 개의치 않는다. 그들은 사도행전 14:7, 17:27~28 그리고 로마서 2:14, 8:29과 같은 소수의 귀절들에 크게 의존하고 있다. 그런데 그들은 이런 귀절들을 문맥에 대한 관심을 갖지 않고 경솔하게 인용한다. 그들은 그 나라의 여러 종교들에 대한 구약의 명령들을 무시한다. 그들은 요한복음 14:6과 사도행전 4:12을 오늘날에는 진지하게 고려할 수 없는 불편한 본문으로 간주하면서 무시한다. 그들은 신약의 주요한 가르침들을 알지 못하고 있는 것처럼 보인다. 그들은 오늘날 교회를 확장하는 것은 시대착오적인 것으로 생각한다. 그들의 말과 행동은 선교를 전혀 다른 용어로 기술하고 있기 때문에 자연히 오늘날의 선교현상을 나쁜 것으로 간주한다.

교회성장을 모호하게 하는 안개를 짙게 하는 세 번째 공통적인 신학적 경향은 봉사나 섬김을 충분한 증거로 간주하는 것이다. 오늘날의 선교회들은 믿을 수 없을 정도로 많은 봉사에 몰두하고 있다. *Diakonia*(디아코니아)는 과거보다 훨씬 더 조직적인 선교회들의 주된 사업이 되었다. 오늘날 유럽- 아메리카의 선교는 신약에서의 선교와는 달리 부유한 나라들에서 가난한 나라들로 옮겨가고 있기 때문에 많은 섬김이 행해져야 한다는 것은 하나님의 뜻인 것 같다. 대부분의 선교사상가들은 이 점에 대해 동의한다.

그들이 견해 차이를 보이고 있는 문제들은 다음과 같은 것들이다. 섬김이 **충분한** 증거인가? 섬김이 교회를 확장시키는 전도를 대치할 수 있는가? 섬김이 최선의 전도방식일 수 있는가? 본질적으로 신학적인 이런 문제에 대해, 대부분의 기독교인들은 섬김이 충분한 증거도 아니며 섬김을 받는 것 자체가 사람들에게 구원을 가져다 주는 것도 아니라고 주장한다. 하지만 소수의 학자들은 이러한 물음들에 대해 그렇다고 대답한다. 그들에게 있어서는 물론 세례받은 신자들을 증가시키는 것이 별로 중요하지 않은 문제이다. 그들은 마치 교회성장이라는 것이 존재하지도 않는 것처럼 생각한다. 바다에서 안개가 불어와 현장 전체를 뒤덮고 있다(선교에 대한 진보적인 신학적 견해가 교회성장을 모호하게 했음을 가리키는 은유적 표현임-역주).

안개의 결과

교회성장에 대해 이처럼 안개에 싸여 있으며, 그러한 안개를 벗어나려는 아무런 조치도 취하지 않은 채 적당히 운영되고 있는 교회들과 선교회들은 사람들을 그리스도에게로 인도하는 것이 복음을 전하는 것보다 중요하지 않다는 결정을 내리기가 쉽다. 이러한 신학적 결정은 실제로 미묘하기는 하나 심대한 차이를 유발시킨다. 이 문제는 성경적인 근거를 바탕으로 하여 결정되어야만 한다. 그러나 일단 안개가 덮여 교회성장이 그 안개에 휩싸여 보이지 않게 되면, 남는 것은 사람들이 듣든지 말든지, 복음을 받아들이든지 않든지 간에 복음을 전하는 것 뿐이다.

두 번째 결과는 병행주의(parallelism : 모든 선교활동은 동일한 가치를 지닌다는 견해)를 선교의 올바른 정책으로 간주하게 된다는 것이다. 이것은 의식적이든 무의식적이든 간에 선교회들에 의해 수행되는 모든 많은 활동들이 동일한 가치를 지닌다는 주장이다. 그것들은 모두 동일한 중요성을 지닌 것들이다. 그러한 활동들 중에서 기본적인 우선권을 지닌 것은 없다. 짙은 안개가 계속해서 교회성장을 보지 못하게 하고, 그 가치를 인식하지 못하게 할 때, 기독교인들과 교회의 증가를 제시해 주는 수치들이 믿을 수 없고 잘못되어 있을 때, 선교에 대한 후원을 촉구하려는 의도가 지배적일 때, 교인들은 수많은 놀라운 기독교인들에 의해 수행되는 수많은 상이한 일들이 모두 동일한 가치를 지닌 것이라고 결론짓지 않을 수 없을 것이다. 최근에 병행주의는 매력적인 새 용어인 "총체주의"(holism)라는 말에 의해 위장되고 있다. 몇몇 영향력있는 지도자들은 이렇게 말한다. "전도에 최고의 우선권을 부여해야 한다는 것은 좁고 편협한 주장이다. 오히려 기독교인들의 교회의 모든 일들(하나님이 하기를 원하시는 모든 일)이 동등한 가치를 지니고 있다고 주장해야만 한다. 이것이 총체주의이다." 우리는 이러한 견해에 동의하지 않는다. 물론 많은 일들이 행해져야만 한다는 것은 틀림없다. 교회성장이라는 과제는 말할 수 없이 복잡하다. 그러나 이러한 복잡함이 곧 목적없는 병행주의를 의미하는 것이 되어서는 안된다. 세계전도는 다른 것으로 대치될 수 없는 교회의 가장 중요한 일이다. 그것은 교회의 가장 위대한, 그리고 가장 거룩한 일이다.

세 번째 결과는 이러한 안개가 교회들이 생겨나지 않는 곳에서 일을 하도록 강화시키며, 많은 교회들이 생겨나는 곳에서는 일을 하지 못하도록 방해한다는 것이다. 교회들이 증가되는 곳에서는 본질적인 일들이 증가한다. 그러나 안개는 자원을 균등하게 분배하는 확고한 균등주의를 야기시키며, 이러한 균등주의는 안개를 갈수록 더 짙게 한다. 실제로 균등주의는 신속히 성장하는 교회들을 방해한다. 교회가 급속히 성장하는 곳보다 더 **선교사들이 어려움을 겪고 있는 곳은 없다.** 그것은 비극적인 일은 아니라 할지라도 어이없는 일이다. 예를 들면 각각 8명의 선교사가 일하고 있는 아프리카의 두 선교지부의 경우, 한 선교지부가 담당한 지역의 총교인수는 3천 명이고, 다른 지역의 교인수는 3만 명이었다. 균등주의 정책으로 인해 두 선교지부의 간사들의 수는 20년 동안 똑같이 8명씩이었다. 이런 정책은 사실상 교회에 몰려들었던 3만 명을 영적으로나 지적으로 궁핍한 상태에 빠뜨릴 것임에 틀림없다. 3만 명을 다루는 선교사들은 자신들의 교회가 훨씬 더 자립적이라고 믿음으로써 위안을 삼았다. 외부 관찰자가 보기에도 그러하였다. 그러나 T는 그들이 영적으로 궁핍한 상태에 있다는 사실을 발견해 냈다.

안개는 선교를 후원하는 교회들을 어둠 속에 빠뜨린다. 그들은 "선교회들을 지원하고" 있으나 교회성장에 대해서는 아무 것도 모르고 있다. 한 선교회는 그 선교회에 속한 소수의 지부들에서의 대성장을 예로 들므로써 다른 모든 지부들도 그렇게 성장하고 있는 것처럼 보이게 한다. 그 선교회는 후원자들이 성장이 더딘 지부들에 대한 후원을 중단할까봐 후원자들에게 어떤 지부에서 교회성장이 일어나고 있는지를 밝히기를 꺼려한다. 헌금이 교회성장을 보이고 있는 곳으로 집중될까봐 많은 선교회들이 후원을 해주는 교회들에게 교회성장에 대한 사실을 알려 주기를 꺼려하고 있다는 것은 있을 수 없는 일이다.

안개는 또한 민족들을 제자들로 삼으려는 현명한 행동을 방해한다. 만일 교회들과 선교회들이 지금까지 교회성장이 얼마나 이루어졌는지 또는 이루어지지 않았는지에 대한 정확하고 의미있는 통계를 제시해 주기를 거부한다면, 그들이 어떻게 시정조치를 취할 수 있겠는가? 수퍼마켓의 연쇄점들이나 다른 사업의 대리점들을 소유하고 있는 사람이 어떤 지점이 돈을 벌고 있고 어떤 지점이 손해를 보고 있는지를 즉시 알지 못한다면, 그는 그것을 어리석은 짓으로 간주할 것이다. 그가 그러한 상황을 알지 못한다면 어떻게 시정조치를 취할 수 있겠는가?

기독교 선교회들과 교회들은 그들이 지원하고 있는 아프리카—라틴 아메리카—아시아의 교회들을 지속적으로 정확히 알 필요가 있다. 각각의 교회—아프리카—라틴 아메리카—아시아의 교회들 뿐만 아니라 아메리카의 교회도—역시 그 자신에 대해 알 필요가 있다. 그들은 각 교회의 성격, 성장의 정도와 다양성 등을 정확히 알아야만 한다. 그럴 때만이 각 교회는 적절한 보살핌, 영적 양육 및 올바른 지원방법을 생각해 낼 수 있다. 막연한 추측은 아무런 도움도 주지 못한다. 교회에 대한 실망스런 사실들을 감추는 것은 옳지 않다. 한걸음 더 나아가서 그렇게 하는 것은 죄이다. 하나님의 교회들을 돌보는 데 있어서 하나님에 대해 신실하려면 이러한 안개를 제거하고 실제 상황을 분명히 보여 주어야 한다.

미국에서 온갖 종류의 사업이 계속해서 자료를 수량화하고 사실들을 분명히 제시하기 위해 차트와 그래프를 사용하고 있음에도 불구하고, 미국의 대부분의 교회들은 지난 10년 동안에 이루어진 그들 자신의 성장에 대한 도표를 본 적도 없고 그것에 대해 연구해 본 적도 없다. 안(Am) 박사와 와그너(Wagner) 박사는 세미나 때마다 교회성장에 대한 그래프를 보여 주었는데 많은 목사들은 드러난 사실들을 보고 놀라움을 표시하였다.

태국 그리스도교회의 칭그리 지방회에서는 회중들이 계속 증가되고 있었다. 지난 10년 동안 세례입교인수는 배가 되었다. 나는 그렇게 성장한 이유들을 찾고 있었다. 한 선교행정가는 이러한 대성장(태국에서는 가장 주목할 만한 성장이었다.)이 그 지역에 농업센터가 설립되었기 때문이라고 믿고 있었다. 이 농업센터는 지금까지 트랙터 구입비로 5만 달러를 지급받았으며, 바퀴달린 트랙터를 무한 궤도식 트랙터로 바꾸는 데 5만 달러가 더 필요하다고 그 돈을 요구하고 있다. 하지만 그 지역의 태국인 교회지도자는 나에게 여러 가지 예를 들면서 그 지역의 교회들이 성장한 기본적인 이유는 농촌지역인 그곳 교회에 다니는 기독교인들이 예수 그리스도에 대한 그들의 신앙으로 인해 악령을 두려워하지 않게 되었기 때문이라고 확신시켜 주었다. 그는 바로 이 한 가지 이유로 인해 물활론적인 불교도였던 수많은 개인들이나 가정들이 기독교 신앙을 갖게 되었다고 선언했다.

나는 그 지역 교회지도자나 선교사가 취한 정책이 옳았는지에 대해 알지 못한다. 그러나 그 선교부가 직접적인 전도를 위해 그 돈을 사용할 것은 아니지 않은가? 그 지역에 있는 교회에게 10년 동안에 배가시킬 수 있는 능력을 준 것은 무엇이었는가? 그 돈이었는가 아니면 다른 요인 때문인가? 아마도 그 선교부는 5만 달러를 절약할 수도 있었을 것이다.

기독교 선교의 대치될 수 없는 주요한 목적이 **그리스도를 선포하고 사람들을 설득하여 그리스도의 제자가 되게 하고 그리스도의 교회의 책임있는 교인들**이 되게 하는 데 있다고 믿는 사람들은 교회성장을 감싸고 있는 안개를 사라지게 해야만 한다. 이러한 일을 성취하기 위해 교회는 그들의 1년 예산 중에서 2%만 지불하면 될 것이다. 도시들이 스모그를 제거하기 위해 노력해야 하는 것처럼 교회들도 복음을 전하는 데 있어서 그들이 어느 정도나 주님께 충성을 하고 있는지에 대한 무지를 제거하기 위해 힘써야만 한다. 모든 교파들은 매월 교회성장이 **어느 정도나 이루어지고 있는지를 분명히 알고 교회성장을 촉진시키는 데 그러한 지식을 이용하는 것은 쉽게 할 수 있는 일이다.** 하나님이 그의 교회들을 축복하시어 성장시키는 복잡한 과정들을 보다 잘 이해하는 것은 매우 실제적인 일이다. 그러나 그렇게 하기 위해 기독교인들은 먼저 그들을 감싸고 있는 안개를 인식하고, 그것을 쫓아 내기 위한 조치를 취해야만 한다.

6
우리에게 필요한 사실

교회성장을 이해하는 데 있어서 필수적인 무수한 많은 접근방법이 있다. 교회는 셀 수 있는 사람들로 구성되어 있다. 그 사람들을 계수하지 않는다고 해서 그 어떤 특별한 영적 의미가 있는 것은 아니다. 인간들은 인간의 모든 훌륭한 행위를 평가하는 데 있어서 수적인 접근방법을 사용한다. 공업, 상업, 재정, 학술연구, 행정부 창안 및 수많은 다른 종류의 사업은 계속적인 수치 측정을 통해 매우 큰 유익을 얻고, 그리고 그것들의 발전이 매우 안정되어 있음을 파악한다. 이러한 수치 측정이 없으면 그것들은 무력함을 느끼고, 잘못 인도되고 있다고 느낄 것이다. 모든 지역에서 크게 활용되고 있는 방대한 교육 프로그램들은 예외없이 수적인 절차들을 활용하고 있다. 학생들의 성별, 학년별, 거주지, 지능, 학습정도 및 발전비율을 수적으로 측정하는 일은 전혀 이의를 받지 않는다. 그러한 측정없이는 오히려 효과적인 관리와 정확한 예상이 불가능할 것이다.

교회통계를 비난하는 일은 흔히 있다. 그러나 이것은 합당한 견해가 못된다. 이러한 성급한 비난은 성경적인 근거를 들면서 때때로 하나님께서는 인구조사를 한 다윗을 기뻐하지 않으셨다고 말한다(삼하 24:1-10). 그리고는 하나님께서 이스라엘의 모든 지파를 정확하게 계수할 것을 명령하신 민수기의 여러 부분들을 편리하게 간과해 버린다. "너희는 이스라엘 자손의 모든 회중 각 남자의 수를 그들의 가족과 종족을 따라 그 명수대로 계수할지니 이스라엘 중 이십 세 이상으로 싸움에 나갈 만한 모든 자를 너와 아론은 그 군대대로 계수하되"(민 1:2-3). 또한 사도행전과 교회의 수적 증가에 대한 그의 세심한 기록에서 수치에 대한 누가의 강조도 간과되고 있다. 티페트(A. R. Tippett)가 지적하고 있는 것처럼 계수의 동기는 하나님의 찬성 또는 불찬성과 깊이 관련되어 있다(Tippett, 1965 : Vol. I, No. 3). 성경을 근거로 해서 생각해 볼 때 우리는 수적인 접근방법의 성실한 사용은 하나님의 바라시는 바라고 확증할 수 있다. 현실을 근거로 해서 생각해 볼 때 수적인 접근방법은 정직한 재정취급과 마찬가지로 개체 교회들에서나 교단들에서 필요하다.

분명히 그 어떤 사람도 결코 통계에 의해서 구원받은 사람은 없다. 그러나 그 어떤 사람도 의사들이 매우 중시하는 체온계에 의해서도 역시 치료를 받지 못한다. X선 사진들은 단 하나의 뼈도 결코 접합시키지 못한다. 그러나 그 사진들은 의사들에게 부러진 뼈의 양끝을 접합할 수 있는 방법을 말해 준다는 점에서 의사들에게 매우 가치있는 것들이다. 이와 유사하게 성장의 사실들은 그 자체로서는 그 어떤 사람도 그리스도에게로 인도하지 못할 것이다. 그러나 이러한 사실들은 언제, 어디서, 어떻게 그 일을 수행해야 그 결과로 건전한 교회들이 최대로 증가하게 될 것인가를 원하는 그 어떤 교회에 있어서도 매우 가치있는 것이 될 수 있을 것이다.

우리가 필요로 하는 사실은 어떠한 것들인가?

그 첫 번째 사실은 수년 간에 걸친 **지역총계들**이다. 우리는 일정 지역 내의 우리의 교단에 속한 모든 교회의 기독교인의 수를 알아야 한다. 여기서 말하는 지역은 국가 전체일 수도 있고, 주, 관구, 지방 또는 지방의 한 부분일 수도 있다. 각 개체 지역의 전체 교인수는 거의 항상 교단 또는 선교회 본부에 가면 쉽게 연보(年報)들을 구해 볼 수 있다. 창설 초기부터 현재에 이르기까지의 매년의 교인수가 확인되어지면 교회성장을 보여 주는 중요한 도식이 분명히 나타난다. 급증, 소폭 증가, 정체, 감소가 분명히 드러날 것이다. 이러한 도표들을 잠시 바라보기만 해도 마치 의사가 매일매일의 체온을 보고서 그의 환자에 관해서 아는 것처럼 교회에 대한 많은 것을 알게 될 것이다.

도표들을 함께 모아 정리해야 한다. 해가 바뀜에 따라 여러 지방들이 교회의 행정단위들에 추가되기도 하고 분리되기도 한다. 예를 들어 켄터키주 렉싱턴의 한 교회는 여러 지교회들을 개척하였다. 처음에는 이 지교회들은 모교회의 일부로 계산되고 지교회의 교인들은 모교회의 교인으로 계산되었다. 그후 이들 교회들은 분리되었다. 모교회의 교인수는 격감하였다. 그러나 렉싱턴의 지역총계는 분명히 꾸준한 증가를 보여 주었을 것이다. 콩고 그리스도교회의 볼렌지 선교기지 교인수는 매년 증가하여 12,000명에 이르렀다. 그런데 어떤 한 해에는 그 선교기지의 교인수가 단지 9,000명으로 기록되었다. 이것은 3,000명의 감소인 것처럼 보이나 실상은 그렇지 않았다. 왜냐하면 그 해까지 볼렌지교회의 일부분으로 간주되었던 큰 강 건너 50마일 정도 떨어진 곳에 위치하였던 보소벨레 회중집단이 하나의 교회단위를 구성함으로써 교인수가 분리되어 기록되었기 때문이다. 지역총계는 이러한 무의미한 증가와 감소를 배제하고 정리되어야 한다.

그림리(Grimley, 1966 : 135)는 나이제리아의 랑구다(Languda)족 루터교회 교인수가 800명에서 200명으로 격감하는 하나의 도표를 보여 주고 있다. 그러나 전혀 실제적인 감소는 없었다! 1953년 랑구다교회는 회비를 지불한 사람들만이 회원카드를 받을 수 있고 정식회원으로 계수되어질 수 있다고 정하였다. 그 해에 회비를 지불한 사람은 세례신자 800명 중에 200명에 불과하였다. 다른 견지에서이기는 하지만 그림리는 다음과 같이 말한다. "그들은 확신한 기독교인들이었고 교회의 가르침에 어긋나지 않게 생활하였다. 여하간 1961년에 회원증을 소지한 기독교인들의 수는 603명이었고, 그 밖의 세례교인은 적어도 1,000명은 되었다. 그리고 매주일 출석교인은 8,108명이었다.…" 그림리는 그의 수치를 도표화하기 전에 다시 한번 정리를 했었더라면 좋았을 것이다. 정리를 하지 않은 수치를 기초로 하여 그린 그의 도표는 극적인 감소를 나타내고 있다. 하지만 실상 세례신자들의 수는 꾸준히 증가하고 있었다. 교인수의 변화상황과 도표가 서로 혼란을 일으켜서는 안 된다. 수치를 정리하는 일은 이해에 있어서 필수적이다.

하지만 지역총계는 정확한 측정은 아니다. 이러한 총계들은 몇 가지만을 나타낸다. 실제로 이러한 총계들은 그것들이 나타내는 이상의 것을 감추고 있다. 이들 총계들은 그 자체가 관찰자를 기만한다. 이것들은 부주의한 사람들이 쉽게 빠지는 함정을 가지고 있다는 것을 염두에 둔 채 신중하게 사용되어야 한다. 연구조사자가 교회성장 개요를 파악하고자 할 때 지역총계는 훌륭한 실마리이다. 그러나 그것들은 그것들로부터 확실한 공제가 이루어지기 전에 다른 종류의 정보들에 의해 부연설명되어져야 한다.

두 번째로 우리가 필요로 하는 사실은 수년 간에 걸친 개체 **동질단위 총계**이다. **동질단위**란 모든 구성원들이 공통으로 어떤 특성을 지니고 있는 사회의 한 구분에 불과하다. 따라서 동질단위(즉 HU, 교회성장 용어로는 흔히 이렇게 표기된다.)는 구성원들이 어떤 지역적 경계 내에서 살고 있다는 것이 바로 공통의 특징인 하나의 정치적 단위 또는 정치적 소단위일 수도 있다. 예를 들어 우리는 위스콘신주 내의 루터교회의 지역총계와 매디슨시 루터교회의 동질단위 총계를 쉽게 입수할 수 있을 것이다. 때때로 그 단위는 군이나 관구일 수도 있다.

동질단위는 뉴욕시의 프에르토리코인들이나 태국의 화교들의 경우에서처럼 문화나 언어를 공통의 특징으로 가진 사회의 한 구획일 수도 있다. 포르모사 섬은 네 개의 주요 동질단위로 구성되어 있다. 즉 타이완어를 사용하는 사람이 11,000,000명, 1948년 본토로부터 이주해 온 표준 중국어를 사용하는 사람이 4백만 명, 학기어를 말하는 사람이 2백만 명, 그리고 고지대에서 생활하는 토착 종족들이 3십만 명으로 구성되어 있다. 거의 대부분이 교회를 알지 못하는 7만 여 명의 필리핀인들이 1980년 키아고에 살았다. 1978년 하나님의 성회 교단은 그들 사이에 처음으로 교회를 세웠고, 그 이후로 아마도 100교회 이상을 개척했을 것이다.

동질단위는 미국의 유대인, 인도의 브라만족, 이란 고지대(웨스트 뉴 구이네아)의 운두니족의 경우에서처럼 한 민족이나 한 특권계층(카스트)일 수도 있다. 위에서 언급한 포르모사 토착민들은 그 섬 전체 인구를 계산할 때 합하여 하나의 동질집단을 형성하는 6부족을 중심으로 이루어져 있다. 그러나 만일 우리가 고지대 산악인들만을 따로 생각하고 있다면 한 부족이 하나의 이러한 단위가 될 것이다. 어떤 사람이 각 부족의 기독교인들은 얼마나 많은가라고 질문할 수 있다. 그 대답으로 그는 6개 동질집단의 총계를 듣게 될 것이다.

한 부족 내에는 언제나 소단위의 부족들이 있다. 이러한 소단위 부족단위들은 씨족 또는 혈통일 수도 있고, 언어 또는 방언집단들일 수도 있고, 정치적 또는 지리적 단위일 수도 있다. 예를 들어 성경에서 우리는 다음과 같은 귀절을 대하게 된다. "여호와께서 모세에게 명하신 대로 그가 시내 광야에서 그들을 계수하였더라. 이스라엘의 장자 르우벤의 아들들에게서 난 자를 그들의 가족과 종족을 따라 … 그 명수대로 다 계수하니"(민 1:19-20). 모세는 계수를 마침으로 각 씨족과 혈통의 동질집단의 총계를 얻었다. 이와 유사하게 현대의 한 도시 내에도 소단위들이 나타난다. 다시 말해서 특권계층, 씨족 또는 언어집단들이 항상 나타난다. 예를 들어 많은 상이한 부족들로 된 콩고인들이 킨샤사로 몰려들었다. 이들 부족들은 각기 다른 언어를 가지고 있었다. 개신교회들이 각 부족의 전체 교인을 파악하는 것은 도움이 될 것이다. 이러한 동질단위들은 킨샤사로 이주한 개신교 교인들을 계속해서 돌보고자 할 때 교회들에게 그들의 목회사업의 규모를 제시해 줄 것이다. 리들(Riddle)과 맥가브란(McGavran)이 1977년에 이러한 일을 했을 때 그들은 60만 명의 사람들이 개신교 교인이라고 말하였고, 그 가운데에 합해서 10만 명이 못되는 사람들이 전체 개신교회에 등록되어 있는 것을 발견하였다.

이러한 실예들이 나타나고 있듯이 동질단위는 융통성있는 개념으로 그 의미는 그것이 사용되는 문맥에 따라 결정된다. 하지만 이것은 교회성장을 이해하는 데 있어서 가장 유용한 도구이다. 지역총계는 교회가 성장하고 있는 지역과 교회가 사양해 가고 있는 지역 모두의 수치를 포함하고 있다. 승리와 패배는 모든 상세한 내용들을 감추고 있는 전체 수치를 이루기 위해 함께 가산되어진다. 그러나 지역총계를 동질단위 총계들로 분석해서 나누어 보면 우리는 어느 지역 교회가 발전하고, 어느 지역 교회가 발전하고 있지 못한가를 정확히 알 수 있다. 예를 들어 1916년부터 1926년 사이에 라틴 아메리카에서는 개신교 교인수가 배로 증가되었다. 이러한 현상은 고무적인 것으로 보인다. 그러나 라틴 아메리카 전체적으로 볼 때 그것은 그렇지가 않다. 왜냐하면 대부분의 성장은 브라질의 조그만 한 지역 내의 침례교, 감리교, 장로교에서 발생했기 때문이었다. 라틴 아메리카의 대부분의 선교회들에 있어서 그 10년간은 미진한 성장 기간이었다. 일부 선교회는 전혀 성장하지 못하기도 하였다. 전체적인 관점에서 볼 때 전혀 고무적인 일이 아니었다.

브라질에서 일어난 두 번째 실예를 들어 보자. 1946년 이후로 브라질에서는 괄목할 만한 복음주의자들의 성장이 이루어지고 있다. 대부분의 이러한 성장은 오순절 교단들 내에서 이루어지고, 그 일부는 또한 침례교와 장로교에서 이루어졌으며, 2차 대전 이후로 브라질에서 전래된 보수적인 선교회에서는 거의 성장이 이루어지지 않았다. 교회성장 현황에 대한 정확하고 유의미한 진술은 브라질 내의 전체 복음주의자들의 그 어떤 지역 총계에 의해 은닉되어졌을 것이다. 은닉되어진 것은 그곳에서 활동하고 있는 전체 교회의 동질단위 총계를 파악할 때에나 분명하게 나타날 것이다. 윌리엄 리드(William Read)는 그의 훌륭한 저서인 *New Patterns of Church Growth in Brazil*에서 여러 선교회들에게 그 거대한 나라의 대교단인 복음주의 교회들의 교인수에 대한 적절한 이해가 우선해야 한다고 말하고 있다. 그는 브라질 내에 개신교회를 형성하고 있는 동질단위들을 분명하게 밝히고 있다.

한 **동질단위 교회**는 "정해진 한 동질단위 내에서 성장하고 있는 한 교단의 회중들의 집단"으로 정의될 수 있을 것이다. 따라서 인도의 중앙 관구(마니아 쁘라데쉬) 내에서 메노파 총회는 세 개의 동질단위 교회를 원조하고 있다. 그 중에서 가장 큰 교회는 그 지역의 3분의 1을 차지하고 있는 가라 카스트(the Gara caste) 내에서 성장하고 있는데 이곳의 단위는 카스트이다. 그 다음으로 큰 교회는 북쪽에 위치한 교회로 이 교회는 개인적인 개종자들, 굶주린 고아들 및 그들의 후손들로 구성되었다. 이 경우에 있어 단위는 지역이다. 가장 조그만 교회는 그 지역의 북동쪽에 위치해 있

Ⅱ. 윤곽의 분별

는 우라온 카스트(the Uraon caste) 내에서 갓 개척된 회중집단이다(이러한 분석을 나는 메노파 교회 총회 실행간사인 월트너(O. A. Waltner) 목사가 1962년에 출간한 책에서 인용한다).

로렌 노렌(Loren Noren)은 1958년부터 1962년 사이 홍콩에서의 교회성장을 분석하였다. 그가 발견한 사항들은 다음과 같다. 그 기간 동안 홍콩의 교회는 10년에 150% 성장하고 있다. 그러나 :

루터교회 미조리 대회는 10년에 420% 성장하였다.
복음주의 루터교회는 10년에 400% 성장하였다.
침례교회는 10년에 120% 성장하였다.
성공회는 10년에 90% 성장하였다.

이러한 동질단위들에 있어서의 성장은 이해에 있어서 중요하다. 그러므로 다음과 같은 사실은 명확하다. 성공회와 침례교, 루터교가 이미 교회를 증대시키고 있었고 (모든 점으로 보아 충분한 여지가 있었다.), 그리고 루터교가 일하는 방식으로 일하였던 그러한 지역사회 내에다 복음을 전파하였더라면 그들은 10년에 단지 100% 정도의 성장에 머무르지는 않았을 것이다.

누구든 미국에서 동질단위 개념을 사용하여 통계를 재정리해 보면 그는 개신교 교인들의 거의가 중산층 백인들에 한정되어 있다는 사실을 발견하고는 깜짝 놀랄 것이다. 스페인, 아시아 및 프랑스계 카나다 HU들에 있어서 교회성장을 위한 엄청난 기회들은 대부분의 회중들과 교단들에 의해서는 눈에 띄지 않는다.

세 종류의 교회성장

교회성장은 세 종류로 구분되어야 한다. 즉 생물학적 성장, 이동성장, 개종성장으로 구분되어야 한다. 생물학적 성장은 기독교 가정들에서 출생한 사람들로부터 시작된다. 아프리카—아메리카—아시아에는 주로 또는 전적으로 이러한 종류의 성장을 하는 정지상태의 소규모 교단들이 산재해 있다. 과거에 우연히 믿게 된 개종자들, 굶주린 고아들, 갱생된 사람들에 의해 세워진 소규모 기독교 공동체가 지금까지 존속하고 있다. 복음전도의 불꽃이 희미해지고 "모든 인간의 봉사"가 슬로건이 될 때 이러한 공동체는, 그것도 출생인구가 사망인구보다 많을 때에 증가한다. 생물학적 성장은 지극히 미미하다. 이러한 성장은 간혹 국가의 정상적인 인구증가율에도 미치지 못한다. 왜냐하면 일부 자녀들은 열성적인 기독교인이 되나, 일부 자녀들은 세상으로 빠져나가거나 결혼을 통해 다른 공동체에 흡수되어 버리기 때문이다.

미국에서는 대부분의 교단들도 역시 전적으로 이러한 생물학적 성장에 의존하고 있다. 이러한 성장은 과거에는 그 교단들에게 큰 도움이 되었다. 그러나 "피임약"의 시대에 있어서 이러한 성장은 자라지도 못하는 연약한 갈대에 불과하다.

생물학적 성장은 유익한 성장이다. 하나님께서는 인간들에게 "생육하고 번성하여 땅에 충만하라"(창 1:29)고 명령하셨다. 기독교인들은 진실로 하나님께 대한 경외심과 하나님의 훈계 가운데서 그들의 자녀를 양육해야 한다. 하지만 이러한 유형의 성장은 결코 "그 민족을 신앙과 순종에 이르게" 하지 못할 것이다. 왜냐하면 세상의 인구 가운데에 비기독교인의 영역은 기독교인의 성장속도보다 훨씬 더 빨리 성장하고 있으며, 그리고 그렇게 성장하도록 운명지어져 있는 것처럼 보이기 때문이다. 교회가 생물학적 성장에만 의존한다면 이 세상에서 기독교인의 비율은 점점 더 낮아질 것이다.

오순절 이전의 120명의 기독교인들이 생물학적 성장에 의존하지 않았던 것은 그 얼마나 섭리적인 일인가! 우리는 그들이 그들의 상상보다 훨씬 더 깊이 관여하신 성령의 개입없이 그렇게 하지 않았으리라고는 생각하지 않는다.

이동성장은 다른 교회의 희생으로 이루어지는 어떤 교회들의 성장을 의미한다. 나사렛교회 교인들이나 성공회 교인들은 시골로부터 도시로, 또는 인구 과잉지역들로부터 정부가 신설한 새로운 땅으로 이주한다. 도시 또는 "새로운 땅"의 교회들은 번성한다. 그들이 떠나온 교회들은 감소한다. 이동성장은 중요한 의미를 지니고 있다. 모든 교회들은 그 교인들과 계속 접촉을 갖고 가능한 한 많은 교인들을 보호하여야 한다. 그러나 이동성장은 결코 교회를 확장시키지 못할 것이다. 왜냐하면 어쩔 수 없이 많은 교인들은 길을 잃고 방황할 것이기 때문이다.

  세 번째 종류의 성장은 개종성장이다. 이러한 성장을 통해서 교회 바깥의 사람들은 이지적으로 그들의 신앙을 예수 그리스도에게 두고, 세례를 받고 그리고 교회 안에서 "주께 더하여진다"(행 11 : 24). 이러한 성장은 구원의 「기쁜 소식」이 아메리카 사회의 모든 구석구석에까지, 그리고 땅 끝의 지역들에까지 전파되어질 수 있게 하는 유일한 종류의 성장이다. 선교의 목적은 모든 문화의 모든 공동체 내에 진정으로 토착화된 교회를 갖는 것이다. 그러한 일이 일어날 때에만 우리는 복음이 모든 피조물들에게 전파되어졌다는 확신을 할 수 있을 것이다. 분명히 이러한 목적은 대규모의 개종성장을 요구한다.

  일부 국가들에서는 인구의 기독교인 비율이 매우 높아 교회와 세상 사이의 구분이 불분명하게 되어 있다. 이러한 지역들 내에 조부모들은 열성적인 기독교인들이었으나 그의 부모는 전혀 기독교인이 아닌 한 소년이 있는데, 그는 청년시절에 교회학교에 출석하여 그리스도를 구주로 고백하고 세례를 받고 그 교회의 일원이 되었다. 이러한 경우에 이 소년은 생물학적 성장에 속하느냐 또는 개종성장에 속하느냐 하는 재미있는 질문이 있을 수 있다. 이러한 분류상의 어려움들은 유럽-아메리카 교회에 있어서 고통을 주는 문제이나 아프리카-아시아에 있는 신생의 교회들에 있어서는 대부분 알려지고 있지 않다. 그러므로 교회확장을 이해하기 위해서는 생물학적 성장, 이동성장, 개종성장이 얼마나 많이 일어나고 있는가를 파악하는 것이 바람직하다. 다음과 같은 도표는 한눈에 그 이유를 설명해 줄 것이다.

도표 6. 1

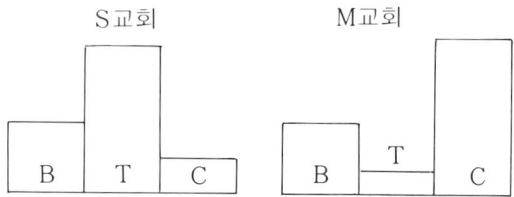

S교회와 M교회는 동일한 교인수를 가지고 있고 동일한 생물학적 성장(B;biological growth)을 이룬 교회들이다. 유사성은 이 정도에서 그친다. S교회는 이동성장(T;transfer)을 통하여 많은 수의 교인이 증가하였고, 개종성장(C;conversion)을 통하여서는 소수가 증가하였을 뿐이다. 그와 반대로 M교회는 이동성장을 통해서는 소수가 증가하였고 대신 개종성장을 통해서는 많은 교인수가 증가하였다. 각 교회의 목적, 요구되어지는 교정 행위, 각 교회가 제공받아야 할 처방, 각 교회예산의 분배—이러한 모든 점이 두 교회에 있어 서로 다르다. 이 두 교회는 동일한 기반 위에서 동일하게 성장하고 있기 때문에 그 교회들은 매우 유사할 것으로 추측되어질 것이다. 그러나 두 교회가 동일한 교단에 소속되어 있기 때문에 이들 교회를 동일하게 취급하는 일은 잘못된 것이다. 성장의 종류가 구분되어지기 전에는 각 교회에 유익한 것이 무엇인가는 결정되어질 수 없다. 사실들은 가리우고 있는 안개를 벗기는 데 도움을 준다.

내적성장, 팽창성장, 확대성장 및 가교(架橋) 성장

교회성장을 이해하는 데 있어서 또 한 가지의 개념은 다음과 같은 네 가지 방식으로 나타난다. (1) 내적성장 : 기존 교회들 내에 속해 있는 소그룹들의 성장, 즉 성경을 알고, 기독교 신앙을 실천하는 유능한 남녀 기독교인들의 증가. 그들은 주변인의 신앙으로부터 열성적인 신앙으로 옮아간다. (2) 팽창성장 : 개체 교회는 비기독교인들을 개종시켜 그들을 교회 안으로 들어오게 할 때 팽창한다. (3) 확대성장 : 개체 교회는 근처나 이웃 지역의 다른 종류의 사람들이 살고 있는 곳에 지교회들을 개척한다. (4) 가교성장 : 교회와 교단은 다른 종족들에게 이르는 길을 발견하고는 하나님께서 놓으신 다리를 건너서 건너 편에도 위임받은 자들의 무리를 증대시킨다.

윈터와 와그너는 이러한 창조적 분류방식을 발견하여 보편화시키는 공로를 세웠는데, 이러한 공로는 모든 교회에 큰 도움을 주고 있다. 네 가지 방법은 모두 6대륙 전체에 속해 있는 건전한 교회들에 알려져 활용되어야 하고, 그리고 모든 선교사들에 의해 알려져야 한다.

때때로 어떤 지역의 전 주민이 완전히 기독교인들이 되어 가까운 주변에는 비기독교인이 한 사람도 없는 경우가 있다. 이런 진기한 교구들에 속한 기독교인들은 내적성장과 가교성장에 그들의 노력을 배가시킬 것이다. 그러나 대부분의 지역의 대부분의 교회와 교단들은 네 가지 성장방법 모두를 활용할 수 있고, 그리고 활용해야 한다.

전 주민이 기독교인이 되고 거의 모두의 주민 이름이 교인명부에 등록되어 있는 지역들에서조차 명목상의 기독교인들, 배교자들, 도마처럼 의심하는 사람들, 그들의 자녀를 교회에 데려가 세례를 받게 하는(이것은 미국의 관례이다.) 신앙고백을 하는 이교도들의 수는 상당히 많다. 스웨덴에서는 인구의 90%가 이러한 범주에 속한다고 한다. 자이레의 적도지역에 살고 있는 몽고종족들을 살펴 보자. 이 마을의 전 주민은 기독교인이고, 대부분의 사람들은 소년소녀 시절부터 수년 동안 기독교 학교에 다니고, 많은 가르침을 받은 후에 모든 회중 앞에서 그리스도를 고백한 후 세례를 받는다. 그러나 세례교인의 반수 이상이 거의 공중예배에 참석하지 않는다. 70년대 후반 그 지역에는 사술에 대한 신앙이 크게 세력을 떨쳤다. 스웨덴과 적도지역 내의 주요한 교회의 회중들은 내적성장과 가교성장에 더욱 열심을 내어야 한다. 그들은 또한 신설 도시들에서 새로운 교회들이 개척되고 있다는 사실을 인식해야 한다. 다시 말해서 모든 도시지역에는 적어도 인구 천 명당 교회 하나가 설립되고 있다는 사실을 인식해야 한다. 만일 주도적인 교회가 이러한 일을 하지 않으면 우리는 주님께서 교회의 다른 가지들—아마도 오순절이나 로마 가톨릭—을 보내 모든 사람들에게 진정으로 복음을 선택하도록 만들 것이다.

기독교인들이 여전히 전체 인구의 극소수(백 명당 5명, 2명, 1명 또는 그보다 더 적은)에 불과한 지역들에 대해서는 팽창성장과 확대성장이 강조되어야 한다. 교회가 인구의 극소수만을 확보하고 있는 지역에서는 내적성장이 늘 강조되고 다른 세상 지역에 대한 가교성장이 강조되기 심히 어렵다. 그러나 팽창성장과 확대성장이 절박한 탓에 이것이 그 교회의 주요 사업이 되어야 한다. 지리적으로 가까이 있으나, 문화적으로는 상당한 거리가 있는 사람들의 집단들 속에서는 가교성장 또는 건실한 교회들이 늘 상 접하는 체험이 되어야 한다.

세례인의 수

모든 근거—신자들 및 유아, 기독교 공동체 및 세상—들로부터 추출한 세례인의 수가 함께 합산되어 하나의 단일한 수치로 기록되어진다면 그 수치는 도움이 되지 않을 것이다. 그러나 교회 내부로부터의 세례인의 수와 세상으로부터 얻은 세례인의 수가 따로 기록되어진다면, 그리고 성인 신자 세례와 유아세례 사이를 구분한다면 그럴 때 세례인의 수치는 연구에 도움이 될 것이다. 이러한 수치들은 교회성장의 이해에 새로운 영역을 가산해 줄 수 있다.

예를 들어 아시아의 한 교회는 일 년에 약 4천 명의 신자가 세례를 받는다고 보고한다. 이러한 사실은 얼핏 보기에는 참으로 놀라운 일로 여겨진다. 교인수가 20만 명인 이 교회는 만일 그 교회에 속한 자녀들을 모두 확보하여 그들이 분별할 나이가 되어 그들에게 세례를 준다면, 일 년에 4천 명 이상에게 세례를 주어야 한다는 사실을 우리가 깨달을 때 그 숫자는 결코 놀라운 일이 아니다. 우리는 이 교회가 정체되어 있음을 발견할 것이다. 이 교회는 대부분 그 교회에 속한 자녀들에게 세례를 줄 뿐, 교회 밖으로부터 얻은 새로운 개종자들에게 주는 세례는 불과 얼마 되지 않는다. 이러한 교회를 후원하는 선교회는 만일 진정한 선교를 하기 원한다면, 그 교회가 다시 주도권을 잡을 수 있도록 도와 조직적이고 효과적인 방법으로 기독교 신앙을 전달할 수 있기 위한 모든 가능한 조처를 취해야 할 것이다.

만일 세상으로부터 얻은 세례인의 수가 매년 기록되어 성장도표 위에 나타난다면 이 세상으로부터 얻은 세례인의 수가 적당히 있을 때에만 교회성장은 이루어진다고 생각할 수 있다. 세상으로부터 얻은 세례인을 제외하고는 그 어떤 것도 실질적인 교회성장을 나타내 주지 못한다. 세례인이 없으면 성장도 없다! 이러한 격언은 다음과 같이 재해석될 수 있다. "만일 세례를 받은 사람들이 적절한 지도를 받음으로 그들이 생명력있는 기독교인들이 된다고 한다면, 세상으로부터 얻는 세례인을 제외하고는 그 어떤 것도 성장을 가져오지 못할 것이다!" 물론 추수지도도 지극히 중요하다. 그렇다고 이러한 재해석이 "세례인이 없으면 성장도 없다"는 진술과 상충되지는 않는다. 교회는 세례를 통해 새로운 기독교인을 얻어야 한다. 그들을 적절하게 돌볼 수 있기 이전에 "세례인이 없으면 그 어떤 추수지도도 있을 수 없다"고 말하는 것도 또한 진리일 것이다.

도표 6.2 ×교회에 있어서 교회성장과 세례인 수

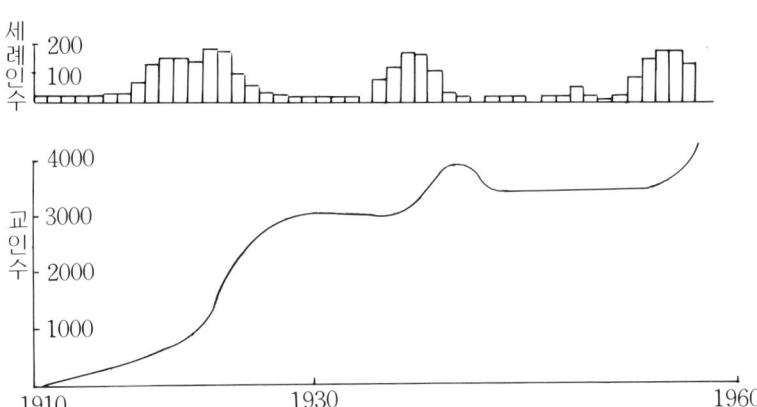

많은 실제적 경우들을 기초로 하여 그려진 위의 도표는 성장과 세례인과의 밀접한 관계를 잘 나타내고 있다. 교회가 정상적으로 성장하고 있었던 세 기간 동안을 나타내는 급속히 상승하는 선을 주시하라. 이 세 기간 동안의 연간 세례인(가장 높은 기둥들로 나타나 있다.)은 대단한 수였다. 세상으로부터 얻는 세례인이 거의 없어졌을 때(비록 간혹 한두 사람은 얻었지만) X교회는 서서히 기울고 성장을 중단하고 사양화되었다.

기독교 공동체 내외에서 얻는 세례인의 수는 항상 대부분의 교회와 선교회에 의해 분리되어 기록되지 않고 있다. 이러한 차원의 이해를 유용한 것으로 만들기 위해서는 조그만 변화라도 규정된 연간 통계보고서에 기록하도록 규정되어야 한다.

교회에 들어가는 방법과 교회를 떠나는 방법

교회에 들어가는 방법은 오직 세 가지, 즉 세례, 이명 및 복직이다(만일 교회가 세례받은 신자들의 단체로 규정되어진다면 유아세례주의 종파들에게 있어서는 교회에 들어가는 네 번째 방법—즉 견신례—이 추가되어야 할 것이다). 많은 교회들에 있어서 복직의 방법으로 교회에 들어오는 사람은 거의 없다. 그러나 일부 교회들은 세례를 받은 상당히 많은 사람들을 제명하거나 교제를 중단시킨다. 그리고 이러한 교회 징계의 결과들은 종종 지지를 받는다. 교회의 징계를 받은 많은 사람들은 잘못을 회개하고 용서를 빌고 다시 교회에 복직된다. 도르나칼의 주교 아자리아(Azariah)는 그가 처음 그 교구에 취임했을 때 공공연한 간음을 이유로 6백 명 이상의 교인을 제명하였다. 성공회 교회들은 이 일로 성장을 멈추기는커녕 수천명을 받아들이고 있었기 때문에 그의 징계 행위는 자극이 되었다. 제명된 많은 사람들은 회개를 하고 복직되었다.

목사, 선교사 및 교회지도자들은 그들의 기존의 교인들도 이러한 세 가지 길을 통하여 교회에 들어왔고, 그리고 필연적으로 미래의 교인들도 이러한 길을 통하여 교회에 들어올 것이라는 사실을 알아야 한다. X교회 또는 Y교회의 그 비율은 다음의 도표에 나타나 있다. 이 도표에서 B는 세례를 통해서 입교한 사람들을 가리키고, T는 이명을 통해서 입교한 사람들을, R은 복직을 통해서 입교한 사람들을 가리킨다. Y교회와 같은 교회는 X교회에 의해 필요되어진 처방과는 매우 다른 처방을 필요로 한다.

도표 6.3

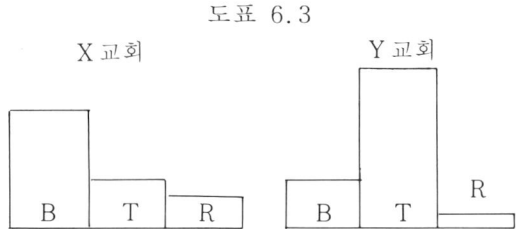

교회를 떠나는 방식도 유사한 방식으로 네 가지이다. 즉 사망, 이명, 제명 및 복귀이다. 교회나 교단에 있어서 책임적인 위치에 있는 사람들은 얼마나 많은 사람들이 이러한 각 출구를 통해 떠나가고 있는가를 알아야 한다. 예를 들어 인도에서는 일부는 제명되고, 일부는 나태한 기독교인의 상태에 빠지기는 해도 힌두교로 되돌아가는 사람은 거의 없다. 이와는 달리 일본에서는 제명되는 사람은 거의 없으나 많은 사람들이 불교계로 되돌아간다. 어떤 목사들은, 일본에서는 세례받은 사람 중의 반 정도가 수

년 내에 그들 자신을 기독교인이라고 생각하지 않는다고 진술한다. 이러한 차이점에 대한 이유는 인도에서는 많은 사람들이 그들의 가족들 및 종족들과 더불어 세례를 받는다는 점이다. 그들은 그들의 열성이 식어 버렸어도 여전히 "기독교인"으로 남아 있다. 반면 일본에서는 대부분의 개종자들이 그들의 가족이나 친족과 상관없이 교회에 들어온다. 따라서 그들의 열성이 식어질 때면 그들은 비기독교인의 활동 세계로 다시 끌려간다.

가정단위 분석

아메리카나 그 밖의 나라들에서 가정단위 분석은 교회성장의 유형을 이해하는 데 있어서 여러 가지 유용한 사실을 제공해 준다. 타일랜드에서의 한 분석은 한 조그만 교회에 49명의 교인이 있는데 그 가운데 44명이 여자이고, 그 여자들 중 대부분은 불교도인 남편을 갖고 있다는 것을 나타냈다. 타일랜드의 또 다른 교회를 통해서는—이 교회는 중국계 기독교인 교회이다—만일 어머니 한 사람이 기독교인이면 모든 자녀들이 쉽게 기독교인이 된 반면, 아버지 혼자 기독교인이면 그 자녀들은 어느 누구도 쉽게 기독교인이 되지 않았다는 사실이 분명하게 되었다.

교회를 가정단위로 분석하면 완전가정(남편과 아내가 모두 기독교인인 가정), 절반가정(부부 가운데 한 사람만 기독교인인 가정) 및 개인들로 나눌 수 있다. 완전가정 4가정, 절반가정 17가정 및 9명의 개인들로 구성된 교인 34명의 교회는 완전가정 12가정과 그 가정들의 믿는 자녀 10명으로 구성된 교인 34명의 교회보다 분명히 훨씬 약하다. 이론상으로 볼 때 첫 번째 교회는 "외부"와 훨씬 더 많은 접촉을 한다. 그러나 현실적으로 이러한 접촉은 오히려 그 교회를 훨씬 더 쉽게 와해시킨다. 절반가정들이 어떻게 변화되는가 하는 문제는 중요한 문제로, 이 문제는 조사되어야 한다. 때때로 이러한 가정들은 비기독교 가정에서 배우자 한 사람만이 기독교인이 될 때 생겨난다. 절반가정들은 어떤 경우에는 교회로부터 떨어져 나가지만 또 어떤 경우에는 신앙있는 배우자가 신앙없는 배우자를 전도하기도 한다. 많은 경우가 신자들의 열성에 달려 있지만 그 밖에도 다른 많은 요소가 작용한다.

1958년 자메이카에서 한 가정단위 분석은 일반 대중교회들의 대부분의 교인들은 40세 이상의 사람들이고, 그리고 나이많은 기혼 부부들과 나이 많은 독신 여성들이라는 것을 나타냈다. 청년과 장년 대중들은 일련의 일시적인 조합 속에서 생활하고 있었기 때문에 교인이 될 수가 없었다—비록 이들은 확실한 방법은 아니더라도 그들 자신들을 기독교인이라고 생각하고, 그리고 그들의 자녀들을 교회에 보내 세례를 받게 하거나 헌신하도록 하기는 하지만, 상류층의 교회들은 청년, 장년 및 노인들이 정상적인 분포로 이루어져 있다.

가족단위 분석은 공동체들을 얽어 매고 있고, 어떤 교회의 내적 생활과 밀접한 관계를 맺고 있는 혈연 및 결혼관계의 복잡한 조직을 나타내 준다. 이러한 거미줄 같은 관계는 또한 미래성장의 가능양식을 암시해 주기도 한다. 이러한 관계는 우리가 교회성장의 현실적인 가능성을 평가하고자 할 때 알아야 할 중요한 것이다.

공동체 또는 영성체할 자격있는 사람들

교회확장에 관해 생각할 때, 구성원들을 분류하는 일반적으로 확실하게 정리되지 않은 여러 가지 범주들보다 더 혼란을 주는 것은 없을 것이다. 예를 들어 1966년 미국의 성공회는 그 교인을 3,410,657명으로 보고하였고, 그리스도의 교회는 2,350,000명으로, 로마 가톨릭은 46,246,175명으로, 개신교회는 69,088,183명으로 보고하였다(Jacquet, 1967:209, 201, 196). 하지만 성공회와 로마 가톨릭은 유아세례자를 포함한 그들의 세례교인 전체를 보고하고 있고, 그리스도의 교회 및 대부분의 개신교회들은 오직 세례교인만을 보고하고 있었기 때문에 그 수치들은 엄격하게는 비교가 되지 않고 그리고 도식화된 비율들도 완전히 잘못된 것이다. 왜냐하면 매년 비교할 수 없는 이러한 수치들을 보고하는 *Yearbook of American Churches*는 사기에 가까운 것이기 때문이다. 그리스도의 교회 총회에 의해 수집된 추정상의 근거 통계들에 기초한 오류투성이의 결론들이 해마다 유포된다.

만일 성공회가 보다 정확하게 영성체할 자격이 있는 사람들을 보고하였더라면 3백만이라는 그들의 숫자는 그리스도의 교회의 수치보다 적은 것으로 줄어들었을 것이다. 그리고 만일 개신교회가 로마 가톨릭이 보고하는 것과 동일한 사회학적 실재를 보고하였더라면 그 수치는 1억 2천만을 넘을 것이다. 믿을 만한 보고는 동일한 표제 하에 공동체와 영성체할 자격있는 사람들의 수를 보고해서는 안 된다.

　장소를 바꾸어 살펴 보자. 남태평양의 피지 섬과 통가 섬의 감리교는 어떤 한 섬에서 2만 명으로 구성된 한 공동체를 가지고 있다고 보고하였을 때, 우리는 2만 명으로 이루어진 한 인간집단이 스스로 기독교인임을 선언하고 이교신당들을 파괴하고 성경을 경전으로 간주한다고 확신할 수 있을 것이다. 그러나 라틴 아메리카에서 한 교회지도자가 오순절 교단들의 공동체는 일반적으로 그 교인수가 다섯 배로 증가되었고, 반면 장로교 공동체는 그 교인수가 두 배 증가하였다고 확언할 때 우리는 공동체에 대한 정의가 근본적으로 차이가 있음을 알게 된다. 후자의 두 경우에 있어서 공동체는 "복음주의자들과 너무나 밀접한 관계를 맺고 있어 쉽게 복음을 듣고 복종하는 명목상의 능동적인 로마 가톨릭 교도들"을 의미한다.

　엘리자벳 여왕이 1954년 진자댐 준공식에 참석하기 위해서 우간다를 방문했을 때, 그 준공식에 참석하여 왕실 일행을 만나고자 차를 타고 찾아온 룬다의 성공회 주교는 여왕에게 룬다의 성공회는 교인수가 "10만 영혼들"이라고 말하였다. 그 당시에 영성체할 자격있는 교인수는 약 1만 6천명이었다. 그 어투로 보아 여기서 "영혼들"은 "세례인(유아 및 성인) 전체와 세례예비자들 전체 및 그들의 자녀들"을 합하여 가리키고 있다.

　보수적인 라틴 아메리카 선교회들은 **신자들의 수**를 보고하면서 그 지역 총계를 **세례받은 신자들, 세례받지 않은 신자들, 세례를 받을 수 없는 신자들**로 나누어 계수한다. 이 마지막 신자 계층은 라틴 아메리카에서는 흔히 찾아 볼 수 있는 계층으로, 젊었을 때 로마 가톨릭 교회 내에서 결혼을 했으나 그 결혼생활이 파탄나고, 그때에 복음을 믿게 되어 그들의 결혼 배우자가 아닌 다른 어떤 사람과 살아가는 신앙심 깊은 남자나 여자들로 구성되어 있다. 이혼은 어렵다. 원래 결혼생활의 부부였던 사람이 각기 다른 사람들과 살림을 꾸려 자녀를 낳고 살아가기 때문에 본래의 부부가 재결합한다는 것은 생각할 수 없는 일이다. 하지만 그 결혼이 "합법화되어질" 때까지는 선교회들은 이들 신자들에게 세례를 베풀지 못한다. 그러나 그들은 교회에 출석하고, 헌금하고, 기도하고, 성경을 읽고, 기독교인으로서 생활하고, 다른 사람들을 그리스도에게로 인도하라는 권고를 받는다. 그들은 "세례를 받을 수 없는 신자들"—이류 계층 기독교인들이다. 일부 복음주의 교회들이 복음주의 성직자의 엄격한 감독없이 많은 세례받을 수 없는 신자들을 받아들여 그들을 완전한 교인들로 간주할 때 그 교회들은 급속히 성장하는 경우가 있다(물론 그 신자들이 함께 복음주의자들이 된 배우자에게 성실하겠다는 조건 하에서이다. 그 어떤 복음주의 교회도 공공연하게 칠 계명을 깨뜨리고 교회 내에 남아 있는 것을 허락하지 않는다).

다른 두 가지 범주가 일반적으로 사용되고 있다. 즉 **지지자**(adherents)와 **동조자**(sympathizers)이다. 호레이스 언더우드(Horace Underwood)는 1888년 당시 한 사람의 기독교인도 없었던 한국의 청도(淸道)에서 쓴 글에서 여러 사람이 세례를 요청하고 있었고, 그리고 70명의 지지자들이 있었다고 말하였다. 그는 이들 70명은 기독교에 깊은 관심을 가지고 있었다는 의미로 말하였다. 또 다른 경우에서는 이 지지자는 많은 신자들이 세례신자로 공인된 기독교 공동체 내의 세례받지 않은 신자라는 의미로 사용된다. 동조자는 라틴 아메리카에서 흔히 사용되는 용어이다. 이곳에서 이 용어는 다른 여러 종류의 사람들을 나타낸다. (1) 복음주의의 가르침을 따르고 예배에 참여하기는 하나 교회에 등록은 하지 않는 사람들. (2) 철저하게 성직을 반대하면서 개신교를 좋아하는 사람들. (3) 복음주의자들과 관계를 맺고 있으면서 그들이 박해를 받을 때 그들을 구출해 주는 사람들.

공동체, 영성체할 자격있는 사람들, 완전 회원교인, 회원교인, 신자, 세례받은 신자, 지지자, 동조자—교회성장의 정확한 측정은, 상이한 사회학적 실재들의 이러한 혼란 가운데서 모든 교단과 나라들에서 동일한 것을 의미하는 실재가 발견되어질 수 없으면 불가능하다. 다행히도 이러한 실재가 있다. 즉 그것은 **세례를 받은 책임있는 회원교인**이다. 교회의 이러한 견고한 핵이 어떤 사람들에 의해서는 "회원(교인)", 또 다른 사람들에 의헤서는 "영성체할 자격있는 사람들", "완전회원" 또는 "세례받은 신자"로 불리워진다. **이러한 실재에 관한 수치들은 유일하게 신뢰할 만한 비교 가능한 측정이 될 수 있다.**

분명히 이러한 범주 안에까지도 차이가 있다. 몇몇 종파들 내에서는 "완전회원"도 성찬식에 참석하지 못한다. 성찬식은 이러한 교회들에 의해 인정된 구원의 체험을 말할 수 있는 영적인 엘리트에게만 허락된다. 일부

종파들은 교인으로 "영성체할 자격있는 사람들" 뿐만 아니라 "능동적인 세례예비자들"도 보고한다. 하지만 대체로 교회 내에 있으면서 성찬식에 참여할 수 있는 권리를 가진 사람들로 규정된 완전회원 또는 영성체할 자격있는 사람들은 개신교회들 전체에 걸쳐 비교되어질 수 있는 하나의 범주이다.

세계선교 통계를 편집한 사람들(참고문헌에서 WORLD WIDE MISSION STATISTICS을 보라.)—그들의 다음과 같은 연대의 책들 : 1856, 1891, 1901, 1911, 1925, 1938, 1949, 1952, 1957, 1962, 1968—은 영성체할 자격있는 사람들 또는 완전회원을 교인으로 규정하고 있다. 이러한 각 종파 간의 책들은 교회의 성장과 발전의 연구에 매우 귀중하다. 다른 그 어떤 곳에서도 간단한 콤파스가 실제적인 기초를 이루는 것과 같은 그러한 광범위한 계획을 찾아 볼 수 없다. 각 나라의 교회의 다양한 운명을 쉽게 점쳐 볼 수 있다. 선교회의 많은 측면들에 관한 정보들—파견기관, 선교사, 세례예비자들, 수입, 전체 세례인, 교회학교, 학교, 기숙사제학교, 산업학교, 병원, 진료소, 노동자들의 수 및 그 밖의 무수히 많은 사항들—이 쉽게 이용될 수 있다.

하지만 본서에서 우리는 교회성장에 대해 관심하고 있고 그리고 교인수와 관련된 많은 수치들이 조사되고 있지만, 종파들의 성장에 관한 그 어떤 연구에 있어서도 **오로지 '세례예비자들의 수'**가 사용되어야 한다는 것을 강조한다. 다른 모든 것들은 너무 다양하게 정의되어 있는 탓에 종파 상호간의 연구에서 그러한 수치들을 사용하는 경우에는 잘못된 길로 빠져들 수가 있다.

앞으로는 세심한 정의와 매우 신중한 교인 계수가 기독교 선교에 있어야 할 것이다. 교회 통계가 실상을 정확하게 반영해 준다는 이러한 확신이 있어야 할 것이다.

개체 교회들의 교인수

어떤 교단의 성장양식을 분간하는 데 있어서 가장 유용한 사실은 수년간에 걸친 그 교단의 교인수이다. 개인 회중들 외에 그 어떤 것도 성장하지 않는다. 회중이 성장하고 있는가 또는 성장하고 있지 못한가를 알기 전까지는 그 실상을 파악할 수가 없다. 1955년 푸에르토리코에서 나는 인디애나폴리스의 선교사 연합회를 위해 한 가지 조사를 시행하였다. 푸에르토리코의 교회는 20년 동안 괄목할 만한 성장을 하고 있다. 나는 그것을 정확히 파악하여 기술하기 위해서 그곳에 가게 되었다. 우연한 기회에 나는 각 교회의 성장기록을 발견하였는데 그 이전까지 나는 전혀 실상을 파악할 수 없었다. 그 성장기록을 발견한 후에야 나는 푸에르토리코 교회는 4종류의 교회들 — 대도시 교회, 소도시 교회, 소읍 교회, 시골 소교회 — 로 구성되어 있다는 것을 분명히 알게 되었다. 1948년부터 1955년 동안의 기간 동안 모든 성장은 6개 대도시 교회들에 의해 이루어졌다. 그 섬의 산업화가 급속히 진행되고 있었다. 시골의 기독교인들은 대도시들로 떼를 지어 몰려나와 많은 돈을 벌고 있었다. 유능한 사람들에 의해 지도되고 있었던 6개 대도시 교회들은 이동성장 및 개종성장을 하고 있었다. 반대로 이 동일한 대도시들에서 개척을 시작한 여러 소교회들은 거의 발전을 하지 못하고 있었다. 소읍 교회들은(단 한 교회를 제외하고는) 40여 명 안팎의 상태에서 정지되어 있었다. 그리고 18개의 시골 소교회 전부도 정지되어 있거나, 소멸되어 가고 있었다(McGavran, 1956:16-20).

개체 교회들의 교인수의 기록이 가장 중요하다. 그러나 불행히도 그 기록을 얻는 일은 언제나 쉬운 일이 아니다. 교회들은 그 교회들이 작성한 연간기록들을 거의가 보존하고 있지 않고, 교단본부들도 각 교회들의 교인수에 대한 기록을 지역통계를 산출하여 출판한 경우에나 겨우 보존하고 있는 형편이다. 필리핀의 가장 활동적이고 꾸준히 성장하고 있는 교단 중의 한 교단은 모든 교회의 기록을 보존하고 있어, 매년 어떤 교회가 성장 또는 감소하고 있는가를 파악할 수 있고, 성장 또는 감소의 인원이 얼마나 되는가를 파악할 수 있다. 그 교단의 실행간사는 내게 자기는 어떤 교회가 무엇을 필요로 하는가를 결정할 때 주로 이 기록에 의존하여 그 교회를 도와 보다 성령으로 가득 찬 승리의 삶에 이르게 한다고 말하였다.

개체 교회들의 기록은 성장의 원인을 발견하는 데 있어서도 유용하다. 예를 들어 누군가가 꾸준히 성장하는 개신교회들이 이전의 아글리파이안인(오늘날 이글레시아 필리핀 자치국)들이 많이 있었던 필리핀 지역들에서 일어났었다는 사실을 발견할 때, 그는 그 섬들에서의 괄목할 만한 개신교

성장이 아글리파이안인들의 로마교회로부터의 집단이탈에 연유하였다는 것을 추측할 수 있을 것이다. 그 지역에는 매우 많은 국가의 지도자들이 있었다. 그럼에도 불구하고 그 지역은 45년 동안 불모의 유니테리언파라는 광야에서 목적을 잃고 심히 방황하였다—다행히도 이제 그 방황은 끝났다.

개체 교회의 기록을 가지고 교회성장을 연구하는 학도들은 대성장의 사례와 쇠퇴의 사례들을 집중적으로 연구하여 이러한 사례들의 진정한 원인을 규명할 수 있다.

사역자의 기록

입수하기가 더 어렵고 복음의 전파를 파악하는 데 있어 훨씬 더 도움이 되는 것이 바로 개개 사역자의 기록이다. 사람들은 종종 교회를 증가시키는 일에 있어서 가장 영향력있는 유일한 요소이다. 한 지역 내에서 두 선교사가 20년 동안 여러 선교지에서 서로를 대신해서 일하기도 하였고, 서로 이어서 일하기도 하였다. 한 사람이 찾아가는 곳에는 언제나 교회가 증가되었다. 다른 한 사람이 찾아가는 곳에는 성장이 중단되었다. 전자는 활력을 주는 사람이었고 후자는 중단을 가져오게 하는 사람이었다. 세례를 베푸는 일에는 용기와 믿음이 필요하다. 소심한 사람들은 새로운 교회를 설립하는 일에 주저한다. 우리는 단 하루에 3천 명의 신자들에게 세례를 베풀었던 사도들의 용기에 크게 감탄하지 않는가! 새로운 교인들은 낮에도 집착하게 하고 밤에도 베개머리에서 떠나지 않는 문제들을 가져온다. 세례를 베풀지 않으면 그 어떤 문제도 발생하지 않을 것이다. 나의 한 친구는 선교지에서는 그 어떤 사람도 그리스도를 영접하지 않는 지역에서 일하는 복음주의 선교사의 일보다 더 손쉽고 더 유쾌한 일은 없을 것이라고 말하고는 하였다. 매일매일 그는 새로운 기독교인들이 초래하는 고심케 하는 문제들과 전혀 씨름하지 않고 영광스러운 복음만 선포한다. 바울은 갈라디아의 신생 교회들에게 편지를 보내면서 이러한 고심에 대해서 말하고 있다. "나의 자녀들아, 너희 속에 그리스도의 형상이 이루기까지 다시 너희를 위하여 해산하는 수고를 하노니"(갈 4 : 19).

사람(자국인이냐, 또는 선교사이냐)이 종종 중요한 차이를 가져오는데 이러한 사실은 1865년 존 클라우(John Clough)가 옹골레에 온 일에서 분명하게 드러나고 있다. 하나님께서 그에게 주신 소명으로 확신한 최하천민(最下賤民, Untouchables : 인도 사회의 4계급 가운데 최하급인 수드라보다 더 밑으로, 4계급에도 들지 못하는 파리아족, 상층 계급들이 손대기조차 더럽다고 천대하여 부른 명칭-역주)에게 세례를 베푸는 일에 대한 그의 새로운 정책은 남부 인도에서 침례교 선교회의 새로운 장을 열게 하였다. 나는 멕시코의 한 교회의 교인수의 돌연한 증가가 수년 동안 그 선교회에 의해 고용되어진 한 사역자에서 연유되었다는 사실을 발견하였다. 그는 매우 큰 값어치가 나가는 진주였다-하나님께서는 이 목장에서 저 목장으로 다니면서 새로운 교회를 설립하도록 세우신 사람이었다-그러나 25년 후에는 그 어떤 사람도 그가 왜 떠났는지, 또는 그가 어디로 갔는지를 몰랐다. 그가 떠난 이후로 그 교단은 800여 명의 고지에서 멈춘 채 성장하지 못하고 유지되었다. 아프리카에서 급속히 성장하는 무리들 가운데서 한 무리의 교회가 성장하지 못하는 원인을 규명해 본 결과, 나는 밤집회가 복음을 전파하는 가장 효과적인 수단이고 그리고 그 복음주의 선교사의 겁많은 아내가 그 선교사에게 밤이면 선교사 숙소를 떠나지 못하게 했었다는 이야기를 들었다. 나는 이러한 이야기가 지나치게 단순화된 것이라고 확신한다. 그러나 이러한 대답은 교회성장을 알고 있었던 한 사람이 진지한 얼굴로 한 대답이었다. 사람은 중요한 역할을 한다.

교회성장을 이해하기 위해 노력하는 성직자들은 슬기롭게도 그곳에서 일하였던 사람들의 기록을 연구하고, 그들의 정책과 재직 기간이 미미한 증가 또는 급속한 증가와 어떤 관계가 있는가를 살펴 본다.

교회성장에 초점을 맞춤

우리가 필요로 한 사실들은 교회활동의 일반적인 사실들이 아니라는 것을 지나치게 강조해서 말할 수는 없다. 교회에 관한 과거의 일부 연구들은 바로 이러한 점에서 실패하고 있다. 이러한 연구들은 교회 전체 프로그램으로부터 유발되는 것을 기술한다. 이러한 연구들은 교회생활의 수많은 양상들에 관한 흥미있는 모든 종류의 자료들에 관해서 기술한다. 이러한 연구들은 목사, 복음전도자, 전도사 및 사역자들의 수와 훈련과 봉급 명세서를 적당하게 기록하고 있다. 이러한 연구들은 남녀 선교사들의 수와 그 교회의 자국 지도자들과 그들과의 관계를 설명하고 있다. 이러한 연구들은 교회 건물, 교회 묘지, 목사관 및 그 밖의 재산들을 열거하고 그 값을 평가한다. 이러한 연구들은 진술된 상세한 내용들이 신앙의 전파와 어떤 관계가 있는가 없는가에 대해 질문하지 아니하고 교회 전체 계획을 기술하고자 한다.

이러한 과정과는 뚜렷이 대조되어 교회성장을 연구하는 학생은 매우 선택적이다. 그는 성장과 쇠퇴의 진퇴를 이해하기 위해서 필요한 사실들만을 수집한다. 교회의 성장과 무관한 많은 자료들을 기술하는 대신에 그는 오직 그의 주제와 관련되어 있는 자료들만을 진술한다. 분명히 모든 생명은 조밀하게 얽혀진 피륙과 같아 교회의 개개 양상과 활동은 적어도 교회의 재생력과 어느 정도의 관계를 가지고 있다. 그럼에도 불구하고 많은 양상과 활동은 재생력과 거의 무관하기 때문에 교회성장을 연구하는 학생은 기독교 신앙을 전파하는 데 있어 직접 관련되어 있는 대부분의 것들에 관심을 집중한다. 그가 선택한 사실들은 "전 인류를 신앙과 순종에로 인도하는 것"과 관련되어 있다. 그가 묘사하는 구조들은 성장을 나타낼 것이다.

이러한 이유로 그는 단 한 해의 사실들만을 진술하지 않는다. 활동사진의 단 하나의 화면처럼 이러한 사실들은 일어나고 있는 현상에 대해서 말해 주지 못한다. 수년 간에 걸친 사실들의 연속이 가장 중요하다. 해를 지나면서의 진전과 성장의 역사는 교회가 어떻게 성장하는가를 파악하고자 하는 사람에게 음식과도 같은 것이다.

적 용

모든 목사는 그의 교회의 성장양식에 대한 명확하고 정확한 지식을 가지고 있어야 한다. 교회연합, 협의회 또는 장로회의 모든 간사들, 선교 전문가이든 교회 개척의 책임만을 할당받은 사람이든 간에 모든 선교사들, 유럽—아메리카 또는 아프리카—라틴 아메리카—아시아 내의 한 선교회의 모든 간사들은 그에게 책임지워진 교회들에 대해 정확히 파악해야 할 필요가 있다—또는 평신도나 선교 전문가의 경우에는 "그가 일하는" 교회의 참된 모습을 정확히 파악해야 한다. 본 장에서 기술된 모든 종류의 정보는 그러한 파악에 도움을 줄 것이다. 어떤 정보는 즉시 입수하기가 불가능할 것이다. 그러나 교인수의 계산에 요구되었던 방법을 다소 변형시키면 쉽게 필수적인 사실들을 얻을 수 있을 것이다. 이렇게 하여 파악된 정보를 화폭에 옮겨 교회의 참된 모습을 그리게 될 때, 우리는 "교회가 증가하거나 증가하지 못하거나 간에 훌륭한 일을 수행하는 것으로"서의 선교의 역할을 그치고, 그 대신에 족속(ta ethne)—특별히 아메리카 전역에 걸쳐서와 그리고 오랜 기간 동안 저항한 일부 국가를 포함한 세상 모든 국가들 내에의 응답하는 족속—을 지성을 갖춘 제자로 만드는 일이 되기를 소망할 수 있을 것이다.

교회성장에 관한 연구조사

목사 또는 선교사가 필요한 사실들을 수집하기 시작할 때 그는 그의 교회, 지방분회, 또는 교구의 성장에 관한 조사가 이루어져야 한다고 쉽게 결론을 내릴 것이다. 이러한 조사를 지금까지 하지 않았으면 그는 그가 사용할 수 있는 이전의 모형, 질문지 또는 양식들을 찾아야 할 것이다. 1964년부터 1979년에 이르는 15년 기간 동안 나는 한 달이 멀다하고 다음과 같은 성직자들의 호소를 들어야 했다. "교회성장에 관한 조사를 하는 방법을 제게 말씀해 주십시오. 제가 사용해야 할 양식들을 보내 주십시오."

불행히도 교회의 종류는 너무나 무수하고, 세례교인의 수도 너무 다양하며, 그리고 성장과 정체의 이유도 천차만별이어서 어느 누구도 사용할 수 있는 양식을 만들 수 없다. 각 조사자들은 그 자신이 연구조사 도구들을 만들어야 한다. 그 도구들은 그가 처한 상황에 적합해야 한다. 교단의 선호와 용어들이 고려되어야 한다. 유아들도 교인으로 계수할 것인가? 아니면 세례교인만 교인으로 계수할 것인가? 십일조를 바치게 할 것인가? 아니면 바치지 말라고 할 것인가? 기록-작성을 지역 교회에 맡길 것인가, 아니면 주교(감독)의 요구에 따를 것인가?

이러한 어려움들을 염두에 두고 세계선교회는 1965년 "교회성장 조사방법"이라는 조그만 책자를 발간하였다. 우편요금을 추가로 지불하지 않고 일반 우표로도 발송이 가능한 가벼운 책자이었다. 발간 이후 15년 동안 이 책은 수천권이나 요청이 되어 전 세계에 걸쳐 배부되었다. 이 책자는 성장 사실들을 함께 모으도록 도와 주었고, 그리고 효과적인 복음전도에 많은 관심을 기울이도록 자극하였다. 이 책자가 오늘날에도 조사연구의 초기 단계시에는 활용될 수 있을 것이라는 생각에서 아래에 그것을 전제한다.

1972년, 당시 인도네시아의 선교사였던 에비 스미드(Ebbie Smith) 박사는 *A Manual For Church Growth Surveys*라는 책을 저술하였다. 이 훌륭한 저서에는 조사를 실시하는 방법과 그리고(아마도 더욱 중요한 것으로 생각되는) 해당 교회 또는 선교회가 보다 효과적으로 사업을 수행하기 위해서 연구되어진 그 자료를 활용할 수 있도록 하는 방법에 관한 증대하는 수많은 정보가 수집되어 있다. 모든 실제적인 조사에서는 스미드 박사의 많은 제안들을 참고로 해야 한다.

1979년 로버트 웨이마이어(Robert Waymire)는 해외 십자군에 의해 필리핀 교회들의 성장의 전국적 현황을 조사하라는 명령을 받고 파견되었다. 그는 (기록해 넣었을 때) 그 상황에 대한 정확한 현황을 파악하게 해줄 도표, 양식 및 질문지들을 개발하였다. 피터 와그너(Peter Wagner) 박사는 그 책의 공동집필자였다. 1980년에 *Church Growth Bulletin*은 *The Church Growth Survey Manual*이라는 제목의 유용한 책자를 내놓았다.

조사연구자들은 그들의 특별한 추수지역 내에서의 교회성장의 양, 질, 생존능력 및 번식력에 대한 유의미한 묘사를 하는 데 있어서 도움을 주는 일반적인 사회과학자들에 의해 사용되어진 많은 모형들을 발견할 것이다.

조사자들은 (소규모로) **이루어진** 교회성장 연구일지라도 그것이 보다 학문적인 차원에서 이루어질 수 있을 때까지 조사를 **미루는** 것이 좋다는 것을 기억하라는 충고를 받는다. 전투는 정보를 입수한 연후에 이루어져야 한다.

소개한다는 측면에서 우리는 교회성장 조사방법에 대해 간단하게 살펴보자. 이 방법은 많은 사람들에게 유용한 것임이 입증되고 있다.

교회성장 조사방법

교인수가 증가하는 교회의 지도자들은 신생 교회뿐만 아니라 기성 교회에 있어서도 교회들의 성장은 새로운 진지함으로 취급되어야 한다는 사실을 인식하고 있다. 그 일이 여하튼 교회증가를 가져왔으면 하는 희망으로 훌륭한 교회 및 선교사업을 행하는 것만으로는 충분하지 않다. 건전한 교회의 순수한 물리적인 확장은 교회의 중심이 되고 계속 수행되어야 하는 의무이다. 그러한 의무에 대한 새로운 관심이 일어나고 있다. 우리는 촉진장려의 위탁, 용기를 돋우어 주는 일반적인 원칙들, 그리고 실제로 개척되어진 교회들에 대한 교회 및 선교사업의 발판을 통해 힘차게 나가야 하며, 이러한 것들을 명확하게 보아야 한다.

사람들은 종종 교회성장을 파악하고 기술하는 방법을 묻는다. 분명 그 어떤 방법도 모든 교회에 다 적합할 수 없다. 50만 명의 이교도들 내에서 교인수 1,100명의 교회의 성장을 기술하는 일은 인구 28만 명 가운데서 15만 명의 교회를 기술하는 것과는 다른 일이다. 각 교회는 그 자체의 환경에 따라 성장한다. 그러므로 교회성장을 연구하는 사람들은 여기에 대략적으로 설명되어진 절차들을 그들 자신의 환경에 맞추어 적용할 생각을 해야 할 것이다.

많은 목사나 선교사들은 그들 자신의 교단과 다른 교단들에 있어서 교인수의 증가를 조사하고 싶을 것이다. 이러한 일은 그들의 일을 보다 유익하고 의미있게 만들어 줄 것이다. 이러한 일은 그들과 그들의 동료들 앞에 그들의 교회가 당면하고 있는 실제적인 문제들을 제시한다. 기독교인들이 최우선 순위의 일들을 분간할 때까지 그들은 그들의 자원에 대한 가장 효과적인 분배를 하지 못한다. "어느 지역에다 교회성장을 강조하고, 어느 지역에다 그 현상을 유지할 것인가"라는 가장 중요한 질문은 하나님께서 한 개체 교회 또는 한 무리의 교회들에게 허락하시는 성장의 정도와 종류를 주의깊게 조사한 연후에야 응답되어질 수 있다. 이러한 주의깊은 조사를 하는 방법은 다음과 같은 세 단계로 기술되어진다.

첫째 단계 : 연구의 정의

당신의 연구 목적과 범위를 면밀하게 기술하라. 예 :

X시 또 Y군 내의 교회들의 교인수 증가에 대한 연구 또는 훈련하는 목사들의 방법들과 교회의 성장 간의 관계에 대한 연구.

2. 연구되어져야 할 교회단체들을 결정하라. 당신 자신의 교회에 국한하여 연구하는 것보다 인구 전반에 걸쳐 일하는 여러 종류의 교회를 연구하는 일은 당신에게 보다 더 큰 유익을 줄 것이다. 당신이 당신 자신의 교회를 다른 교회를 연구하는 것보다 더욱 철저히 연구할 수 있는 한 다른 교회들과의 비교는 이해에 유익이 될 것이다.

3. 포함시킬 인구의 종류를 결정하라. 당신은 어떠한 사람들 내에서의 교회성장을 연구하는가?

조그만 읍교회들인가 아니면 대도시의 교회들인가?
인디언들인가, 아니면 혼혈아(Mestizos : 특히 스페인 사람과 북아메리카 원주민 간의 혼혈아—역주)인가?
농부들인가, 아니면 도시의 노동자들인가?
지식인들인가, 문맹자들인가?
한 카스트나 종족인가, 아니면 많은 카스트나 종족인가?
저지대 사람들인가, 고지대 사람들인가?
얼마나 많은 사람들이 교회에 출석하는가?
그들의 경제적, 사회적 위치는 어느 정도인가?
그들의 감수성은 어느 정도인가?

둘째 단계 : 교인과 관련된 사실들 파악

각 교단의 지역총계를 교회의 창설에서부터 현재에 이르기까지 3년 또는 5년의 간격으로 조사할 것을 결정하라. 이 일은 쉬운 일이 아니다. 그러나 당신의 친구들에게 편지를 내고, 교회사가들에게 자문을 하고, 옛 연감들을 읽음으로 당신은 그 사실들을 밝혀낼 수 있다. 때때로 여러 해의 결손이 있을 것이다. 당신은 당신 자신의 교회 또는 선교회에 대해서만은 빠짐없이 완전하게 조사하는 것이 좋다. 반면 다른 교회들에 대한 정보는 대략적으로 해도 좋다—즉 창설 당시의 교인수와 현재의 교인수,

그리고 그 사이사이의 교인 변화수 정도만 조사하면 될 것이다.

2. 교단 내의 각 동질단위의 교인수 총계를 측정하라. 동질단위란 모든 구성원들이 공통적인 어떤 특징들을 가지고 있는 사회의 한 부분이다. 만일 보스톤에 침례교인수가 2만 명이라면, 그들 가운데에 뉴 잉글랜드인들은 몇 사람이나 되고 남부로부터 이주해 온 사람들은 몇 사람인가를 파악하라. 만일 폴리네시아 섬에 회중파 교인들의 수가 6만 7천 명이라면 소사이어티 군도에는 몇 사람이나 살고 있고, 쿡 군도와 오스트랄 군도에는 몇 사람이나 살고 있는가? 만일 타이완의 루터교인수가 5천 명이라면 만다린어를 사용하는 사람은 얼마나 되고 민난어를 사용하는 사람은 얼마나 되는가?

3. 가능한 한 개체 교회의 총계들을 많은 햇수에 걸쳐 측정하라. 지역 교회들 외에는 그 어떤 것도 성장하지 않는다. 어떤 교회가 성장하고, 어떤 교회가 정지되어 있고, 어떤 교회가 감소되고 있는가? 당신은 이러한 수치들이 가장 분명하게 성장을 나타내 준다는 것을 발견할 것이다. 그러나 때때로 이러한 수치들을 수집하기가 어렵다.

4. 각 교단들의 연감을 통해 지역별 또는 나라별 교인수를 파악할 수 있을 것이다.

지역총계들은 각 교구들로부터 보고된 연간보고서를 기초로 해서 집계된다. 교단본부, 선교회 중앙회 사무실 또는 위원회 본부에서는 항상 이러한 보고서들을 정리해서 보관한다. 이러한 보고서들을 통해 당신은 연구되어진 교회의 각 동질단위의 교인수 총계를 쉽게 수집할 수 있다.

개체 교회들의 교인수가 오히려 조사하기 더 어렵다. 교회나 선교회의 기록들 또는 이전의 연구들을 자세히 살펴 보라.

5. 각 "동질단위 교회"를 도표로 그려라. 당신은 당신 자신의 교단 도표를 비롯해서 다른 교단들의 노표까지 여러 가지 도표를 그릴 수 있을 것이다. 예를 들어, 다음의 도표 D, E, G, H는 4개의 동질단위 교회들의 도표이다. 이 교회들은 다른 여러 교회들과 더불어 한국의 한 교단을 형성하고 있다. 상이한 모형들을 관찰한 연후에 당신의 교회를 도표로 그려보자.

당신은 이제 교회성장이 이루어지고 있는 교회에 대한 확실한 도표들을

180　Ⅱ. 윤곽의 분별

도표 6.4

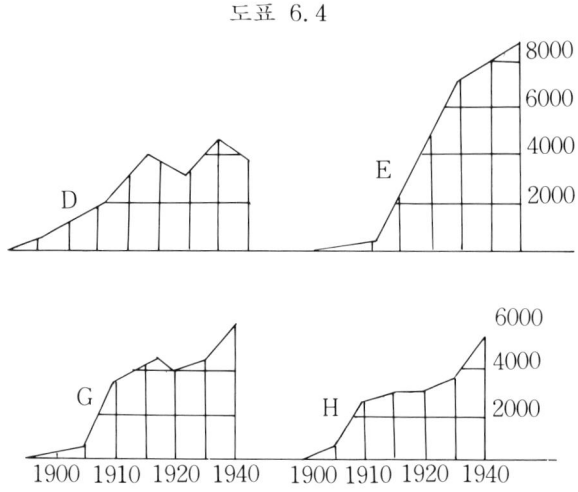

보게 될 것이다. 이러한 도표들을 세밀히 분석하라. 당신이 중요한 수정을 하게 할 정보를 입수할 때마다 도표를 재작성하라.

세째 단계 : 성장의 원인들과 성장중지의 원인들에 대한 조사

 항상 도표를 살펴 보고 돌연한 증가, 오랜 기간의 정체, 점차적인 쇠퇴, 미미한 활동 및 양적인 증가성장의 원인이 무엇이었는가를 질문해 보라. 예를 들어 1916년에는 D, G, H에서 어떠한 일이 발생하여 대성장을 저지하였는가?
 원인들-놀라운 개종, 믿음, 개종자들의 전통, 변화하는 이웃, 억압, 특별한 사람들의 활동 또는 그들의 죽음 또는 은퇴-을 살펴 보라. 교인수가 증가 또는 감소할 때의 교회(또는 선교회)가 수행하였던 정책이 어떠한 것들이었는지를 살펴 보라. "소망 가운데서 채택되어진"것이 교회성장을 가져왔는가? 복음전도 활동은 억압을 받았는가?
 당신이 도표를 완성하기 전에는 어떤 주어진 행위가 교회성장에 어떠한 영향을 끼쳤는가를 말할 수 없다. 당신은 그 행위에 대한 열성적인 옹호의 소리―그 행위가 얼마나 절실히 필요하였고 슬기로운 것이었는가―를 들을 것이다. 그러나 그 행위가 교회에 성장을 가져왔는지 또는 쇠퇴를 가져왔는지는 알지 못할 것이다.

추정된 이유들에 대해서는 냉정하게 취급하는 것을 배우라. 당신은 진리를 찾고 있는 것이다. 많은 상술과 사고가 실제로 "존재하는 모든 것"에 대한 옹호이다. 그것은 패배를 자인하지 않게 한다. 그것은 일어날 수 있었던 최선의 것이 바로 "미미한 성장"이라고 옹호한다. 이러한 사고를 피하라.

다른 교회들의 교인수 증가와 당신 교회의 교인수 증가를 비교해 보라. 지난 10년 동안 텍사스에 있는 한 교회는 25% 성장을 하고 매우 만족하게 여겼다―그러나 실제로 그렇게 여겼어도 되었을까? 그러한 상황 내에서 다른 일부 교회들은 배나 증가하였었다. 자이레에 있는 한 선교회는 1958년에 이르러서는 2만 명의 교인을 거느린 한 교회를 개척하였다. 이 교회는 그 선교회의 7개 신생 교회들 중에 가장 큰 교회였다. 그 자이레 선교회는 그 교회를 자이레 내의 다른 교회들과 비교하기 전까지는 스스로 만족하고 있었다. 그후에 이 선교회는 그 교회가 주변 여건들에 부합되지 않는 성장을 하고 있다는 것을 알았다.

2. 아래에 열거된 세 가지 자료를 참고하라. 그러나 대부분의 대답들은 잘못된 것이거나 부분적인 것이라는 점을 기억하라. 어떤 대답들은 잘못된 정보와 "패배와 포기의 축적된 부스러기들"이라는 편견에 기초를 두고 있을 것이다. 어떤 대답들은 비록 그 자체는 잘못된 것이라고 할지라도, 당신으로 하여금 통찰하게 해줄 것이다. 당신은 교회성장이라는 관점에서 당신의 교회를 진지하게 연구하는 최초의 인물일 것이다. 미지의 지역에 대한 놀라운 탐험이 당신을 기다리고 있다.

1) 7곳에 있었던 지도자들. 그들 앞에다 당신 교회의 도표를 펼쳐 놓고 상세하게 질문하라. 그 질문들에 다음과 같은 종류의 질문들을 포함시켜라. 이 질문들은 도표 6.5에 관한 질문들이다.

일 년 동안의 급격한 감소 후에 1965년에 들어 급격한 성장의 원인은 무엇이었나?

Ⅱ. 윤곽의 분별

바람직하게 성장한 3년 후인 1968년에 왜 성장이 중단되었는가? 우리의 이웃 교회가 신약성경의 방식대로 성장하고 있었던 이 오랜 기간 동안 우리는 무엇을 하고 있었는가? 왜 우리는 140명밖에 증가시키지 못했는가?

꾸준히 연구하도록 하라. 모든 인터뷰가 다 정보를 제공하지는 않을 것이다. 예를 들어 바쁜 생활로 교회의 성장에 관심을 갖지 않았던 성직자와 선교사들은 은퇴한 이후에는 그 사실에 대해 전혀 기억하지 못할 것이다. 그러나 그들의 부정의 가치를 제공해 준다. 다시 말해서 그들의 증거는 500%의 성장이라도 가능하였을 10년간의 성장 기간 동안 거의 성장하지 못했거나 겨우 100%밖에 성장하지 못한 이유를 설명하는 데 도움을 준다.

도표 6.5

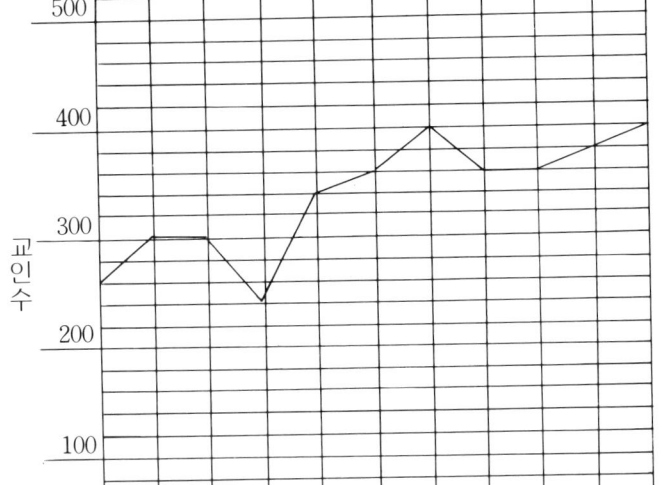

다음과 같은 평이한 해석들에 조심하라. ① "이 지역은 매우 어려운 지역이다. 그곳에서 교회는 쉽게 성장할 수 없었을 것이다." 만일 그 지역 내의 그 어떤 교회도 성장하지 못했다면 그러한 해석은 정확한 해석일 것이다. 그러나 이웃해 있는 장로교, 재림론자 또는 로마 가톨릭은 그때에 성장을 하고 있었다고 종종 보고되고 있다. ② 혹자는 말한다. "성장의 물결이 한 차례 지난 후에는 분명히 착생(着生)의 시기가 있어야 한다. 이것이 복음의 자연스런 리듬이다." 정말 그러한가? 아니면 "착생"이라는 미미한 성장에 대한 구실에 불과한가? ③ "나의 친구여, 이곳의 냉담한 무관심에 대해 당신은 조금도 모르오." 진정한 문제는 열성과 열의의 결여인가? 아니면 목회는 너무 고도한 훈련과 높은 급료를 필요로 하여 새로운 교회들이 시작될 수 없는가?

그들의 언어로 사람들의 의견을 물으라. 옛 교인들, 최초의 개종자들, 목사, 선교사 및 은퇴한 사람들에게 교회성장에 관해서 말하라.

2) **교단의 연감, 교회기록부, 세례인명부, 잡지 기사들, 선교 역사 및 옛 보고서들**. 이러한 자료들에는 교회의 물리적 성장에 관한 별로 중요하지 않은 많은 정보들이 있다. 그러나 당신이 인내를 가지고 이러한 자료들을 세심하게 살펴 보면 당신은 알곡을 발견할 것이다. 지지자들에게 그 일을 권하기 위해서 집필된 "영감을 주는" 또는 성장촉진을 위한 기사들을 세밀히 살펴 보라. 일정 기간 내의 그 교회의 크기, 형태 및 성격에 관해서 말해 주는 문장이나 문귀를 살펴 보라.

"동질단위들"에 관한 정보를 살펴 보라. "일리노이즈주 전역"의 교회성장에 대한 수치들은 "미시시피 연안의 농촌 지역사회들"의 수치나 "동부 세인트 루이스"의 수치들처럼 명확한 것을 보여 주지 않는다. "인도 내의 우리 교회"의 전체 통계는 "델히지구 내"의 성장의 돌연한 물결에 관한 것 이상에 대해서 당신에게 말해 주지 않을 것이다.

3) **정부통계, 인구조사**. 인류학적 연구들, 사회학적 상설들, 사회사업가들의 연감, 교회의 조사서들, 교회의 의료 또는 교육기관들, 교회의 자선금, 교회 목사들의 교육 및 그 밖의 자료. 여기서 다시 당신은 1온스의 금을 얻기 위해 수십톤의 사력층을 일구어 내야 할 것이다. 사력층을 일구어 내는 일에만 정신을 집중하지 말라. 신학교육에 관한 저서는 신학교육

의 규범을 향상시키는 일에만 주로 관심을 갖고, 사람들을 제자로 삼는 일에는 거의 관심을 갖지 않을 것이다. 그 책은 제자를 삼는 일보다 오히려 완전케 하는 일에 온통 관심을 기울일 것이다. 그렇다고 하더라도 그 책은 교회성장에 관한 긍정적 측면과 부정적 측면 모두를 조명해 준다.

이와 유사하게 인류학적 연구서들도 숙독되어져야 하는데 지적인 흥미를 위해서가 아니라 교회가 어떻게 성장하는가—또는 성장하지 못하는가—그리고 정해진 주민들 내에서 하나님의 뜻과 조화를 이루며 교회가 어떻게 성장할 수 있는가를 알아 보기 위해서이다.

3. 교회배가에 대한 방법에 관해 당신이 읽을 수 있는 모든 것을 읽어라. 적어도 아직은 30억의 인구가 그리스도를 신봉하고 있지 않기 때문에 수백만개의 새로운 교회들이 필요할 것이다. 모자이크를 이루고 있는 개체 조각들이 어떻게 제자화되어 왔고 그리고 제자화되고 있는가를 기술하는 수천권의 책들이 집필될 것이다. 당신은 아마도 이 모든 책들을 다 읽지는 못할 것이다. 따라서 첫째, 전체 분야를 알고 있는 사람들에 의해서 집필된 일반원리들을 취급하고 있는 몇 권의 책을 선택하라. 주요 관심이 그리스도의 「대 위임」을 실행하는 것인 저자들에 의해 쓰여진 저술들을 높이 평가하라. 둘째, 하나님께서 당신을 보내신 지역의 주민들과 동일한 지역주민들 가운데 있었던 교회들의 증가를 기술하는 책을 선택하라. 만일 당신이 희랍 정교회의 수많은 명목상의 기독교인들(오늘날 미국에서의 이들은 유물론자와 쾌락주의자들이 되어 가고 있다.) 사이에서 교회를 증가시키라는 소명을 받았다면 당신이 아이리안 자야(Irian Jaya)와 같은 애니미즘을 숭배하는 종족들 가운데에 있었던 교회들의 성장에 관해서 많이 읽는 것은 당신에게 도움이 되지 못할 것이다. 만일 하나님께서 당신을 인도의 유수한 카스트들을 제자로 삼으라고 부르셨다면 자메이카의 명목상 개신교 흑인 주민들 가운데서 교회가 어떻게 증가하였는가를 연구하는 일은 당신에게 크게 유익하지 못할 것이다. 그러나 인도의 부족과 카스트들이 어떻게 기독교인이 되었는가 하는 보고서들은 당신에게 정보의 금광이 될 것이다.

성장하는 교회들에 대한 연구

　복음전도를 도울 것을 목적으로 연구가 이루어질 때, 교회가 증가하고 선교가 성장하는 교회들에 초점을 맞출 때 선교는「대 위임」에 보다 순종하는 것이 된다.
　수많은 교회들이 건강하게 성장하고 있다. 많은 교단들이 10년에 20%, 40% 또는 60% 증가하고 있다. 일부 교단들은 매8년마다 배로 증가한다. 미국 침례교 총회는 1940년부터 1978년까지의 기간 사이에 4만 명에서 12만 4천 명으로 증가하였다. 남침례회는 1900년부터 1978년까지의 기간 사이에 2백만 명에서 1천 3백만으로 성장하였다. 쇠퇴하는 교단들 내에서조차도 일부 교회들은 활발한 증가를 보여 주고 있다.
　이와 유사하게 국내 및 해외 선교회들 가운데 일부 선교회들은 수십년 동안 일하였어도 겨우 10여 개의 교회들밖에 설립하지 못하는가 하면, 유사한 기간 내에 동일한 주민들을 대상으로 많은 다른 교회들은 기독교 신앙을 크게 전파한다. 예를 들어 60년대와 70년대 필리핀에서 가장 크고 가장 이름있는 개신교 교단(연합그리스도교회)은 단지 조금밖에 성장하지 못했으나 다른 여러 교단들은 도전적인 교회성장 목적들을 세우고 그것을 성취했었다. 예를 들어 선교사 연합회는 4백 교회에서 1천 교회로 증가시켰다.
　하나님께서 현실 속에서 포로된 자에게 자유를 베푸시고, 눈먼 자를 다시 보게 하시고 가난한 자로 하여금 복음을 받아들이도록 축복하시는 방법들을 찾기 위해서 조사연구가 수행되고 있다. 따라서 조사연구는 **성장하는 교회들과 성장하는 교단들에 초점을 맞추어서 그것들이 왜 성장하고 있는가를 발견해야 한다.**
　관점이 중요하다. 고심해서 많은 조사연구를 해야만 어떤 교회 또는 교단에 관한 모든 사실들을 발견할 수 있다. 이러한 일에는 많은 시간이 소비된다. 대부분의 사실들은 교회성장과 거의 관련이 없다. 그러므로 유능한 조사연구자들은 교회성장과 관련없는 정보는 가급적 수집하지 않는다. 한 유능한 성직자가 자기가 속한 대교단과 관련된 자료를 수집하여 다섯

상자에 가득 담아가지고 함께 연구하기 위해서 나를 찾아왔다. 6개월 동안 교회성장을 연구한 후에 그가 하루는 상자들을 가지고 들어와 얼굴을 찌푸리고 다음과 같이 말하였다. "이 모든 것은 우리에게 교회가 쇠퇴해 가고 있는 진정한 원인을 전혀 밝혀 주지 못합니다. 나는 일 년을 허비했읍니다. 이것을 어떻게 하면 좋을까요?" 나는 다음과 같이 대답했다. "그것을 내버리시오. 적절한 정보 외에는 그 어떤 것도 수집할 생각을 하지 마십시오."

성장하는 교회들에다 초점을 맞추어라. 이러한 교회들이 행하고 있는 그 어떤 일이 그 교회들을 성장하게 하는 역할을 한다. 조사연구는 수행되어진 수많은 활동들, 주장된 확신들, 시범 교수된 태도들 및 그 일에 종사한 사람들 가운데서 어느 것이 교회성장의 실제적 원인들인가를 찾아 내야 한다. 이러한 원인들이 기술되고, 그 원인들이 하는 역할이 분석되어지면 그 연구를 읽는 사람은 그의 상황 내에서 그의 자료와 재능 가운데에 어떠한 것을 사용할 수 있는가를 알게 될 것이다.

성장이 미미한 한 교단—칠레나 오레곤주에 있는—에 속한 교회가 200개라고 가정을 하자. 이 교회들 가운데서 15개 교회들은 무기력한 이 교단의 방식과는 달리 건전하게 성장한다. 우리는 이 15개 교회의 성장을 연구조사한다. 그 교회들의 성장은 각 교회 내의 많은 가정들에서 실시되었던 열성적인 성경연구에 기인하였을 것이다. 기독교인이 된다는 것은 성경을 공부하는 학생이 된다는 것을 의미했다. 아마도 이러한 일은 주민 한사람 한사람을 복음에 응답하는 사람으로 만들고자 한 결과였을 것이다. 이러한 성장하는 교회들은 아마도 도전적인 목표를 세웠을 것이고, 모든 교인들의 관심을 얻을 만한 자들에게로 돌리게 하였고, 교회 수입의 40%를 복음전도에 할당하였고, 그리고 항상 신약성경 내의 교회들의 확신있는 기초들을 설교하였을 것이다. 아마도 이 15개 교회들은 개종자들을 매우 빠른 시일 내에 소그룹의 일원이 되도록 조처하였고, 그들은 이 그룹들에서 얼마 지나지 않아 기독교 공동체의 충실한 일원임을 느끼게 되었다. 그들은 교회와 "그 산하 하부구조"에 가입하였다. 조사연구는 15개의 성장하는 교회들로부터 많은 성장원인들을 찾아 낼 것이다. 따라서 조사연구는 성장하지 못하는 185개의 교회들이 이러한 성공적인 방법들을 채택할 때 그 교회들도 역시 미미한 성장이라는 질병에서 회복되어 빛을 발하는 교회들이 될 것임을 암시해 줄 것이다.

조사연구는 번식가능한 성장양식과 배가되어질 수 없는 성장양식을 예리하게 구분해야 한다. 가장 괄목할 만한 교회성장은 뛰어난 재능을 지닌 사람들―천재―의 활동 결과이다. 우리는 이러한 사람들을 좋아한다. 그러나 우리는 우리의 교회 내에 드와이트 L. 무디(Dwight L. Moodys)나 헨리 워드 비처(Henry Ward Beechers)와 같은 사람들을 많이 발견하기를 기대하지 않는다. 열성적인 기독교인 백만장자 부부를 가지고 있는 교회는 많지 않다. 조직의 귀재인 목사도 많지 않다. 뛰어난 사람들에 의한 교회성장에 대해 우리는 하나님께 감사한다. 그러나 우리는 하나님께서는 그러한 성장을 우리에게 허락하시고자 하지 않으실 것임을 깨달아야 한다. 조사연구는 평범한 교회, 평범한 목사, 평범한 선교사들에게 가능한, **번식가능한 성장양식**을 찾아 내야 한다.

정체된 교회와 교단들에 대한 연구도 때때로 유익을 가져다 줄 수 있다. 그러나 그러한 교회와 교단은 성장하지 못하고 있기 때문에 그러한 것들로부터 얻어진 교훈은 다소 실망적인 것이 될 수도 있을 것이다. 낙심하여 무성장의 원인들을 지적하는 것보다 기쁨으로 성취된 성장의 원인들을 칭찬하는 것이 보다 올바른 일이다.

게다가 정체의 본질적인 요소는 패배의식이기 때문에 기독교인들로 하여금 효과있는 전도를 하게 하는 보다 유익한 방법 중의 한 가지는 그들에게 성장이 가능하다는 사실을 납득시키고, 그리고 성령께서 어떻게 그 일이 가능하도록 하시는가를 그들에게 보여 주는 것이다. 패배의식에 젖은 목사들이나 선교사들로 하여금 교회성장을 시도하도록 선도하는 데 있어서 가장 효력있는 것은 그들 자신의 교단들, 여러 종류의 다른 교단들 및 제도적인 기구들로부터 실질적인 성장의 실예들을 수집하는 일이다. 다른 교단들의 실예들은 "감독주의자들에게 그 일이 가능할지 몰라도 우리는 메노파야"라고 말하는 것으로 쉽게 거부되어질 수 있다. 오랫동안 선교활동을 하여도 거의 교회를 설립하지 못한 선교사들은 종종 다음과 같이 주장한다. "이 나라의 사람들에게서 우리는 많은 개종을 기대할 수가 없어. 이곳은 참으로 어려운 지역이야." 만일 이들 선교사들이 많은 사람들로 하여금 영생을 얻게 하고 있다는 소식을 들으면, 그들은 열성적인 관심으로 경청하고는 새로운 출발을 할 것이다. 그 결과 포로된 자들에게 구원을 가져다 주고 구속받은 자들의 교회들을 증가시킬 것이다. 개종과 교회형성의 원인들을 찾아 내기 위해서 어떤 지역의 성장하는 교회들을 대상으로 정해진 연구조사에 소요되는 시간과 금전은 유용하게 사용되어지는 것이다.

요 약

사실들을 발견하는 일의 중요성은 과장되어질 수 없다. 열성적인 기독교인들, 헌신적인 목사들, 그리고 노련한 선교사들이 그들 교회들의 성장에 필요한 사실들을 보지 못하기 때문에 성장에 큰 장애가 있다. 미국 내의 30만 교회들의 대부분의 지도자들은 그들이 지도하고 있는 교회들의 성장도표들을 결코 작성하지도 않았고, 연구하지도 않았으며, 심지어 관찰해 보지도 않고 있다. 그들은 그들의 교회들이 성장하고 있는지, 정체하고 있는지, 또는 쇠퇴하고 있는지를 알지 못한다. 그들은 그들 교회의 중요한 전구(戰區 : 오랫동안 그 공동체 내에 있을 것으로 보이는 가정들)가 증가하고 있는지, 또는 쇠퇴하고 있는지 조금도 모르고 있다.

1979년에 게일(Gail) 박사는 화교 기독교인 지도자들을 대상으로 싱가포르에서 교회성장 세미나를 인도했었다. 홍콩은 싱가포르와 다소 유사하기 때문에 게일 박사는 홍콩의 교회성장을 나타내는 일련의 도표들을 보여주었다. 그녀는 또한 교회 및 교단들과 도시 주요 지역들의 주민들과의 관계를 보여 주었다. 예를 들어 주민 80%를 형성하고 있는 홍콩 노동 계층들에게는 기독교의 손길이 거의 미치지 않고 있다.

발표가 끝날 무렵에 한 싱가포르 교회의 장로인 저명한 실업가 한 사람이 일어나 다음과 같이 외쳤다. "이러한 슬라이드를 본 후에 저는 저희들의 상황을 알게 되었읍니다. 우리는 어둠 속을 헤매고 있는 장님들과 같았읍니다. 그러나 돌연 지금에서야 우리는 길을 볼 수 있고, 그리고 싱가포르가 무엇을 해야 하는가를 알 수 있게 되었읍니다." 그는 성장에 필요한 사실들을 알게 된 것이다.

III
교회성장의 원인

7
성장방법의 발견

교회성장에 대해 연구하는 학생이 전장에서 기술된 절차들을 수행했을 때, 그는 정해진 한 교회의 동질단위들, 그 회중들, 그들의 정확한 규모, 창설 이후로부터 현재에 이르는 성장의 역사들을 알게 될 것이다. 그는 또한 그 교인의 출신성분이 어떠하고, 어떻게 구성되어 있고, 여러 기관들 간의 관계는 어떠한가를 밝혀 주는 교인에 대한 사회학적 분석을 얻을 수 있을 것이다. 교회의 구조가 가시적으로 될 것이다.

교회성장을 장려하는 적절한 강연과 저술이 기독교 활동에 있어서 큰 역할을 하고 있기 때문에 교회성장을 이해하고자 하는 사람은 특별히 세심한 주의를 기울여 성직자들이 일어났으면 하고 바라는 것, 한두 경우에 일어난 것, 일어나야 하는 것과 그리고 실제로 일어난 것 사이를 구분해야 한다. 인내를 가지고 교회와 그 교회를 구성하고 있는 여러 기관들에 관한 정확한 통계들을 수집한 결과로 그려진 실상은 교회성장에 대한 그 이상의 모든 지식의 기초가 된다.

본질적인 이유파악

통계적인 지식으로는 불충분하다. 구조를 파악하는 일은 흥미있는 일이다. 그러나 그러한 구조를 파악하는 일은 교회나 그 동질단위들이 성장하고, 정체하고 **때때로,** 감소하는 이유를 그러한 파악으로 알게 될 때에만 중요하다. 교회성장 연구들의 목표는 단순히 성장의 양에 관한 정확한 사실들이 아니다. 성장구조로 정확하게 파악하는 것만으로는 충분하지 않다 — 그 일이 정확하게 이루어졌다고 할지라도, 교회성장의 역학을 이해하려는 목적은 사실들에 대한 평가를 통해서 이루어진다. 확신된 성장 사실들의 기초 위에서 우리가 **증가의 이유들,** 즉 **하나님께서 그의 교회들을 증가시키기 위해 사용하셨던 요소들,** 그리고 교회가 번져나가는 또는 정체되어 있는 여건들을 파악할 때에만 우리는 교회성장을 이해한다.

시간과 여건을 이해한다는 것은 참으로 중요하다. 얼마나 여러 부류의 백성들, 방언들, 족속들, 나라들이 예수 그리스도에 대한 믿음과 그의 교회의 교인으로서의 직분을 통해 풍성하고 영원한 삶을 받아들이는가 하는 것은 "정해진 때"의 이야기이다.

"때가 차매"라는 귀절은 성경의 구원의 역사에 있어 중요한 위치를 차지하고 있다. 이 귀절은 사도 바울에 의해서 그리스도의 탄생의 때를 기술하기 위해서 사용되었다(갈 4 : 4).

경륜 가운데서 또는 현대적인 용어를 사용하면 하나님의 전략 가운데서 그의 아들의 세상에로의 강림은 분명히 적절한 때에 이루어진 것이었다. 역사적인 요소들은 적절한 때에 이루어진 것이었다. 정해진 때라는 개념은 매우 중요한 것이어서 희랍인들은 정해진 때를 가리키는 **카이로스**(kairos)라는 특별한 단어를 가지고 있다. 이 말은 단순히 시계나 달력의 시간을 가리키는 **크로노스**(chronos)와 대조되어 사용되었다.

우리가 교회의 역사를 연구해 볼 때, 특별히 교회의 전 세계로의 확장에 대해서 연구해 볼 때 또 다시 **카이로스**의 개념이 크게 관련이 된다. 교회의 대진출은 역사적, 문화적, 사회적 환경과 관계없이 단순한 어떤 때에 일어난 것이 아니다. 교회의 대진출은 정해진 때-정확한 **카이로스**-에 일어났다(Tuggy, 1968 : 1).

"교회성장은 왜 일어났는가"라는 질문에 대한 대답은 복잡하다. 교회가 널리 전파되고 있는 상황 가운데서 성장하지 못한 한 가지 이유는 복음을 전파하는 일에 있어서의 여러 가지 복잡한 사항들을 충분히 인식하지 못하는 많은 성직자들이 단순한 한 가지 방침에 따라서 그 일을 행하기 때문이다. 어떠한 시각으로 임하느냐 하는 것이 너무나 중요한 까닭에 여기에 세 가지 실예를 들어 설명하고자 한다. 그 첫 번째 실예는 방송가에서 유래된 것이다. 복음이 북아메리카에서 방송으로 전파되자 그 메시지는 적어도 1억 5천만 명의 청취자들의 귀에 울려퍼졌을 것이다. 그들은 적극적인 기독교인 또는 명목상의 기독교인들이기 때문에 이들에게 이 메시지는 다소 익숙한 것이다. 이 대중들 가운데에는 문자 그대로 수백만명의 명목상의 기독교인들-개종하지 않은 사람들 또는 배교자들-이 포함되어 있다. 이들이 변함없는 능력의 복음을 듣고 그 가운데 많은 사람들이 그 복음을 믿고, 회개하고, 그리스도를 영접한다. 그들은 거의 다 교회를 찾아가 등록을 한다. 만일 그들이 이미 교인들이라면 그들은 새로운 교인으로서의 삶을 살아간다.

하지만 아프리카-라틴 아메리카-아시아에서의 기독교 방송도 마르크스주의자, 힌두교인, 정령숭배자, 회교도들의 귀에도 들려진다. 이들의 반수 이상이 문맹자들이다. 기독교의 메시지는 전혀 익숙하지 않다. 바꾸어 말하면 그것은 전혀 생소한 것이다. **이러한 여건 하에서 북아메리카에서 방송되어지는 것과 대체로 동일한 방식으로** 이 청중들에게 라디오 전파를 통해서 방송되어진 변함없는 복음이 상이한 수많은 문화를 가진 비기독교인들을 그리스도에게로 인도할 것이라고-특별히 신자들이 함께 연합할 수 있는 그 어떤 교회도 없는 곳에서-추측하는 것은 고지식한 행위이다. 교회성장의 복잡한 성격을 인식하고, 라디오는 구원의 메시지를 **복음에의 순종이 그 사람들에게 진정한 선택이 될 수 있는 방식으로** 각 공동체에게 전해야 한다.

프로그램을 작성하는 사람들은 그들이 방송을 하는 특별한 주민들 내에서 교회들이 어떻게 증가되었는가에 대해 정통하게 알고 있어야 한다. 교회가 성장하는 복잡한 이유들은 방송에 종사하는 모든 사람들에게 중요한 지식이다. 아시아, 아프리카 및 라틴 아메리카에 있어서 상당한 봉사활동을 하고 있는 기독교 방송은 교회성장의 이유들이 그 메시지를 준비하는 사람들에게 당연한 사실들로 여겨질 때 훨씬 더 효과적인 역할을 할 수 있게 될 것이다.

둘째, 기독교 책자를 준비하여 배부하는 사람들은 어떠한 요소들이 사람들로 하여금 구원을 가져다 주는 예수 그리스도에 관한 지식을 알게 하고, 그들이 책자를 분배하여 주는 특별한 주민들 내에 있는 그리스도의 교회의 적극적인 교인이 되도록 하는가를 알아야 한다. 예를 들어, 일본에서는 보편적인 읽고 쓰는 능력과 진보적인 교육 때문에, 만일 소책자와 복음 메시지들이 일본인들에게 적절하기만 한다면, 책자를 통한 복음전도는 분명히 교회증가에 효과가 있을 것이다. 물론 소책자와 복음 메시지들은 철저히 성경적이어야 한다. 이러한 것들은 유일한 주님이신 예수 그리스도를 설명해야 한다. 사람들은 그리스도를 통해서만 아버지 하나님께로 나아간다. 그러나 설혹 이러한 책자가 성경적이고 예수 그리스도를 충실하게 설명한다고 해도, 만일 그 책자가 미국적인 방식으로 그렇게 하고 있다면 그 책은—읽혀진다고 해도—재미없는 눈길로 읽혀질 것이다. 단정적으로 말하면, 그러한 책자의 저자들이 일본과 일본의 문화, 민족정신, 꿈 등에 관한 지식에 깊이 몰두해 있으면 있을수록 그 책자들은 열성적으로 읽혀질 것이다. 전형적인 일본인들이 어떻게 그리스도의 제자가 되었는가를 설명해 주는 책자가 미국인들이 어떻게 그리스도의 제자가 되었는가를 설명해 주는 책자보다 더욱더 효과적일 것이다. 책자를 집필하는 저자들은 일본에서 교회가 어떻게 증가하였는가, 계층별로, 시대별로 성장 양식은 어떻게 다른가, 오늘날 풍요한 세속사회인 일본 내에서 어떠한 요소들이 스스로 복음전파를 하는 교회들을 생겨나게 하는 데 효력이 있는가를 자세히 알아야 한다. 이러한 책자의 저자는 외과의사가 해부학을 배우는 것처럼 교회성장에 관해서 배워야 한다 — 한두 권의 책을 읽고서 배우는 것이 아니라 수년 간에 걸친 연구와 직접적인 조사를 통해 철저하게 배워야 한다.

세째, 어느 지역에서나 교회가 성장하는 중요한 이유 중의 한 가지는 어떤 사람이 열정적인 기독교인이 되어 예수 그리스도에 대한 기쁨이 넘치는 순종관계 내에서 그의 삶을 살아간다는 점이다. 성령은 사람과 교회들을 감소시키기도 하고 부흥시키기도 한다. 교회성장의 이러한 원인은 너무나 중요하므로 또 다른 장(9장)에서 이 원인만을 따로 다루고자 한다. 열성적인 믿음과 열성적인 기도는 마치 곡식이 성장하는 데에 햇빛이 필요한 것처럼 교회성장에 절실하게 필요하다. 그러나 이 점에 있어서 다시 우둔한 해석을 해서는 안 된다. 햇빛이 절대적으로 필요하기는 하지만 쌀, 밀, 또는 옥수수를 경작하는 데 있어서의 유일한 요소는 아니다. 부흥은 절대적으로 필요한 것이기는 하지만, 교회성장에 있어 유일한 요소는 아니다. 열성적인 기독교인들과 부흥된 회중들은 그들의 주민들에게 어떠한 성장방식을 하나님께서 축복하시고 그리고 어떠한 방식을 눈에 띄게 축복하지 않으신다는 것을 알면 알수록 그들의 말씀선포는 기독교라는 세포의 증가에 있어 더욱더 많은 열매를 맺을 것이다. 그들의 헌신은 애굽을 떠나 하나님께서 준비하신 곳으로 그들을 인도할 것이다. 성령은 그들이 그의 인도하는 대로 매우 잘 따르는 것을 발견할 것이다. 그가 오늘날 복음에 대해 수용적인 사람들에게 지시할 때 그들은 매우 신속히 순종할 것이다.

예를 들면, 사람들은 성령이 부흥되고 각성된 많은 선교사들과 자국인들에게 라틴 아메리카의 수용적인 대중들을 맡기시고 있다고 생각한다. 그리고 사람들은 일부 이들 부흥되어진 사람들이 그들에게로 가지 않는 이유가—설사 부흥이 되었어도—그들은 고린도에 있어서처럼 라틴 아메리카에 있어서도 하나님께서는 "약한 것들, 미련한 것들, 없는 것들"을 불러서 그들로 그의 교회를 세우셨다는 사실을 알지 못하였기 때문이라고 멋대로 추측하기도 한다. 유럽—아메리카, 그리고 아프리카—라틴 아메리카—아시아 교회들에 있어서의 부흥과 이러한 부흥이 교회의 대성장에로 이어진 상황들, 또한 불행히도 이러한 부흥이 전혀 성장에로 이어지지 못하였던 상황들에 대해 다각적인 연구를 해야 할 시점이다. 부흥의 영향 하에서 왜 일부 교회들은 많은 주민들을 통해서는 자유로이 성장해 나갔으나 다른 주민들을 통해서는 성장하지 못하였는가?

인류학은 이해에 도움을 준다

 인간에 대한 학문 중의 하나인 인류학은 인간이 어떻게 행동하고, 어떻게 혁신을 하고, 어떻게 스스로를 지배하고, 그들의 사회를 위해 어떤 제약들을 만들고, 그리고 그 밖의 다른 특징적인 문제들에 대해 기술한다. 인류학은 대부분의 목사들이 알고 있는 것보다 훨씬 더 아메리카의 정신 일부를 형성하고 있다.

인류학은 교회성장을 촉진시키는 데 사용되어야 하는가?

 대부분의 인류학자들은 인간의 행위와 관습에 대한 선악의 판단을 엄격하게 회피한다. 일부 인류학자들은 종교적으로 "객관성"을 추구하면서 모든 교회들은 동일하게 선한 것이고, 그리고 각 종교는 어떤 한 사회가 호감을 갖거나 또는 확신을 하는 실체를 이해하는 방법에 지나지 않는다고 믿고 있다. 그 결과 그들은 사회를 그 어떤 길로든 그리고 특별히 기독교화되게 변화시키는 것을 반대한다. 하지만 다른 인류학자들은 그들의 학문이 그들과 그들의 정부 또는 그들의 고용주들이 바람직하게 생각하는 모든 종류의 변화를 가져오게 하도록 자유롭게 사용한다. 그들은 단 하나의 물리적 기반을 가진 한 단위적인 세계 문화가 급속히 변화되고 있다는 것을 알고 있다. 그것은 전기와 기계를 사용할 것이다. 그것은 주로 도시와 읍에서 존속될 것이고, 교양적일 것이고, 건강위생의 규칙들을 따른다. 현재 문화로부터 이러한 임박하는 세계 문화에로의 여행이 수백년이 걸리거나 또는 수백마일밖에 되지 않거나 간에 인간의 모든 사회는 그 문화를 관통할 것이다.

 하나님께서는 예수 그리스도 안에서 모든 인간에 대한 보상으로 생명의 길을 계시하신다고 믿는 선교사도 또한 정해진 변화를 위해 인류학을 사용한다. 이 선교사는 또한 여러 문화들이 현재의 발전상태를 그대로 유지할 수 없으리라는 것을 인식한다. 다른 응용 인류학의 전문가들처럼 그는 그것을 박물관의 진열품처럼 보존하기 위해서 그 어떤 민족의 안녕도 희생하는 것을 반대한다. 그는 착취자, 유물론자, 공산주의자, 맹목적인 기회 또는 이기적인 인종차별주의의 손에다 정해진 변화를 내맡기기를 반대한다.

그는 하나님께서 그의 뜻과 조화를 이루는 가운데서 사회적 질서를 보다 잘 유지하는 역할을 하도록―보다 공정하고, 우애있고, 화평하게―교회를 부르고 계신다고 믿는다. 기독교인이 됨으로 전 인류 가운데서 증가된 교인들은 정해진 변화에로 가장 중요한 한 발자국을 내딛는 것이다. 이것은 선교사가 전 인류를 제자화시키는 일에 참여하는 인간애적인 이유이다. 성경에 나타나 있는 전 인류를 제자로 삼는 권위는 그의 이유가 그에게 말해 주는 것과 너무나 잘 부합되는 것이고 최대 다수의 최대 행복에 필수적이다.

따라서 기독교인은 왜 어떤 교회들은 성장하고 다른 교회들은 성장하지 못하는지의 이유를 찾기 위해서, 그리고 의혹의 눈길로 바라보는 사회에 용납되어질 수 있고 성경의 권위와 일치하는 방식으로 급속한 사회적 변화에 의해 야기된 공허를 채워 줄 수 있을 관습, 제도 및 다른 통합을 고안하기 위해 떳떳한 마음가짐으로 인류학을 대한다.

A. R. 티페트(Tippett)의 *Solomon Island Christianity*는 인류학이 복음을 전파하는 데 사용되어질 수 있는 방법에 대한 정보의 광산이다. 솔로몬 군도 내의 여러 교단들이 어떻게 성장하였고, 어떻게 성장을 멈추었고, 어떻게 번성하였고, 어떻게 위축되었고, 어떻게 진정한 또는 명목적인 기독교인이 되었고, 기독교 신앙을 어떻게 다른 사람들에게 전파하였는지, 또는 기독교 신앙을 왜 그들 친지들에게조차도 전파하지 못했는가 하는 점들을 기술하면서 티페트 박사는 교회의 여러 지류들의(질적인 성장뿐만 아니라 양적인) 성장을 조명하기 위해서 인류학을 사용하고 있다. 예를 들어 금기인 보리수 나무가 새로운 개종자들에 의해 베어지고, 그후 즉시 모든 주민이 그리스도를 영접하고 스스로 가르침을 받고자 한 극적인 장면을 기술한 후에 티페트 박사는 두 페이지를 할애하여 그 상황에 대한 인류학적 이해를 기술한다. 그는 다음과 같이 결론짓고 있다.

(서구의 그 선교사는) 한 멜라네시아 세계 내에서 일하고, 멜라네시아 철학을 접하고, 그리고 멜라네시아 사상양식을 이해하기 위해 공부해

야 할 것이고, 멜라네시아 평원에서 기독교를 위해 싸울 것이다. (그 보리수 나무 사건은) 적절한 만남이고 실제적 승리로 많은 성경적 관례들이 보여 주고 있다. 서구의 선교회들은 오늘날 정령숭배자들이 비신화화된 한 권의 책이 아닌 능력있는 성경과의 만남에 의해 개종되어지는 통계적인 증거를 당연시하고 접하는 듯하다(Tippett, 1967 : 101).

또 다른 최근의 저술가인 루터교의 J. C. 윌드(Wold)는 그의 저서 *God's Impatience in Liberia*에서 한 장을 할애하여 "교회성장의 도구인 인류학"을 기술하고 있다. 이 책에서 그는 교회개척자들이 인류학을 매우 중요시하는 여러 가지 방법에 대해서 기술하고 있다. 다음은 그의 훌륭한 견해이다.

성령의 은사는 우리를 그리스도 안에서 새로운 피조물로 만든다. 그리고 … 우리에게 우리 자신의 죄와 우리 자신의 자기 의를 극복하고 하나님의 뜻을 행하게 하는 능력을 주신다. 또한 우리는 성령이 우리를 인도하고 계신 곳을 분간하는 능력을 받았다. 성령과 더불어 교회가 성장하기 위해 선교사와 목사들은 성령이 인도하시는 곳을 분간해야 한다. 우리가 그리스도에게로 나아오기를 바라는 백성들, 종족 또는 씨족의 문화에 대해 알게 하는 지식은 지극히 귀중하다. 인류학은 이러한 지식을 제공해 줄 수 있고 우리로 하여금 성령이 움직이시는 곳을 분별할 수 있게 도와 준다. 우리는 인류학의 도움으로 우리가 하나님의 성령의 움직이심을 예언할 수 있다고 말해서는 안 된다. 그는 그가 가고 싶을 때에 가고 싶은 곳으로 가시는 자유로운 대행자이시다. 그러나 그는 마치 우리로 하여금 "마게도냐로 건너와서 우리를 도우라"(행 9 : 16)고 말하는 사람의 환상을 보게 하시는 것처럼 인류학에 대한 연구로 획득한 통찰력을 통해 그의 움직임을 우리로 하여금 분간할 수 있게 하실 수 있는 분이다(Wold, 1968 : 127).

놀라운 성장도표

어떤 교회와 그 동질단위들의 수를 나타내는 세로로 줄지은 수치들은 고정된 지식을 나타내고 있다. 세심한 연구에 의해서 그 수치들은 그 비밀들을 털어 놓게 될 것이다. 그러나 그 과정은 인내를 요하는 지루한 과정이다. 하지만 각 수치군들이 성장도표로 변형되어질 때 그 비밀들은 독자들에게 선뜻 포착된다. 교회성장을 이해하고자 하는 사람은 일어나고 있는 현상을 한눈에 볼 수 있는 선도표를 작성해야 한다. 그런 후에야 그는 왜 그러한 일이 일어났는가 하는 이유를 파악할 수 있다.

도표를 작성하는 과정은 용이하다. 한 쌍의 좌표 위에—수직 좌표는 경우에 따라 백 명, 또는 천 명 단위로 교인수를 나타내고 수평 좌표는 연도를 나타낸다—학생은 각 연도에 정확한 교인수를 나타내는 정확한 높이에 점을 찍는다. 그가 연간 통계의 모든 교인수를 점으로 찍고 그 점들을 왼쪽에서부터 오른쪽으로 하나의 선으로 연결한다. 이것은 그 교회의 정확한 성장역사를 보여 준다. 다음에 예시된 전형적인 성장도표를 보라.

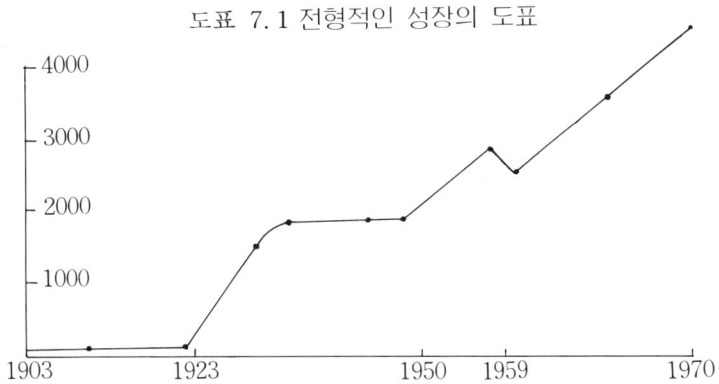

도표 7.1 전형적인 성장의 도표

이 도표는 7년간의 지극히 미미한 성장 후의 7년 기간은 교회가 급성장하였음을 보여 준다. 그후 18년 동안은 또 성장이 중지한다. 그러다가 40년대 말 무렵에 성장이 다시 시작되었다가 한동안 급속히 감소하였고, 그후 70년대에 이르기까지 성장이 현저한 발선으로 이루어지고 있음을 이 도표들은 보여 준다.

교회들의 성장에 관한 오늘날의 정보 부재는 대부분의 교회지도자들이 그들 자신들의 교단이나 그들이 운영하고 있는 교회집단에 대한 그 어떤 성장도표도 본 적이 없다는 사실에 의해 판명되어질 수 있을 것이다. 그들은 그들 자신의 교회가 성장하고 있는지 또는 아닌지에 대한 단지 막연한 지식만을 가지고 있을 뿐 그들은 그들의 교회에 대해 정확한 지식을 가지고 있지 못하다. 그들은 마치 안개에 감싸여 있는 것 같다.

이러한 일은 불필요한 일이다. 모든 교회들은 그들 자체의 성장도표들을 볼 수 있고 종종 보아야 한다. 다른 그 어떤 것도 그들 교회에게 그들의 주요 업무로 그들 교회가 어떻게 성장하고 있다는 것을 보다 효과적으로 설명할 수 없을 것이다. 교회의 주요 목적 중의 하나는 자치(自治) 교회 및 자전(自傳) 교회를 개척하는 일이다. 교회들의 뜻하는 바 목적은 토착화 교회로, 이 토착화 교회는 그 환경의 자연적인 소산으로 성령은 세계 전역에 걸쳐 그러한 교회를 전파하실 수 있다. 도표는 교회들의 이러한 목적을 성취하고 있을 때와 성취하고 있지 못할 때를 그들에게 말해 준다.

앞의 전형적인 성장도표는 모든 흥미를 불러일으킨다. 1930년 이후로 18년 동안은 극복할 수 없는 장애물에 직면하였었는가? 아니면 잘못된 정책, 신학 또는 인물이 그 계획을 수행했었는가? 1923년의 급격한 상승의 원인은 무엇이었는가? 개척 초기의 전혀 성장하지 못한 20년 간의 기간은 짧아질 수 없었는가? 대부분의 지도자들은 이러한 질문들에 대한 답변을 할 수도 없을 뿐만 아니라 대개 그들은 그러한 질문들을 할 수도 없다. 대부분의 지도자들은 그들 자신의 교회 역사에 대해서 또는 그 역사 내에서 어떠한 시점에 중요한 변화가 일어나고 있는가에 대해 질문할 만큼 충분히 알지 못하고 있다.

교회에 관한 모든 생각은 성장도표를 배경으로 이루어져야 한다. 왜냐하면 교회가 어떻게 성장하고, 또 왜 성장하지 못하느냐에 대한 정확한 지식없이 교회에 관한 생각이 이루어지면 그러한 생각 가운데는 쉽게 오류가 발생하기 때문이다. 특정한 교회들의 성장역사를 전혀 알지 못하고 그들 교회에 대해 판단하는 성직자들은 종종 잘못된 판단을 하기도 한다. 그들은 발생한 일 대신에 발생해야 할 일을 말하고, 사건들에 대한 잘못된 이유들을 원인으로 규정하고, 일반적으로 그들이 마음으로 바라는 부정확한 부흥에만 몰두한다.

아메리카 교회들에 대해 집필하는 많은 전문가들은 그들이 생각한 이러한 교회들의 성장원인들—개척 여건들, 이름있는 사람들, 부흥, 교단의 지도자들, 하나님의 축복, "우리의 대단위 국내 선교회"의 활동 등등—에 대해 우리들에게 말해 준다. 물론 이러한 원인들 중의 일부는 정확한 것들이다. 그러나 교회성장의 특수성이 고려되고, 그리고 전체 현황에 대한 많은 중요한 요인들이 하나하나씩 실제적인 증가도표들을 참조로 하여 기술될 때까지는 기술된 현황 설명이 잘못된 것일 수 있는 위험이 다분히 있다. 교회성장 원인 중의 대부분이 고려조차 되지 않고 있다. 그런가 하면 일부 원인들은 지나치게 강조되기도 한다.

선교회들에 대해 집필하는 많은 저술가들도 교회성장의 이유들에 대해 설명한다. 선교회들의 역사에 관한 책들, 선교사들의 자서전들, 교회와 선교회의 활동상황에 대한 기록들을 살펴 본 저술가는 교회성장의 이유와 방법에 대한 진술을 끊임없이 접하게 될 것이다. 이러한 진술들이 일정한 기간 동안의 한 동질단위 내의 성장에 관한 진술일 때는 이러한 진술들은 일반적으로 정확하다. 이러한 진술들은 실제적인 기록의 견지에서 진술되어진 것이다. 하지만 이러한 진술들이 지역총계나 "어떠어떠한 나라 내의 우리 교회"와 같은 대단위들에 대한 것으로 그 복잡한 성장역사가 명확하게 규정되어 있지 못할 경우에 그 진술들은 자칫하면 오류가 될 수 있다. 한 역사가가 성장에 대한 네 가지 가설을 설명할 때는 특별히 그가 동질단위들의 성장역사를 살펴 보는 것이 필요하다. 만약 그렇지 않으면 그는 결코 일어나지도 않은 성장원인들을 기술하거나 일부 지역들에만 해당되어지는 것을 전체 지역에 해당되어지는 것으로 기술할 것이다.

매년 교인수에 대한 도표는 그 교회의 발전에 대한 적합한 토론에 필요 불가결의 것(*sine qua non*)이다. 교회에 관한 너무나 많은 무의미한 것들이 기록되고, 소망과 목적이 완전히 성취와 혼동되어 있고, 교회나 선교회의 활동이 전적으로 교회 개척으로 바뀌어져 있기 때문에 선교에 관한 집필과 발언은 이러한 원리를 고수해야 한다.

도표는 정체, 쇠퇴 또는 증가를 각기 나타낸다.

성장도표는 여러 시대에 걸친 확장추세를 보여 준다. 만일 교회성장 원인들이 이해되기 위해서는 이러한 추세들이 고려되어야 한다. 1865년부터 1900년 사이의 포르모사 섬의 영국의 장로교인들에 의해 설립된 교회의 교훈적인 면을 보여 주는 성장도표를 참조하라. 만일 어떤 사람이 "포르모사 장로교가 35년 내에 어떻게 교인수 3천 5백 명의 교회로 성장하였는가?"라는 질문을 받았을 때 도표가 없으면 아마도 그는 선교사들이 복음을 선포하였고, 사람들은 치유와 가르침을 받았으며, 그리고 하나님께서 증가시키셨다고 대답할 것이다. 이러한 모호한 대답 가운데는 진리의 요소가 내포되어 있다. 그러나 이러한 대답은 적절하지 못하다. 실상 이 기간 동안 발생한 성장 가운데에는 다섯 가지의 다른 종류의 교회성장이 감추어져 있다.

도표 7.2. 포르모사의 장로교회

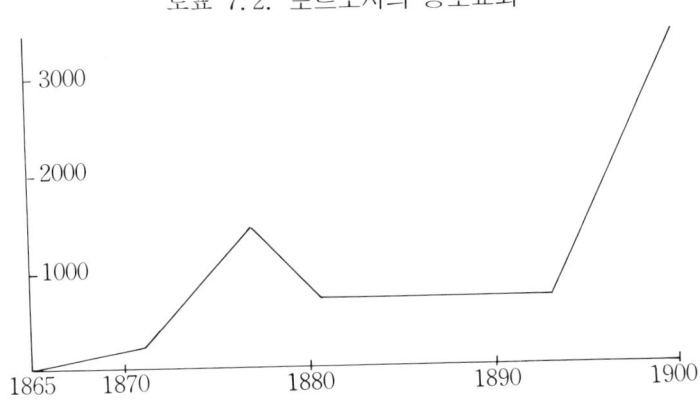

도표를 통해 우리는 단번에 다섯 가지의 성장 기간을 구분할 수 있다. 약 8년간에 걸친 첫 번째 기간은 개척적인 단계였다. 선교사들은 중국어와 지리를 익혔고, 사람들과 교제를 나누었고, 소유지를 구입하였고, 중국인들 가운데서 최초의 새로운 개종자들을 받아들였다. 두 번째 성장 기간 동안 소규모의 전도운동은 약 1,500여 명의 페포완인을 교회로 들어오게 하였다(성장 직선이 위로 상등하는 것을 보라). 이들 페포완인들은 포르모사 섬의 원주민들로 1600년 이후 본토로부터 이주해 온 중국의 정착민들에 의해 밀려나 있었다. 페포완인 개종자들은 그들 자신들의 언어가 아닌 중국어로 가르침을 받고 보살핌을 받았다. 세례시험에 합격하지 못한 그들의 대부분은 세례를 받지 못하였다. 중국인 기독교인들의 교회와 비교해 볼 때 농부들인 페포완인들은 유망하게 보이지 않았다. 그들은 앞일을 생각하지 않았고 종종 빚을 지고 있었다. 그들은 종종 지나치게 술을 마셨다. 중심이 되는 선교기지로부터 어느 정도 떨어진 시골의 교회들은 보살핌을 받기가 어려웠다. 선교사들 가운데 보다 힘있는 선교사들은 페포완인들과 대립상태에 있는 중국인들을 위해 일할 것을 강력하게 지지하였다. 상당수의 페포완인들이 교회를 떠나기 시작하였다. 선교회는 이러한 원인을 주민들의 불안정성에다 돌렸다. 그 일은 그들과 어느 정도 관련이 있었을 것이다. 그러나 보다 더 유력한 원인은 위에서 자세히 설명되어진 목양방법의 잘못에 있었다. 페포완인들의 원상태로의 복귀는 도표에 나타나 있는 세 번째 쇠퇴의 기간을 설명해 준다.

 네 번째의 성장하지 못한 슬럼프의 긴 기간 동안에는 잔존해 있는 페포완인 교회들과 주로 중국인 개종자들로 구성되어 있었던 선교기지 교회들에 관심이 기울어졌고 그들을 대상으로 복음전도, 교육 및 의료활동이 실시되었다. 중국인들은 극소수로 기독교인이 되어 갔고 페포완인들에 대한 전도운동도 저지되었다. 다섯 번째 기간-성장선이 급상승하고 있는 것에 주목하라-은 일본이 1895년 포르모사 섬을 정복한 직후에 이어졌다. 중국 문화는 불신되어졌고 중국인 통치자들은 일본인들에 의해 대치되었고, 패전의 충격으로 많은 중국인들이 복음에 귀를 기울이게 되었다. 바로 이 시점에 유명한 선교사인 캠벨 무디(Campbell Moody)가 포르모사 서쪽 지방을 여행하며 열정적으로 설득력있게 중국인들에게 복음을 전하였다. 가족이나 가문이 그리스도에게로 나아와 한두 번에 걸쳐 수백명씩 증가하였다. 새로운 사람이나 가족에게 세례를 주는 일은 그 종족 내의 다른 사람들에게 향하는 문을 열게 하였다. 많은 소교회들이 설립되었다. 1894년에는 기독교인의 대다수가 페포완인들이었다. 1899년에는 기독교인들 가운데 거의 대다수가 중국인들이었다.

 도표 그 자체는 우리로 하여금 포르모사 섬의 장로교 선교회의 초기 35년에 걸친 실제적인 활동에 대해 이해할 수 있게 하는 상세한 내용을 제시해 주지 않는다. 도표 그 자체는 성장과 쇠퇴의 원인들을 나타낼 수 없다. 성장과 쇠퇴는 역사, 자서전, 보고서 및 논문 등을 통해 조사되어야 한다. 그러나 도표는 성장의 비율과 양에 있어서 변화가 발생한 때와 각

각 단계가 유지되는 기간에 대해서는 분명하게 나타내 준다. 따라서 도표는 무의미한 전체를 유의미한 부분들로 나누어 교회성장을 연구하는 학자들로 하여금 해당 시기의 원인들을 찾아 내게 한다.

더 나아가 도표는 교회 역사에 실질적인 의미와 현실성을 부여한다. 우리는 "개척 초기에 일부 페포완인들과 중국인들이 개종하였다"는 사실만을 단순히 아는 것이 아니라 그들 가운데 약 1,500여 명이 개종하였다는 사실을 안다. 우리는 "많은 수의 페포완인들이 교회를 떠났다"는 사실만을 단순히 아는 것이 아니라, 그 수가 그렇게 많지 않고 그들이 떠난 후에도 거의 1,000여 명에 달하는 교회가 그대로 존속하였다는 사실을 알 수 있다. "90년대에 어느 정도"의 성장이 있었다는 것만이 아니라 5년간에 걸쳐 교회가 세 배 이상 증가하였다는 사실이 분명해진다. 요컨대 발생한 일에 대한 개요가 분명하게 드러난다.

종종 성장비율에 있어서의 변화가 너무나 뚜렷하고 극적이어서 도표는 명확하게 해답을 구하는 질문을 제시한다. 예를 들어 푸에르토리코의 그리스도의 교회의 경우를 참조하라. 다음 도표에 있어 실선은 0에서 거의 7천 명에 이르는 교인수의 성장을 나타낸다. 점선은 이 신생 교회를 설립하여 지원하는 데 소비된 선교기금을 도표로 나타내고 있다. 사용된 실제 금액이 얼마냐 하는 것은 중요한 것이 아니다. 중요한 것은 대공황시에

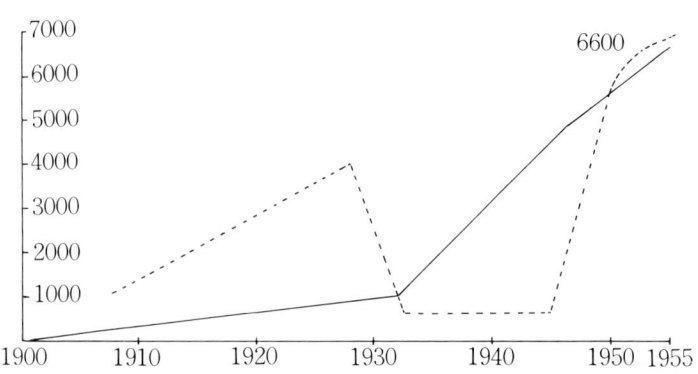

도표 7.3. 푸에르토리코의 그리스도의 교회

선교기금은 극심하게 감소되어 제2차 세계대전 이후에까지 다시 증액되어지지 않았다는 사실이다. 제기되어야 할 분명한 질문들은 다음과 같은 것들이다. 33년간의 미미한 성장 후에 왜 교회는 급속히 확장되기 시작했는가? 그리고 선교기금의 축소가 교회성장과 어떤 관련이 있었는가?

지원금의 감소가 급작스러운 성장의 원인이 될 수 있었을까? 어떤 사람은 교회가 그 자체의 자원에 의해 운영될 때 그 교회가 성장하기 시작하였던 지역을 실예로 들고 싶어할 것이다. 불행히도 지원금의 감소가 교회성장과는 전혀 무관하였다는 사실이 증거를 통해서 확실히 나타나 있다. 푸에르토리코에서는 불황 기간 동안 침례교, 감리교 및 장로교 선교회들로부터의 재정 지원이 감소되었고, 그리고 그들의 교회는 교인수가 상당히 감소되었다는 것을 보여 주었다. 그러나 그리스도의 교회들은 활발하게 성장하였다. 재정적인 해석을 제외시키고 교회성장의 원인 또는 원인들을 다른 곳에서 찾아 내야 한다.

불경기시에 재정적 지원이 감소되었을 때 공교롭게도 이 신생 교회가 오순절의 성령의 불길을 체험하는 일이 발생하였다. 진정한 부흥의 기운이 그 교회를 휘감았다. 그 교회를 인도하는 목사들과 설교사들, 그리고 그 밖의 많은 사람들은 성령으로 가득 찼다. 사람들은 종종 눈물을 흘리며 그들의 죄를 회개하였다. 사랑, 기쁨, 평안, 온유함 및 선함이 밀어닥쳐, 차고 넘칠 정도로 주어졌다—그러한 것들을 취하려는 어떤 노력이 없이도 많은 사람들은 증오와 질투, 술취함 및 육욕으로부터의 해방을 체험하였다. 방언으로 말하는 것이 미국과 푸에르토리코, 두 나라의 교단의 방식으로 볼 때 완전히 생소한 것이었음에도 많은 사람들이 방언으로 말하였다.

선교사들은 이러한 "사건들"을 중지시키려고 노력하였고, 일시 기독교인들을 그들의 교회에 들어가지 못하게 하였다. 그러나 보다 지혜로운 권고가 널리 보급되었고 그들 자체의 건물들에서 예배를 드리고 미국 그리스도의 교회로부터 계속 지원을 받고 있던 부흥된 교회들은—사도행전 9:31에 언급된 교회들처럼—"주를 경외함과 성령의 위로로 행진하여 수가 더 많아졌다." 믿음을 통하여 보통 사람이 접할 수 있게 된 새로운 능력에 관한 소식은 그 공동체 주변의 사람들의 입과 기독교인들의 많은 친척들에 의해 신속하게 퍼져나갔다. 수년 동안 매년 수백명의 교인들이 증가되었다. 평신도들이 설교를 하고 가르치기 위해서 정기적으로 해외로 나갔다. 일반 평신도 기독교인들이 매년 가정, 헛간, 임대건물 등에서 교회학교, 성경공부반 및 기도회를 인도하였다.

성장도표의 중요성은 다음의 사건에서 분명하게 드러날 것이다. 1955년이 푸에르토리코의 교회에 관한 연구가 시작되었을 때 북아메리카의 한 자료 제공자가 다음과 같이 말했다. "당신은 그 교회들에서 오순절적인 어떤 강조현상을 발견할 것입니다. 그러한 현상은 불경기 기간 동안 들어왔었읍니다. 그러나 다행히도 오늘날에는 그러한 현상이 쇠퇴하고 있읍니다." 그는 방언으로 말하는 것에 대해 분개하였고 그리고 푸에르토리코의 그의 교회들이 고상한 교회라는 점에 관심을 가졌었다. 그는 비록 그 상황에 대해 잘 알고 있었지만 부흥을 통해서 나타난 중요한 현상인, 1933년에 교인수가 1,100명이었던 교회가 1955년에 6천 6백 명으로 여섯 배나 증가되었다는 사실은 그의 관심을 전혀 끌지 못했다. 그는 성장도표를 보지도 못했고 깊이 생각하지도 않았다.

점차적인 둔화의 정도

급속한 성장의 기간이 지난 이후에는 반응적인 지역 내의 교회도 서서히 성장이 둔화하고, 관심을 내적인 면에 기울이게 되거나 또는 그 관심을 문화적인 발전에로 돌리는 경우가 종종 있다. 이러한 현상은 미국에서 빈번하게 일어난다. 교회는 그 생존의 정체 단계에 돌입한 것이다. 때때로 성장이 멈추는 이유는 첫 번째 성장의 근원을 이루었던 종류의 개종자들이 더이상 획득될 수 없고, 그리고 교회가 두 번째 성장의 근원을 찾아내지 못하기 때문이다. 하지만 간혹 동일한 종류의 사람이 유익하게 이용된다. 그러나 이때는 강조점이 바뀐다 — 기존 기독교인들을 완전케 하는 일에 전념하는 새로운 목사나 선교사들이 부임하면 1년 또는 2년, 10년 또는 20년 동안 성장은 이루어지지 않는다. 그 어떤 사람도 정지를 의식하지 않는다. 교회와 선교회의 훌륭한 활동은 앞으로 계속 전진한다.

긴 고원은 도표상으로 정지를 나타내고 그러한 정지를 막을 수 없었는가 하는 질문을 제기한다. 이전의 성장의 맥락에 비추어 볼 때 나타나는 슬럼프를 의미하는 고원은 성직자들에게 성장이 가능하다는 것을 믿게 해 주고, 미미한 성장의 시기를 시작케 하여 교회를 성장케 하지 못한 원인들을 찾아 내게 한다.

예를 들어 가나 황금연안의 감리교를 살펴 보자. 1907년부터 1925년 사이에 (도표를 보라.) 코코아 붐, 아폴로니아의 해리스 전도운동, 그리고 예언자 오퐁(Opong)의 지도 하에 이루어진 아샨티 수확은 교인수를 6,217명에서 38,941명으로 끌어올렸다. 이 18년간의 기간 동안 감리교는 526% 증가하였다. 다시 말해서 매10년간 292%의 비율로 증가하였다. 하지만 그 이후 30년 동안 그 교회는 슬럼프에 빠졌고, 그 결과 38,941명에서 58,725명으로 겨우 성장하였다. 매10년간 겨우 17%의 비율로 증가하였다. 본 도표는 정지의 정도를 보여 준다. 그리고—앞서 18년간의 세 번에 걸친 급격한 개종성장 때문에—사람들로 하여금 정지의 원인이 무엇이었고, 그 정지는 실제로 필연적인 것이었는가 아닌가를 생각하게 하였다.

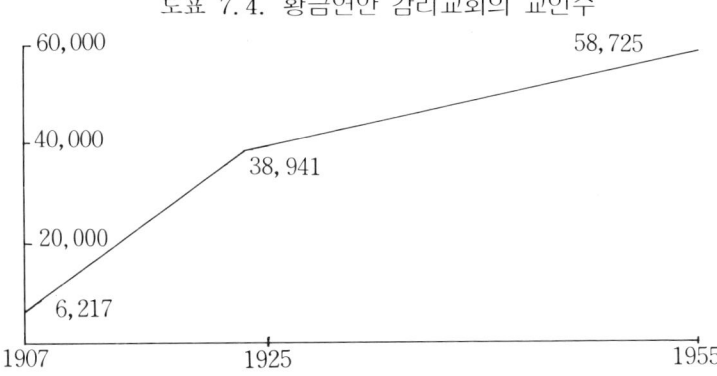

도표 7.4. 황금연안 감리교회의 교인수

1925년경에 시작하여 그 이후 30년 동안 계속된 원인이 규명되어진다. 바로 그 원인은 20년대 초에 시작되어 그 기간 내내 계속해서 시행되었던 교육에 대한 지나친 강조였다. 황금연안의 감리교 지역 내에서 영국인에 의해서 행해진 대부분의 교육을 떠맡고 많은 양의 정부 보조금을 받았던 감리교는 교육을 통하여 학생들을 개종시키는 일에 더욱 관심을 기울였고, 복음전파를 통한 성인 이교도를 개종시키는 일로부터는 점차로 멀어졌다. 성장의 정체에 대한 다른 원인들도 있었다. 그러나 교육에 대한 강조는 분명히 가장 중요한 원인이었다.

서부 아프리카에서 교회들에 의해 취해진 교육에 대한 독점적인 활동은 이러한 종류의 성장을 선교회들로 하여금 관심을 갖게 하였다 - 앞에서 예시된 로디지아의 경우에서처럼 - 그러나 우리는 그들이 학교를 통한 전도방법이 교회성장에 거의 효과를 미치지 못한다는 사실에 대해서 정확하게 인식하고 있었는가 하는 점이 궁금하다. 그러한 일은 그 나라의 지도계층을 기독교화 시키기는 하였어도 대중들은 여전히 이교도로 남아 있게 하였다. 지도자들이 일단 기독교인이 되면 백성들은 자연히 그리스도에게로 나아오리라는 이론이었다. 그러나 이 이론은 현실화되지 않았다 - 가나의 감리교의 도표가 이러한 사실을 분명히 보여 준다.

영국의 감리교는 가나와 나이제리아 양국에다 교회를 하나씩 개척하였다. 1925년 이후 한 나라에 수행된 정책은 다른 나라들에서 수행된 정책과 대동소이하였다. 따라서 데이빌레 워커(Deaville Walker)가 *A Hundred Years in Nigeria*(1942)에서 기술한 것은 우리가 가나에서 일어난 미미한 성장을 생각할 때 일시적인 관심 이상의 의미가 있다. 그는 1942년 서부 아프리카에서 감리교 선교회와 교회의 정책을 요약한 다음의 진술로 그의 책을 끝맺고 있다.

> 현재로서 가장 중요한 일은 철저한 훈련을 시키는 일이다 - 교사, 목사, 전도사 및 그 밖의 사역자들의 훈련을 위한 매우 광범위하고 보다 효과적인 준비이다. 그리고 우리의 학교들에서 남녀 학생들에 대한 훈련이고, 우리의 교회들에서 기독교인들에 대한 세심한 훈련이다. 멀지 않은 미래에 그 구세주에게 열성적으로 헌신하는 서부 나이제리아의 모든 감리교회는 지상의 일 - 그 지역 내에 아직 복음화되지 않은 대중들의 복음화 - 을 위해 동원될 것이다(Walker, 1942 : 138).

고던 로빈슨(Gordon Robinson)은 *Church Growth in Central and Southern Nigeria*에서 워커의 결론을 인용하면서 다음과 같이 덧붙이고 있다. "20년 후에도 (1962년에) 여전히 감리교는 그 교육의 요새를 벗어나서 '아직 복음화되지 않은 대중'을 복음화하는 운동에 참여해야 한다"(Robinson, 1966 : 339). 그는 이어서 성장정지의 원인들을 다음과 같이 요약하고 있다. "성장의 실패는 인도주의적인 봉사와 계몽활동에 대한 지나친 강조와 복음화에 대해서는 지나칠 정도로 강조하지 않은 결과이다. 교육은 교회의 출입문이 되었다. 그 결과, 교육은 가능성을 제한하였고 과정을 둔화시켰다"(Robinson, 1966 : 337).

물론 선도표 그 자체가 이러한 모든 것을 말해 주지는 않는다. 그러나 그 도표는 놀라울 정도로 명확하게 장기간에 걸친 슬럼프를 나타내 주고, 그리고 이 도표는 정책, 활동, 사람들 및 여건들을 참고로 하여 설명되어질 때 성장에 관한 정확한 사고를 가능케 한다.

유사한 낮은 성장(10년에 17%)이 정상적인 것으로 받아들여지고 있는 미국 내에서는 이러한 유사한 성장분석이 주별로 이루어져야 한다. 사실들을 수집하여 그들의 낮은 성장을 신중하게 연구하고 성장을 가져오게 할 신학과 방법에로 그들의 방향을 바꾸는 교단들은 성장을 할 것이다. 서아프리카의 감리교와 같은 다른 교단들은 불행히도 계속해서 성장하지 못할 것이다.

동질단위 성장

동질단위 교회성장에 관한 도표들은 교회성장 원인들을 이해하는 데 있어 크게 기여한다. 가장 쉽게 얻을 수 있는 수치는 교단이 발행한 인쇄된 연례보고서를 통해 수집가능한 지역총계이기 때문에 가장 일반적인 도표는 한 지역 내의 전체 교단의 성장을 나타내 주는 도표이다. 하지만 그 교단은 거의가 주민의 일부 가운데서 성장하는 여러 교회들의 집단들로 구성되어 있기 때문에 지역총계의 도표는 믿을 만한 것이 못된다. 그 도표는 성장의 진정한 원인들을 감추고 있다. 동질단위 교회성장에 관한 도표들이 절실히 필요하다.

이러한 도표의 전형적인 실예는 로이 쉐러(Roy Shearer)의 *Wildfire: Church Growth in Korea*(1966)에 나타나 있다. 쉐러는 한국 내의 모든 장로교의 교인 수를 자세히 조사하여 그 통계를 세밀히 분석한 후에 9개의 성장도표를 그렸는데 도표 하나하나가 다른 장로교단을 나타내고 있다. 도표 7.5에 예시된 이 도표들은 한국 장로교의 대성장이 주로 북서 지방-평안 남북도-에서 일어났다는 것을 결론적으로 보여 주고 있다.

「지역에 따른 장로교회 성장에 대한 비교」라는 제목의 그의 저서 4장에서 쉐러는 한국의 교회성장에 관한 평범한 결론들(한국 교회가 크게 성장하였다는 일반적인 사실에 기초한)을 채택하여 그 결론들을 성장도표에 비추어 세밀히 분석한 후 그러한 결론들의 대부분이 잘못된 것임을 발견하고 있다. 그의 분석은 교회성장을 연구하는 모든 사람이 읽어야 할 필독서이다. 쉐러의 저서 이후로는 지역총계에만 기초를 둔 그 어떤 결론도 의혹시될 것이다. 시간상 여기서 그의 폭넓고 다양한 논증을 우리가 검증할 수는 없는 일이다. 단지 두 가지 실예만을 살펴 보고자 한다.

A. W. 와슨(Wasson, 1934)은 *Church Growth in Korea*라는 제목의 저서로 괄목할 만한 개척적인 연구를 하였다. 이 저서는 교회성장이라는 주제에 대해 세밀하게 연구하고 있으나 그가 지역총계만을 가지고 연구했다는 사실 탓에 상당한 결점을 내포하고 있었다. 지역총계들은 1911년부터 1919년 사이의 현저한 성장 둔화를 보여 주었다. 와슨은 이러한 둔화의 원인을 일제 하의 생명과 재산에 대한 안전감의 상실과, 대부분이 기독교인 교사들과 학생들인 105명이 그 지역을 순행하는 일본 정부요인을 살해할 음모를 꾸몄다는 혐의로 평안북도 선천에서 체포됨으로 발발한 기독교인들에 대한 박해 때문이라고 규명하였다. 이러한 원인들이 남쪽에 있는 교회들에 영향을 끼쳤다는 사실을 지적한 후에 쉐러(Shearer)는 다음과 같이 말하고 있다.

> 만일 105인 사건이 교회성장에 있어 중요한 사건이었다면 우리는 직접 가장 극심한 박해를 받았던 지역이 그 성장에 있어 둔화현상을 나타냈을 것으로 당연히 생각할 것이다. 그러나 평안북도 지역의 확대시킨 도표를 참조하라. 이 지역은 선천 선교기지의 활동지역이었다. 그 누구도 그 지역에서 교인수의 성장이 둔화되었음을 발견하지 못할 것이다…(Shearer, 1966 : 140).

교회성장에 있어서 1907년의 부흥운동과 그 결과를 기술하면서 쉐러는 다시 부흥운동이 한국 교회의 대성장의 원인이었다는 일반적인 견해를 전

7. 성장방법의 발견 211

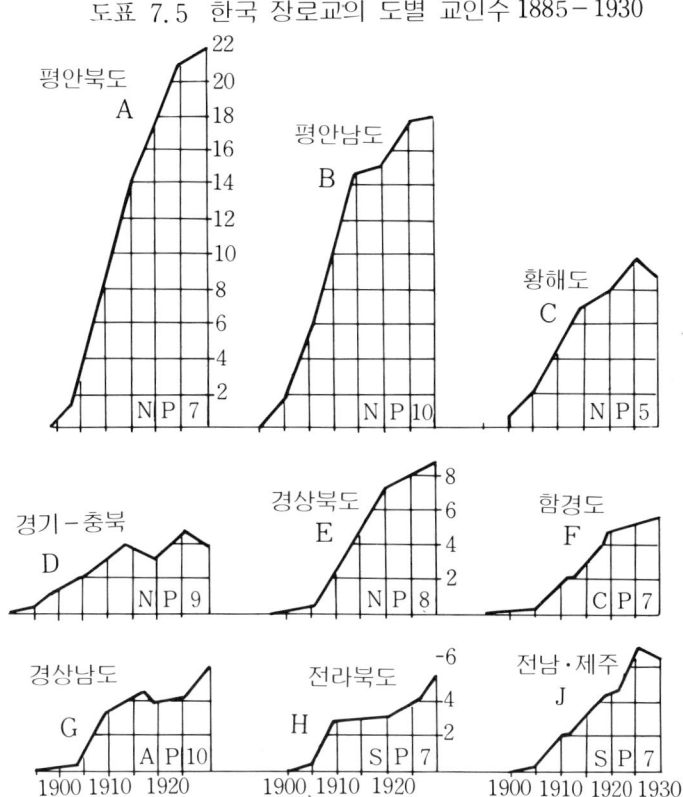

도표 7.5 한국 장로교의 도별 교인수 1885-1930

AP : 오스트리아 장로교선교회
CP : 카나다 장로교선교회(현재 카나다 연합교회)
SP : 남장로교선교회
NP : 북장로교선교회(현재 미국 연합장로교회)
아래쪽 오른편의 숫자는 1911년에 각 지역에 임명된 선교사의 수이다.

적으로 지지하고 있다. 그는 다음과 같이 말하고 있다.

교회성장이 거의 없었던 그러한 한국의 지역들 내에서, 성장비율은 부흥운동 직후에 다소간 증가되었음을 보여 주는 것은 사실이다.…

하지만 서북지역의 돌연한 증가로 볼 때 그 지역에 있어서는 보다 중요한 요소가 틀림없었던 부흥운동이 다른 지역에서는 성장의 원인은 아니었다. [도표에 따르면] 교회가 이 부흥운동 **이전의** 상당한 성장과 부흥운동 이후의 성장비율의 불변화를 보여 준다. 따라서 우리는 서북지역에 있어서 부흥운동은 장로교회 성장의 본래의 원인이 아닐 뿐만 아니라 아마도 주요한 원인조차도 아니었으리라고 결론을 내릴 수 밖에 없다(Shearer, 1966 : 136).

동질단위 교회들에 관한 도표들의 중요성은 몇 페이지 전에 살펴 본 초기 35년 동안의 타이완 장로교회의 도표를 취해, 페포완인 기독교인들의 수와 중국인 기독교인들의 수를 분리하여 두 개의 도표로 나타내는 일이 가능하면 매우 분명하게 나타날 것이다. 첫 번째 도표는 페포완 족속의 전도운동의 성장과 쇠퇴를 보여 줄 것이고, 두 번째 도표는 중국인 교인수의 성장을 보여 줄 것이다. 불행하게도 교회 통계수치들은 거의가 종족 또는 그 밖의 다른 단위별로 보고되지 않는다(한국에서처럼 이러한 수치들이 또한 지역적 단위별로 나타나는 경우 외에는). 그 결과 동질단위들 내에서 성장하는 회중집단들은 종종 정확하게 보고되지 않는다. 우리는 교회성장이 매우 중시되어 취급된 경우에는 동질단위 성장이 따로 분리되어 보고되어야 하리라고 기대한다. 일상적인 절차에 이러한 소소한 과정 하나를 추가함으로 교회의 지도자들은 어떠한 회중집단들이 성장하였고, 어떠한 회중집단들이 성장하지 못하였는가를 알 수 있게 될 것이다. 따라서 교회성장의 원인들은 명확해질 것이다.

보충수치들에 관한 도표

성장의 원인들은 또한 보충 정보가 도표상으로 표시될 때 보다 더 정확해질 것이다. 보충 정보란 예컨대 자신들을 기독교인이라고 고백하면서도 아직 세례를 받지 않은 지지자들의 수, 생물학적 성장, 이동성장 및 개종성장을 통해 얻게 된 교인들의 수, 사망, 전출, 복귀 등을 통해 줄어든 교인수, 가정분석과 학교 입학자수를 통해 얻어진 자료 등이다. 이러한 요소들의 수치들은 성장과 정체에 대한 이유들에 깊이 관련되어 있다. 두 가지 실예만으로 충분할 것이다.

도표 7.6. 다니교회의 성장 - 발림계곡, 피라밋 지역

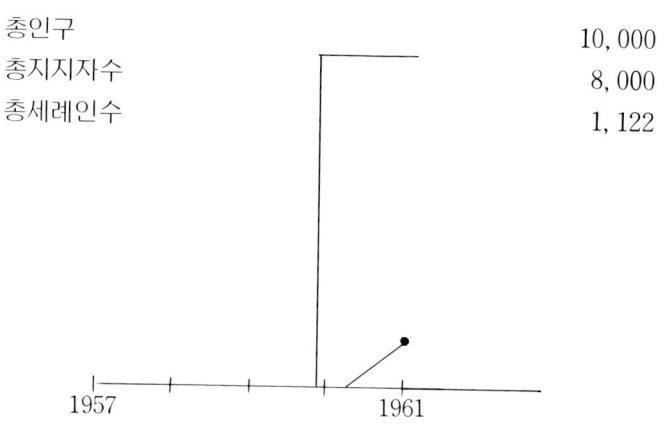

총인구　　　　　　　　　　　　　　　10,000
총지지자수　　　　　　　　　　　　　 8,000
총세례인수　　　　　　　　　　　　　 1,122

　　　　　1957　　　　　　1961

　서뉴기니아(오늘날의 아이리안)에서 1960년 2월 14,15일에 8천 명의 다니 부족이 그리스도를 구주로 받아들이고 길이 5피트, 넓이 4피트의 장작더미 위에 그들의 주물들을 쌓아올리고 불태웠다. 선교사 연합회의 선교사들은 8천 명의 지지자들을 교육하며, 그들을 위한 토착민 지도자들을 훈련시켰다. 사람들이 예수 그리스도에 관해 충분히 알고 그리스도에 대한 그들의 신앙을 충분히 이해하게 되었을 때 그들에게 세례를 베풀었다. 1961년에는 1,222명이 세례를 받았고 1967년에 이르러서는 6천 명이 세례를 받았다. 지지자와 세례신자들에 관한 도표 7·6은 1961년의 상황을 정확하게 나타내고 있다. 수직선은 1960년에 입교한 8천 명의 기독교인 지지자를 나타낸다. 낮게 상승하는 선은 정식교인들의 수가 점차로 증가함을 나타내고 있다(Sunda, 1963:28). 세례신자들의 증가는 스스로 기독교인임을 선언한 8천 명의 집단으로부터 발생하고 있었다.
　동북 나이제리아의 "동수단 그리스도의 교회"(형제선교의 교회에 의해 원조를 받았다.)에서의 교인수 증가에 관한 도표는 학교 입학자의 수와 교회성장과의 중요한 관계를 보여 주고 있다. 1930년에서부터 1958년 사이에는

214 Ⅲ. 교회성장의 원인

도표 7.7. 동수단 그리스도의 교회

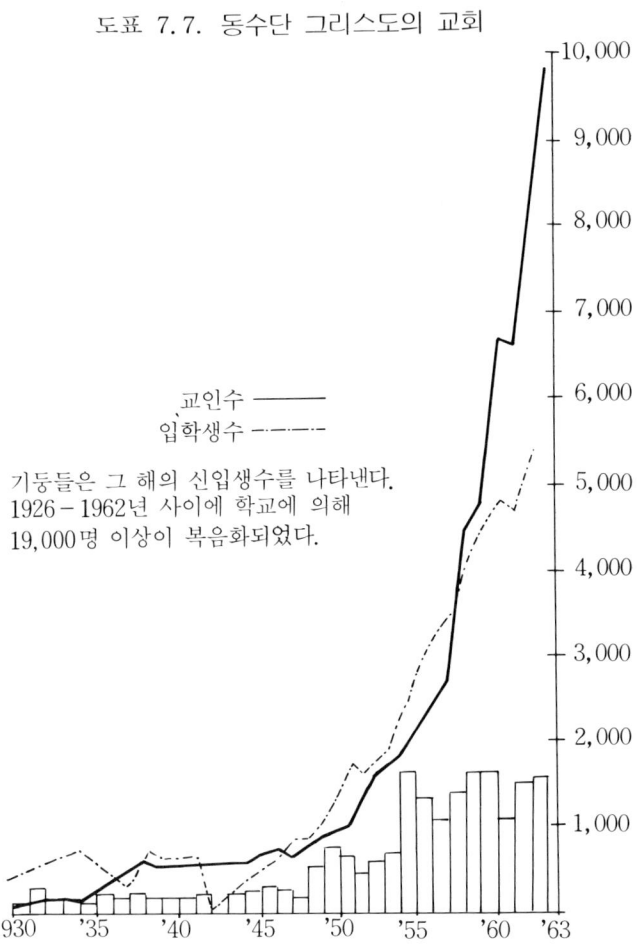

교인수 ———
입학생수 —·—·—

기둥들은 그 해의 신입생수를 나타낸다.
1926 - 1962년 사이에 학교에 의해
19,000명 이상이 복음화되었다.

학교 입학자의 수가 종종 교인수보다 많았다 — 즉 학교 내의 모든 소년들이 다 세례를 받은 것은 아니었다 — 는 사실을 주시하라. 1958년 이후, 그리고 1960년 이후에는 눈에 띌 정도로 교인수는 학교의 학생수보다 훨씬 더 많게 되었다. 다시 말해서 학생들 이외에도 다른 많은 사람들이 그리스도를 영접하고 그리스도의 교회의 일원이 되었다. 물론 많은 나라들에서 학교 입학생수와 교인수와는 거의 상관이 없거나 전혀 상관이 없을 것이다. 바꾸어 말하면 비기독교인 부모의 자녀들은 결코 세례를 받지 않았다. 하지만 나이제리아에서는 이 기간 동안에는 학교 입학생수가 교회성장의 실질적인 원인이었다는 사실을 이 도표는 보여 주고 있다(Grimley and Robinson, 1966 : 122).

도표 작성요령

미국과 유럽의 모든 도시 내의 개체 교회들 또는 교회집단들은 쉽게 의미가 담긴 도표들을 작성할 수 있다. 다른 대륙들의 많은 교회들도 역시 이렇게 할 수 있다. 그 어떤 지역에서도 다음과 같은 규정들은 유용할 것이다. 웨이마이어(Waymire)와 와그너(Wagner)의 저서(참고문헌을 보라.)는 많은 도움을 줄 것이다.

1. 실상을 도표로 기술한다는 것은 편리하고 인상적이다. 그러나 그러한 기술은 정확하지 않다. 직선의 폭 자체는 종종 20 또는 100을 나타낸다. 따라서 정확한 조사에 있어서는 그 도표가 기초하고 있는 수치표들을 주의깊게 염두에 두어야 한다.

2. 도표상의 비율들은 메시지를 전할 수 있도록 처리되어야 할 것이다. 그 메시지는 선택된 비율에 의해, 다시 말해서 수직 눈금과 수평 눈금─교인수와 연도─의 관계에 의해 크게 영향을 받는다. 예컨대 마지막 도표에서 그림리는 이러한 성장을 칭찬하고 싶은 마음에서 6인치의 수직선으로 1만 명의 교인수를 나타냈다. 만일 그가 이 성장을 불충분한 성장이라고 생각하였더라면 그는 아마도 2인치의 수직선으로 1만 명의 교인수를 나타내었을 것이다. 그렇게 했을 경우에 전달되는 성장에 대한 인상은 참으로 보잘것 없었을 것이다.

비율을 선택하는 데 있어서 두 가지 목적을 염두에 두어야 한다. 도표는 진리를 나타내야 하고, 그리고 그 진리를 의미있게 말해야 한다. 도표를 작성하는 데 있어서 외형적인 모습 또한 적절해야 하지만 그렇다고 정확성을 결여할 정도로 외형을 살릴 필요는 없다.

3. 일련의 도표를 작성하는 데 있어서 각 도표의 비율 또는 상관눈금은 동일해야 한다. 그렇지 않고는 그 도표들이 따로 독립되어서 읽혀질 경우

에는, 정확하고 진리를 전달해 주는 것이라 할지라도 결국에는 그 도표들은 독자들을 잘못된 길로 인도할 것이다. 왜냐하면 독자는 동일한 눈금을 가정하고 있기 때문이다. 설혹 그 독자가 매우 세심하게 그 도표들을 읽는다고 할지라도 전체적인 증가의 크기에 의해 전해진 첫인상이 뒤늦게 눈금을 읽음으로 얻어지는 정확한 지식보다 훨씬 더 중요하다. 또한 다른 한편으로 독자는 거의 잘못 나타내고 있는 시도처럼 보이는 것에 대해 곤혹스러움을 느낄 것이다.

4. 한 장의 종이 위에 만일 대성장 교회들(5천 이상)이 수백 또는 수천의 교회들과 비교되어지면 소규모 성장의 교회들을 나타내는 선은 거의 밑바닥에 붙어 있을 것이고, 그리고 그 교회들의 증가는 분간하기가 어려울 것이며 또한 비교에 큰 어려움이 있을 것이다. 따라서 이러한 경우에는 비율을 두 경우로 나누어서 사용하는 것이 적절한 절차이다 : 예를 들어 (1) 교인수 5천 이상의 교인들과 (2) 교인수 5천 이하로 나누고는 한 종이 위에는 한 범주의 교회들만을 나타낸다. 또 달리 첫 번째 비율을 항상 녹색으로 표시하고, 두 번째 비율을 적색으로 표시하면 보다 명확하게 결과를 알아 볼 것이다.

5. 예비적인 연구로, 또는 신속하게 하기 위해서 5년 내지 10년 간격의 교인수는 때때로 합산된다. 그러나 정확한 조사를 하기 위해서는 매년의 교인수가 밝혀져야 한다. 5년 내지 10년 내에 일어나는 일이 종종 지극히 중요한 것일 수도 있다. 특별히 성장원인들을 찾고자 할 경우에는 성장율이 변화하는 정확한 연도를 알아야 할 필요가 있다.

교회성장을 연구하는 유럽-아메리카의 학생들 뿐만 아니라 또한 아프리카-라틴 아메리카-아시아의 학생들도 수집된 모든 교인수 성장의 통계들의 배후를 살펴 본다. 그들은 항상 그 성장의 원인에 대해 강한 호기심을 갖는다. 도표들은 성장 사실들을 극적으로 나타낸다. 그러나 그 도표들의 가장 중요한 활용성은 교회성장을 연구하는 학생들로 하여금 그 도표들이 나타내고 있는 크기, 기간, 성격에 대한 정확한 지식을 가지고 적절한 때에 성장추세를 그들이 정확하게 조사할 수 있게 하는 점이다.

8
교회성장의 원인에 대한 고찰

교역자는 기독교인들(교회들)이 도시나 나라나 종족이나 사회집단 전체를 통하여 급증하고 있는 이유들을 어디서 찾아 볼 수 있는가?
 어떤 사람들은 이 질문을 단순히 수사적인 것으로 만족하고 이에 대한 대답을 지극히 자명한 것으로 여길 수도 있다. 이러한 사람들은 복음전도 운동이 사람들을 그리스도께로 인도하고 새로운 교회들을 세우는 데 기여하고 있다고 생각하고 있다. 그리고 그들은 교역자는 복음전도가 어떠한 일을 해왔는가를 살펴 보기만 하면 된다고 생각하고 있다. 그러나 이러한 생각은 복음전도 운동들이 각기 매우 다른 결과들을 초래하고 있다는 사실을 전혀 고려하지 못하고 있다. 어떤 지역에서는 이 복음전도 운동을 통하여 수천명의 사람들이 기독교로 개종하지만, 또 어떤 지역에서는 단지 열댓 명의 사람들만이 기독교로 개종할 뿐이다. 아시아-아프리카에서는 많은 복음전도 집회가 열렸으나 단 한 사람도 기독교로 개종하지 않았으며 새로운 교회도 전혀 세워지지 않은 때도 있다. 사실상 미국에 있어서 많은 복음전도 집회들은 새로운 회중을 모으지 못하고 단지 소수의 새로운 기독교인들만을 이미 존재해 있는 회중들의 모임에 참석시키고 있을 뿐이다.
　성령께서 구원받은 자들의 수많은 새로운 공동체들을 세우심으로써 "그리스도의 향기"를 널리 확산시키는 방법들을 이해하고자 하는 교역자는 복음전도 운동이 어떤 지역에서는 수많은 사람들을 회심시키는 반면에, 어떤 지역에서는 아무도 회심시키지 못하는 이유를 면밀히 고찰해 보아야만 한다. 어떤 지역에서는 회심이 수많은 새로운 회중들을 형성하는 연쇄적인 반작용을 낳고 있는 반면에, 다른 지역에서는 회심이 단지 소수의 회심자들을 이미 존재해 있는 회중들에 가담시킬 뿐인 이유는 무엇인가? 이미 존재해 있는 한 교회가 어떤 기간 동안에는 급격히 성장하는 반면에 다른 기간 동안에는 침체된 상태에 머물러 있는 이유는 무엇인가? 과테말라에서는 복음전도 운동이 큰 성과를 거두고 있는 반면에 대만에서는 복음전도 운동이 별다른 성과를 거두지 못하고 있는 이유는 무엇인가? 어떠한 환경적 요소들과 선교적 요소들이 교회성장을 좌우하고 있는가?
　교역자는 이러한 물음들에 대한 대답들을 어디서 찾을 수 있는가? 이러한 물음들은 결코 수사적인 것들이 아니며 이에 대한 대답들도 결코 자명하지 않다. 즉, 우리는 이 문제들을 올바르게 면밀히 고찰해 보아야만 할 필요가 있는 것이다.

목사들과 선교사들

　교회성장을 이해하는 데 있어서 가장 좋은 자료들은 교회에서 일어났던 일을 직접 목격하였던 사람들 자신이다. 그들은 교회에서 일어났던 일들을 잘 알고 있었다. 그들은 기독교로 개종하고자 하는 모든 사람들을 알고 있었으며 그들에게 세례를 베풀었다. 그리고 그들은 여러 가지 반대들에 부딪쳤으며 결국 그 반대들을 극복하였다. 그들은 바로 성장이 일어났던 공동체의 일원들이었다. 즉 우리는 교회가 성장하고 정체되고 쇠락하였을 때 그곳에 있었던 목사들과 선교사들의 말에 귀를 기울임으로써 교회성장을 올바르게 이해할 수 있는 것이다.
　그들은 그곳에 있던 그 어떠한 사람들보다도 교회의 성장과정에 대하여 잘 알고 있다. 그들은 높은 교육을 받은 사람들로서 명민한 식별력과 풍부한 경험을 지니고 있다. 그리고 그들은 그리스도인들이 사용하는 언어를 잘 알고 있으며 그들과 자유로이 대화를 나누고 있다. 우리는 목사들과 선교사들 만큼 새로운 교회들에 밀접히 연관되어 있는 사람을 거의 찾아 볼 수 없다. 그들은 교회성장에 관하여 상당히 많은 생각을 해오고 있다. 그들은 교회성장을 염원하고 있으며 그것을 위하여 기도하고 수고해 오고 있다. 즉 그들은 교회성장을 위하여 그들의 온갖 심혈을 기울여 오고 있는 것이다.

또한 그들은 교회성장에 너무 밀접히 연관되어 있음으로 인하여 종종 그릇된 생각을 하기도 한다. 그들은 교회성장을 위하여 그들 자신이 행해 온 일들이 교회성장에 지대한 영향을 끼쳐 온 것으로 생각하는 경향을 지니고 있으며 또한 그들 자신이 교회의 성장이나 정체에 있어서 관련되어 있는 상당한 부분과 그 밖의 사회적 구조들을 충분히 인식하지 못하고 있다. 즉 그들은 교회성장과 너무 밀접하게 연관되어 있음으로 인하여 이러한 점들을 올바로 인식하지 못하고 있는 것이다. 그러나 이러한 단점들에도 불구하고 교회성장과 정체의 기간 동안에 교회의 활동을 주도하였던 목사들과 선교사들은 교회성장에 대한 통찰을 얻을 수 있는 최선의 자료들이 아닐 수 없다. 교회성장을 탐구하고 고찰하는 사람은 그들의 약점들을 참작할 수 있으며 그들 자신의 이러한 약점들을 극복하고자 하는 것을 도와 줄 수 있다.

교회성장을 탐구하고 고찰하는 사람은 교회성장에 관한 정보를 구하고자 할 때 교회성장의 특별한 경우들에 관하여 물어야만 하며 그러한 경우들의 구체적인 실상을 파악하고자 노력하여야만 한다. 이 점에 있어서 교회성장에 대한 도표는 교회성장과 아무런 관계도 없는 이야기를 나누는 일을 방지해 주며 교회성장에 대한 적절한 정보를 얻는 일을 도와 준다. 당신은 교회성장 도표의 선이 갑자기 상승되어 있는 것을 인식할 수 있을 것이다. 1961년에 미국에서는 당신의 교파를 6년 만에 두 배로 성장시켰던 일이 발생하였다. 나는 교회의 이러한 급격한 성장을 기대하고 있는데, 1961년을 기점으로 한 교회의 이러한 급격한 성장은 그 이후로 점차 수그러들었으며 결국 1976년 경에 끝나고 말았다. 나는 이처럼 교회성장이 수그러들었던 이유를 알고 싶다. 당신은 그 당시에 교회성장의 이러한 변화

과정을 직접 목격하였었는데, 나는 그 당시에 실제로 어떠한 일이 일어났었는지를 당신에게서 듣고 싶다.
　은퇴한 사람들은 때때로 매우 훌륭한 정보원들이다. 그러나 그들이 교회성장에 아무런 관심도 기울이지 않았을 경우 그들은 우리에게 아무런 도움도 되지 않는다. 예를 들어 버몬트주나 캔사스주에서 목회하였던 은퇴 목사들은 일반적으로 우리에게 교회성장에 관하여 아무런 정보도 제공해 줄 수가 없다. 왜냐하면 그들은 단지 교회를 현상태대로 유지시키는 데만 관심을 기울였으며 교회를 성장시키는 데에는 아무런 관심도 기울이지 않았기 때문이다. 그리고 선교기관을 운영하는 일에 종사하고 단지 선교기관에 관련된 일들에 대해서만 관심을 기울였던 은퇴 선교사들도 일반적으로 그들이 다루었던 교회들의 성장과 쇠퇴에 대하여 거의 아무 것도 알지 못하고 있다. 그러나 의식적으로 선교사역에 종사하고 그리스도의 복음을 전하는 데 온갖 심혈을 기울였던 은퇴 선교사들은 교회성장에 관한 정보를 얻을 수 있는 최선의 자료임에 틀림이 없다.
　나는 중국에서의 '그리스도의 교회'(Disciples of Christ)의 놀라운 성장의 원인들을 탐구하기 위하여 두 명의 은퇴 선교사들과 대담을 나누었는데, 이 대담의 핵심적인 문제는 다음과 같은 것이었다. 1880년부터 1940년까지 수많은 선교사들은 그들의 선교활동을 통하여 전체적으로 1,192명의 중국인들을 기독교로 개종시켰는데, 이 60여 년 동안 기독교인들의 수는 극히 조금씩 증가하였다. 그런데 1942년에 기독교인들의 수가 급격히 증가하기 시작하였으며 6년 만에 기독교인들의 수는 1,867명으로 불어났던 것이다 (*Yearbook* 1940 : 624, 1948 : 682). 이처럼 1942년을 기점으로 기독교인들의 수가 급격히 증가한 이유는 무엇이었는가? 내가 대담을 나누었던 두 은퇴 선교사들은 모두 다 그 당시에 중국에서 활동하고 있었다.
　그 중 한 사람인 O. J. 굴터(Goulter)는 이러한 급격한 성장의 두 가지 이유를 제시해 주었다. 첫째로 미군의 도움으로 일본군이 중국에서 철수한 후에 미국 선교사들은 60여 년 만에 처음으로 중국인들에게 그들의 "친구이자 동맹국 사람들"로 인식되게 되었으며, 따라서 중국인들은 미국 선교사들에게 적의를 품거나 무관심한 태도를 보이는 대신에 호의적인 태도를 보이게 되었다. 그리하여 중국인들은 그리스도의 복음에 귀를 기울이게 되었으며, 더이상 복음 자체를 중국에 대한 침략의 선봉으로 간주하지 않게 되었던 것이다(이와 반대로 그 당시에 다른 교파의 교회들이 전혀 성장하지 않았던 이유에 대한 한 연구자의 다음과 같은 서술을 참조하라 : "전쟁이 끝난 후에 우리 교회의 선교사들은 다시 중국으로 돌아갔다. 그러나 그들은 4년 후에 다시 그 곳을 떠날 수 밖에 없었으며, 그 4년 동안에도 그들은 중국의 대부분의 지역들에 있어서 파괴된 것들을 재건하는 데 거의 모든 힘을 기울였다." 그곳의 사람과 환경과 그 시기는 동일한 것이었으나 다른 교파의 교회들은 전혀 성장하지 못하였는데 이는 그 교파의 선교사들이 파괴된 것들을 재건하는 데 그들의 관심을 집중하였기 때문이었다).

둘째로, 성경학교가 전도사들을 배출하는 새로운 형태의 기관으로 설립되었는데 이 학교의 중국인 학생들은 그곳에서 복음전도와 농업에 관한 학문을 교육받았다. 그리하여 그들은 중국인 농부들에게 구원에 이르는 방법뿐만 아니라 쌀의 수확과 돼지의 증식방법을 가르칠 수 있게 되었으며, 따라서 그들이 파송된 곳에는 작은 농촌 교회들이 세워지게 되었던 것이다.

반면에 '기독교' 선교회의 행정관이었던 제임스 맥칼룸(James McCallum)은 나의 질문에 대하여 단순히 "그 4년 동안에 남경에 있던 서로 독립된 여러 회중들은 우리 교회에 가입하기로 결정하였읍니다"라고 말하였다.

위에 제시된 예는 목사들과 선교사들로부터 얻을 수 있는 정보의 여러 특성들을 예시해 주는데, 그 정보는 일반적으로 편향적인 것이었다. 제임스 맥칼룸이 제시하였던 교회성장의 이유는 부분적인 것으로서 그는 남경에 거주하면서 독립된 여러 회중들을 하나로 연합시키는 일에 몰두하였으며 그 회중들을 기억하고 있었다. 반면에 '성경학교'의 교장이었던 굴터는 교회성장의 과정을 직접 목격하였었으며 따라서 그 과정을 매우 잘 알고 있었다. 즉 교역자들로부터 얻은 정보들은 일반적으로 그 정보자 자신의 열심과 편향적인 성향을 드러내 주고 있는 것이다.

대부분의 경우에 있어서 나의 의문에 대한 대답들은 성실함으로 특징지어져 있다. 목사들과 선교사들은 그들 자신의 목회활동이나 선교활동을 매우 훌륭하고 칭찬할 만한 것으로 믿는 경향을 지니고 있는데, 교회성장을 탐구하고 연구하는 사람은 그들의 대답들을 평가함에 있어서 그들의 그러한 신념을 염두에 두어야만 하며, 또한 교회성장이 늦거나 교회성장이 전혀 없었던 교회의 목사들이나 선교사들의 대답을 평가할 경우에는 그들의 자기 방어적인 생각을 염두에 두어야만 한다. 그리고 목사들과 선교사들은 대부분 자기 자신의 입장을 합리적으로 변명하고자 하는데, 30여 년 동안 자신의 교회가 거의 아무런 성장도 하지 못한 것에 대하여 "이 지역에서는 세속적인 인본주의자들의 반대가 매우 극심합니다. 이 지역에서는 그 누구도 교회성장을 기대할 수 없읍니다"라고 말하였던 어느 한 목사는 그 인근지역에서는 그 기간 동안에 교회들이 매우 급격히 성장하였던 사실을 전혀 간과하고 있었던 것이다. 그의 교회가 전혀 성장하지 못했던 실제적인 이유는 그가 목회를 행함에 있어서 효율적인 복음전도를 일차적인 목표로 삼지 않았었기 때문이었다. 이러한 교역자들은 다방면에 걸친 프로그램의 수행에 일차적인 관심을 두었는데, 그들은 교회성장에 대하여 질문을 받을 때 그들의 교회가 성장하지 못한 실제적인 이유를 제시하기보다 오히려 자기 자신을 변호하는 입장에서 그 이유를 외적인 여건에 돌리곤 하였다.

한편 선교회의 행정 실무자들은 교회성장에 대한 이해에 거의 아무런 도움도 주지 못하고 있다. 그들은 일반적으로 여러 분야의 선교사업들에 대한 행정적인 일들에 종사하고 있으며 따라서 각 교회의 교인들과 밀접한 교제를 나누지 못하고 있다. 선교사들이나 교회지도자들과 영어로 대화를 나누며, 또한 그들은 많은 종류의 일들에 대한 책임을 맡고 있는 까닭에 자연히 특정한 일들에 과도한 관심을 기울이는 것을 피하고 있다. 그리고 그들의 주된 임무는 부족한 선교사들을 모집하고 선교기금을 모으는 것으로서, 그들은 이를 위하여 선교지역의 실제적인 상태를 진단하기보다 오히려 그들의 선교사업의 긍정적인 성과에 관한 자료들에 특별한 관심을 기울이고 있는 것이다.

그럼에도 불구하고 몇몇 행정 실무자들은 교회성장을 매우 진지하게 고찰해 오고 있으며, 또한 다른 많은 실무자들도 이에 관심을 기울이고 있다. 교회가 어떻게 성장하는가에 대한 정확하고도 포괄적인 지식은 선교사업을 보다 더 효율적으로 수행하고자 하는 사람들에게 있어서 매우 본질적인 요소가 아닐 수 없는데, 우리는 조만간에 교회성장의 자연법칙(우리는 이를 과학이라고 칭할 수도 있다.)에 대한 지식이 교회나 선교회의 행정 실무자들의 자격의 한 부분으로 요구되는 때에 이르게 될 것이다. 그리고 이러한 일이 일어날 때 모든 행정 실무자들은 교회성장의 이유들에 대한 정보의 훌륭한 출처가 될 것인데, 이는 다른 사람들은 교회의 성장과 정체와 쇠락의 수많은 경우들을 그들 만큼 직접적으로 알 수 있는 기회를 거의 지니고 있지 못하기 때문이다.

평신도들

우리는 평신도들에게서도 교회성장에 관한 훌륭한 정보를 얻을 수 있다. 교회성장은 세례를 받은 많은 신자들의 총화로서, 교회성장의 주축을 이루고 있는 평신도들보다 교회성장의 원인을 더 잘 아는 사람은 아무도 없을 것이다. 그러나 이러한 사실을 인정한다 할지라도 석영 광맥에서 금을 추출해 내는 것은 결코 쉬운 일이 아니다. 대담은 특별한 재능을 필요로 하며, 따라서 대담자는 이를 위한 특별한 훈련을 받아야만 한다. 그는 대담을 이끌어나가는 뛰어난 재능을 지니고 있어야만 하는데, 이는 평신도들이 대담에 응하기를 주저하며, 또한 대담에 응한다 할지라도 그들 자신의 생각이나 신념을 강하게 드러내기 때문이다. 그리고 그는 자신이 대담을 나누고자 하는 사람들을 그들이 속하여 있는 집단에서 전체적으로 잘 선별해야만 하는데, 바로 이 점은 대담자에 의하여 자주 간과되어 오고 있다. 즉 일반적으로 대담자는 그 자신이 쉽게 접근할 수 있는 사람들이나 매우 경건한 사람들이나 학식이 있는 사람들과 대담을 나누고자 하는 경향을 지니고 있는 것이다. 시골 사람들이나 무식한 사람들과 대담을 나누는 데는 상당한 인내가 필요하다. 그들은 일반적으로 단순한 질문을 이해하고 그것에 대하여 생각하는 데 상당히 오랜 시간을 요하며, 그 질문에 대한 올바른 대답을 찾아 내고 이를 표현하는 데에도 상당히 오랜 시간을 요한다. 더우기 그들은 그들에게 질문을 던지는 대담자의 마음을 기쁘게 해주리라고 여겨지는 말을 하고자 하는 경향을 지니고 있기도 하다.

이러한 결점들에도 불구하고 평신도들은 교회성장에 관한 매우 가치있는 정보들을 지니고 있다. 그들은 매우 실제적인 자들로서, 그들과 그들의 친지들로 하여금 기독교로 개종하게끔 하였던 실제적인 원인들에 대하여 이야기해 준다. 더우기 그들의 대답들은 신학적인 사고나 유럽과 미국의 문화적 배경에 의하여 전혀 왜곡되어 있지 않다. 따라서 교회성장의 참된 이유를 알기 원하는 교역자는 반드시 교회성장의 주축을 이루었던 수많은 평신도들과 대담을 나눌 필요가 있는 것이다. 교회성장을 연구하는 사람들은 교회성장에 관한 역사적 논문들이나 통계적 수치들로부터 교회성장에 관한 정보를 얻을 수 있다. 그러나 급격히 성장한 교회의 나이 많은 평신도들이나 교회성장의 주축을 이루었던 평신도들로부터 그들이 기독교로 개종한 이유를 듣게 될 때, 교회성장을 연구하는 교역자는 교회성장의 복잡한 과정들을 보다 더 명확하게 인식할 수 있을 것이다. 미국과 다른 지역들에 있어서 남녀노소를 불문한 모든 평신도들은 교회성장에 관한 실제적인 정보의 매우 훌륭한 제보자들이다. 여기서 나는 먼저 외국 선교지의 경우를 살펴 봄으로써 이 점을 예시해 보이고자 한다.

이에 관한 서로 대조적인 두 가지 실예들은 그러한 증언이 그 지역의 고유한 여건과 상황을 반영하고 있다는 점을 나타내 주는데, 나는 서구인들로부터 결코 그러한 증언을 듣지 못하였다. 이에 대한 첫 번째 실예로서, 한 기독교 가족이 불황기 동안에 그들의 마을을 떠나 기독교인이 아무도 없는 그 인근의 마을로 가서 벽돌을 만드는 일에 종사하였다. 그로부터 5개월 후에 그들은 그들의 마을로 되돌아왔는데, 그 가족의 가장인 아버지는 매일 저녁마다 예배가 드려졌던 그 마을의 교회에서 저녁 예배를 드린 후에 그의 집 안뜰에 그의 친척들과 친구들을 불러모아 놓고 그들에게 다음과 같이 말하였다.

"나는 나의 가족이 인간이 인간답게 살고 있는 곳에 되돌아온 것을 매우 기쁘게 생각하고 있다네. 우리는 벽돌 공장에서 상당히 많은 돈을 벌었네. 그러나 그곳에서 우리들은 마치 하루종일 일을 한 후에 주어진 풀이나 건초를 먹고 잠자리에 드는 소들과 같은 생활을 하였다네. 하지만 여기서 우리는 식사를 하고 나서 모든 친지들과 함께 예배를 드린 후에 잠자리에 드니, 이 얼마나 좋은 일인가!"

두 번째 실예로서, 한 교역자가 50년 동안 147개의 개교회들로 늘어나고 총 7,000여 명의 사람들을 기독교로 개종시켰던 한 교파의 성장을 연구하고 있었는데, 그 개교회들은 각기 정규적으로 예배를 드리고 있었으며, 그 교인들 중에는 학식있는 사람들이 상당히 많이 포함되어 있었다. 그는 그 개교회들의 무식한 늙은 교인들과 이야기를 나누는 가운데 그들과의 대화의 방향을 그들이 처음으로 기도교로 개종하였던 먼 과거로 유도하였는데, 그들은 거듭하여 경찰의 박해에 관하여 언급하곤 하였다.

"우리는 기독교로 개종하기 전에 매우 조악한 여건 속에서 살았었읍니다. 우리는 보잘것 없는 천민들이었던 까닭에 경찰들은 특별한 이유도 없이 우리를 계속하여 괴롭혔읍니다. 그들은 우리의 젊은이들을 잡아가고 우리의 여인들에게 못된 짓을 자행하였읍니다. 그리고 그들은 우리들에게서 쌀과 채소를 빼앗아 갔으며 우리들에게 아무런 보수도 지불하지 않은 채 우리들로 하여금 그들의 짐들을 다른 마을로 지고 가도록 하였읍니다. 그러나 우리는 이러한 우리의 억울한 사정을 그 누구에게도 호소할 수 없었읍니다. 그러나 우리가 기독교인들이 된 후에 우리의 목사님들은 우리를 위하여 경찰서에 가서 우리의 입장을 대변해 주었으며, 때때로 선교사들도 우리를 위하여 관계 당국에 진정서를 제출하였읍니다. 그러자 우리의 생활 여건은 점차로 좋아지기 시작하였으며, 경찰들도 더이상 우리를 괴롭히지 않았읍니다"(McGavran, 1956).

사람들로 하여금 기독교도로 개종하게끔 하는 동기들은 항상 매우 복합적인 것이다. 선교사들은 교회의 시작에 대하여 언급함에 있어서 보다 이기적인 동기들을 언급하지 않고 그대로 넘어가는 경향을 지니고 있다. 그러나 이 이기적인 동기들은 개종의 근본적인 동기들 중의 하나로서, 교회성장의 원인들을 이해하는 데 많은 도움을 주고 있다.

교회성장을 연구하는 사람은 평신도들과 대담을 나눔에 있어서 그들이 어떠한 부류의 사람들인가 하는 것에 관심을 기울여야만 한다. 선교사들로부터 많은 사랑과 보살핌을 받으면서 교회 안에서 성장해 온 유식한 제2세대의 기독교인들과 대담을 나눌 경우, 그는 그들로부터 한 종류의 대답을 듣게 될 것이며, 선교사들을 전혀 본 적이 없는 기독교인 노동자들과 대담을 나눌 경우, 그는 그들로부터 다른 종류의 대답을 듣게 될 것이며, 또한 시골에 살고 있는 기독교인 농부들과 대담을 나눌 경우, 그는 그들로부터 또 다른 종류의 대답을 듣게 될 것이다. 그리고 과테말라의 퀴크 인디언 기독교인들의 대답은 멕시코 북쪽 국경에 살고 있는 첼탈 부족의 기독교인들의 대답과 매우 다를 것이며, 자신의 가문으로부터 추방당한 인도의 상류 계층의 회심자들의 대답도 자신의 선조들이 살던 집에서 그 선조들의 가업을 계속하여 이어가고 있는 바 가족들을 통하여 기독교로 개종한 하류 계층의 회심자들의 대답과 매우 다를 것이다.

그들과 대담을 나누는 사람은 그가 알고 있는 많은 노선의 질문들 중에서 단지 몇 가지 특정한 노선의 질문들만을 제기하는 경향을 지니고 있으며, 또한 그는 교회성장이 일어난 이유나 교회성장이 일어나지 않은 이유에 관한 선입관을 지니고서 교회성장을 연구하는 경향을 지니고 있는데, 그가 지닌 이러한 선입관들은 그의 질문의 기초를 형성하고 있다. 이러한 과정에 있어서의 노선들의 질문들은 곧 아무런 쓸모도 없는 것으로 밝혀지게 되는데, 그러한 질문들은 주로 상황에 맞지 않은 것들이다. 즉 그러한 질문들은 전혀 비생산적인 것으로서, 교회성장을 연구하는 사람은 그러한 질문들을 과감히 포기해야만 한다. 반면에 그가 처음에 의도하지 않았던 다른 노선의 질문들은 그에게 의외로 매우 큰 성과를 가져다 줄 수도 있는데, 이러한 경우 그는 그러한 질문들을 계속하여 제시하고 그 질문들을 보다 넓게 확대시켜야만 한다. 예를 들어, 나는 필리핀의 연합교회의 성장을 연구할 때 100교회가 넘는 많은 교회들의 평신도들과 대담을 나누었는데, 그때 나는 곧 몇몇 교회의 회중들이 주로 부부 중에 한 사람만이 기독교로 개종한 사람들로 구성되어 있다는 점을 발견하게 되었다. 전 가족이 기독교로 개종한 사람들과 비교해 볼 때 이처럼 부부 중에 한 사람만이 기독교로 개종한 사람들은 교회활동에 있어서 전자의 사람들보다 훨씬 덜 열성적인 태도를 취하고 있었다. 나는 이러한 사실을 인식하자마자 곧 각 교회의 전자에 속한 사람들과 후자에 속한 사람들 모두를 대상으로 그들과 폭넓은 대담을 나누었는데, 이러한 새로운 방법은 교회성장의 역동성을 이해하는 데 상당히 많은 도움을 가져다 주었다.

인도에서의 교회성장에 대한 J. 와스컴 피케트(J. Waskom Pickett)의 통찰들은 주로 평신도들과의 체계적이고도 포괄적인 대담에서 야기된 것들이었다.

우리는 인도를 여행하는 중에 인도의 이 두 사회 계층들 중 한 계층에 속한 기독교인들이 다른 계층의 사람들의 회심을 위하여 기도하고 있다는 이야기를 자주 들었다. 그래서 우리는 그 지역교회의 한 지도적인 평신도(그는 80세 된 노인으로서 마디가(Madiga) 계층의 사람이었다.)에게 그가 실제로 말라(Mala) 계층의 사람들이 기독교로 개종하게 되기를 원하느냐고 물어 보았다. 그러자 그는 웃으며 다음과 같이 대답하였다. "누가 자신의 적들이 선한 사람들이 되는 것을 원하지 않겠읍니까? 내가 소년이었을 때 우리는 말라 계층의 사람들과 싸웠으며, 그 싸움으로 인하여 내 팔이 부러졌었읍니다. 이곳에 있는 마디가 계층의 사람들은 모두 다 기독교인들입니다. 만일 말라 계층의 사람들도 기독교로 개종한다면 우리들 사이에는 더이상 싸움이 일어나지 않을 것입니다. 우리는 모든 사회 계층 사람들의 회심을 위하여 기도하는 것이 우리의 의무라는 사실을 잘 알고 있으며 따라서 이를 위하여 열심히 기도하고 있읍니다. 특히 우리는 말라 계층의 사람들을 위하여 기도하고 있는데 이는 우리가 다른 지역들에서 그들 중 많은 사람들이 기독교로 개종하였다는 소식을 듣고 있기 때문입니다" (Pickett, 1960 : 55).

피케트는 바로 이러한 사실과 그 밖의 다른 많은 직접적인 증거 자료들에 근거하여 인도의 각 사회 계층들 간의 오래된 적의가 그리스도 안에서 해소되고 있다고 올바르게 결론지었다.

우리는 인도의 텔레구 지방을 여행하면서, 그리스도께서 여러 사회 계층들 간의 오래된 적의들을 해소시키고 계시며, 수세기 동안 그들의 선조들과 마을들을 괴롭혀 왔던 바 편견과 갈등과 미움을 지녀 왔던 모든 사회 계층의 사람들을 하나로 연합시키시고, 그들로 하여금 시로 우호적인 교제를 나누게끔 하시고 계신다는 사실에 대한 명확한 증거들을 날마다 접하게 되었으며 이로 인하여 크게 감명을 받았다. 우리들의 노트들에 기록된 그들의 증언들은 크게 세 부류로 구분되는데, 그중 하나는 하류 계층의 사람들에 대한 상류 계층의 사람들의 감정과 태도의 변화에 관한 것이며, 다른 하나는 상류 계층의 사람들에 대한 하류 계층의 사람들의 감정과 태도의 변화에 관한 것이고,

나머지 하나는 한 계층의 사람들에 대한 그들과 동등한 계층의 사람들의 감정과 태도의 변화에 관한 것이다(Pickett, 1960 : 48).

미국에 있어서 지난 30여 년 동안 신실한 기독교인들이 된 회심자들과 대담을 나누는 일은 교회성장의 원인을 이해하는 데 많은 도움을 주고 있다. 그들과 대담을 나누는 목적은 그들이 처음에 기독교인들이 되었던 실제적인 이유들을 밝혀내는 것인데, 일반적으로 그 실제적인 이유들은 오랜 기간 동안 교역자들이 그들에게 주입시켰던 교육적 영향들로 인하여 "교과서적인" 원인들 아래 깊이 묻혀 있으나, 그럼에도 불구하고 그 실제적인 이유들은 효율적인 대담을 통하여 밝혀질 수 있다.

나의 제자들 중 한 사람은 다섯 개의 중요한 시골 교회들의 135명의 새로운 회심자들(그는 다른 교회에서 이적해 온 사람들을 그의 대담 대상에 포함시키지 않았다.)과 대담을 나누었는데, 그는 주로 다음과 같은 여섯 가지 이유들이 그들이 "교회의 일원이 되었던" 실제적인 이유들이라는 점을 발견하였다. (1) 그들은 교회의 일원이 되는 것을 좋은 일로 생각하였다. (2) 그들은 그들의 자녀들이 교회 안에서 성장하기를 원하였다. (3) 그들은 각자 기독교 공동체의 일원이 되기를 원하였다. (4) 그들은 아무 것도 믿지 않는 일을 견디어 낼 수 없었다. (5) 그들은 돈과 향락을 위하여 사는 것에 불만을 느꼈다. (6) 그들은 결혼생활의 위기에 직면하여 그들의 결혼생활을 견고하게 해줄 확고한 규율을 필요로 하고 있었다.

그 밖의 다른 많은 대답들은 "교회의 일원이 되는 것"이 매우 복잡한 문제라는 점을 예시해 주고 있다. 그중 소수의 몇몇 사람들은 단지 예수 그리스도께서 실제로 유일한 구세주이시라는 점을 갑자기 확신하게 되었던 점을 그들의 회심의 이유로 제시하였는데, 그들은 그들 자신이 교회의 일원이 된 후에 이러한 확신을 얻게 된 것이 아니라 그 이전에 이러한 확신을 지니게 되었던 까닭에 바로 교회의 일원이 되었다는 점을 강조하였다. 만일 이러한 대답의 대상들이 보다 더 복음적인 사람들이었다면 그들의 대답은 좀더 달라지지 않았겠는가? 이 문제를 보다 깊이 고찰하는 것은 매우 흥미로울 것이다. 그러나 대담자는 회심자들과 대담을 나눔에 있어서 그 자신의 생각이나 신념을 완전히 배제시키고 그들의 회심의 실제적이고도 근원적인 원인들을 찾아 내는 데 모든 노력을 기울여야만 하는데, 바로 이러한 까닭에 대담의 가장 바람직한 대상은 바로 최근에(적어도 지난 3개월 이내에) 기독교인이 된 회심자들로 여겨진다.

비기독교인들

교회성장을 연구하는 사람은 교회성장의 원인들을 고찰함에 있어서 그 인근에 살고 있는 비기독교인들을 간과하지 말아야만 한다. 모든 나라들에 있어서 그들은―때때로 교회성장에 대한 정보를 혼란시키기도 하지만―일반적으로 교회성장에 관한 매우 훌륭한 정보 제공자들이다. 예를 들어 이교도인 대학교수가 빠르게 성장하고 있는 교회를 번영하는 교회로 생각하는 이유는 무엇인가? 그리고 일부 대학생들이 기독교로 개종하는 이유는 무엇인가?

피케트는 인도의 큰 교회들의 성장을 연구하는 가운데 그 교회들이 위치하고 있는 지역에 살고 있는 바 매우 비평적인 관점에서 그 교회들의 성장을 지켜보았던 수많은 힌두교도들과 마호멧 교도들과 대담을 나누었는데, 그들의 대답은 그로 하여금 교회성장의 역동성에 대한 보다 더 깊은 이해를 지니게끔 해주었다. 우리는 그의 뛰어난 저서인 *Christian Mass Movements in India*나 *Christ's Way to India's Heart*를 읽을 때 그가 이 비기독교인 정보자들에게서 얼마나 많은 도움을 얻었는가 하는 점을 인식치 않을 수 없다. 다음과 같은 한 가지 예는 이 점을 충분히 예시해 주고 있는데, 기독교로 개종한 사람들이 여인들에 대한 새로운 가치관을 나타내 주었던 점을 인정하였던 사람은 어느 한 힌두교도였다.

> 예수 그리스도께서 여인들을 존중하셨던 사실은 힌두교의 많은 교리들과 주장들에 도전을 제기하였으며 여러 사람들의 사고방식에 깊은 영향을 끼쳤다. 즉 예수 그리스도께서 여인들을 존중하셨던 사실은 사람들로 하여금 종교와 이상향에 대한 새로운 견해를 지니게끔 하였던 것이다. 우리 마을 출신의 한 청년은 대학에서 2년간의 수업을 마친 후에 그의 고향인 우리 마을로 돌아와서 우리들에게 그가 그 자신

의 사고방식을 재조정하는 데 얼마나 고심하였는가 하는 점을 다음과 같이 이야기해 주었다. "내가 여인들의 학문적 능력이나 문화적 재능에 관하여 배웠던 모든 것들은 다 그릇된 것이었읍니다. 나는 힌두교도로 남아 있기를 원합니다. 그러나 나는 나의 아내가 기독교인 여인들이 누리고 있는 것과 같은 특권들을 누리게 되기를 원하며, 또한 나의 아내가 목사의 부인과 같은 여인이 되기를 원합니다. 그러나 내가 나의 어머니께 나의 아내가 글을 배우는 것과 같은 지극히 작은 변화를 용납해 주시기를 제안하였을 때, 나의 어머니는 이에 대하여 매우 화를 내셨읍니다. 우리가 힌두교를 변화시킬 수 없다면 결국 나와 나의 아내는 기독교인이 될 수 없지 않겠읍니까?"(Pickett, 1960 : 71).

    미국이나 다른 지역의 교회성장을 연구하는 사람도 역시 비기독교인들이나 비복음주의자들의 시야를 통하여 교회성장을 연구하는 것이 바람직한데, 교회성장의 과정을 이해하고자 하는 사람은 여러 가지 관점들에서 그 과정을 고찰해야 할 필요가 있다.

    최근에 회심한 사람들은 교회성장을 이해하는 데 매우 많은 도움을 준다. 그들은 지난 몇 년 사이에 이 세상으로부터 그리스도께로 돌아온 자들이다. 따라서 그들은 그들로 하여금 그리스도께로 돌아오게끔 하였던 원인들을 매우 생생하게 기억하고 있다. 나는 가능한 한 항상 목사들이나 선교사들에게 이러한 최근의 회심자들과 이야기를 나눌 것을 권고하고 있는데, 그들과 이야기를 나누는 가장 이상적인 방법은 그들 중 먼저 입을 연 사람의 말이 그 다음 번에 말할 사람의 대답에 아무런 영향도 끼치지 않도록 그들과 개인적으로—즉 일대 일로—이야기를 나누는 것이다. 그리고 그들과 이야기를 나눌 때 그들로 하여금 말을 꺼내게끔 하는 가장 좋은 방법은 그들에게 먼저 "당신이 기독교인이 된 경로를 내게 이야기해 주십시오. 나는 당신이 기독교인이 된 경로를 처음부터 끝까지 자세히 듣고 싶습니다. 시간에 구애받지 말고 편안한 마음으로 내게 자세히 이야기해 주십시오"라고 말하거나 "당신의 동료 신자들이 기독교인이 된 경로를 우리에게 말해 주십시오. 그 주된 이유는 무엇이었읍니까?"라고 말하는 것으로써, 일단 그들이 말문을 연 다음에는 "당신에게는 아직 기독교로 개종하지 않은 친척들이 많이 있읍니까? 그렇다면 그들은 당신이 기독교 인이 된 것에 대하여 어떻게 생각하고 있읍니까? 그리고 그들은 그들 자신이 기독교인이 되는 것에 대하여 어떻게 생각하고 있읍니까?"라고 말함으로써 그들에 대하여 궁금한 점들을 확인하고 또한 그들로 하여금 계속하여 이야기를 할 수 있게끔 해주어야만 한다.

나는 오릿사 마을에 사는 최근에 회심한 사람들과 이야기를 나누는 가운데 가정을 지닌 젊은 부인에게 그녀의 부모가 그녀가 세례를 받은 것에 대하여 어떻게 생각하였는가라고 물어 보았는데, 그녀는 이에 대하여 다음과 같이 대답하였다.

"세례 예식이 거행되기 전인 지난 주에, 저와 저의 남편은 나의 부모에게 우리가 기독교인들이 되고자 한다는 점을 말씀드리고 그들의 승락을 얻기 위하여 여기서 15마일 떨어진 곳에 살고 계신 그들에게 갔읍니다. 그런데 그들은 우리의 요청을 쾌히 승락해 주셨으며 우리들에게 '세례를 받은 후에 우리들에게 와서 기독교에 대하여 이야기해 다오. 우리도 너희들처럼 기독교인이 되려고 생각하고 있단다'라고 말씀하셨읍니다."

이 한 가지 예는 하나님께서 이방인들을 그의 약속된 땅으로 인도하시기 위하여 만세 전부터 예비해 놓으셨던 바 계급사회에 있어서의 기독교에 대한 많은 사람들의 태도를 집약적으로 명확하게 예시해' 준다.

한 교회의 생동력을 인지하고 그것을 평가하는 데 있어서 그 교회의 교인들에게 그들이 얼마나 많은 비기독교인 친지들을 지니고 있으며, 그들의 이러한 친지들이 기독교에 대하여 어떻게 생각하고 있는가 하는 것을 묻는 것보다 더 좋은 방법은 아무 것도 없다. 언젠가 우리는 8년 동안 단지 생리학적인 성장밖에 하지 않은 교회들을 방문하였었다. 그 교회들은 마치 정체되어 있는 것으로 여겨지고 그 교회의 교인들은 매우 냉담하게 여겨졌는데, 어느 날 우리는 그 교회에 모인 몇몇 사람들에게 그들에게 비기독교인 친지들이 있느냐고 물어 보았다.

그러자 그들은 즉시 "예, 매우 많이 있읍니다"라고 대답하였다.

그래서 우리는 다시 그들에게 "그러면 그들은 기독교인이 되는 것에 대하여 어떻게 생각하고 있읍니까?"라고 물어 보았다.

그들은 잠시 동안 아무런 말도 하지 않고 있다가 지난 몇 주 동안에 세례에 대하여 매우 호의적인 말을 하였던 그들의 친지들에 대하여 이야기하기 시작하였다. 그런데 마침내 한 젊은이가 일어서서 우리에게 다음과 같이 말하였다.

"여기서 9마일 정도 떨어진 마을에 저의 친척들이 많이 살고 있는데 그들은 기독교에 대하여 종종 제게 묻곤 하였읍니다. 괜찮으시다면 저와 함께 그곳에 가서 그들에게 기독교에 대하여 말씀해 주시지 않겠읍니까?"

우리는 그의 제안에 따라 그 마을로 갔는데, 우리가 그곳에 도착하자 약 75명 정도 되는 사람들이 우리를 둘러쌌다. 그들은 우리가 전하는 그리스도의 복음을 매우 주의깊게 경청하였으며 그 자리에서 모두 다 기독교인이 되기로 결심하였다. 기독교인의 친척들이 그들끼리 기독교인이 되는 것에 대하여 이야기를 나누게 될 경우, 그때는 바로, 교회에 대한 과거의 기록에 관계없이 그들을 그리스도께로 인도할 가장 좋은 때이다.

외국의 시골 목회자들과 교사들도 역시 교회성장에 관한 훌륭한 정보제공자들이다. 그들은 교회성장의 과정을 잘 아는 자들로서, 교회성장을 연구하는 사람은 일반 교인들과 대담을 나누기 전에 그들을 만나 볼 필요가 있다. 그들은 일반적으로 그들이 일하고 있는 지역의 교회성장에 관하여 상세히 이야기해 줄 만한 자료를 지니고 있다. 즉 그들은 어떠한 교회와 어떠한 선교정책이 교회성장을 초래하거나 교회성장을 초래하지 못하였는가 하는 점을 자세히 알고 있는 것이다. 따라서 교회성장을 연구하는 사람은 그들을 총괄적으로 지도하는 목사나 선교사가 없을 경우 가능한 한 그들과 이야기를 나누어야만 하며, 또한 그들과 이야기를 나눔에 있어서 그들에게 그들의 의견이 그의 연구의 중요한 토대가 된다는 사실을 확신시켜 주어야만 한다. 왜냐하면 그렇지 않을 경우 그들은 그들이 맡은 분야에 대한 공식적인 사실들 외의 다른 것들을 전혀 언급하지 않을 수도 있기 때문이다.

그들은 그 인근의 교회들과 다른 교회들의 활동에 대하여 잘 알고 있는 까닭에, 그들에 대한 최선의 질문방법은 어떤 교회들은 전혀 성장하지 못하고 있는 반면에 다른 교회들은 급격히 성장하고 있는 이유를 묻는 것이다. 국민학교 교사들과 약간이나마 훈련을 받은 교역자들은 지적인 사람들로서 매우 큰 통찰력을 지니고 있다. 따라서 교회성장을 연구하는 사람은 그들에게 "다른 마을에 있는 당신의 동료는 교회들이 이러저러한 이유로 성장하고 있다고 생각하고 있읍니다. 당신은 이에 대하여 어떻게 생각하십니까?"라고 물어 봄으로써 종종 그들로부터 매우 유일한 대답들을 들을 수 있는 것이다.

간략하게 말해서 교회성장에 관한 정보는 보편적인 것이다. 즉 우리는 모든 나라들에 있어서 우리가 만나는 모든 사람들로부터 이에 관한 정보를 얻을 수 있는 것이다. 교회성장의 요인들을 탐구하는 것을 자신의 업무로 삼고 있는 목사들이나 선교사들은 그들이 만나는 모든 사람들에게 이에 대한 그들의 견해를 물음으로써 그들로부터 매우 유익한 정보를 얻게 될 것이다.

일반 문헌들

일반 서적들은 사람들보다 교회성장에 대한 정보를 덜 가지고 있으며 다른 종류의 책들은 각기 다른 종류의 내용들을 지니고 있다.

역사 서적이나 민족학 서적은 교회가 성장한 상황과 배경을 예시해 준다. 이러한 서적들은 독자들에게 복음이 전달된 국가나 지역의 문화와 관습과 민족적 특성들과 정치적 상황들을 알려 주는데, 교회성장을 연구하는 사람은 이러한 서적들을 읽음으로써 그 국가나 지역의 여러 정황들을 보다 더 명확하게 인식할 수 있다. 그러나 이러한 서적들은 교회성장에 대하여 직접적인 정보를 거의, 혹은 전혀 제공해 주지 않고 있다.

기독교인들은 이러한 서적들을 조류나 짐승이나 지질학에 관한 서적들을 읽을 때처럼 단순히 지적인 호기심에서 읽을 수도 있다. 그러나 그들은 이러한 서적들에서 조류나 짐승이나 지질학에 관한 서적들에서 얻는 것보다 더 많은 것을 얻을 수 있다. 왜냐하면 우리가 "이 서적들이 복음 전파에 대하여 어떠한 의미를 지니고 있는가?"라는 물음을 지니고서 이 서적들을 읽을 경우, 이 서적들은 교회성장을 이해하는 데 큰 도움을 주기 때문이다. 교회성장은 역사와 민속학에 의하여 긴밀히 조건지워져 있다. 1905년에 일본은 한국에서 러시아군을 몰아 내고 한국을 장악하기 시작하였는데, 바로 이러한 사실은 한국의 교회성장에 매우 큰 영향을 끼쳤다. 그리고 안데스 고원의 인디언들에 대한 4세기에 걸친 스페인 사람들의 압제는 복음전도자들이 그 지역에서 당면하게 되었던 가장 큰 환경적 요인들 중의 하나였다. 뿐만 아니라 메넬릭(Menelik)이 이디오피아의 갈라 인들을 정복하고 그들에게 기독교로의 개종을 강요하였던 사실은 그들로 하여금 복음을 받아들이게끔 하는 동시에 그들로 하여금 복음에 대하여 배타적인 태도를 취하게끔 하기도 하였다. 원초적으로 부족적 구조는 교회성장의 적이다. 그러나 교회가 그 부족 안에 파고들어갈 때 그 부족적 구조는 종종 교회성장의 친구가 되곤 한다.

교회의 역사와 선교의 역사에 대한 기록들은 우리에게 다른 종류의 정보를 제공해 준다. 이러한 기록들은 선교회들과 선교사들이 어떠한 일들을 해왔는가를 설명해 준다. 그러나 이러한 기록들은 대부분 선전자료적인 성격을 지니고 있으며, 또한 많은 선교회들은 교회를 거의 성장시키지 못하고 있고 교회들을 세우고 그 교회들을 성장시키는 것보다 다른 일들에 관심을 기울여 오고 있는 까닭에 이러한 기록들은 교회성장에 대하여 우리가 기대하고 있는 것 만큼 유익한 정보를 제공해 주지 못하고 있다.

교회성장을 연구하는 사람은 **교회성장의 도표들과 함께** 이를 이해하는데 도움을 주는 모든 종류의 일반 서적들을 참조해야만 하는데, 그는 교회성장의 실제적인 규모와 그 시기와 그 변화의 과정을 명확하게 염두에 두고 있을 때만이 비로소 자신이 참조해야 할 자료의 종류를 분명하게 알 수 있는 것이다.

미국에 있어서 1776년~1796년에 성공회가 영국과의 밀접한 연관성으로 인하여 매우 크게 쇠퇴하였던 사실을 모르는 사람은 그 20여 년 간의 침례교회들의 두드러진 성장을 올바르게 평가할 수 없다. 그러나 그 시기에 침례교회들이 두드러지게 성장하였던 것은 단지 정치적인 요인 때문만이 아니었다. 즉 감리교 선교사였던 애즈베리(Asbury)와 코크(Coke)는 둘 다 영국인들이었으나 그 시기에 미국에서는 감리교회들도 역시 매우 놀라울 정도로 크게 성장하였던 것이다.

또한 1907년~1912년에 황금해안 지역(오늘날의 가나공화국)에 교회가 크게 성장하였던 사실을 모르는 사람은 그 당시에 그 지역의 개발을 촉진시켰던 코코아 가격의 폭등이 그곳의 교회성장에 크게 기여하였던 사실을 알지 못할 것이다. 그리고 브라질 남부의 도시들에서 오순절 교회들이 급격히 성장하고 있는 것을 아는 사람만이 그 도시들에 매우 많은 이민자들이 살고 있다는 사실을 알 수 있으며, 또한 이러한 이민이 그 도시들에서의 오순절 교회들의 급격한 성장의 한 요인이 되었던 사실을 인식할 수 있다. 뿐만 아니라 교회성장을 연구하는 사람은 1916년 이후에 라틴 아메리카에서 옛 선교노선을 따르던 대부분의 복음주의적 선교회들이 매우 느린 속도로 성장하였던 사실을 알 때만이 비로소 그 당시에 그 선교회들이 전도사업보다 교육사업에 더 큰 중점을 두기 시작하였으며 이로 인하여 그것의 교회가 매우 느린 속도로 성장하게 되었던 사실을 알 수 있는 것이다.

교회성장을 연구하는 사람은 앞서 언급된 서적들을 읽을 때 교회성장에 관하여 그 자신이 현재 알고 있는 지식을 이에 적응시켜야만 한다. 이러할 때 그는 다른 경우에 자칫 간과해 버리기 쉬운 그 서적들의 유익한 암시적인 내용들을 놓치지 않을 수 있다. 즉 이러할 때 그가 읽은 내용들은 교회성장에 관하여 그 자신이 현재 알고 있는 지식을 수정해 주고 보충해 줄 수 있는 것이다. 교회성장을 연구하는 사람은 1920년경에 페루의 티티카카 호수 인근에 살고 있던 아이마라 인디언들 사이에서 그들의 부족민이었던 카마코(Camacho)에 의하여 행해졌던 제 7일 재림교회의 부흥운동에 관한 기사를 읽을 때 아이마라 인디언들이 그들의 부족의 지도자들을 통하여 전체적으로 기독교로 개종하였던 사실을 인식하게 될 것이며, 따라서 사회적 상황이 교회성장에 얼마나 크게 영향을 끼치는가 하는 것도 알게 될 것이다. 또한 교회성장을 연구하는 사람은 아프리카에 있어서 교육사업을 통하여 교회가 크게 성장하였던 사실에 관한 기사를 읽을 때 인도에서의 경험에 기초를 둔 바 선교학교들이 그 학생들을 기독교로 개종시키는 경우가 극히 드물다는 과거의 견해를 수정하게 될 것이며, 아프리카에 있어서 기독교 학교들이 아프리카인들을 기독교화시키는 매우 훌륭한 전초기지라는 사실을 인식하게 될 것이다.

교회성장을 연구하는 사람은 대부분의 서적들에서 단지 교회성장에 관한 힌트들만을 얻게 되는데, 그는 그 서적들에서 기독교가 새로운 사회계층에 퍼져나간 방법을 이해하는 데 도움을 주는 부분들을 신속히 찾아

내는 방법을 배워야만 한다. 즉 그는 방대한 분량의 서적들 안에서 그에게 유익한 자료들을 신속히 찾아 내는 방법을 배워야만 하는 것이다. 이처럼 방대한 분량의 서적들에서 찾아 낸 교회성장에 관한 자료들을 체계적으로 정리해 놓거나, 그것들을 요약하여 기록해 놓고 교회성장에 연관된 그 밖의 다른 중요한 사건들에 대한 기사들을 볼 때마다 그것들을 계속적으로 정리해 놓는 것은 교회성장을 연구하는 데 매우 큰 도움을 준다.

또한 교회성장을 연구하는 사람은 교회성장에 관련된 이러한 서적들을 비평적인 관점에서 읽는 습관을 길러야만 한다. 이러한 서적들의 대부분의 저자들은 교회성장에 관한 자료들을 단순히 부수적으로 제시해 주고 있으며 또한 흔히 왜곡된 형태로 제시해 주고 있다. 따라서 이러한 서적들을 단순히 일반적인 관점에서 읽는 사람은 그 자료들이 왜곡된 것들임을 인식하지 못하고 그 자료들을 액면 그대로 받아들이게 되는 것이다. 예를 들어 하워드 테일러(Howard Taylor) 부인은 중국 남서부에 있는 이수지방의 선교사였던 존 프레이저(John Fraser)의 전기인 *Behind the Ranges*(1964)에 그의 모험과 노고에 관한 기사들과 그곳의 중국인들이 기독교로 개종하였던 경로에 대한 실제적인 이해를 돕는 여러 기사들을 복합적으로 서술하였는데, 교회성장에 관한 안목을 지니지 않고 이 전기를 읽는 사람은 이 전기에서 단순히 존 프레이저의 모험과 노고들만을 인식할 수 있을 뿐이지만, 교회성장에 관한 안목을 지니고서 이 전기를 읽는 사람은 이 전기에서 그의 모험과 노고에 관해서 뿐만이 아니라 교회성장에 연관된 여러 가지 사실들에 관해서도 명확히 인식할 수 있는 것이다. 그리고 이처럼 교회성장에 관한 안목을 지니고서 비평적인 관점에서 이 전기를 읽는 사람은 여기서 한걸음 더 나아가서 테일러 부인이 과연 선교사로서의 존 프레이저의 역량과 활동을 충분히 적절하게 서술하였는지의 여부에 대하여 의문을 품고 프레이저 자신의 기록이나 일기를 연구하고자 하는 마음을 품게 될 것이다.

한편 교회 잡지들에 실린 기사들은 제한된 가치만을 지니고 있을 뿐이다. 그 기사들은 주로 선전용 기사들로서, 각 교회들의 성장을 과시하는 데 중점을 두고 있다. 즉 실제로 교회가 성장하고 있다 할지라도 그 기사들은 주로 그 독자들의 기호를 충족시키려는 경향을 띠고 있는 까닭에 교회성장의 실체적인 과정을 이해하는 데 거의 아무런 도움도 주지 않고 있는 것이다. 예를 들어 1967년 7월 7일에 출간된 *Christianity Today*지의 38페이지에 실린 기사는 18개월 동안에 인도네시아에서 수천명의 마호멧 교도들이 기독교로 개종하였던 사실을 다루면서 이를 매우 큰 "부흥"으로 서술하고 있다. 그러나 부흥은 원래 냉냉한 상태에 있는 이름뿐인 기독교인 공동체들 안에서 일어나는 일을 가리키는 것으로서, 이 용어가 비기독교인들이 기독교로 개종하는 것을 가리키는 것으로 사용될 때 이 용어의 이러한 사용은 실제로 일어나고 있는 일을 정확하게 이해하는 데 거의 아무런 도움도 되지 않는다. 그럼에도 불구하고 교회성장을 연구하는 사람은 이러한 기사들을 면밀히 읽어 보아야만 한다. 왜냐하면 이러한 하찮은 모래들 속에도 적은 양의 금이 포함되어 있기 때문이다.

때때로 우리는 이러한 교회 잡지들 속에서 특별히 교회 장을 다룬 기사들을 찾아 볼 수도 있다. R. H. 드러몬드(Drummond)는 *International Review of Missions*지의 1961년 10월호에서 일본 교회에 대한 헨드릭 크레머(Hendrik Kraemer)의 견해를 요약하여 다음과 같이 말하였다.

> 그는 현재 거의 전적으로 일본의 각 지역 교회들에 놓여져 있는 선교적 강조점을 바꾸어 복음을 받아들이기에 더 합당한 상황들을 창출해 내는 데 도움을 주는 창의적인 노력에 그 강조점을 두는 일에 진력을 기울였다. …(기독교인들은) 그들 자신의 영적인 껍질과 사회학적인 껍질을 깨뜨리고 모든 사람들에게 빛이 되어야만 한다. …그는 일본의 기독교인들에게 그들의 삶의 모든 상황들에서 그들 자신의 신념과 견해들을 명백하게 드러낼 것을 호소하였으며 … 또한 그는 그들에게 가장 큰 중요성을 지닌 복음전도 사업에 모든 노력을 기울일 것을 호소하였다(Drummond, 1961 : 455, 456).

이러한 기사들은 면밀히 연구될 만한 가치를 지니고 있다. 그러나 교회성장을 연구하는 사람은 크레머 박사의 견해와 입장이 옳은 것인지의 여부를 심사숙고해야만 한다. 그의 견해와 입장은 단순히 유럽인의 문화적 배경을 반영해 주는 것이 아닌가? 만일 교회가 그의 견해와 입장을 받아들여 그의 제안을 따른다면 일본과 아메리카 대륙에 있어서 교회는 과연 성장을 경험하게 될 것인가? 그의 견해와 입장은 복음전파에 있어서 큰 성과를 거두어 오고 있는가?

편지들은 교회성장의 이해를 돕는 매우 뛰어난 자료들이다. 이 편지들은 실제로 일어난 일을 가장 정확하게 드러내 주는 원초적인 자료들로서 매우 큰 역사적 가치를 지니고 있다. 몇몇 선교회들은 그들의 선교사들이 보내온 모든 편지들을 사진으로 찍어서 그 필름들을 보관하고 있으며 따라서 교회성장을 연구하는 사람들은 언제든지 그 자료들을 참조할 수 있다. 대부분의 경우들에 있어서 이러한 편지들은 선교사들과 선교회 실무자들이 당면하였던 여러 가지 2차적인 문제점들을-예를 들면 인사상의 문제점들이나 선교회 실무자들 간의 의견의 차이나 재정적인 문제점들이나 새로운 건물의 건축과 수리에 관한 문제점들 등을-예시해 준다. 그럼에도 불구하고 이 편지들에는 교회성장에 직접적으로 연관된 여러 가지 사실들에 대한 기록들이 포함되어 있으며, 따라서 면밀히 고찰해 볼 만한 충분한 가치를 지니고 있다. 특히 이 편지들은 선교정책에 관한 의견의 충돌들을 이해하는 데 있어서 매우 중요한 정보를 제공해 준다. 예를 들어 1910년대에 한국에서 발송된 편지들은 급격히 성장하고 있던 그 당시에 교회의 성장을 보다 더 촉진시키기 위하여 한국의 북서부에서 수행되었던 선교정책들을 매우 자세하게 예시해 주고 있는데, 그 당시 한국에 파송된 선교사들은 큰 병원의 건축으로 인하여 실제적인 복음선포에 대한 강조점이 한국인들의 질병을 치유하는 데로 전향되는 것을 염려하여 큰 병원을 건축하는 일에 강력히 반대하였다.

또한 각 교회들의 기록들과 선교회들의 기록들도 역시 교회성장에 큰 영향을 끼쳤던 선교정책이나 인물들에 관한 여러 가지 정보들을 제공해 준다. 선교회들은 종종 몇 백 명의 사람들이 이미 기독교로 개종한 새로운 지역에서의 활동을 통하여 매우 놀랄 만한 교회성장을 이룩해 오고 있다. 그러나 이와 동시에 선교회들은 흔히 수많은 사람들을 그리스도께로 인도한 목회자들이나 선교사들을 선교회의 행정부나 신학교의 "보다 더 중요한" 위치로 끌어들임으로써 오히려 성장이 확실시되는 교회의 발전을 가로막거나 종종 그 발전을 완전히 정체시키는 결과를 낳기도 하였다. 일반적으로 교회의 기록들과 선교회의 기록들은 성령께서 예수 그리스도의 교회 안에서 사람들을 하나님과 화해시키는 복잡한 과정에 희미한 빛을 던져 준다. 즉 이러한 기록들은 교회성장 외의 다른 활동들을 드러내 주고 있으며 따라서 교회성장이 일어나지 않은 이유에 대한 증거를 제시해 주고 있는 것이다.

교회성장을 연구하는 사람은 이 외에도 각 교회들과 각 교파들과 각 선교회들의 예산안들을 면밀히 고찰해 보아야만 한다. 이 예산안들은 그 기관들의 장기적인 목표들을 예시해 주며 각 교회나 선교회들이 실제적으로 어떠한 일에 강조점을 두고 있는지를 나타내 준다. 교회성장을 연구하는 사람은 이 예산안들을 일별함으로써 그가 연구하고 있는 기관의 주된 정책과 활동을 인식할 수 있다. 그리고 그는 이러한 예산안들을 고찰함에 있어서 그 지출비 항목들이 지닌 내적인 의미들도 면밀히 탐구해 보아야만 한다. "학생사업비"라는 항목은 일반적으로 전도비 항목에 포함되어 있는데, 이러한 분류는 몇몇 경우들에 있어서 옳은 것일 수 있다. 그러나 다른 몇몇 경우들에 있어서 "학생사업"은 비기독교인 학생들을 그리스도께로 인도하는 활동이 아니라 단순히 기성 기독교인 학생들을 돌보거나 교육시키는 활동을 가리키는 것일 수도 있다. 일본에서 회중교회 (Congregational Church)의 교인들이 1,000명에서 10,000명으로 증가하였던 7년이라는 기간 동안에 그 회중교회의 선교사들은 10명에서 50명으로 구성된 일본의 청년들을 가르쳤다. 물론 그때는 일본에 있어서 선교회들이 교육부서를 설치하기에는 이른 시기였으나 회중교회의 선교회는 교육부서를 설치하였으며 이러한 교육사업에 많은 비용을 투자하였다. 그러나 회중교회의 선교사들은 이러한 교육사업을 통하여 단순히 일본의 청년들에게 서양의 학문을 가르치는 것에 그치지 않고, 이를 통하여 그들로 하여금 예수 그리스도를 그들의 구주로 받아들이게끔 하는 데 온갖 노력을 기울였다. 즉 그들의 학급들은 바로 계속적인 복음전도 사업의 한 방편이었으며, 이러한 의미에 있어서 그들의 교육사업은 바로 복음전도 그 자체였던 것이다.

간략하게 말해서 서적들과 교회 잡지의 기사들과 선교회의 기록들과 선교회의 예산안들과 선교사들의 편지들은 교회성장의 원인에 대한 훌륭한 정보자료들로서, 교회성장을 연구하는 사람은 자신이 고찰하고자 하는 것을 명확히 인식하여야만 하며 이에 상응하는 정확한 시기들의 자료들을 참조하여야만 한다. 예를 들어 1936년에 인도의 빌(Bhils)에서는 현재 인도의 라야스탄에서 일어나고 있는 것과 같은 큰 개종운동이 일어났는데, 이 운동을 일으킨 사람은 카나다의 연합교회의 선교사인 럿셀(Russell)이었다. 와스컴 피케트(Waskom Pickett)는 그 지방을 방문한 후에 그 개종운동이야말로 그 자신이 이제까지 목격한 개종운동들 중에서 가장 장래성이 있는 운동이라고 말하였다. 그러나 그로부터 12년 후에 럿셀이 카나다로 돌아가자 빌 지역에서 일어났던 개종운동은 급격히 퇴락하기 시작하였는데, 이를 연구하는 사람은 1936년~1939년간의 그곳에서의 연합교회 선교회의 기록들과 럿셀의 편지들과 선교회의 예산안 등을 면밀히 고찰해 봄으로써 그 개종운동이 급격히 퇴락하였던 이유들을 알아 낼 수 있을 것이다.

합리화된 그릇된 보고들

교회성장에 관한 많은 보고들은 합리화된 것들이다. 이러한 합리화 작업은 인간의 삶에 있어서 일상적인 것이지만(군대들은 후퇴할 때에도 그들 자신이 패하였다고 말하지 않는다. 즉 그들은 적에게 패하여 후퇴를 하면서도 단지 전력을 보강하기 위하여 작전상 잠시 뒤로 물러날 뿐이라고 말하는 것이다.) 교회성장을 평가하는 데 있어서 이처럼 합리화된 보고들은 단호히 배격되어야만 한다.

카나다와 미국에 있어서 교회의 구조적인 합일을 추구하는 데 노력을 기울이고 있는 각 교파들의 지도자들은 공통적으로 간주하여 이를 비난하고 있다. 즉 이들은 한 교단의 성장을 다른 교단의 희생에 기반을 둔 것으로 교회의 성장을 일종의 파당적 활동으로 간주하고 있는 것이다. 이러한 지도자들은 어떠한 종류의 교회성장이든 간에 그 성장을 나쁜 것으로 보고 있으며, 모든 종류의 교회성장을 앞으로 도래할 범교단적인 교회를 위한 것이 아니라 단지 각 교파들 자신만을 위한 것으로 간주하고 있다. 그러나 그들의 이러한 판단은 냉정한 학문적 판단이 아니라, 실제적인 면에 있어서 그들 자신이 교회를 성장시키지 못하고 있는 것에 대한 합리화에 불과할 뿐일 수도 있다.

 1889년에 일본 정부가 서구의 국가들과의 조약을 개정하는 데 실패한 후에 서구의 국가들에 대하여 냉담한 태도를 취하게 되자 그때까지 일본에서 놀라운 속도로 성장하고 있던 장로교회와 회중교회는 곧 그 성장을 멈추고 말았다. 그후로 여러 해 동안 이 두 교단들의 세례입교인들의 수는 각기 약 10,000여 명 정도에 머물러 있었는데, 우리는 이처럼 교회의 성장이 중단된 후에 기록된 선교사들의 글들과 보고서들이 그들의 자기 방어적인 사고로 가득 차 있음을 발견할 수 있다. 그들은 그러한 상황 속에서 그들 자신의 마음을 고무시킬 만한 요소들을 찾아 내고자 노력하였으며, 기독교인의 삶의 양식에 대한 보다 높은 개념을 도입시킴으로써 새로운 교인들을 그들의 교회에 끌어들이고자 하였다. 그리고 각 선교회들은 그들 자신의 임무에 대하여 보다 더 현실적인 사고를 지니게 되었으며 그들의 교회를 더 성숙한 단계에 들어선 것으로 간주하였다(Thomas, 1959 : 209).

 그러나 이 모든 것들은 합리화에 불과한 것으로서, 복음전도는 급격히 퇴락하였으며, 그 지도자들은 어떻게 해서든지 그들 자신의 처지에서 위안을 얻고자 하였다.

 교회성장을 연구하는 사람은 교회성장의 방법론상의 원인들이 지나치게 강조되어 있을 경우 그 원인들의 진위를 면밀히 고찰해 보아야만 한다. 예를 들어 A. W. 왓슨(Wasson)은 그의 뛰어난 연구서인 *Church Growth in Korea*의 마지막 장에서 1930년대 초반의 교회성장을 감리교 선교회들이 한국의 농경사업에 주력을 기울였던 탓으로 돌리고 있다. 그러나 농경사업에 전혀 주력을 기울이지 않았던 장로교가 평안도에서 크게 성장하였던 반면에 감리교의 성장이 비교적 적었던 점을 고려해 볼 때, 나는 농경사업에 대한 주력이(농경사업에 대한 주력은 선교사업에 있어서 제일 마지막 단계의 사업으로서 그 당시에 전 세계에서 널리 행해지고 있었다.) 감리교의 성장의 극히 작은 원인에 불과한 것이 아니었는가 하는 의구심을 떨쳐버릴 수 없다. 이와 마찬가지로 한국의 모든 교회성장이 전적으로 네비우스(Nevius)의 선교방법에 기인된 것으로 언급된 자료들을 읽을 때에도 나는 이러한 언급에 대하여 의문을 제기하지 않을 수 없다. 각 교파들과 선교회들은 교회성장을 위하여 매우 여러 가지 방법들을 사용하고 있는데 어떤 때에는 어떤 한 가지 방법이 일반적으로 널리 사용되는 반면에 다른 때에는 또 다른 한 가지 방법이 널리 사용되곤 한다. 네비우스(Nevius)의 선교방법은 분명히 교회성장의 한 방법일 수 있다. 그러나 한국의 교회성장에는 이 외에 다른 많은 원인들이 있었다. 해리 A. 로드즈(Harry A. Rhodes)박사는 "교회는 체계 때문에 발전하는 것인가, 아니면 교회의 성장으로 인하여 체계가 가능한 것인가?"(1934 : 89)라는 질문을 제기함으로써, 교회의 성장을 어느 한 방법론적 요인의 결과로 간주하는 것이 편파적인 것이라는 점에 주의를 환기시키고 있다. 즉 교회성장의 참된 원인은 매우 복합적인 성격을 띠고 있는 것이다.

또한 교회성장을 연구하는 사람은 종종 신학적인 원인들 자체도 면밀히 고찰해 보아야만 한다. 예를 들어 한 선교사는 "그 지역에서는 교회가 결코 성장하지 못하고 있다. 왜냐하면 그 지역의 수많은 회심자들은 처음에 그리스도를 믿고 또한 그리스도의 이름을 위하여 박해를 받는 일을 기꺼이 견디어 냈으나, 오늘날 많은 사람들이 그들의 과거 종교로 다시 돌아갔던 까닭에 실제적으로 그 지역에는 참다운 기독교인이 거의 없는 것이다"라고 말하고 있다. 즉 그는 그들의 신앙이 깊지 못하고 진지하지 못했다는 점을 들어서 그들이 다시 그들의 과거 종교로 돌아가게 되었던 신학적 이유로 제시하고 있는 것이다. 그의 이러한 견해는 옳은 것일 수도 있다. 그러나 사람들이 과거의 종교로 되돌아가는 이유를 찾는 데 있어서 그들의 동족이나 친족들로부터 분리시키는 형태의 회심이나 그들을 보살피는 데 있어서의 목회자들의 역량의 부족이나 환경적인 압박이나 그들에 대한 노골적인 무시 등은 누구든지 신학적인 이유가 그들로 하여금 그들의 과거의 종교로 다시 돌아가게끔 하는 유일한 이유라는 점을 받아들이는 데 주저하지 않을 수 없을 것이다.

텍사스주의 어느 한 목사는 "오순절교회에서는 수천명의 사람들이 기쁜 마음으로 주님께 그들 자신을 온전히 내어 맡기고 성경말씀에 무조건적으로 순종함으로써 주님과 살아 있는 관계를 맺어 오고 있다"라고 기록하였다. 교회성장을 연구하는 사람은 오순절교회에서 이러한 일이 매우 많이 일어나고 있는 것을 인식할 수 있을 것이다. 그러나 이를 고찰함에 있어서 그는 많은 환경적 요인들이 오순절교회의 이러한 성장에 중요한 역할을 수행해 오고 있다는 사실도 발견할 수 있을 것이다.

교회성장을 연구하는 사람은 교회성장의 원인들을 평가함에 있어서 이에 대한 언급자들과 기록자들의 특별한 관점들을 염두에 두어야만 하며 그들이 오류를 범하였을 수도 있다는 사실을 인식하여야만 한다. 예를 들어 교회성장을 연구하는 사람은 "연합 교회"에 속하여 있는 사람에게서 교회성장에 관한 정확한 정보를 기대하지 말아야만 한다. 그는 인도 남부의 개체 교회들이 그 자체의 개체성으로 인하여 복음전도에 있어서 매우 불리한 입장에 처해 있는 반면에, 그 개체 교회들을 하나로 연합시키고 있는 그 지역의 연합 교회는 한층더 큰 장래성을 지니고 있다는 점을 강조하고자 할 것이다. 그러나 교회성장을 연구하는 사람은 그 교회가 장래성이 있느냐의 여부에 관심을 기울이기보다 그 교회가 얼마나 크게 성장하였는가에 관심을 기울이고 있다. 즉 교회성장을 연구하는 사람은 미래의 가능성이 아니라 현재의 결과를 그 연구대상으로 하고 있는 것이다. 인도 남부교회의 탁월한 평신도 지도자들 중의 한 사람인 S. N. 라주(Raju) 박사에 의하여 작성된 다음과 같은 인도 남부교회의 성장도표는 교회성장을 연구하는 사람에게 그 지역의 교회성장에 관한 특별한 주장들과 선험적인 판단들의 진위를 평가할 수 있는 실제적인 자료를 제공해 주고 있다. 라주는 이 성장도표를 제시하면서 이에 대하여 다음과 같이 말하고 있다. "나는 각 교구들에 있어서의 교회성장을 도표로 나타냄에 있어서 그 교구들을 사람들이 일반적으로 사용하고 있는 언어권에 따라 구분하였다. 이 도표에 있어서 기준선인 0점선은 여러 교구들에 있어서의 인구증가를 나타낸다. 그리고 이 기준선 위에 제시된 지수들은 인구증가를 능가한 교회성장을 가리키며, 이 기준선 아래에 제시된 지수들은 인구증가에 미치지 못한 교회성장을 가리킨다"(Raju, 1965). 따라서 미드라스 교구에 있어서 23.74라는 교회성장의 지수는 그 교구에서 교회가 그 교구의 인구증가보다 23.74% 더 성장하였다는 것을 나타내며, 이와 반대로 미소레 교구에 있어서 -6.57이라는 지수는 그 교구에서 교회가 그 교구의 인구증가보다 6.57% 덜 성장하였다는 것을 나타낸다. 그리고 라주는 이에 이은 다른 도표에서(이 도표는 본 서에 수록되어 있지 않다.) 이를 합산하여 1952년

III. 교회성장의 원인

~1962년 동안에 인도 남부교회의 세례교인의 수가 157,218명 증가하였다는 점을 지적하고 있는데, 이것은 그 지역 전체의 인구증가에 비하여 1.39% 덜 증가한 것이었다.

도표 8. 1. 1952년~1962년 동안의 인도 남부교회의 성장

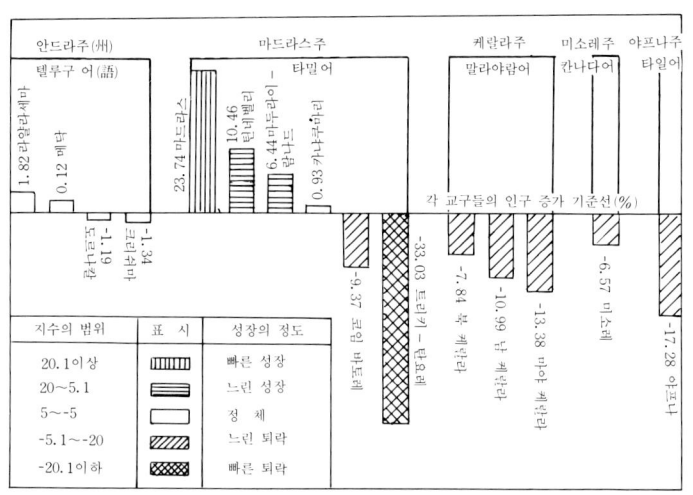

교회성장을 이해하고자 하는 사람은 항상 교회성장의 촉발이나 지연의 많은 이유들을 염두에 두어야만 한다. 즉 교회성장을 이해하고자 하는 사람은 교회성장의 한 가지 이유를 발견한 후에 그것으로 만족하지 말고 교회성장의 또 다른 이유들을 탐구하여야만 하는 것이다. 이 8장에서 내가 교회성장의 많은 이유들과 이를 고찰하는 데 도움이 될 만한 많은 준거들을 제시한 것은 바로 이 때문이다. 예를 들어 본 서의 1장에 서술된 필리핀의 세 교회들의 두드러진 성장은 일곱 가지 이유들을 지닌 것으로 언급되어 있는데, 이것은 그 이유를 너무 단순화시킨 것이다. 즉 그 교회들의 성장은 다른 사람들에게 예수 그리스도에 관하여 말하지 않을 수 없을 정도로 마음깊이 회심을 경험하고 그리스도를 사랑하였던 수많은 개인들을 포함한 다른 많은 요인들도 지니고 있었던 것이다. 교회성장에 대한 이해의 탁월함은 교회성장의 복합성에 대한 인식의 정도에 의하여 평가될 수

있다. 교회성장을 연구하는 데 다소 미숙한 사람은 흔히 교회성장의 한 가지 원인을 발견하고서 그것을 교회성장의 유일한 원인으로 간주하는 경향을 지니고 있으나, 교회성장을 연구하는 데 능숙한 사람은 교회성장의 많은 원인들을 발견하고도 또 다른 원인들을 찾아 내기 위하여 다시 이에 관한 준거들을 면밀히 살펴 본다.

해밀턴(Hamilton, 1963 : 138)은 교회성장의 원인들이 각 경우에 따라 다를 뿐만 아니라 또한 각 경우에 따라 서로 다른 비율로 혼합되어 있다는 점을 지적하고 있다. 즉 필리핀의 경우에 있어서 교회성장의 주요 원인은 교회에 대한 박해가 없었던 것이었으나, 다른 국가들의 경우에 있어서 이러한 박해의 부재는 교회성장의 작은 원인들 중의 하나일 뿐인 것이다. 이와 대조적으로 포르모사의 동쪽 해안에 있는 하왈리안캉(Hwaliankang) 인구와 산악지방에 살고 있던 탈(Tyal) 부족과 아미(Ami) 부족들 사이에서 일어났던 장로교의 두드러진 성장(1939-1944)에서 알 수 있듯이 교회에 대한 박해는 오히려 교회성장의 주요한 원인으로 작용하기도 한다. 즉 그 지역에 살고 있던 이 두 부족의 4,000여 명의 주민들은 일본군의 박해에도 불구하고 일본군이 그곳을 떠났을 때 세례를 받기 위하여 평지에 있는 마을로 내려왔던 것이다. 해밀턴은 요리법에 관한 용어를 빌어서 교회성장의 요인들이 각 경우에 따라 다른 비율로 혼합되어 있다는 점을 지적하고 있는데, 그의 이러한 지적은 옳은 것으로서, 이 원칙은 각기 다른 교파들과 선교회들에 뿐만이 아니라 동일한 교파나 선교회에 있어서의 서로 다른 시기들이나 활동들에도 그대로 적용된다.

우리는 교회성장의 요인들이 각 경우에 따라 각기 다른 비율로 혼합되어 있다는 이 원칙을 신약성경 시대의 교회에서도 명확하게 인식할 수 있다. 교회가 최초로 확산되었던 시기에-즉 오순절부터 A.D.48년경까지의 기간 동안에-교회는 팔레스틴 유대인들 사이에서 성장하였다. 이 시기에 성령께서 팔레스틴 전역을 통하여 수많은 사람들을 그리스도께로 인도하심에 있어서 사용하셨던 두드러진 인간적 요인들은 바로 그들이 "하나님의 선택받은 백성"이라는 확신과 (구약)성경에 대한 확고한 믿음과(그들은 그리스도를 주님으로 받아들인 후에도 계속하여 유대 율법을 엄격히 준수하였다.) 나사렛 예수께 대한 그들의 개인적인 지식과 그들이 공용어로 사용하고 있던 아람어와 로마의 압제로부터 벗어나고자 하는 그들의 공통적인 욕구 등이었다.

그리고 교회가 두 번째로 확산되었던 시기에 — A.D.48년경부터 사도 바울이 죽을 때까지의 기간 동안에—교회는 디아스포라의 회당공동체들 사이에서 크게 성장하였는데, 이 시기에 있어서 교회의 이러한 급격한 성장에는 앞서 언급된 몇몇 요인들 외에(이 시기에 이 요인들은 그 이전 시기보다 다소 약하게 작용하였다.) 새로운 요인들이 작용하였다. 예를 들어 이 시기에는 수많은 "경건한 사람들"이 기독교인이 되었던 것이다. 회당에 참여하였던 이방인들은 유대교의 지고한 도덕성과 유일신론에 강하게 매료되었으나 할례법이나 음식에 관한 금기들이나 그 밖의 다른 외적인 유대 규정들을 지킬 수 없었던 까닭에 유대교인이 될 수 없었다. 그러나 그들은 율법의 무거운 짐을 지지 않고도 단지 예수 그리스도를 믿음으로써 구원을 얻을 수 있다는 사실을 알게 되고, 또한 그리스도 안에서 모든 사람들이 성령의 결실들을 맺는 새로운 피조물들이 될 수 있다는 사실을 알게 되자 열렬한 기독교인들이 되었으며, 비기독교인인—그리고 비유대인인— 그들의 친척들과 친구들에게 기쁜 마음으로 그리스도의 복음을 전하였다. 이 시기에 성장하였던 교회는 그 이전 시기에 성장하였던 교회와 동일한 것이었으나, 이 시기에 있어서의 성장의 요인들은 그 이전 시기에 있어서의 성장의 요인들과 다른 것이었으며, 또한 그 이전 시기의 요인들의 비율과 다른 비율로 혼합되어 있었다. 즉 교회의 성장에 대한 이러한 이해의 준거는 바로 신약성경 자체인 것이다.

교회가 성장하거나 성장하지 않는 몇 가지 공통적 이유들

교회성장을 연구하는 사람은 위에 언급된 준거들을 고찰함으로써 교회성장의 수많은 상세한 이유들을 발견할 수 있을 것이며 이를 통하여 교회성장을 보다 더 잘 이해할 수 있을 것이다. 나는 이 8장의 내용을 요약하고 이 8장에 제시된 것들 중에서 교회성장을 연구하는 사람에게 도움을 줄 만한 점들을 예시하기 위하여 우리가 이제까지 고찰해 온 바 교회성장을 촉진시키는 수많은 이유들과 교회성장을 퇴락시키는 수많은 이유들에서 각기 몇몇 공통적인 이유들을 아래와 같이 선별해 보았다. 교회성장에 대한 여러 준거들을 각기 나름대로 고찰하고 있는 사람들은 교회성장을 촉진시키는 공통적인 이유들과 교회성장을 퇴락시키는 공통적인 이유들을 선별함에 있어서 아래에 내가 제시한 것과 유사한 것들을 선별하게 될 것이다.

그러나 그들이 선별한 것들은 아래에 내가 제시한 것들 만큼 광범위한 것이라고 여겨지지 않는데, 이는 내가 여러 국가들의 수많은 교역자들을 상대로 이 글을 쓰고 있는 까닭에 아시아와 아프리카와 라틴 아메리카의 여러 나라들로부터 나온 수많은 자료들에 근거하여 이를 선별하였기 때문이다. 약간씩 다르게 서술되어 있는 바 아래에 제시된 이유들 중에서 상당수의 이유들은 오늘날 서양의 여러 나라들의 교회들의 상황에도 그대로 적용된다. 미국의 교회성장을 연구하는 사람은 자신이 연구대상으로 삼고 있는 교회들에서도 역시 아래에 제시된 몇몇 이유들이 작용하고 있음을 발견하게 될 것이며, 또한 각 교회들의 특수한 상황에 따른 몇몇 이유들을 이에 첨가시킬 수 있을 것이다. 그리고 각 교회의 교역자들은 아래에 제시된 이유들을 자신의 교회의 상황에 하나하나 적용시켜 봄으로써 자신의 교회의 상태를 이해하는 데 큰 도움을 얻을 수 있을 것이다.

성장의 이유들

1. 목사나 평신도나 선교사는 교회를 개척하고 이것들을 성장시키는 데 그들의 전 생애를 바쳤다.

2. 그들은 복음에 대하여 매우 민감한 사람들에게 복음을 전도하였다. 사도행전 2:13.

3. 어떤 교역자는 하나님에 의하여 그의 교회에 주어진 많은 성장요인들 중의 한 가지 요인을 인식하고 이를 촉진시키는 데 모든 노력을 기울였다.

4. 그리고 어떤 교역자는 자신이 목회하고 있는 지역의 주민들에게 적합한 전도 계획을 세웠으며, 많은 사람들을 그리스도께로 이끌고 교회를 성장시키기 위하여 끊임없이 기도하고 자신의 계획을 열심히 수행하였다.

5. 교회성장에 유익한 교회 내부적인 요인과 외부 환경적인 요인이 동시에 일어났다. 예를 들어 1919년에 한국에서 기독교인들은 독립운동을 주도함으로써 많은 사람들에게 기독교에 대한 호감을 심어 주었으며, 이와 동일한 시기에 감리교 선교사들은 한국에서 부흥운동을 전개하기 시작하였다.

6. 교회지도자들은 회중들을 증가시키기 위한 보다 더 광범위한 사업들을 계획하고 이를 실행하였다(예를 들면 중국의 산동지방에서의 네비우스의 활동).

7. 어떤 교역자는 교회를 직접적으로 개척하는 것 이외의 일들을 행하기를 거부하였다. 그리고 어떤 교회지도자들은 "교회의 선한 사업"과 기독교 선교의 주요 목적 사이의 차이점을 인식하였으며, 전자보다 후자에 중점을 두었다.

8. 기독교는 어떤 문화에 속한 큰 그룹의 사람들에게는 "우리의 종교"라고 여겨지게 되었다.

9. 기독교로 개종한 토착민 지도자들이 교회의 중요한 직분을 부여받았다.

10. 기독교로 개종할 수용성이 준비되어 있는 종족들에게는 토착선교 원리와 인간운동 원리가 동시에 사용되었다.

11. 교회와 선교회는 이미 세례를 받은 기독교인들과 그들의 자녀들과 손자들에게 계속적으로 기독교 신앙을 주입시키고 그들을 교육하였다. 페루의 허버트 머니(Herbert Money)는 1964년에 페루에 350명의 복음주의 선교사들이 활동하고 있었다고 말하고 있는데, 그중 제 7일 재림교회의 선교사들은 20.5%에 불과하였다. 그럼에도 불구하고 제 7일 재림교회는 페루 전체의 복음주의 교인들의 반 이상을 지니고 있었는데, 허버트 머니는 제 7일 재림교회의 이러한 놀라운 성장을 그 선교사들이 일단 세례를 받은 교인들에게 기독교의 신앙과 교리를 계속적으로 교육시켰던 탓으로 돌리고 있다.

12. 교회의 유능한 지도자들은 참다운 회개를 경험하였으며 또한 그들은 모든 기독교인들이 성령의 은사를 풍성히 받게 되기를 간구하였다. 그리하여 그들의 교회는 크게 부흥하였는데, 우리는 이러한 예들을 칠레의

후버선교회와 푸에르토리코의 "그리스도의 교회"와 감리교 남인도 지방의 선원선교회 등에서 찾아 볼 수 있다.

쇠퇴의 이유들

1. 교회지도자들은 단지 교회를 현상태대로 유지시키는 데만 관심을 기울였다. 그리고 교회와 선교회는 한때 유용했었으나 오래 전에 이미 진부해져 버린 비생산적인 선교방식들을 답습하였다.
2. 교회와 선교회는 고도의 생산적인 선교방식에 관심을 기울이지 않고 오히려 그 효율성이 극히 저조한 선교방식에 관심을 기울였다. 예를 들면,

> 그들은 어른들을 기독교로 개종시킬 수 있는데도 불구하고 어린 아이들에 대한 교육사업에만 관심을 기울였다.
> 그들은 문맹자들에게 세례를 베풀지 않음으로써 그들의 교인들을 주로 청년들에 국한시키고 말았다.
> 그들은 어른들이 3년간의 교리문답 과정을 끝까지 거의 이수할 수 없는 데도 불구하고 3년간의 교리문답 과정을 고집하였다.
> 그들은 주로 결혼하지 않은 청년들에게만 세례를 베풀고 그들이 일부일처제를 따르기를 바람으로써 일부다처제를 막고자 노력하였다.

3. 그들은 그들의 선교대상인 원주민들의 언어를 배우지 않고 항상 영어로만 이야기하였으며, 따라서 그들은 원주민들에게 기독교는 주로 문화적 진보를 의미한다는 인상을 심어 주었다. 그리고 그 결과로 그들은 그 원주민들 중에서 소수의 유식한 젊은이들만을 교회로 끌어들였을 뿐이며, 그 외의 다른 사람들과는 개인적인 교제를 전혀 나눌 수 없었다.
4. 그리고 그들은 새로운 기독교인들로 구성된 교회들과 회심자들에 의하여 제기될 여러 가지 문제점들을 두려워하여 기독교로 개종하는 데 내한 매우 높은 기준들을 설정하였으며 극소수의 사람들에게만 세례를 베풀었다.
5. 선교사들은 일반 교인들에 비하여 너무 유식할 뿐만이 아니라 너무 많은 액수의 보수를 받았던 까닭에 일반 교인들은 그들과 일체감을 느낄 수 없었으며, 또한 선교사들의 생활비를 그들 자체의 힘으로 지불할 수

없었다.

  6. 교회와 선교회는 선교의 가망성이 높은 지역들이 많이 있는데도 불구하고 선교의 가망성이 매우 낮은 지역에 그대로 머물러 있기를 고집하였다.

  7. 그들은 그들의 교리에 호의를 지니고 있는 사람들과 교제를 나누려 하기보다 그들의 교리에 반감을 갖고 있는 사람들과 교제를 나누려 하였다. 예를 들면

    그들은 개신교 사람들보다 오히려 로마 가톨릭 사람들과 교제를 나누려 하였다.

    그들은 노동자들보다 상류층의 전문 직업인들과 교제를 나누려 하였다.

    그들은 천민 계층의 사람들보다 귀족 계층의 사람들과 교제를 나누려 하였다.

    그들은 시골의 농부들보다 도시의 유식한 청년들과 교제를 나누려 하였다.

    그들은 일반 사람들보다 특권층의 사람들과 교제를 나누려 하였다.

  8. 교회지도자들은 과거의 실수들로부터 교회성장에 도움이 되는 점들을 배우고자 하지 않았다.

  9. 그들은 이미 이루어진 교회성장을 퇴락시키는 요인들을 억제하거나 제어하지 않았다.

  10. 선교회는 교회성장의 정체나 쇠퇴에 직면하여 외부의 전문인으로부터 이에 관한 의견을 듣고자 하지 않았다.

  11. 그들은 점진적인 선교방식을 가장 바람직한 선교방법으로 받아들였다.

9
교회성장 이해를 위한 조력과 장애

카나다와 미국과 유럽의 독자들은 이 9장을 매우 주의깊게 고찰하여야만 한다. 그들의 이 9장을 주의깊게 고찰함으로써 그들로 하여금 교회성장을 보다 더 명확하게 인식하게끔 하는 바 교회성장에 대한 그들의 이해를 돕는 많은 요소들과 또한 그들의 시야를 흐리게 하는 바 교회성장에 대한 그들의 이해를 방해하는 많은 요소들을 발견할 수 있을 것이다. 그러나 그들은 이 9장을 읽을 때 전 세계의 광범위한 선교활동들로부터 얻어진 이 통찰들을 그들의 교회상황에 알맞는 형태로 변형시켜야만 한다. 이 9장에 제시된 예들은 모두 다 아프리카와 아시아의 여러 국가들의 예들이다. 그렇다고 해서 이 글을 읽는 독자들은 결코 "이 모든 예들은 내게 아무런 의미도 없다. 왜냐하면 나는 시카고에서, 혹은 베를린에서 목회를 하고 있기 때문이다"라고 생각하지 말아야만 한다.

원칙이라고 하는 것은 보편적인 것으로서, 그것은 모든 대륙과 거의 모든 문화권에 적용된다. 예를 들어 아래의 첫 번째를 살펴 보도록 하자. 나는 급격하고도 빠른 교회성장이 전혀 교회를 성장시키지 못한 사람들에 의하여 종종 바람직하지 못한 것으로 간주되고 있다는 원칙을 설명하기 위하여 중국에 파송된 한 선교사의 다음과 같은 말을, 즉 "10년 동안에 교회를 100% 성장시키는 것은 교회를 만들어 내는 것이 아니라 단지 정신병원을 만들어 내는 것에 불과하다"라는 말을 인용할 수 있다. 미국의 독자들은 이 말을 들을 때 즉시 이러한 자기 변명적인 판단들이 "저명한 지도자들"에 의하여 그들의 교회가 정체된 상태에 있거나 쇠퇴하고 있는 것에 대하여 지금도 계속적으로 제시되고 있다는 점과 이러한 생각들과 판단들이 다른 곳에 있어서와 마찬가지로 유럽과 미국에 있어서도 교회성장을 이해하는 데 매우 심각한 장애물들로 작용하고 있다는 점을 인식할 수 있을 것이다.

또한 침례교/메노파의 사례들은 미국의 독자들로 하여금 그들 자신의 도시나 주(州)에 있는 바 기독교의 복음을 쉽게 받아들일 수 있는 사회집단들에 관심을 기울이게끔 해줄 것이다. 오늘날 이러한 사회집단들에 대한 전도활동은 극히 미미하며 따라서 이러한 사회집단들에 있어서의 교회의 성장도 극히 미미한데, 만일 미국의 교회가 이러한 사회집단들에 보다 더 관심을 기울이고… 그들 사이에 교회를 증가시키는 일들에 전력을 기울인다면 그들에 대한 전도활동은 한층 더 큰 성과를 거두게 될 것이다.

나는 여기서, 이 점을 더 자세히 설명할 필요를 느끼지 않는다. 여러 국가들에서의 수많은 선교활동의 예들은 미국과 유럽의 독자들이 이 점을 이 9장에 예시될 수 있는 것보다 더 많은 것들에 적용시키는 데 도움을 줄 것이다. 부언하자면 이 9장은 교회성장을 연구하는 미국과 유럽의 독자들에게 실로 매우 중요한 장인 것이다.

교회의 성장을 막는 개념들

일반적으로 선교계에 널리 퍼져 있는 많은 개념들은 여러 사람들을 그리스도께로 인도하는 일을 방해하고 있다. 그 개념들은 매우 그럴듯하게 보이지만 사실상 그것들은 교회가 이룩하고 있거나 이룩하고자 하는 성장을 방해하거나 손상시키고 있는 것이다. 그 개념들은 교회의 주요 임무에 대한 사고를 흐리게 하고 많은 사람들을 그리스도께로 인도하고자 하는 의지를 고갈시키며 교회의 성장이 정체된 상태에서 나온 선교방법이나 신학을 올바른 것으로 주장한다. 선교사들이 이러한 개념들에 접하게 될 때, 한때 그들의 마음을 가득 채우고 그들로 하여금 선교사들로서 외지에 나가게끔 하였던 바 온 세상 사람들을 구원의 길로 인도하고자 하는 그들의 열정은 점차 차갑게 식어 버리고 만다. 그리고 바로 이러한 때 그리스도의 복음을 선포하는 데 사용되어야 할 모든 힘은 무익한 논쟁으로 다 소모되어 버리고 말며 병자를 치유하고자 하는 의지를 수술 도구들에 윤을 내고자 하는 의지로 대치되어 버리고 만다. 오늘날 이러한 독소는 자유주의 교회와 복음주의 교회 모두에 똑같이 퍼져 있으며 사람들을 그리스도께 대한 믿음과 순종의 길로 인도하는 그들 모두의 능력을 약화시키고 있다. 만일 우리가 선교사들의 마음을 사로잡고 있는 이러한 유해한 개념들과 사고들을 깨뜨려버리고자 한다면 우리는 반드시 이러한 유해한 개념들과 사고들을 명확히 인식하고 그것들이 어떻게 영향력을 발휘하게 되는가를 철저히 살펴 보아야만 한다.

교회의 성장을 막는 개념들은 여러 경로들을 통하여 생겨나고 있다. 첫째, 여러 교회들은 이 세상에 복음을 전파함에 있어서 사람들이 그리스도를 전혀 믿지 않거나 교회가 극히 미미하게 성장하고 있을 뿐인 많은 지역들에서 그들의 활동을 계속하고 있으며 또한 별로 성과도 없는 선교방법들을 고집해 오고 있다. 뿐만 아니라 이러한 교회들은 외관상 성경에 기초를 두고 있는 것으로 보이지만 실제로는 오랜 세월 동안의 그들의 선교활동의 실패의 잔재들에 근거한 그들 나름대로의 신학들을 발전시켜 오고 있으며, 모든 선교활동들은 교회가 적당하게 성장할 것을 기대하는 가운데 수행되어야 한다는 점을 주장하고 있다. 따라서 이처럼 성장이 정체되어 있거나 극히 느린 속도로 성장하고 있을 뿐인 이러한 교회들은 급속히 성장하고 있는 교회들을 의혹의 눈으로 바라보며 이러한 급속한 교회성장을 다소 바람직하지 못한 것으로 간주하고 있는 것이다.

중국에서 교회를 10년에 13% 비율로 성장시켰던 한 유명한 선교사는 "우리는 이러한 평균적인 속도로 성장하고 있는데도 불구하고 그들 사이에서 참된 교회를 발전시키는 데 매우 큰 어려움을 겪고 있다. 따라서 10년 동안에 교회를 100%의 비율로 성장시키는 것은 참된 교회를 만들어 내는 것이 아니라 단지 정신병원을 만들어 내는 것에 불과할 뿐이다"라고 말하였다. 우리는 교회의 실수로 인해서든 지역 주민들의 반발로 인해서든 교회의 성장이 매우 느린 지역들의 선교사들이나 목사들로부터 종종 다음과 같은 견해들을 듣고 있다.
 1. 우리는 지속적이며 점진적으로 활동해 오고 있으며 교회를 급격히 성장시키는 데 전혀 흥미를 지니고 있지 않다.
 2. 수질이 견고한 참나무가 자라는 데에는 수십년의 세월이 걸린다. 그러나 호박은 여름 한철에 다 자란다.
 3. 하나님께서는 견고한 교회를 세우시기 위하여 많은 기간을 할애하시고 계신다.
 4. 오랜 세월 동안 많은 노고와 희생을 통하여 유지된 밭은 결국 풍성한 결실을 낸다.
 5. 교회성장에 대한 판단 기준은 그 성장의 속도가 아니라 그 성장의 견고성과 지속성이다.
 이러한 견해들은 훌륭한 성장은 필연적으로 느린 것이며 오랜 기간에 걸친 노고는 풍성하고도 질좋은 결실을 보장해 준다는 점을 기정 사실로 전제하고 있다. 그러나 우리는 성경에서나 신약성경 시대의 교회의 성장에서 이러한 가정과 전제를 뒷받침해 주는 것을 전혀 찾아 볼 수 없다. 뿐만 아니라 현대 산업이나 현대의 교육도 이러한 가정과 전제를 전혀 뒷받침해 주지 않고 있다. 이러한 견해들이 많은 선교단체들에 의하여 올바른 것으로 받아들여져 오고 있는 것은 그 견해들이 실제로 참된 것이기 때문이 아니라 오히려 그 선교단체들이 오랫동안 거의 아무런 성장도 하지 못하고 있기 때문이다. 다시 말해서 이러한 많은 선교단체들은 그들이 거의 아무런 성장도 하지 못하고 있다는 사실에 직면하여 이와 같은 견해들을 제시하고 주장함으로써 본능적으로 그들 자신의 정당성을 확증하고자 하고 있는 것이다.
 여러 해 동안의 노고에도 불구하고 거의 아무도 그리스도께로 인도하지 못하였던 침례교 선교회들은 종종 위의 4번에 제시되어 있는 것과 같은 견해들을 제시하고 있다. 그들은 인도 남부에 파송된 그들의 선교사들이 (그들에 관한 이야기는 이 책의 1장에 이미 언급되었다.) 25년 동안 거의 아무도 그리스도께로 인도하지 못하다가 어느 날 갑자기 하루에 2,222명의 회심자들에게 세례를 베풀고 그로부터 몇 달 만에 그 교인들의 수가 10,000여 명으로 증가하였던 사실로 그들의 이러한 견해를 뒷받침해 주는 것으로 제시하고 있다. 그러나 이러한 놀라운 결과는 결코 "오랜 세월 동안 많은 노고와 희생을 통하여 유지된 밭은 결국 풍성한 결실을 낸다"는 견해를 뒷받침해 주지 않는다. 지극히 저조한 교회성장에도 불구하고 25년 동안 유지되었던 침례교의 "밭"은 네롤 지방의 상류층 힌두교도들이었는데, 위에 제시된 놀라운 결과는 젊은 선교사인 존 클라우(John Clough)가 늙은 선교사들이 관장하고 있던 그 "밭"을 떠나 옹골 지방으로 가서 그때까지 그리스도의 복음을 전혀 접하지 못하였던 마디가(Madiga) 부족민들에게 그리스도의 복음을 전하고 그들에게 세례를 베풀기 시작하였을 때 나타난 결과였던 것이다.

교회의 성장을 가로막는 바, 오랜 기간 동안의 활동이 결국 자동적으로 성장을 가져온다는 일반적인 견해의 오류는 바로 사실상 교회가 항상 사람들 안에서—일반적으로 동질성을 지닌 사회집단 안에서—성장하는데도 불구하고 교회를 지리학적인 지역들에서 성장하는 것으로 간주하는 것이다. 첫 번째 침례교 선교사들은 상류층의 사람들을 선교의 대상으로 선정하고, 그들을 그리스도께로 인도하기 위하여 오랜 기간 동안 많은 노력을 기울였으나 그들의 이러한 노력은 아무런 결실도 거두지 못하였다. 만일 그들이 100년 이상 그곳에 머물러 있으면서 계속하여 활동을 하였다 할지라도 그들은 역시 아무런 결실도 거두지 못하였을 것이다. 그러나 클라우는 "오랜 세월 동안 많은 노고와 희생"을 치르지 않고도 마디가 부족민들 사이에서 매우 풍성한 결실을 거두었던 것이다.

그러나 교회의 성장이 느린 지역들에서 제시된 몇몇 견해들은 어느 정도 타당성을 지니고 있기도 하다. 씨가 뿌려진 후에 그 씨가 성장하여 결실을 맺게 되기까지 일정한 기간이 소요된다는 것은 틀림없는 사실이다. 농사에 있어서 결실은 일반적으로 씨가 뿌려진 지 4개월 후에 거두어진다. 이와 마찬가지로 선교활동에 있어서 복음의 선포와 그 결실의 수확 사이에 몇 년 간의 기간이 소요된다는 것은 결코 놀라운 일이 아니다. 그러나 이러한 점은 다른 교회들이 급격히 성장하고 있고 세속적인 이념들과 이방 종교들도 역시 널리 확산되어 가고 있는 지역에 있어서의 계속적인 저조한 교회성장을 합리화시키는 구실로 사용되지 말아야만 한다. 매우 느린 성장 자체에는 성경적인 것이나 영적인 것이 전혀 깃들어 있지 않다. 때때로 교회는 매우 느리게 성장할 수도 있다. 그러나 그러한 느린 성장은 결코 합리화될 수 없는 것이다.

둘째, 교회의 성장을 가로막는 개념들은 단순히 교회가 매우 느리게 성장하는 데에서만이 아니라 선교활동이 수십년 동안 실패를 거듭하고 있는 데에서도 일어난다. 실패라고 하는 것은 항상 견디기 어려운 것이다. 어찌하여 사람들은 그처럼 큰 구원을 무시하고 있는 것인가? 어찌하여 그들은 그들을 위하여 죽으신 분을 거부하고 있는 것인가? 하나님의 주권과 섭리를 믿고 자기 자신에게서 아무런 오류도 발견할 수 없는 하나님의 신실한 종들은 수십년 동안 그들의 선교활동들이 계속적으로 실패를 거듭하게 될 때 자연히 과연 하나님께서 교회의 성장을 원하고 계신지에 대하여 의문을 품게 된다. 그리고 바로 이러한 때 그들은 그들 자신에게 다음과 같이 물음으로써-즉 우리는 소수의 남은 자의 중요성을 거듭하여 인식하고 있지 않는가, 바알에게 무릎을 꿇지 않은 7천 명의 사람들이 참다운 "교회"를 이루고 있던 시대가 있지 않았는가, 우리 주님께서는 부름을 받은 사람은 많으나 선택을 받은 사람은 극히 적다고 말씀하시고, 또한 그가 이 세상에 다시 오실 때 이 세상에서 믿음을 찾아 볼 수 있겠느냐고 묻지 않으셨는가라고 물음으로써-그들 스스로 위안을 찾고자 하는 것이다.

남은 자에 관한 신학은 이들에게 있어서 매우 매력적인 것이 아닐 수 없다. 즉 그들은 남은 자에 관한 신학에 근거하여 규모가 작은 것을 거룩한 것으로 규정하고, 느린 성장을 참다운 성장으로 합리화시키고 있는 것이다. 교회가 성장하지 못하고 있는 지역의 선교사들은 흔히 다음과 같은 개념들과 표어들을 내세우곤 한다.

1. 그리스도께 대한 믿음으로 인하여 고통을 당하는 소수의 무리는 참된 교회이다.
2. 이러한 소수의 무리를 확보하는 것은 선교활동에 있어서 가장 중요하고도 큰 성공이다.
3. 박해와 고통을 받고 있는 교회, 즉 십자가 아래 있는 교회는 참된

교회이다.

4. 하나님과 함께 한 소수의 무리의 힘은 결코 과소평가되지 말아야만 한다.

5. 창조적인 소수의 무리는 모든 교회들이 추구하여야 할 참된 교회의 모습이다.

몇몇 상황들 아래서, 몇몇 교회들에 있어서, 그리고 몇몇 특정한 방식들에 있어서 이러한 개념들은 확실히 옳은 것들이다. 우리 주님께서는 그의 제자들을 누룩으로—즉 큰 반죽 덩어리 안에 감추어진 적은 양의 누룩으로—칭하셨다. 그러나 이러한 비유적 표현이 지니고 있는 내재적 의미는 바로 누룩이 급격히 증가하여 그 반죽 덩어리를 크게 부풀리는 작용을 한다는 것이다. 즉 누룩의 가치는 그것이 적다는 데 있지 않고 오히려 놀라울 정도로 크게 증가하여 반죽 덩어리를 부풀린다는 데 있는 것이다. 누룩은 스스로 증가하여 반죽 덩어리 전체에 골고루 스며든다. 소수의 무리는, 그 무리가 창조적인 무리일 경우, 생산적인 사고들을 풍성히 산출해 내어야 할 뿐만이 아니라 다수의 무리들을 그 소수의 무리 안에 끌어들여야만 한다. 즉 참으로 창조적인 소수의 무리는 스스로 크게 성장하여야만 하는 것이다.

더우기 비록 우리가 하나님께서 많은 사람들을 구원하시기를 원하고 계신다는 사실을 확증해 주는 다른 많은 성경귀절들을 전혀 고려하지 않은 채 앞서 내가 언급한 성경귀절만을 염두에 둔다 할지라도 우리의 회중들 중에서 1,000명의 기독교인들만을 엄밀하게 "소수의" 선택받은 무리로 간주하는 것은 여전히 그릇된 일이 아닌가? 우리가 선교의 대상으로 삼고 있는 지역에는 7,000,000여 명의 주민들이 살고 있다. 그중 200,000여 명에 이르는 기독교인들은(이 수는 전체 주민들의 35분의 1에 불과하다.) 주님께서 말씀하신 "소수의" 무리가 아닌 것인가? 만일 그렇다면 우리는 주님에 의하여 선택된 나머지 199,000여 명의 사람들을 우리 주님의 교회로 인도하고자 하지 말아야만 한단 말인가? 어떻게 우리는 1,000여 명의 기독교인들만이 하나님께 선택받은 사람들이고, 그 나머지 사람들은 하나님께 선택받지 못한 사람들이라고 말할 수 있는가?

모든 기독교인들은 교회를 참된 교회로—즉 진정한 기독교인들로 구성된 교회로-만드는 데 지대한 관심과 노력을 기울여야만 한다는 점에 있어서 의견을 같이하고 있다. 그러나 우리가 소수의 작은 무리만으로 구성된 교회를 우리의 목표로 삼는다면 과연 우리는 많은 사람들에게 복음을 전하셨던 그리스도의 뜻을 올바로 따르고 있는 것인가? 그리고 만일 우리가 선택받은 사람들만으로 구성된 교회를 우리의 목표로 삼는다면 과연 우리는 바리새적인 자들이-즉 자신을 남보다 더 거룩한 자로 여기는 자들이-될 위험을 지니고 있지 않은가? 기독교인이 되는 것은 예수 그리스도와의 구속적 관계에 들어가는 것인가, 아니면 단순히 하나의 윤리적 성취인가? 그리스도를 믿어야 할 사람들이 아직도 수없이 많이 있다는 사실을 고려해 볼 때 우리가 전혀 비성경적인 방향으로 "소수"의 우월성을 주장하고 이를 치켜올리는 것은 과연 현명한 처사인가?

교회가 그리스도를 위하여 고난을 당하고 있거나 복음을 거부하는 수많은 사람들로 둘러싸여 있을 경우, 교회는 그 자신의 신실성이 교인들의 수에 의하여 평가되는 것이 아니라는 사실을 확신하는 가운데 박해시의 교회의 주된 임무를 바로 신실한 교회로 남아 있는 것으로 생각함으로써 스스로 그 자신을 위안할 수 있는데, 이것은 매우 올바르고 정당한 일이 아닐 수 없다. 그러나 이러한 진리는 주님께서 곡식단들을 밭에서 내놓으라고 명하신 것에 근거하여 기독교인들이 주된 임무를 단지 그 밭의 후미진 구석에서 기도나 하는 것으로 간주하는 그릇된 생각을 뒷받침해 주는 것으로 사용되지 말아야만 한다. 만일 1966년과 1967년에 인도네시아의 교회들이 교회의 성장을 가로막는 바 "소수"의 우월성을 치켜세우는 그릇된 사고에 집착하여 그 인근의 마호멧 교도들과 이교도들을 그리스도께로 인도하고자 하는 그들의 의지를 포기하였다면 그들의 이러한 처사는 매우 비극적인 결과를 초래하였을 것이다.

세째, 교회의 성장을 가로막는 그릇된 개념들은 동사 *disciple*이라는 용어의 의미를 이해하는 데 있어서의 혼란에서 일어나곤 하는데, 이러한 혼란은 동사 *disciple*의 의미의 갑작스러운 증가로 인하여 야기되어 오고 있다. 1979년에 출간된 일반적인 사전들에는 *disciple*이 동사로 표기되어 있지 않다. 그러나 나는 1955년에 나의 저서 *The Bridges of God*에서 이 용어를 동사로 사용하기 시작하였는데, 나는 이 저서에서 이 용어를 사람들(비기독교적 사회의 한 부분에 속한 사람들)이 비기독교적 신앙으로부터 그리스도께로 돌아오는 것을 도와 주는 것을 가리키는 용어로 사용하였다. 이처럼 사람들이 비기독교적인 신앙으로부터 그리스도께로 돌아오는 것을 돕는 데는 하나님의 은혜를 통한 성장의 모든 복잡한 과정이 뒤따라야만 하는데, 이러한 과정 중에는 첫 번째 세대와 그 이후의 세대들에 있어서의 개인들 간의 대화도 포함되어 있다.

새로운 동사인 이 *to disciple*은 곧 여러 사람들에 의하여 사용되게 되었는데, 1970년 직후에 이 용어는 기독교적 사회나 비기독교적 사회 안에서 각 개인들이 처음으로 기독교인이 된 과정을 가리키는 용어로 사용되기 시작하였다. 그리고 그 이후에 이 용어는 이와 전혀 다르게 기존의 기독교인들이 전적으로 헌신적인 그리스도의 추종자들이 된 과정을 가리키는 용어로 사용되었다.

나는 이 용어의 이러한 세 가지 의미들을 명확하게 규정하기 위하여 *Church Growth Bulletin*의 1979년 5월호에 "새로운 동사 *To Disciple*에 관하여"라는 논문을 발표하였다. 이 논문은 이 잡지의 서두에 실렸는데, 논문에서 나는 이 동사의 세 가지 의미들을 D_1(사회의 기독교화), D_2(개인의 기독교화), D_3(교인의 제자화)로 구분하여 이를 하나씩 자세히 설명하였다. 즉 D_1은 비기독교적 사회가 처음으로 그리스도께로 돌아오는 것을 가리키고, D_2는 개인이 무신앙에서 그리스도께 대한 신앙으로 돌아오고 교회의 일원이 되는 것을 가리키며, D_3는 기존의 기독교인들에게 가능한 한 많은 성경의 진리들을 가르치는 것을 가리키고 있는 것이다. 따라서 D_3의 의미에 있어서 disciple된 사람들은 대학졸업자들에 비유될 수 있는 반면에, D_1의 의미에 있어서 disciple된 사회집단은 학교를 세우고 모든 어린 아이들을 학교에 보내기로 결정하였던 자이레의 한 문맹인들의 마을에 비유될 수 있다.

교회의 성장 단계들은 어린 아이의 성장 단계들처럼 매우 뚜렷이 구분되는데 유럽과 미국의 지식인들은 이 점을 자주 간과해 오고 있다. 즉 그들은 교회의 이러한 성장 단계들 중에서 단지 한 단계만을—즉 D_3의 단계만을—주시하고 이 단계에 적합한 선교정책들을 세우고 있으며, 또한 마치 이 선교정책들이 모든 사회와 모든 문화권에서 교회발전의 모든 단계들에 적용될 수 있는 것처럼 이 선교정책들을 추진해 나가고 있는 것이다. 완전한 기독교인이 된다는 것이 무엇을 의미하는지를 잘 알고 있는 많은 교인들을 지닌 교회는 하나님께서 부여하신 바 그들을 disciple할 의무를 지니고 있다. 이러한 경우에 있어서 기존의 기독교인들을 완전한 기독교인들로 만드는 D_3의 단계는 무엇보다도 우선적으로 모든 인류의 구원을 추구하셨던-그리고 지금도 모든 인류의 구원을 추구하고 계신-그리스도의 마음을 거듭하여 가르치는 것이어야만 한다. 이 D_3의 단계에 있어서 교육적인 성취를 강조하고 사회적 정의에 대한 양심을 촉진시키는 데에만 관심을 기울이고 사람들을 영생의 길로 인도하는 데에는 별로 관심을 기울이지 않는 것은 복음의 참 뜻을 저버리는 것이다. 즉 우리는 D_3의 단계에 있어서 세속적인 성취와 문화적인 성취를 그리스도께 대한 올바른 헌신으로 오해하지 말아야만 하는 것이다.

교회는 바로 이러한 신학적인 이유와 실제적인 이유로 인하여 모든 기존의 기독교인들을 완전한 기독교인들로 만드는 D_3의 단계를 성실히 수행해 나가야만 한다. 이것은 하나님께서 모든 교회에 명하신 것으로서, 이 의무를 성실히 수행하지 않는 교회는 점차로 퇴락할 수 밖에 없다. 교회는 D_3의 단계의 중요성을 결코 과소평가하지 말아야만 한다. 그리고 이와 동시에 교회는 disciple되지 않은 많은 이교도들이 완전한 기독교인들이 되려면 먼저 그들이 교회의 일원으로 받아들여져야만 한다는 점을 깊이 인식하여야만 한다. 교회는 교회 자체를 위해서가 아니라 바로 이 세상을 위하여 존재한다. 즉 교회는 다른 사람들을 구원하기 위하여 구원받은 자들의 모임인 것이다. 교회는 항상 두 가지 임무를 지니고 있는데, 그중 하나는 사람들을 그리스도께로 인도하는 것이며 나머지 하나는 그들을 하나님의 은혜 가운데 성장시키는 것으로서, 교회는 이 두 가지 임무들 중 어느 하나도 소홀히 하지 말아야만 한다. 교회는 그 자신이 속하여 있는 사회와 국가 내의 불의한 일들을 바로잡아 줄 임무와 책임을 지니고 있다. 그러나 그렇다고 해서 교회는 그 주변의 모든 사람들과 국가들을 disciple할 임무와 책임을 결코 저버리지 말아야만 하는 것이다.

바로 이러한 점에 있어서의 혼란은 교회의 성장을 가로막고 방해하는 많은 개념들과 사고들을 일으키고 있다. 그러면 여기서 교회의 성장을 가로막고 방해하는 이러한 몇 가지 개념들을 살펴 보기로 하자. 어떤 한 선교학 학자는 "교회가 수적으로 크게 성장할 경우, 과연 그 교회는 **참다운 교회**의 모습을 유지할 수 있는가?"라는 질문을 제기하였는데, 이에 대한 나의 대답은 "그렇다"이다. 즉 교회의 교회됨은 예수 그리스도와의 관계에 근거한 것으로서, 단순히 교회가 그 자체의 어떤 의무를 수행하지 못하였다고 해서 그 교회가 교회됨을 상실하는 것은 아닌 것이다.

교회는 여러 해 동안 노예제도나 알콜중독과 같은 사회악들과 함께 아무런 갈등없이 공존해 왔다. 이러한 사회악들은 결국 하나님을 기쁘시게 하지 않는 것들로서, 인류에게 수많은 슬픔과 고통을 가져다 주었다. 그러나 이러한 사회악들에도 불구하고 교회는 계속하여 존재해 왔으며 교세를 널리 확장해 왔다. 사실상 교회는 바로 교세를 널리 확장시키고 매우 큰 정치적 힘을 획득하였던 까닭에 비로소 인류의 역사에 있어서 최초로 노예제도에 종지부를 찍을 수 있었다. 그리고 교회는 이 세상의 슬픔의 가장 큰 외적인 원인들 중의 하나인 술에 의하여—분명히 일시적으로—패배를 당해 오고 있으나, 이러한 패배에도 불구하고, 그리고 어쩔 수 없이 이러한 알콜중독과 공존할 수 밖에 없음에도 불구하고, 교회는 여전히 참된 교회로 남아 있다. 비기독교인들이 예수 그리스도를 믿고 예수 그리스도의 이름으로 세례를 받고 성경을 그들의 믿음과 행위의 규범으로 받아들이고 성령의 열매들을 맺는 곳에서는 언제나 참된 교회의 새로운 가지가 뻗어나오고 있다. 그리하여 그들은 예수 그리스도의 힘을 직접 체험하게 되며 보다 높은 수준의 영적인 삶을 누리게 되는 것이다. 그들이 어떤 점들에 있어서 우리가 그들이 마땅히 따라야 할 것으로 생각하고 있는 방식의 삶을 따르지 않고 또한—이보다 더 중요한 의미를 지닌 바—그리스도의 마음을 지니지 않은 채 살아간다면 이는 참으로 애석한 일이 아닐 수 없다. 그러나 이것은 결코 그 교회가 **참된 교회**로서 성장하고 있지 않다는 점을 나타내는 것은 아닌 것이다.

혹, 어떤 사람은 "이교도들은 세례를 받았다 할지라도 결코 온전한 교회를 이루고 있지 못하다"라고 말할 수도 있다. 물론 그들은 아직 온전한 교회를 이루고 있지 못하다. 그러나 사람들을 완전한 기독교인으로 만드는 일은 그들이 일차적으로 disciple된 후에야—즉 D_1의 단계를 거친 후에야—비로소 행해질 수 있다. 아프리카—아시아지역의 많은 교회들 뿐만이 아니라 유럽과 미국의 많은 교회들도 세례를 받기는 하였으나 아직 기독교인으로서의 덕목들을 온전히 실행하지 못하고 있는 사람들로 이루어져 있다. 그러나 대부분의 경우에 있어서 기독교인들은 그들을 "세례받은 이교도들"로 칭하지 않고 있으며, 그들은 교회에서 쫓아 내지도 않고 있다. 오히려 기독교인들은 이러한 사람들이 그리스도 안에서 기독교인으로서 보다 더 온전한 삶을 영위하게 되고, 이로써 그들과 동일한 부류의 사람들이 보다 더 많이 교회에 속하게 되기를 끊임없이 추구하고 있는 것이다.

어떤 선교회의 한 당국자는 "우리가 목회자들을 모집하여 그들을 훈련시키는 문제와 각 평신도들로 하여금 자발적으로 목회자의 기능을 수행하게끔 하는 문제를 해결짓지 않는 한, 10년에 50%씩 교회를 성장시키는 것은 한낱 공상에 불과할 것이다"라고 말하였는데 여기서 그는 하나님의 은혜 안에서의 성장(D_3)을 사람들을 그리스도께 처음으로 인도하는 것(D_1이나 D_2)과 혼동하고 있다. 즉 그는 D_3의 단계에 선행되어야만 한다는 사실과 D_3의 단계가 현재 아무런 성장도 하지 못하고 있는 교회에서가 아니라 계속적으로 성장하고 있는 교회에서 가장 잘 수행될 수 있다는 사실을 잊고 있는 것이다.

또 어떤 사람은 "아프리카와 아시아지역에 있어서의 교회의 가장 큰 문제점은 그 교회의 교인들의 생활이 그들의 비기독교인 이웃들에게 계속적으로 걸림돌이 되고 있다는 것이다. 그들이 거룩한 생활을 영위하는 데 있어서 보다 더 크게 성장하지 않는 한, 그들은 양적인 면에 있어서 결코 더이상 성장할 수 없다. 즉 그들이 보다 더 깊은 신앙생활을 영위하지 않는 한 그들은 결코 더이상 발전할 수 없는 것이다"라고 말하고 있다. 모든 교회들이—아프리카와 아시아지역의 교회들 뿐만이 아니라 유럽과 미국의 모든 교회들이—"보다 더 깊은 신앙생활을 영위할" 필요가 있다는 것은 지극히 자명한 사실이다. 따라서 위의 진술은 매우 그럴듯하게 보이지만 그럼에도 불구하고 위의 진술은 그릇된 것이다. 적어도 완전한 형태를 갖춘 교회는 그 교회가 아무리 초보적인 단계에 있다 할지라도 그 원래의 비기독교적인 상태보다 우월한 위치에 있으며 계속적으로 "발전해 나가고" 있다. 실제로 많은 경우들에 있어서 가장 잘 성장하고 있는 회중들은—비록 그들이 매우 학식있는 기독교인들처럼 성경에 대하여 많은 지식을 지니고 있거나 성령의 많은 결실들을 맺고 있지는 못한다 할지라도 -그들의 친척들이나 이웃들과 절친한 교제를 나누고 있으며 세상 사람들과 훌륭한 관계를 유지하고 있다.

혹 어떤 사람은 "우리가 더 크게 발전하지 않는 한 우리는 더 깊은 신앙생활을 영위할 수 없다"라고 말할 수도 있다. 서로 분산된 작은 회중들은 보다 크게 성장하지 않는 한 목사의 생활비를 지급하는 문제를 스스로 해결할 수 없으며 영적인 성장을 위한 훈련도 받을 수 없다. 선교회의 활동을 통하여 모인 회중들은 그들 스스로 크게 성장하지 않는 한 그들 자신이 재정적으로 선교회에 의존되어 있다는 점을 부인할 수 없으며, 또한 기독교인이 된다는 것이 교회나 선교기관으로부터 도움을 받는 것을 의미한다는 점도 부인할 수 없다. 따라서 이러한 경우에 있어서 그들이 그들 자신의 주위에 높은 벽을 세우고 내적으로 "보다 깊은 신앙생활을" 추구한 후에 그 벽을 깨뜨리고 나올 수 있으리라고 생각하는 것은 전혀 무익한 추측에 불과할 뿐인 것이다.

그러나 이러한 진부한 표현들은 실제적으로 모두 다 그릇된 것들이다. 다시 말해서 교회는 끊임없이 일관되게 그 회중들을 disciple하고 그들을 완전한 기독교인으로 만들어 줌으로써-여기서 회중들을 disciple하는 것은 그들을 완전한 기독교인으로 만드는 일을 도와 주며, 또한 그들을 완전한 기독교인으로 만드는 것은 그들을 disciple하는 일을 도와 준다-바로 그 자신의 주인이신 그리스도의 뜻을 온전히 수행해 나가는 것이다.

네째, 유럽과 미국의 상황에 깊이 빠져 있는 이론가들과 신학자들은 필연적으로 유럽과 미국의 교회들의 문제점들에서 파생된 개념들을 두둔하고 있다. 이러한 개념들은 유럽과 미국에서는 유익한 것일지 모르나 아프리카와 아시아에서는 오히려 비기독교인들을 그리스도께로 인도하고자 하는 의지를 약화시키고 있다. 예를 들어 서구의 한 유명한 교회지도자는 "교회는 수적으로 성장하고 있다. 그러나 과연 교회는 복음적인 입장에서 교회 자체의 환경을 변혁시키는 데 과거보다 더 많은 노력을 기울여 오고 있는가?"라고 묻고 있다. 그는 수적인 성장이 교회의 주변 환경을 기독교화시키고 "사회의 구조를 복음화시키는" 일보다-간략하게 말해서 이 사회에 경제적인 정의와 형제애적인 평화를 실현시키는 일보다-덜 중요한 것으로 간주하고 있다. 그가 제기한 의문은 기독교인들이 국민의 대다수를 차지하고 있는 국가들에서 자연적으로 제기될 수 있는 것으로서, 그러한 국가들에 있어서 투표를 통하여 사회질서와 규범을 기독교화시킬 수 있는 교회가 마땅히 그러한 일을 수행하여야 한다는 점을 주장하는 것은 지극히 타당한 일이 아닐 수 없다. 즉 그러한 국가들에 있어서 수적으로 성장하고 있기는 하지만(교회가 더 나은 상태로 충분히 변혁시킬 수 있는) 그 국가를 과거와 마찬가지로 불의하고 이기적이며 탐욕스러운 상태에 그대로 내버려 두고 있는 교회는 실제로 그 자신의 의무에 대하여 성실치 못한 교회일 수 있는 것이다.

그러나 교회가 국민의 극히 적은 부분으로 구성되어 있으며, 주로 수적으로 성장하는 가운데 복음적으로 그 자체의 환경에 대응해 가고 있는 국가들에서는 이러한 의문이 전혀 제기되지 않고 있다. 즉 전체 국민의 1,000분의 1 정도만이 기독교인들인 국가에 여러 해 동안 살았던 사람이 확실하게 증언할 수 있는 바와 같이 사회질서와 규범을 변혁시키는 힘은 기독교인들의 수와 사회적인 지위에 매우 밀접히 연관되어 있는 것이다.

우리는 유럽과 미국의 교회들의 문제점들에 우리의 관심을 집중시킴으로써 아프리카와 아시아의 교회들에 있어서의 작은 교회들의 성장의 기회들과 성장의 필요성들을 모호하게 하지 말아야만 하며, 또한 유럽과 미국의 교회들이 취하고 있는 바 그들의 사회활동과 복음전도활동 간의 비율을 아프리카와 아시아의 교회들에 대한 규범으로 간주하지 말아야만 한다. 전체 국민의 1% 정도로 구성되어 있는 교회는 그들 나름대로의 의무를 지니고 있으며 전체 국민의 99%로 구성되어 있는 교회들도 역시 그들 나름대로의 다른 의무를 지니고 있다.

그리스도의 복음이 선포될 때 사람들을 때때로 무가치하고 사소한 동기에서 기독교인이 되고자 하기도 한다. 특히 설교자가 물질적으로 풍요한 생활을 하고 있는 서구인으로서 사람들은 기독교로 개종시킴으로써 자신의 생계를 꾸려나가고 있는 사람으로 여겨질 경우, 몇몇 사람들이 그리스도께 대한 사랑으로 인해서가 아니라 오히려 돈에 대한 사랑으로 인하여 기독교로 개종하는 일은 흔히 있을 수 있다. 즉 이러한 "회심자들"은 영적인 갈증도 지니고 있지 않고, 그리스도께 대한 믿음도 지니고 있지 않으며, 죄를 용서받은 경험도 지니고 있지 않는 자들로서, 선교사로부터 더이상 아무 것도 받을 수 없게 될 때 기독교인으로 자처하기를 그치는 것이다. 따라서 모든 교역자들은 이러한 사람들을 매우 주의하여야만 한다.

다른 한편으로, 기쁜 소식(복음)을 선포하고 사람들을 구원의 길로 인도하는 사람은 진정한 마음으로 구원의 길을 찾고자 하는 자들을 그 자신의 이러한 의혹으로 인하여 방해하지 않도록 주의해야만 한다. 그는 "상한 갈대를 꺾지 아니하며 꺼져가는 심지를 끄지 아니하시는" 분의 종이다. 우리 주님께서는 그가 로마인들을 바다에 몰아 넣으실 때 그의 영광에 참여하려는 세속적인 동기로 3년 동안 그를 따라다녔던 자들을 택하사 그들을 사도들로 변화시키셨다. 가난한 자들과 억압받는 자들의 육체적인 욕구가 절박한 것이라면 그들의 영적인 욕구는 더 근본적인 것이다. 기독교인들은 그들의 육체적인 욕구에만 관심을 기울이고 그들의 영적인 욕구에 대해서는 등한히 하는 과오를 저지르지 않도록 주의해야만 하는데, 이러한 회심자들의 동기들이 교회의 성장에 도움을 줄지, 아니면 교회의 성장을 방해할지를 명확하게 판단하기란 매우 어려운 일이 아닐 수 없다.

와스컴 피케트(Waskom Pickett)는 그의 저서 *Christian Mass Movements in India*의 한 장 전체를 이 중요한 문제를 다루는 데 할애하고 있는데, 다음에 인용된 그의 글은 이에 대한 그의 견해를 매우 잘 예시해 주고 있다.

> 동기의 문제를 다루는 것은 항상 매우 어려운 일이다.····동기에 대한 고찰은 매우 많은 편견에 부딪치게 되며 또한 매우 강한 인상과 느낌을 불러일으킨다. 많은 기독교인들은 그리스도의 교회의 일원이 되고자 하는 모든 사람들의 동기들을 매우 주의깊게 조사해 보는 것을 필수적인 일로 생각하고 있다.····반면에 이러한 사람들의 동기를 조사하고 판단하는 입장에 서기를 두려워하는 다른 사람들은 그들 자신이 적합한 것으로 간주하고 있는 동기들을 고무시키는 동시에, 상대방으로 하여금 심문자 자신의 자발적인 진술 배후에 숨어 있는 것들을 엿보려 하지 않게끔 하려는 태도를 취하고 있다(Pickett, 1933 : 155).

그러나 그는 여기서 한걸음 더 나아가서 바로 다음과 같은 점을 지적하고 있다.

　복음은 종종 복음에 대하여 감수성이 예민한 청중들의 마음에 자기 자신을 개선시키고 보다 더 낫고 보다 더 중요한 삶을 영위하고자 하는 욕구와 그들에게 베풀어진 친절함과 온유함에 대하여 감사하고자 하는 열망과, 과거에 아무런 의문없이 받아들여졌던 과거의 모든 그릇된 것들로부터 벗어나고자 하는 소망과 자신의 자녀들을 위한 여러 가지 충동을 불러일으킨다. ····우리들은 신분이 높은 사람들처럼 대우받고 자신의 자녀들에게 시궁창이나 쓰레기를 청소하는 일보다 더 나은 다른 직업을 확보해 주며, 여러 가지 억압과 멸시로부터 보호를 받고자 하는 청소원들의 욕구들이 기독교인이 되고자 하는 그들의 동기들이 무가치하고 사소한 것이라는 점을 입증해 주기보다 오히려 그들이 그들의 삶 한가운데 그리스도를 받아들이고 있다는 그들의 주장을 확증해 주고 있다는 점을 인식할 수 있다(Pickett, 1933 : 157).

　하지만 교회성장에 매우 밀접하게 연관되어 있는 바 이러한 동기들에 관한 것으로서, 그는 3,947명의 기독교인들을 대상으로 그들이 기독교인이 된 이유들과 그들의 신앙의 성숙도를 면밀히 고찰하였다. 그는 이러한 점들을 고찰함에 있어서 먼저 그들이 기독교인이 된 이유에 대한 그들의 답변에 따라 그들을 다음의 4 부류로 구분하였다.

　제1부류—영적인 동기로 기독교인이 된 사람들, 이들은 그들 자신이 기독교인이 된 이유들로서 "구원을 얻으려고", "설교자의 말씀을 듣고 확신을 지닌 까닭에", "하나님을 알기 위하여", "평안을 찾기 위하여", "예수 그리스도께 대한 믿음 때문에" 등과 같은 점들을 제시하고 있다.

　제2부류—세속적인 동기로 기독교인이 된 사람들, 이들은 그들 자신이 기독교인이 된 이유들로서 "선교사들로부터 도움을 얻기 위하여", "자녀들의 교육을 위하여", "사회적 지위를 높이기 위하여", "지주들이 우리를 억압하는 까닭에", "기독교인 처녀와 결혼하기 위하여" 등과 같은 점들을 제시하고 있다.

제3부류—사회적인 이유들로 인하여 기독교인이 된 사람들, 이들은 그들 자신이 기독교인이 된 이유들로서 "가족이 세례를 받은 까닭에", "나의 친지들이 나에게 기독교인이 되라고 말한 까닭에", "나의 친지들이 모두 다 기독교로 개종하였는데 나만 힌두교도로 남아 있을 수 없어서" 등과 같은 점들을 제시하고 있다.

제4부류—태어날 때부터 기독교인이었던 사람들, 이들은 그들 자신이 기독교인이 된 이유로서 "기독교인 부모에게서 태어난 까닭에"라는 점을 제시하고 있다.

그리고 그는 그들의 신앙의 성숙도를 다음의 열한 개의 분야에서—즉 ① 주기도문과 사도신경과 십계명에 대한 지식 ② 안식일 준수여부 ③ 교인으로서의 등록여부 ④ 예배의 참석여부 ⑤ 예배의 참석 빈도 ⑥ 교회의 재정에 대한 책임여부 ⑦ 우상숭배적인 마술적 사고로부터의 자유의 정도 ⑧ 비기독교적인 축제에의 참여여부 ⑨ 악령에 대한 두려움으로부터의 자유의 정도 ⑩ 기독교인 배우자와의 결혼의 여부 ⑪ 마음과 육체를 흥분시키는 음료의 사용여부에 따라—측정하였다.

그는 우리가 예상할 수 있는 바와 같이 영적인 동기로 기독교인이 된 사람들의 신앙의 성숙도가 세속적인 동기나 사회적인 동기로 기독교인이 된 사람들의 신앙의 성숙도보다 더 높다는 사실을 지적하였다. 그러나 그가 이러한 측정을 통하여 밝혀낸 매우 놀라운 사실은, 영적인 동기로 기독교인이 된 사람들과 세속적인 동기로 기독교인이 된 사람들과 사회적인 동기로 기독교인이 된 사람들의 신앙의 성숙도들 사이의 차이가 그리 크지 않다는 점으로서, 그는 그들이 세례를 받은 후에 계속적으로 기독교의 교리와 신앙을 교육받았는지의 여부가 그들의 신앙의 성숙도에 있어서 그들이 기독교인이 된 동기들보다 한층 더 중요한 요인으로 작용하고 있다는 점을 지적하였다.

우리는 이러한 고찰과 측정의 결과를 통하여 제2부류와 제3부류에 속한 사람들(즉 세속적인 동기와 사회적인 동기로 기독교인이 된 사람들)에 대하여 보다 더 긍정적인 태도와 입장을 취할 수 있다. 제1부류의 동기로(즉 영적인 동기로) 기독교인이 된 사람들의 신앙의 성숙도와 제 2부류의 동기로(즉 세속적인 동기로) 기독교인이 된 사람들의 신앙의 성숙도 사이에 차이가 매우 적다는 사실은 압제로부터 도움을 받고자 하는 욕구와 같은 **순수히 세속적인 동기들이 그 당사자로 하여금 기독교인이 되게끔 하고,** 또한 그 하여금 생산적인 종교적 경험들을 지닐 수 있게끔 할 수도 있다는 점을 전혀 염두에 두지 않고 있는 많은 사람들을 놀라게 할 것이다. 그리고 이와 마찬가지로 이러한 측정에 있어서 제3부류에 속한 사람들에 대한 결과가 제1부류에 속한 사람들에 대한 결과와 매우 유사하다는 사실도 **하나님께서 사회적인 요인들을 통하여 사람들을 복음의 영향 아래 이끌어들이신다는** 점을 전혀 인식하지 못하고 있는 사람들을 매우 놀라게 할 것이다.

우리는 세속적인 동기로 기독교인이 된 사람들의 70%와 사회적인 동기로 기독교인이 된 사람들의 75%가 정규적으로 예배에 참여해 오고 있다는 사실을 발견하였으며, 또한 전자의 93.2%와 후자의 94.8%의 가정들이 우상숭배적인 모든 관습이나 사고로부터 벗어나 있고 전자의 90.5%와 후자의 91.2%가 교회의 재정에 기여하고 있다는 사실도 발견하였다…(Pickett, 1933, 168-).

교회의 부흥이나 확장에 관련하여 "우리는 그리스도에 대하여 거의 아무 것도 알지 못하지만 그를 따르기로 결심한 이 회심자들을 교회에 받아들여야만 하는가?"라고 자문하고 있는 지도자들은 피케트가 밝혀낸 이러한 점들을 염두에 두어야 할 필요가 있다. 회심자들의 동기는 영적인 것일수록 더 좋다. 그러나 여러 사람들이 기독교로 개종할 경우, 그들에게 세례를 베푼 후에 계속적으로 그들에게 기독교의 신앙을 교육시켜 주는 것과 그들을 영적으로 잘 보살펴 주는 것은 그들로 하여금 기독교인이 되게끔 하였던 동기들보다 한층 더 그들의 신앙의 성숙도에 밀접히 연관되어 있다.

교회성장의 적절한 시기

기독교로 개종하고자 하는 사람을 언제 그의 과거의 종교로부터 분리시키고 또한 그를 기독교 공동체에 받아들여야 하는가 하는 매우 중요한 문제는 바로 이 동기들과 밀접하게 연결되어 있다. 여기서 기독교로 개종하고자 하는 사람을 그의 과거의 종교로부터 분리시키는 일은 주물(呪物)들을 불사르는 것이나 머리카락을 자르는 것이나 부적을 떼어 내는 것이나 그 밖의 다른 상징적인 행위들을 통하여 수행될 수 있으며, 그에게 세례를 베풂으로써 그를 기독교 공동체에 받아들이는 일은 그를 그의 과거의 종교로부터 분리시킨 후에 즉시 행해지거나(이것은 그에게 있어서 결정적인 행위일 수 있다.) 혹은 그가 기독교 공동체에 받아들여지기에 합당한 자로 인증된 지 6개월이나 1년 후에 행해질 수 있다.

내가 여기서 문제시하고 있는 것은 그들에게 언제 세례를 베풀어야만 하느냐 하는 것이나 그들에 대한 세례 이후의 신앙 훈련이 얼마나 오랫동안 계속되어야만 하느냐 하는 것이 아니라, 교회가 그들로 하여금 그들의 과거의 종교를 버리게끔 하고 그들을 기독교 공동체에 받아들이는 결정적인 일을 언제 수행하여야만 하느냐 하는 것으로서, 만일 교회가 이 점에 있어서 우유부단한 태도를 취하고 무엇을 해야 할지를 알지 못하고 있다면 교회는 그들을 하나님께로 인도할 좋은 기회를 모두 다 상실하고 말 수도 있다.

우리는 서부 뉴기니아 지방에서 8,000여 명의 다니 부족민들이 그들의 모든 부적들을 불사르고 새로운 "예수 그리스도의 길"을 따르기로 결심하였던 결정적인 행위에 대하여 이미 살펴 본 바 있는데, 제임스 선다(James Sunda)는 이에 관하여 언급하는 가운데 그 지역에서 선교활동을 하고 있던 4 선교회들의 많은 선교사들이 주물(呪物)들을 불살라야 할지 불사르지 말아야 할지를 결정짓지 못하고 우왕좌왕했던 사실을 지적하고 있다. 그의 말에 따르면 실제로 어느 한 선교사는 "그곳에 모인 부족민들을 해산시키고 소위 '거짓 선생'을 몰아 내고자 하였다." 그리고 "몇몇 선교사들은 주물들을 불사르는 것에 반대하였던 반면에, 다른 몇몇 선교사들은 주물들을 불사르는 것에 찬성하였으며, 또 다른 몇몇 선교사들은 그들이 당면하고 있던 상황조차 충분히 이해하지 못하고 있었다." 그러나 다행히도 다니 부족민들은 그들 자신이 행해야 할 일이 무엇인지를 잘 알고 있었다. 그곳에서 일어났던 사건 전체에 있어서 가장 특기할 만한 일은 선교사들이 주물들을 불사르는 문제에 대하여 논쟁을 벌이고 있는 동안에 수많은 다니 부족민들이 계속하여 그들의 부적과 주물들을 불살랐던 점이다"(Sunda, 1963 : 31).

베나레스 인근에 있는 인도의 고대 도시인 미르자푸르(Mirzapur)에서는 위의 경우와는 다른 참담한 상황(이곳의 자세한 사정에 대해서 나는 이곳에 관련된 사람들을 알고 있는 피케트 주교를 통해 알 수 있었다.)이 일어났다. 런던 선교회는 19세기 초반부터 그곳에 선교사들을 보냈으나 교회는 성장하지 않았다. 미르자푸르는 전형적으로 저항적인 지역에 설립된 선교기지였다. 개종자들은 소수에 불과했고 간헐적으로 분포되어 있었으며 대부분의 기독교인들은 선교회 또는 선교사들에 의해 고용되어 있었다.

20세기초에 세 명의 유별난 선교사들이 인도 남부의 미르자푸르에서 선교활동을 폈었다. 그들은 바로 A. W. 맥밀란(McMillan)과 로버트 애쉬랜드(Robert Ashland)와 존 그랜트(John Grant)였는데, 맥밀란은 나중에 피지 섬의 교육협회의 회장으로 피지 섬에 갔던 교육자로서 우르두어에 능통했었으며, 로버트 애쉬랜드는 의사로서 그곳에 진료소들을 세우고 말라리아와 홍역과 장티푸스와 그 밖의 다른 질병들을 치료하였으며, 그랜트는 목사로서 신용협동조합에 대한 전문가였다.

그들이 그곳에 재직하고 있을 동안에 그곳에서 하류 계층에 속한 수많은 인도인들로 하여금 복음을 듣고 그 복음에 복종하게끔 하였던 부흥운동이 일어났는데, 바로 그때 그곳의 카마르 계층 사람들(가죽을 다루는 일에 종사하였던 인도의 하류층 사람들)은 처음으로 기독교로 개종하게 되었다. 그들은 그 이전에도 여러 해 동안 복음을 들어 왔었다. 그러나 그들은 그때서야 비로소 복음에 귀를 기울이고 그 복음을 받아들였다. 다시 말해서 성령께서는 바로 그때 그들의 마음을 움직이심으로써 그들로 하여금 그리스도를 따르게끔 하였던 것이다.

그때 그들의 지도자들은 그 세 선교사들에게 와서 "우리는 하나의 사회적 집단으로서 한꺼번에 모두 다 기독교인들이 되기를 원합니다. 우리는 힌두교에 대하여 싫증이 났읍니다. 우리는 우리의 모든 우상들을 내버리겠읍니다. 그 돌들 안에 무슨 힘이 깃들어 있겠읍니까? 우리는 기독교야말로 유일한 참된 종교라는 사실을 알고 있읍니다. 그리고 우리는 예수 그리스도를 믿습니다. 우리는 예수 그리스도에 대하여 많은 것을 알고 있지 못하지만 그에 대하여 기꺼이 배우고 싶습니다. 우리들을 기독교인으로 받아들이고, 우리에게 그리스도에 대하여 가르쳐 주고, 우리에게 세례를 베풀어 주시겠읍니까?"라고 말하였다. 그들은 기독교인들이 되기를 원하였다. 즉 그들은 바로 결정적인 행위를 수행할 준비를 갖추고 있었던 것이다.

그 세 선교사들은 그 지도자들과 여러 시간 동안 이야기를 나누었으며 그들이 카마르 계층의 상당히 많은 사람들의 견해를 대변하고 있다는 점을 알게 되었다. 그들은 카마르 계층의 모든 사람들의 지도자들로서, 카마르 계층의 모든 사람들은 그들의 결정과 지시를 따르고 있었다. 그러나 애석하게도 그들은 그리스도에 대하여 거의 아무 것도 알지 못하고 있었으며, 또한 그들이 기독교인이 되고자 하였던 것은 주로 그들의 자녀들을 훌륭히 교육시키고 그들 자신의 비천한 사회적 신분으로부터 벗어나고자 하는 욕구로 인한 것이었다.

맥밀란과 애쉬랜드와 그랜트는 카마르 사람들의 상황과 형편에 관하여 이야기를 나누는 가운데 "이 카마르 사람들은 그들 자신이 가난하고 무지하고 병든 까닭에 기독교인이 되기를 원하고 있다. 그들은 상당히 많은 빚을 지고 있으며 그들의 자녀들을 마을에 있는 학교에 보낼 수조차 없다. 즉 그들에게는 아무런 희망도 없는 것이다. 하지만 이러한 것들은 기독교인이 되기에 합당한 이유들이 될 수 없다. 그러므로 먼저 그들의 시급한 모든 욕구들을 채워 준 후에 그들로 하여금 그러한 세속적인 이유들로 인해서가 아니라 참된 영적인 이유들로 인하여 기독교인이 되기로 결심하게끔 하자"는 데 의견을 같이하였다.

그리하여 그들은 학교들을 세우고 그곳에서 어린 아이들을 가르쳤으며, 진료소들을 세우고 병자들을 치료해 주었고, 신용협동조합을 설립함으로써 많은 카마르 사람들로 하여금 탐욕스러운 대금업자에게 더이상 빚을 지지 않게끔 해주었다.

그로부터 몇 년 후 카마르 사람들의 생활여건이 두드러지게 개선되자 그 세 선교사들은 그들에게 "이제 여러분들은 그리스도가 무엇이며 기독교가 어떠한 일을 행하고 있는지를 아실 것입니다. 이제 여러분들은 더이상 굶주림이나 질병이나 빚으로 인하여 고통을 당하고 있지 않습니다. 바로 이때야말로 우리가 여러분들에게 기독교의 신앙을 가르쳐 드리기에 적합한 때로서, 우리는 이제부터 여러분들에게 예수 그리스도의 제자가 되는 것이 어떠한 것인가 하는 것과 참된 기독교인이 되는 방법에 대하여 말씀드리고자 합니다"라고 말하였다.

그러자 카마르 사람들의 지도자들은 그 세 선교사들에게 다음과 같이 대답하였다. "아! 우리는 당신들의 종교에 관하여 무엇인가를 알고 있다는 사실을 전혀 모르고 있었읍니다. 당신들은 교육과 의학과 신용협동조합에 관한 일들을 매우 훌륭히 수행하였으며 이 점에 대하여 우리는 당신들에게 깊이 감사하고 있읍니다. 당신들은 우리의 구원자들입니다. 그러나 종교적인 면에 있어서 우리는 우리 자신의 원래의 종교적 지도자들을 갖고 있읍니다. 당신들도 아시다시피 만일 우리가 기독교인들이 된다면 그들은 이에 대하여 매우 섭섭하게 생각할 것입니다. 솔직히 말씀드려서 우리는 기독교인이 되고자 하는 마음을 버린 지 이미 오래입니다."

이러한 일이 있은 지 몇 년 후에 런던선교회는 미르자푸르 지역에 대한 선교활동을 중단하였으며 그 지역에 대한 선교활동은 'Bible Churchman's 선교회'에 인계되었는데 이 선교회는 1960년대까지 그곳에서 선교활동을 계속하였다. 이처럼 이 두 선교회들은 미르자푸르 지역에서 100년 이상 선교활동을 계속하였으나 그곳의 교회는 여전히 200여 명 정도의 기독교인들로 구성된 하나의 "식민지 교회"로 남아 있을 뿐이었으며, 그나마 그들의 대부분은(흔히 선교회로 불리웠던 바) 교회에 고용된 사람들이었다.

만일 미르자푸르에서 카마르 사람들의 결정적인 행위가 수락되고 실제로 그 결정적인 행위가 고무되었더라면 오늘날 미르자푸르에는 인도의 다른 많은 지역들에서와 마찬가지로 그 인근의 수천명의 기독교인들로 구성된 교회가 세워졌을 것이며, 그 교회는 그 선교사들이 그곳에 계속하여 남아 있든 남아 있지 않든 간에 계속하여 존속되었을 것이다. 다시 말해서 만일 맥밀란과 애쉬랜드와 그랜트가 수많은 카마르 사람들에게 처음부터 그리스도의 복음을 전하고 그들을 그리스도의 말씀으로 양육하였더라면 오늘날 미르자푸르는 "매우 풍성한 수확의 묘판"이 되었을 수 있는 것이다. 바로 이러한 사실에서 알 수 있듯이 교회성장은 종종 그 영적인 추수기를 적절히 포착하는 데 의존되어 있다.

각 교회들의 성장에 대한 비교연구

 오늘날 우리 자신의 교회 이외의 다른 교회들의 성장에 대한 연구는 매우 시급하게 요구되고 있다. 오늘날 교회성장에 대한 비교연구의 중요성을 부인할 수 있는 사람은 아무도 없을 것이다. 우리는 교회성장에 대한 비교연구를 통하여 교회가 성장하는 방식에 대한 많은 지식을 얻을 수 있으며 교회에 대한 하나님의 목적과 하나님께서 교회를 성장케 하시는 방법들에 대한 이해를 증가시킬 수 있다.
 다른 교회들의 성장을 연구하는 기본적인 방법은 우리 자신의 교회의 성장을 연구하는 방식과 동일한 것으로서, 우리는 이를 위하여 먼저 우리가 연구의 대상으로 삼고 있는 교회들의 교인수에 대한 수년간의 정확한 통계들과 이에 관한 그 밖의 다른 자료들을 수집하고, 그 자료들에서 통계적인 오류들이나 나중에 수정된 것들을 제거하기 위하여 그 자료들을 면밀히 검토해 보아야만 한다. 그리고 우리는 그 교인들의 수에 대한 모든 통계들을 지역별로 분류하고, 그 교회들의 성장의 역사를 예시해 주는 정확한 도표를 작성하여야만 하며, 그 교회들의 역사나 그 교회들의 선교사들에 대한 전기나 그 교회들의 교인들과의 대담 등을 통하여 그 도표에 나타난 성장이나 퇴락의 이유들을 찾아 내야만 한다. 이때 우리는 각 교회들에 있어서 개별적인 사회적 집단 내의 교인들의 수에 대한 통계들을 살펴 봄으로써 이에 대한 보다 더 정확한 정보들을 얻을 수 있을 것이다. 또한 우리는 그 도표들이나 통계들에 상반되는 교회성장의 모든 요인들을 살펴 보는 일도 빠뜨리지 말아야만 한다.
 이처럼 각 교회들의 성장을 연구함에 있어서 간과하지 말아야 할 또 다른 중요한 요소는 서로 다른 부류의 주민들 내의 각 교회들의 성장이 아니라 동일한 부류의 주민들 내의 각 교회들의 성장을 서로 비교하는 것이다. 아프리카의 마호멧교 부족들 내의 교회성장은 아프리카의 토속종교 부족들 내의 교회들의 성장과 적절히 비교될 수 없다. 그러나 아프리카의 토속종교 부족들 내의 각 교회들의 성장과 그 교회들의 선교방식은 서로 적절히 비교될 수 있는 것으로서, 만일 그 교회들이 동일한 한 부족 내에 있을 경우 이러한 비교연구는 더 큰 성과를 가져다 줄 것이다. 이 원칙은 합리적인 범위 내에서 항상 지켜져야만 하는데, 이는 그 어떠한 두 부류의 주민들도 정확히 동일한 신앙체제와 환경을 지니고 있지 않기 때문이다.

예를 들어 이 책의 제 5장에 수록되어 있는 바 홍콩의 각 교회들의 성장에 대한 로렌 노렌(Loren Noren)의 도표는 1950년대에 성공회가 10% 성장하였으며, 침례교가 120% 성장하였고, 미조리 대회의 루터교가 420% 성장하였던 사실을 보여 주고 있는데(Noren, 1963:6), 우리는 이 흥미로운 도표에서 교회성장에 대한 정확한 이해를 얻기 위하여 무엇보다도 먼저 그 각 교파들이 그들의 선교활동의 대상으로 삼았던 주민들이 어떠한 부류의 사람들이었는가를 살펴 보아야만 한다. 침례교는 한 부류의 주민들을 그들의 선교활동의 대상으로 삼았었는가, 아니면 여러 부류의 주민들을 그들의 선교활동의 대상으로 삼았었는가? 루터교는 피난민들을 그들의 선교활동의 대상으로 삼았던 반면에 성공회는 중류층의 사람들을 그들의 선교활동의 대상으로 삼지 않았었는가? 노렌은 이에 대하여 아무런 말도 하지 않고 있으나 우리는 그가 제시한 자료들을 보다 더 면밀히 살펴 봄으로써 이에 대한 정보를 얻을 수 있을 것이다. 즉 교회의 성장에 대한 비교연구는 서로 유사한 부류의 주민들 사이에서 활동하고 있는 교회들에 대하여 행해질 때 비로소 가치있는 것이 될 수 있는 것이다.

침례교의 성장과 메노파 교회의 성장 간의 비교

인도의 오릿사(Orissa) 지역의 가라 계층의 사람들 사이에서의 침례교의 성장과 메노파 교회의 성장 간의 다음의 비교는 이러한 비교연구의 가치를 잘 예시해 주고 있다. 그 지역에 있어서의 교회의 성장은 1900년~1963년 사이에 일어났는데 그 지역에는 주로 가라 계층의 사람들(베짜는 사람들과 농부들)이 살고 있었으며, 또한 여러 침례교 선교사들이 활동하고 있었다 (도표 9.1의 빗금친 부분을 보라).

가라(Gara) 계층의 사람들은 북쪽의 중앙지역들에도 살고 있었으며, 그 북쪽의 중앙지역들에서는 주로 메노파 선교사들이 활동하고 있었다. 1924년까지 메노파 교회들은 모두 다 그 중앙지역들의 북부에(도표 9.1의 X표시지점) 위치하고 있었는데 그 중앙지역들에 살고 있던 가라 계층의 사람들은 그 지역들의 남부에(점으로 표시된 부분) 분포되어 있었다. 그리고 오릿사 지역에 살고 있던 가라 계층의 사람들은 오리야(Ooriya)어를 사용하고 있었던 반면에, 그 북쪽의 중앙지역들에 살고 있던 가라 계층의 사람들은 오리야어에 뿌리를 둔 힌두어 방언을 사용하고 있었다.

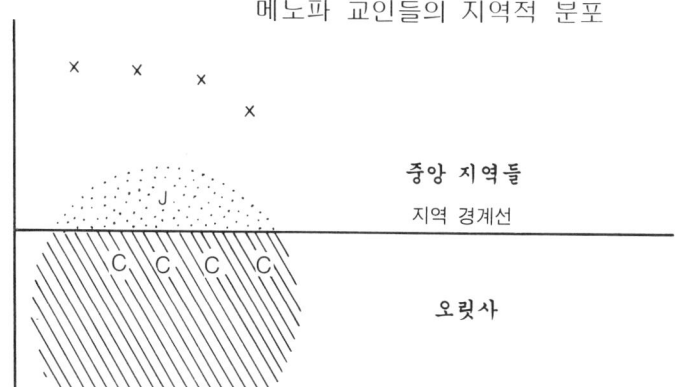

도표 9.1. 가라 계층의 침례교-
메노파 교인들의 지역적 분포

한편 9.2의 도표는 그 지역들에서의 침례교의 성장과 메노파 교회의 성장을 나타내 주고 있는데, 메노파 교인들의 수치는 O. A. 월트너(Waltner)의 연구에 근거를 둔 것이며, 침례교 교인들의 수치는 아직 공식적으로 발표되지 않은 내 자신의 연구에 근거를 둔 것이다. 이 도표는 침례교가 1937년까지 계속적으로 성장하다가 갑자기 퇴락하였으며 그후 1953년까지 약 10여 년 동안 정체되어 있다가 다시 급격히 성장하였음을 나타내 주고 있다. 그리고 메노파는 1916년에 이르러서야 비로소 가라 계층의 사람들에게 세례를 베풀기 시작하였는데, 이 도표는 메노파가 그후 9년 동안 조금씩 성장하다가 1935년까지 정체된 상태에 있었으며 다시 약 12년 동안 성장하다가 10년 동안(1947년-1957년) 퇴락하였고 그 이후로 다시 조금씩 성장하였음을 나타내 주고 있다.

도표 9.2. 침례교와 메노파의 성장도표

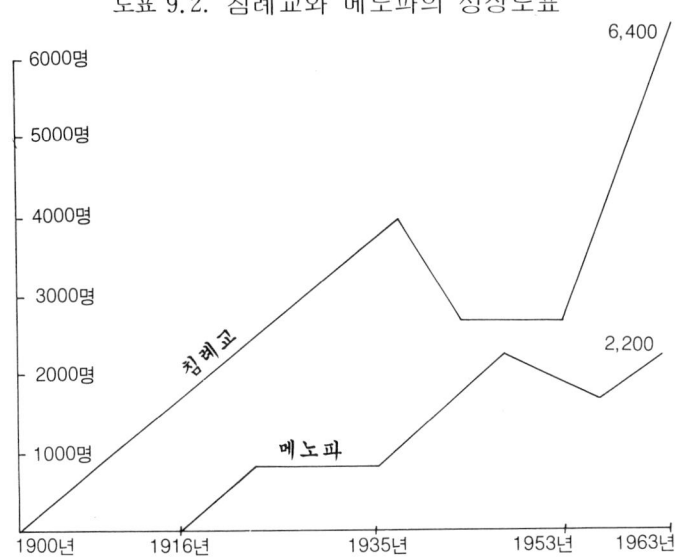

　그 지역의 선교활동의 초기 역사에 대한 간략한 설명은 독자들에게 그 당시의 정황을 이해하는 데 도움을 줄 것이다. 1900년~1916년에 메노파 선교사들이 활동하고 있던 중앙지역들에 살고 있었던 바 침례교 교회들이 위치하고 있던 지역에서(즉 도표 9.1의 C지역) 북쪽으로 약 20마일 가량 떨어진 곳에 거주하고 있던 가라 계층의 사람들은 남쪽에(즉 오릿사 지역에) 살고 있는 가라 계층의 사람들이 기독교로 개종하고 있다는 사실을 알고 있었다. 그러나 그들이 살고 있던 지역으로부터 북쪽으로 약 40마일 가량 떨어진 곳에서 활동하고 있던 메노파 선교사들은 그들 자신의 활동지역의 남부에 기독교로 개종할 여지를 많이 지니고 있는 가라 계층의 사람들이 거주하는 있다는 사실을 알지 못하고 있었으며, 따라서 그들은 별로 아무런 성과도 거두지 못하고 있음에도 불구하고 계속하여 그들의 교회가 위치한 지역과 그 인근에서만 선교활동을 수행해 나갔다.

　그러던 중 1916년에 메노파의 한 선교사가 가라 계층의 사람들에 대하여 아무 것도 모른 채 남부지방을 순회하면서 도표 9.1에 점으로 표시된 지역에서 그리스도의 복음을 전하기 시작하였다. 그러자 그는 전혀 뜻밖에 가라 계층의 한 침례교인의 방문을 받게 되었는데, 그 침례교인은 고팔(Gopal)이라는 이름을 지닌 사람으로서 메노파의 선교지역에서 살기 위하여 오릿사로부터 그 지역 간의 경계선을 넘어온 사람이었다. 고팔은 그 선교사에게 많은 사람들이 기독교인이 되기를 원하고 있는 그의 마을에 와서 그들에게 그리스도의 복음을 전해 줄 것을 요청하였다. 그 선교사는 그의 요청에 응하여 그의 마을로 가서 그곳 사람들에게 그리스도의 복음을 전하였으며, 1924년까지 그곳의 기독교인들의 수는 746명으로 증가하였다. 그러나 그 이후로 약 12년 동안 그곳의 교회는 계속적으로 정체된 상태에 머물러 있었는데, 1935년에 그곳을 방문하였던 피케트는 이러한 정체의 원인들을 면밀히 분석하여 다음과 같이 제시하였다.

그곳의 교회의 성장을 멈추게 하였던 원인들과 이유들은 매우 분명하고도 교훈적인 것들로서, 우리는 그것들을 통하여 교회의 일반적인 성장과정과 퇴락과정을 명확하게 인식할 수 있다.
처음으로 그곳에 그리스도의 복음이 전해졌을 때 그곳의 선교사들은 인도에서 교회가 어떻게 성장해 오고 있었는가 하는 점에 대하여―즉 사람들이 기독교로 개종하는 보편적인 과정에 대하여―거의 아무 것도 이해하지 못하고 있었다. 1924년~34년의 보고서에는 교회의 모든 성장이 한 사회 계층의 사람들 안에서 일어났던 사실이 전혀 언급되어 있지 않다. 물론 그 보고서에는 가라 계층의 사람들이 언급되어 있으나, 그들은 선교활동의 가장 바람직한 대상으로 언급되어 있지 않으며 또한 곤드(Gonds) 계층의 사람들이나 아가리아(Agharias) 계층의 사람들보다 더 많이 기독교로 개종할 가능성을 지닌 자들로 언급되어 있지도 않다. 그리고 그 보고서에는 기독교로 개종하지 않은 가라 계층의 사람들을 열거하고자 하는 시도도 행해져 있지 않는데, 사실상 그곳의 선교사들은 가라 계층의 회심자들이 교회 안에 지니고 들어온 많은 어려운 문제점들로 인하여 특별히 그들을 다루기 어려운 자들로 간주하는 경향을 지니고 있었으며, 또한 더 많은 가라 계층의 사람들을 기독교로 개종시키는 일에 대하여 회의적인 태도를 지니고 있었다. 그곳의 선교사들은 매우 효율적이고도 활동적인 복음전도 프로그램을 계획하였으나 그들의 이러한 프로그램은 일정한 사회 계층의 사람들이 아니라 단순히 여러 지역들을 그 대상으로 하고 있었다. 또한 그들은 바스나 인근의 정글지역에 살고 있는 부족이나 사회 계층의 사회학적 구조를 전혀 중요하게 여기지 않았는데, 이것은 그들에게 있어서 매우 중대한 실수들 중의 하나였다. 뿐만 아니라 그곳의 선교사들은 기독교로 개종한 사람들로 하여금 그들의 친지들이나 과거에 그들과 동일한 사회 계층에 속하여 있던 사람들 중에서 아직 기독교로 개종하지 않은 사람들에게 기독교의 복음을 전하게끔 하기보다 오히려 모든 일반 사람들에게 똑같이 그리스도의 복음을 전하게끔 하였다. 요약하여 말해서 그곳의 선교사들은 그들에게 활짝 열려져 있는 문을 보지 못하고 매우 어리석게도 그 주변의 화강암 벽을 무너뜨리고자 하였으며 이로 인하여 그들의 모든 힘을 소모해 버리고 말았던 것이다.

그곳의 교회의 성장이 정체된 둘째 이유는 선교정책의 갑작스러운 변화였다. 처음에 메노파 선교회는 기독교로 개종한 사람들에게 많은 특권을 부여해 주었으며 그들을 그 이전에 기독교로 개종한 사람들과 동일하게 다루었다. 메노파 선교회는 기독교로 개종한 사람들에게 여러 가지 경제적인 도움을 주었으며 그들의 자녀들의 교육에도 많은 도움을 주었다. 그리고 메노파 선교회는 그들에게 세례를 베풀 때 그들에게 새로운 사리(인도 여인들의 전통적인 의복)나 도티(인도 남자들의 전통적인 의복)를 선물로 주었다. 그러나 메노파 선교회의 이러한 정책은 1924년에 완전히 바뀌었으며 기독교인들에게 주어졌던 많은 특권들도 박탈되었다. 즉 메노파 선교회는 그들의 목표를 기독교인들에게 자발성과 독립심을 심어 주는 것으로 바꾸었던 것이다. 그리하여 메노파 선교회는 아이들이 그곳으로부터 60마일 떨어져 있는 야기르에 있는 학교나 그곳으로부터 32마일 떨어져 있는 모히디에 있는 학교에 갈 때 그들에게 무상으로 차를 태워 주는 일을 중지하였으며, 그 선교회에 고용되어 있는 사람들에게 크리스마스 선물을 주는 일도 중지하였다. 선교정책을 바꾸는 것은 항상 많은 문제들을 야기시키는데, 바스나에 있어서 선교정책의 이러한 변화는 결국 그곳의 성장을 정지시키는 결과들을 낳고 말았다.

세째로, 1924년에 야그디쉬푸르(도표 9.1의 J)에 메노파 선교회의 건물이 들어서게 되자 그 건물에 따른 여러 프로그램들이 필요하게 되었는데 그 여러 프로그램들은 기독교인들에게 많은 일거리를 제공해 주었으며, 따라서 많은 가난한 기독교인들이 야그디쉬푸르에 이주하여 그곳에 정착하게 되었다. 비록 그 지역의 여러 마을들에는 많은 기독교인들이 살고 있었으며, 또한 그들은 그 여러 프로그램들과 직접적으로 연관되어 있지 않았으나, 그럼에도 불구하고 그 프로그램들이 중단되자 야그디쉬푸르와 그 인근에 살고 있던 많은 기독교인들은 그들 자신이 여러 면에서 선교회에 의하여 부당하게 다루어지고 있다고 생각하게 되었으며, 따라서 그들은 메노파 선교회의 기본적인 선교정책과는 달리 기독교인들의 경제적 지위를 향상시키는 일을 중요시하였던 선교사들에게 압력을 가하여 그 선교사들로 하여금 선교회에 그들의 입장을 호소하게끔 하였다. 그리하여 메노파 선교회는 그곳에 학교와 진료소를 짓고 그것들을 운영하기 시작하였으며 또한 그곳의 사람들이 공동적으로 실을 짜고 옷감을 팔 수 있는 '직조인 조합'을 조직하였는데, 이러한 일들은 상당히 많은 시간과 노력을 필요로 하였다. 그러나 메노파 선교회의 이러한 보살핌은—즉 의학적, 교육적, 경제적 보살핌은—결국 그곳의 기독교인들로 하여금 그들 자신을 선교회로부터 이익을 받는 사람들로 간주하게끔 하였으며, 또한 선교회 자체를 기독교인들을 보살피는 일을 그 자체의 가장 일차적인 기능으로 간주하는 기관으로 전락시켜 버리고 말았다(Pickett, 1956 : 29f.).

비록 그곳에서의 침례교와 메노파 교회의 여러 가지 다른 활동들에 대한 고찰이 우리에게 많은 교훈을 줄 수 있으나 나는 지면상 이에 대한 상세한 고찰을 피하고, 여기서 단지 이러한 비교연구를 통하여 인식할 수 있는 한 가지 두드러진 사실과 이러한 경우의 교회성장에서 배울 수 있는 네 가지 교훈들을 제시하고자 한다.

도표 9.2에 제시된 침례교와 메노파 교회의 성장지표들을 비교해 볼 때 우리는 침례교가 성장하고 있었을 동안에 메노파 교회가 정체된 상태에 있었으며, 또한 침례교가 정체되어 있거나 퇴락하고 있었을 동안에 메노파 교회가 성장하고 있었던 사실을 인식할 수 있다. 우리는 서로 다른 세 기간 동안에 이 두 교회의 성장지표가 이처럼 서로 상반된 양상을 보이고 있는 것을 알 수 있는데, 바로 이러한 사실에서 우리는 무엇을 배울 수

있는가?
　첫째, 이 도표에 제시되어 있는 성장지표들은 기본적으로 가라 계층의 사람들이 60여 년의 기간 전체를 통하여 기독교에 대하여 매우 호전적인 입장을 지니고 있었다는 점을 예시해 준다. 그 성장지표들은 교회가 전체적인 면에서 그들 사이에서 일반적으로 성장하고 있었음을 나타내 주고 있는데, 그들은 결코 그리스도를 계속적으로 거부하거나 기독교에 반대하는 입장을 취하지 않았다. 즉 그들은 기독교인이 되는 것에 대하여 매우 긍정적인 입장을 취하고 있었는데, 몇몇 기간들에 있어서 그들의 이러한 입장은 특히 더 두드러지게 나타났다.
　둘째, 침례교와 메노파 교회는 사람들을 그리스도께로 인도하는 일에 전력을 기울였을 때 크게 성장하였는데, 이 도표에 있어서 그때들은 바로 교인들의 수가 다시 증가하기 시작한 때들로 나타나 있다. 그곳에 대한 피케트의 방문(1935년)과 1936년에 처음으로 출간된 바 그곳의 교회성장에 대한 그의 연구서는 메노파 교회로 하여금 새로이 성장하기 시작하게끔 하는 데 매우 큰 도움을 주었다. 1952년에 침례교와 그리스도의 교회 (Disciples of Christ)는 가라 계층의 사람들을 보다 더 많이 기독교로 개종시키기 위하여 서로 힘을 합하였다(이것은 오늘날에 있어서 '연합선교회'와 같은 것이었다). 즉 침례교와 그리스도의 교회는 가라 계층의 사람들을 보다 더 많이 기독교로 개종시키기 위하여 그들에게 공동으로 선교사들을 파송하였으며, 이로써 그들에게 그리스도의 복음을 전하고 그들을 교육시켰는데, 그 결과로 그 다음 10여 년 동안에 가라 계층의 기독교인의 수는 두 배로 증가하였던 것이다.
　세째, 가라 계층의 사람들의 이러한 회심은 그 상황과 여건에 관계없이 불가항력적으로 일어난 것이 아니었다. 그들은 저돌적으로 시온의 문들을 부수고 그 안으로 들어온 것이 아니라 수동적으로 그 안으로 들어왔으며, 또한 그들의 성장은 교회와 선교회들의 활동여부에 따라 쉽게 중단되곤 하였다. 즉 기독교인들의 열심이 쇠퇴하고 교회 안에 내적인 분열이 일어나고 기독교인들을 증가시키는 일보다 교회 자체를 유지시키는 일이 더 중요시되고, 교회가 박해를 받고 전도여행에 필요한 자금이 줄어들 때 그 교회의 성장은 곧 정체되거나 퇴락하고 말았던 것이다.

네째, 침례교와 메노파 교회는 모두 다 가라 계층의 사람들을 참된 기독교인으로 훈련시키는 일을 그들의 주된 임무로 간주하지 않았다. 오릿사 지역의 침례교와 인도의 중앙지역들의 메노파 교회는 가라 계층의 사람들에 대한 선교활동을 별로 중요시하지 않았으며 "보다 더 많은 성과를 가져다 주는" 기관사업들에 더 큰 관심을 기울였다. 그 결과로 1963년에 침례교와 메노파 교회에 속한 가라 계층의 기독교인들은 모두 다 16,000여 명에 이르렀는데, 그 당시 가라 계층에 속한 사람들의 총계는 약 500,000명이었다. 우리는 이처럼 침례교와 메노파 교회가 많은 가라 계층의 사람들을 기독교로 개종시킨 것에 대하여 감사하지 않을 수 없으나, 다른 한편으로 우리는 만일 침례교와 메노파 교회가 가라 계층의 사람들에게 보다 더 많은 관심을 기울이고 그 60여 년 동안 일관된 마음으로 보다 더 많은 가라 계층의 사람들을 기독교로 개종시키는 일에 전력을 기울였더라면 보다 더 큰 성과를 거둘 수 있었을 것이라는 생각을 금할 수 없다.

교회성장에 대한 비교연구를 통하여 얻을 수 있는 유익한 정보

우리는 교회성장에 대한 비교연구를 통하여 매우 유익한 두 가지 사실을 인식할 수 있다. 첫째로 교역자들은 기독교에 대한 주민들의 반응을 객관적으로 엄정하게 판단하여야만 한다. 주민들의 반응에 대한 이러한 객관적인 판단은 그리스도의 복음을 전하는 사람들에게 있어서 가장 중요한 것이다. 하나님께서 선교사를 보내신 대상인 어느 주민들이 기독교에 대하여 부정적인 태도를 지니고 있을 경우, 그 선교사는 인내심을 가지고 그들에게 꾸준히 그리스도의 복음을 전하여야만 한다. 그러나 그 주민들이 기독교에 대하여 긍정적인 태도를 지니고 있을 경우, 그 선교사는 단순히 그들에게 그리스도의 복음을 전하는 것으로 그치지 말고 그들을 참된 기독교인으로 성장시키고 훈련시켜야만 하는 것이다.

그러면 우리는 그 주민들이 기독교에 대하여 긍정적인 태도를 지니고 있는지의 여부를 어떻게 알 수 있는가? 경우에 따라서 우리는 그 주민들이 새로운 것들에 대하여 어떠한 태도를 지니고 있는가를 미리 살펴 봄으로써 그들이 기독교에 대하여 지닐 태도를 예측해 볼 수 있다. 인류학은 사람들이 변하게 되는 사회적 상황들에 대하여 많은 것들을 밝혀 오고 있는데, 교회의 여러 경험들은 새로운 나라나 새로운 도시에 이주한 사람들이나 가난이나 억압으로 인하여 고통을 당하고 있는 사람들이 사회적으로 안정된 사람들보다 더 쉽게 복음을 받아들이고 복음에 순종하는 경향을 지니고 있다는 사실을 예시해 주고 있다.

그러나 주민들이 기독교에 대하여 긍정적인 태도를 지니고 있는지의 여부를 알 수 있는 가장 확실하고도 간단한 방법은 그들 사이에서 활동하고 있는 다른 교파의 교회들이 성장하고 있는지의 여부를 살펴 보는 것이다. 다른 교파의 교회들은 이 주민들 사이에서 계속적으로 성장하고 있는가? 만일 그렇다면 주민들은 기독교에 대하여 긍정적인 태도를 지닌 자들임에 틀림이 없다. 지난 19세기에 인도의 감리교 감독이었던 토번(Thoburn)은 침례교와 루터교와 성공회가 인도의 하층민들 사이에서 크게 성장하고 있는 것을 인식하고서, 감독으로서 자신의 교구들을 순회하는 중에 여러 감리교 선교사들에게 힌두교의 사회관습으로 인하여 고통을 당하고 있는 하층민들에게 특별한 관심을 기울일 것을 권고하였다. 그 이후로 감리교는 인도의 여러 지역들에서 크게 성장하였는데, 이는 바로 인도의 하층민들이 기독교에 대하여 긍정적인 태도를 지니고 있다는 사실에 대한 토번의 올바른 관찰과 인식에 그 근거를 둔 것이었다.

그러나 한 사회 계층의 규모가 매우 클 경우, 그 사회 계층에 속한 사람들이 모두 다 똑같이 기독교에 대하여 긍정적인 태도를 지니리라는 보장은 전혀 없다. 즉 이러한 경우에 있어서 기독교에 대한 그들의 반응의 정도는 여러 가지로 다양한 것이다. 예를 들어, 미국의 캘리포니아에 살고 있는 400만 명의 스페인 이주민들 중에서 최근에 이주한 사람들은 70여 년 전에 이주한 사람들의 자손들보다 기독교에 대하여 더 긍정적인 태도를 보이고 있다.

둘째로 교회성장에 대한 비교연구는 우리들에게 하나님께서 그의 교회를 성장시키시는 방법들을 예시해 준다. 우리는 교회성장의 원인들을 단순하게 추측하는 것으로 그치지 말아야만 한다. 어떤 사람은 성장 중에 있는 교회를 연구함에 있어서 단순히 그곳의 교역자들이 행하고 있는 일들을 피상적으로 관찰함으로써, 교회성장의 원인들을 체계적으로 이론화시키는 일이나 교회성장을 위하여 반드시 행해야 할 일들을 세심하게 고찰하고 이를 평가하는 일을 무시해 버리고 말 수도 있다. 즉 이러한 사람들은 단순히 그 교회에서 행해지고 있는 일들을 피상적으로 관찰함으로써 그 교회의 성장을 평가하는 것이다.

그러나 여기서 우리는 이러한 피상적이며 부주의한 관찰이 아니라 세심한 비교연구만이 그 성장에 대한 올바른 이해를 가져다 준다는 사실을 잊지 말아야만 한다. 어떤 교역자들은 다른 교회들이 성장하고 있는 이유에 대하여 교파적인 편견이나 무지로 인하여 매우 피상적인 견해들을 지니고 있다. 아프리카의 어느 두 교역자들이 60년 동안에 교인들의 수가 300,000여 명으로 증가한 한 교단에 대하여 토론을 벌이고 있었는데 그 교단의 활동을 주의깊게 연구하지 않았던 한 교역자는 그 교단의 부유한 선교회가 그 자체의 신용협동조합이나 학원선교를 통하여 기독교인들을 대규모로 "매수"하였다는 견해를 피력하였던 반면에, 그 지역에 찾아가서 그 교단의 활동을 직접 목격하고 이를 자세히 연구하였던 다른 한 교역자는 그 교단이 그처럼 크게 성장하게 되었던 여러 가지 정당한 이유들을 제시하였으며 그 교단이 계속적으로 성장하리라는 점에 대한 그 자신의 확신을 표명하였다.

케슬러(Kessler) 박사는 칠레와 페루에서의 개신교 교회들의 성장에 대한 그의 뛰어난 연구서를 통하여 페루에서의 재림교회의 급격한 성장이 대부분 교리문답자들과 제2, 제3 세대의 기독교인들에 대한 재림교회의 탁월한 교리교육으로 인한 것임을 주장하고 있는데(Kessler, 1967 : 225) 페루에서의 선교활동에 관한 권위있는 학자인 허버트 머니(Herbert Money) 박사도 케슬러의 이러한 견해에 동의하고 있다.

재림교회의 신학의 건전성에 대하여 의혹을 지니고 있던 많은 선교사들은 이러한 선교방식으로 재림교회의 교회성장을 추구하는 것을 탐탁하게 여기지 않았을 수도 있다. 그러나 만일 케슬러 박사와 머니 박사의 견해가 옳다면—즉 페루에서의 재림교회의 성장이 주로 그 교단이 사람들을 구원의 길로 인도하는 데 필수적인 것으로 간주하고 있는 점들을 사람들에게 효율적으로 가르친 것에 기인하고 있다면—다른 교단들은 어찌하여 재림교회처럼 그들 자신의 사람들을 구원의 길로 인도하는 데 필수적인 것으로 간주하였던 점들을 사람들에게 효율적으로 가르치지 않았었는가? 우리는 이 점에 있어서 많은 사람들이 생각하고 있는 것과는 반대로 교회성장의 몇몇 이유들이 비신학적인 것이라는 사실을 발견할 수 있는데, 우리들은 그것들도 충분히 활용하여야만 한다.

교단적인 장벽을 넘어서서 다른 교단들로부터 교회를 성장시키는 방법들을 배우는 것은 매우 중요하다. 여기서 브라질과 칠레에서의 급격한 성장을 통하여 선교계를 놀라게 하고 선교계에 신선한 충격을 가져다 주었던 오순절교회의 경우를 잠시 살펴 보도록 하자. 라틴 아메리카에서의 오순절교회의 성장은 매우 복합적인 것으로서 그 성장에는 여러 가지 많은 요인들이 내포되어 있다. 한 선교사는 여러 해 동안 오순절교회의 선교활동을 관찰하고 이를 연구한 후에 오순절교회가 그들의 시가지 행진과 통성기도와 간증과 방언기도와 군중집회와 노방전도와 전통적인 교단들의 관습의 타파를 통하여 다수의 기독교인들에게 그들 자신의 열등감을 극복하는 데 상당히 큰 도움을 주고 있다는 사실을 발견하였다. 즉 오순절교회의 이러한 활동들은 다수의 기독교인들에게 도덕적인 영역과 영적인 영역에서의 승리감을 부여해 주고 있으며 또한 그들로 하여금 "우리는 하나님의 자녀들이다. 그리스도께서는 우리를 구원해 주셨다. 우리는 다른 사람들과 마찬가지로 행동할 수 있으며 다른 사람들과 동일한 권리들을 지니고 있다. 우리는 우리의 적들을 용서해 줄 수 있으며 우리 자신의 죄로부터 벗어나 있다. 주님을 찬양할지어다"라고 고백할 수 있게끔 해주고 있는 것이다.

이러한 활동들은 오순절교회의 성장의 주요한 요인으로서, 사회의 관습이나 계급의 희생자들 사이에서 큰 성과를 거둘 수 있다. 이와 반대로 말하고 기도하고 복음을 증거하는 데 있어서 전적으로 거의 모든 역할을 목사가 담당하고 있는 전통적인 개신교 교회들의 정숙한 회중들은 "우리들은 보잘것 없는 사람들이다"라는 점에 대한 그들의 타고난 신념과 사회적 열등감을 오순절교회의 교인들처럼 쉽게 극복하지 못하고 있다.

위에 열거된 오순절교회의 활동들은 방언기도를 제외하고는 대부분의 개신교 교회들의 신념에 전혀 상반되지 않는다. 따라서 성령으로 가득 찬 생동적인 교회는 이 모든 활동들을 충분히 활용할 수 있다. 물론 이러한 활동들을 미국 교회들의 보편적인 딱딱한 예배 순서에 도입시키는 일은 그리 쉽지 않을 것이다. 그러나 성경적인 교리나 신학적인 교리는 이러한 일을 결코 금하고 있지 않다. 만일 다른 교단들의 지도자들이 이와 같은 활동들을 활용할 수 있다면 그들은 목회자들을 길러내고 가정예배의 중요성을 강조하는 효율적인 방법들도 발전시킬 수 있을 것이며 또한 오순절 교회가 큰 성과를 거두고 있는 다른 방법들도 활용할 수 있는 것이다.

문제의 요점

전 세계를 통한 개신교의 무한한 다양성은 교회성장에 대한 통찰의 풍부한 준거들이다. 서로 다른 수많은 선교회들과 서로 다른 수많은 교단들은 실제로 하나님의 광대한 실험실로서 우리는 그곳에서 교회성장에 관한 수많은 실험들을 관찰할 수 있다. 몇몇 실험들은 아무런 성장도 가져오지 않는 반면에, 다른 몇몇 실험들은 특정한 상황과 조건들 하에서 기독교인이라는 세포를 무수히 증가시키고 있으며 또 다른 몇몇 실험들은 복음을 매우 만족스럽게 증식시키고 있다. 교역자는 서로 다른 매우 다양한 성장들과 각 성장들에 있어서 중요한 역할을 하고 있는 많은 요인들을 명확하게 인식하는 훈련을 쌓아야만 한다. 그리고 나서 그는 하나님께서 예비해 놓으신 사람들을 그리스도께로 인도하는 데 모든 노력을 기울여야만 하며, 이처럼 그들을 그리스도께로 인도하는 데 있어서 하나님께서 승인하신 모든 방법들을—즉 사람들에게 그리스도의 복음을 전하고 그들을 설득하는 효율적이고도 정당한 모든 방법들을—활용하여야만 한다.

10
신앙부흥과 교회성장

신앙부흥이란 무엇인가?

신앙부흥은 교회성장과 밀접한 관계가 있다. 그러나 정확히 그 관계가 어떠한 것인가는-특히 교회가 새로운 터전 위에서 성장하고 있는 경우에-종종 분명하지가 않다. 어떤 조건들 아래서는 신앙부흥이 성장을 유발한다고 할 수 있다. 하지만 다른 조건들 아래서는 신앙부흥과 교회성장과의 관계가 너무도 소원하여 성장없이 신앙부흥이 일어나고 신앙부흥없이 성장이 일어나는 것이 분명하다. 신앙부흥과 성장이 구속이라는 하나님의 목적에서 각기 갖는 기능을 이해하려면 이 주제를 면밀히 고찰할 필요가 있다.

우선 첫째로 신앙부흥 혹은 신앙부흥운동(revival)은 여러 가지 의미로 사용되는 말이다. 무식한 사람들에게 신앙부흥운동은 개척생활과 하층사회 교파들의 불행한 특성을 의미한다. 주로 지성을 통해 현실을 이해하는 사람들은 신앙부흥운동을 전문가에 의해 흥이 돋구워지는 감정적 잔치로서 영적 행복에 대한 미망을 잠시 불러일으켰다가 다시 회중들을 종전과 조금도 다름없는 상태로 놔두는 것으로 생각한다. 사회적 행동을 주장하는 사람들은 신앙부흥운동을 기독교인의 책임있는 행동과는 정반대되는 것으로 생각하는 경향이 있다. 많은 사람들에게 있어서 신앙부흥운동이라는 말은 단순히 교회로 들어가는 큰 문을 의미하거나 종교에 대한 관심이 고조되는 기간을 의미한다. 그들은 많은 수의 사람들이 회심할 때마다 "신앙부흥운동"이 일어났다고 말할 것이다. 대부분의 기독교인들에게 신앙부흥운동은 무엇보다도 기존 교회를 정화하고 활성화하는 것을 의미한다. 어떤 사려깊은 역사가들에게 있어서 신앙부흥운동은 하나님이 그의 교회에 활기를 부여하고 정의와 자비와 세계복음화를 위한 그의 계획을 실천하는 가장 좋은 수단들을 의미한다.

오르의 정의

세계 전역을 대상으로 해서 신앙부흥운동에 대해 연구한 J. 에드윈 오르(J. Edwin Orr)는 신앙부흥운동에 대해 가장 많이 알고, 신앙부흥운동에 대해 가장 광범위하게 글을 쓴 사람이다. *The Second Evangelical Awakening in Britain*(1949)과 *The Second Evangelical Awakening in America*(1953)는 그의 최초의 저서들인 동시에 그의 가장 잘 알려진 저서들이다. 그는 지금 아시아, 아프리카 및 기타 지역들의 신앙부흥운동 역사를 저술하고 있다. 그는 신앙부흥을 복음적 각성과 동일시하면서 후자를 다음과 같이 정의한다.

> 복음적 각성(Evangelical Awakening)은 신약 기독교의 부흥을 유발하는 그리스도의 교회 내에서의 성령의 활동이다. 그러한 각성은 어떤 개인만을 두드러지게 변화시킬 수도 있고, 일단의 사람들에게 영향을 미칠 수도 있고 한 회중, 혹은 한 도시나 지역의 교회들 혹은 한 나라나 대륙의 신앙인들 전체, 혹은 심지어 전 세계의 신앙인들 전체에게 영향을 미칠 수도 있다. 그러한 각성은 잠시 동안 진행될 수도 있고 평생 내내 지속될 수도 있다. 그러한 각성들은 여러 가지 방법으로 생겨난다. 그러나 모든 각성들에 공통되는 형태가 있다.
> 복음적 각성의 주된 결과는 언제나 사도행전의 현상들이 반복되는 것이다. 사도행전에서 우리는 복음적 각성에 대한 간단한 기사에 접한다. 그것은 신앙인들을 소생시키고 그럼으로써 죄인들을 하나님에게 귀의시킨 복음적 각성이다.
> 복음적 각성은 이름뿐인 기독교인들의 삶에 다시 환기를 불어 넣고

비기독교인들로 하여금 그런 모든 각성을 유발하는 신적 동력(動力)—
하나님의 영—과 활발하게 접촉하게 한다고 말할 수 있다. 그런 모든
각성이 하나님에게서 비롯되는 것임을 말해 주는 가장 확실한 증거는
그런 각성이 신약에 선포되어 있는 복음적 메시지를 제시하고 신약에
서 보여지고 있는 현상들을 재현시키는 것이다.…
 교회사를 연구하는 사람, 특히 대각성운동(the Great Awakening)을 연구
하는 사람은 으례 행동의 계속성은 물론 교회의 놀랄 만한 계속성에
의해 강한 인상을 받게 마련이다. 누구든 복음서들의 이야기를 읽다
가 중간에서 껑충 뛰어 사도행전의 기사를 읽을 수 있고, 그리고 나
서 다시 단절에 대한 의식을 전혀 느낌없이 위클리프(Wycliffe)의 설교
자들이나 맹약자들(the Covenanter)이나 웨슬레 교파의 순회목사들이나
노르웨이의 한스 닐슨 헤이그(Hans Nielson Hauge)나 버마의 저드슨
(Judson)에 대한 이야기를 읽기 시작할 수 있다. 그 모든 것이 다 같
은 기독교에 속하는 것이다.
 뿐만 아니라 그러한 운동들을 연구하는 사람은 각성운동들과 신앙부
흥운동들의 설교에서 사도들의 시대에 전해진 것과 동일한 메시지와
사도들의 시대에 가르쳐진 것들과 동일한 교리들을 발견하게 될 것이
다. 독단적 신조와 세속적 권력의 행사라는 부가물들을 갖고 있는 비
복음적 기독교는 사도들의 교회의 체계와는 전혀 다른 체계인 듯하
다. 신약 기독교와는 대립되는 교회적 및 세속적 세력들을 훨씬 더
많이 닮고 있기 때문이다.
 사도행전을 읽는 사람이라면 으례 교회가 특별한 기도와 설교에 의해
전파되기 시작했다는 것에 주목하게 마련이다. 그러므로 또한 "다락
방" 식(式)의 기도와 오순절 식(式)의 설교, 그리고 속에서 저절로 우
러나는 개인적 증언은 덜 복음적인 형태의 운동들에서가 아니라 대각
성운동들에서 발견된다(Orr. 1965 : 265-66).

기도가 신앙부흥을 가져온다
 복음적 각성은 "그리스도의 교회 내에서의 성령의 활동"이고, 따라서
전능한 하나님의 주도로 이루어지는 것이지만 대개는 그것을 열렬히 기구
하는 사람들에게 주어진다. 수많은 사례들에서 기도가 신앙부흥을 가져왔
다. 복음적 각성이 이루어지는 형태는 언제나 동일하다. 즉 먼저 종종

오랜 기간에 걸쳐 계속되는 열렬한 기도가 있고, 그리고 나서 신앙부흥이 일어나는 것이다. 이 점을 예증하기 위해 전형적 사례에 대해 말하고 있는 세 편의 기사를 인용하도록 하자.

1858년초에(미국 동부에서 발생한) 신앙부흥운동의 물결이 애팔래치아 산맥을 넘어 오하이오 계곡을 따라 흐르면서 서부 개척자들이 세운 일련의 정착지들에 이르렀다. …이윽고 켄터키주의 대도시 루이스빌에서 공동기도회들이 개최되기 시작했다. 당시의 신문들은 기도회에 참가하는 사람들이 점점 늘어나 YMCA 건물로는 모여드는 사람들을 모두 다 수용하는 것이 불가능하게 되었다고 보도하였다.… 4월초에 네 차례의 대중적 기도회가 개최되어 수많은 사람들이 프리메이슨 사원(Masonic Temple), 기능인 도서관(Mechanics Library), 중앙소방회관(Key Engine House) 그리고 구제회관(Relief Engine House)으로 몰려들었다. …4월 5일자의 한 신문은 "엄청난 군중"이 프리메이슨 사원을 입추의 여지없이 메웠다고 전했다. … 렉싱턴(Lexington), 커빙턴(Covington), 프랭크포트(Frankfort) 및 켄터키주의 기타 도시들에서 이미 부흥이 시작되었다. …

…신시내티(Cincinnati)에서는 매일 개최되는 기도회에 참석하는 사람들이 날이 갈수록 점점 더 많아져서 결국 애초에 개최지로 선택된 건물로는 모여드는 군중들을 다 수용할 수 없게 되었다.… 인구 4만의 클리블랜드(Cleveland)에서는 이 도시 곳곳에서 개최된 아침기도회에 2천명이 참석했다. 인디애나폴리스(Indianapolis)에서는 낮기도회들이 개최되기 시작하였다. …

미시간주의 캘러머주(Kalamazoo)에서는 기도의 위력에 대해 말해 주는 훌륭한 사례가 생겨났다. 감독제 교회 교인들, 침례교인들, 감리교인들, 장로교인들, 그리고 회중교회 교인들이 하나로 결속해 기도회의 개최를 공고하였다. 조교파적인 노력은 걱정과 조바심 속에서 시작되었다. 그리고 과연 이 기도회에 사람들이 모여들까 궁금히 여기는 이들이 많았다.

최초의 집회에서 "어느 열심히 기도하는 아내가 그 집회에 모인 사람들이 자신의 회심하지 않은 남편을 위해 기도해 줄 것을 요청했다"는 발표가 있었다. 그러자 즉시 한 건장한 남자가 일어나더니 "내가 바로 문제의 남편입니다. 내게는 열심히 기도하는 아내가 있읍니다. 이 요청은 나를 위한 것임이 틀림없읍니다. 나는 여러분이 나를 위해 기도해 주기를 원합니다"라고 말했다.

그가 앉자마자 또 한 남자가 일어나더니 앞에 일어났던 남자는 아랑곳하지 않고 눈물을 흘리며 말했다. "내가 바로 문제의 남편입니다. 내게는 열심히 기도하는 아내가 있읍니다. 내 아내는 늘 나를 위해 기도합니다. 이제 그녀가 여러분에게 나를 위해 기도해 달라고 요청한 것입니다. 틀림없이 내가 문제의 남편입니다. 나는 여러분이 나를 위해 기도해 주기를 원합니다."

그리고 나서도 죄를 자각한 다섯 명의 다른 남편들이 일어나 기도해 줄 것을 요청하였다. 그리하여 죄를 자각케 하는 영이 그 집회에 모인 사람들을 감화시켰다. 이윽고 그 도시에서 4백 명 내지 5백 명의 회심자들이 생겨났다(Orr, 1965 : 119ff.).

신앙부흥을 구하는 기도는 결코 미국에서만의 현상이 아니다. 영국 전역에서 생긴 무수한 사례들에서 기도가 신앙부흥을 가져왔다. 나는 단 하나의 사례만을 제시한다. 이것은 안정된 스코틀랜드에서 있었던 사례이다.

1859년 8월 중순에 글라스고우에서 신앙부흥운동이 여름 하늘의 벼락처럼 갑자기 뉴스의 초점이 되었다.…1859년 8월 2일자 *Scottish Guardian*은 다음과 같이 보도했다.

지난 며칠 동안 이 지역에서 성령이 놀라운 방법으로 그의 은혜로운 능력을 발휘해 왔다. 우리 독자들은 미국에서의 대부흥운동에 대한 뉴스가 스코틀랜드에 전해진 이래로 유사한 축복을 구하려는 특별한 목적을 가지고 기도회들이 다른 곳들에서는 물론 글라스고우에서도 개최되어 왔다는 것을 알고 있다. 최근에 우리 귀에 들어온 소식은 이 집회들의 기도가 응답되었다는 것에 대해 의심할 수 있는 여지를 전혀 남겨 주지 않는다.…

낮기도회들이 기폭제가 되어 평일 밤에 여러 복음주의 교회들에서 기도회와 설교집회가 열리게 되었다. 그리고 이 집회들에서 수십명이 회심을 했다고 전해졌다. 이 운동이 시작되고 나서 1년 후에도 글라

10. 신앙부흥과 교회성장

스고우에서는 여전히 "갱생기"가 지속되고 있었다(Orr, 1965 : 134).

신앙부흥을 구하는 기도는 유럽-아메리카에서 뿐만 아니라 아시아-아프리카에서도 신앙부흥의 필수적인 첫 단계이다. 많은 나라들에서 생긴 사례들을 일일이 다 열거하자면 끝도 없을 것이다. 1907년에 한국에서 있었던 대부흥운동에 관한 고포르드(Goforth)의 글에서 인용한 다음의 두 기사는 모든 곳에서 일어나는 신앙부흥의 전형적 사례를 효과적으로 진술하고 있다.

여러 달에 걸쳐 기도한 보람이 있었다. 왜냐하면 성령이 강림했을 때 그분은 우리 선교사들이 모두 달려들었어도 반 년이나 걸렸을 일을 겨우 반나절 만에 해치웠기 때문이다. 두 달도 안 되어 2천 명 이상의 이교도들이 회심을 했다. 하나님이 첫 번째 자리를 차지할 때는 언제나 즉시로 그런 일이 생긴다. 그러나 일반적으로 교회는 그리스도의 교회로 자칭하면서도 바쁘게 되풀이되는 일상적 활동에만 정신이 팔린 나머지 기도로 하나님을 경배함으로써 하나님께 기회를 주는 일을 하려고 하지 않는다.

압록강을 따라가며 발달한 송림 사이에 위치한 강계 출신의 한 성경판매인은(성령이 인도의 카시아인들에게 부어지게 된 경위에 대한 이야기를 하워드 애그뉴 존스턴(Howard Agnew Johnston) 박사로부터 듣고서) 고향으로 돌아가 강계교회의 250명 교인들에게 오직 성령만이 주 예수 그리스도의 사역을 완성할 수 있으며 하나님은 어떤 다른 선물 못지않게 아낌없이 성령을 그들에게 주시기로 약속했다고 말했다. 그 교회 교인들은 1906~7년의 가을과 겨울 동안 내내 매일 5시에-오후 5시가 아니라 오전 5시에-기도를 위해 교회에 모임으로써 하나님을 경배하고 성령을 선물로 주실 것을 간구했다. 그들은 여섯 달 동안을 기도로 하나님을 경배했다. **그러자 성령이 홍수처럼 강림하였다.** 그때 이후로 그 교회의 교인수는 몇 배로 증가했다. 우리는 정말로 성령의 능력을 믿는가? 솔직하게 답해 보도록 하자. 우리는 성령을 구하기 위해 추위를 무릅쓰고 여섯 달 동안 매일 아침 5시에 일어날 정도로 성령의 능력을 믿고 있지는 않다(Goforth, 1943 : 12,16).

신앙부흥은 하나님의 선물이다. 인간은 그것을 마음대로 할 수도 없고 하나님에게 그것을 달라고 강요할 수도 없다. 하나님은 독자적 판단에 의해 자신이 원하는 때에 자신이 원하는 곳에서 이 선물을 주신다. 그것은 "갑자기 생겨나고", "갑자기 닥치고", "교회를 각성시키고", "여름 하늘의 벼락처럼 갑자기 오고", "홀연히 나타나고", "은혜의 사역을 시작하고", "하나님의 백성에게 축복을 가져다 준다." 그러나 하나님은 계속적으로 드려지는 진지한 기도에 응답하신다. 기도는 하나님이 자기 백성으로부터 받기를 바라는 것이다. "구하라. 그러면 너희에게 주실 것이요, 찾으라. 그러면 찾을 것이요, 문을 두드리라. 그러면 너희에게 열릴 것이니라."

하나님의 말씀을 먹고 사는 것이 신앙부흥의 선결조건의 하나이다

성경에 대한 지식은 꼭 필요한 것이다. 성경에 대한 지식이 반드시 신앙부흥을 가져오는 것은 아니다. 그러나 성경에 대한 지식이 없으면 전통적 의미에서의 신앙부흥이 일어나지 않는다. 유럽과 아메리카 교회들에서의 신앙부흥은 오랜 세월에 걸쳐 가정과 교회에서 주의깊게 성경을 읽은 것이 낳은 결과였다. 한국의 신앙부흥에서 큰 원동력으로 작용한 것은 장로교회가 1895년에 한국에 이식되었을 때부터 교회 치리의 본질적 부분을 형성했던 철저한 성경연구였다. 다음 항(項)에서 이야기될 길선주 목사는 만약 성경기사에 대해 알지 못했다면 자신이 아간이라는 것을 깨닫지 못했을 것이며, 그의 회중 역시 성경기사에 대해 알지 못했다면 그의 고백에 아무런 감동도 느끼지 못했을 것이다. 만약 성경에 대한 지식이 없다면, 의와 사랑의 하나님, 신앙부흥을 구하는 기도, 신앙이 부흥된 사람들이 도달하는 높은 윤리적 수준, 구원을 그리스도가 구원하기 위해 죽은 사람들과 나누어 가지려는 관심, 성령의 실재, 그리고 신앙부흥의 그 밖의 많은 국면들이 불가능하게 될 것이다.

신앙부흥은 거룩한 삶을 낳는다

비록 종종 강력한 정서적 반응들—몸을 떠는 것, 우는 것, 몸부림치며 기도하는 것, 그리고 커다란 기쁨과 평안의 감정들—이 수반되기는 하지만 신앙부흥은 결코 단순한 감정적 잔치가 아니다. 신앙부흥은 신약 기독교를 회복하는 것이다. 겸손, "상심", 그리고 자신을 우리의 의로운 하늘 아버지이신 하나님께 맡기는 것은 죄의 고백과 죄에 대한 배상으로 귀착한다. 복음적 각성은 거룩한 삶으로 귀착한다. 다음에 기록하는 한국에서의 사건은 신앙부흥의 전형적 사례이다.

> 1907년 1월 첫째 주로 접어들었다. 모두가 하나님이 이 공동기도 주간 중에 그들에게 특별히 축복을 내려 주시리라고 기대했다. 그러나 마지막 날, 즉 여덟 번째 날이 이르렀어도 하나님의 능력이 특별히 나타나는 일은 생기지 않았다. 주일인 이날 저녁에 약 1,500명의 사람들이 중앙장로교회에 회집하였다. 하늘은 놋처럼 보였다. 정녕 하나님은 그들에게 그들이 기구한 성령을 부어 주지 않으실 것인가? 그런데 모두가 깜짝 놀라는 일이 생겼다. 그 교회의 지도자인 길선주 목사가 일어나 이렇게 말한 것이었다. "나는 아간입니다. 하나님이 우리에게 축복을 내려 주시지 않는 것은 나 때문입니다. 약 1년 전에 내 친구 한 사람이 임종을 맞아 나를 자기 집으로 부르더니 '길 목사, 이제 나는 가려네. 자네가 내 집 재산을 관리해 주었으면 하네. 내 아내에게는 재산을 관리할 능력이 없어서 그러네'라고 말했읍니다. 나는 '염려하지 말게. 내 그렇게 함세'라고 말했읍니다. 나는 미망인이 된 친구 아내의 재산을 관리했읍니다. 그러나 난 교묘히 100원의 돈을 착복했읍니다. 난 하나님을 방해했읍니다. 난 내일 아침 그 100원을 그 미망인에게 되돌려 주겠읍니다."
> 막혔던 봇물이 터졌으며 성령이 강림했다는 것을 즉각 알 수 있었다. 죄에 대한 자각이 청중을 휩쓸었다. 그 집회는 주일 저녁 7시에 시작했는데 월요일 아침 2시가 되어서야 비로소 끝이 났다. 그 사이에 수십명의 사람들이 자기 차례를 기다렸다가 차례가 돌아오면 일어나 울면서 자기 죄를 고백했다. 그뒤 계속해서 여러 날 동안 사람들이 모였다. 그리고 「깨끗케 하는 자」께서 자기 성전에 계시다는 것이 언제나 역력하게 드러났다.… [죄는] 감춰져 있는 동안에는 전능하신 하나님을 방해했지만 밖으로 드러나자마자 그를 영화롭게 하였다. 그 해에 한국에서 열린 모든 신앙부흥집회들이 다 그런 양상을 띠었으며 정서적 반응들이 수반되는 경우는 아주 드물었다(Goforth, 1943 : 8).

죄의 고백과 죄에 대한 배상은 때로는 신앙부흥의 관문이고, 때로는 신앙부흥의 결과이다. 종종 신앙부흥 유발의 주도권이 인간에게 있는 것처럼 보인다. 길선주 목사가 자기 죄를 고백하기로 결심할 때까지는 "하늘은 놋처럼 보였다." 그러나 일단 신앙부흥이 발생하여 성령이 부어지게 되면 죄에 대한 자각이 청중을 휩쓸어 사람들은 혼자서는 시도조차 할 수 없는 일을 하게 된다.

신앙부흥은 엄청난 능력을 준다

복음적 각성의 가장 좋은 점은 그것이 그리스도의 뜻을 행할 수 있는 엄청난 능력을 준다는 것이다. 평범한 사람들이 신앙부흥을 열렬히 구하고 하나님이 자비롭게 그것을 주실 때 그들은 철저하게 기독교적인 행동을 실천하게 된다. 성령이 강림할 때 성령은 신앙인들의 삶에서 불가능을 가능으로 바꾼다. 사람이 마치 그의 삶의 지주이기라도한 양 숨기는 죄들이 공개적으로 고백되고 포기된다. 여러 해 동안 사람들을 노예화시켜 왔던 마음과 몸의 악습들 - 탐닉, 증오, 육욕, 술에의 탐닉, 우상숭배, 인종적 편견 - 이 고쳐진다. 성령은 신앙이 부흥된 사람들에게 정의와 자비에 대한 새로운 기준들을 제공한다. 그리하여 그들은 자신들의 국가에서 일반화되려면 100년이 걸릴 수도 있는 진보된 사회적 의를 주장하기 시작한다. 기독교 세계에서의 사회적 진보들은 대부분이 그런 식으로 이루어져 왔다.

세상에 대한 그리스도의 뜻은 개인적 및 집단적인 모든 영역들에 다 관여한다. 육신, 마음 및 영, 정치적, 사회적 및 지적 삶, 개인 간, 인종 간 및 국가 간의 관계들, 흑색, 갈색, 황색 및 백색 인종 - 이 모든 것들에 그리스도의 뜻은 관여한다. 이 영역들 가운데 어떤 것에서 이루어지는 것이든 기독교인의 모든 활동 - 예배를 드리는 것, 배우는 것, 일하는 것, 노는 것, 거룩하게 사는 것, 복음을 전도하는 것 등 - 은 그리스도의 교회의 성장과 어떤 관계를 갖는다. 그러나 그 가운데서 그리스도를 전하고 그의 교회들을 증가시키려는 목적으로 이루어지는 활동은 오직 복음전도와 선교뿐이다. 예컨대, 예배의 목적은 하나님을 찬미하고 영화롭게 하는 데 있다. 그러나 불신앙인들은 기독교인들이 즐겁게 예배를 드리는 것을 볼 때 그들 가운데 어떤 이들은—기독교인들이 그들을 회심시키려고 의도하지 않았는데도— 감화를 받아 주를 찾게 될 수가 있다. 거룩하게 사는 것의 한 가지 주된 목적은 종족 간의 증오를 근절해 모든 사람들 사이에 형제애가 뿌리를 내리게 하려는 것이다. 그러나 기독교인들 틈에 사는 불신앙인들이 두터워진 형제애를 체험할 때 그들 가운데 어떤 이들은—이 역시 기독교인들이 의도하지 않았는데도—그리스도의 제자가 될 수 있다. 이런 뜻하지 않은 결과들이 나타날 때 우리는 기뻐한다. 하지만 교회성장을 주된 목적으로 하는 것은 오직 선교와 복음전도뿐이기 때문에 나는 신앙이 부흥된 사람들의 활동들 가운데 사회적 의와 성경에의 몰두와 하나님에 대한 찬미를 결과하는 것들에 대해서는 여기서 더이상의 지면을 할애하지 않겠다. 이하에서 나는 복음을 전함으로써 원근의 사람들에게 영광스러운 새 삶에 참여하는 기회를 갖게 할 수 있는 신앙이 부흥된 사람들의 놀라운 능력에만 국한하여 설명할 것이다.

신앙부흥은 복음을 전하려는 충돌을 유발시킨다

신앙부흥은 사람들에게 그리스도의 영을 불어 넣는다. 그리하여 그들은 즉시로 그들의 주와 마찬가지로 사람들에게 구원을 가져다 주는 것을 삶의 주된 목적으로 삼게 된다. 신앙이 부흥된 사람들은 그들의 이웃들과 사랑하는 사람들이 복음의 구속능력을 나누어 받게 했으면 하는 거룩한 열망에 사로잡힌다. 오순절 때 성령을 받은 사람들처럼 그들은 어디를 가나 말씀을 전한다. 그들은 사람들을 그리스도에게로 끌어들이려고 노력한다. 그들은 그들이 지금 향유하고 있는 선한 삶을 다른 사람들도 체험하기를 열렬히 바란다.

만주에서 활동하는 한 선교사가 두 명의 전도사를 한국의 평양으로 보내 그곳의 신앙부흥에 관한 모든 것을 알아 오게 했다. 그들이 돌아왔을 때 그는 평양의 선교사들이 많은 노방(路傍) 교회들을 개설했느냐고 물었다. 그러자 한국에 다녀온 전도사 중의 한 사람은 이렇게 대답했다. "단 하나의 노방 교회도 개설하지 않았읍니다. 그들에게는 노방 교회가 필요없읍니다. 모든 기독교인이 다 노방 교회이기 때문입니다." 한국에서 그리스도의 일꾼들은 기독교인들이 없는 지방을 복음화시키기 위해 여름철을 그런 지방에 들어가 보낸다고 알려져 있다. 여기저기로 돌아다니며 장사를 하는 상인들은 어디를 가나 항상 그리스도에 대한 놀라운 이야기를 사람들에게 들려 준다. 우리가 한국에 있었을 때 동해안 지방에서 열린 한 신앙부흥집회에서 회심을 했던 어떤 모자 상인은 회심한 지 일 년도 안 되어서 약 12군데에 작은 기독교 공동체를 세웠다. …어떤 학생은 한 달 간의 방학을 복음화 되지 않은 지역에서 보내면서 많은 사람들을 하나님에게로 인도했다. 또 어떤 학생은 하루에 최소한 여섯 사람에게 영혼의 구원에 관해 이야기해 주기로 결심을 했다. 9개월이 경과했을 때 그 학생이 영혼의 구원에 관해 이야기해 준 사람들의 수효는 3,000명에 이르렀다(Goforth, 1943:24).

[미국에서] 1790년대는 낙담 속에서 시작하였다. 버지니아 주교구의 매디슨(Madison) 주교는 교회가 부흥이 도저히 불가능할 정도로 심히 쇠퇴하였다는 경건한 평신도 마샬(Marshall) 대심원장의 확신에 동조하였다. 뉴욕의 프로버스트(Provost) 주교는 사태가 수습이 도저히 불가능할 정도로 절망적이라고 생각했다. …이 나라에서 정착지로서의 역사가 가장 오랜 지역들에 있는 대학들은 무신앙과 부도덕의 온상들이었다. 영적인 일들에 대한 사람들의 관심은 시들해졌다. 영적인 일들에 대한 관심의 회복은 처음에는 알아챌 수 없을 만큼 극히 느릿느릿 이루어졌다. 그것은 극소수의 학생들이 가진, 사람들의 이목을 거의 끌지 않은 기도회들에서 시작되었다. …

하지만 1802년에 [예일대학에서] 전체 학생의 3분의 1이 이 명문대의 강당들을 진동시킨 신앙부흥운동을 통해 공개적으로 회심을 고백했다. 그뒤 여러 해에 걸쳐 예일대학에서는 학생부흥운동이 되풀이되었다.

하지만 1806년의 어느 여름날 오후에 윌리엄즈대학의 학생 다섯 명이 그들이 늘 기도회를 갖던 단풍나무 숲에서 쫓겨났다. 그들은 이 날벼락을 피해 큰 건초더미 아래로 숨었다. 그리고 거기서 불신앙자들을 감화시켜 그리스도에게로 이끌 계획을 세우고 그 성취를 위해 기도하였다. …그 건초더미는 모든 현대적인 미국 선교운동의 요람이 되었다.

앤도버대학, 프린스턴대학, 워싱턴대학, 앰허스트대학 및 그 밖의 대학들에서 신앙부흥운동이 잇달아 일어나 현대적인 미국 선교운동을 생성시켰을 뿐만 아니라 광활한 서부 주(州)들에서 일할 복음전도열에 불타는 교역자들을 배출시켰다.…무신앙의 확산은 효과적으로 저지되었다. 이 운동의 결과로 국내 및 국외 선교회들이 생겨났을 뿐만 아니라 수많은 고등학교와 대학들, 신학교들, 종교단체들 및 자선단체들이 설립되었다(Orr. 1965 : 22f).

요약하면, 사람들이 그들 자신의 무력함에 견디다 못해 하나님에게 의지하고 기도에 전념할 때 하나님은 그들에게 성령을 퍼붓는다고 말할 수 있다. 성령으로 충만되어 있을 때 사람들은 때때로 큰 기쁨의 감정을 체험한다. 때로는 마음과 양심에서 주된 효과가 나타나는 것으로 생각된다. 신앙이 부흥된 사람들은 감정적 반응이 수반됨 없이도 그리스도의 백성이 되어 그의 뜻을 행하는 데 전념한다. 성령이라는 선물은 사람들로 하여금 죄를 고백할 수 있게 하고, 죄에 대한 배상을 할 수 있게 하고, 악습을 고칠 수 있게 하고, 승리하는 삶을 영위할 수 있게 하고, 다른 사람들에게 이용가능한 하나님의 능력에 대해 납득시킬 수 있게 하고, 많은 사람들을 그리스도에게로 인도할 수 있게 하고, 교회를 튼튼히 성장시킬 수 있게 한다.

신앙부흥은 아시아―아프리카에서의 교회성장에 대해 어떤 의미를 가지는가?

아시아―아프리카에서의 교회성장은 유럽―아메리카에서의 교회성장과는 다르다. 유럽 아메리카에서의 교회성장은 스스로를 유교도나 마르크스주의자나 정령신앙자가 아니라 기독교인이라고 생각하는 심히 개인주의화된 사람들 사이에서 교회를 성장시키는 것을 말한다. 비록 그들 자신은 교인이 아니라 하더라도 그들의 부모나 조부모나 숙부나 숙모는 교인들이었다. 그들의 대부분은 "교회를 선호한다." 따라서 그들 가운데는 자녀를 교회학교에 보내는 사람들도 있을 수 있다. 하지만 아시아―아프리카에서는 어떤 형태로든 교회성장이 이룩되려면 제의와 성직제 면에서, 그리고 종종 경전과 성전 면에서 나무랄 데 없는 어떤 타종교의 신봉자들이 조상 전래의 종교를 버리고 그리스도와 그의 제의, 성직제, 경전 및 교회당을 받아들여야만 한다. 게다가 이 지역 사람들은 심히 개인주의화한 사람들이 아니라 집단의식이 강한 사람들이다. 그들에게 있어서는 개인이 독자적으로 행동하는 경우는 좀체로 없다. 따라서 그들에게 있어 독자적으로 행동한다는 것은 매우 어려운 일이다.

아시아―아프리카 지역에서의 수확과 유럽―아메리카 지역에서의 수확을 구별없이 둘 다 "신앙부흥"이라고 부른다면 교회성장에 대한 이해에 방해가 된다. 교회성장에 대한 분명한 이해를 가능케 하려면 우리는 아시아―아프리카 교회들이 체험하고 있는 여러 종류의 성장들을 구별해야만 한다. 그렇지 않으면 그 지역에 기독교 신앙을 전파하려고 하는 사람들이 유럽―아메리카적인 방법들을 수정없이 그대로 사용함으로써 별로 수확을 거두지 못하게 될 것이다. 이제까지 나타난 현상은 몇 가지 구별들을 필연적으로 요구한다.

아시아―아프리카에서 신앙부흥은 주민이 기독교화된 이후에 발생한다

바로 단어의 구조에 의해 신앙부흥(revival)은 기존 교회와 기존 기독교인들에게 활기를 회복시키는 것을 의미한다. 먼저 지친 신앙인들이 있어야만 신앙부흥이 있을 수 있다. 신앙부흥에 대한 모든 이야기들이 다 신앙부흥에 의해 새로운 헌신에 대한 열의로 불타게 되는 냉담하거나 무관심하거나 죄에 빠져 있는 회중들에 대해 말한다. 예컨대 신앙부흥운동이 일어난 미국 대학들은 교회에 의해 설립되어 주로 목회자인 동시에 교수인 사람들에 의해 운영되는 대학들이었다. 그런 대학의 학장은 거의 언제나 목회자였다. 학생들은 종종 교인의 자녀였다. 그리고 함께 기도하기 위해 모이는 소집단들은 기독교인들로 이루어져 있었다. 유럽에서 신앙부흥으로 인해 사람들의 입에 오르내리게 된 아일랜드인들, 웨일즈인들, 노르웨이인들 및 그 밖의 사람들은 대개가 세례를 받은 사람들이었다. 그러나 세례를 받지 않은 사람들이었다 해도 그들은 자신들을 이교도가 아니라 기독교인들이라 일컬었을 것이다. 오르가 말한 것처럼 "신앙부흥운동을 통해 공개적으로 회심하는 사람들 가운데는 실제로 교인인 사람들이 상당수에 이른다는 것을 분명하게 입증할 수 있다"(Orr. 1964:51).

일련의 인간운동들을 통해 거의 모든 원주민이 기독교인이 된 피지 군도(Fiji Islands)에서 초창기 선교사들은 기독교의 성장을 두 단계로 구분했다. 첫째 단계-많은 회심자들의 생명이 희생된 단계-에서는 모든 공동체들이 그리스도를 섬길 것을 선언하고, 숭배하던 주물(呪物)들을 파괴하고, 가르침과 세례를 받고, 교회들을 짓고, 한 주에 여러 번씩 성경말씀을 듣고, 찬송가들과 성경귀절들을 배우고, 자녀들을 기독교 계통의 학교들에 보냈다. 이 단계가 여러 해 동안 지속된 후에 보다 심도깊은 헌신이 가능하게 되어 둘째 단계가 시작되었다. 교회들에서 신앙부흥이 일어났다. 어느 정도의 기간 동안 기독교인으로 생활해 온 옛날의 식인종들이 자신들의 죄많고, 잔인하고, 두려움에 의해 지배되었던 삶을 생각하고서 주저앉아 비통한 울음을 터뜨렸다. 그들은 여러 해 동안 성경으로부터 마음의 양식을 취해 왔었으며 기도하는 법을 배웠었다. 그 결과 교회들을 새로운 정상으로 끌어올리는 신앙부흥이 가능하게 된 것이었다. 신앙부흥은 일반적으로 기존 교회에서 발생한다.

루안다의 신앙부흥운동은 동아프리카에 큰 축복을 가져다 주었다. 그것은 우간다에 기독교가 소개되고 나서 약 60년 후, 그리고 루안다의 부족민들이 기독교인들이 되고 나서 약 30년 후에 일어났다. "무수한 이교도들이 오래 전에 기독교인들이 된 것"은 신앙부흥이 아니었다. 신앙부흥이 일어난 것은 기독교화된 사람들 속에서였다.

그리스도에게로 돌아서는 것을 무조건 다 신앙부흥이라고 부르는 것이나 수확을 무조건 다 신앙부흥이라고 부르는 것이나, 교인이 되는 것을 무조건 다 신앙부흥이라고 부르는 것은 반드시 피해야 한다. 이 단어의 중요한 의미-기존 교회를 활성화시키는 것-를 보존하려면 비기독교인들이 처음으로 그리스도에게로 돌아서는 것을 지칭하는 데 이 단어를 사용해서는 안 된다. 그리고 사실 이러한 제자삼기가 신앙부흥의 성격을 띠는 경우는 좀체로 없다. 비기독교인들은 하나님에게 자신들의 신앙을 부흥시켜 달라고 열렬히 기도하지 않는다. 그들은 헌신이 윤리적 행위로 귀착되게 할 만한 성경적 배경을 갖고 있지 않다. 성령이 그들의 마음을 움직인다는 것은 확실하다. 그러나 성령이 그들의 마음을 움직이는 것은 그들로 하여금 그때의 그들에게 가장 필요한 단계-모든 다른 신들을 버리고서 예수 그리스도를 구주로 믿고 성경을 유일한 경전으로 받아들이는 것-를 밟게 하기 위해서이다. 일단 이러한 기본적 단계가 밟아지고 회심자들이 세례를 받고 교회의 신자가 되면 다른 발전적 단계들이 낮이 밤을 따르듯 따르게 된다.

새로운 터전에서의 사회의 기독교화(D_1)는 "신앙부흥"이 아니다

이제까지 내가 설명한 신앙부흥에는 분명한 형태가 있다.
1. 오랫동안 성경을 접했으며 그 가르침들을 알고 있었다.
2. 기독교인들이 주류를 이루고 있는 사회에 속해 있으면서 기독교인들과 긴밀히 접촉하는 집단 혹은 회중이 끈질기게 부흥을 기구하였다.
3. 그 집단 혹은 회중에게 성령이 강림하였다.
4. 많은 명목상의 기독교인들과 믿지 않는 친척들과 친구들이 주시할 수 있는 공개적인 집회에서 죄를 고백하고 죄에 대해 배상하였다.
5. 설득력있는 힘찬 증언이 등장하고 그 결과 기독교인들이 주류를 이루는 동질단위로부터 회심자들이 속출하였다.

이와 비교할 때 새로운 터전에서의 회심은 근본적으로 다른 형태들을 따른다. 이 형태들 가운데 세 가지를 살펴 보도록 하자.
1. 기독교를 믿지 않는 새로운 주민집단 속에 최초로 복음이 전파될 때 사람들은 종종 그들의 혈족의 뜻을 거역하면서 한사람씩 한사람씩 선교기지나 선교기지 근처에 형성된 폐색된 회중 속으로 들어온다. 이때의 회중은 주로 구제받은 사람들과 고아들, 그리고 회심한 남녀 학생들로 구성된다. 그리고 드문드문 성인 회심자가 낀다. 이들은 모두 선교원의 교역자들과 선교사들과 교사들의 영적 지도와 교육에 크게 의존한다. 그리고 때로는 먹을 것과 입을 것, 그리고 거처할 곳까지도 그들에게 의존한다. 수십년에 걸쳐 어렵게 그런 회중을 형성하는 것은 신앙이 부흥된 사람들이

수많은 동료들을 그리스도에게로 이끄는 것과는 크게 다르다. 그러나 그것은 종종 신앙부흥의 선결조건이 된다. 그것은 후에 신앙이 부흥될 기독교인들을 힘써 끌어모은다.

2. 새 터전에서의 복음전파는 종종 인간운동을 통해 이루어진다. 이 중요한 전도수단의 목표와 성격과 발전은 뒤에 나오는 장에서 논의하게 될 것이다. 여기서는 이런 운동은 비록 종종 신앙부흥운동이라고 불리우기는 하지만 원래가 수많은 비기독교인들을 그리스도에게로 귀의시키는 것을 목적으로 하는 것이기 때문에 결코 신앙부흥운동이 아니라는 것을 지적하는 것으로 족하다.

인간운동은 외면적으로 신앙부흥운동과 다소 유사하다. 그것은 많은 수의 사람들을 끌어모은다. 이런 운동을 통해 회심하는 사람들은 기독교의 진리와 기독교인이 되는 것에 따르는 이익들을 깊이 자각하는 열렬한 기독교인들이 된다. 그들은(그들 자신의 동질단위에 속하는) 친척들과 친구들을 찾아가 기독교인이 되라고 설득한다. 그들은 성경에 대한 가르침을 받는다. 문맹인 경우가 종종 있기는 하지만 그들은 구원 드라마의 핵심적 이야기들을 배우고 십계명과 주기도문 같은 성귀들을 암기한다. 그들은 대개 그들이 기독교 진리의 최소한의 골자를 이해하고 있다는 것을 확인하는 시험에 합격하고 나서 세례를 받는다.

그러나 인간운동은 신앙부흥운동과 크게 다른 점들을 갖고 있다. 그것은 독자적으로 시작한다. 유럽의 신앙부흥운동과는 달리 그것은 다른 나라에서 일어난 신앙부흥운동에 대한 소식에 의해 촉발되지 않는다. 하나님이 어떤 특정의 집단을 성숙시키는 데 사용하는 수단들 가운데 먼 곳에서의 신앙부흥운동에 대한 소식은 별 역할을 하지 못한다. 온갖 종류의 지역적인 문화적 영향력들—불만, 전쟁, 억압, 수탈, 적대, 옛부터 숭배해 오던 신들에 대한 믿음의 쇠퇴, 그리고 그 밖의 **무수**히 많은 것들—이 이 떤 특정의 집단을 복음을 "들을" 수 있는 상태 속으로 끌어넣는다. 볼티모어나 에딘버러나 스톡홀름의 백인들이 하나님의 축복을 크게 받고 있다는 소식은 그들에게 결코 아무런 영향도 끼치지 않는다. 수백 킬로미터 떨어져 있는 자신들과 피부색이 같은 다른 계급이나 부족이 무엇을 하고 있는가에 대해서도 전혀 관심이 없는데 왜 그들이 지구 다른 편의 백인들이 무엇을 하고 있는가에 대해 관심을 갖겠는가?

 그러나 웨일즈에서 신앙부흥운동이 아샘(Assam), 카시 힐즈(Khassi Hills)의 신앙부흥운동을 촉발시켰고, 카시 힐즈의 수확에 대한 소식이 한국의 대부흥운동을 촉발시키지 않았느냐는 이론이 나올 수 있을 것이다.

 실제의 진상을 이해하려면 1905년에 무수히 많은 선교사들이 무수히 많은 주민집단들 속에서 활동하고 있었다는 것을 인식해야만 한다. 대부분의 선교사들이 웨일즈의 부흥에 관해 들었을 것이고, 따라서 많은 선교사들이 자신들에게도 유사한 축복과 능력을 내려 달라고 하나님께 간구했으리라는 것은 무리가 없는 가설이다. 카시 힐즈와 한국(그리고 몇몇 다른 곳들)에서 하나님은 주민집단들을 성숙시켜 놓으셨다. 바로 그런 곳들에서 선교사들과 그들이 키운 회중들이 웨일즈로부터 온 소식을 듣고서 하나님의 축복을 구하고 수확에 전념했을 때 대단한 교회성장이 뒤따랐다. 그러나 주민집단들이 성숙되지 않은 수많은 선교기지들에서는 먼 웨일즈에 대한 소식이 수확으로 귀결되지 않았다. 우리는 그랬다는 경우에 관해서 듣지 못한다. 신앙부흥에 대한 소식은 교회지도자들을 활성화시킨다. 그러나 그것은 기독교인들과 긴밀히 접촉하지 않는 비기독교인들은 활성화시키지 않고 또 활성화시킬 수도 없다.

 유럽-아메리카의 신앙부흥운동은 언어와 계급과 인종단위에 의한 구분이 없는 비종족적인 사회들에서 일어난다. 그것은 한 도시나 한 나라 전체에 퍼진다. 아시아-아프리카에서 인간운동은 거의 언제나 그것이 발생된 민족 내에서만 퍼진다. 예컨대, 크게 위력을 떨쳤던 요루바(Yoruba)의 인간운동은 나이제리아의 수만명의 요루바인들을 그리스도에게로 이끌었으나 바다그리(Badagri) 서쪽에 사는 에곤(Egon)인들은 여전히 이교도들로 남겨 두었다. 에곤인들 사이에서 인간운동이 시작된 것은 훨씬 후인 1950년초였다.

 유럽-아메리카의 신앙부흥운동은 그 지역의 착실한 기독교인들에게 이로움을 주는 것처럼 보인다. 지도적인 사업가들과 전문인들은 일반 신문들이 종종 호의적으로 보도하는 신앙부흥운동에 대해 듣고서 기뻐한다. 새로운 기독교인들이 박해를 당하는 일은 좀체로 없다. 또한 그들은 자신들이 자신들의 민족을 버렸다거나 비애국적인 행위를 했다고 느끼지 않는다. 반면에 아시아—아프리카에서의 민족전도운동은 종종 심한 적대와 적극적인 박해에 부딪친다.

읽고 쓸 수 있는 유럽—아메리카의 신교도들이 "신앙이 부흥"되거나 회심할 때 그들은 기존 교회의 교인이 되거나 같은 입장에 있는 사람들과 더불어 새로운 교회를 세운다. 반면, 아시아—아프리카에서는 읽고 쓸 줄 모르는 회교도인들이나 힌두교도들이나 정령신앙자들이나 불교도들을 대상으로 하는 인간운동에 의해 교회가 새로운 터전에 뿌리를 내리는 것이기 때문에 사람들이 출석할 수 있는 기존 교회들이 거의 없다. 대부분의 교회성장은 새로운 주민집단 속에서 새로운 회중을 형성하는 것을 의미한다.

이런 요인들 모두와 많은 다른 요인들—언어, 문화, 경제적 상태, 한 나라의 선교사들과 다른 나라의 기독교인들 간의 필연적 긴장, 우상숭배적 축제들, 술 취해서 하는 축제들 등—이 민족전도운동을 전통적인 기독교 신앙부흥운동과 구별되게 한다. 그러므로 양자를 지칭하는 데 동일한 단어를 사용하는 것은 많은 오해와 혼란을 불러일으킬 수 있다.

이 주제의 복잡한 성격은 인간운동은 비록 신앙부흥운동이라고 불러서는 안 되지만 그럼에도 불구하고 세계적인 단체의 일부가 되는 교회들을 세운다는 사실에서 엿보인다. 이러한 교회의 교인들이 다른 나라에서의 신앙부흥운동에 대한 소식에 의해 영향을 받을 수는 있다. 그리고 회심하지 않은 친척들과 긴밀히 접촉할 때 새로운 인간운동을 시작시킬 수 있다. 앞에서 언급한 강계 출신 성경 판매인이 적절한 사례이다. 존스턴 박사에게서 카시 힐즈에서의 부흥에 관해 듣고 고국에 돌아온 그는 그 이야기를 압록강변에 위치한 그의 교회의 교인들 250명에게 들려 주었다. 그의 교회의 교인들은 부흥을 기구하며 6개월 동안 기도했다. 그리하여 마침내 성령이 홍수처럼 깃림했을 때 그들은 친척들과 친구들을 교회로 끌어들이게 되었다. 그러나 이 경우에 있어서조차 고포르드(Goforth)의 간결한 기술은 실제로 있었던 일을 지나치게 단순화시키고 있다. 그 250명으로 이루어진 교회는 평양 지방에서 활발히 확산되어 나간 인간운동을 통해 매우 짧은 기간 만에 그런 규모에 도달했었다. 6개월 간의 특별기도에 들어가기 전에 이미 그 교회는 기도하고 있었고 성장을 하고 있었고 교인들의 친척들과 친구들을 끌어들이고 있었다. 카시 힐즈로부터 온 소식은 단순히 그 교회에게 그 교회가 이미 가고 있었던 방향에 대해 주의를 환기시켜 주었을 뿐이었다.

3. 남미에서는 "거미줄 조직 전도운동"(Web movement to Christ)—즉 광범위한 혈연적 혹은 계급적 관계들을 통한 전도운동—이 흔하다. 남미에서는 아주 많은 수의 돌봄을 받지 못하는 로마 가톨릭 교인들이 복음을 듣고 성경을 읽고 기독교 신앙에 이른다. 로마 가톨릭 교인들에게 있어 복음주의의 입장은 어떤 자증적(自證的) 특질을 갖는다. 복음주의자들은 성경이 말하고 있는 것을 군말없이 행한다. 이것이 로마 가톨릭 교인들에게 호소력을 갖는다. 많은 사람들이 단순히 성경을 읽는 것에 의해 성경적 신앙에 도달한다. 그리고 혈연관계를 따라 신앙이 전파된다. 대규모의 가족들이 그리고 대부들과 대모들이 회심을 한다. 스페인어와 포르투갈어를 사용하는 라틴 아메리카의 대중에게는 종족주의는 없고 긴밀한 가족관계가 있다. 또한 로마교회에 대한 강력한 반발이 있다—비록 로마교회가 복음주의 교회들의 강점을 점차로 인식하게 됨에 따라 감소되고 있기는 하지만 말이다. 이 모든 것은 비록 많은 사람들을 그리스도에게로 인도하고 교회성장을 야기하기는 하지만 유럽—아메리카 신앙부흥운동과는 크게 다르다. 하지만 라틴 아메리카의 대도시들에서 신앙부흥운동이 일어나기 시작하고 있다. 그리고 앞으로 점점 더 자주 일어나리라는 것이 확실하다. 라틴 아메리카의 교역자들은 유럽—아메리카의 신앙부흥운동들을 연구해야만 하고, 그와 같은 신앙부흥운동들을 얻기 위해 사역하고 기도해야만 하고, 그것들을 라틴 아메리카에 맞게끔 수정해서 확산시키는 방법을 배워야만 한다. 기존 교회의 교인들이 그들 자신의 친족들과 활발한 혈연적 접촉을 하고 있고 그 회중이 전통적 의미에서 신앙이 부흥된다면 성경적 신앙이 그들의 친척들과 친구들 사이에 퍼져나갈 것이다.

신앙부흥운동, 복합문화적 교회, 인간운동 그리고 거미줄 조직 전도운동은 모두 하나님이 하는 일이다. 그리고 여하한 회심도 다 하나님이 하는 일이다. 사람들이 교회를 성장시킬 수는 없다. 오직 하나님의 성령만이 그 일을 할 수 있다. 여기서 나는 하나님의 교회성장 방법—신앙부흥—과 인간의 방법을 비교 대조하려는 것이 아니다. 내가 강조하고자 하는 것은 기독교인들 사이에서의 신앙부흥은 어떤 특별한 종류의 교회성장이고, 한편 교회가 비기독교인들로 이루어진 주민집단들 속에서 성장하는 다양한 형태들은 다른 종류의 교회성장들이라고 하는 것이다. 그리고 모든 종류의 교회성장들이 다 성령에 의해 야기된다.

선교기지가 되는 교회들에서의 신앙부흥

대부분의 선교기지들은 자주 기도하고 자주 신앙이 부흥되는 헌신적인 교역자들에 의해 운영된다. 매주 한 번씩 열리는 교회지도자들과 선교사들의 기도회들, 영적 생활의 심화를 위한 정례적인 특별 집회들, 여러 지역의 선교지도자들이 모이는 신중히 계획되는 연례적 집회들 및 기타 집회들, 많은 사적 기도, 그리고 많은 신앙수련들이 선교기지의 통상적 삶을 특징짓는다. 그럼에도 불구하고 종종 선교기지들에서 교회성장의 징후가 거의 보이지 않는다.

비록 얼마 간의 기도가 있기는 하지만 신생 교회들과 선교회들 간의 분쟁들, 선교사와 선교사 간의 마찰 및 주민들과 선교사들 간의 마찰에 비추어 볼 때 **훨씬 더 많은** 기도가 있어야만 한다는 주장이 나올 것이다. 선교사들과 교역자들을 비롯한 모든 사람들이 다 많든 적든 간에 자만과 야심과 이기주의와 나태의 지배를 받는다. 만약 **충분한** 헌신과 기도가 있기만 하다면 하나님이 그의 성령을 주실 것이라고들 한다. 그가 모든 문제들을 해결해 주실 것이고 따라서 교회가 성장하게 되리라는 것이다. 이에 대해 우리는 무어라고 대답해야 할까?

두 가지 대답이 있을 수 있다. 첫째, 대개의 경우 상심, 겸손, 사랑, 용서, 형제애 및 정의가 부족하다. 능력을 주는 성령의 임재가 절실히 필요하다. 사실 성령은 겨우 반나절 만에 우리가 반평생에 걸쳐서 할 수 있는 것보다도 더 많은 일을 한다. 하나님의 임재는 아무리 많이 향유해도 지나치지 않다. 보다 많은 헌신과 기도가 있기만 하다면 하나님은 보다 많은 신앙부흥을 허락하실 것이다. 하나님의 자원은 무한하다. 대개 잘못은 우리가 기대하는 것들이 하찮은 것들이고 우리가 구하기를 게을리하는 것에 있다.

둘째, 선교기지가 되는 교회들에서는 종종 부흥운동 그 자체가 성장으로 귀결하지는 않는다. 하나님의 순종적인 종들은 신앙부흥운동들이 활발한 성장으로 귀결되는 조건들에 관해서 훨씬 더 많이 배우고 나서 그 조건들을 충족시키려고 노력해야만 한다. 신앙부흥운동들은 종종 폐색되어 있는 회중들이나 기숙학교들이나 고아원들에서 일어난다. 비록 그런 신앙부흥운동들이 **그러한 상황에서 단독적으로는** 바깥 세계에서의 큰 성장으로 귀결되는 일이 좀체로 없다는 것을 알아야 하기는 하지만 우리는 그런 신앙부흥운동들에 대해 하나님께 감사해야 할 것이다. 이 점은 매우 중요하기 때문에 나는 이 점을 예증하기 위해 약간의 지면을 할애하겠다.

1935년 인도의 예오트말(Yeotmal)에 있는 자유 감리교회에서 성령이 강림해 진정한 신앙부흥운동이 일어났다. 죄들이 고백되었고 죄에 대한 배상들이 이루어졌다. 냉담하고 이름뿐이었던 기독교인들이 거듭났다. 그리스도의 따뜻한 사랑 속에서 해묵은 미움들이 해소되었고 해묵은 죄들이 용서되었다. 선교사들과 원주민들 간의 관계는 매우 우호적이 되었다. 하나님께 드리는 예배는 보다 달콤하고 보다 소중한 것이 되었다. 그리고 기도는 보다 꾸밈없고 의미깊은 것이 되었다. 그리고 하나님이 자신들에게 행한 일에 대해 다른 사람들에게 말해 주고 싶은 강력한 열망이 교인들을 사로잡았다. 그래서 그들은 하나님이 자신에게 행한 놀라운 일들에 대해 증언하기 위해 매일 저녁 5시(수백명의 공무원들이 퇴근하는 시간)에 예오트말 법원의 계단에서 모이기로 결정하였다.

예오트말의 기독교인들은 주로 낮은 카스트 사람들이었고 판사들과 변호사들과 법원 관리들은 주로 높은 카스트 사람들이었기 때문에 그곳에서 말하고 노래하는 데는 대단한 용기가 필요했다. 그러나 하나님은 예오트말의 기독교인들에게 능력을 주셨다. 그리고 성령은 어떻게 말해야 할지를 가르쳐 주었다. 그들의 증언은 잘 받아들여졌다. 변호사들과 법원 관리들과 판사들은 감명을 받고 집으로 돌아가 그들이 들었던 것을 곰곰이 되새겨 보고 복음에 대해 깊이 생각하고 그들이 구입한 소책자들을 읽었다. 그들 가운데 더러는 구주에 관해 보다 많이 알기를 원했으며 이용할 수 있는 능력을 동경하였다. 그러나 그들 가운데 아무도 기독교인이 되지 않았으며 아무도 교회에 나오지 않았다. 그들과 기독교인들 간의 사회적 격차가 너무도 컸기 때문이었다.

몇 개월 후 그 신앙부흥운동은 사그라져 즐거운 추억이 되었다. 죄를 용서받은 데서 생기는 기쁨, 거룩한 삶에 따르는 이익들, 사람들 간의 좋은 관계들, 악습들로부터의 해방-이런 것들과 다른 축복들이 이 예오트말교회에서 계속되었다. 그리고 점차로 예오트말 법원 앞에서의 집회는 중지되었다.

그러나 인도의 자유 감리교회 교인들은 그 이후에 일어난 그들의 모든 성장이 다 그 신앙부흥운동으로부터 비롯되었다고 말한다. 그들은 이렇게 이야기한다. 신앙이 부흥된 두 사람이 예오트말교회에서 빠져나와 새로운 터전에서 새로운 회중들을 모으기 시작했다. 한 사람은 오랫동안 회교를 신봉하다가 회심했던 사람으로서 선교회로부터 급료를 받고 일하는 전도사였다. 복음전도를 담당하고 있는 선교사의 허락을 얻어 그는 이 마을 저 마을을 돌아다니며 높은 카스트 사람들과 낮은 카스트 사람들을 가리지 않고 전도를 하기 시작했다. 그는 맨발로 여행했으며 매우 검소한 생활을 했다. 대부분의 마을들에서 사람들은 호의를 갖고 그의 이야기를 들었다. 그의 이야기에 대한 사람들의 관심이 시들해지면 그는 다른 마을로 갔다. 그런 식으로 예오트말 평원을 두루 돌아다니다가 그는 라쥬르시(市)에 이르렀다. 이 시의 구(區)들 중의 하나에는 하이더라바드주(州)에서 이주해 온 마디가인들이 작은 공동체를 이루어 살고 있었다. 그들이 그곳으로 이주하게 된 것은 그곳 광산의 일자리 때문이었다. 그들은 하이더라바드에서 그들과 같은 계급에 속하는 사람들 가운데 수만명이 기독교인이 되었다는 것을 알고 있었다. 아마도 그들 가운데는 기독교인이 된 친척들이 있는 사람들도 더러 있었을 것이다. 그들은 호의를 갖고 이 전도사의 이야기에 귀를 기울였을 뿐만 아니라 기독교를 섬길 것을 선언하고 세례를 베풀어 줄 것을 요구했다. 기독교인이 된 후에 그들은 인근 도시들에 있는 친척들에게 복음을 전했다. 그리하여 마디가인들로 이루어진 많은 작은 교회들(그들의 집단들이라고 일컬었다.)이 생겨났다.

두 번째 사람은 한 선교사의 집에서 요리사로 일하는 사람이었다. 그는 토착부족의 하나인 파르드한 부족 사람이었다. 그는 복음의 메시지를 그의 친척들에게 전했고 그들 가운데 일부가 기독교인이 되었다. 그리하여 그의 카스트에 속하는 사람들로 이루어진 세 개의 작은 교회들이 생겨났다.

마하르(Mahar)인들은 노동에 종사하는 부족이다. 그들은 예오트말 지방의 많은 하층 계급 부족들 가운데 가장 큰 부족으로서 예오트말 지방 주민의 약 10퍼센트를 차지하고 있다. 예오트말의 신앙이 부흥된 기독교 공동체와 성령으로 충만한 선교사들은 마하르인들에게 접근하였다. 마하르인들은 기독교인이 되는 것에 대해 좋게 생각하고 좋게 이야기했다. 하지만 그들은 그들의 지도자인 암베드카(Ambedkar) 박사(모든 시대의 가장 위대한 마하르인)가 그들 모두를 기독교로 인도할 때까지는 최종적인 결단을 보류하려고 했다. 그를 따르려는 생각 때문이었다(그는 죽기 직전인 1956년경에 불교도가 되었으며 그를 따라서 2백만 명 이상의 마하르인들이 불교 신앙에 귀의했다).

신앙이 부흥된 예오트말교회와 각성한 마하르인들이 만났을 때 마하르인들로 이루어진 몇 개의 작은 교회들이 자유 감리교회 구역에 설립되었다. 그리고 1935년의 신앙부흥운동에 의해 축복받지 못했던 그 지역의 다른 선교기지들도 또한 마하르인들을 기독교 신앙으로 끌어들였다. 중남부 지방과 베라르(Berar)와 이스트 마하라쉬트라(East Maharashtra)에서 각각 서너 가족으로 이루어진 마을 교회들이 아마 1백 개는 생겼을 것이다.

이 신앙부흥운동 사례는 교회들이 어떻게 성장하는가에 관한 교훈들로 가득 차 있다. 예오트말교회의 교인들은 그들 자신의 회심하지 않은 혈족들과 긴밀한 접촉을 갖지 못했다. 그 때문에 참으로 신앙이 부흥된 그 교회의 교인들은 예오트말시와 예오트말 법원의 상층 계급 사람들을 대상으로 한 열띤 노력에도 불구하고 그들의 신앙을 전파할 수가 없었다. 하지만 몇몇 개인들이 홀로 기울인 열성적인 노력들이 몇 개의 작은 교회들을 탄생시켰다.

만약 예오트말교회의 신앙이 부흥된 교인들이 교회들이 어떻게 성장하는가에 관해 보다 많이 알았다면 결과가 달라졌을까? 만약 그들이 법원 계단으로 가지 않고 수용적인 집단들을 찾아 예오트말 지방을 온통 돌아다녔다면? 만약 그들이 마하르인들을 집중적으로 공략했다면? 만약 그들이 —수만명의 말라인들과 마디가인들이 기독교인이 되었던—하이더러바드에서 온 모든 말라인들과 마디가인들을 발견하고서 그들에게 하나님이

"당신들처럼 하층 계급에 속하는 민족들인 우리들을 위해" 행하신 놀라운 일들에 대해 끊임없이 말했다면? 만약 그들이 선교사들과 원주민 기독교인들의 노력을 마디가인들의 마을을 하나하나 찾아가 마을 사람들에게 새 생명을 전하면서 성경을 읽고 신앙부흥을 위해 기도하고 자민족에 속하는 사람들을 찾아가 그들의 신앙에 대해 증언하고 가르치는 일에 집중시켰다면 결과가 달라졌을까? 확실하게 대답할 수 있는 사람은 아무도 없다. 그러나 그저 맹목적으로 더듬거리며 찾았는데도 이 수용적인 집단들이 발견되어 교회들이 생겨났음에 비추어 볼 때 그 대답은 필시 "그렇다"일 것이다.

우리는 우리의 주님이 그의 제자들을 특히 매우 수용적인 "이스라엘 집의 잃어버린 양"에게 보냈다는 것과 **성령의 인도 아래** 오순절의 대신앙부흥이 있은 후 저들이 "도를 수용적인 유대인에게만" 전했으며 후에는 수용적인(요 4:35) 사마리아인들에게 전했다는 것을 잘 기억하고 있다. 신앙이 부흥된 사람들은 아시아-아프리카에서 신앙부흥이라는 하나님의 목적이 성취되게 하려면 수용적인 민족들을 창조하고 그들을 찾아 내는 하나님의 손을 보아야만 한다.

신앙부흥과 교회성장 간의 일곱 가지 단계

신앙부흥운동의 동력이 매우 크고 그것이 교회성장을 위해 갖는 잠재력이 매우 엄청나기 때문에 선교에 관여하는 모든 사람들은 신앙부흥운동에 깊은 관심을 갖게 마련이다. 목회자들과 선교사들이 아시아-아프리카 교회들의 성장에 관해서 많이 알면 알수록 그들은 신앙부흥운동에 대한 하나님의 목적들을 보다 잘 성취하는 청지기들이 될 것이다. 동일한 하나님이 신앙부흥도 가져오고 교회성장도 가져온다. 수용적인 민족들 속에서 일어난 신앙부흥운동이 소수의 교회들 사이에서만 진개되고 더이싱 획신되지 않을 때 하나님은 슬퍼하실 것임이 틀림없다. 그는 그의 백성에게 능력을 주었다. 그런데 그의 백성들은 그 능력을 그가 익혀 놓은 곡식들을 수확하는 데 사용하지 않았다. 이것을 염두에 두면서 나는 신앙부흥이 교회성장을 가능케 하는 일곱 가지 기본적 관계들을 설명하고자 한다. 이것들이 완전한 것들이라고 말할 수는 없다. 그러나 나는 이것들이 시사하는 바가 매우 크리라고 생각한다.

1. 교회 내에서의 신앙부흥운동은 만약 교인들이 비기독교인 주민집단과 활발하고 긴밀한 접촉을 하고 있고, 그 운동의 동력이 되는 영적 능력이 사람들을 그리스도에게로 끌어들이려는 목적을 갖는 증언에 전달된다면 대단한 수확을 가져올 수 있다. 신앙부흥운동이 일어난 동질단위의 다른 성원들을 상대로 활동을 전개하는 경우가 다른 민족들을 상대로 활동을 전개하는 경우보다 더 큰 교회성장을 가져다 준다.
2. 교회 내에서의 신앙부흥운동은 회심자들이 끊임없이 교회로 쏟아져 들어올 때 교회성장을 가져다 준다. 그것이 큰 교회성장으로 귀착할 수 있는 가능성은 비기독교인 사회 속에서 많은 선행들을 행하고 있는 폐색된 교회에서보다는 이미 성장하고 있는 교회에서 훨씬 더 크다.
3. 폐색된 도시 교회 내에서의 신앙부흥운동은 다음과 같은 조건들이 충족된다면 기존 교회 밖에서 재생산력이 강한 회심들을 낳을 수 있는 가능성을 훨씬 더 많이 갖고 있다.
   1) 개개 교역자들이 교회성장에 대한 안목을 갖고 있을 경우, 즉 개개 교역자들이 그들이 속해 있는 전체 주민집단 속에서 어느 단위들이 수용적 단위들인가, 그리고 어느 교회들이 크게 성장하고 있고 그 교회들이 왜 크게 성장하고 있는가를 알고 있고, 집단적 회심은 효과적인 회심형태라는 것과 교회와 선교기관이 하는 갖가지 봉사들은 결코 그리스도를 대신하지 못한다는 것을 알고 있을 경우이다.
   2) 개개 교역자들이 전심으로 교회성장에만 헌신하면서 여러 해에 걸쳐 일관된 프로그램을 시행하는 경우, 가나 북부에 있는 복음주의 장로교회의 크라스(Krass)씨는 훌륭한 실예이다. 그는 폐색된 도시 교회들에서 눈길을 돌려 촌락들이 단위들로서 주를 영접하기를 기대하며 모든 촌락들에 신중히 복음을 선포하는 데 전념했다. 이러한 정책을 여러 해 동안 계속 실시한 그는 급기야 1968년에 초코시(Chokosi)족을 기독교인들로 만드는 데 있어 상당한 성과를 거두었다. 어째서 즉각 이러한 프로그램을 사용하는 선교사들을 다수 양성하여 가나의 북부 지방들로 보내지 않는지 궁금하다.

3) 교회들과 선교기관들이 성령이 그것들이 속한 사회에서 교회들을 증가시키는 데 사용했던 방법들에 비추어 정책들을 결정하는 경우이다.

4. 인간운동과 거미줄 조직 전도운동 내에서 이루어지는 신앙부흥운동은 다음과 같은 조건들이 충족되면 큰 교회성장을 낳을 수 있는 가능성이 훨씬 더 크다.
1) 자체의 주민집단을 구성하고 있는 단위들 가운데 그리스도에게로 끌어들여질 가능성이 높은 단위들에 신앙부흥운동의 초점이 맞춰지는 경우이다.
2) 새로운 회심자들 중에서 지도자들을 발견해서 훈련시키는 경우이다.
3) 지도자들은 물론 회중 전체에게 성경교육을 될 수 있는 한 많이 시키는 경우이다.

5. 신앙부흥운동의 지도자들이 어떻게 하나님이 큰 수확들을 성취했는가에 관해 현재 알려져 있는 다음의 모든 것들에 대해 알게 될 때 신앙부흥운동은 교회성장을 낳는다.
1) 준비성(readiness)의 다양한 종류들과 그것들을 발견하고 취급하는 방법이다.
2) 성령을 방해하지 않고 따라서 교회성장을 저해하지 않는 올바른 방법들이다.
3) 큰 교회성장을 낳은 이미 알려져 있는 신앙부흥운동들이다.
4) 어떻게 정해지느냐에 따라 세계 전역에 교회를 퍼뜨리는 데 도움이 되기도 하고 방해가 되기도 하는 선교기관과 교회의 사역에서의 우선 순위들이다.

6. 신앙부흥운동이 아주 중요한 것으로 생각될 때 신앙부흥운동은 교회성장을 낳는다. 만약 신앙부흥과 지식을 놓고 하나를 선택해야만 한다면 기독교인들은 신앙부흥을 선택해야만 한다.

7. **신앙부흥과 지식의 결합**이 한층 더 중요한 것으로 생각될 때 신앙부

홍운동은 큰 교회성장을 낳는다. 기독교인들은 하나님이 교회성장과 관련해 우리에게 가르쳐 주는 모든 것을 배워야만 하고 신앙부흥을 위해 끊임없이 기도해야만 한다.

신앙부흥은 기관차의 증기압과 같다. 증기압이 없으면 기관차는 움직이지 않는다. 증기압에 철로, 피스톤, 물, 기름, 시간표, 기관사 및 다른 요소들이 보태질 때 기관차는 빨리 그리고 멀리 움직인다. 모든 조건들이 바르게 충족되면 신앙부흥운동에 이어 큰 교회성장이 온다. 사실 모든 조건들이 아주 바르게 충족되면 사람들은 그것들을 의식하지 못한다. 오순절날 성령이 강림했을 때가 바로 그러했다. 오순절에 있었던 사건은 신앙부흥과 교회성장 간의 관계에 대한 최고의 실예이다.

IV
사회학적 기초

11
사회구조와 교회성장

교회성장이 수많은 인간 사회들에서 일어나기 때문에 교회성장을 이해하려면 인간 사회들의 구조를 이해하는 것이 반드시 필요하다. 사람들은 분리되어 있는 개인들로서가 아니라 어떤 사회의 상호 연관되어 있는 성원들로서 존재한다. 혁신과 사회적 변화는 특정의 사회구조들 속에서 작용하면서 기독교 신앙으로 향하는 운동의 방향과 속도와 크기를 결정하는 데 있어 중대한 역할을 한다. 이것은 아시아나 아프리카에만 해당되는 것이 아니라 미국에도 해당되는 이야기이다.

정상적인 사람은 하나의 고립된 단위가 아니라 현재의 그를 존재하게 하는 어떤 전체의 한 부분이다. 예컨대 개인이 말하는 언어는 그의 선택에 의해 결정되지 않는다. 그가 태어난 사회, 그를 양육하는 어머니, 그리고 그가 함께 노는 자녀들이 그것을 결정한다. 게다가 그가 말하고 생각하고 행하는 것들의 모든 국면이 다 사회에 의해 결정되거나 강력한 영향을 받는다. 그러므로 전체 주민집단 가운데의 어떤 특정 부분의 사회구조를 이해할 때 우리는 어떻게 하면 교회들이 그 부분에서 늘어나고 가지들을 뻗을 수 있는지를 보다 잘 알게 된다.

사회구조의 구성요소들

사회구조는 많은 요인들로 이루어져 있는 광범위한 실체이다. 그리고 사회구조를 이루고 있는 요인들은 각기 어떻게 교회가 아직 예수 그리스도에 대한 충성을 맹세하지 않은 30억인들 사이에서 사람들을 하나님과 화해시킬 수 있는가 하는 것과 관계가 있다. 사회구조를 이루고 있는 전형적 요소들 몇 가지를 고찰해 보도록 하자.

독특한 자화상

각 사회는 특정한 자연적, 경제적 및 정치적 상황에 처해 있으면서 룻 베네딕트(Ruth Benedict)가 지적한 것처럼 그것을 모든 다른 사회와 구별되게 하는 독특한 문화와 자화상을 발전시킨다. 자연적 토대는 이것과 많은 관계가 있다. 육체노동에 의존하는 모든 미작(米作) 사회들은 논에서 맨발로 일하는 것에서 연유하는 복잡한 관습들을 공유한다. 하지만 각 사회의 문화는 많은 다른 요인들-종족적, 군사적, 종교적, 기후적 및 기타 요인들-의 복합적 결과임에 비추어 볼 때 일본의 연안평야에서 벼농사를 짓는 불교도 농부들이 인도와 버마 사이의 산악지방에서 벼농사를 짓는 기독교인 농부들과는 다른 자화상을 가지리라는 것은 자명한 사실이다.

미국인들의 극심한 개인주의는 백 년 전 개척자들에 의해 발전되었다. 침례교회와 감리교회와 그리스도교회는 그 지도자 배출체계와 그 밖의 몇 가지 특징들이 개척자들의 기질에 적합했기 때문에 감독교회와 장로교회보다는 더 잘 성장하였다. 오늘날의 미국인들의 심히 규격화된 심성은 여러 해에 걸친 의무교육, 복잡한 교통 법규, 전국적인 신문과 텔리비전 방송망, 그리고 그 밖의 유사한 요인들에 의해 발전되어 왔다. 미국의 각 교파들은 독특한 자화상을 갖고 있는 이 독특한 문화 속에서 효과적으로 그리스도를 전달하고 그의 교회를 세울 수 있는 활동들과 방법들을 찾기 위해 많은 다른 활동들과 방법들을 철저하게 시험하고 있다.

라틴 아메리카에서 농장주들 사이의 사회구조는 농노들의 사회구조와 근본적으로 다르다. 전자는 자신들을 정복자들로 생각하고, 후자는 자신들을 피정복자들로 인식하고 있다. 전자는 방대한 토지를 소유하고 있을 뿐만이 아니라 최근까지만 해도 후자의 생명을 마음대로 할 수 있는 권리를 갖고 있었다. 한편 후자는 오직 큰 집에 사는 주인과 그가 고용하는 감독관들에게 순종을 해야만 안전한 삶을 영위할 수 있다. 농노는 농장주의 수천 에이커의 땅에서 닷새를 일해야만 자신의 몇 에이커의 땅에서 이틀 일할 수가 있다. 그는 다섯 마리의 양을 기를 수가 있다. 단 그것들의 똥을 농장주의 밭에 거름으로 주는 경우에 한해서이다. 이 두 사회의 구조들은 또한 자신의 땅을 몇 에이커 소유하는 혼혈 자작농들 및 자유 원주민들의 사회구조들과도 다르다. 교회는 이 네 가지 라틴 아메리카 사회구조들 속에서 각기 다른 양상으로 성장한다.

결혼 관습

남자가 아내를 어디서 얻느냐 하는 것도 사회구조의 중요한 요소의 하나이다. 멕시코의 농촌에서 남자는 자신의 란초(rancho ;부락)나 바로 인접해 있는 란초들에서 아내를 얻는다. 인도의 갠지스 강유역 지방에서 각 카스트는 많은 **고트르**(gotr ;족외혼을 하는 씨족들)로 이루어져 있다. 남자는 자신의 **고트르** 밖에서 아내를 얻되 자신의 카스트 내에서 얻어야만 한다. 그 자신의 **고트르**에 속하는 모든 처녀들은 비록 10대에 걸쳐 혈연관계가 없다 하더라도 그의 자매들이다. 일부 카스트들은 며느리는 동쪽에서 취하고 딸은 서쪽으로 시집보낸다. 남자들이 어디서 아내를 얻느냐가 그들의 외숙부들과 장인들과 생질들이 어디에 사느냐를 결정한다. 다음으로 이것이 기독교인이 통상적으로 어디를 방문하며 그의 친구들이 어떤 마을에 살며 결과적으로 복음이 어디로 전파되는가에 영향을 미친다.

다음의 그림이 설명하고 있는 중국인들의 친족체계는 근친혼이 성립되는 친족의 범위를 명시했을 뿐만이 아니라 각 세대와 각 촌(寸) 방계친(傍系親)의 거상(居喪)의무들을 한정하였다. 독자는 이 체계를 주의깊게 살펴볼 필요가 있다. 그러나 이 복잡한 체계에 통달해 그것이 그들의 삶을 얼마나 철저히 조직화했는가를 알려고 할 필요까지는 없다. "나"가 기독교인이 되면 어떤 친척들은 큰 충격을 받을 것이다. 그러나 또 어떤 친척들은 그것에 대해 별로 개의하지 않을 것이다. 친척들 가운데 몇몇이 기독

318 Ⅳ. 사회학적 기초

도표 11.1. 중국인들의 친족체계

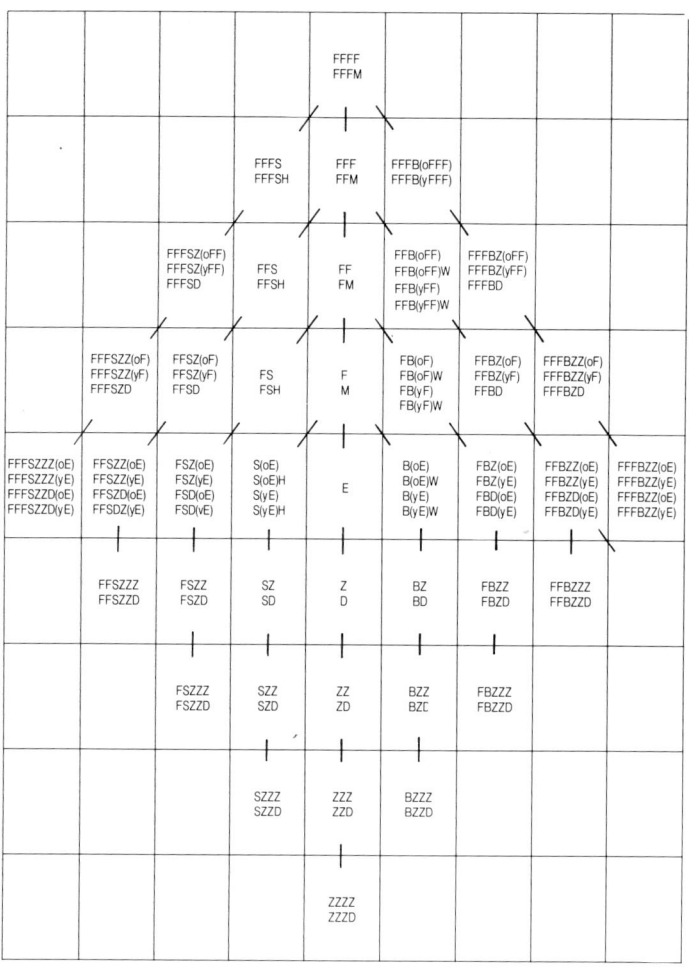

E = 나(자기)
F = 아버지
M = 어머니
B = 형제
S = 자매
Z = 아들
D = 딸
H = 남편
W = 아내

FBZ(oE)는 나보다 나이가 위인, 아버지의 형제의 아들을 의미한다.
FFB(yFF)W는 "아버지의 아버지보다 나이가 아래인 아버지의 형제"의 아내를 의미한다.
SZZ은 자매의 아들의 아들을 의미한다.
ZZZZ은 아들의 아들의 아들의 아들, 즉 현손을 의미한다.

중국어에는 이 41개의 사각형 각각을 지칭하는 특별한 단어가 최소한 하나씩 있다. 일부 사각형들의 경우는 그런 단어가 무려 4개나 있다.

교인이 되면 모든 친척들이 다 그것을 알게 되겠지만 그들의 행동에 의해 그리스도에게로 마음이 끌리게 되는 친척들은 오직 일부에 불과할 것이다. 혈연관계와 인척관계는 교회성장을 위해 매우 중요하다. 중국에 파견된 선교사가 중국인들의 친족계보에 대해 알려면 75가지의 다른 친척관계들을 지칭하는 약 75개의 단어를 알아야만 한다. 하나님의 사자가 복잡한 친족체계를 가진 중국인들에게 복음을 소개하고 그들 사이에 최고로 효과적으로 교회들을 채우려면 이 소수의 전문화된 어휘들을 배워야만 한다.

엘리트, 즉 지배층

나는 지금 한 나라나 한 도시 전체의 엘리트에 대해서 말하고 있는 것이 아니라 어떤 **민족**(*ethnos*), 즉 동질단위 내에서의 엘리트에 대해 말하고 있다. 모든 대학교 교수단에는 그 의견들이 큰 비중을 갖는 지배층, 즉 엘리트가 있다. 모든 노동조합도 마찬가지이다.

사회의 각 부분에는 그 나름대로의 지배층, 즉 특권층이 있다. 나는 인도 저벌포(Jubbulpore)의 공중변소를 청소하는 카스트에 몇몇 엘리트 가문이 있다는 것을 알았을 때 이 사실을 깨닫고 크게 놀랐다. 그 도시의 두마르(Dumar)인들은 29개의 단체들로 조직되어 있었으며, 그 각각의 단체는 *chaudhari*와 그의 보좌인인 *sakidar*에 의해 지배되었다. 마찬가지로 그 도시의 청소하는 카스트―낮은 카스트 중에서도 가장 낮은 카스트―에도 이런 유의 58개 가문과 그 친척들로 이루어진 특권층이 있었다.

한 사회의 지배층은 때로 오직 좋은 가문에서 태어난 사람들로만 이루어진다. 종종 부가 이와 얼마 간 관계가 있다. 아시아―아프리카의 많은 사회들에는 엷은 색의 피부가 특권을 가져다 준다. 무당, 마법사 및 사제가 소유하는 것으로 생각되는 종교적 재능들 또한 그 소유자들을 엘리트로 만들어 준다. 내가 일한 마을들에서는 "그 결정에 대해 **논박할 수 없는**"(*jis ki baat nahin kut-thi*) 현자가 지배층의 일부였다. 그는 오랫동안의 관찰에 의해 마을 법과 카스트 법을 잘 알았으며 사려 분별력이 있었다. 분쟁이 생길 때마다 그는 분쟁의 자초지종을 인내있게 듣고서 무언의 합의를 파악해 어느 편이 옳았는가에 관한 판정을 발표했다. 현자는 아득한 옛날부터 지배층의 일부이어 왔다. A.D. 1000년에 쓰인 아이슬란드의 사가

(saga)에서 우리는 다음과 같은 글을 읽을 수 있다 :

> 니얄(Nyal)은 아주 훌륭한 율법사였다. 그의 경쟁 상대가 될 만한 사람은 아무도 없었다. 그는 현명했고, 예지력과 긴 안목을 갖고 있었다. 그는 분별력이 뛰어났고 사람들이 조언을 구하면 언제나 기꺼이 조언을 해주었다. 그가 사람들에게 조언하는 것은 어김없이 그들이 할 수 있는 가장 훌륭한 것이었다. 온유하고 관대했기 때문에 그는 그에게 와서 자문을 구하는 모든 사람의 얽힌 매듭을 풀어 주었다 (Dasent, 1960 : 34).

지배층 가운데 한 사람이 기독교인이 될 때 그의 친척들과 인척들 사이에 기독교 신앙이 전파될 가능성이 높아진다.

토지 소유권

토지 소유권은 매우 복잡한 양상을 지니면서 사회구조의 매우 중요한 국면을 형성한다. 인도의 프라데쉬 마디하에서 대부분의 농부들은 단지 토지 경작권만을 소유한다. 그들은 토지를 사거나 팔 수가 없다. 토지의 소유권은 마을의 영주에게 있기 때문이다. 혹 영주가 그들에게 토지를 팔도록 허락한다고 하더라도 영주는 땅을 파는 값의 3분의 1을 "선물로 받아들이는 자비를 베푼" 후에야 그렇게 한다. 만약 영주가 토지를 사고 싶어하는 사람을 좋아하지 않거나 그가 마을의 일부가 되는 것을 막고 싶으면 그는 단순히 "선물"을 거절하기만 하면—즉 팔기를 거절하기만 하면—된다. 하지만 일부 농부들은 그들에게 이차적 소유권이 있는 토지를 얼마간 갖고 있다. 그들은 이런 토지를 그들이 원하는 누구에게든지 팔 수 있다. 그러나 이 경우에도 그들은 여전히 토지를 판 값의 일부를 영주에게 바쳐야만 한다. 세 번째 종류의 토지는 농부가 완전한 소유권을 갖는 토지이다. 이런 토지는 영주의 허락없이 마음대로 사고팔 수가 있다. 만약 영주가 기독교에 대해 적대적이고 기독교인들이 단지 토지 경작권만을 갖고 있다면 교회 건물을 지을 토지를 구입한다는 것은 불가능하다.

푸에르토리코에서 저지대인 비옥한 해안지방의 토지들은 사탕수수 농장주들의 소유이다. 그러나 내륙지방의 산허리에 조성되어 있는 올망졸망한 밭들은 커피를 재배하는 자작농들의 소유이다. 이 자작농들은 스스로가 원하면 복음주의자가 될 수 있다. 반면 사탕수수 밭에서 일하는 땅없는 소작인들은 복음주의자가 됨으로써 지주의 비위를 상하게 할 수 있으며 심한 경우에는 해고를 당할 수도 있다.

일부 지역들에서는 농민들이 소유했던 토지가 고리대금업자의 수중으로 넘어가는 일이 비일비재하다. 농민은 소 한 쌍을 구입하거나 자식의 결혼식을 치르기 위해 수확철이 되면 갚을 셈으로 75퍼센트의 이율로 돈을 빌린다. 그런데 그 해에 수확이 형편없거나 아니면 그가 농사일에 게으름을 피운다면 그 다음 해에 그가 갚아야 할 돈은 두 배로 늘어나게 된다. 결국 얼마 후 그는 자기 토지를 고리대금업자에게 넘겨 주게 된다. 한 교회가 농민들을 위해 일하기로 하고서 싼 이율로 그들에게 돈을 빌려 주었고 그럼으로 해서 토지의 흐름을 역류시켰다. 이런 식으로 사회정의를 보여 준 후 교회가 복음을 선포했을 때 많은 사람들이 귀기울여 듣고 그리스도의 길을 따랐다. 토지 소유권은 교회성장에 영향을 끼친다. 그러므로 또한 토지를 소유하는 기독교인들은 전투력있는 교회들을 형성한다. 토지가 고리대금업자들의 수중으로 넘어가고 있는 곳에서는 어디서나 기독교인 농민들의 목사 후원능력이 감소된다.

소작인들로 이루어진 교회들은 지주들로 이루어진 교회들과 다르다. 이는 텍사스나 버지니아의 농촌에서 일하는 목사들의 이야기를 들어 보면 쉽게 알 수 있을 것이다.

성 관습

성 관습이 교회의 성장에 영향을 미친다는 사실은 유럽-아메리카에서는 흔히 인식되지 않고 있다. 이 지역에서는 교회가 가르친 성 규범을 오랜 세월 동안 국가가 실시했기 때문에 일부일처제와 성실이라는 이상들이 최근까지도 사람들의 통상적 삶의 일부가 되어 왔다. 사실상 이혼이 허용되지 않았기 때문에 결혼이란 으레 평생 동안 지속되는 것으로 인식되었다. 진정으로 회심한 사람들 사이에서 성실은 평범한 것이었다. 물론 간통, 축첩, 혼전 성교 등도 있었으나 이런 것들은 죄로 인식되었다. 회심한다는 것은 비정상에서 정상으로, 그리고 불법에서 합법으로 가는 것을 의미했다.

하지만, 일부 나라들에서는 비기독교적인 성 관습들이 아주 다양한 양상으로 행해지면서 교회성장을 방해하는 큰 요인으로 작용한다. 예컨대, 인구의 대부분이 1838년에 해방된 노예들의 후손인 자메이카에서는 두 가지 형태의 결혼이 행해진다. 첫째 형태의 결혼―기독교적 결혼―은 상류층, 즉 자메이카의 부유하고 교육받은 지도자들이 이용하는 결혼형태이다. 하지만 인구의 85퍼센트 이상을 차지하는 서민들은 둘째 형태의 결혼을 행한다. 이 형태의 결혼에서는 청년 중기부터 결혼을 하지 않고 일시적으로 동거생활을 하는 남녀들이 생긴다. 이 동거생활은 통상 몇 달 동안 지속되나 경우에 따라서는 1주일 동안 지속될 수도 있고 더러는 여러 해 동안 지속되기도 한다. 그러다가 남녀 중의 어느 한 쪽이 다른 쪽에 대해 싫증이 날 때는 언제나 자유롭게 상대방을 떠날 수 있다. 그리하여 상대를 바꾸어 가면서 이러한 일시적 결합들이 연속되는 것이 관례이다.

남녀가 결혼하지 않고 동거하고 있는 한, 교회는 그들을 신자들로 받아들이기를 거부한다. 하지만, 그들은 자신들이 이 교회 혹은 저 교회에 속한다고 막연히 생각하면서 아이를 목회자에게 데리고와 세례를 베풀어 달라고 요구한다. 만약 신앙부흥회에서 그런 사람들 50명이 회심을 한다면 부흥회가 끝나고 나서 갖는 모임에서 그들에게 묻는 최초의 물음은 "당신은 결혼했습니까, 아니면 결혼할 것입니까?"이다. 만약 그 대답이 "아니오"라면 그들은 세례를 받을 수도 없고 따라서 교인으로 등록할 수도 없다. 많은 목회자들은, 서민 남녀들은 으레 "타락"할 것이며 따라서 교인으로 등록한다 해도 결국은 교인 명부에서 삭제되어야만 하는 일이 일어나게 될 것이라고 믿고 있기 때문에 그들을 교회의 신자로 만들려는 노력을 기울이지 않는다.

40세가 되면 많은 남녀들이 동거생활을 끝내고 혼자 살기로 결정한다. 그리하여 그들은 교회의 교인이 되기에 적합한 사람이 된다. 나이가 보다 많이 든 서민들 가운데 돈을 벌었고 그래서 이제는 사회적 지위가 향상되기를 원하는 사람은 결혼을 한다. 그들의 아들딸들과 손자손녀들이 결혼식에 참석한다. 이 결혼식―적절한 예복, 반지들, 혼인 잔치 등이 부수되

11. 사회구조와 교회성장   323

는 매우 돈이 많이 드는 의식—은 지위의 상징으로서 여러 해 동안 동거해 온 이 남녀가 이제 "도달했다"는 것을 사람들에게 선포한다. 그리하여 그들 또한 교회의 교인이 되기에 적합한 사람들이 된다.

결과적으로 자메이카의 교회는 주로 상류층 사람들과 일부 나이든 서민들로 이루어져 있다. 1957년에 그곳에서 행한 연구에서 나는 16세에서 40세 사이의 서민 15명 가운데 14명은 교회의 교인이 될 수가 없다는 결론을 내렸다(McGavran, 1962). 그들은 그들이 "우리 자메이카 식"이라고 일컫는 둘째 형태의 결혼을 행하며 살고 있었으며 이후로도 계속 그럴 의향을 갖고 있었다. 앞에서 언급한(제3장) 4개의 자메이카 교회들의 더딘 성장은 주로 성 관습이 성장에 끼쳐 온 악영향 때문이다.

둘째 형태의 결혼은 카리브해지역 전역 및 일부 라틴 아메리카 국가들에서 발견된다. 북아메리카에서도 또한 일종의 성 실습기가 점차 사람들이 교인이 되는 것에 큰 영향을 끼쳐가고 있다.

아프리카에서는 일부다처제 때문에 그리스도에 대한 신앙을 고백하지 못하는 사람들이 매우 많다. 교회들은 부족의 관습에 따라 둘 혹은 그 이상의 여자들과 결혼한 남자들은 기독교인이 되자마자 한 여자를 제외한 모든 여자들을 포기해야만 한다고 규정하고 있다. 여러 가지 이유 때문에 교회들은 이 규정으로 골치를 앓고 있으며 따라서 과연 이 규정이 기독교적인 것인지 논의하고 있다. 모든 교파의 교회들이 기독교인으로서 교육받으며 자란 교인이 될 당시, 한 아내를 갖고 있는 사람들에게 교회가 일부다처를 허용할 수가 없다는 것에 대해서는 동의한다. 문제는 그것이 아니다. 문제는 이교도였을 때 부족의 관습에 따라 둘 혹은 그 이상의 아내들과 결혼을 했던 회심자들이 (1) 비록 명망높은 신자가 된다 해도 그들이 집사나 장로가 될 수는 없다는 조건과 (2) 그들이 제도로서의 일부일처제를 엄격히 고수하겠다는 조건들을 분명히 수락했을 때 그들의 아내들과 함께 세례를 받고 계속 그들과 함께 살 수 있느냐 하는 것이다. 그 조건에 따른다면 그들은 아내가 한 명 죽어도 새로 다른 여자를 맞지 않아야 할 것이며 그들의 아들들과 딸들은 일부일처제의 결혼을 시켜야 할 것이다.

유럽—아메리카와 관련이 있는 아프리카 교파들 가운데 소수는 이런 조건을 수락한다면 그들이 세례를 받을 수 있다고 규정했지만 대부분은 그런 조건을 수락한다 해도 세례를 받을 수는 없다고 규정했다. 하지만, 아프리카에서 독자적으로 생긴 많은 교파들은 남자들이 그 아내들과 함께 기독교인이 되는 것을 허용하고 있을 뿐만 아니라 교회의 교육을 받으며 자란 사람들에게까지 일부다처를 허용한다. 최근에 아프리카에서 독자적으로 생긴 교파들이 크게 성장하고 있는 것은 적어도 부분적으로는 일부다처제에 대한 관대한 태도 때문이다.

일부 교역자들은 부족의 성원들 가운데 부유하고 영향력있는 사람들을 교회에 접근하지 못하게 하는 것은 일부다처제의 영원한 존속을 보장해 주는 가장 확실한 방법이라고 주장한다. 그들이 곧 여러 명의 아내들을 갖고 있는 사람들이기 때문에 그들을 제외시키는 정책을 펴는 것은 곧 개개 기독교 공동체의 심장부에 부유한 일부다처제 사회를 건설하는 데 공헌하는 것이다. 이 교역자들은 올바른 해결책은 세례를 받고 나서부터는 **제도로서의** 일부일처제를 지지해야 한다는 조건으로 (1) 일부다처제를 기반으로 하고 있는 가족들을 **가족들로서** 맞아들이고 (2) 성령이 그들의 마음 속에서 그의 은혜의 사역을 펴실 것이라고 믿는 것이라고 주장한다. 만약 현명하지 못한 교회정책에 의해 영원히 존속할 수 있는 기회가 주어지는 일만 없다면 제도로서의 일부다처제는 필시 쇠퇴할 것이라고 그들은 단언한다. 일부다처제는 남자가 소유하는 노예들이 많으면 많을수록 그만큼 더 부유해졌던 노예제 사회의 산물이다. 오늘날의 자유로운 도시 사회에서는 아내를 많이 가지면 가질수록 남자는 그 만큼 더 가난해진다.

여기서 찬론과 반론을 자세하게 전개할 수는 없다. 그러나 사회구조의 이 국면이 사하라 사막 남쪽의 모든 아프리카를 기독교화하는 데 있어 중대한 영향을 끼친다는 것은 매우 확실하고도 분명한 사실이다.

민족의식

동질단위는 그 성원들이 자신들을 독립된 부족이나 카스트나 계급으로 생각할 때 "민족의식"을 갖는다고 말할 수 있다. 예컨대, 유럽―아메리카의 정통파 유대인들은 인도의 카스트들과 에콰도르의 토착부족들과 나라들의 많은 다른 사회집단들과 마찬가지로 높은 민족의식을 갖고 있다.

민족의식의 정도는 복음이 언제, 어떻게, 그리고 어떤 정도로 해당 민족을 통해 흐를 것인가에 크게 영향을 끼치는 사회구조의 국면이다. 높은 민족의식을 갖고 있는 카스트들이나 부족들은 무엇보다도 그들에게 있어 기독교인이 되는 것은 "어떤 다른 민족의 일원이 되는 것"을 의미하기 때문에 복음에 저항한다. 그들이 그리스도를 거부하는 것은 종교적 이유들 때문도 아니고, 그들이 그들의 죄들을 사랑하기 때문도 아니고, 바로 그들이 그들의 형제들을 사랑하기 때문이다.

민족의식의 정도는 해당 민족이 외인(外人)들과 결혼하는 성원들을 어떤 정도로 징계할 수 있는가를 결정하거나 혹은 그에 크게 영향을 끼치는 사회구조의 국면이다. "여러 민족이 뒤섞여 사는 사회들"(melting pots)이나 고도로 개인주의화된 사회들에서는 누가 누구와 결혼하는가에 대해 아무도 관심을 기울이지 않는다. 그러므로 이런 사회들은 예외없이 민족의식이 낮은 사회들이다. 독자는 즉각 여러 민족이 어울려 사는 북아메리카의 중류 사회를 머리에 떠올릴 것이다. 그러나 심지어는 그 사회에서조차 "우리 민족이 아닌" 사람들과의 결혼은 상당한 난관에 부딪친다. 예컨대, 노르웨이인이나 이탈리아인 간의 결혼은 일반적인 일이 아니라 예외적인 일이다. 해당 가족의 노르웨이인 혹은 이탈리아인으로서의 의식이 강하면 강할수록 그러한 결혼이 성사될 수 있는 가능성은 그 만큼 더 적어진다. 민족의식은 어디서나 중요하다—심지어는 여러 민족이 뒤섞여 사는 사회들에서조차 중요하다.

인도에서 민족의식이 매우 높은 브라만들과 많은 다른 카스트들은 그들의 성원들에 대한 징계를 매우 엄격하게 한다. 브라만들은 브라만이 아닌 사람과 결혼하는 사람들을 추방을 하고서 그들에 대한 장례식을 행한다. 그들은 혈통을 더럽혔으며 따라서 추방되어야만 한다는 것이다.

기독교인이 되는 것이 종교적 결단이 아니라 종족적 결단으로 생각되는 곳에서는 어디서나 교회성장이 매우 더디게 이루어진다는 것은 공리로서 받아들여야 할 것이다. 교회가 세계를 복음화하려 할 때 당면하는 주된 문제는 아마도 어떻게 하면 사람들이 배신적으로 혈족을 떠나는 일없이 참으로 그리스도를 따르도록 그리스도를 소개할 수 있느냐 하는 것일 것이다.

현재까지 발견된 이 문제의 해결책들은 다음과 같은 것들 뿐이다. 즉 (1) 해당 사회가 해체되거나 민족의식이 낮아지거나 여러 민족이 뒤섞여 사는 사회가 형성되거나 어떤 정복자의 군사적 힘에 의해 민족적 자존심이 파괴될 때까지 기다리는 것과 (2) 사람들이 그들의 부족이나 카스트나 민족을 떠나지 않고서도 집단적으로 기독교인들이 될 수 있게 하는 것이다. 기독교인들이 그들 자신의 종족 속에서 결혼 상대자를 택할 수 있고 서로의 결혼식과 장례식에 참석할 수 있고, 그들의 비기독교인 형제들과 긴밀한 관계를 유지할 수 있는 곳에서는 어디서나 교회는 빠르고 견실하게 성장할 수 있다.

힌두교도들, 불교도들, 유교도들 및 이슬람교도들이 주로 신학적인 이유들 때문에 기독교 신앙에 반발하는 것은 아니다. 그들의 대부분은 종교로서의 그들의 종교를 기독교보다 더 선호하지는 않는다. 그들의 대부분은 문맹이기 때문에 그들의 종교체계에 대해 거의 알지 못한다. 대부분의 힌두교도들은 힌두교도라기보다는 정령신앙자에 더 가깝다. 그리고 다른 종교들 각각에 대해서도 똑같은 말을 할 수 있다. 그들의 반발은 주로 "기독교인이 되면 나는 내 민족과 결별하게 될 것"이라는 두려움에 기인한다.

원시적인 종족들과 카스트가 낮은 종족들은 쉽게 기독교인들이 되는 반면 큰 민족적 종교를 신봉하는 사람들은 기독교에 대해 흥미를 갖지 않는다고 확언하는 사람이 종종 있다. 그러나 이것은 사실을 왜곡하는 것이다. 많은 경우들에 있어 원시적 종족들도 고등 종족들 못지않을 만큼 강력하게 기독교에 반발한다. 나이제리아 남서부 바다그리(Badagri)의 에곤족은 처음에는 감리교인들이, 그리고 나서 이들이 이 지역에서 손을 뗐을 때는 로마 가톨릭 교인들이 훌륭한 방법으로 복음을 소개했음에도 불구하고 115년 동안 완강히 복음을 거부했다. 케냐의 원시적 종족인 마사이족은 기독교에 대해 아주 냉담한 반응을 보여 왔다. 인도의 낮은 카스트들의 대부분은 높은 카스트들 못지않게 기독교에 반발해 왔다. 그러므로 결론은 높은 카스트에 속하든 낮은 카스트에 속하든, 그리고 원시적 종족에 속하든 고등 종족에 속하든, 사람들은 대개 그들이 그들의 혈족을 떠나지 않고 기독교인이 되는 어떤 방도가 발견될 때에만 집단적으로 기독교 신앙에 돌아온다는 것이다.

회심에 큰 장애가 되는 것들은 신학적인 것들이 아니라 사회적인 것들이다. 이슬람교도들과 회교도들이 집단적으로 그리스도에게로 돌아오는 것은 오직 그들이 그들의 형제들과 관계를 끊지 않고 기독교인이 되는 방법들이 발견될 때에만 기대될 수 있다. 형제들과 관계를 끊고 그리스도에게로 돌아온다는 것은 그들에게 있어 배신으로 생각되기 때문이다. 이에 대한 확증을 우리는 1966년과 1967년에 인도네시아에서 5만 명으로 추산되는 이슬람교도들이 그리스도에게로 돌아온 사례에서 찾아 볼 수 있다. 이 슬람교도들의 공동체가 고스란히 그리스도에게로 돌아오는 일이 빈번히 있었다. 어떤 곳에서는 25개의 이슬람교 사원이 25개의 교회가 되었다고 한다. 굳이 어떻게 해서 그런 일이 생겨났는가를 논할 필요는 없다. 높은 민족의식을 갖고 있는 사회들에 복음을 전파할 때 사람들이 그들의 민족과 관계를 끊지 않고 그리스도를 받아들일 수 있게 하는 방법을 사용하면 그 필연적 귀결은 하나님의 교회의 성장이라는 것은 명백한 사실이다.

주거지

주거지, 즉 사람들의 지리적 소재지도 사회구조의 명백한 부분의 하나로서 교회성장에 크게 영향을 끼친다. 힌두교국 인도 전역에서 최하층민들의 주거 구역은 마을의 다른 부분과 거리상으로—종종 최소한 100미터 이상—떨어져 있다. 이런 구역들에 사는 사람들이 기독교인들이 되어서 그들의 목양을 위해 목사들을 임명했을 때 그들이 떨어져 있는 위치에 산다는 것이 선교기관들에게 문제를 제기하게 되었다. 그들을 목양하는 목사—교육받은 존경할 만한 기독교인—는 거주지를 그 불가촉천민(최하천민) 구역에 정해야만 하는가, 아니면 마을의 높은 카스트가 사는 지역에 정해야만 하는가? 인도 북부의 선교기관들은 목사가 마을의 남부끄럽지 않은 지역에 사는 것이 기독교인들에게 더 도움이 될 것이라고 주장하면서 그런 곳에 목사의 거주지를 마련했다. 인도 남부의 선교기관들은 목사는 그가 돌보는 교인들과 함께 살아야만 한다고 주장하면서 목사의 거주지를 불촉천민 구역에 마련했다. 피케트(Pickett)는 진정한 그리스도 교회를 세운다는 관점에서 볼 때 인도 남부 선교기관들의 방법이 훨씬 더 성공적이었다고 주장한다(1933 : 228).

플로이드 필슨(Floyd Filson)은 고대의 고린도에서 가정 교회들이 끼쳤던 영향에 대해 주의를 환기시킨다. 초대교회는 유대교 회당에서 완전히 갈라져 나오고 나서 기독교인들의 수효가 불어나자 통상적으로 부유한 교인들의 집에서 모였다는 사실을 밝히고 나서 그는 이렇게 말한다.

> 그 도시의 모든 신자들이 한 집에서 모이는 것은 점차로 어렵게 되었다. 그들은 특별한 일이 있을 때라면 몰라도 보통 때에는 몇 개의 작은 집단들로 나뉘어 몇몇 교인의 집에서 따로따로 모이곤 했다.…가정 교회가 상황을 지배했다.…신자들의 집이 교인들의 집회와 복음전도집회를 위한 통상적인 무대가 되었다.…가정 교회에 대한 연구는 사도 교회에 대한 이해를 [다섯 가지 방법으로] 증진시켜 준다.
> 가정 교회들은 예수의 제자들로 하여금 사도시대 초기부터 기독교 특유의 예배와 교제를 가질 수 있게 하였다.…[그것들은] 바울의 서신들에서 가정생활에 대해 큰 주의가 기울여지고 있는 것을 부분적으로 설명해 준다.…한 도시에 여러 개의 가정 교회들[회중들]이 존재했다는 것은 더 나아가서 사도시대에 보여 주었던 파벌싸움의 경향도 설명해 준다.…가정 교회에 대한 초기 기독교인들의 사회적 지위를 이해하는 데도 빛을 던져 준다.…교회 정치형태의 발전에 대한 이해는 가정 교회와 관련짓지 않고서는 불가능하다.…(Filson, 1939 : 105ff).

교회성장에 대한 안목이 없기 때문에 필슨은 가정 교회들이 끼친 가장 중대한 영향을 간과하고 있다. 즉 가정 교회들은 아주 조그마한 교회로 하여금 아주 크게 성장할 수 있게 하였다는 점이다. 가정 교회들은 교회가 새로운 주민집단들을 해방시킬 때 부탁했던 성장에 대한 다음의 네 가지 장애들을 일거에 극복하였다. (1) 교회 건물 건축비용 가정 교회들은 경비의 지출이 전혀 없이 기독교인들의 집단들과 똑같은 수의 예배 장소들을 제공해 주었다. 교회들을 늘리는 데 있어 부딪치게 되는 이 흔한 첫 번째 장애물이 초대교회의 기독교인들에게는 결코 나타나지 않았다. (2) 유대교와의 관련이라는 장애. 가정 교회들은 교회를 회당에서 끌어내어 이방인들 속에 옮겨 놓았다. (3) 내향성이라는 장애. 새로운 가정 교

11. 사회구조와 교회성장 329

회가 생길 때마다 사회의 새로운 부분—새로운 친구 및 친척집단—이 열렬한 기독교인들과 긴밀한 접촉을 하게 되었다. (4) 지도자가 될 수 있는 사람들의 제한이라는 장애. 각각의 가정 교회는 새 회중 가운데의 유능한 사람들에게 지도자로서의 책임과 권한을 부여하였다. 이들은 구약, 주의 생애에 대한 구전, 그리고 한두 가지의 바울 서신이라는 신축성있는 굴레들 안에서 자유롭게 성령의 지도를 따를 수 있었다. 가정 교회를 고려하지 않는다면 초대 교회의 성장 원인들에 대한 어떠한 평가도 올바르게 이루어질 수가 없다. 이 네 가지 요인들은 오늘날에도 여전히 중요성을 가진다.

언 어

수십억의 사람들이 두 세계에 산다. 첫째 세계는 그들에게 큰 중요성을 갖는 세계로서 "우리 자신의 언어를 사용하는 우리 친구들"의 세계이다. 둘째 세계는 비교적 적은 중요성을 갖는 세계로서 우리가 생소한 언어로 외인(外人)들과 일하고 무역하는 세계이다. 첫째 세계의 언어는 마음의 언어인데 이 언어는 "의사소통의 매체"가 된다. 둘째 세계의 언어는 공용어 혹은 표준어인데 이 언어는 "혼란의 매체"가 된다. 이 언어는 물건을 사고팔거나 주문을 받거나 길을 묻는 데 사용하는 언어로서는 충분히 적절하지만 정말로 중요한 일들을 위해 사용하는 언어로서는 유감스럽게도 부적절하다. 사람들은 그들의 어머니에게서 배운 언어로 싸우고 사랑하고 슬퍼한다.

현대의 민족국가들이 기능을 발휘할 수 있는 유일한 방법은 모든 성원들이 다 한 가지 언어를 사용하는 국민집단을 형성시키는 것이기 때문에 정부와 교육 담당부서는 표준어를 보급하고 이른바 방언들(이 중 어떤 것들은 고유한 기원을 갖는 언어들이다.)을 없애기 위해 끊임없이 노력한다. 표준어는 통합에의 관건이다. 그러나 마음의 언어를 없앤다는 것은 어려운 일이다. 그것은 어머니의 입을 통해 배워지고 가정에서 말해지는 언어이다. 그것은 바깥 세계가 침투할 수 없는 내밀한 성소이다. 그것이 민족의식을 고양시키기 때문에 그것은 철저히 보호된다. 멕시코에서는 4백 년 동안의 스페인 통치에도 불구하고 88개의 토착언어들이 여전히 잔존해 오늘날 수십만명의 사람들에게 마음의 언어들로 사용되고 있다. 심지어는 어떤 나라의 공용어가 어떤 표준어로 바뀌었을 때조차 지도자들은 때로 아일랜드의 지도자들이 그랬던 것처럼 "우리 자신의 언어"를 다시 배워야만 한다고 주장한다.

미국과 카나다는 언어가 교회들의 전파에 어떤 식으로 작용하는가에 대한 놀랍도록 명백한 실예를 제공해 준다. 영어라는 언어에 의해 서로 이어져 있는 개신교 교파들은 다른 언어집단들-스페인인들, 그리스인들, 이탈리아인들, 프랑스계 카나다인들, 중국인들, 폴란드인들 등등-에서는 대대적인 전도운동들을 일으키지 못한다. 마음의 언어를 사용하고 있는 이 집단들에 있어서 개신교인이 된다는 것은-흔히 그렇듯 제1세대가 새로운 회심자들의 언어로 예배를 드릴 때조차도-영어사용 집단에 끼는 것을 의미한다.

교회가 지구 전역으로 퍼질 때 교회는 이 두 세계에 사는 수십억명의 사람들과 끊임없이 접촉한다. 교회는 마음의 언어를 사용함으로써 번영하는 경우도 있고 복음을 표준어를 이용해 전함으로써 쇠퇴하는 경우도 있다. "방언"은 소멸되고 표준어로 성경과 찬송가를 쓰고 읽을 때, 정부가 공무를 수행할 때, 그리고 학교가 교육을 행할 때 사용하는 유일한 언어가 될 가능성이 매우 농후한 곳에서 교회는 현재의 유력한 언어인 마음의 언어가 아니라 장래 유력한 언어가 될 표준어로 설교하고 기도하고 찬송하고 성경을 읽는 것이 합리적인 것처럼 보인다. 하지만 그것은 비록 합리적이고 노력의 소모는 덜 할런지 모르지만 좀체로 효과를 발휘하지 못한다. 그러나 우리는 복음의 능력은 매우 크고 또 사람들로 하여금 그리스도의 제자가 되게 만드는 그 밖의 다른 요인들이 아주 많기 때문에 이러한 장애물에도 불구하고 교회가 성장하는 경우가 종종 있다는 것을 인식해야만 한다. 그것은 어디까지나 장애물의 하나에 불과하다는 것을 우리는 잊어서는 안 된다.

사회구조의 이 국면과 그리고 이 국면이 교회성장과 갖는 관계에 대한 실예들은 거의 모든 나라에서 발견할 수 있다. 중국 남서부의 리수에서 많은 사람들이 그리스도에게 돌아온 일은 존 프레이저(John Fraser)가 리수어(語)를 완전히 습득함으로써 비로소 가능하게 되었다는 것은 의심할 여지가 없다. 만약 그가 만다린어(중국의 표준어)로 리수인들에게 말을 했다면 결코 그들의 마음을 움직이지 못했을 것이다. 수마트라의 바탁(Batak)인들을 그리스도에게 가는 길로 인도하였던 선교사들은-현재 그리스도를 믿는 바탁인들의 수효는 일백만이 넘는다-바탁어를 자유자재로 구사하였다. 그들은 인도네시아어로 선교활동을 하려고 하지 않았다.

일본의 시골은 사회구조의 이 국면에 대한 훌륭한 실예를 제공해 준다. 일본은 섬들과 산맥들과 궁벽한 계곡들과 지리적으로 고립된 지방들이 많은 나라이다. 현대가 시작하기 전까지 이것은 일본인들이 많은 방언을 사용한다는 것을 의미했다. 오늘날조차도 의무교육과 전국적인 신문이 표준일본어를 널리 알렸음에도 불구하고 시골 사람들은 흔히 방언을 사용한다. 가정에서 편한 마음으로 자신들끼리만 있을 때 일본의 시골 사람들은 자신들에게 친숙한 마음의 언어를 사용한다. 우리는 일본의 시골에서 교회가 번영하지 못하는 이유의 하나는 교역자들(자국인들과 선교사들)이 표준일본어만을 배우고 따라서 서민들이 사용하는 마음의 언어들로 복음을 전하지 못한다는 데 있는 것이 아닌가 궁금히 여기지 않을 수가 없다. 정부와 지식층이 방언들을 없애려고 노력하고 있는데(이 노력은 결국에는 성공할 것이다.) 교회는 그에 가세할 뿐만이 아니라 그보다 한술 더 뜸으로써 손해를 자초하고 있다.

표준어를 사용해 그리스도의 복음을 선포하고 사람들에게 그의 제자가 되도록 설득하는 것이 유감스럽게도 기독교 선교의 통상적 방법이다. 이 두 가지 언어는 더더욱 말할 것도 없고 한 가지 언어를 완전히 습득한다는 것은 매우 어려운 일이다. 어떤 한 지역에 대한 효율적인 선교행정을 실시하려면 그 지역 내에서 필요가 생길 때마다 수시로 선교사들을 이동시켜야만 하는 것처럼 보인다. 만약 어떤 선교구에서 일하는 선교사가 그 곳의 많은 사람들이 사용하는 마음의 언어를 배웠는데 휴가를 갔다 돌아오사마자 다른 언어가 사용되고 있는 다른 선교구로 전근된다면 그의 배움은 시간낭비였던 것으로 보일 것이다. 이것은 표준어를 배웠다면 두 선교구 모두에게 최소한 어느 정도 쓸모가 있었을 경우에 특히 들어맞는다. 예컨대, 내가 이 글을 쓰고 있는 곳에서 약 650km 떨어진 곳에서는 여섯 개의 선교기관으로부터 파송된 많은 선교사들이 나바호 인디언들 속에 들어가 일을 하고 있다. 그들에 의해 그리스도에게로 인도되는 나바호 인디언들은 거의 없다. 아리조나주와 뉴멕시코주에서는 영어가 표준어이고 나바호어는 "방언"이다. 한 식견있는 사람이 내게 전해 준 바에 따르면 그가 알고 있는 나바호랜드의 모든 선교사들 가운데 나바호어에 유창한 사람은 단 하나뿐이었다는 것이다. "나바호인들은 모두가 영어를 알고 있다"는 전혀 근거가 없는 가설에 입각해 대부분의 선교사들은 나바호어를 배우려는 노력조차 하지 않았던 것이다.

오늘날 아프리카-아시아 교회들의 교육받은 자국인 지도자들은 그들 나라의 표준어를 알고 사랑하면서 국민 중의 일부 집단들이 사용하는 언어들은 "소멸해 가는 방언들" 혹은 "국어의 이질화된 형태들"로 경멸한다. 그들은 대개 국민의 행복을 위해서는 방언들이 없어져야 한다고 믿고 있다. 그들은 사람들에게 친숙한 마음의 언어로 복음을 전하면 사람들이 복음을 보다 잘 알아 들을 수 있고, 따라서 보다 쉽게 복음에 순종할 수 있다는 주장에 동조하지 않으면서 "누구나가 다 우리의 국어를 이해한다"고 주장한다. 그들은 또한 기존 기독교인들의 이익을 위해서는 기존 기독교인들이 방언의 사용을 중단하고 국어에 능통해져야만 한다고 생각한다. 그러므로 교회의 예배는 스페인어나 힌두어나 스와힐리어나 암하라어(이디오피아의 공용어)나 그 밖의 국어들로 드려져야만 한다는 것이 그들의 생각이다. 필시 무의식 중에 그들은 사람들을 그리스도의 제자로 만드는 것보다는 세계 시민으로 만드는 것을 더 중시하는 것일 것이다.

정부들은 대개 모든 학교교육을 표준어로 실시하도록 요구한다. 이것은 표준어에 권위를 부여하며 따라서 방언을 사용해 복음을 전하는 것을 어렵게 만든다. 예를 들어, 이디오피아의 정부는 모든 학교들이 암하라어로 교육을 실시할 것을 요구하며 따라서 모든 선교사들이 암하라어를 배울 것을 요구한다. 그러므로 많은 선교사들이 당연히 그들이 기독교의 헤아릴 수 없는 축복들을 나누어 주려고 하는 부족이 사용하는 언어를 결코 배우려고 하지 않는다.

혼성 국제어(*lingua franca*)로 활동하는 것이 유일한 실제적 방법인 경우도 때로 있다. 고금의 위대한 선교사들 중의 한 사람인 토머스 버취 프리먼 (Thomas Birch Freeman)은 서아프리카의 많은 부족 언어들 가운데 어느 하나도 배우지 않았다. 그는 언제나 영어를 사용했으며 통역자들을 통해 그의 메시지를 전달했다. 1838년에 이런 식으로 많은 부족들에게 선교했을 때 그는 그 시대의 특수한 여건에 힘입어 성공을 거두었다. 그는 많은 사람들을 그리스도에게로 이끌었고 많은 교회들을 세웠다. 그러나 가정에서는 어떤 다른 언어를 사용하는 사람들에게 선교하는 사람이 표준어는 복음을 전하는 매개어로서 마음의 언어 "못지않게 적절하다"는 그릇된 생각을 가져서는 결코 안 된다.

선교기관들이 방언 사용자들을 대상으로 선교활동을 벌일 때 필요한 근본적 개선책은 여러 방언들이나 언어들이 사용되는 지역에 한 팀의 사역자들을 파견하는 것을 중단하고 하나의 동질단위—되도록이면 수용적이라고 생각되는 동질단위—에 단 하나의 팀만을 파견하기 시작하는 것이다. 이 경우 그 팀의 각 성원은 파견되는 지역의 사람들이 사용하는 마음의 언어를 배워야 할 것이다. 그리고 선교사의 전근은 신생 교회의 이익을 위해 필요한 경우에 **같은 언어가 사용되는 지역 내에 한해서만** 이루어져야 할 것이다. 위클리프 성경역자들은 선교방법으로서 이것이 매우 적합하다는 것을 증명했다.

언어라는 사회구조의 측면은 복음의 전달이 말로 이루어져야만 하기 때문에 특히 중요하다. 성경에 대한 가르침도 말로 이루어져야만 한다. 예배, 기도, 하나님을 찬양하는 노래를 부르는 것도 모두가 말을 사용한다. 기독교 신앙을 전하는 것은 말로 이루어진다. 이 점에서 사회구조를 능숙하게 이용하는 선교사들은 하나님의 은혜의 영리한 청지기들이다.

사회구조의 영향 : 두 가지 실예

1820년에 자메이카의 주민은 세 개의 동질단위들로 구성되어 있었다. (1) 잉글랜드 및 스코틀랜드인 지주들은 성공회 및 장로교의 교인들이었다. (2) 백인과 흑인의 혼교(混交)를 통해 도시와 지주들의 소유지에서 생겨나게 된 상당수의 갈색인들은 문화적으로 다소 진보되어 있었다. 갈색인들 가운데 일부는 친부에 의해 교육을 받기까지 하였다. 일부는 자유인으로 살았다. 많은 갈색인들은 사탕수수 농장의 십장으로 일했다. (3) 흑인 노예들은 자메이카 주민 가운데 단연 가장 큰 부분을 차지하였다.

1800년대 초까지 성공회 교인들과 장로교 교인들은 노예들에게 기독교인이 되도록 허용하면 노예들 사이에서 동요가 일어날까 우려하였기 때문에 노예들이 기독교인이 되는 것을 막았었다. 사실, 미국 독립전쟁 후에 동부 13개 주를 떠난 영국과 미국인 농장주들이 데리고 있었던 일부 침례교인 노예들이 1800년 이전에 자메이카의 노예들 사이에서 몇 개의 교회들을 세웠었다. 농장주들이 "분리 침례파 교인들"을 크게 미워해 종종 흑인 교회들을 불태워 버렸음에도 불구하고 세 번째 동질단위 속에서 침례교 교회들이 늘어나기 시작하였다.

그러다가 1800년경 잉글랜드의 침례교인들과 감리교인들이 그들의 선교열에 최초로 불이 당겨져 자메이카로 왔을 때 무수히 많은 노예들이 그리스도에게로 돌아왔다. 침례교회는 흑인들 사이에 뿌리를 내렸고 감리교회는 갈색인들 사이에서 뿌리를 내렸다. 어떠한 갈색인도 결코 침례교인이 되지 않았거나 감리교인들이 그들의 교회에 흑인들이 들어오는 것을 단순히 거부하였던 것이 아니라 각 교회가 자메이카의 사회체제에서 나름대로 차지한 부분 속에서 성장한 것이었다.

침례교회가 갈색인들 속으로 파고들려고 했으나 용이하지가 않았다. 비록 침례교의 복음이 건전했지만 주로 흑인들로 이루어진 침례교 회중들이 갈색인들의 마음에 들지 않았다. 갈색인들은 "우리의 친구들은 갈색인 공동체에 있다. 우리는 우리의 자식들이 그들 자신과 피부색이 같은 사람들과 결혼하기를 원한다. 게다가 침례교 예배의식들은 우리가 좋아하는 언어나 사상수준에 미치지 못한다"고 생각하였다. 감리교회는 흑인들 속으로 파고들 수 있었다. 기존 갈색인 감리교인들은 그것을 달가와하지 않았다. 그들은 그들의 교회들에 흑인 남녀 및 소년소녀들이 너무 많이 들끓게 되는 것을 원하지 않았다. 그들은 흑인 지도자들과 목회자들을 원하지 않았다. 그들이 그러는 데에는 나름대로 타당한 이유가 있었다. 그들은 흑인들에 비해 비교적 문화수준과 교육수준이 높았으며 부두(voodoo)교(敎)에 물들지 않았다. 그들은 독자적인 하위문화 집단을 형성하였다. 그들은 하층민들을 끌어들임으로써 그들의 교회의 품위를 떨어뜨리기를 원하지 않았다. 그들은 그들과 부류가 같은 사람들의 마음을 끌고 그들이 편안함을 느끼는 교회들을 원했다.

두 번째 실예 역시 같은 지역에서 얻어진다. 그리스도 사도교회는 1868년에 자메이카에 선교사들을 파견하여 주로 흑인들에게 파고들어 작은 교회를 설립하였다. 1950년대초에 이 교파의 재능있는 목회자 한 사람이 주로 킹스턴의 하층민들로 이루어진 교회인 킹즈 게이트 그리스도 사도교회 (King's Gate Christian Church)의 담임목사로 일하면서 매우 흥미있고 활력이 넘치는 청년단체를 창설해 운영하였다. 킹스턴시의 중류층 및 하류층 청년들이 다투어 그 단체에 가입하였다. 그 단체를 운영하면서 그는 그 단체에 가입한 청년들이 그리스도를 받아들이고 그의 교회의 교인이 되게 하려고 노력하였다. 청년들의 대부분이 그리스도를 받아들였다. 그러나 오직 하류층 청년들만이 킹즈 게이트 그리스도 사도교회의 교인이 되었다. 중류층 청년들의 부모들은 그들의 자녀들을 장로교회나 감리교회의 교인이 되게 하였던 것이다. 북아메리카에서 청년활동은 그것에 참여하는 젊은이들을 그것을 주관하는 교회의 교인이 되게 만든다. 그러나 자메이카에서는 사회가 상류층과 하류층으로 나뉘어 존재하기 때문에 상류층 청년들이 회심을 하면 상류층 교회의 교인이 된다.

요 약

사회구조가 교회성장에 끼치는 영향은 지대하다. 그것은 아무리 과대평가해도 지나치지 않다. 미국인들은 메인주에서 캘리포니아에 이르는 거대한 모자이크인 미국의 모든 부분에서 사회구조가 교회의 성장에 영향을 끼치는 것을 쉽게 관찰할 수 있다. 아프리카인들과 아시아인들과 라틴 아메리카인들과 유럽인들도 그들의 나라에서 사회구조가 교회성장에 깊은 영향을 끼친다는 것을 쉽게 이해힐 수기 있다. 이느 유명한 성공회 교인은 최근에 내게 이렇게 말했다. "영국에서 국교회는 노동자 계급을 잃었다. 노동자 계급에 속하는 사람이 참으로 회심한다 해도 성공회의 교인이 되는 경우는 좀체로 없다. 그에게 있어서 성공회는 상류 계급의 교회이다."

그렇다고 해서 이러한 상황을 과장해서 생각해서는 안 된다. 성경은 그리스도 안에서 두 계급이 하나가 된다고 우리에게 말하고 있다. 그리고 그에 대한 축복된 실예들을 우리는 거듭거듭 보아 왔다. 그러나 또한 성경은 교회가 평민들로 이루어졌다고 우리에게 말하고 있다. 교회는 서기관들과 바리새인들, 그리고 율법학자들과 통치자들을 끌어들이는 데는 크게 실패했다. 복음전도의 전략을 세울 때는 사회구조를 진지하게 고려함으로써 사도행전 11장이 그토록 생생하게 말하고 있는 적진 돌파가 되풀이되게 할 수 있는 방법들을 찾아 내야만 한다.

12
사회적인 장벽을 헐지 않고

사람들은 인종적, 언어적, 계급적 장벽을 헐지 않고 기독교인이 되기를 원한다.

이러한 원리는 부인할 수 없는 사실이다. 인간 존재는 그들 자신들의 사회 주변에 장벽들을 건설한다. 보다 정확하게 말하자면, 각 사회가 살아가고, 말하고, 옷입고, 일하는 방식들은 필연적으로 다른 사회들과는 다른 것일 수 밖에 없다고 할 수 있을 것이다. 인류는 여러 가지 잡다한 조각들이 모여 이루어진 모자이크와 같으며, 각 조각은 다른 조각에 속한 사람들에게는 생소하고 종종 불쾌하게 보이는 각기 나름대로의 삶의 방식을 가지고 있다.

노바크(Novak)는 그의 동질력있는 저서 *The Rise of the Unmeltable Ethnics*에서 각 민족집단은 그 자체의 주체성을 보존하면서 남아 있을 권리를 가지고 있다는 것을 유능하게 변호하고 있다. 그는 각 집단이 그 자체의 주위에 건설하는 장벽들을 인간의 상황의 정상적이고 바람직한 부분들로 간주한다. 미국에 있는 "민족들"을 기록한 그의 목록은 "한 아메리카 민족"이라는 관념을 산산히 부순다.

내가 "민족들"이라고 말할 때…나는 주로 남부와 동부 유럽의 이주민들의 후손들을 이야기하고 있는 것이다. 폴란드인, 이탈리아인, 그리스인, 슬라브인, 루테니아인, 크로아티아인, 세르비아인, 체코인(보헤미아인들과 모라비아인), 슬로바키아인, 리투아니아인, 에스토니아인, 러시아인, 스페인인, 포르투갈인(46).

그는 잉글랜드인, 스코틀랜드인, 아일랜드인, 덴마크인, 노르웨이인, 스웨덴인, 독일인, 프랑스인, 중국인, 일본인, 필리핀인, 파키스탄인, 인도인, 아랍인, 아프리카인, 베트남인은 취급하지 않는다.

대부분의 나라들은 미국과도 같이 서로 용해되어 하나가 될 수 없는 많은 민족들로 구성되어 였다. 예컨대, 인도는 3,000개 이상의 민족 단위들로 이루어져 있으며(카스트 계급들과 종족들), 그 각 단위들은 동족결혼을 실행하고 있다.* 고등교육을 받고 정치적으로 강력한 세력을 가지고 있는 인도인들은 엄격하게 구분되어 구성된 사람들의 영역의 성원들이며, 각각의 영역은 그 주위에 건설된 튼튼한 벽을 가지고 있다. 종종 한 나라, 한 민족으로 생각되는 아프가니스탄은 사실상 다른 언어와 다른 관습을 가진 많은 다른 민족들로 구성되어 있다.

이러한 거대한 모자이크 가운데서 기독교 신앙이 어떻게 한조각 한조각씩 전파되어 나갈 수 있을 것인가? 기독교 신앙은 모든 조각들의 성원들로 하여금 그들 자신의 민족을 떠나서 하나님의 백성의 일원이 되도록 초대하고 있는가? 또는 교회는 각 조각의 안으로 형성되어 들어가는가?

모자이크는 유용한 비유적 표현이지만 허위를 전달하기 쉽다. 이탈리아

---

*폐쇄성을 고수하는 종족 단위들이 교회의 구조와 복음의 전파에 대하여 미치는 결과를 상세히 논하고 있는 나의 저서 *Ethnic Realities and the Church : Lessons from India*를 참조하라. 분리된 각 종족은 각각 다른 복음전도의 기회를 제시하는 것으로 생각된다. 이들 각 종족을 통합적으로 조감할 때 세계 복음전도의 개념 및 교회의 고유한 확장에 새로운 인식이 생길 수 있다.

에 있는 아름다운 르네상스 시대의 건축물들에 있는 채색된 많은 모자이크의 조각들은 400여 년 동안 형태와 색깔이 변하지 않았다. 인간의 모자이크는 그렇지가 않다. 그 조각들은 끊임없이 변화하며, 다른 조각들과 병합되기도 하고, 다른 조각들을 삼키기도 하고, 삼킴을 당하기도 한다. 그들이 사용하는 언어도 변화한다. 그들이 입는 의복도 변한다. 그들은 걸어다녔으나, 현재에는 자전거나 자동차를 타고 다닌다. 그들은 과거에 완전히 문맹하였으나, 이제 그들은 상당히 교육받고 있다. 그들의 문화들은 급진적으로 변화한다. 이렇게 쉽게 변할 수 있다는 것을 고려하여 볼 때, 우리는 복음의 전파를 모든 민족들과 문화들이 점차적으로 새롭고 아름다운 기독교 문화로 변화되어 가고 있는 변화의 과정으로 생각해야 할 것인가? 아니면 기독교 신앙은 각각의 변화하며 발효되고 있는 문화로 들어가서 그 각 문화는 그 자체로 남아 있으면서 이미 기독교화된 다른 문헌들과 분리된 채로 안으로부터 변화시키는 것인가?

 그리스도 안에서 두 민족들이 하나가 된다는 성경의 가르침은 명백한 것이다. 기독교인 유대인들과 이방인들은 하나님의 새로운 한 백성이 되고 그리스도의 한 몸의 지체들이 된다. 그러나 그 한 몸은 복합적인 것이다. 두 민족은 모두 각각의 분리된 언어들을 계속 사용하기 때문에 하나됨이라는 거대하고 연속성있는 다양성을 포괄하는 것이 아닌가?

 이 장은 인간 존재들이 많은 장벽들로 인하여 서로 분리된 대단히 다양하게 다른 수많은 사회들에서 태어나고 있다는 분명한 사실을 서술한다. 이 장은 또한 기독교 신앙이 교회(Una Sancta)를 건설하고 모든 기독교인들을 그리스도 예수 안에서 하나가 되게 만들면서 장벽들과 도랑들을 넘어서 전달될 수 있으며 따라서 다른 사회들, 계급들, 카스트들, 언어들, 인간 사회의 구획들 안으로 건설되어 들어갈 수 있는 방식들을 탐구한다.

 편의상 우리는 이러한 것들을 동질단위들이라고 이야기한다. 어떤 단위들은 언어적으로, 어떤 단위들은 민족적으로, 어떤 단위들은 경제적으로, 어떤 단위들은 교육적으로 다른 단위들과 다르다. 동질단위라는 용어는 대단히 융통성이 있다. 스칸디나비아계 미국인들은 하나의 동질단위로 간주될 수 있다. 그러나 스칸디나비아인들에는 많은 종류의 사람들이 있기 때문에, 1930년 스웨덴 침례교단도 하나의 동질단위라고 할 수 있을 것이다. 인도의 브라만들은 하나의 동질단위이다. 그러나 20여 개의 브라만 카스트 계급들 각각도 동질단위라고 할 수 있을 것이다.

동질단위 원리의 보편적인 적용가능성에 의해서 감동을 주었던 제임스 C. 스미드(James C. Smith)는 1976년에 그의 박사학위 논문 "Without Crossing Barriers, The Homogeneous Unit Concept in the Writings of Donald McGavran"을 저술하였다. 그는 내가 *The Bridges of God*(1955)에서 "사람들은 인종과 씨족 변화가 최소화될 때 가장 빨리 기독교화된다"(23)고 기록한 것을 주목하면서 인간 사회의 이러한 측면이 처음부터 나의 흥미를 불러 일으켰다는 사실을 발견하였다. 그 이후에 나는 복음의 흐름을 전달하고 억제하는 중요한 하나의 요인으로서의 민족성에 자주 관심을 기울였다.

70년대에 교회성장 사상은 라일 C. 쉘러(Lyle C. Schaller)의 저술들에 의해서 풍성해졌다. 그는 동질적인 것처럼 보이는 회중들 안에 있는 다양성들(다른 집단들)이 성장과 쇠퇴에서 담당하는 역할을 철저히 탐구하였다.

쉘러는 다른 어떤 사람보다도 더 많이 교회들과 교단들의 다양한 부분들을 연구하였다. 예컨대, 수많은 기독교인들과의 얼굴과 얼굴을 마주하는 직접적인 대화와 광범위한 설문조사에 기초하여 그는 이러한 문제들을 탐구하였다. 왜 지난 10년 동안 교회에 들어왔던 자들은 그러한 걸음을 취하였는가? 그는 다음과 같은 사실을 발견하였다.

> 3~8%는 스스로 자원하여 교회에 왔다.
> 4~10%는 교회 프로그램이 좋아서 교회에 왔다.
> 10~20%는 목회자를 좋아하기 때문에 왔다.
> 10~25%는 방문전도에 응하여 왔다.
> 3~6%는 교회학교 때문에 왔다.
> 60~90%는 친구나 친척의 인도로 왔다.

그리고 나서 그는 교회를 떠난 자들에 대해서도 그렇게 이유를 조사하였다. 교회를 떠나는 사람들은 30~40%에 달했다. 그 가운데는 회중과의 불화 때문에 떠나는 사람이 20~35%였다. 개인적 또는 가정적인 이유 때문에 떠나는 사람이 20~30%, 그리고 목회자에 만족하지 못해서 떠나는 사람이 15~25%였다. 교단에 만족하지 못해서 떠나는 사람은 5%에 불과했다.

많은 교회들에서 쉘러는 그가 "개척자들", 그리고 "정착자들"이라고 부르는 두 주요 집단들을 발견하였다. 전자는 창설교인들, 즉 초기의 전투로 말미암아 단단히 결속된 관계를 맺고 있는 묵은 교인들이다. 후자는 성장하는 회중에 가담하였으며 따라서 자연히 개척자들이 아닌 자들이다. 한 단락은 다음과 같이 생생하게 표현하고 있다.

> 세월이 지나감에 따라서 개척 시대의 모험을 직접 경험한 신도들의 비율은 새로운 교구가 발전될 때에 점차 감소하여 가고 있었다. …개척자들은 회합이나 사회적인 사건들이 있기 전에, 있는 동안에, 있은 후에 모닥불 주위에 둘러앉는다. 그들은 이야기를 나누고, 기억을 새롭게 하고, 과거에 어떠했었는가에 대하여 이야기를 한다. …소수의 정착교인들은 주의깊게 귀를 기울이며 …다른 사람들은 자신들에게는 해당되지 않는 문제라고 생각하고 집으로 간다(The Costs of Rapid Growth, *Church Administration*, Sunday School Board of the Southern Baptist Convention, May 1976, p. 12).

동질적인 것처럼 보이는 전체 안에서의 동질단위들에 대한 가장 뚜렷한 그의 두 개의 예화들은 이런 것들이다. 1. 한 가지 방향에서 보면 결혼한 젊은 부부들은 하나의 단일한 집단이다. 그들은 나이많은 시민들이나 고등학생들과는 전혀 다르다. 다른 각도에서 보면 결혼한 젊은 부부들은 그들 안에 몇 가지 집단들을 가지고 있다. 보다 나이가 많은 사람들은 이들을 단순히 "젊은 신혼부부들"이라고 부르겠지만, 이 한 집단의 성원들 사이에는 중대한 차이들이 있다. 다음과 같은 각각의 종속집단들은 서로 다른 요구들과 시간 계획들을 가지고 있다. (1) 자녀가 없는 22세의 많은 부부들은 남편이 28세이고 부인이 26세이며, 두 자녀가 있는 부부들보다는 거의 한 세대가 젊다고 생각한다. (2) 부부가 다 집 밖에서 맞벌이를 하는 부부와 남편만 직업을 가지고 있는 부부. (3) 이 공동체 안에서 태어나고 자란 부부와 1,000마일이나 떨어진 곳에서 "집으로 돌아온" 부부는 다르다. 2. 회중이 모일 때에, 일시적인 방문객은 모든 교인들이 대단히 비슷하다고 느낄 것이다. 하지만 지각이 있는 목회자는 교회에 두 개의 주요 집단이 있다는 것을 안다―(1) 회중 가운데서 적극적인 역할을 하고 내부 집단에 속했다고 느끼는 사람과 (2) 구체적인 역할을 담당하지 않고, 작은 집단에 속해 있지 않으며, 실제로 방관자에 불과한 사람들이다. 다른 사람들은 주도권을 쥐고 있다.

쉘러의 저술들은 이러한 소수의 인용문들이 시사하는 것보다 훨씬 더 풍부하다. 참고문헌에 언급된 그의 책들이 참고되어야만 한다. 그러나 여기서 요지는 쉘러가 우리의 관심을 집중시키고 있는 아메리카의 동질단위들 가운데 어떤 것도 민족집단이나 언어집단이 아니라는 것이다. 그럼에도 불구하고 그 동질집단들은 교회성장을 위해서 중요한 것이다. 동일한 종류의 종속집단들은 모든 대륙들에서 교회성장에 영향을 미친다. 예컨대, 아프리카의 많은 나라들에서 초기의 교회성장은 나이많은 학생들로부터 기인하였다. 그러나 큰 성장은 성인이 유사한 마음을 가진 사람들의 집단 안에서 기독교인이 되기 시작하였을 때 비로소 이루어졌다.

남자들과 여자들은 장벽을 헐지 않고 기독교인이 되기를 원한다.

이러한 보편적인 원리는 앞 장에서 언급된 언어의 장벽을 생각해 보면 쉽게 알 수 있다. 로스앤젤레스나 샌프란시스코에서 영어를 사용하는 미국인들은 스페인어나 일본어를 사용하는 회중들 가운데서 교인이 되기를 좋아하지 않는다. 그들이 기독교인이 될 경우에 그들은 영어를 사용하는 교회들에서 그렇게 할 것이다. 잠시 동안 해외에서 살고 있는 아메리카의 개신교 교인들은 그곳의 개신교 교회들에서 좀처럼 예배를 드리지 않는다. 이것은 어느 정도 우르두어나 만다린어나 포르투갈어가 그들에게 알아 들을 수 없는 언어들이기 때문일 것이다. 하물며 한 사람의 조상의 믿음을 떠나서 언어가 다른 회중과 **연합하는** 것은 얼마나 더 어려운 일이겠는가? 1870년대에 포르모사의 수백명의 페포완 사람들은 그들의 기념서판들과 주물들을 불태우고 그리스도를 고백하였다. 그들은 예배당을 세우고 영국 장로교인들에게 가르침을 받았다. 시험을 거친 사람들은 세례를 받았다. 그러나 가르치는 자들은 중국어만을 사용하였다. 일부 페포완 남자들은 중국어를 약간 알고 있었으나 여성들과 어린 아이들은 실제로 중국어를 전혀 몰랐다. 그 결과 그리스도를 고백했던 한 마을 전체에서 세례를 받을 자격을 갖춘 것으로 평가된 사람들은 소수에 불과하였다. 그 운동은 결국 실패하고 말았다. 폐포완 사람들에게는 언어의 장벽을 넘어서 기독교인이 된다는 것이 어려운 일이었다.

이 원리는 뚜렷한 계급이나 인종적 장벽에 부딪치게 될 때 쉽게 식별된다. 피부색, 신분, 소득, 정결함, 교육 등에 뚜렷한 차이들이 있을 경우에, 사람들은 자신들과 같은 종류의 사람들에 의해서 복음이 설명될 때에 더 잘 이해하게 된다는 것은 분명한 사실이다. 사람들은 자신들과 같이 보고, 말하고, 행동하는 사람들로 구성된 교회에 들어가기를 더 좋아한다. 남아프리카 공화국에서의 인종차별법은 아프리카인들에게 뿐만 아니라 인도인들에게도 적용되지만, 이러한 유색인종들 사이의 차이는 너무나 커서 인도인들이 아프리카인 교회에 들어간다는 것은 어려운 일이다. 아프리카인들은 그들을 기꺼이 받아들이지만, 인도인들은 그들과 동일시되기를 원치 않는다. 하지만 한 교회가 일단 인도인들로 구성되어 성장하기 시작하면(따라서 인도인들은 뚜렷한 인종적인 장벽없이 기독교인들이 되게 된다), 수많은 인도인들이 한 교단 안에서 기독교인이 되었다.

인종적, 계급적 차이가 뚜렷하지 않은 경우와 언어의 차이가 사소할 경우에, 이러한 원리의 작용은 인식하기가 보다 어렵다. 기독교 선교는 크게 손해되게도 흔히 그것을 무시한다. 1979년에 북아메리카 중심부에 있는 인디애나에서 일부 목회자들은 나에게 주로 자작농부들로 이루어진 그들 지역의 회중들이 쇠퇴해 가고 있다고 말했다. 농장이 점점 커질수록 지주들의 수는 줄어들기 때문이다. 나는 불쑥 끼어들어 이야기했다. "그러나 소작인들, 임대차인들, 기술자들은 점점 많아지고 있습니다." "사실입니다. 그러나 그들은 지주들과 동일한 사람들이 아니기 때문에 그들은 교회에 돌아오지 않습니다."

콜로라도주 덴버에서 한 장로교회의 회중이 줄어들고 있었다. 그 교인들이 교외지역으로 이주해 가고 있었기 때문이다. 도시의 그 지역으로 새로 이주해 들어오는 백인들은 지극히 적은 수를 제외하고는 이 교회에 들어오지 않았다. 높은 것은 아니었지만 계급의 장벽이 있었다(그 장벽을 회중들은 완강하게 부인하였다). 그 장벽은 뚜렷하게 나타나지는 않았지만 강력한 것이었다.

344 Ⅳ. 사회학적 기초

1966년 서아프리카에서, 그곳의 한 도시에서 살던 선교사들이 도시의 아프리카인들과 시골의 아프리카인들 사이의 눈에 띄지 않는 차이가 교회성장을 위해서 큰 의미를 가지는 것임을 실감하게 되자 곧 지방인들 사이에서 기독교 전도운동이 일어났다. 도시인들을 얻고자 했던 무모한 시도들이 이 마을에서 저 마을로 시골 사람들을 얻기 위한 체계적인 시도로 대신되었다. 선교사들이 그 원리에 따라 행동했을 때, 교회는 성장하기 시작했다(Krass 1967:1).

19세기에 멕시코의 높고 서늘한 고원지대는 많은 농장들의 자리였다. 이 농장들은 16세기에 스페인의 왕이 토지를 하사한 것에서, 즉 결과적으로 교황 자신이 토지를 하사한 것에서 기원하였다. 각 농장 안에서는 물과 경작할 수 있는 땅이 가까이 있는 곳에서 촌락들-란초스라고 불리움-이 성장하였다. 스페인어를 사용하는 주민 최소한 명목상으로는 로마 가톨릭 교인들이었으며, 착취당한 대중들과 상류 계급으로 구성되어 있었다. 사회질서의 특혜를 입은 자들인 상류 계급 사람들은 주로 도시에서 살았으며 로마 가톨릭 교회와 긴밀하게 유착되어 있었다(McGavran, 1963 : 38).

20세기초의 혁명들은-그리고 특히 중앙 정부가 농장들을 해체시켜서 농민들에게 땅을 주고 있었던 1927년의 혁명-농부들을 두 부류로 나누어 놓았다. 한 부류는 토지분배를 위해서 투쟁할 각오가 되어 있었던 **아그라리스타스**(*agraristas*)였고, 또 한 부류는 그 땅이 교황에 의해서 농장주에게 주어진 것이기 때문에 땅을 그들에게서 뺏는다는 것은 도둑질을 하는 것이고 따라서 하나님께 벌을 받게 될 것이라고 설득당한 **크리스테로스**(*cristeros*)였다. 크리스테로스는 봉건지주들을 지키기 위해서 무력으로 투쟁하였다.

양편의 농부들은 대단히 동일한 사람들처럼 보였다. 그들은 모두 스페인어를 사용하였고, 스스로 로마 가톨릭 교인들임을 자처하였으며, 동일한 문화를 가지고 있었고, 동일한 종류의 토지를 경작하였으며, 똑같은 종류의 옷을 입고 있었다. 그럼에도 불구하고 그 두 부류의 사람들의 차이는 복음의 전파를 위해서 결정적으로 중요한 의미를 가졌다. 복음주의 교회들의 설립을 위해서 **아그라리스타스**는 크게 중요하였으며, **크리스테**

로스는 중요하지 않았다. 실제로 **아그라리스타스**는 복음주의자들이 되기 위해 몰려들지 않았다. 그러나 봉건지주들의 지배로부터 벗어나서 자유롭게 되었으며, 로마 교회를 그들의 압제자들의 동맹자들로 생각하며, 그 땅의 교황에 의해서 봉건지주들에게 주어진 땅이라는 사실에도 불구하고 그 땅을 나누었던 그들은 복음을 "들을" 수 있었다. 최초로 복음주의자들이 된다는 것은 그들에게는 생생한 선택권이었다.

그럼에도 불구하고 멕시코의 고고하고 메마른 마음을 가진 자들 사이에서 일하고 있던 대부분의 복음주의 성직자들이나 선교사들은 이러한 작은 차이점들은 인식하지 못했다. 그들에게는 농장의 사람들이 모두 가난하고, 무지하고, 복음주의 교회에는 관심이 없는 시골뜨기 멕시코인들로만 보였다. 혁명을 혐오하고, 도시의 사업이나 전문적인 지도자들과 우호적인 관계를 발전시켜 나가고 있던 복음주의 지도자들은 혁명적인 농장들에 교회를 세우는 일에 관심을 기울이지 않았다. 몇몇 교회들은 그곳에서 부흥되지 않았다. 이러한 현상은 그 "사소한" 차이가 얼마나 결정적으로 중요한 것인가를 웅변적으로 증거해 준다. 만일 **아그라리스타스**의 개혁에 성경적 근거를 제시해 주고 **아그라리스타스**들이 열렬한 **아그라리스타스**들로 남아 있으면서 복음주의자들이 될 수 있도록 해주는 복음화운동이 시작되었더라면, 그 운동은 고원 내지의 혁명적인 농장들을 휩쓸었을 것이다.

외부인들이 분별해서 알아 내기 가장 어려운 사소한 차이들 가운데 하나는 복잡한 혈족관계로부터 발생하는 차이이다. 도시 구역이나 지방의 마을은 동일한 종류의 사람들로만 이루어진 것처럼 보인다. 성직자들이나 선교사들은 이러한 사람들이 모두 일본인, 콩고사람, 칠레사람 또는 아메리카인들이라고 말하곤 한다. 그것은 사실이다. 그러나 또한 그 도시 구역이나 지방 마을 안에 몇몇 관계의 조직망이 있다는 것이 사실이다. 이러한 관계의 조직망은 중복될 수도 있으나 그럼에도 불구하고 독특하다. 한 가족이 기독교인들이 될 때에 그 마을의 모든 사람들이 동일하게 영향을 받는 것이 아니다. 그 혈족관계 조직 안에 있는 자들은 그들이 그들의 종속집단에 속해 있으면서 기독교인이 될 수 있었기 때문에 그들이 다른 혈족관계의 성원들이라고 인식하는 것보다는 그리스도를 따르는 자로 인식하는 측면이 훨씬 강하다. 인류학자 로버트 레드필드(Robert Redfield)는 멕시코의 마을에 대하여 이야기하기를, 거기서 두 지도적인 사람들의 혈족관계 조직은 복음주의 교인들이 되었으며, 다른 두 조직은 로마 가톨릭 교인들로 남아 있었다고 한다(Redfield, 1950:92).

장벽을 헐지 않고 교회를 세우는 사람들

그러한 장벽들을 헐지 않고 사람들을 기독교인이 되게 하는 교회개척자들은 사람들이 하는 방식대로 교회를 세우는 자들보다 훨씬 더 효과적이다. 그러나 성경적인 장애들이 제거되어서는 안 된다.

십자가의 장애는 기독교인이 되는 것에 하나의 기본적인 장벽이다. 인간은 죄인이며 그의 구원은 그 자신이 행하는 것에 전혀 의존하지 않고 오로지 예수 그리스도가 십자가 위에서 그를 위하여 행하신 것에 달려 있다는 진리를 받아들이는 것은 그의 자아에 모욕감을 준다. 한 사람이 자신의 죄를 회개하고 죄로부터 돌아서는 것은 제자직에 또 하나의 기본적인 장벽이 된다. 사람들 앞에서 그리스도를 공개적으로 고백하고, 그의 이름으로 세례를 받고, 교회에 가입하는 것은 제 3의 장애가 된다. 성경의 권위를 받아들이는 자들에게도 이러한 장애들은 기독교인의 시험의 부분으로서 받아들여져야 하고 극복되어야 하는 것으로 남는다.

그러나 교회나 교회의 사자들은 다른 장애들을 더하고자 하는 유혹을 계속 받게 된다. 교회성장이 정체되는 대부분의 경우들에 사람들은 십자가의 방해에 의해서보다는 비성경적인 방해들에 의해서 제지를 당한다. 예컨대, 성경에서는 어떤 사람이 **기독교인이 됨에 있어서** 언어적, 인종적, 계급적 장벽들을 헐어야만 한다는 것을 전혀 요구하지 않고 있다. 신자가 그 장벽들을 헐어야 한다고 요구하는 것은 세 가지 핵심적인 성경적 행위들에 집중하지 않는 것이며, 인간들의 요구에 중점을 두는 것이다. 성경은 그리스도 안에서는 "유대인이나 헬라인이나, 종이나 자주자나 남자나 여자 없이"(갈 3 : 28)라고 단언한다. 그러나 이것은 그리스도 안에서 세례받고 그리스도를 옷입은 자들에게만 해당되는 것이다. 그것은 성령의 열매이다.

교회사의 처음 15년 동안에 거의 모든 신자들은 **유대공동체의 성원들로 남아 있으면서** 기독교인들이 되었다. 만일 우리가 초기 교회의 교인들은 "유대인들에게만 말씀을 선포했으며" 이방인들에 대한 유대인들의 반감을 거의 그대로 가지고 있었기 때문에 그들은 실제로는 전혀 기독교인들이 아니라고 주장할 만큼 어리석지 않다면, 우리는 종종 열매가 익으려면 오랜 시간이 걸린다는 것을 잘 인식하지 않으면 안 된다. 더 나가서 본문의 마지막 문귀(그리스도 안에서는 "남자나 여자 없이")가 고려되어야만 한다. 이 문귀는 어떤 사람이 기독교인이 되기 위해서는 성차별이 없는 것과 같은 생활방식을 채택해야 한다거나 여성들에게 성직임명을 하지 않는 교회들을 참된 교회가 아니라는 것을 의미하지는 않는다. 또한 처음 문귀가 기독교인이 되기 위해서 우리는 마치 계급이나 인종차별이 존재하지 않듯이 행동해야만 한다는 것을 의미하는 것만은 아니다.

신약성경의 교회

1900여 년 전에 교회는 유대인들이 인종적인 장벽들을 헐지 않고 기독교인이 되는 것을 좋아했다는 것을 발견하였다. 유대인 신분사회는 긴밀하게 짜여진 사회였다. 그것은 강력한 통제력을 가졌다. 그것은 유대인들은 유대인들과 결혼할 것을 명하였다. 그것은 다른 인종의 사람들과 "부정을 저지른" 여인들을 추방하였다. 그것은 이 땅의 여인들을 아내로 취하지 말 것을 엄하게 명령하였다.

> 스가냐가 에스라에게 이르되 우리가 우리 하나님께 범죄하여 이 땅 이방 여자를 취하여 아내를 삼았으나…이 모든 아내와 그 소생을 다 내어 보내기로 우리 하나님과 언약을 세우고 율법대로 행할 것이라. …제사장 에스라가 일어서서 저희에게 이르되 너희가 범죄하여 이방 여자로 아내를 삼아 이스라엘의 죄를 너하세 하였으니 이제 이 땅 족속들과 이방 여인을 끊어 버리라. 회 무리가 큰 소리로 대답하여 가로되 당신의 말씀대로 우리가 마땅히 행할 것이니이다(스 10:2,3, 10-12).

유대인 신분제도는 혼혈아들인 사마리아인들을 취급하지 않았다. 외국인 도시들에서 유대인들은 그들 자신의 구역 안에서 살았다. 멀리 떨어져 있는 유대인들은 바울의 누이의 경우처럼 예루살렘 가문들 안으로 결혼해 돌아왔다. 이러한 현상은 그 공동체에 뚜렷한 상업적 이익들을 주었다. 유대인 가문들은 은행 가문들이 되었으며 돈은 편지나 복식부기제도 장부에 의해서 전해질 수 있었다.

이 모든 것이 **유대교** 교회의 팽창을 위한 넓은 통로를 마련해 주었다. 유대인들이 유대교 안에서 기독교인이 될 수 있는 한, 교회는 예루살렘과 유대와 갈릴리에 가득 찬 유대인들 사이에서 놀랍게 성장할 수 있었다(교회가 혼혈아 사마리아인들에게 파고들어갔을 때, 기독교인 유대인들이 그들과 같이 식사하고 통혼하기 시작했다고 믿을 만할 이유는 없다). 교회가 지중해 주변에 있는 회당공동체에서 성장하기 시작했을 때, 최초로 그리스도의 제자들이 된 자들은 메시야를 열렬히 대망하고 있었던 독실한 유대인들이었다. 회당 안에서 기독교인들이 된 이들은 인종적, 계급적 장벽들을 헐지 않고 그렇게 할 수 있었다.

하지만 많은 이방인들이 기독교인이 되자마자, 유대인이 기독교인으로 된다는 일에는 유대인 사회를 떠나는 일과 잡다한 사회에 가담하는 일을 수반하였다. 이방인들을 받아들이는 일은 유대들에게는 인종적 장애가 되었다. 실제로 기독교인이 된다는 것은 이방인들로 가득 찬 교회당에 참석하고, 때로는 돼지고기가 음식으로 제공되는 애찬의 식탁에 자리를 같이하는 것을 의미하였다는 것을 생각해 보면 유대인을 자칭하는 개종자들이 인종적, 문화적 장벽들이 너무 높다는 것을 발견하고 슬픔으로 되돌아섰으리라고 추측하는 것은 합리적인 것이다.

유럽의 개종

유럽 사람들을 기독교 신앙으로 인도하는 데 일천 년이 걸렸다는 것을 이해하기는 어려운 일이다. 아일랜드가 기독교화되는 데 200년이 지나갔다. 이때 잉글랜드는 이교상태였다. 위대한 잉글랜드인 보니파키우스가 북부 독일을 이방 신들을 떠나 기독교인들로 만들기 전 100년 동안 영국 제도들은 기독교 지역이었다. 프랑스는 스웨덴이 세례받기 최소한 600년 전에 기독교 지역이었다. 각각의 이러한 오랜 기간들 동안에 이교 국가의 원주민들은 기독교에 관하여 약간은 알고 있었다. 여행자들과 상인들이 이리저리 왕래하였다. 일시적인 선교사들이 그 땅에서 활동하였다. 남부 지역에 속해 있던 북부 출신 용병들이 기독교인이 되어 고향으로 돌아오기도 하였다. 기독교인 여성들이 이교 약탈자들에게 끌려가 그들의 후궁들이 되기도 하고, 그들의 가문이나 공동체에 속하게 되었다. 그럼에도 불구하고 이 200여 년 동안에 또는 500여 년 동안에, 인접한 이 땅의 원주민들은 기독교인이 되지 않았다. 그들은 상당히 저항적이었다. 이러한 저항은 주로 언어적, 인종적 장벽들 때문이었다.

모종의 조사적 변화, 정치적 동맹, 정복, 성령으로 충만한 재능있는 선교사 등으로 인하여 이러한 장벽들을 헐지 않고 일정한 지역의 이교도들을 기독교인이 되게 할 수 있는 때가 오게 되었다. 이교도들이 쇄도해 들어왔다. 교회와 국가는 하나였기 때문에 기독교의 법이 그 땅의 법이 되었고, 수도원의 교육제도와 거룩한 생활이 정립되고, 교회들이 세워지고, 땅은 "기독교화" 되었다.

모이는 교회들이 발생하였을 때, 그 교회들은 주장하기를 의식적으로 자신의 뜻을 주 예수의 뜻에 복종시키고 의도적으로 하나님의 말씀을 먹고 사는 자들, 즉 지적으로 헌신한 사람만이 정당하게 기독교인으로 불리울 수 있다고 하였다. 그리고 나서 처음에 이교에서 교회로 전향한 것을 비방하는 것이 횡행하게 되었다. 그럼에도 불구하고 만일 그러한 전향이 발생하지 않았다면 모이는 교회들은 결코 태어나지 않았을 것이다.

북부 유럽에 있어서의 기독교 신앙에로의 최초의 전향에 있어서 사람들은 장벽들을 헐지 않고 기독교인들이 되기를 좋아한다는 원리로 말미암아, **여러 세기들 동안** 전체 나라들은 영원한 생명의 밖에 있게 되었으며, 그 사회 단위 안에서 기독교인이 되는 길이 발견되자 전체 나라가 급속도로 빨리 그리스도를 고백하려고 하였다.

인도의 개종

그 원리는 인도의 콘드 산지에 있는 파노족과 쿠닝가족들 사이에서의 침례교회의 성장 가운데서 잘 예증된다. 1918년부터 1957년까지 영국 침례교인들은 그 산지의 우다이기리에서 활동하였다. 그 산지 주민의 3분의 2

가 원주민 쿠닝가족으로 형성되었고, 3분의 1이 카스트 천민 계급인 파노족이었다. 쿠닝가족은 스스로 우월하다고 생각하였다.

선교의 목표는 땅을 소유하고 있는 쿠닝가족을 개종시키는 것이었다. 그러나 1918년 직후에 파노족이 기독교 신앙으로 전향하기 시작했다. 그들 가운데 기독교 신앙으로 전향하는 사람들이 많아질수록 더욱더 많은 사람들이 개종하기를 원했다. 1956년에 이르러서는 확실하게 자리를 잡은 세례교인들이 1,700명에 달했다. 그들은 인종적(카스트) 장벽들을 헐지 않고 기독교인이 되기를 좋아하였다. 그들은 비기독교인 파노족 사람들과 함께 식사하고 통혼하기를 계속하였으며, 그 촌락들의 파노족 구역에서 계속 거주하였다.

꾸준한 선교활동의 대상들이었던 약 100명 가량의 쿠닝가족이 한 명씩 두 명씩 기독교인이 되었는데, 이들은 대부분 우다이기리의 큰 선교기지 주변에 있었다. 학교들과 병원은 그곳에 위치하였으며 모든 선교사들이 그곳에 살고 있었다. 쿠닝가족 개종자들 대부분은 놀랍게도 기독교인 파노족 여성들과 결혼했었다. 쿠닝가족들에게는 전체적으로 기독교인이 되는 사람들은 파노족이 되어 가는 것처럼 보였다. 그리하여 쿠닝가족은 인종적 혈통의 장벽을 헐지 않고 그리스도를 선택할 수 없었기 때문에 그를 따르는 사람이 거의 없었다.

그후 1955년경에 우다이기리에서 약 30마일 떨어진 산지 가운데서 활동이 별로 없었던 지역에서 일련의 집단적인 회심이 수백명의 쿠닝가족들 사이에서 일어났다. 그 쿠닝가족 사람들은 쿠닝가족으로 남아 있으면서 기독교인이 되었다. 개종이 계속 진행되어 쿠닝가족 젊은이들이 그들 자신들의 인종 안에서 결혼할 수 있을 만큼 되었다. 마을의 회중들이 예배를 위해서 모였을 때 쿠닝가족은 다른 쿠닝가족과 만났다. 그 지역의 모든 기독교인들의 모임에서 수천명의 쿠닝가족은 그들 자신의 인종을 발견하게 되었다. 1955년과 1961년 사이에 한 해에 열 개의 새 교회들이 설립되었으며 1962년에 스무 개의 교회들이 설립되었다(Boals, 1963 : 67).

1860년과 1920년 사이에 인도의 안드라프라데시에서 수십만의 말라족과 마디가족(억압받는 계급들)이 기독교인이 되었다. 사회 계급상 그들의 바로 윗 계급이 수드라 카스트였다. 마누의 법에 따르면 수드라 계급은 노동자들로 카스트 구분상 네 번째, 즉 가장 낮은 부분에 속했다. 그들은 가축천민들이었으며 따라서 자신들이 억압받는 계급들, 즉 불가촉천민들보다 훨씬 더 우월하다고 생각하였다. 불가촉천민들의 다수가 기독교인이 되었던 60여 년 동안, 수드라 계급은 완강하게 멀리 떨어져 있었다. 그들의 말라족과 마디가족 이웃들의 많은 수가 기독교인들이 되고 있었다는 사실이 그들에게 적지 않은 영향을 주었다. 실제로 그러한 사실은 복음에 대한 그들의 반대를 경직되게 만들었을 것이다. 그들 가운데 어떤 사람이 기독교인이 된다는 것은 그 자신의 카스트로부터 추방되고 결국 기독교인 말라족이나 마디가족과 연합한다는 것을 의미하였을 것이기 때문이다. 수드라족 사람들은 기독교인이 되기 위해서 카스트 전통을 깨뜨려야 했고 불가촉천민(최하천민) 출신들인 기독교인들과 연합해야 했기에 거의 기독교인이 되는 사람들이 없었다. 그 다음에 한 변화가 일어났다.

1927년에서 1932년 사이에 40개의 수드라 카스트들 가운데서 작은 집단들 안에서 활동하고 있었던 15,000명 이상의 사람들이 가르침을 받기를 원했고, 세례교인이 되었다. 그들은 그들의 카스트 사람들과 사회적인 접촉을 계속하였다. 그들은 그들의 조상의 가정들 안에 계속 남아 있었다. 그들은 교회에서의 예배 이외에는 다른 카스트의 개종자들과 사교적인 형제 관계를 거의 맺지 않았다. 그들은 말라족이나 마디가족 기독교인들과 함께 식사하지도 않고 함께 통혼하지도 않았다. 소수의 경우들에 보다 오래된 기독교인들은 수드라 계급을 보다 쉽게 교화시키기 위해서 수드라 구역이나, 수드라 구역과 불가촉천민 구역의 중간에 새로운 교회를 설립하기도 했지만 그들은 기존하는 교회들에 출석하였다. 다른 카스트의 사람의 손에서 음식물을 건네받는 것을 강력하게 타부시함에도 불구하고 수드라 개종자들은 대부분의 경우에 그들의 감정을 극복하고 말라족이나 마디가족 성직자들에게서 빵과 포도주를 받았다. 하지만 공동의 잔이 약간의 어려운 문제를 일으켰으며, 어떤 지역에서는 수드라 기독교인들이 먼저 마셨다.

피케트는 수드라 복음화운동에 관해서 한 장 전체를 할애하였다(1933: 294ff.). 그 중요한 요지는 수드라 계급의 사람들이 카스트 혈통을 무너뜨리지 않으면서 기독교인이 될 수 있기까지는 세례를 받는 사람이 거의 없었다는 사실이다. 그들이 그들 자신의 사람들 안에서 기독교인들이 될 수 있었을 때 많은 사람들이 세례를 받았다.

일부 선교학자들은 이러한 원리가 원시인들이나 불가촉천민들 사이에서만 성립된다고 가정하였다. 그러나 이러한 가정이 옳다고 생각할 만한 근거는 없다. 이 원리는 유대인들에게도 해당된다. 그들은 로마 세계의 가장 유능한 민족들 사이에 있었는데도 그러하였다. 그 원리는 원시인들과는 거리가 먼 유럽민족들에게도 해당된다. 그것은 오늘날의 카나다와 미국에서도 광범위하게 적용된다. 이 원리는 안드라프라데시의 수드라 계급의 사람들에게도 사실이었다. 그것은 인도네시아의 모슬렘들에게도 사실이었다. 그것은 인간의 습성이 아닐까? 장차 일어나게 될 큰 전환들에 있어서도 사람들은 그들의 문화나 동족을 부인하지 않으면서 기독교인이 되려고 한다는 것을 가정하지 않을 수 있을 것인가?

브라질의 경우

19세기에서 20세기로 넘어오는 시기를 전후로 하여 이탈리아 이민들의 큰 물결이 브라질 안으로 쇄도하였다. 이들은

> 이미 브라질의 문화와 국가 생활양식으로 "변이되어 가고 있는" 그들의 동포들에 끌려서 사웅파울루의 특정지역들에 정착하였다. 브라족의 구역은 점차로 성장하는 도시 사웅파울루에서 이탈리아 구역이었다. 성인들은 이탈리아어만을 사용하였으며, 한편 어린 아이들은 재빨리 포르투갈어를 사용하기 시작하였다.… 통합의 과정은 2,3세대의 시간을 요하였고 따라서 루이스 프란체스콘(시카고로 이민하였던 자로 그곳에서 개종하여 평신도 선교사로 브라질로 갔다.)의 도착은 적시의 것이었다. 그는 점차 새로운 문화로 변화되어 가고 있었으며, 그러나 동시에 고국으로부터 정기적으로 새로운 이민들을 받아들이고 있었던 이탈리아인들의 공동체 안에 들어가서 활동할 수 있었다(Read, 1965 : 23f).

처음 20여 년 동안에 루이스 프란체스콘(Louis Francescon)이 시작하였던 교회들은 이탈리아인들 사이에서 완전히 성장하였다. 왜냐하면 그 교회의

창설자와 최초의 기독교인들이 알고 있던 유일한 언어는 이탈리아어였기 때문이다. 1910년에 무에서 시작된 콩그레가카오 크리스탄(Congregacao Cristan : 그리스도의 회중이라는 뜻-역주)은-그것이 교단의 이름이다-1962년에는 전체 교인 26만을 헤아릴 정도로 성장하였다. 무에서 출발하여 52년 동안에 백만 명의 4분의 1이 넘는 수가 교인이 된다는 것은 유례를 찾아 보기 어려운 성장이다. 이제 브라질에 있는 대부분의 기독교인들은 안락한 환경에 있으며 일부 사람들은 부와 지위를 지닌 인사들이 되었다. 본 필자가 1965년에 콩그레가카오의 모 교회를 방문했을 때, 예배를 드리러 오는 신도들의 차의 행렬이 길을 메우고 있었다.

그 콩그레가카오가 한 원시인들 사이에서 성장했으리라고 생각하는 사람은 없을 것이다. 그럼에도 불구하고 여기서도 역시 사람들이 계급이나 언어의 장벽을 헐지 않고 기독교인이 되기를 좋아한다는 원리는 이러한 놀라운 성장에 있어서 한 요인이 된다. 또한 1910년에서 1962년 사이에 사웅파울루에서 감리교인들, 침례교인들, 루터교인들, 장로교인들이 열렬했다는 것도 강조되어야만 한다. 하지만 이렇게 잘 조직되어 있고 포르투갈어를 사용하는 교단들에서는 각각 괄목할 만한 미션스쿨이나 대학들이 후원을 했음에도 불구하고 복음주의자들이 된 사람은 이탈리아인들 가운데서 대단히 적은 수였다. 다른 이유들 가운데는 두말할 나위도 없이 이러한 이유가 있었다. 즉 이러한 네 교회들 가운데 어떤 교회에서 복음주의자가 되려면 이탈리아인들은 언어적, 계급적 장벽을 헐지 않으면 안 되었고 그들의 공동체를 떠날 수 밖에 없었기 때문이다. 이러한 브라질의 본보기는 미국에서 큰 의미를 가지고 있다. 미국에서는 각 소수민족들 안에서 토착적인 복음화운동이 진척되기까지는 큰 성장이 이루어질 것 같지 않다.

멕시코와 고지 안데스에는 많은 인디언들이 있지만, 이러한 사람들 가운데 많은 사람들이 복음주의자들이 되지 않았다는 사실을 인식하는 것이 도움이 될 것이다. 인디언들 가운데서 얻은 최초의 소수의 개종자들은 필연적으로 선교사와 연관되어 있거나 또는 종종 그에게 의존하기까지 하는 스페인어를 사용하는 회중들 안으로 통합될 수 밖에 없었다. 인디언에게는 복음주의자가 된다는 일이 스페인화되는 방식처럼 보였다. 그리하여 인디언 공동체는 400여 년 간 스페인화되기를 거부해 왔다. 인디언들은 스페인 문화를 정복하는 문화로 보았다. 에콰도르에서 활동했던 노익장 선교사 딜워드(Dilworth) 박사는 그의 저술 "에콰도르의 케추아족의 복음화에 있어서의 역사적, 민족적, 사회학적 요인들"에서 이렇게 말한다 (1967:74) :

> 만일 (신자들이) 가족의 동의에 의해서 교회에 가입하게 되었다면 그들은 사회의 압력을 견딜 수 있다.… 한 사람이 외로이 있게 될 때마다 그는 집단운동을 위태롭게 한다.… 케추아 복음주의 교회는 이 집단운동에 의해서만 부흥될 수 있는 것이다.…(선교사의) 가장 큰 문제는… 최초로 한두 사람이 고립된 기독교인 사회로 분리되어 들어오고자 하는 욕망을 저지시키는 것이다. 〔인디언, 즉 혼혈아 기독교인 사회로부터 고립된 것을 말하는 것이다.〕

적어도 상당수의 인디언들이 복음주의 신앙으로 전향했을 경우에는 그들이 그들 자신의 민족을 떠나지 않으면서 복음주의자들이 될 수 있는 방법을 발견했기 때문이라는 것은 쉽게 입증된다. 멕시코의 첼탈족, 콜족, 오토미족과 페루의 재림교회 아이마라족을 그렇게 생각할 수 있다.

그 밖의 본질적인 요인들

단순히 언어적, 인종적, 계급적 장벽들을 헐지 않고 기독교인이 될 수 있다고 해서 모든 사람이 다 기독교인이 되는 것은 아니다. 그러한 가능성 자체가 그리스도를 따르고자 하는 충동을 제공해 주지는 않는다. 이러한 사실을 실감하기 위해서는 우리는 대학공동체에 몸담고 있는 중산층 백인 아메리카인들만 살펴 보아도 알 수 있다. 그들 가운데서는 누구든지 이런 어떤 방해도 받지 않고 그리스도를 고백할 수 있다. 그럼에도 불구하고 많은 사람들이 교회 밖에 남아 있다. 다른 요인들이 교회의 성장에 본질적인 것이다. 성경을 가르쳐야 하고(종종 번역해야 하고), 말씀을 선포해야 하며, 기독교인들은 사랑에 못이겨 생명의 주님을 따르는 자가 된다는 것이 놀라운 일임을 친지나 친척들에게 설득시켜야만 한다.

그 과정은 어떻게 시작되는가?

맨 처음에, 어떤 사회의 새로 형성된 구역에 교회가 없을 경우에, 그 구역으로부터 기독교인이 된 사람이 아무도 없을 경우에, 내가 이야기했던 원리는 모든 복음화운동을 방해하는 것처럼 보인다. 각각의 자칭 개종자가 스스로에게 "기독교인이 된다는 것은 나의 모든 일가 친척을 떠나는 것을 의미한다"고 말하게 될 경우에, 개종자들이 어떻게 언어적, 계급적 장벽을 헐지 않고 교회에 들어올 수 있을 정도로 함께 행동할 수 있을 것인가? 가장 큰 규모의 복음화운동들은 개인의 회심으로부터 시작되었으며, 기껏해야 소수의 가족들의 회심으로부터 시작되었다는 것은 엄연한 역사적 사실이다. 그렇다면 어떻게 그가 또는 그들이 추방되는 것을 면할 수 있는가? 어떻게 그가 그 자신의 사람들을 떠나서 또 다른 사람들과 연합한다는 느낌을 갖지 않을 수 있는가? 이러한 복음에 대한 대답은 큰 집단의 결단을 시작하는 외로운 회심자는 처음부터 의도적으로 그 자신의 민족의 일원으로 남아 있어야만 한다는 것이다. 그는 추방되기를 거부해야 한다. 그는 육체적으로는 제외될 수 있으나, 정신적으로는 제외되기를 거부해야 하며, 가능한 한 그들과 많은 시간을 보냄으로써 그가 기독교인이 되었지만, 그는 여전히 그의 사회의 훌륭한 성원이며 실제로 이전보다도 더 나은 성원임을 그들에게 입증해야만 한다.

파악하기 어려운 것

유럽과 아메리카의 각 국가는 그 자체를 하나의 통일된 민족들로 생각하려는 경향이 있다. 각 사람은 표준어를 사용한다. 의무교육은 모든 사람들에게 단 하나의 표시를 부여한다. 다수의 시민들은 자신들을 어떤 의미에서 기독교인들이라고 생각한다. 그럼에도 불구하고 많은 사람들은 기독교 유산에 크게 의지하지 않는다. 최소한 개신교지역에서는 양심의 자유가 있어 각 개인들은 그가 원하는 종교나 이념을 자유롭게 추종할 수 있다. 따라서 이러한 나라들에서 기독교인이 된다는 것은 인종적인 결단이라기보다는 종교적인 결단이다. 그러한 결단은 "우리 민족을 배신하거나 포기하는" 또는 "비애국적인 방식으로 행동하는" 오점을 지니지 않는다.
 따라서 유럽—아메리카의 기독교인들은 다른 사람들이 오로지 합리적인, 교단적인, 신학적인 이유들 때문에 기독교인들이 된다고 생각하는 경향이 있다. 한 개인이 복음을 듣고, 그것이 합당한 것임을 발견하고, 그 진리를 확신할 때에 그는 기독교인이 된다. 그는 많은 이념들을 듣고 보아 왔으며, 그리고는 시몬 베드로처럼 말하게 된다. "주여, 영생의 말씀이 계시매 우리가 뉘게로 가오리이까?"(요 6 : 68).
 교단적인 동기들도 두드러지게 중요한 것처럼 보인다. 각 기독교인은 그가 속한 교파가 훌륭하다고 알고 있으며, 그와 그의 동료들을 그 특수한 교파로 이끌었던 그러한 동기들 때문에 사람들이 기독교인이 될 것이라고 생각하고자 한다. 푸에르토리코에서 교회성장에 관하여 조사하고 돌아오는 길에, 나는 기독교교회협의회(N.C.C.)의 전도담당 간사인 제세 베이더(Jesse Bader)박사와 이야기를 나눈 일이 있다. 베이더 박사는 기독교회들에 속했으며(그리스도의 교회), 그래서 내가 1933년과 1956년 사이에 푸에르토리코에 있는 그리스도의 교회들이 1,100에서 6,600으로 성장했지만 루터파 교회들은 1,200에 불과했다고 이야기하자, 베이더 박사는 이야기했다. "루터교회가 성장하리라고 기대하기는 어려울 것입니다. 루터교회는 전도하는 교회가 아닙니다. 반면에 그리스도의 교회들은 항상 강력하게 전도하는 교회입니다." 내가 그에게 아프리카—라틴 아메리카—아시아에서는 그리스도의 교회들보다 루터교회가 훨씬 더 성장했으며, 이러한 교단의 차이는 푸에르토리코에서의 결과와는 무관하다고 이야기하자 그는 놀랐다.
 아메리카의 기독교인들은 교회의 특성들이나 성장도식들에 대해서 신학적인 이유들을 부여하는 것에 익숙해져 있다. 그들은 생각하기를 합리적으로 잘 짜여진 신학적 입장을 좋아하는 자들은 장로교인들이 되고, 아름다운 예전과 의식을 좋아하는 자들은 감독제 교인들이 되며, 분명한 신약성경의 입장에 감동을 받는 자들은 침례교인이 된다는 것이다. 또는 그들은 이야기하기를, 어떤 사람이 그리스도께서 그를 위해서 십자가상에서 희생하셨다는 것을 받아들이고 그의 믿음을 그에게 의지할 경우에 그는 세례를 받고자 한다고 한다. 하나님에 의해서 불리움을 받고 구원으로 선택된 사람들은 기독교인들이 된다. 복음이 선포되면, 그 다음으로 성령은 사람들에게 "죄와 의와 심판에 대하여"(요 16 : 8) 확신시키며 그들을 회개와 영생으로 인도한다.

합리적이고, 교단적이고, 신학적인 요인들은 확실히 모든 곳에서 사람들이 회심하는 것에 큰 역할을 담당한다. 그러나 환경적인 요인들도 중요한 역할을 한다. 이러한 환경적인 요인들 가운데 중요한 예는 유럽－아메리카 기독교인들이 그렇게 발견하기 어려워하는 다음과 같은 것이다. 즉 사람들은 그들 자신의 사람들 안에 남아 있는 채로 사회적 장벽들을 헐지 않고 기독교인들이 되기를 좋아한다는 것이다.

형제애를 지향하는 기독교인들

기독교인들이 국민성이라는 요소를 일반적으로 무시하는 또 하나의 이유는 오늘날 아메리카의 교회가 **형제애**를 위해서 큰 전투를 벌이고 있다는 사실이다. 많은 기독교인들에게는 여러 인종들 간에 형제애를 세우는 일이 교회의 지상의 목표가 되고 있다. 그들은 어떤 형태의 차별도 반대한다. 그들은 한 계급이나 한 인종의 기독교인들로 하여금 함께 예배를 드리거나, 특수한 종류의 사람들만으로 회중을 형성하도록 장려하는 어떤 원리도 다 의심한다. 1976년에 한 유명한 백인 기독교인이 이 장의 처음에 기록된 문장을 읽고서 나에게 분개하여 이렇게 기록하였다. "물론 그들은 그렇게 하기를 좋아하지만, 그렇게 하도록 허락되어서는 안 된다." 함께 그들의 입장을 생각해 보자.

대부분의 사람들이 그들 자신들을 어떤 식으로든 기독교인이라고 간주하는 제자화된 주민들 가운데 있는 헌신적인 기독교인은 대부분 "어떻게 비기독교인 주민들이 그리스도를 받아들일 수 있는가?"라기보다는 "기독교인들이 무엇을 해야 할 것인가?"라는 관점에서만 생각한다. 그는 어떤 한 종류의 사람들(어떤 한 종속문화의 사람들)을 그 자신의 회중을 형성하도록 허용하는 일에 특별히 까다롭다. 그는 이것을 차별이라고 잘못 부르고 있으며, 기독교의 선교는 그것을 발전시키거나 용서해서는 안 된다고 말한다. 그는 생각하기를 급속하게 성장하는 한 민족으로 이루어진 교회보다는 실제로 형제적이며, 통합되어 있고, 따라서 "진정으로 기독교적인" 천천히 성장하는 또는 성장하지 않는 교회가 더 낫다고 한다.

그러한 입장은 오늘날 형제애를 위하여 전투하고 있는 백인 기독교인들에게는 자연스러운 것이다. 그들이 미국의 흑인들이나 많은 나라들에서의 소수민족들에게 가해지는 불의들을 볼 때에, 그들이 어떻게 다른 입장을 취할 수 있겠는가? 더 나아가서 아프리카-라틴 아메리카-아시아 유색인 기독교인들은 백인의 제국주의에 대항하면서 아메리카 교회는 유색인종에 대한 차별을 결코 용납해서는 안 된다고 하는 요구에 강력한 발언을 추가하고 있다. 1963년에 인도의 한 교회는 미국에 있는 그 자매교단에 이렇게 편지하였다.

> 이와 같은 시기에 교회는 그 자체의 교제 가운데서 화해의 복음의 명백하게 살아 있는 화신으로 새롭게 되어야만 하며, 세상에 대하여 명확하게 인종적이든, 문화적이든, 국가적이든 모든 종류의 차별과 불의와 배타성으로부터의 자유의 편에 서 있다는 것을 보여 주어야 할 것입니다. 우리는 현재 이루어지고 있는 모든 노력으로 말미암아 모든 아메리카의 시민들을 위한 완전한 도덕과 시민권을 획득하기 위한 평화로운 투쟁 가운데서 우리의 교회가 합당한 기독교적 역할을 담당하게 되기를 권고하는 바입니다(Masih, 1964:6).

물론 우리는 이러한 관념들에 정중하게 동의해야만 한다. 교회성장에서 큰 역할을 담당하고 있는 내가 말하고 있는 원리는 백인종의 오만심을 용납하는 것으로 이해되어서는 안 된다. 내가 말한 것 가운데 그 어떤 것도 불의와 배타성을 정당화하거나 약자들에 대한 강제적인 차별을 당연한 것으로 이야기하지는 않는다. 내가 생각하는 견해는 미국에서 어떤 회중이 흑인들을 교인으로 받아들이기를 거부하는 것은 죄라는 것이다. 내가 주장하는 바는 교회는 모든 그러한 비기독교인 행위에 대항해서 형제애를 위해서 큰 싸움을 올바르게 행하고 있다는 것이다. 그 전투 가운데서 교회는 하나님의 편에 서게 된다.

하지만 그 전투의 한 부분은 비기독교인들을 그리스도에게로 인도하는 일이다. 단순히 기독교인이 된다는 사실은 형제애를 향한 가장 위대한 발걸음이다. 그 걸음은 대부분의 사람들이 내디딜 수 있는 것이다. 모든 나라들은 그들 나름대로의 계급들을 가지고 있다. 인간의 오만심은 배타적인 집단형성을 부추긴다. 많은 종교들은 그 신봉자들로 하여금 그들만이 우월한 사람들이라고 느끼도록 부추긴다. 힌두교는 카스트 제도를 법적으로만이 아니라 종교적으로 인정한다. 사람들이 기독교인들이 될 경우에, 그들은 하나님의 아버지되심과 인간의 보편적인 형제애를 가르치는 신앙을 채택하게 된다. 그들은 그 경전이 형제애를 요구하는 종교를 받아들이는 것이다. 만일 계급차별이 계속된다면, 그들은 기독교 신앙에도 불구하고 그렇게 하는 것이지 기독교 신앙 때문에 그렇게 하는 것이 아니다. 형제애는 기독교회의 기본적인 신학의 한 부분인 것이다.

그리스도를 마음에 모신 기독교인은 물이 골짜기로 흘러내려가듯이 형제애를 지향한다. 사탄은 때때로 그 골짜기를 가로질러 큰 댐을 만들고, 그리하여 물이 흐르지 않는 경우가 있다는 것은 사실이다. 그러한 댐은 노예제도라는 죄악된 제도이다. 이 제도는 아프리카에서 종족 간의 싸움이 일어나게 하며, 아메리카에서 식민을 가능케 한다. 그러한 댐을 무너뜨리기 위해서는 기독교인의 마음의 자연스런 경향 이외에 교회 편에서의 구체적인 행동을 필요로 하며, 이러한 사회적 행동은 교회의 활동의 한 부분인 것이다. 그러나 그 일이 모든 것인 양 생각되어서는 안 된다. 만일 마음 속에 있는 그리스도가 형제애를 향하여 강제하지 않았다면, 많은 양의 사회적 행동도 그 상황에 도움이 되지 못한다. 교회의 진정한 사업은 복음을 선포하는 일이다. 교회는 그 두 가지를 모두 지속해야 하는 것이다.

교회가 형제애를 위한 전투를 합당하게 수행하고 있는 동안 교회는 그 전투를 위한 원칙들이 다양한 종속문화들, 소수민족들, 언어들, 민족 단위들의 남녀들을 교회 안으로 인도하고 형제애의 성장을 가능히 만드는 제자삼기에 선행하지 않는 것임을 항상 기억해야만 한다. 그리스도께서는 실제로 "우리의 화평이신지라. 둘로 하나를 만드사 중간에 막힌 담을 허시고 원수된 것, 곧 의문에 속한 계명의 율법을 자기 육체로 폐하셨으니 이는 이 둘로 자기의 안에서 한 새 사람을 지어 화평하게 하신다"(엡 2:14-15). 그러나 그리스도께서는 그 **자신 안에서** 둘을 한 새로운 인간으로 창조하신다는 것을 주목해야만 한다. 유대인들과 이방인들-또는 서로를 비웃고 증오하는 다른 계급들이나 인종들-은 그들이 실제로 하나가 되기 전에 제자로 삼아져야만 한다.

미국에서 동질단위의 정당성에 관한 논쟁이 격렬하게 일어났을 때, C. 피터 와그너(C. Peter Wagner)는 남부 캘리포니아대학교에서 그의 박사학위 논문을 무엇으로 쓸 것인가를 작정하였다. 그는 그 개념이 철저하게 기독교적으로 합당하게 이해되며 신약성경에 명령된 바 모든 족속을 제자로 삼는 일에 대단히 도움이 된다는 것을 주장하였다. 그의 논문은 1979년에 존 녹스 출판사에서 발간되었는데, 이것은 *Our Kind of People*이라는 제목이 붙은 획기적인 저술이었다. 그 개념으로 말미암아 야기된 전도와 선교의 이론에 있어서의 철저한 방향 전환의 깊이를 알려고 하는 자는 이 책을 읽어야만 한다.

이러한 의심의 두 가지 본보기들

몇 년 전에 푸에르토리코인들, 그들 가운데 많은 교인들은 일하기 위해서 코네티컷주 브리지포트로 이주하고 있었다. 그곳의 교회들은 말했다. "우리는 푸에르토리코인 교회를 따로 세우지 않을 것이다. 그것은 잘못이다. 우리는 이 형제들과 자매들에게 우리의 교회들을 개방하여 그들을 환영할 것이며, 그들이 옴으로써 우리의 교제가 확장되고 윤택하게 되는 것을 우리는 스스로 행운으로 여길 것이다." 푸에르토리코인들은 초대되었고, 몇 번 왔으며, 가장 정중하게 예우되었다. 그러나 그들은 자신들의 가정에서 스페인어로 드리는 예배를 더 감명깊게 느꼈다. 더욱이 중요한 사실은 회심하지 않은 친척들이나 친구들이 뉴잉글랜드의 품위있는 교회들로 오기보다는 그들에게 오기를 더 기꺼워하였다. 뉴잉글랜드 교회들에서는 예배가 너무 엄숙하여 교인이 기도나 설교에서 어떤 공감을 느꼈을 때 *Amen!* 또는 *Gloria a Deo!* 라고 소리치는 사람이 없었다. 그래서 푸에르토리코의 개신교 교인들은 세를 얻은 방이나 빈 창고들에서 그들 자신의 교회를 설립하였으며 그래서 성장하였다. 그들은 섣부른 통합을 현명하게 회피하였던 것이다.

워싱턴주의 야키마 계곡에는 인디언 보호구역이 있다. 1860년과 1880년 사이에 많은 야키마 인디언들은 기독교인이 되었으며 화이트 스완에 있는 감리교회의 신도가 되었다. 1890년대에 정부는 인디언들에게 그들의 땅을 매각하는 것을 허용하였으며 백인 정착자들은 그 보호구역 전역의 땅을 사들였다. 그 이후로 정부는 인디언들을 보호하기 위해서 인디언들이 땅을 매각하는 것을 금지하였다. 이로 인하여 많은 백인들은 그 감리교회에 차를 타고 다닐 수 있는 거리에 남아 있게 되었다. 그들은 그 교회에 들어가서 회중으로 통합되었다. 곧 지도권은 백인들의 손으로 넘어갔다. 그들은 노래도 더 잘 부르고, 성경도 더 잘 읽고, 교회도 더 잘 나오고, 헌금도 많이 하고 교회가 어떤 기능을 담당해야 하는가에 관해서도 더 잘 알고 있었다. 인디언들은 자신들이 백인들이 운영하고 있는 교회에 출석하고 있다고 느끼게 되었다. 바로 그때에 셰이커(Shaker) 교파라고 불리우는 원주민 신앙운동이 인디언들 사이에서 확장되어 갔으며, 그리하여 그들 자신들의 지도자들 밑에서 그들 자신의 방식으로 활동할 수 있는, 그들 자신의 교회를 원하고 있던 많은 인디언 감리교인들은 셰이커 교도가 되었다. 야키마인들이 인종적, 문화적 전통을 허물지 않고 가입할 수 있었던 셰이커교회는 번창하였고, 한편 그 감리교회(두말할 나위 없이 보다 기독교적이고 보다 정통적인 회중이다.)는 보다 작아졌고 인디언도 작아지게 되었다. 두 집단의 기독교인들 모두가 통합에 대한 준비가 되기 전에 이루어지는 통합은 종종 보다 약한 측의 죽음의 시작이 된다.

바꾸어 말하자면, 차별은 한 집단이 다른 집단에게 강요하는 배척이기 때문에 죄가 된다. "하나된 사람들"로 이루어진 교회들은 의로운 것이다. 왜냐하면 그 교회들은 언어나 관습들에 관한 한 집단의 선택이기 때문이며, "열등한 자들"—또는 그 정반대의 사람들—을 제외시키고자 하는 욕망을 통하여 발생하는 것이 아니기 때문이다.

아프리카 라틴 아메리카 아시아의 많은 큰 교단들은 몇 개의 "동질단위 분파들"로 구성된 혼합적인 교회들이다. 즉 도시와 지방의 회중들이 집합체이거나 또는 다양한 카스트들, 종족들, 계급들 안에서 발생한 집합체들이다. 이러한 교단들에서 지도권은 인종적으로나 문화적으로 발전된 부분으로 끌리게 된다. 야키마 인디언들에게보다는 백인들에게, 타일랜드인들에게보다는 시리아 기독교인들에게 끌리는 것이다. 이러한 현상이 발생할 경우에, 문화적으로 뒤진 동질단위 분파들이 성장하기란 어려운 일이다. 발전된 문화 출신의 지도자들이 보조를 설정하고 색채나 분위기를 결정하는 혼합적인 교회의 성원이 된 뒤진 분파들의 기독교인들은, 이전의 동료들과 그리스도를 함께 이야기할 수 있을 만큼 견고하게 남아 있기가 어렵다는 것을 발견하게 된다. 그들은 그들을 "우리 사람들의" 교회 안에서 기독교인들이 되도록 설득할 수 있을 것이다. 그러나 그들이 분명히 "우리의 사람들로 이루어지지 않은" 교회 안에서 그리스도의 제자들이 되도록 그들에게 촉구할 경우에 그들은 거의 설득력을 가지지 못할 것이다.

구석구석에까지 나가서 제자를 삼음

하나된 사람들이라는 의식이 높을 때에—즉 계급들이나 인종들이 자신들을 구별된 자들로 생각할 경우에, 그리고 기독교회들이 그들 가운데 하나 둘씩 많아지기 시작할 때에는 언제든지 올바른 전도정책은 **각 단위들 구석구석까지 나가서 제자를 삼는 것이다**. 몇몇 단위들 안에서 일시에 교회들을 세우려고 시도하는 것은—형제애가 이러한 것을 요구한다고 주장하면서, 그리고 통합이 먼저라고 고집하면서—교회가 성장하든 하지 않든 간에 자기 패배적인 정책이며 하나님의 뜻에 반하는 것이다.

교회사의 처음 15년 동안은 이 점을 풍부하게 예증해 준다. 후에 유대주의자들과의 투쟁에도 불구하고 수용적인 유대인들을 제자로 삼는 것을 강조하는 것은 성령의 불운한 오류로 일축될 수 없다. 부활하신 주님이 그의 제자들에게 예루살렘으로부터 시작하여 유대로 나아가라고 명령하신 것은 잘못이 아니다. 우리가 이미 알아 보았듯이, 두 곳에서 성령은 기독교인들을 오로지 유대인들에게만 증거하도록 인도한다. 하나의 민족으로 이루어진 교회가 유대인들 사이에서 강하게 성장한 후에야 비로소 그는 그 교회를 이방인들을 얻도록 인도하셨다. 그때에 이르러서 유대교 개종자들과 경건한 사람들의 회심을 통하여 수만의 유대인 기독교인들은 그들이 효과적으로 증언할 수 있었던 많은 이방인 친척들과 친지들을 얻게 되었다.

기독교가 인류라는 모자이크의 특정한 조각들 안에서(종종 작은 하나의 조각 안에서) 시작되고 있을 때에 교회들과 선교회들은 그들의 정책을, 사람들은 그들 자신의 사람들을 떠나지 않으면서 기독교인이 되기를 원한다는 원리에 기초해야만 했다. 기독교 세포들이 교외지역, 새로운 발전, 종족, 카스트 또는 사회의 다른 구역으로 확장되기 시작할 때의 원칙은 이러해야 한다. 즉 구석구석에 이르기까지 그 단위를 제자로 삼으라는 것이다.

세계의 많은 지역들, 특히 사하라 남부 아프리카에서 교회는 이러한 원리를 무시하였으며 따라서 교회는 몇몇 다른 종족들 가운데 교육을 받은 기독교인들로 이루어진 소수의 회중밖에는 가지고 있지 못하다. 응답의 시대는 지나갔으며, 소수의 벽이 없는 기독교 영지들만이 남아 있다. 몇 가지 경우들에서는 한때 응답적이던 종족들이 모슬렘이 되었다. 실제적으로 성령의 인도하심 하에서 응답적으로 변화하는 한 민족을 그 **구석구석에까지 나가서** 제자로 삼아야 한다는 원리보다 더 우선하는 원리는 없다고 할 수 있을 것이다. 특정한 교회들을 괴롭히고 있는 "난장이 콤플렉스", 즉 진정한 교회는 반드시 작은 교회여야 한다는 콤플렉스는 그리스도를 위한 온전한 사회를 주장하는 것에 동조하여 단호하게 거부되어야만 한다. 90만 명의 주민이 추수할 수 있게 될 경우에, 하나님의 백성은 일만 명의 교회 교인으로 만족해서는 안 된다. 이것은 미국에서나 아시아에서나 아프리카에서 다 마찬가지이다.

한 사회의 몇몇 단위들이 동시에 응답적으로 변화될 때에, 정책은 그 각 단위의 구석구석에까지 나가서 제자들을 삼는 것이 되어야 한다. 이러한 사회들 안에서 "우리 사람들에 대한 충성"은 그리스도가 사람들의 마음으로 들어갈 때 타고 가는 마차가 된다. 만일 그 단위들이 완전히 제자로 삼아졌을 경우에, 그리스도가 그들을 하나의 교제로 묶어 놓는 일을 방해할 것은 아무 것도 없다. 그러나 각 단위의 2%가 기독교인이 되면, 교회들과 선교회들은 **하나된** "기독교인 형제애"를 세우기 위해서 총력을 기울이게 되면 대부분의 비기독교인들(정확히 98%)은 그리스도의 제자가 되기 위해서 그들 자신들의 사람들을 떠나고 계급적, 인종적 장벽들을 헐어야만 할 것이다. 만일 이러한 장애가 되는 돌이 그들의 길을 가로막게 되면, 기독교 신앙운동은 통상 비틀거리게 되고 정지하게 될 것이다. 기독교 형제애는 기독교인들의 삶 가운데서의 성령의 역사의 **결과**이지, 세례를 위한 필요조건은 아니다.

전제되어야 할 상식

이러한 원리를 적용함에 있어서 상식이 전제되어야만 한다. 물론 그들 자신들의 일가 친척의 구원에만 관심을 집중하는 이기적이고 편협한 교회를 만들어 내는 것이 그 목표는 아니다. 기독교인이 된다는 것은 결코 모든 인간의 조직들에 흔히 있는 악의와 오만함을 키워서는 안 된다. 한 계급, 종족, 사회의 사람들이 그리스도에게로 올 때에 교회는 여러 가지 방식으로 그들의 민족중심주의를 완화시키려고 해야 한다. 교회는 그들에게 사회의 다른 구획들로부터 온 사람들도 또한 하나님의 자녀들이라는 사실을 가르쳐 주어야 한다. 또한 교회는 하나님께서는 세상을 너무나 사랑하셔서 그의 외아들을 보내셔서 **누구든지** 그를 믿는 자는 영원한 생명을 얻게 될 것이라는 것을 가르쳐야 할 것이다. 교회는 한 훈련학교에서 몇몇 동질단위 교회들의 지도자들을 교육시키게 될 것이다. 교회는 하나의 보편적인 문화를 지향하고 있는 인간역사 안에서의 큰 흐름과 더불어 활동하게 될 것이다. 교회는 교인들이 형제애의 실천에 있어서 선봉에 있음을 확신시켜야 할 것이다. 교회가 행해서는 **안 되는** 한 가지 일은—그것은 자멸적인 일이기에—복음을 친절과 우호로 대신하는 일이다. 교회는 친절과 우호는 열매이며, 복음은 뿌리라는 것을 알고 있어야 한다.

내가 확신하는 바로는, 교회는 내가 이 장에서 서술한 원리가 사람들을 도로 인도하든 하지 않든 간에 그것을 절대시해서는 안 될 것이다. 성장이 대단히 복잡한 과정이라는 것을 아는 교회는 하나님께서는 아직도 우리가 이해하지 못한 많은 요인들을 사용하신다는 것을 겸손하게 인정해야 할 것이며, 하나님께서는 바로 이 방법만 사용하신다고 고집해서는 안 될 것이다. 만일 어떤 경우에 이 원리를 무시하는 회중이 이 원리를 준수하는 회중보다 더 잘 성장할 경우에, 교회는 맹목적으로 이 원리를 따를 필요는 없다. 교회는 성경의 인도하심에 대하여 개방적이어야 할 것이다.

교회는 많은 요인들이 교회성장에 기여하고 있으며, 어떤 한 요인만을 사용하는 것보다는 여러 요인들을 적절히 배합하는 것이 중요한 것임을 기억해야 할 것이다. 교회는 이 장에서 강조된 요인을 불균형하게 강조해서도 안 되고, 이로 인하여 다른 원인들이 약화되어서도 안 된다. 이 논의에서 전제되는 것은 훌륭한 판단 및 오로지 성장을 가능하게 하시는 하나님께 대한 겸손한 의지이다.

동질단위의 원리는 확실히 교회성장의 핵심은 아니다. 그러나 그럼에도 불구하고 그 원리는 아메리카나 전 세계 모든 지역의 많은 상황들에서 큰 적용가능성을 가지고 있다. 상식을 가지고 적용하라. 그것이 원칙이다.

도시에서의 예외적인 경우

진정한 의미의 용광로 안에서의 교회란 사라져가고 있는 씨족들, 카스트들, 계급들과는 달리 통일되어 가고 있는 집단이며, 그러한 집단들을 능가하는 것처럼 보인다는 사실로 말미암아 사람들은 기독교 신앙으로 끌리게 된다. 브라질의 도시들에서의 큰 성장이 증거해 주듯이, 오순절교회들은 이주자들이 그들 자신들의 종속문화들이나 동질단위들의 성원들 사이에서 찾아 볼 수 없었던 교제를 제공해 준다. 로마제국의 도시들 안에서 기독교회는 바로 그러한 용광로들 안에서 번성하였던 것이다. 교회는 인종을 초월한 공동체와 범세계적인 교제를 제공해 주었고, 자신들의 지역적, 종족적 결속에서 해체되어 벗어난 도시 거주자들은 그 공동체와 교제로 크게 쇄도해 들어왔다.

오늘날 교육받은 기독교인은 자신이 떠나온 이주민 집단이나 씨족, 종족이나 카스트를 잊어버리고 그의 부모의 종속문화로부터 해체되어 도시들을 그러한 용광로들이라고 생각한다. "하나의 세계"를 열렬히 지향하는 그는 그 세계가 도래하였다고 생각한다. 그는 사람들이—유대인들이나 아답인들은 그 반대임에도 불구하고 민족 초월적인 교제를 갈망한다고 생각하려는 경향을 가지고 있다. 그는 대부분의 동질단위들 간에는 "민족의식"이 너무나 강하여 그 성원들이 도시로 이주해 간다고 하더라도 그들 자신의 특수한 사회 계급 안에서 기독교인이 되기를 원한다고 하는 사실을 믿으려 하지 않는다.

몇몇 대도시들에서는 용광로 아래서 타오르는 불이 너무나 강하여 동질단위들이 해체되고 있으며, 많은 경우에 계급을 넘어서 상호간의 결혼이 행해지고 있으며, 나라의 여러 지방들로부터 온 이주자들은 하나의 새로운 민족이 되어 가고 있다. 진정한 의미에서의 한 용광로가 발전하였다. 그러한 도시들 안에서, 여러 동질단위들이 혼합되어 있는 일부 교회들은 회심으로 말미암아 급속하게 성장하고 있다. 표준어로 예배를 드리고 계급의 차이를 무시하는 회중들은 부흥한다. 그러한 도시들에서는 일치하는 형제애가 강조되어야만 하고 표준어로 예배를 드리는 것이 원칙이 되어야만 한다.

하지만 대부분의 도시들에서 여러 동질단위들이 혼합되어 있는 교회들은 회심에 의해서 빠르게 성장하지 않고 있다. 만일 교회들이 증가하면, 교회들은 전이성장에 의해서 성장할 것이다. 비기독교인들이 많은 수로 기독교인이 되어 가고 있지 않다. 형제애가 이러한 도시인들을 이끌어들여야 한다. 그러나 현실은 그렇지가 않다. "유대인들과 이방인들", 타일랜드인, 중국인, 유럽인, 프랑스인, 영국인, 대학교수와 부두 노동자 등으로 이루어진 교회들은 성장하지 **않는다**. 그러한 도시들에서는 인간들은 언어적, 계급적, 인종적 장벽을 헐지 않고 기독교인이 되기를 원한다는 것을 기억하는 것이 훌륭한 청지기직인 것이다.

13
복음에 대한 인간과 사회의 수용성

우리 주님은 씨를 뿌린 후 수확할 수 있도록 곡식이 익은 밭에 대해 말씀하셨다. 말씀을 듣는 사람들은 때때로 아무런 반응도 보이지 않는다. 밭은 과거보다 씨를 뿌린 후 추수할 수 있게 되는 일이 드문 것 같다. 하지만 때때로 말씀을 듣는 사람들은 신속히 그 말씀에 순종한다. 그들은 기쁨으로 말씀을 받아들이고, 세례를 받고, 성장하는 회중들에 참여하여 성령 충만한 삶을 산다.

우리 주님은 복음을 듣고 순종할 수 있는 능력이 개인이나 사회에 따라 차이가 있다는 사실을 고려하였다. 수용성에 있어서의 차이는 인간의 본성과 사회의 현저한 측면들 중의 하나이다. 그러한 차이는 도시와 시골, 진보된 사회와 미개사회, 교육받은 사람들과 문맹자들 간에도 나타난다. 그러한 차이는 선교의 모든 측면에 결정적인 영향을 준다. 따라서 교회성장을 이해하려면 그러한 차이에 대한 광범위한 연구가 필요하다. 그러므로 나는 수용성이 존재한다는 사실, 그것의 공통적인 원인, 그리고 모든 나라에서의 수용성과 교회성장 간의 관계에 대해 살펴 보고자 한다. 아더 글래서(Arthur Glasser) 박사는 이렇게 설명한다.

하나님의 영이 인간들의 마음 속에서 특별히 역사할 때가 있다. 그들은 복음을 받아들일 준비가 되어 있다. …이러한 경험적인 요인을 선교전략을 결정하는 중요한 요인으로 고려할 때, 하나님은 분명히 좋은 결실을 가져다 주실 것이다. …하나님이 준비시켜 준 사람들을 그리스도에게로 인도하려고 할 때, 우리는 하나님의 교회를 세우는 데 있어서 하나님의 동역자들이 된다는 것이 무엇을 의미하는지에 대한 새로운 통찰력을 얻게 될 것이다(38).

복음에 대한 개인들의 수용성은 증가되기도 하고 줄어들기도 한다. 모든 사람들이 항상 똑같이 그리스도를 받아들일 준비가 되어 있는 것은 아니다. 기독교 가정에서 양육받은 젊은이는 대체로 20세 때에보다 12세 때에 예수 그리스도를 받아들일 준비가 더 잘 되어 있다. 회의주의자는 흔히 중병에 걸리거나 경제적 파탄에 직면했을 때 그리스도를 받아들일 준비가 더 잘 되어 있다. 개인들에게 있어서의 이러한 수용성의 차이는 너무도 잘 알려져 있으므로 더이상의 설명이 필요없다.

민족들과 사회들 역시 수용성에 있어서 차이가 있다. 인류의 거의 모든 민족들이 한동안(때로는 매우 오랜 기간 동안) 복음을 거부한 적이 있었으나 그후 복음에 대해 수용적이 되었다. 복음에 대해 거부적인 민족들 중에서는 유일한 회중이나 소수의 회중들만이 형성되어 명맥을 유지할 수 있지만, 수용적인 민족들에서는 다른 회중들을 증식시키는 많은 회중들이 설립될 수 있다.

처음부터 교회의 성장에는 차이가 있었다. 복음서를 보면 평민들이 바리새인들과 사두개인들보다 우리 주님의 메시지를 더 잘 받아들였다. 기독교가 시작된 지 처음 30년 동안 유대인들은 이방인들보다 훨씬 더 수용적이었다. 유대가 100년 동안 기독교화되어 가고 있을 때 블레셋과 아라비아는 여전히 확고한 이교도지역으로 남아 있었다.

서구의 여러 나라들은 인구의 각 집단에 따라 복음을 받아들이는 시기에 있어서의 차이를 보이고 있다는 사실을 입증해 주고 있다. 미국 독립전쟁이 끝난 후 이민들이 미국에 쏟아져 들어왔을 때, 미국의 인구는 현저히 수용적이 되었다. 성공회는 이러한 사실을 보지 못하였으며, 따라서 그것을 부인하려고 했다. 성공회는 영국 국가와 밀접한 관계를 맺고 있다는 사실로 인해 미국에서는 쇠퇴하였다. 성공회의 목사(사제) 양성제도는 서부 개척지에 자유롭게 흩어져 사는 집단들에게는 적합하지 않았다. 하지만 침례교와 감리교의 교회들은 엄청난 속도로 성장하였다. 이민들은 복음에 대해 놀라울 정도로 수용적이었다.

오늘날에 미국으로 들어오는 이민들 역시 매우 수용적이다. 그러나 로마 가톨릭이나 개신교 교파들은 성직제도를 변경시키지 않음으로써 이민들 사이에서 수많은 회중들을 증가시키는 데 실패하고 있다.

미국에 오래 거주한 백인 인구 역시, 교육을 받고 자유로운 사람들이 됨에 따라 일반적으로 생각되고 있는 것보다 훨씬 더 수용적이 되었다. 많은 교파들이 서서히 증가하고 있거나 심지어 쇠퇴하고 있을 때, 다른 교파들은 급속히 성장하였다. 나사렛교회는 70년 동안에 무로부터 시작하여 60만 명으로 증가하였다. 같은 기간 동안 남침례회는 세례교인수가 2백만 명에서 1,300만 명으로 증가되었고, 총교인수는 적어도 2천만 명이 되었다.

아시아, 아프리카, 라틴 아메리카의 선교회들도 복음에 대한 각 사회의 수용성이 시기에 따라 차이가 있다는 사실을 입증해 주고 있다. 1850년~1950년까지의 100년 동안 인도의 코타나그푸르 지역에서는 적어도 50만 명이 기독교인이 되었다. 그러나 그 이웃 지역인 미르자푸르에서는 기독교인이 300명에 불과하였다. 코타나그푸르의 원주민 부족들이 미르자푸르의 카스트들보다 훨씬 더 수용적이었다. 이처럼 현저한 차이가 나게 된 이유 중의 하나는 미르자푸르에서 교회가 복음에 대해 수용적인 싹이 트기 시작한 한 집단을 잘못 다루었다는 데 있다(이에 대해서는 9장을 참조하라). 그럼에도 불구하고 코타나그푸르의 교회 역시 그곳에 있는 일부 수용적인 집단들을 잘못 다루었다는 사실을 고려해 볼 때 우리는 두 지역에 있어서 교인수가 이처럼 크게 차이가 난 이유는 한 지역에서는 복음에 대한 기본적인 수용성이 있었던 반면에 다른 지역에서는 그것이 결여되어 있었다는 데서 찾아 볼 수 있다.

1950년과 1960년 사이에 남침례교회는 태국과 홍콩에 많은 선교사들을 파송하고 있었다. 1960년에 태국에는 42명의 선교사들이 있었고 홍콩에는 38명이 있었다. 그러나 "주님께 더해진"(누가의 표현에 따르면) 사람들의 수는 현저히 달랐다. 1960년대 태국에서 남침례교회에 의해 설립된 교회들에 다니는 총교인수는 355명이었다. 홍콩에서는 12,527명이었다.

1949년에 필리핀의 루손 섬의 북단에 있는 아파야오 지역에서는 주로 이교적인 원주민 부족인 이스네그족이 살고 있었다. 그 지역은 험한 산악지대였으며, 따라서 그들은 주로 화전경작에 의해 생계를 유지했다. 이 지역의 중심지이며 매우 접근하기 어려운 작은 마을에서 소수의 사람들이 기독교인이 되었다. 연합그리스도교선교협회는 이스네그족의 한 회중에서 단계경작법을 가르쳐 주기 위해 농업선교사 부부를 파송하였다. 자녀가 없던 이 부부가 그곳에 도착했을 때 그 지역 전체에 걸쳐 모든 이스네그인들은 복음에 대해 매우 수용적이 되었다. 그들은 보다 많은 쌀을 생산하는 데는 관심이 없었다. 그들은 세례받기를 원했다. 그 선교사는 복음적인 기독교인이 되기를 결정하고 가르침을 받기를 원하는 주민들에 의해 그 산악지대에 있는 거의 모든 마을들로 초청을 받았다. 그는 다른 마을로 가려면 흔히 2천 피트나 되는 산을 넘어야 했고, 5마일에 걸쳐 뻗어 있는 강을 거슬러 올라가야만 했다. 그곳에 도착하면 그는 대체로 한 집단에서 2주일 동안 가르쳤다. 그가 부재중일 때도 흔히 다른 마을에서 초청이 왔으며, 그러면 그의 아내가 그들을 가르쳐 주기 위해 그곳으로 달려 갔다. 4년 동안 수천명이 연합그리스도교회의 교인이 되었다.

로마 가톨릭교회 역시 그곳에서의 전도의 성과가 매우 크다는 말을 듣고 그곳에 선교사들을 파견하여 수천명의 개종자들을 얻었다. 한 전도선교사는 나에게 만일 1952년에 연합교회가 그곳에 세 부부만 더 파송하였다면, 아파야오는 필리핀에서 유일하게 기독교적인 지역이 될 수 있었을 것이라고 말했다.

이처럼 갑작스런 교회성장은 이례적인 것이 아니라 평범한 것이다. 지난 10년 동안에 그곳에서의 전도의 결실이 얼마나 되었는지는 잘 알 수 없다. 그러나 그 기간 동안에 기독교인이 된 사람은 수백명에 지나지 않았음에 틀림없다. 효과적으로 전도할 수 있는 사람들의 수는 이제 점점 더 적어지고 있다. 우리는 그들 중의 단 한 사람도 잃어서는 안 될 것인가?

60년대에 수용성에 대한 가장 현저한 사례들 중의 하나로는 나이제리아

중부에 사는 티브족의 예를 들 수 있다. 기독교 개혁선교회는 백만 명의 인구를 가진 이 부족을 전도하기 시작했다. 1960년에 몇몇 선교지부들에 속해 있는 이곳의 총 세례교인수는 7,352명이었다. 이 선교회는 티브족의 마을들에 수백개의 신앙교육반을 세웠다. 이것은 사실상 원조를 받을 수 없을 정도로 초보적인 작은 학교들이었다. 이 학교에서는 약간의 교육을 받은 일꾼들이 지극히 적은 보수를 받으면서 성경, 읽기, 쓰기, 산수 등을 가르쳤고, 주일날에는 학생들과 관심있는 성인들을 위해 예배모임을 가졌다. 1963년에 이 선교회에서 설립한 교회들과 신앙교육반에서 주일날 예배에 참석하는 티브인들의 수는 105,242명이었다(Grimley, 1966 : 103,104). 이것은 놀라운 수용성을 보여 주는 증거이다.

이러한 수용성이 정치적 요소와 조사적 행동이 일어난 뒤에도 존속할 것인가? 그것을 예언하기란 불가능하다. 그러나 한 가지 사실만은 분명하다. 즉 수용성은 증가하기도 하지만 쇠퇴하기도 한다는 사실이다. 조수처럼 그것은 들락날락한다. 그러나 조수와는 달리 우리는 그것이 언제 나갔다가 언제 들어오는지를 알 수 없다.

간단히 말해서 1900년 동안 교회성장과 관련하여 민족들의 수용성은 변화무쌍하였다. 따라서 교회성장을 이해하려면, 그리고 전도를 통해 교회성장을 이룩하려면 우리는 이러한 수용성을 주의깊게 연구해야만 한다.

수용성에 있어서의 차이를 가져다 주는 공통적인 이유들

수많은 요인들이 수용성에 영향을 끼친다. 나는 그 모든 요인들을 다 기술할 수가 없다. 따라서 나는 여기서 매우 공통적이고 영향력이 큰 몇 가지 요인들만을 제시하고자 한다.

새로운 개척지들

내가 1956년에 교회성장에 대한 연구를 할 때 나는 필리핀의 연합그리스도교회의 감독인 로드리구스(Rodrigues)의 안내로 민다나오에 간 적이 있었다. 그때 우리는 여러 갈래의 길들에 의해 여러 구역으로 나뉘어져 있는 어떤 평원에 도착했다. 나는 도처에서 23미터쯤 되는 야자나무들을 볼 수 있었다.

그는 야자나무들을 가리키면서 "저기 야자나무들이 보이지요. 여기서는 교회들도 그와 같이 성장할 수 있답니다"라고 말했다.

나는 그 말을 듣고 이렇게 대꾸했다. "야자나무들이 보기는 크군요. 그러나 야자나무가 교회성장과 무슨 관계가 있읍니까?"

"깊은 관계가 있지요." 그는 대답했다. "이 어린 야자나무들은 이곳에는 최근에 새로 이사왔으며, 따라서 과거의 관습들에서는 벗어났으나 아직 새로운 생활방식이 굳어지지 않은 사람들이 살고 있음을 보여 주는 것입니다. 이들 정착자들은 새로운 친구들을 사귀고 있고, 새로운 생각들을 가지고 있으며, 과거의 스페인의 통용지역들에서의 사회적, 종교적 속박에서 벗어난 사람들입니다. 그들은 기독교인들이 될 수 있는 사람들이지요."

페루의 리마에 사는 한 감리교 목사 역시 이와 유사한 증언을 하였다. 그는 이렇게 말하였다. "대도시인 리마시의 빈민가로 이주해 온 시골 사람들의 경우 10여 년 동안은 전도하여 기독교인이 되게 하기가 쉬웠다. 그러나 그들의 수입이 나아지고, 그들이 건물을 짓고 아들딸들을 교육시키기 시작하였을 때 그들은 마음이 강퍅해지고 복음을 잘 받아들이지 않게 되었다." 이주해 온 사람들과 다른 곳으로 이주한 사람들은 환경에 의해 큰 영향을 받기 때문에 온갖 종류의 새로운 것들에 대해 수용적이며, 복음도 그 중의 하나라는 데 문제의 핵심이 있다. 그들은 불안정한 상태에 있으며, 따라서 그들을 안정시켜 주고 그들의 정신을 고양시켜 줄 것을 찾으려고 한다. 브라질에서 오순절 교파들의 급성장이 주로 북동부에서 남부의 대도시들로 이주해 온 이주자들 사이에서 일어나고 있다는 것은 우연한 일이 아니다.

이 점에 대해서는 더이상 부연할 필요가 없다. 미국의 모든 목사들은 교회가 전혀 없는 새로운 교외지역들이 교회를 세울 수 있는 가장 좋은 장소라는 것을 잘 알고 있다. 새로운 이주자들은 공동체를 찾고 있으며 따라서 새로운 결단을 하기가 쉽다. 그러나 우리는 그들을 개종시키겠다는 분명한 목적을 가지고 그들에게 전도해야만 한다.

돌아온 여행자들

여행은 때때로 사람들을 수용적이게 한다. 제 2 차 세계대전에 참여하여 여러 지역을 다녀본 군인들은 복음에 저항적인 아프리카의 부족사회로 돌아와 기독교 신앙에 전도운동의 불을 붙였다. 그들은 신망을 받고 있으며 부족의 영웅들로 간주되고 있기 때문에 이교에 대한 그들의 배척은 곧 널리 퍼졌다. 그들이 외부 세계에 대한 말을 하였을 때 사람들은 그들의 말을 믿었다. 그 사회의 분위기는 변화에 대해 보다 더 호의적이 되었다. 따라서 많은 사람들에게 있어서 기독교인이 되는 것은 그들이 실제적으로 선택할 수 있는 것이 되었다.

멕시코의 노동자들은 1940년에서 64년까지 해마다 6개월 동안 미국으로 몰려와 개신교 농장에서 일을 했으며, 흔히 그들의 고용자들과 함께 교회에 출석하라는 초청을 받았다. 그들에게는 때때로 스페인어 성경과 신약성경이 주어졌으며, 그들은 그것을 멕시코에 있는 그들의 열광적인 부락들로 가져갔다. 여러 해 후 그곳에 파송된 선교사들은 흔히 돌아온 노동자들이 복음에 대해 현저히 개방적이라는 사실을 발견했다. 수많은 회중들은 이들의 전도운동에 의해 시작될 수 있었다. 적어도 한 경우(오토미교회)에 있어서는 미국에서 기독교인이 된 사람이 하나의 교파 전체를 창설하였다. 만일 1944년에 복음적인 선교회가 그들의 중요성을 인식했다면 해마다 미국의 개신교 농장들에서 일하고 있는 30만 명의 멕시코인들의 존재는 성서적 신앙을 전파하는 데 있어서 엄청난 영향을 미칠 수 있었을 것이다. 불행히도 1962년 이후에야 비로소 복음전도자로서의 그들의 중요성이 널리 인식되었는데 그때 멕시코와 미국 정부의 협정에 의해 멕시코인들의 그러한 노동이 종식되었던 것이다(Taylor, 1962).

정복도 수용성에 영향을 준다

영국인들과 미국인들은 침략을 받아 망해 본 경험이 없기 때문에 정복당하는 것이 얼마나 충격적인 영향을 주는가를 깨닫지 못한다. 패배는 죽음, 잔악한 행위, 모국을 행진하는 적대적인 군인들을 의미할 뿐만 아니라 피정복민들의 문화 전체에 대한 엄청난 충격을 의미한다. 그들의 자존심은 박살나고, 그들의 가치관은 짓밟히며, 그들의 제도는 폐지되고, 그들의 신들은 제거된다. 오백 년 전 회교도들이 힌두교 국가들을 정복했을 때 그들은 힌두교의 우상들을 박살냈으며 신들과 여신들의 코와 가슴을 도려냈다. 비록 오늘날에는 그와 같은 물리적 모욕이 행해지지 않지만, 정복은 과거와 마찬가지로 국가의 이미지를 손상시킨다. 모든 전쟁에는 잔약한 행위들이 수반된다. 비록 시민들에 대한 강간, 약탈, 방화, 살인 등이 승리 뒤에 자동적으로 수반되는 것은 아니지만 정복당한다는 것은 오늘날에도 여전히 충격적인 경험이며, 그러한 경험은 교회성장에 대해 큰 의미를 지니는 것이다.

때때로 피정복자는 정복자에 대하여 원한을 품으며 그리고 복음전도는 심각한 거절에 직면한다. 이것은 피정복민 가운데 특히 통치 계급들 가운데서 그러한 것 같다. 기독교 신앙에 대한 인도의 지식인들의 한결같은 저항은 부분적으로는 이러한 데서 기인하는 것으로 볼 수 있다.

때때로 피정복자들은 정복자들에게 호의적이기도 하며 그 경우 그들은 전도를 호의적으로 받아들인다. 이것은 피지배 계층의 반응일 가능성이 높다. 그들은 새 주인들을 모시게 되며 그들로부터 배우고자 하는 마음을 가지고 있다. 때로는 패배에 수반되는 상황의 변화가 수용성을 증가시키기도 한다. 예를 들면 1945년 일본이 패배했을 때 일본인들은 점령군의 예의바름과 인도주의적 태도를 보고 놀랐으며 그로 인해 그들은 7년 동안 기독교에 대한 놀라운 수용성을 보였다.

일반적으로 "우리의 정복자들의 적"으로 간주되는 나라는 피정복자들에 의해 호의적으로 간주되며, 그런 나라에서 온 선교사들의 말은 공감을 가지고 받아들여진다. 1967년에 정복당한 아랍인들이 이스라엘을 적으로 간주한 러시아에 대해 호의적인 태도를 보였다는 것은 분명한 사실이다. 따라서 그후 몇 년 동안 회교도들 사이에서 공산주의라는 종교가 호의적으로 받아들여졌다. 만일 아프리카의 이슬람교 세력이 오늘날의 미국을 정복했다면, 백인들은 이슬람교에 저항했을 것이며, 반면에 흑인 중의 상당수는 이슬람 세력을 우리의 적인 백인들의 적으로 간주함으로써 그들에 대해 수용적일 것이다.

때때로 어떤 민족은 정복당하지는 않고 단지 확장되어 가는 어떤 세력의 영향 하에 놓이게 되는데 그 경우 그들은 수용적이 되기도 한다. 예를 들면 케랄라(인도의 남서부 지방) 지방에 있는 라틴어 예전을 사용하는 로마 가톨릭 교도들은 약 90만 명에 달하며, 주로 해안지역을 따라 살고 있는 어부 계층으로 이루어져 있다. 그들의 개종은 포르투갈인들이 세계 전역에서 해상 지배권을 장악하고 있었으며, 북쪽으로 5백 마일 떨어진 고아(Goa)를 지배하던 시대부터 시작되었다. 드 크루즈(De Cruz)라는 유명한 인도의 기독교인은 어부들을 대표하여 아랍의 회교상인들의 압제에 대항하였으며, 수년 사이에 약 2만 명이 로마 가톨릭 신자들이 되었다. 이 신앙공동체는 어부 계층에 속하는 많은 사람들의 계속적인 회심과, 사망자 수보다 출생자수가 많았다는 사실로 인해 현재와 같이 큰 규모로 성장하였다(Gamaliel, 1967 : 39).

민족주의

민족주의는 교회성장에 대해 긍정적으로나 부정적으로 심대한 영향을 미친다. 한국에서는 9년 동안(1910~18) 대부분의 지역들에서 소규모의 성장을 보이고 있었는데 그후 5년 동안(1919~24) 놀라운 수용성을 보였다. 그 이유는 다음과 같다. 한국의 애국자들은 제1차 세계대전이 끝나고 약소국가들의 자결권을 인정한 윌슨 독트린의 선언이 나오자, 1919년에 일본으로부터 자치권을 얻어 내려는 목적으로 일본에 대한 비폭력적인 비협조 운동을 시작하였다. "독립선언문에 서명한 33인 중에서 15명이 기독교인들이었으며, 그들 중에는 탁월한 기독교 목사들이 끼어 있었다"(Shearer, 1966 : 64). 교회는 억압받고 있는 한국인들을 위한 구심점이 되었다. 민족주의적인 입장에 근거를 둔 교회의 전도는 대부분의 지역들에서 현저한 교회성장을 이루게 하였다. 민족주의는 교회성장에 도움을 주었던 것이다.

이상하게도 같은 해에 인도에서는 간디의 주도로 영국에 대한 "비폭력적 비협조"운동이 시작되었다. 그러나 그 운동은 거의 전적으로 비기독교인들에 의해 주도되었다. 인도의 기독교인들은 자치국가가 될 때 힌두교도들과 회교도들이 자신들을 박해할 것을 두려워했기 때문에 자유를 위한 투쟁에 참여하지 않았다. 그러므로 인도에서의 민족주의는 교회성장을 정체시켰다.

멕시코에서는 1857년 유아레즈혁명이 절정에 달했을 때 많은 사제들이 로마 가톨릭교회에서 탈퇴했다. 그들은 안내자와 동맹자들을 발견할 수 없었기 때문에 일부는 결혼하여 세속인이 되었고, 일부는 용서를 구한 후 다시 가톨릭교회로 돌아갔으며, 소수의 사람들만이 개신교도들이 되었다. 북아메리카의 복음적인 선교회들이 라틴 아메리카에서 성서적 신앙을 전파하는 데 열정적이었다면, 그들은 멕시코혁명에 건전한 성서적 기초를 제공해 줄 수 있었을 것이며, 그로 인해 놀라운 결과를 얻을 수 있었을 것이다. 그러나 그 당시 선교회들은 이제 막 시작되고 있었으며 라틴 아메리카의 여러 나라들이 복음에 대해 폐쇄적이라는 확신을 가지고 있었다. 미국 교회들에는 스페인어를 사용하는 목사들이 거의 없었고, 또한 민족주의가 주민들로 하여금 얼마나 신속하게 복음에 대해 수용적이 되게 하는가에 대해서도 전혀 알지 못하고 있었다.

종교적인 신앙에 대한 침식과 인간의 일반적인 세속화는 대체로 예수 그리스도를 주님과 구주로 받아들이는 것을 방해한다. 어떤 사람들은 이러한 경향들이 인간들을 모든 종교에 대해 무관심하게 만드는 경향이 있다고 생각된다. 1928년에 예루살렘에서 개최된 국제전도협의회의 모임이 있은 후 거듭거듭 제시된 하나의 주제는 신앙에 대한 침식으로 인해 기독교는 기독교 이외의 다른 종교들과 힘을 합하여 세속주의의 전파에 대항해야 한다는 것이었다. 이러한 사고는 핵심을 벗어난 것이다. 핵심은, 여러 종교들에 있어서의 신앙에 대한 계속적인 침식은 신앙의 공백을 야기시킨다는 데 있다. 미네소타주에 있는 세인트 폴시에서든 브라질에 있는 사웅파울루시에서든 무신론적 공산주의와 다른 유물론적 이데올로기들이 이러한 공백을 채우기 위해 최선을 다하고 있다. 그러나 이러한 일을 막는 최선의 방법은 쇠퇴해 가는 종교들과 손을 잡고 비종교에 대해 대항하는 데 있는 것이 아니다. 그러한 제안은 우스꽝스런 것이다. 그에 대처할 수 있는 유일한 길은 우리가 알고 있는 가장 참된 신앙을 우리가 할 수 있는 열정을 다하여 전파하면서 하나님께서 우리로 하여금 시작하게 하신 일에 대해 가장 풍성한 축복을 내려 달라고 간구하는 것이다. "천하에 구원을 얻을 만한 다른 이름이 없으며"(행 4:2), 예수 그리스도가 세상의 구주라고 믿고 있는 기독교인들은 여러 세기에 걸쳐 꾸준히 교회를 확장해 감으로써만 이러한 신앙의 공백을 메꿀 수가 있다.

보편적 교회의 역할은 하나님의 보편적인 화해의 제공을 알려 주는 사자(使者)가 되는 것이다. 그리스도 안에서 하나가 된 "모든 사람들"은 그리스도께서 구원하기 위해 대신 죽으셨으나 그리스도를 알지도 못하고 인정하지도 않고 있는 "모든 사람들"을 위해 존재한다. 하나님이 인간에게 행하시는 호소는 그의 사자들을 통해 이루어진다. ··· 그들은 모든 민족들을 제자로 삼아야 한다. ···교회는 모든 사람들이 예수 그리스도를 알고 그를 따르기를 원하고 있다. 그러나 그러한 사실 자체가 전도를 하지 않는 것에 대한 구실이 될 수는 없다. 교회의 소명은 땅 끝까지 복음을 전파하는 것이다. 교회는 이 점에 있어서 아무런 제한도 둘 수가 없다('t Hooft, 1963 : 101,116).

인간은 본성적으로 신자이다. 옛 종교들에 대한 신앙이 쇠퇴하면, 그는 어떤 새로운 종교―과학, 공산주의 또는 조상숭배에 대한 새로운 해석에 대해 수용적이 된다. 그는 새로운 지도자, 그의 세속적인 문명, 정당, 또는 인간을 신격화할런지 모른다―그는 계속해서 무엇인가를 숭배할 것이다.

신학적인 사고방식을 가지고 있는 유럽인들과 아메리카인들은 신앙에 대한 침식을 변화의 동인(動因)으로 지나치게 중시하는 경향이 있다. 그리스도를 믿고 기독교를 받아들이는 것은 단지 부분적인 점에서만 지적인 활동이다. 교회성장은 올바른 신념 이외의 다른 많은 요인들에 의존하고 있다. 변증학, 즉 바빙크(Bavinck)의 말에 따르면 **논증학**(*elenctics* : 기독교 이외의 종교를 믿는 사람들에게 예수 그리스도를 믿을 수 있도록 기독교 신앙을 설득력 있게 제시하는 것)은 결코 기독교인들이 비기독교인들을 전도하려고 할 때 기독교인들에게 필요한 유일하거나 가장 중요한 지식으로 간주되어서는 안 된다. 그럼에도 불구하고 이러한 신앙상의 공백은 수용성을 증가시키는 하나의 중요한 원인이며, 따라서 우리는 그것에 대해 정확한 이해를 해야만 한다.

교회가 신앙의 공백을 보고도 그것을 채워 주지 못할 수가 있다는 것은 얼마든지 있을 수 있는 일이다. 사람들을 인도하여 예수 그리스도의 교회 안에서 하나님께 생명을 바치는 관계를 맺도록 하기 위해서는 매우 많은 요인들이 결합되어야만 하며, 하나님의 축복이 있어야만 한다. 그러므로 신앙의 침식 뒤에 교회성장이 뒤따르지 않을 수도 있다. 예를 들면 하나님에 의해 회심에 유리한 모든 요인들이 갖추어졌다 할지라도 교회나 회중이나 기독교인이 불순종한다면 교회성장은 이루어지지 않을 것이다. 또는 그들 자신의 종교에 대한 모든 신앙을 상실한 사람들은 유럽과 아메리카에 대해 커다란 증오심과 두려움을 가지고 있기 때문에 그들에 의해 전파되는 복음에는 귀를 기울이지 않을 수가 있다. 예를 들면 이슬람교의 진리와 코란에 대해 완전히 회의적인 오늘날의 소수의 아랍인 회교도들은 복음이 시온이즘이나 이스라엘과 관계가 먼 나라의 선교사들에 의해 전파될 때 그것에 귀를 기울일 가능성이 높다. 영국인 선교사들과 미국인 선교사들은 특히 그들을 개종시키기 어렵다. 하지만 인도네시아의 회교도들은 1965년에 매우 호의적인 태도로 미국인 선교사들에게서 복음을 들었다. 그들은 마르크스의 복음을 전하는 러시아 선교사들의 말에는 귀를 기울이려고 하지 않았다. 그들은 공산주의자들을 증오하고 두려워했다. 비기독교 종교들에 대한 신앙의 침식은 전체적인 맥락에서 보아야 한다. 즉 우리는 그것을 국민들을 복음에 대해 수용적이게 만드는 많은 요인들 중의 하나로 보아야 한다.

 선교 분야에서는 지금까지 하나의 특별한 사건이 거의 간과되고 있었다. 그것은 기독교 이외의 세계 4대 종교들 중의 하나인 유교가 지난 50년 동안 소멸되고 있다는 것이다. 1920년에 4억의 중국인들의 종교였던 유교는 매우 강력한 신앙이었다. 그러나 공산주의자들이 중국을 점령하였을 때 이러한 상황은 급격히 변화하였다. 유교에 기본적이었던 모든 가족제도는 와해되었다. 중국 본토 안에서 유교는 그 힘을 상실하였다. 물론 유교는 아직도 본토에서 추방되어 사방에 산재해 있는 일부 중국인들에 의해 신봉되고 있고, 앞으로도 수십년이나 수세기 동안 그 흔적을 유지할런지 모른다. 그러나 하나의 대종교로서의 유교는 소멸하였다. 중국에서의 불교 역시 크게 약화되었다. 1980년에 중국이 보다 개방적으로 사상교환의 문호를 개방할 때 교회는 신앙적인 공백 가운데 살고 있는 8억의 인구를 직면하게 될 것이다. 물론 그들 중 일부는 확신을 가지고 있는 마르크스주의자들이며, 많은 사람들은 세상을 사랑하고 있을 것이다. 그러나 그보다 더 많은 사람은 확실한 신앙을 갖기를 갈망하고 있을 것이다. 모든 공산주의 정부가 기독교인들을 매우 불리하게 취급하며, 그들을 박해하는 경향을 보이고 있다는 것은 사실이다. 교회는 항상 가능성의 한계 내에서 복음을 전한다. 그럼에도 불구하고 전 세계의 모든 기독교인들은 그리스도를 향한 중국인들의 새롭고 놀라운 수용성을 기대해야만 할 것이다. 영어를 배우고자 하는 강렬한 욕구가 중국 대륙을 휩쓸고 있다. 이것은 현명하게 전도를 할 때 전도에 대해 상당한 개방성을 보여 줄 것임을 시사하는 것이다.

수많은 신들을 가지고 있는 다신론적 종교를 믿고 있던 사람들도 점차적으로 신앙의 공백을 경험하게 될 가능성이 높다. 현재의 의식들이 계속될런지는 모른다. 그러나 확신이 없을 것이다. 아프리카-라틴 아메리카-아시아에 있는 교회는 교회가 2세기와 3세기에 로마제국에서 직면했던 것처럼 21세기가 되면 그들을 직면하게 될 것이다. 그리스와 로마의 문화 민족들이 그들이 믿을 수 없었던 신들과 여신들(신들과 여신들의 부도덕성은 그들을 타락시켰다.)로부터 떠나 전능하시며 천지를 창조하신 성부 하나님과 그의 아들 예수 그리스도에게로 돌아서는 데는 300년이 걸렸다. 영지주의, 미드라신 숭배 및 그 밖의 많은 종교들은 간이역들을 제공해 주었으며, 한때는 기독교에 도전하기도 했다. 그러나 결국 로마와 그리스의 다신론자들은 세례를 받고 그리스도의 교회의 교인이 되었다.

이슬람교의 학자들이 기독교 학자들이 성경에 대해 하는 것처럼 코란에 대해 철저한 연구를 할 때, 이슬람교에서는 어떤 일이 일어날 것인가? 이슬람교 고고학자들이 유대교와 기독교의 고고학자들이 밝혀낸 일반적으로 받아들여지고 있는 조사결과들을 받아들일 때 그들에게는 어떤 일이 일어날 것인가? 또한 성경의 사건들에 대한 코란의 해석들이 구약과 신약 기록들에 대한 왜곡된 복제물임을 발견하게 될 때(그들은 틀림없이 그것을 발견하게 될 것이다.) 이슬람 교도들은 어떤 행동을 취할 것인가? 이슬람교의 신앙은 코란이 참된 역본이며, 성경은 변조된 역본이라는 주장에 전적으로 의존하고 있다. 현대의 연구결과들이 그들을 보호하고 있던 무지의 장벽들을 헐고, 학문의 빛이 이러한 주장의 오류를 드러낼 때, 이슬람교에 대한 신앙은 쇠퇴할 가능성이 높다. 이슬람 교도들이 그러한 한계를 극복하려는 다양한 시도를 한 후, 그들 중의 대다수는 결국 공산주의

나 기독교에 대해 수용적이 될 것이다. 그들도 역시 인간이기 때문에 그들은 신앙적인 공백 속에서는 살 수가 없다.

통제로부터의 해방

통제는 기독교 복음에 대한 수용성을 방해한다. 통제의 완화는 그것을 촉진시킨다. 예수 그리스도를 믿지 않는 30억의 인류 중 대부분은 엄격한 통제 아래 살고 있다. 이러한 통제에서 벗어날 때, 사람들은 자유롭게 예수 그리스도의 요구들을 고려하게 될 것이다.

통제의 종류는 다양하다. 가장 친숙한 것은 가족과 직접적인 친척들에 의해 행해지는 통제이다. 사람들은 그들 자신의 뜻대로 의사결정을 내리는 독립적인 실재들로서가 아니라 사회 전체의 부분들로 존재한다. 그들의 사고와 견해는 상당한 정도로 가족의 통제에 의해 결정된다. 인도의 마을들에서는 어디서나 큰 소리로 울고 죽은 자에게 반복적으로 말을 하는 애곡의식이 행해진다. 그런데 이런 의식은 단지 상을 당한 사람 자신의 슬픔을 표현하기 위해서만이 아니라 구경꾼들을 염두에 두고 행해지는 것이다. 마을 사람들은 그들의 애곡방식을 지시하고 있는 통제체제를 의식하지 못하고 있으나 그것은 실제적인 것이다. 사실상 가족에 종속되어 있는 모든 사회에서는 "다른 사람들이 나의 행위를 어떻게 생각할 것인가?"하는 것은 가족성원들의 삶의 거의 모든 측면에 있어서 하나의 심각한 고려사항이다.

마을, 부족, 종족, 카스트의 통제 또한 객관적인 사실이다. 모든 사람에게는 마을의 안녕을 위해 가축을 죽여 신에게 희생제물을 드릴 것이 요구된다. 희생제사를 드리지 않는 것은 마을 전체에 신의 진노를 초래하는 것으로 간주된다.

희생제사를 드리지 않을 때 사람들은 그에 대해 이렇게 말한다. "너는 이제 더이상 우리 부족의 일원이 아니다. 너는 우리의 가족이 죽기를 바라고 있다. 우리의 신은 치명적인 전염병을 가져다 주시는 분이다. 그런데 너는 그 신에 대한 우리의 희생제사에 참여하기를 거절하고 있다. 따라서 우리는 너를 처벌하지 않을 수 없다."

부족민들은 기독교인이 된 사람들이 그 부족의 신들을 진노케 하고, 그럼으로써 마을 전체의 농토의 비옥함을 파괴시킨다고 믿는다. 부족은 혁신적인 사람에게 벌을 주고 그의 밭을 망치는 것에서부터 그에게 마술을 가하는 것에 이르기까지 매우 다양한 통제방식들을 사용한다.

성직자의 조직, 즉 성직자의 위계질서 또한 통제의 기능을 한다. 휴가 기간 중에 목회자들과 사역자들이 훌러신학교에 설치된 선교학교에서 성직자의 조직에 대한 비교를 해보았을 때 그들은 종교에 관계없이 성직자의 조직이 사실상 거의 동일한 역할을 한다는 것을 발견하였다. 일부 지역들에서는 이교의 문맹자 지도자가 기독교인이 되려고 생각하고 있는 마을 사람들을 방문하여 그들로 하여금 기독교인이 되지 못하도록 설득하거나 그들을 위협한다. 다른 지역들에서는 훌륭한 교육을 받은 사제가 그런 일을 할 것이다.

이러한 통제들로부터의 해방 역시 다양하다. 가장 분명한 해방은 국가가 양심의 진정한 자유를 보장할 때 주어지는 것이다. 국가의 헌법을 통해 모든 시민들에게 예배를 드리고 그들의 신앙을 선포하며, 다른 사람들을 전도할 수 있는 자유가 보장될 때 성직자들의 통제는 크게 완화된다. 푸에르토리코의 헌법은 종교적 자유를 보장하고 있다. 그러나 1956년에 푸에르토리코 교회연맹의 총무는 나에게 이렇게 말했다. "나는 개신교인들에게 헌법을 통해 보장된 권리를 부인하는 사제들과 그 밖의 사람들에 대한 많은 소송을 제기하였다." 그는 이 섬에 개신교가 존재하려면 그러한 자유가 보장되어야 한다고 생각하고 있었다.

이보다 덜 분명한 또 다른 해방은 종교적 다원주의의 전파와 사람들을 추방시킬 수 있는 민족들의 권한이 제거됨으로써 주어진 해방이다. 일반 시민들이 인간들의 믿음은 엄격히 개인적인 것이며, 그들의 신앙에 간섭하는 것은 옳지 않은 일이라고 생각할 때, 부족과 마을의 통제력은 상실된다. 통제는 도시보다는 외딴 시골지역들에서, 그리고 유통적인 주민들보다는 정착적인 주민들 사이에서 더 강하다.

압력을 가하는 각 조직에 있어서의 통제의 정도나 통제로부터의 해방은 수용성에 영향을 준다. 전 세계를 통해 일어나고 있는 종교적 다원주의의 증대와 종교적 자유에 대한 이상의 전파를 통해 통제로 인한 복음에 대한 거부는 점점 더 줄어들고, 통제에서의 해방으로 인한 수용성은 점점 증대되는 그런 선교의 시대가 도래하고 있다.

사회화(Acculturation)

사회화는 다른 사회들과의 접촉을 통해 한 사회가 그 문화를 변경시키고, 새로운 상황에 적응하며, 새로운 혁신적 조치들을 받아들이고 그 제도를 수정하는 동적인 과정이다. 오스트레일리아의 시드니대학교 인류학 교수인 엘킨(A. P. Elkin)은 이렇게 말하고 있다.

원주민 부족의 관점에서 볼 때, 그 부족이 그곳에 이주해 온 지배적인 백인종과 접촉을 갖게 된 역사 속에서 우리는 흔히 세 단계의 과정을 발견할 수 있다. 첫째는… 당황, 반대, 분개, 상실감 등의 단계이다. 성인들은 그들 자신의 관습, 전통 및 신념들 안에서 그리고 그러한 것들을 통해서만 생명과 희망을 발견할 수 있다. 그들은 백인들의 물질적 재화와 도구들을 제외하고는 백인들의 문화 속에서 그들에게 가치있는 것을 전혀 발견할 수 없다.… 그들은 종교적인 일에 열심인 백인들에 대해 겉으로는 좋게 대하는 것이 현명하다고 생각하고, 흔히 그들의 자녀들의 교육을 선교사들에게 맡긴다. 그러나 그들은 젊은 남녀들이 백인의 길에 이끌려 그 길을 따라가는 광경을 보면서 슬픈 말년을 보낸다. …한편, 다음 세대의 구성원들은 그들 자신의 독자적인 신앙의 정신을 소유하기 전에 백인과 백인의 문화에 영향을 받아 과거의 방식들과 미신들에 대해 적어도 겉으로는 경멸적인 태도를 취하며, 그들이 그것을 초월해야만 한다고 느낀다. 과거에 대한 이러한 경멸적인 태도와 그들의 본래의 문화에 대한 이러한 열등감은 두 번째 단계의 특징이다.…

세 번째 단계는 그들의 본래의 문화를 무가치하게 여기는 감정에 대해 반발하는 단계이다. 그들의 문화에 대한 경멸적인 감정은 대체로 백인의 문화와 최초로 접촉한 이후 한 세대나 그 이상 동안 계속된다.… 그들은 옛 것이나 그들이 옛 것 중에서 회복할 수 있는 것으로 복귀하는 경향이 있다. 그들은 백인의 조직과는 무관하게 그들이 할 수 있는 한, 사회 경제적 생활을 조정하며, 몇몇 경우에는 반항운동(그것이 반드시 혁명적인 민족적 운동은 아니라 할지라도)의 지도자들이 된다. 세 번째 문화접촉의 단계에서 우리가 발견하는 것은 옛 문화에로의 복귀, 그리고 민족적인 예술, 기술, 문학, 법률, 관습 등에 대한 가치인식의 회복이다.… 3단계의 특징으로 나타나는 신앙에의 복귀는 원주민 신앙의 가장 귀중한 특성들이 수합되어 있는 기독교 신앙에로의 복귀가 되어야만 한다(Elkin, 1937 : 537-45).

비록 엘킨이 오스트레일리아의 원주민들과 그들에 대한 지배적인 백인들의 의무에 대해 말하고 있기는 하지만 그가 기술하고 있는 사회화에서 나타나는 이러한 단계들은 미국과 카나다의 도시들을 비롯하여 많은 지역들에서 발견할 수 있다. 문화접변의 과정에 있어서 다양성이 나타나기는 하지만 우리는 대체로 이 세 단계들을 발견할 수 있다. 1단계에서의 저항, 2단계에서의 수용(2단계에서는 아직 기독교 신앙이 완전히 그들 자신의 것이 되지 못하였다.) 그리고 3단계에서의 반발은 매우 공통적으로 발견된다. 2단계에서의 사회화는 옛 방식들에 대한 경멸감을 야기시키는데, 이것은 수용성이라는 동전의 이면과 같다.

수용성과 선교의 관계

나는 지금까지 지적인 작업으로서가 아니라 교회성장의 복잡한 과정에 대한 통찰력을 얻기 위해 수용성에 대해 분석해 보았다. 이 장의 목적은 수용성이 얼마나 유동적인가를 이해함으로써 지적인 기쁨을 얻게 하는 데 있는 것이 아니라 그러한 다양성을 앎으로써 우리의 청지기 직분과 사명을 수행하는 데 있어서 보다 더 충성되게 하려는 데 있다.

목회자들과 선교사들은 흔히 다음과 같은 질문을 한다. "수용성을 증가시키는 요인들은 측정가능한가? 적절한 평가방법을 사용할 때 우리는 어떤 특정한 주민이 복음을 받아들일 준비가 되어 있는지 또는 준비되어 가고 있는 도상에 있는지를 알 수 있는가?" 어떤 예리한 교인은 이런 질문을 한 적이 있다. "교회가 수용성의 정도와 그리고 그러한 수용성이 증가하고 있는지 아니면 감소하고 있는지에 대해 정확히 알 수 있도록 그러한 측정을 컴퓨터에 입력시킬 수 있는가?" 이러한 질문들에 대해 우리는 긍정적인 대답을 할 수 있을 것이다. 그러한 일은 미래의 언젠가는 가능할 것이다. 실제로 오늘날에도 훈련된 관찰자는 특정한 동질적 단위가 그 구성원들이 변화를 환영할 수 있는 상태에 있는지의 여부를 상당히 정확하게 판단할 수 있다. 그러나 실제로 교회나 선교회는 수용성을 측정할 수 있는 정교한 프로그램을 사용하기보다는 흔히 보다 신속히 할 수 있으면서도 보다 신뢰할 만한 방법을 사용한다.

집단들을 이루고 있는 개인들은 기독교인이 되어 가고 있는가? 이들 주민들에게 예수 그리스도가 전파되고 그리스도의 순종하는 종들이 그리스도를 증거할 때 개인들 및 가족들은 그리스도에 대한 신앙을 갖게 되는가? 교회들은 형성되어 가고 있는가? 유사한 민족들 사이에서 일하고 있는 모든 교파는 스스로를 확장시키는 회중들을 형성시키고 있는가? 이러한 질문들에 대해 긍정적인 대답을 할 수 있다면, 그 동질적 단위는 수용적이라고 말할 수 있다.

사회의 어떤 특정 집단에서의 수용성이 일단 입증되면, 이와 유사한 다른 집단들 역시 수용적인 것이라고 가정하는 것은 합리적이다. 전도는 수용적인 개인들, 집단들 및 사회의 부분들에 대해 행해질 수 있고 또한 마땅히 그렇게 되어야만 한다.

두 사람의 창조적인 사상가는 수용성이 교회 및 선교회의 정책과 어떤 관계를 지니고 있는가에 대한 영향력있는 글을 썼다. 조오지 헌터(George Hunter)는 수용성이 북아메리카 회중들과 선교회들의 선교를 어떻게 인도해야만 할 것인지에 대해 기술했다. 피터 와그너(Peter Wagner)는 수용성이 제3세계의 선교회들과 교회들을 어떻게 인도해야만 하는가에 대해 논하고 있다.

와그너는 *Frontiers of Missionary Strategy*에서 6장의 제목을 "예상 전략"이라고 붙이고 있다. 그는 이렇게 선언한다. "선교전략은 상당한 정도로 예측이나 적어도 미래에 대한 합리적인 기대에 근거를 두어야만 한다"(106). 이 말을 들을 때 우리는 즉시 기독교인 일에서 예측이라는 것이 행해질 수 있는 것인가에 대한 의문을 갖게 된다. 예측은 성서적으로 정당화될 수 있는 것인가? 그는 성경을 검토해 본 후 예측이 인간의 지혜이며 따라서 조심스럽게 사용되어야 하기는 하지만 그럼에도 불구하고 하나님의 은혜의 훌륭한 청지기가 되려는 사람에게는 예측이 요구된다. 와그너는 이 문제를 다룬 후 계속해서 교회성장에 대한 신뢰할 만한 예측을 어떻게 할 수 있는가에 대해 탐구하고 있다. 그는 이렇게 말했다.

> 비성장을 발견하는 것은 성장을 발견하는 것 만큼 중요하다. 특정한 지역에서 교회가 전혀 성장하지 않는다면, 예상 전략을 짤 때 보다 유망한 다른 지역에 관심을 가져야 할 것이다(111).

핵심적인 문제는 다음과 같은 것이다.

> 교회는 어디서 가장 잘 성장할 가능성이 있는가? 어떤 나라들이 복음을 받아들일 가능성이 가장 크며, 그 나라의 국민들 중에서 어떤 집단들이 복음에 대해 수용적인 징표들을 보여 주고 있는가?… 선교 전략가들은 토양에 대한 세심한 검사를 해보고 씨를 뿌리는 자들이 어디에다 먼저 씨를 뿌려야 할 것인지를 그들에게 조언해 줄 수 있어야만 한다(115).

와그너는 여러 해 동안 안데스 선교회의 지부장으로 일했다. 따라서 그는 자연히 올바른 장소에 올바른 자원을 사용해야 한다는 관점에서 생각하였다. 수용성은 전략적인 행동과 우선 순위의 조정을 요구한다.

> 효과적인 일을 위해서는 어떤 자원이 필요한가? 사회주의 국가의 대학생집단이 복음을 받아들일 준비가 되어 있을 때 필요한 일꾼과 정령숭배적인 농부집단이 복음을 받아들일 준비가 되었을 때 필요한 일꾼은 달라야 할 것이다. 선교회의 관리를 잘하려면 앞을 내다보면서 필요가 어디에 있는지, 어떤 종류의 선교사를 뽑거나 재임명해야 할지를 길 결정할 수 있어야만 한다(116)

조오지 헌터는 "The Grand Strategy"〈5장, *The Contagious Congregation*〈전파력을 지닌 회중〉〉에서 북아메리카의 상황에서의 수용성에 대해 논하고 있다. 그는 수용성을 매우 중요한 것으로 간주하면서, 그것을 "금세기의 세계복음화에 대한 교회성장운동의 최대의 공헌"으로 간주한다(104). 5장에는 미국의 교회들에 대한 통찰들로 가득 차 있으며, 이러한 통찰들을 약간만 변형시키면 그것들은 다른 대륙들에 있는 교회들에도 똑같이 적용될 수 있을 것이다.

특히 유익한 부분은 수용적인 미국인들을 발견할 수 있는 지침들을 다루고 있는 부분이다. 헌터는 수용성의 지표들을 열거하면서 그러한 지표들에 비추어서 회중과 교파의 정책을 정할 것을 촉구하고 있다. 그는 그러한 것들이 "미국에 대한 기독교 선교를 위해 특별한 잠재력을 지니고 있다"고 말한다.

> 수용적인 사람들을 찾을 수 있도록 기도하라. 하나님은… 복음을 듣고 자신과의 화해를 받아들이며, 그리스도를 따르는 사람들이 되도록 사람들을 준비시키고 있다.
> 당신의 교회를 방문하여 교인이 되고 싶어하는 사람들은 수용적인 사람들이다.… 그들의 수용성은 흔히 얼마 가지 않으며 비교적 신속히 사라진다. 콜로라도 스프링즈 제일연합감리교회의 래리 래쿠르(Larry Lacour)박사는 교회에 찾아온 사람들을 전도하는 전략을 만들었다. 즉 각각의 방문자들을 네 번에 걸쳐 실시하는 오리엔테이션 반에 참여하게 하였다. 교회에 처음 나온 사람들을 즉시 오리엔테이션 반에 참여하도록 초청하였을 때는 초청받은 사람들의 약 90%가 참여하였고, 1주일 뒤에 초청하였을 때는 50%가, 그리고 한 달 뒤에 초청하였을 때는 10%가 참여하였다.
>
> …최근에 신앙을 잃은 지 얼마 되지 않은 사람들도 매우 수용적이다.
>
> 성장하고 있는 교회나 종교의 주변에 있는 사람들도 수용적이다.… 나는 오헤어 공항에서 헤어 크리쉬나 종파에 속해 있는 아름다운 한 여자를 만났다. 그녀는 이렇게 말했다. "실례합니다. 선생님, 잘생긴 신사분들은 오늘 모두 카네이션을 달고 있군요. 한 송이 드려도 될까요?"… 우리는 잠시 이야기를 주고받았으며, 나는 이렇게 말했다. "당신은 지금 이 종파에 속해 있군요. 그러나 이 종파는 곧 당신을 공허하게 하고 실망시킬 것입니다. 내 말이 기억날 때면 낮이든 밤이든 언제든지 나에게 전화를 주십시오." 나는 그녀에게 나의 명함을

주었다. 그녀는 자신의 파트너들이 다른 곳에서 분주하게 일하고 있는지 살펴 보았다. 그녀의 눈에서는 눈물이 흘러내렸으며, 그녀는 떨리는 목소리로 거의 속삭이듯 말했다. "고마와요. 헌터씨, 그렇게 할께요."

…당신의 교인들과 동일한 동질적 단위에 속해 있는 사람들은 당신의 교회가 전도할 때보다 더 수용적인 것이다.

…당신의 목회자들이 도움을 줄 수 있는 의식적인 필요를 가지고 있는 사람들은 수용적인 것이다.

…특별한 필요를 가지고 있는 사람들에게 전도할 수 있는 목회를 할 준비를 하라. 그러한 집단들로는 어린 아이들이 있는 젊은 부부들, 50세나 그 이상이 된 성인들, 일 때문에 교회의 저녁 교육프로그램에만 참여하고자 하는 사람들, 영어교육반에 다니고 싶어하는 한국인들, 프랑스계 카나다인들, 아랍인들, 또는 베트남인들을 들 수 있다.
…이러한 사람들 주위에 있으면서 그들을 위한 특수 목회를 하는 회중들에게 있어서는 그러한 목회를 통해 교회성장을 이룩할 수 있는 가능성이 거의 무한하다.

…과도기에 속해 있는 사람들에게 전도하라. 비교적 안정된 시기에 있을 때보다 불안정한 시기에 있을 때 사람들은 보다 더 수용적일 가능성이 높다. 그러한 과도기로는 청소년기, 대학이나 군대에 들어가는 시기, 최초의 직장을 구했을 때, 결혼하였을 때, 첫 아이를 가졌을 때, 마지막 자녀가 가정을 떠났을 때… 갱년기, 퇴직할 때, 사랑하는 사람을 잃었을 때, 병에 걸렸을 때, 승진하였을 때, 재혼하였을 때 등을 들 수 있다.

이 장 전체는 모든 목회자들에게 많은 자극과 시사점을 줄 것이다.
*Church Growth Bulletin*은 여러 해 동안 6대륙 전역에 있는 다양한 주민들의 수용성에 대해 기술해 왔다. 기독교인들과 가까이에 있는 하나의 거대한 인구는 7억의 회교도들이다. 이 집단은 수많은 집단들로 이루어져 있으

며, 각 집단은 수용성에 있어서 다양한 차이를 보이고 있다. 모든 회교도들이 복음에 대해 매우 저항적이라는 일반적인 견해는 사실이 아니다. 회교국가들에서 형성된 대규모의 공산주의 블럭은 회교도들의 상당수가 알라신에 대한 숭배로부터 실재에 대한 무신론적 이해로 돌아서고 있다는 것을 입증해 주는 것이다. 그들이 그렇게 할 수 있다면, 그들은 기독교 신앙으로 돌아설 수도 있을 것이다. *Church Growth Bulletin*의 1979년 9월호에는 맥커리(McCurry)박사가 거대한 회교 모자이크의 전도와 관련하여 수용성에 대해 기고한 논문이 실렸다. 그는 이렇게 말하고 있다.

> 우리가 교회성장을 이루려고 할 때 우리는 전 세계에 흩어져 있는 수용적인 회교도 집단들을 발견하기 위해 우리가 사용할 수 있는 모든 기술을 사용할 필요가 있으며, 그들을 발견한 후에는 충분한 힘을 가지고 그들에게 가서 그들을 그리스도의 제자로 삼아야 한다(220).

수용성의 분포

어떤 교인이 그와 함께 일하는 사람들을 전도하려고 할 때, 그는 흔히 이렇게 묻는다. 이 "이 동질적 단위의 구성원들이 실제로 기독교인이 될 가능성은 얼마나 있는가? 그들은 얼마나 수용적인가?" 이러한 물음에 대한 대답을 하거나 어떤 주민들의 수용성에 대해 평가할 때 그 집단을 수용성의 축에 올려놓아 보는 것은 유익한 방법이다. 다음 그림에서처럼 선을 긋고 A에서 Z에 이르는 표시를 할 때, 모든 주민은 기독교인이 될 가능성에 따라 특정한 위치에 놓이게 될 것이다. 예를 들면 A자 위에는 기독교를 완고하게 거부하는 민족들이 놓이게 될 것이며, Z자 위에는 기독교인이 되는 데 아무런 장애도 없는 민족들이 놓이게 될 것이다. 그리고 다른 모든 민족들도 수용성의 정도에 따라 A와 Z 사이에 놓이게 될 것이다.

도표 13.1. 수용성의 분포

A B C	J	S	X Z

A에 위치해 있는 민족들에 대해서는 매우 저항적인 사람들에 적합한 방식에 의해 복음을 받아들일 수 있는 준비를 시키는 일을 해야 할 것이며, Z 위에 위치해 있는 민족들은 수확해야 할 것이다. A의 위치에 있는 사람들에 대해 교회나 선교회가 할 일은 주로 끈기있게 씨를 뿌리고 로마 가톨릭 선교사인 북아프리카의 Charles de Foucauld(샤를 드 푸꼴)이 행한 유명한 선교방법을 실천하는 것이다. 그는 이렇게 말했다. "선교란 그리스도 안에서 하나님의 사랑을 증거할 마음자세를 가지고 단지 기독교인으로서 그들과 함께 그곳에 존재하는 것이다." 반면에 Z 근처에 있는 민족들에 대해 푸꼴식 선교를 하는 것은 죄를 짓는 것과 다름이 없다. 성령께서 사람들을 감화시켜 그들로 하여금 기독교인이 될 결심을 하게 함으로써 그들이 천국을 침노하려고 몰려들 때 선교사가 단지 그곳에서 한 사람의 기독교인으로 머물러 있기만 하는 것은 지극히 충성되지 못한 일이다. 거기서 요구되고 있는 것은 단순히 하나님의 사랑을 증거하는 것이 아니다. Z 위치에 있는 민족들에 대해 순종하는 기독교인이라면 그들에게 성부, 성자, 성령의 이름으로 세례를 주어야 한다.

미국의 예는 이 상황을 이해하는 데 우리에게 큰 도움을 줄 것이다. 사람들이 많이 살고 있는 새로운 교외지역에서(그들은 위의 척도상 Z에 위치해 있을 것임에 틀림없다.) 새로운 회중들의 교인수를 신속히 증가시키는 것은 분명히 하나님의 뜻이다. 또한 첫 번째 세대의 이주자들에게 보다 큰 관심을 가져야 한다는 것 역시 하나님의 명령이다. 그들은 미국인들이 되는 것에 대해 큰 관심을 가지고 있다. 우리는 그들이 이교적인 미국인들이 되지는 않을 것이라고 확신한다. 문제는 첫 번째 세대가 경제적인 이유로 인해 주위에서 흔히 볼 수 있는 것처럼 신속한 교회성장을 이루는 회중들이 될 수 없다는 것이다. 그런 그들에게는 사울의 갑옷을 입고 싸우도록 요구해야만 한다. 그럼에도 불구하고 그들은 문화적으로 받아들일 수 있고, 경제적으로 가능한 그런 형태의 교회의 교인이 될 수 있을 것이다. 왜냐하면 그들은 Z에 위치해 있는 사람들이기 때문이다.

오늘날 대부분의 주민들은 A나 Z에 위치해 있지 않고 그 사이에 위치해 있다. 우리는 어느 정도 그들을 전도하여 기독교인이 되게 할 수는 있으나 그들이 떼거리로 몰려와 시온의 문들로 쇄도하지는 않을 것이다. 이

축의 중간에 위치해 있는 사람들에 대해서는 어떤 방법으로 선교를 해야 하는가가 매우 중요하다. 전도하여 기독교인이 되게 할 수 있는 사람들은 전도방법에 따라 기독교인이 될 수도 있고 그렇지 않을 수도 있다. 예를 들면 과중한 원조는 급속한 출발을 가능케 할지는 몰라도 결국 선교본부에 과중한 짐을 부과시킴으로써 성장을 둔화시킬 것이다. 이 분포도의 오른쪽 끝(Z)에 있는 민족들에게 적합한 보조방법을 왼쪽 끝(A)에 있는 민족들에게 융통성없이 시행될 때, 그것은 선교사들의 존재와 선교회의 풍부한 봉사를 통해 은밀하지만 효과적으로 지원이 행해지는 선교기지들을 제외하고는 결코 회중들의 형성에 도움을 주지 못할 것이다. 아프리카의 사하라 남부에서의 학교설립을 통한 전도방법에 대한 과중한 의존은 중앙의 왼쪽(A방향)에 있는 민족들의 15%를 복음화시킬 수 있다. 그러나 그들의 수용성이 증가하여 그들이 중앙의 오른쪽(Z방향)으로 옮길 때, 학교설립을 통한 전도방법에 대한 지나친 의존은 교회성장을 매우 둔화시킬 것이다. 수용성의 축에서 B와 C에 위치해 있는 주민들을 그리스도에게로 인도할 수 있는 유일한 선교방법은 개인들에게 그리스도를 전파하여 그들로 하여금 그들의 사회에서 벗어나 기독교 회중에 들어오게 하는 방법일 것이다. 그러나 그들의 수용성이 증가하여 J, S 또는 Z 방향에 가까운 지점에 놓이게 될 때, 집단적인 전도방법 대신에 계속해서 일대 일의 전도방법을 사용하는 것은 치명적이다.

남아메리카의 콜롬비아에서 활동하는 매우 부유한 선교회들 중의 하나는 19세기의 선교활동에 대한 타성적인 습관이 생겼다. 그 당시 그 선교회의 주요한 과제는 로마 가톨릭이 지배적인 그 나라에서 하나의 개신교 선교회로 단순히 명맥을 유지하는 것이었다. 이 선교회는 콜롬비아가 수용성의 축에서 가장 좌측(A)에 위치해 있었을 때 선교방식을 개발했다. 오늘날 콜롬비아인들은 그 당시와는 달리 보다 자유롭게 성서적 신앙을 받아들일 수 있게 되었다. 불행하게도 이 선교회는 복음에 대해 저항적인 민족에게 적합한 방법들을 오늘날에도 계속 사용하고 있다.

수용성이 없으면 선교는 불가능한가?

일부 선교학자들은 수용성의 다양성이 존재한다는 사실을 인정하기를 거부한다. 왜냐하면 그들은 그 사실을 받아들일 경우 그들이 복음에 대해 저항적인 지역들에서의 선교를 포기해야 하지 않을까 두려워하기 때문이다. 그러나 그들은 그럴 필요가 없다. 밭에는 씨를 뿌려야만 한다. 자갈밭에 씨를 뿌리려면 먼저 쟁기질을 해야만 한다. 그러므로 수용성이 낮을 경우 교회는 선교를 하지 말아야만 한다고 결론지어서는 안 된다.

올바른 정책은 수용성이 낮은 지역의 경우 그곳에 기독교의 기반을 마련하는 것이다. 그들도 언젠가는 수용적이 될 것이다. 그 지역들에서도 하나님의 자녀들이 살게 될 것이다. 그리스도께서는 우리들만을 위해서가 아니라 그들을 위해서도 돌아가셨다. 그들이 계속해서 복음에 대해 반항적이고 거부적인 태도를 취하고 있을 때는 가능한 한 정중한 방식으로 그들에게 복음을 전해야만 한다. 기독교인들이 그 지역을 장악하지나 않을까 하는 두려움 때문에 그들이 복음에 대해 훨씬 더 저항적이 되지 않도록 우리는 그 지역들에 대해서는 신중하게 대처해야만 한다.

우리는 그들을 괴롭혀서는 안 된다. 우리는 기독교에 대해서 적대적인 감정을 갖게 되는 그런 학교들에서 그들을 교육해서는 안 된다. 복음에 대해 저항적인 지역들에 대해서는 온건한 방법을 사용해야만 한다.

그들을 부드럽게 대하면서, 기독교 선교회는 이 지역들이 수용적이 될 때 선교자원들을 신속히 보내 줄 수 있도록 조직적인 정비를 갖추어야만 한다. 오늘날 교회는 인도네시아의 회교도들 사이에서 갑작스럽게 수용성이 증가하고 있다는 소식을 많이 듣고 있다. 우리는 회교도들을 개종시키기 위해 파송된 많은 선교사들이 그 지역으로 옮겨가기를 진심으로 바란다. 수용적인 지역들을 강화시키는 것은 복음에 대해 저항적이었다가 수용적이 된 사람들을 그리스도의 교회의 책임있는 교인들로 인도할 수 있는 유일한 선교방식이다.

모든 신학교와 신학대학교에서는 어떻게 하면 매우 수용적인 민족들을 전도하여 그곳에 많은 교회들을 세울 수 있을 것인가를 연구주제로 삼아야만 한다. 모든 목사가 다 수용적인 주민들을 만나는 것이 아니라 그 중의 일부만이 그렇다는 것은 사실이다. 그러므로 모든 목회자는 교육을 통해 카나다와 미국에 있는 수용적인 많은 주민들 사이에서 어떻게 교회를 증가시킬 수 있을 것인지를 배워야만 한다. 이것은 아시아, 아프리카, 라틴 아메리카의 신학교들에서는 훨씬 더 타당한 말이다. 하지만 국가교회를 가지고 있는 유럽에서는 교회성장이 무엇을 의미하는지가 분명치 않다. 국가교회들은 신앙의 갱신만이 필요하다고 믿고 있는 것 같다. 국민들은 이미 기독교인이 되었다. 즉 그들은 이미 세례를 받았다. 그러나 나 자신은 신앙의 갱신만으로 충분치 않다고 믿는다. 활력있는 새로운 회중들을 많이 만드는 것을 통해서만(국가교회들 안에서나 밖에서나) 유럽에 있는 수많은 기독교적인 이교도들을 재회심시킬 수 있을 것이다. 우리는 이 점에 대해 많은 생각을 해보아야만 한다.

모든 선교사 후보들 역시 복음에 대해 매우 큰 반응을 보이고 있는 주민들 사이에서 어떻게 교회들을 성장시킬 수 있을 것인가 하는 방법을 선교학교에서 배워야만 한다. 모든 주민들에게 다 적합한 한 가지 방법은 없다. 원시 부족에 적합한 방법과 브라질의 도시 대중들에게 적합한 방법은 다르며, 스페인어를 사용하는 민다나오 섬의 필리핀 시골 사람들에게 적합한 방법 또한 다르다. 아프리카인들과 라틴 아메리카인들과 매우 폐쇄적인 인도의 카스트제도에 속해 있는 사람들에게 적합한 회중은 각각 다르다.

교회성장의 특수성

수용적인 주민들 사이에서의 교회성장은 각기 독특하다. 이 사실을 망각함으로써 많은 혼란과 상실이 야기되고 있다. 각각의 주민은 한 개인이 다른 개인과 다른 것보다 다른 주민들과 훨씬 더 큰 차이점을 지니고 있다. 그들은 하나의 독립적인 사례이다. 그들이 어떤 성격을 지니고 있는가에 따라 교회성장은 달라진다. 그곳에 있는 모 교회와 지배 교회가 어떤 역사를 지니고 있으며, 어떤 독특한 특성들을 지니고 있느냐에 따라 교회성장은 달라진다. 선교사들이 어떤 사람들이며, 어떤 선교정책을 취하느냐 하는 것은 성장의 가능성과 유형에 매우 큰 영향을 끼친다.

공인된 서구의 신학교들은 2,500만 명의 스페인계 라틴 아메리카인들, 2,500만 명의 흑인들, 6백만 명의 프랑스계 카나다인들 등의 소수민족들 사이에서 생명력있고 번식력있는 회중들을 증가시키기에 적합한 스페인계 라틴 아메리카인 목사, 흑인 목사, 프랑스계 카나다인 목사, 나바호족의 인디언 목사 등을 양성해 내지 못한다. 현재의 신학교들은 거의 전적으로 기존의 회중들을 돌볼 수 있는 목사들을 양성해 내는 일만을 하고 있을 뿐이다. 대부분의 신학교들은 조오지 폭스(George Fox)나 요한 웨슬레(John Wesley)나 루이스 프란체스콘(Louis Francescon)과 같은 사람들이 일으킨 것과 같은 전도운동을 일으키는 방법을 알지 못하고 있다. 오순절 교파들은 이러한 문제들에 대해 약간의 통찰력을 지니고 있다. 그러나 우리는 이 주제에 대해 훨씬 더 많이 알 필요가 있다.

그러므로 각각의 주민은 그 자신의 성장방식을 가져야만 한다. 복음의 본질, 권위있는 성경, 불변하는 기독교인 등은 모든 주민들에게 항상 동일한 것이다. 그러나 그에 수반되는 부수적인 것들은 각각의 특수한 경우에 알맞게, 자유롭게 변화될 수 있고 또한 변화되어야만 한다. 병원, 학교, 시범 농장, 문맹 퇴치기관, 라디오 방송국, 고아원, 나환자촌, 신학교 등 선교기관들을 예로 들면 이 원리를 잘 이해할 수 있을 것이다. 이 모든 기관들은 사람들을 하나님께 화해시키고, 교회의 세포들을 증가시키는 데 적합한 것인가? 우리는 어떤 상황에서는 그렇다고 대답할 수 있으나 다른 상황에서는 그렇지 않다고 대답하지 않으면 안 된다. 예를 들면 이제 성장하기 시작한 아프리카—라틴 아메리카—아시아의 몇몇 교회들에서는 이러한 기관들이 아무리 많아도 지나치지 않다.

대부분의 상황에서는 **만일 … 하다면**이라는 조건 하에서만 **그렇다**고 대답할 수 있다. 예를 들면 학교의 경우, 학교를 통해 "많은 사람들이 주께 돌아온다면"이라는 조건 하에서 "그렇다"고 대답할 수 있다. 그러한 조건들은 수없이 나열될 수 있을 것이다. 교회확장에 현저한 도움을 준다면, 거대한 기관들이 작고 보잘것 없는 교회와 균형을 잃지 않는다면, 성장하는 교회들이 그들 자신의 힘으로 이와 유사한 기관들을 세울 수 있다면, 신학교나 신학대학들이 기존 교회를 돌보는 목사들 뿐만 아니라 교회개척자들을 훈련시킨다면, 교회성장이 증가되고 쇠퇴하지 않는다면, 의료기관들이 교회의 증가를 촉진시킨다면, 선교기관들이 교육수준이 높고 폐쇄적인 중상층의 기독교인들로 이루어진 하나의 작은 공동체를 만드는 대신에 교회들을 증가시킨다면 우리는 그러한 기관들에 대해 **그렇다**라고 대답해야만 할 것이다.

이와 마찬가지로 안수받은 목사들에게 사례비를 주고 있느냐와 같은 세속적인 문제가 고려될 때, 또는 "목회자들 중에서 어느 정도나 자비량하고 전도를 해야 하느냐?"와 같은 문제가 제기될 때, 그 대답은 불변하는 일반적인 원리들에 좌우되는 것이 아니라 특정한 주민의 사회구조, 그곳의 교회가 처해 있는 발전 단계, 그리고 해외원조의 성격 등 그곳 주민의 여러 가지 상황에 좌우된다. 수용적인 주민들 사이에서의 교회성장은 항상 특수하다. 단일한 동질적 단위들에서만 개별적인 교회들은 성장한다. 따라서 우리는 항상 동질적 단위들에서 성장하는 교회를 가장 잘 발견할 수 있다.

수용성에 어울리는 복음전도의 방법

수용성이 효과적인 전도방법을 결정지어 준다는 것은 분명하다. 1840년경에 봄베이에서 여성교육이 하나의 혁명적인 사상이었을 때, 스코틀랜드 장로교선교회는 파르시족의 어린 소녀들이 학교에 출석할 경우 그들에게 매일 약간의 돈을 주었다. 그후 120년 뒤에 유명한 미션스쿨들은 수업료를 요구하였으며, 많은 신청자들 중에서 소수만을 받아들였다. 서양의 의학, 교육, 생산 등에 대한 사람들의 욕구에 맞추어 선교법을 조정하는 것은 쉬운 일이며, 보편적으로 행해지고 있다. 선교사는 이러한 문제들에 있어서 확고한 현실주의자이다.

그러나 아메리카의 교회나 아프리카의 선교회가 크게 증가한 수용성에 적합하도록 모든 프로그램을 재조정하는 일은 어려우며, 거의 이루어지지 않고 있다. 대규모의 주민들이 집단적으로 변화되는 일은 드물다. 예를 들면 10만 명으로 이루어져 있는 한 공동체가 수용성이 증가하였을 때, 즉 수용성의 축에서 D에서 P로 옮겨갔을 때, 그것은 결코 10만 명 모두가 갑자기 복음을 받아들일 수 있는 사람들이 되었다는 것을 의미하는 것이 아니라 전 인구 중에서 동질적 단위에 속해 있는 2~3천 명만이 복음을 받아들일 준비가 되었다는 것을 의미한다. 그리고 그들이 준비가 되어 있다 할지라도 그들에게 올바른 방식으로 접근할 때만이 우리는 그들을 기독교인으로 만들 수 있다. 그들이 그들 자신의 동족에게서 복음을 듣는다면, 그들은 기독교인이 될 것이다. 그러나 그들이 이방인들에게서 복음을 듣는다면 그들은 전과 마찬가지로 복음에 대해 반항적일 것이다. 그들이 복음전도자를 "우리 편에 속한 사람"으로 인정한다면, 그들은 복음을 듣고 기독교인이 될 것이다. 그러나 그리스도를 전하는 사람들이 자신들의 이익과는 무관한 전문가들처럼 보일 때, 그들은 계속해서 복음에 대해 저항적일 것이다. 기독교인이 된 사람들이 정말로 변화된다면, 수천명의 사람들을 그리스도께로 인도할 수 있을 것이다. 그러나 새로운 기독교인들이 과거와 마찬가지로 달라진 점이 없고 불행하다면, 비기독교인들은 복음에 대해 계속 무관심할 것이다.

6대륙에 있는 교인들이 전체 인구 중 동질적 단위에 속한 사람들의 수용성이 변화되어 가고 있는 것에 주목하면서 **그러한 단위에 속해 있는 사람들과 집단들을 찾아** 그들을 그리스도에게로 인도할 준비가 되어 있지 않다면, 그들은 무엇이 긴요한 일인지조차 알지 못할 것이다. 그들은 선교의 가장 중요한 목적이 무엇인지를 알지 못하기 때문에 점점 더 큰 수용성을 갖게 된 사람들을 전도하기에 적합치 않은 일반적인 "교회 일과 선교사업"을 계속 할 것이다. 본질적인 과제는 수용성을 발견하고, 수용적인 사람들이 기독교인이 되고, 그들의 이웃들을 영생으로 인도할 때까지 그러한 수용성에 맞게 선교방법, 제도 및 직원들을 조정하는 것이다. 효과적인 전도가 요구된다. **효과적인** 전도방법은 잃은 자를 찾고, 찾은 자를 기독교인이 되게 하며, 그들에게 하나님의 말씀을 먹이고, 그들을 새로운 회중들이나 기존의 회중들 속에 통합시키는 것이다. 그렇기 때문에 그러한 전도는 효과적인 전도라고 불리운다.

V
교회성장의 특별한 본질

14
대중, 계층 및 교회성장

금세기는 지난 어떠한 세기보다도 "대중" 그리고 그들의 정의와 기회균등에 대한 주장을 의식하고 있다. 무거운 짐을 감당하는 자들로서의 대중은 어느 시기에 있어서나 사회의 주된 부분을 구성하였다. 그러나 20세기에 있어서 그들은 더욱 많은 권력을 소유하고 있다. 산업주의는 우리의 여전히 확장되는 도시들의 거대한 무산 계급을 창출하였다. 노동기구들은 엄청난 힘을 성취하였고, 교회들은 사회정의를 부르짖어 왔다. 또한 국가 지도자들 가운데 각성된 양심을 소유한 지도자는 우리의 세제(稅制)를 부(富)가 보다 공평하게 분배되는 쪽으로 개선해 왔다. 공산주의는 많은 국가들에 무산 계급의 통치를 실현하는 것이 정의로운 사회를 향한 필연적인 단계라고 주장하면서 그 같은 일을 해오고 있다.

수천만의 사람들이 독서, 연구, 강의, 대중매체, 의식화교육을 통하여 대중들의 욕구 및 그들이 조직되고 무장될 때 지니는 그들의 힘에 대하여 배우고 있다. 하지만 아마도 책들과 연설들보다 더욱 강력하게 선거, 올림픽 경기에서의 승리, 우주탐험, 정상회담, 폭동, 전쟁들과 같은 조작된 사건들이 대중 및 교육, 건강, 여가, 권력에 대한 그들의 권리에 현저하게 주의를 집중시켜 왔다. 인류는 사회체제의 수혜자들과 희생자들로 나뉘어져야 한다는 생각은 사려깊은 사람들에게는 더이상 설득력을 상실한 것처럼 보인다. 못가진 자의 처지는 국가에게 있어서 심각한 관심사가 되어 가고 있다. 공산주의에 반대하는 사람들은 대중들에 대한 그 표방이 잘못되었다는 근거에서가 아니라, 공산주의가 비효율적이며 그 수단들과 영향들이 자멸적이라는 근거에서 공산주의를 반대한다.

인간 사고에 있어서 마치 히말라야 산맥이 북인도의 평원들을 지배하듯이 세계 무대를 지배하는 이 근본적으로 새로운 요소는 민족들을 예수 그리스도에 대한 신앙으로 인도하고 복음에 복종하게 하는 데 무슨 의미를 지니는가?

계층/대중사회에 대한 이해

대부분의 미국인들은 위의 첫 단락에 서술된 내용에 동의할 것이기는 하나 그들은 그것을 그들의 마음으로보다는 그들의 머리로 이해한다. 미국인들 가운데도 가난한 자들이 있기는 하나 그들은 통합된 사회라는 생각에 익숙해 있지 "계층들과 대중들"에 대하여 말하기를 좋아하지 않는다. 목수도 대학선생 만큼 수입을 얻으며 소목수가 목사보다 더 좋은 차를 소유한다. 특권귀족 계층이라는 관념은 우리의 국가적 풍토에서는 낯설다. 그러므로 미국인들도 때로는 대중들에 관하여 말하기는 하나 그들은 사회 체제의 희생물들로 살아가는 것이 무엇을 뜻하는지를 정말 알지는 못한다. 사실상 우리는 "사회체제의 희생물들"이라는 문귀를 우리 자신의 사회의 어떠한 부분에 대해서도 기술하기에는 너무나도 많은 가시가 돋힌 문귀라고 생각하는 경향이 있다.

이러한 사실에도 불구하고 미국은 나름대로의 착취당한 대중들을 소유하고 있다. 1968년 연두교서에서 존슨 대통령은 5십만 명의 "만성 실업자"에 대하여 언급하였다. 험프리 부통령은 또한 다음과 같이 말하고 있다. "대부분의 사람들이 가난하거나 절망적이지 않은 그러한 사회에서, 이러한 사람들이 존재하는 데서 오는 영향은 깊은 소외의식을 산출한다는 것이다. 이러한 감정은 법에 대한 빈민가 거주자들의 태도에서 가장 잘 표출되고 있다. …궁핍한 자의 입장에서 볼 때 가난한 자의 봉급을 탐식하고… 그를 그의 집으로부터 쫓아 내며… 고리채에 허덕이게 하고… 그의 보험료 납부를 말소시키고… 그의 자녀들을 체포하는 것이 법이다"(Humphrey, 1967).

엄밀한 의미에서 부족사회들을 이제 막 탈피한 아시아-아프리카 지역에서는 (상류) 계층들과 대중들이 보다 선명하게 구분된다. 경제, 권력구조, 종교는 보다 보장된 계층들이 엄청난 수효의 대중보다 계속 우위에 있도록 배열되어 있다. 그 격차는 생활의 많은 영역들에서 측정될 수 있다. 수입에 있어서 상류 계층들은 월평균 200불의 소득을 얻는데 대중은 월평균 20불의 소득을 올린다. 언어에 있어서 상류 계층들은 공용어를 유창하고 정확하게 구사한다. 그러나 대중은 많은 방언들을 말하고 표준어로는 서투르게 자신들을 표현한다. 주거문제에 있어서 상류 계층들은 안락하고 영구적인 집에서 모든 현대적인 이기(利器)들을 갖추고서 산다. 대중들은 짚과 나뭇가지, 흙벽돌과 조잡한 기와, 목재 부스러기들과 깡통 조각으로 만든 오두막에서 산다. 건강에 있어서 상류 계층들은 유능한 의사의 진료를 받고, 잘 보관된 충분한 음식을 구입하고, 그들의 자녀를 성숙할 때까지 양육하며, 장수를 누린다. 대중은 이런저런 종류의 약초상들과 민간요법 치료사들에게 의존하며 옥수수, 타피오카(열대 식물로 그 뿌리를 식용으로 한다-역주) 또는 쌀을 주식으로 하며 그날그날을 연명하며 근근히 살아간다. 그들의 보충 음식물이라면 얼마 안 되는 콩, 철따라 재배되는 채소, 아주 드물게 맛보는 고기 또는 생선이다. 대중은 여위었다. 그들은 충분한 칼로리를 섭취하지 못하며 유아 사망률은 높고 늙기까지 사는 경우는 좀처럼 드물다.

아프리카-아시아의 정치적 영역에 있어서 상류 계층들은 국가를 통치하는 사람들과 긴밀하게 연결되어 있다. 대중은 자기들을 다스리고 그러면서도 별로 보살필 줄 모르는 사람들과 거의 무관하다. 종교에 있어서 상류 계층들은 자기들이 하나님의 특별한 피조물이라고 확신한다. 힌두교의 카스트제도에 대한 가르침을 회상해 보라. 사실상 대중은 하나님께서 "별 것 아닌 백성"인 그들-인도에 있어서 수드라, 즉 열등인들, 볼리비아와 페루의 인디언들, 북미에서는 흑인들-을 영원히 노동자들로 창조하였다고 확신한다.
　브라질은 아프리카 - 아시아 지역의 중진국들 가운데 하나이다. 브라질은 풍부한 토지를 소유하고 있고 강력한 댐들과 산업구조들을 소유하고 있다. 그럼에도 불구하고 다음의 인용문은 브라질에 있어서조차 대중들이 인구통계 전망의 주된 특징이 된다는 사실을 시사한다.

　　브라질의 흑인들(미국에서 인구 비례상 10%를 차지하는데 비해 전 인구의 38%를 차지함)은 쿠 클룩스 클랜(흑인에게도 폭행을 가하는 백인 테러단체 : K. K. K단-역주)을 두려워할 필요가 없고 인종폭동에 휘말려들지 않아도 되며 연좌 파업을 의도하지도 않는다. 사실 대통령 자니오 쿠아드로스(Janio Quadros)가 언제인가 "우리는 인종의 공존과 통합을 실현한 역사상 가장 성공적인 사례이다"라고 말한 적이 있는데 이는 브라질 사람들의 공통된 견해를 대변한 것이다.
　　그러나 그 이면적인 사실들이 있다. 브라질의 유색인종들은 그 국가의 못가진 자들이다. 또한 많은 점들에 있어서 브라질의 인종편견은 미국의 서남부 지방에서 발견되는 양상에 버금간다. 심지어 사람을 가리키는 포르투갈 용어-gente-조차도 브라질에서는 인종적 어조를 소유한다. 한 신랄한 흑인은 "백인들은 사람들(gente)이고, 흑인들은 짐승들이다"라고 말한다.…사웅파울루를 방문하고서 루이스 암스트롱은 "그들은 내게 이곳은 인종차별이 없다고 말하였다. 그러나 내 눈에 들어오는 것은 나와 동일한 피부를 소지한 자들이 청소부 노릇을 하고 있다는 사실이다"라고 절규하였다.… 많은 백인 브라질 사람들은 가장 극단적인 양키의 자부심도 무색하게 할 정도의 우월감을 소유하고 있다. 사웅파울루에 있는 한 흑인 변호사가 북미의 한 신문기자에게 다음과 같이 말하였다. "브라질인들의 판에 박힌 문귀에 의하면 당신은 지금 무능하고 게으르고 무책임하며 무법적이며, 어리석고 주정뱅이이며 부도덕하며 색광인 사람에게 이야기하고 있는 것이다. 사웅파울루의 경찰훈련학교에서는 도적 체포훈련에 있어서 오직 흑인들만이 도적들로 분장하고는 한다.…브라질의 대부분의 유색인들은 이러한 백인들의 상습적 관행을 의문없이 받아들인다.… 브라질의 흑인들이 사닥다리의 맨 밑계단에서 내려서기까지는 아무도 변화에 대한 어떠한 압력도 기대하지 않는다. 브라질의 생존을 위해 투쟁하

14. 대중, 계층 및 교회성장

는 수천만명의 흑인들의 대다수는 여전히 생계를 유지하는 데 너무 급급해 있어서 인종차별에 관하여 많은 생각을 할 여유가 없다(1964년 9월 7일자 Newsweek, p. 47).

1964년에 있어서 브라질의 거의 모든 흑인들과 수백만의 스페인계 혼혈 인종들이 "대중"의 부류에 포함된다. 1942년에 국제선교협의회의 멀 데이비스(Merle Davis)는 그 상황을 다음과 같이 평하였다.

> 노변의 주택 거실에는 가구라고 해야 등받이 없는 긴 의자 한 개, 해먹과 부서진 의자 하나가 전부이다. 다른 방에는 식탁, 누더기 이불보로 녹슨 스프링을 감싼 침대 하나와 긴 의자 하나가 있다. 한 모퉁이에는 작은 거울이 걸려 있고 구석 석유통 위에는 분첩 한 개, 실패 한 개, 그리고 골무가 놓여 있다. 두 명의 벌거벗은 자녀들이 더러운 마루에서 병아리들, 그리고 작은 돼지와 놀고 있다. 음식은 흙으로 만든 화덕에 나무가장이를 연료로 하여 솥에서 요리된다. 그 집과 가구는 우리가 들어간 농촌 가옥들 중 많은 가옥들에게 전형적이다.
> 대략적으로 1천만 명의 근로자들과 그 가족들이 국가의 큰 부분을 구성한다. 그들은 근로자들, 소농들, 소작농들, 벌목인들, 공장 근로자들, 일반 노동자들이다. 인구의 96내지 97%를 구성하는 근로자들의 대다수는 한 달 평균 10불(미국화)을 벌고 있고, 숙련 노동자의 경우는 15불로부터 북부의 미숙련 노동자는 5불 또는 심지어 그에 못미치는 수입 정도로 분포되어 있다.
> 북아메리카인은 음식하면 빵, 버터, 우유, 계란, 고기, 치즈, 야채를 생각한다. 브라질 근로자는 이들 음식재료들의 소량밖에는 확보할 수 없다. 그에게 있어 이러한 음식들은 사치스럽다. 그는 전분을 함유한 구근들, 감자, 검정콩, 타피오카 그리고 가끔 자반 생선과 바나나로 생을 영위한다(Davis, 1942 : 19, 35-36).

브라질은 1942년 이래 경제발전을 거듭하고 있다. 이러한 상황은 1942년의 모습으로 1980년에는 아프리카—아시아 지역의 많은 국가들보다 분명 앞서 가고 있다.

인도에서는 불가촉천민인 수드라인의 99% 뿐만 아니라 가촉천민들의 대부분, 그리고 또한 상류 카스트의 상당수 사람들도 대중에 포함된다. 공업도시들과 촌락들에서 굶주림은 모든 카스트 가운데서 발견된다. 비록 상류 카스트로 올라갈수록 극빈자의 비율은 감소된다고 하더라도 그러하다. 중국, 일본, 필리핀, 인도네시아, 아프리카, 라틴 아메리카의 제국들에서 우리가 무산 상속자, 셔츠를 착용 못하는 사람들, 소작농들, 농토가 없는 노동자, 문맹자들을 합산해 볼 때 대중의 엄청난 규모 및 그들의 비참의 깊이의 생생한 모습이 부상하게 된다.

도표 14.1.

지주들
사업체
지적인 전문 직업인들
장인 및 기능공들
농부
미숙련 노동자들

"사회에는 다양한 계층들이 있다"는 말은 정확한 진술이 아니다. 그 말은 진실보다 거짓을 담고 있다. 한 선교 기관지는 최근에 다음과 같이 말하였다. "우리는 복음을 가지고 사회의 모든 계층들을 찾아갔다." 그리고 그 기관지는 그 말을 역설하기 위하여 위에다가 오인되기 쉬운 도표를 부착하였다.

이러한 여러 계층들이 있다는 것은 사실이다. 그러나 지주들, 사업체, 지적인 전문직업인들은 장인, 기능공, 농민, 미숙련 노동자들 만큼 사회의 큰 부분을 구성하지 않는다.

선교계는 유진 니다(Eugene Nida)의 사회체제에 대한 훨씬 정확한 도표를 참조해야 한다. 다음의 세 개의 복숭아 모양의 도표들은 계층 구성비율 및 계층들을 훨씬 진실하게 보여 준다.

어떠한 분석도 충분한 의미를 지니기 위해서는 사용된 용어들을 정확하게 정의해야만 한다. 정확하게 누가 계층들과 대중을 구성하는가? 주어진 사회의 각 부분에 대한 예리한 정의가 이루어지기까지는 그것에 관한 정확한 사고는 불가능하다. 하지만 각 나라의 사회는 다른 국가들과는 다르고 특정한 국가에 있어서도 30년 전의 정의들이 오늘날 존재하는 사회에는 부적합할 것이기 때문에 나는 정확한 정의들을 시도하지 않을 것이다. 멕시코에서 내려진 정의들은 1980년의 한국에는 부적합할 것이요, 카나다에서 내려진 정의들은 영국에도 적합하지 않을 것이다.

도표 14.2. 계층 / 대중사회의 모양

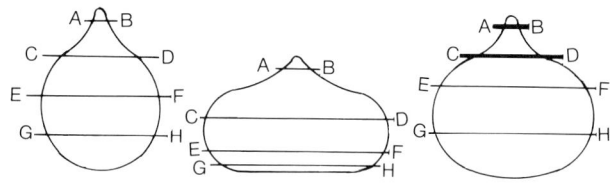

그 대신에 설명을 위하여 나는 토지를 소유한 귀족을 상류 계층들로(왼쪽의 복숭아형태의 도표에서 위의 AB), 사업체와 지적인 전문직업인들을 중산 계층(위의 CD), 장인들, 기능공들, 공장의 작업반장들, 트럭 운전사들을 상-하류 계층들(위의 EF), 농부들, 미숙련 노동자를 중-하류 계층들(위의 GH), 실업자, 예비 실업자들, 농노들, 부랑자들, 병자를 하-하류 계층들(밑의 GH)로 간주할 것이다. 상류 계층들이 전체에 대하여 형성하는 극도로 작은 비율에 유의하라. 아마도 전체 인구의 1% 정도일 것 같다. 중간 계층의 작은 규모에도 유의하라. 이는 인구의 6% 정도가 될 것 같다. CD선의 위치는 어떤 국가이냐, 그리고 그 국가에 있어서 시대가 어떤 시대이냐에 따라서 상하 이동이 가능하다. 또한 단어들이 얼마나 마음을 오도할 수 있는가에 유의하라. 중간 계층들은 진정한 의미에서 결코 "중간"이 아니다. "중간" 계층과 "상류" 계층을 합하여 "그 계층들"(the classes)이라고 부르는 것이 더욱 현실적이다. 이들은 사회체제의 수혜자들이다. 많은 곳들에서 이들은 착취자들이다. 그리고 하류 계층들은 보다 정확하게 피착취자들이라고 불리울 수 있을 것이다. 결과적으로 본 장에서 나는 다만 두 개의 주된 구분들에 대하여, 즉 계층과 대중들에 대하여 말한다. 아프리카-아시아 지역의 인류의 어떠한 참된 모습도 꼭대기의 소수들, 그리고 복숭아 모양의 불룩한 부분에 다수가 처한 모습이어야만 한다. 즉 거의 모든 것이 CD선 아래에 위치한다. 소수의 계층들, 그리고 엄청난 대중이 오늘날 아프리카-아시아의 대부분의 국가들을 특징짓는다.

북미, 그리고 점증적으로는 유럽에 있어서도 중간 계층이 진정으로 각국의 인구를 대표한다. 중간의 통통한 복숭아는 계층들과 대중 사이의 거리가 크지 않음을 보여 준다. 중간 계층은 명실상부한 중간 계층이며 훨씬 방대하다. "상-하류 계층들"이 전체의 큰 부분을 형성하고, 하-하류 계층들은 전형적인 아프리카-아시아 지역에서보다는 전체의 훨씬 작은 단원을 구성한다.

앞의 도표에서 굵은 선 AB와 CD는 세 단원들 사이의 단절을 나타낸다. 상류 계층들은 중산 계층들과 상거가 멀 뿐만 아니라 다른 인간 종족을 구성한다. 중간 계층들 역시 하류 계층들로부터 너무나도 떨어져 있어서 상호 결혼과 상호 식사는 희귀하다. 이러한 카스트-또는 아마도 우리는 간격이라고 말해야 할 것 같다-선들은 인간의 교만에 의하여 요구되며 대부분의 사회들을 특징짓는다. 그러나 어떤 국가들에서는 이러한 카스트 선들이 제도화된다. 힌두교를 신봉하는 인도는 그 카스트제도와 더불어 제도화된 인종적 오만의 가장 명백한 사례이다. 비록 400년 동안 라틴 아메리카의 전통적인 백인 가족들은 인도계의 2세들을 두 번째로 가까운 계층으로 취급하였더라도 말이다.

오스카 말도나도(Oscar Maldonado) 목사(1966 : 43)는 다음과 같이 서술한다.

> 콜롬비아 사회는 계층사회라기보다는 훨씬 카스트사회인 것처럼 보인다. "사회를 통솔하는 사회 계층들"과 대중들 사이에는 심연이 놓여 있다. 투자는 아직도 계층의 본성을 획득하지 못하고 있다. 왜냐하면 그들은 [그들의 상황에 대한] 지각을 결여하고 있고 고도의 문맹률, 초등 국민학교의 교육수준의 저질, 노동운동들에 대한 과거의 경험을 감안할 때 이러한 조건에서 계속 머물 것이기 때문이다.

부족의 모든 구성원이 땅에 대하여 동등한 권리를 소유하고 있는 부족

사회들은 계층/대중사회에 대한 예외의 경우이다. 그러나 이러한 예외는 오래가지 못할 것이다. 부족사회들이 붕괴되고 세계의 일상적 생활 모습으로 변모되고 도시들로 몰려들 때 그들은 대중이 된다. 과거 시대에 그들의 귀족 계층이 크샤트리아(지배하는 카스트)가 되었다는 사실에도 불구하고 인도의 대다수의 부족들은 수드라(열등 카스트)가 되었다.

산업화와 교육이 진보될 때 특별히 운이 좋은 국가들에서는 중간 계층들의 규모가 증가한다. 헤비거스트(Havighurst)와 모레이라(Moreira)에 의하여 조사된 바(1964:99) 브라질에서 각 계층이 겪게 되는 전체 인구의 퍼센트에서의 변천을 고찰해 보도록 하자. 1870년부터 1955년까지 "하—중간" 계층의 추이를 보자. 대부분의 국가들에서 "중간 계층들"의 성장이 관찰될 수 있다. 그러나 산업화된 국가에서는 그 성장율이 크고 다른 국가들에서는 성장율이 작다. 1870년의 노예들이 1920년에 "하—하류" 계층으로 융해된 경위를 보라.

전체 인구 비율별로 본 브라질의 사회계층 분포

계층	1870	1920	1950	1955
상상	1	1.5	2	2
하상	1	1.5	2	2
상중	5	2	3	4
하중	6	9.5	12	16
상하	73	10	33	36
하하		70	50	42
노예들	15			
	1000	100	100	1 0 0

중간 계층의 성장은 대중의 엄청난 수효를 감소시키지 못한다. 예를 들어 1955년 브라질에 있어서 하류 계층들(대중)은 전체 인구의 78%를 구성하다. 그리고 인구가 대단히 성장하였기 때문에 1955년의 78%는 1920년의 80%보다 몇 백만의 증가를 의미하였다. 다른 국가들에서 대중들은 전체 인구의 70~95%를 차지할 수 있다. 그러나 여기서 각국에 있어서 그들의 정확한 수효는 우리의 관심사가 아니다. 아프리카—아시아 영토에서 가장 유리한 추산에 의거한다고 해도 대중(무산 상속자, 부담을 진 사람들, 1,2에이커의 땅을 소유한 사람들과 토지가 없는 사람들)은 여전히 인간의 대다수를 구

성한다.
 우리는 토지개혁을 통한 중간 계층의 증가를 즐거워하고 또 우리는 정의의 방향으로 나아간다. 그러나 우리는 이러한 변화들은 문제의 규모에 비교해 볼 때 작다는 것을 언급하지 않을 수 없다. 그 가운데는 즐거워할 만한 것이 그렇게 많지는 않다. 예를 들어 1962년 2월호 Viewpoints는 과감한 제목의 기사를 실었다. 그것은 SYRIA MAINTAINS LAND RE-FORM OFFENSIVE(시리아 토지개혁의 허상)이라는 것이었다. 거기에 소개된 이야기는 다음과 같다. 1957년에 시리아는 땅을 배분하는 법률을 제정하였다. 이 법률은 대지주로 하여금 자신과 그의 가족의 각 사람을 위하여 160에이커의 땅만을 소유할 수 있게 하는 것이었다. 그가 어떤 땅을 소유하느냐 하는 것은 그 자신이 결정하였다. 그의 영지의 남은 부분만이 배분되도록 되었다. 3년 후에 오직 6,000의 가족들(총 3,000,000의 인구 중에서)에게만이 평균 10에이커의 관개된 토지거나 아니면 50에이커의 비관개 토지가 주어졌다! 그 표제는 사실 SYRIA FIDDLES WHILE THE FUZE SIZZLES(시리아는 실속은 없이 소리만 요란)이라고 하는 것이 좋을 뻔하였다.
 기독교인들은 그들이 기쁘게 여기는 정의를 향한 이러한 움직임들이 국가들의 상황에 실질적으로 영향을 미친다고 상상하지 않는 것이 좋다. 음울한 대중이 여전히 존재한다. 그들의 수효는 날이 갈수록 증가한다. 중간 계층은 여전히 소수이고 또한 비례적으로 더 작아지지는 않는다고 할지라도 여전히 소수로 존속할 것이다. 오늘날 기독교인들은 당면한 문제에 대해 언급을 해야 한다. 지금부터 50년 후가 되면 우리의 손자들이 그들이 당면한 문제에 대하여 분명 언명할 것이다.
 과거의 대중들은 체념적이었다. 그들은 자신들이 살았던 삶의 종류가 가능한 유일한 것이라고 생각하였다. 현명한 사람들은 단순히 삶을 그래야만 하는 것으로 받아들였다. 그러나 체념 또는 자족하며 살려는 태도는 사라져 가고 있다. 우리는 그 진행율을 과대평가하지 말아야 한다. 그러나 이러한 체념은 사라져 가고 있다. 대중은 자신들이 영원한 빈곤 가운데서 살아서는 안 된다는 것을 배우고 있다. 교육받은 사람들은 자신들이 풍부하게 살 권리를 소유하고 있고 특권층으로부터 이 세상의 재화의 상당 부분을 가로채기 위하여 자신들을 조직하고 무장해야 한다는 것을 이들에게 가르친다. 이것이 모든 국가에서 보게 되는 혁명이다.

마르크스주의자들은 이러한 혁명을 전 세계에 확산시키려고 한다. 그들은 공산주의가 대중들이 계급투쟁과 무산자의 지배를 통하여 가진 것을 지키려는 저항적인 계층들로부터 정의를 얻어 내는 유일한 길을 제공한다고 믿는다. 현재의 체제들이 다수의 사람들에게 부과하는 계층 억압에 대하여 번민하는 이상주의를 지닌 학생들은 변화를 요구한다. 막대한 문맹의 농부들을 착취하여 살아가는 세습적인 엘리트들로 구성된 국가들이 나약하다고 보는 애국자들은, 그들의 국가들이 강력하게 될 수 있기 위하여는 농민들을 해방시켜야 한다고 생각한다. 그 일을 하는 주체가 누구이든지 간에―그들이 마르크스주의자들이든, 관념론자들이든, 애국자들이든―대중은 봉기와 조직의 대상이 되며 보다 많은 인생의 유익을 위한 전투에 동원된다.

그들의 기질은 1959년 아이젠하워 대통령이 남미를 방문하였을 때 칠레 대학생연맹이 그에게 보낸 편지에 의하여 잘 설명된다. 그 내용의 일부는 다음과 같다.

> 미국에서는 지배적인 체제를 옹호하기 위하여 싸우는 것이 의미있는 일입니다. …그러나 라틴 아메리카에서는 지배적 체제를 옹호하는 것은 사회적 체제가 별 의미가 없거나 또는 의미가 전무한 가난한 사람들이라는 거대한 대양에 의하여 둘러싸인 소수의 인구의 특권을 유지시키는 것을 의미합니다. …만일 오늘날의 불의가 기독교 또는 민주주의가 이 대륙에 제공할 수 있는 모든 것이라면, 이들 국가들의 가장 우수한 자녀들이 공산주의로 전향한다고 해도 별로 놀라운 일은 못될 것입니다.

오늘날의 계층/대중사회를 간략하게 기술한 뒤의 내용들은 대부분의 독자들에게 익숙한 정황을 환기시키는 것이 될 것이다. 계층들과 대중들의 존재는 우리의 주된 논구 대상이 아니다. 우리는 하나님의 선교에 대중들이 무슨 의미를 지니는가를 물어야 한다.

성경과 대중

성경은 보통 사람에 대한 확고한 애정을 보여 준다. 성경은 모든 인간들은 아담의 후손들이요, 그러기에 형제들이며 동등하다고 선언하는 것으로 시작한다. 성경은 모든 인간들이 "큰 자나 작은 자나 다 마찬가지로" 흰 보좌 앞에 서서 심판을 받을 것을 선언함으로 종결된다. 인간들이 심판을 받을 때는 부자, 학식있는 자, 귀족, 권력자, 왕들이 다 소용이 없다. 대중에게나 계층들에게 동일하게 적용되는 유일한 표준은 그들이 그들의 의복을 세탁하였는가? 그들의 이름이 생명책에 기록되었는가? 그들이 세상 앞에서 그리스도를 고백하였고 모든 죄와 기타의 충성을 포기하고서 죽기까지 충성하였는가 하는 것이다.

인도에 있는 대중 기독교인들에게 하나님께서는 한 남자와 여자를 창조하셨고 모든 인간들은 그들의 후손들이라는 성서의 설명은 특별히 귀중하다. 그것은 위대한 신 브라함이 그의 머리로부터는 브라만 카스트를, 그의 어깨로부터는 무사 카스트를, 그의 넓적다리로부터는 상인 카스트를, 그의 발로부터는 대중을 창조하였다는 힌두교의 설명과는 전적으로 대조된다.

하나님께서 이집트에 거하는 한 민족을 선택하사 그 민족과 계약을 체결하셨을 때 그는 학식있는 자도 아니요, 왕족도 아니며, 귀족이나 학자들도 아니고 노예들을 선택하셨다.

"여호와께서 가라사대 내가 애굽에 있는 내 백성의 고통을 정녕히 보고 그들이 그 간역자로 인하여 부르짖음을 듣고 그 우고를 알고, 내가 내려와서 그들을 애굽인의 손에서 건져내고 그들을 그 땅에서 인도하여 아름답고 광대한 땅, 젖과 꿀이 흐르는 땅 곧 가나안 족속, 헷 족속, 아모리 족속, 브리스 족속, 히위 족속, 여부스 족속의 지방에 이르려 하노라"(출 3:7,8). …이스라엘 자손이 …시내 광야에 이르니라. …모세가 하나님 앞에 올라가니 여호와께서 산에서 그를 불러 가라사대… 나의 애굽 사람에게 어떻게 행하였음과 내가 어떻게 독수리 날개로 너희를 업어 내게로 인도하였음을 너희가 보았느니라. 세계가 다 내게 속하였나니 너희가 내 말을 잘 듣고 내 언약을 지키면 너희는 열국 중에서 내 소유가 되겠고, 너희가 내게 대하여 제사장 나라가 되며 거룩한 백성이 되리라.… 백성이 일제히 응답하여 가로되 여호와의 명하신 대로 우리가 다 행하리이다…(출 19:1-8).

후에 히브리인들이 가나안에 정착하여 왕을 원하였을 때 하나님께서는 그들의 사회보다 효율적인 귀족구조를 열망하는 그들의 태도를 기뻐하지 않았다고 기록한다. 한 주목할 만한 단락에서 그는 상류 계층들이 언제나 대중들에게 가하게 될 압제를 예언하셨다. 압제의 형태들은 시대에 따라, 영토에 따라 다양하다. 그러나 압제는 항존한다.

"너희를 다스릴 왕의 제도가 이러하니라. 그가 너희 아들들을 취하여 그 병거와 말을 어거케 하리니 그들이 그 병기 앞에서 달릴 것이며, 그가 또 너희 아들들로 천부장과 오십부장을 삼을 것이며 자기 밭을 갈게 하고 자기 추수를 하게 할 것이며 자기 병기와 병거의 제구를 만들게 할 것이며, 그가 또 너희 딸들을 취하여 향료 만드는 자와 요리하는 자와 떡 굽는 자를 삼을 것이며, 그가 또 너희 밭과 포도원과 감람원의 제일 좋은 것을 취하여 자기 신하들에게 줄 것이며… 그가 또 너희 노비와 가장 아름다운 소년과 나귀들을 취하여 자기 일을 시킬 것이며 너희 양떼의 십분 일을 취하리니 너희가 그 종이 될 것이라(삼상 8:11-17).

귀족체제가 만개하고 열매를 맺고 그리하여 이 모든 예언들, 그리고 그 예언 이상의 일들이 일어났을 때 하나님께서는 가난한 자의 명분을 변호하고 보통 사람을 위한 정의를 요구할 그의 예언자들을 보내셨다.

"여호와께서 빈곤하리 일어나시며 백성들을 심판하려고 서시도다. 여호와께서 그 백성의 장로들과 방백들을 국문하시되 포도원을 삼킨 자는 너희며 가난한 자에게서 탈취한 물건은 너희 집에 있도다. 어찌하여 너희가 내 백성을 짓밟으며 가난한 자의 얼굴에 맷돌질하느뇨. 주 만군의 여호와 내가 말하였느니라 하시리로다(사 3:13-15)…."

"가옥에 가옥을 연하며, 전토에 전토를 더하여 빈 틈이 없도록 하고

이 땅 가운데서 홀로 거하려 하는 그들은 화 있을진저 아침에 일찌기
일어나 독주를 따라가며 밤이 깊도록 머물러 포도주에 취하는 그들은
화 있을진저 그들이 연회에는 수금과 비파와 소고와 저와 포도주를
갖추었어도…
불의한 법령을 발포하며 불의한 말을 기록하며
빈핍한 자를 불공평하게 판결하여 내 백성의 가련한 자의 권리를 박
탈하며 과부에게 토색하고 고아의 것을 약탈하는 자는 화 있을진저"
(사 5장, 10장).
"내가 또 이르노니 야곱의 두령들과 이스라엘 족속의 치리자들아!
청컨대 들으라. 공의는 너희의 알 것이 아니냐? 너희가 선을 미워하
고 악을 좋아하여 내 백성의 가죽을 벗기고 그 뼈에서 살을 뜯어 그
들의 살을 먹으며 그 가죽을 벗기며 그 뼈를 꺾어 다지기를 남비와
솥 가운데 담을 고기처럼 하는도다.
사람아, 주께서 선한 것이 무엇임을 네게 보이셨나니 여호와께서 네
게 구하시는 것이 오직 공의를 행하며 인자를 사랑하며 겸손히 네 하
나님과 함께 행하는 것이 아니냐?"(미 3:1-3, 6:8).

우리가 보통 사람들의 권리들, 그리고 상류 계층들에 의하여 그에게 부
여되는 압제에 초점을 맞출 때 우리의 마음에는 즉각적으로 나단, 예레미
야, 아모스 등의 예언자들이 떠오른다. 기독교 세계에서 공산주의가 발생
하였다는 사실은 우연한 일이 아니다. 그 형이상학적인 틀에 의하여 이상
하게 왜곡된 공산주의의 윤리적 정열은 하나님께서는 의의 하나님이시요,
가난한 자로 압제받게 하시지 않으시리라는 성서적 주장으로부터 직접적
으로 발생한다.

신약의 강조
신약은 하나님께서 말씀이 육신이 되어 우리 가운데 거하시는 것을 기
뻐하사 예수께서 나사렛의 무식한 하층 계급자 처녀에게서 출생하시고 목
수의 가정에서 자라나셨다는 것을 우리에게 말해 준다. 하나님의 아들은
목수의 일을 배우셨고 또한 그의 머리와 어깨로 무거운 널반자와 통나무
를 운반하셨다. 도처에 거하는 대중들처럼 그는 "그의 얼굴에 땀을 흘리

신 댓가로"그의 빵을 잡수셨다.

나사렛에서 우리의 주님은 그의 도래의 목적을 다음과 같이 선포하셨다.

> "주의 성령이 내게 임하셨으니 이는 가난한 자에게 복음을 전하게 하시려고 내게 기름을 부으시고, 나를 보내사 포로된 자에게 자유를, 눈먼 자에게 다시 보게 함을 전파하며, 눌린 자를 자유케 하고, 주의 은혜의 해를 전파하게 하려 하심이라"(눅 4:18-19).

어느 누구도 대중을 향한 하나님의 뜻에 대한 그의 두드러진 강조를 간과해서는 안 된다. 이 점은 그가 후에 하나님 나라가 도래하는 표적들을 말씀하시면서 "가난한 자에게 복음이 전파된다"는 의미심장한 귀절을 포함시키시므로 추가로 확증된다(마 11:5).

열두 사도들 가운데서 11명이 갈릴리 사람들, 즉 사투리로 말하는 시골사람들이었다. 통치자들, 장로들, 서기관들과 대제사장들은 그들을 "교육받지 못한 보통 사람들"이라고 경멸하였다. 사도행전은 기독교 신앙이 예루살렘과 유대에 사는 대중을 통하여 전파되었음을 우리에게 말해 준다. 보통 사람들은 사도들의 말을 기쁘게 들었다. 유대인들의 통치자들은 백성들을 두려워하였기 때문에 사도들에게 적대행위하는 것을 두려워하였다. 사도행전에서 우리는 백성들이 사도들을 대단히 존경하였다는 것, 그리고 관장이 관원들을 데리고 가서 사도들을 대제사장에게 이끌어갔을 때(행 5:18), 그들은 폭행을 가하지 않고서 그 같이 하는데 "이는 백성들이 돌로 칠까 두려워했기 때문이었다"는 사실을 대하게 된다. 초대교회의 배후에는 대중들이 확고하게 자리잡고 있었다는 사실에는 의문의 여지가 없다. 초대교회는 다수의 보통 사람들로 구성되었고, 보통 사람들을 지도자들로 세웠다. 예루살렘에 거하는 모든 보통 사람들은 기독교인 친척들을 한 명 정도는 두었음에 틀림없었을 것이다. 교회의 인텔리겐챠는 소수밖에 없었다. 후에 신앙에 복종하게 된 큰 제사장들의 무리도 아마 기독교인이 되었고 대중들에 의하여 그렇게 되었던 것으로 생각된다.

교회는 로마제국의 회당공동체들 가운데서 성장하면서 다수의 비특권자들을 받아들였다. 이 사실은 고린도 전서에 나오는 유명한 귀절에 의하여 충분히 증명된다. 이는 교회 구성원들의 사회적 신분의 해체에 대한 기사이다.

"형제들아, 너희를 부르심을 보라. 육체를 따라 지혜있는 자가 많지 아니하며 능한 자가 많지 아니하며 문벌좋은 자가 많지 아니하도다. 그러나 하나님께서 세상의 미련한 것들을 택하사 지혜있는 자들을 부끄럽게 하려 하시고, 세상의 약한 것들을 택하사 강한 것들을 부끄럽게 하려 하시며, 하나님께서 세상의 천한 것들과 멸시받는 것들과 없는 것들을 택하사 있는 것들을 폐하려 하시나니"(고전 1:26-28).

분명 교회에는 부유한 자와 학식있는 사람들이 있었다. 부유한 자만이 집회장소로 사용할 만큼 큰 집들을 소유하고 있었다. 그리고 유대인들의 사회는 가난에 찌든 공동체는 아니었다. 그렇지만 우리는 이 단락을 읽을 때 초대교회가 사회구조면에 있어서, 유럽 전역에 걸쳐 있는 쾌적하고 냉난방이 조절되는 교회들에 모이는 중간 및 상류 계층의 회중보다는 대중들 가운데서 발생한 아프리카-아시아 교회들과 유사하다는 확신을 갖게 된다.

하나님에게 자랑스러운 대중

위의 선택된 귀절들은 하나님은 가난한 자만 사랑하시고 부자는 사랑하시지 않으신다는 뜻으로 왜곡되지 말아야만 한다. 하나님께서는 사람들을 편애하시는 분이 아니시다. 그리고 부유한 죄인도 가난한 죄인과 마찬가지로 잃어진 존재이다. 구약 예언자들은 한 켤레의 구두를 위하여 곤핍한 자를 파는 부자에 대하여 통렬히 비난하는 한편, 그들의 강력한 심판의 말은 부자에게만 아니라 부자이든 가난한 자이든 하나님을 버리고 우상을 숭배하는 모든 사람들에게 주어진다. 부유한 여성들이 우리 주님의 제자들이었고, 니고데모와 삭개오는 가난과는 거리가 먼 사람들이었다. 우리는 이 모든 사실들을 유념해야만 한다. 그럼에도 불구하고 보통 사람들이 하나님께 소중한 존재라는 사실은 진실이다. 하나님의 계시는 근본적으로 대중들에 대한 존중을 요구한다.

개인의 영혼은 무한한 가치를 지닌다. 하나님께서는 믿음을 판단하시며 하나님의 계명은 그의 아들 예수 그리스도를 믿는 것임이 성경의 가르침이요, 분명한 지시이다. 사회를 상류 계층과 대중으로 구성하려는 모든 주장은 하나님을 기쁘시게 해드리지 못한다. 이러한 어떠한 구분도-그것이 의도적이든 아니든-인간의 책략이다. 이러한 구분은 이혼이 그러하듯 인간의 마음의 완고함 때문에 하나님에 의하여 용인될 수 있으나 인간을 향한 하나님의 의도의 일부는 아니다. 그의 이상은 모든 사람들이 동등한 기회와 동등한 정의를 누리며 동일한 표준에 의하여 심판을 받고 동일한 구주에 대한 동일한 신앙에 의하여 구원을 받는 사회이다. 왜냐하면 사람마다 모두 무한한 가치를 지니기 때문이다.

계층들과 대중들에 직면하여 교회와 그 사절들은 다음과 같은 선교기도를 드릴 필요가 있다.

땅 위에 거하는 모든 사람을 한 혈통으로부터 지으신 전능하신 하나님, 우리의 하늘 아버지시여! 우리가 당신을 예배하고 당신께 경배를 드립니다. 우리가 당신께 굴종하며 우리 속에서 출생되사 우리의 의지를 다스리시며 우리를 진리 가운데서 당신의 것으로 삼으시기를 간구합니다.

오! 주 예수 그리스도시여, 우리는 당신이 가난한 목수의 가정에서 비천한 계층 출신의 어머니로부터 태어나시고 그 당시의 교육받았던 사람들이 "무지하고 학식이 없는 자"라고 불렀던 제자들과 사도들과 더불어 지내셨음을 기억합니다. 당신께서는 당신의 나라의 도래의 징조가 가난한 자들에게 복음이 선포되는 것임을 사람들에게 말씀하셨읍니다.

보통 사람들은 당신 주님께 기쁘게 청종합니다. 당신의 복된 어머니 마리아는 "내 마음이 하나님 내 구주를 기뻐하였음은… 마음의 생각이 교만한 자들을 흩으셨고, 권세있는 자를 그 위에서 내리치셨으며, 비천한 자를 높이셨고, 주리는 자를 좋은 것으로 배불리셨으며, 부자를 공수로 보내셨도다"(눅 1:47-53)라고 노래하였읍니다. 오 주님! 당신께서는 수고하고 무거운 짐진 모든 사람들을 당신에게로 와서 쉼을 발견하라고 초청하시지 않았읍니까?
오! 거룩하신 그리스도시여, 우리가 당신 앞에서 이 땅의 가난한 자들, 인류의 대중들, 수고로 인하여 등이 굽은 농촌의 무리들, 셋방에서, 오막살이에서, 초라한 온갖 주택에서 생활하는 도시의 무산자 계층들을 위하여 간구합니다. 문맹자, 억압받는 자, 상속받은 재산이 없는 자, 어부, 목수, 토지없는 노동자, 기술이 없는 자를 위하여 간구합니다.⋯ 주님, 가난한 자들, 바로 당신께서 위하여 보혈을 흘려 주셨고 또한 목자없는 양과 같았으므로 당신께서 연민을 가지고 바라보신 가난한 자들을 위하여 간구합니다. 주님이시여, 우리도 인류 가운데 있는 거대한 대중을 당신의 잃어버린 자녀들로 볼 수 있으며 당신처럼 그들을 위해 우리 자신을 바칠 수 있도록 당신의 연민을 허락해 주소서. 당신의 거룩한 이름으로 기도합니다. 아멘.

선교회들은 상,중 계층들을 선호한다

부유한 서방 국가들로부터 파견되는 선교회들은 대체로 이러한 점에서 성경을 간과한다. 선교사들은 관습적으로 교육받은 자, 부유한 자, 교양 있는 자, 즉 한마디로 말해서 중간 계층과 상류 계층에 높은 가치를 부여한다. 이러한 것은 성경에 의해서가 아니라 무의식적으로 대부분의 선교사들이 속해 있는 특별히 풍부한 사회에 의하여 지시되고 전달된다. 그리하여 그들은 "사업체의 지도자들과 지식 전문직업의 지도자들과 우호적인 관계를 유지하는 데" 헌신적이며 다가오는 세대의 지도자들을 획득하고자 하며 한 명의 브라만 개종자가 1천 명의 불가촉천민 기독교인들만한 가치가 있다고 믿는다. 200명의 입교인들이 있는 교회에 중간 계층 출신의 사람들이 10명, 하류 계층 출신 사람들이 190명이 있다고 하자. 그러나 만일 "당신은 어떤 계층들을 주대상으로 하는가요?"묻는다면 전형적인 성직자는 "중간 및 상류 계층입니다. 그리고 물론 하류 계층도 해당되지요"라고 대답할 것이다. 과거에 라틴 아메리카의 오순절교회들에게 부어진 비난의 일부는 솔직히 말해서 오순절교도들이 대중들의 교회들이라는 사실로 인한 것이었다.

인간적 관점에서 볼 때 중간 계층과 상류 계층들에 대한 선호는 충분히 납득될 수 있다. 모세와 바울이 증거해 주듯이 대중들은 하나님의 백성이 될 때 그들과 더불어 문제들을 가지고 있다. 부유한 사람은 가난한 자보다는 훨씬 용이하게 목회에 재정적 지원을 할 수 있다. 그들은 관리하는 기회를 보다 많이 소유하고 성장하였으므로 사물들을 조장하는 데 훨씬 경험이 풍부하다.

유럽과 북아메리카의 교회들은 중간 계층 교회들이다. 유럽에 있는 성공회, 루터교, 장로교, 가톨릭교는 근로 계층을 크게 상실하고 있다. 한 성공회 성직자는 나에게 다음과 같이 언급하였다. "산업혁명이 시작된 이래 우리는 결코 근로 계층들을 소유해 보지 못했읍니다. 감리교도들이 그들의 작은 일부만을 소유하였을 뿐입니다." 모든 부류의 사람들이 골고루 참여하고 있는 미국 정당에 있어서 많은 근로 남녀들은 기독교인들이다. 그러나 여기서도 역시 구속과 상향적 경향은 많은 교회들과 교단들로 하여금 중간 계층 조직들이 되게 하고 또한 이러한 상태에 처하여 있는 것을 오히려 기뻐한다. 대부분의 선교사들은 중간 계층 백성들이다. 그들은 옥내에 배관이 설치되고 전기불이 들어오는 집에서 많은 책들과 더불어 성장하였다. 그들은 자가용을 소유하고 제트 여객기로 그들이 일하는 국토를 여행한다. 그들이 가고 있는 땅들의 대중과 관련시켜 볼 때 그들은 정말로 중간 계층이 아니라 상류 계층민들이다.

자연적으로 그들은 중간 계층 교회들을 창조한다. 이러한 사실에는 새삼스러울 것이 없다. 왜냐하면 그들이 그 가운데서 성장한 중간 계층 교회들이 그들의 표준을 형성하였기 때문이다. 무엇이 경건한 예배, 좋은 노래, 아내들에 대한 법인가? 유럽과 북미 선교사들, 그리고 그들에 의하여 훈련된 아프리카—아시아 지도자들에 의하여 주어지는 이러한 질문들에 대한 답변은 성직자들이 그들의 문화적 특성의 이러한 부분을 인정하고 이에 철저하게 대처하지 않는 한, 중간 계층들의 답변들이 될 수 밖에 없다.

때때로 그들은 중간 계층의 비기독교인들을 개종시킴으로 작은 중간 계층 교회들을 창출한다. 그러나 보다 빈번하게 그들은 농민 계층, 하류 계층들 가운데서 교회를 개척하고 그런 다음 여러 십년을 걸치면서 교회의 젊은이들을 교육한다. 중간 계층들로 되는 데 있어서 교육이 핵심을 이루는 지역들에서 이들 청년들은 중간 계층민으로 성장한다. 아프리카-아시아 교회가 오래된 교회일수록-그 교회가 여러 해를 통하여 유럽 북미의 지원을 받았음을 전제로 할 때-더욱 중간 계층이 그 지배적인 성원들이 된다. 모든 사람이 다 교육을 받고 중간 계층이 되는 것은 아니다. 그러나 그렇게 되는 사람들이 교회를 지배한다. 그들이 목사들, 장로들, 집사들, 교회학교 교사들, 주된 봉사자들이 된다.

선교의 원천들과 관계시켜서 볼 때, 피선교 교회의 입교인들의 수효가 적을수록 교회는 더욱 신속하게 중간 계층으로 된다. 교육을 강조하여 학교들을 세우고, 가능하면 대학을 세우고 기독교인들을 교사들로 채용하는 선교는 교육받은 공동체를 수립할 것이다. 우리가 충분히 검토하였듯이 이러한 선교는 많이 성장하지 않을 수 있다. 그러나 그 성원들은 자신들이 수적인 확장에 관심이 없노라는 것을 천명할 것이다. 그들은 질적으로 우수한 기독교인들을 원한다. 그리고 이를 통하여 그들이 의미하는 것은 중간 계층 기독교인들이다. 그들은 대중들로 이루어진 무지한 교회들을 경멸한다.

이와 대조적으로 커다란 아프리카-아시아 교회들-바타크족, 카렌족, 말타족, 마디가족, 대만고원의 부족, 칠레 원주민들 가운데 루터교, 침례교, 성공회, 감리교, 장로교, 오순절에의해 세워진-은 대중들로 이루어져 있다. 그들의 성원들은 가난하고(농부들, 토지가 없는 노동자들, 도시의 무산 계층) 일반적으로 문맹이다. 교인들은 많고 선교의 원천은 작으므로 그들은 대중의 교회로 존속한다.

선교사들은 신생 교회의 지도자들을 자기들 모습으로 동화시킨다. 이들 지도자들은 그들의 교육을 힘입어 중간 계층이 되고 그리하여 중간 계층의 조직으로 교회의 이미지를 강화한다. 그들은 대중들로 구성된 교회에 중간 계층의 유형을 강요하는 경향이 있다. 그들은 전투에 임하는 다윗과 같은 대중들에게 중간 계층의 갑옷을 제공한다. 그런 다음 성장은 중단한다.

아프리카-아시아에서 상류 계층들이 우선적이어야 하는가?

선교정책이 좌우되는 핵심적인 질문들 가운데 하나는 다음과 같은 것이다. 즉 우리는 먼저 상류 계층들을 선교대상으로 삼도록 해야 하는가? 그리고 만일 그렇게 하면 그들이 하류 계층들을 전도하리라는 것을 믿고서 말이다. 도시에서 살면서 학생들을 대상으로 일하며 학교들을 경영하는 많은 선교사들과 국가들은 이러한 물음에 대한 답변에 단연코 긍정적이다. 부분적으로 그들의 답변은 그들 자신의 중간 계층 위치에 의하여 지배된다. 그러나 부분적으로 그것은 합리적인 것처럼 보이는 가정, 즉 중간 계층들은 지도자들이요, 대중들은 그 추종자들이라는 가정을 기초로 한다.

하류 계층들이 상류 계층을 따라 교회로 나오는 현저한 예들이 발견될 수 있다. 미국에 살던 노예들은 말할 것도 없이 그들의 주인들이 기독교인들이었기 때문에 기독교인이 되었다. 만일 그들의 주인들이 이슬람교도들이었다면 그들은 이슬람교도들이 되었을 것이다. 필리핀에서 네그로스 오리엔탈(Negros Oriental)에 있는 거대한 영지의 봉건영주들은 개신교도들이 되었고 고용한 일꾼들도 그들을 따랐다. 이로서 초래된 수천명으로 이룩된 교회는 거대한 영지에 걸쳐서 흩어진 많은 소규모 회중들을 구성하였다.

그러나 대부분의 경우에 있어서 상류 계층을 먼저 획득하는 전략은 주효하지 못했다. 그들은 정복되지 않을 것이다. 중간 계층들은 "부족한 것이 없다." 기독교인들이 되기 위하여 그들이 모든 것을 잃고자 모험을 할 이유가 없는 것이다. 왜냐하면 그들이 그렇게 할 때 그들은 흔히 재산을 상실하고 그들의 지도적 위치를 상실하기 때문이다. 와스컴 피케트(Waskom Pickett)는 이 문제를 매우 주의깊게 연구하였다. 이 질문에 답변하기 전에 그의 연구결과들이 주의깊게 검토되어야 한다.

그리스도에게로 나아가는 운동은 "선교사들이 정부와 아주 밀착되고" 그런 까닭에 백성들의 통치자들과 밀착돼 "지역들에서는 일반적으로 발전되지 않았다"고 그는 말한다. 또한 그 운동은 거기서 상류 계층과 중간 계층들이 교육을 받는 학교들과 대학들을 통하여 "서구적 영향이 가장 강력하게 침투한 지역들에서도 발전하지 않았다." "또한 그 운동은 선교사들의 수효가 압도적으로 많거나 또는 장기적으로 일해 온 지역들에서도 발전하지 않았다…." 그 운동이 시작되는 곳들에서는, 그 운동이 거의 선교사들임에도 불구하고 시작하였다. 왜냐하면 "실제로 모든 지역에 있어서 선교사들은 고위 계층들이 일차적으로 정복되고 이들이 하류 계층들을 얻는 일을 맡아 줄 수 있기를 소망하면서 일차적으로 고위 계층들을 위하여 일하였기 때문이었다.

> 억눌린 계층들의 다수를 교회로 영입하는 것이 상류 계층을 전도하는 데 방해가 되지 않을까 하는 두려움은 이 운동이 시작된 모든 지역들에 있어서 선교사들의 최소한의 일각을 압도하였던 것으로 보인다.… 그러나 상류 계층들에게 기대된 거대한 추수 및 그들의 노력을 통한 사회적 규모에 있어서 낮은 자들의 후속적인 개종은 발생하지 않았다는 것이 기록상으로 나타난 증거이다(Pickett, 1933 : 55f.).
> 우리가 우선적으로 권고하고 싶은 사항은 억눌린 계층들이라는 잔존 그룹들을 그리스도에게로 인도하기 위하여 가능한 모든 노력이 경주되어야 한다는 것이다. 비록 이러한 권면은 그 명분이 분명하고 설득력이 있지만… 그것이 이행되지 않을 심각한 위험이 있다. 상류 카스트들이 보다 복음에 응답하도록 유도될 수 있다는 희망이 고무되고 있는 모든 지역에서는 억눌린 계층들이 소홀하게 되는 경향이 있다. 현재 이들을 소홀히 하는 것은 중대한 어리석음이요, 막중한 어리석음이다. 상류 카스트의 힌두교도들의 개종을 배가시키는 가장 확실한 방법은 그리스도의 변형시키고 풍요하게 하고 고양시키는 은총이 억눌린 계층들 가운데서 시위되는 범위를 증가시키는 것이다. 그리고 보다 상류의 카스트들을 그리스도에게로 인도하는 운동을 저지시키는 한 가지 확실한 방법은 가난한 자와 멸시받는 자로부터 돌아서는 것이다(Pickett, 1960 : 96, 95).

1933년 인도에서 행한 피케트의 연구결과들은 1979년 브라질과 칠레에서 그대로 입증되었다. 수십만의 가난한 사람들이 침례교, 오순절교회, 기타 교회들을 통하여 개신교도들이 된 이들 두 국가들에서는 중간 계층의 상당수의 사람들이 그리스도에게로 나아왔다. 이것은 중간 계층을 그리스도에게 인도하는 데 주된 노력이 경주되었던 콜롬비아, 코스타리카 및 기타 지역들에 비하여 훨씬 많은 수였다.

아놀드 토인비(Arnold Toynbee)는 새로운 종교가 우선 계층들에 의하여,

그리고 그런 다음 대중에 의하여 받아들여지기보다는 대체로 무산 계층에 의하여 먼저 받아들여진다는 것을 지적하였다. 물론, 후에 가서 로마제국에서 기독교의 경우가 그러하였듯이 상류 계층들이 그것을 받아들였다. "고등 종교들은 아래에서 위쪽으로 사회에 침투해 들어간다. 그리고 지배적인 소수[계층들]는 이 새로운 종교운동들을 의식하지 못하거나 또는 … 그것들에 적대적이다.…[로마제국에서] 중간 계층에게는 철학들이 호소력이 있었다.… 기독교는 대중들에게 호소력이 있었다"고 토인비는 말한다 (Toynbee, 1956 : 37,99).

북아메리카는 상류 계급이 우선적인가?

아메리카인들은 대중들을 먼저 전도하는 것이 아프리카 및 여타의 오지들에서만의 관심사라고 상상하지 않도록 해야 한다. 그것은 또한 미국과 카나다에 있어서도 지대한 관심사이다. 하나님께서 기독교인들을 축복해 주시기 때문에 그들은 곧 안정된 사람들이 된다. 만일 그들이 자신들과 동류의 사람들을 복음화하면 업무는 이행된 것이라고 믿기 쉽다. 그러나 이러한 것은 불행하게도 진실이 아니다. 만일 북아메리카 교단들이 그들의 현재의 중간 계층의 울타리로부터 벗어나려면 그들은 즉시 공장 노동자들, 기능공들, 노동조합 회원들, 부두 노동자들, 수공업자들 등으로 이루어진 수천개의 교회들을 수립해야만 한다. 이러한 교회들의 목사들은 또한 동일한 사회적, 경제적 수준에 속해야만 한다. "사람들은" 봉건적인 사회 이외에서의 어떠한 사회에서도 중간 및 상류 계층을 복종적으로 따르지 않는다.

오늘날의 대중들은 점증적으로 도전적이다.

상류 계층들에 의한 수십세기의 억압 아래 신음해 온 대중들은 흔히 그들의 과거의 종교를 그들의 노예화하는 도구로 간주한다. 그리하여 암베드카(Ambedkar)는 다음과 같이 주장한다. "신약성경을 읽을 때 나는 그것이 3천년 동안이나 나의 백성들이 모셔 왔던 힌두교라는 독을 해독시켜 줄 해독제라는 사실을 발견하였다." 브라질의 사회학자인 에밀리오 윌렘즈(Emilio Willems)는 다음과 같이 말한다(1964 : 103) :

혁명적 변화들은… 하류 계층들 편에서 전통적인 사회체제를 전복시키려는 착실하게 점증되는 욕망과 관계되고 또 그 욕망에 의하여 강화되는 것 같다. 일반화된 격렬한 적의의 주된 과녁은… 보수주의적인 토지를 소유한 상류 계층과 또한 그 동맹자들로 인식되는(로마 가톨릭교회를 포함한) 기관들이다.… 개신교로의 개종은… 쇠퇴해 가는 사회구조에 대한 적의와 반역이 표현될 수 있는 많은 방법들 가운데 하나를 구성한다.… 가톨릭교회는 흔히 대중에 의하여 전통적인 체제의 상징으로, 또는 그 최상의 전형인 토지를 소유한 귀족 계층의 동맹자로 인식된다.… 특정 교단의 이념과 구조가 전통적 사회의 이념과 구조로부터 멀면 멀수록 그 교단이 보통 사람들에게 주는 호소력은 강력하다.

윌렘즈(Willems)가 만들어 낸 "착실하게 점증되는 욕망"이라는 문귀는 브라질과 관련하여 작성된 것으로 매우 폭넓은 뜻을 지닌다. 다음 50년 또는 100년이 지나가면 생의 좋은 것들을 획득하고 만일 필요하다면 전통적인 사회체제를 전복시키려는 "착실하게 점증되는 욕망"에 사로잡혀 있는 대중들이 도처에서 그것들을 확보하는 것을 경험하게 될 것이다.

필리핀에 있는 토지를 소유하지 않는 사람들은 거대한 영지를 소유한 지주 계층들, 그리고 로마교회의 토지 점유로 인하여 절망적인 불행을 겪고 있다. 이들은 60년대 후반의 Hukrevival을 입증해 준다. 인도에 있는 억압된 계층들은 상류 계층들이 그들에게 제공하는 다양한 종류의 혜택에 의하여 일시적으로 위로를 받는다. 그러나 상류 카스트들이 그들에게 제공하지 않을 완전한 평등을 제외하고는 어떠한 것도 그들을 만족시킬 수 없을 것이다. 아프리카에 있는 3천만의 흑인들은 미국에서 3천만의 흑인들이 이룩한 진보를 이룩하지는 못했다. 그럼에도 불구하고 1967년의 디트로이트와 뉴어크(Newark)의 폭동은 심지어 그러한 대단한 정도의 진보도 충분하지 않는다는 사실에 대한 강력한 증거가 된다.

무산 계급과 중산 계층이 동시에 승리를 구가하기 위해서는 수십년의 투쟁이 요구된다. 투쟁의 형태는 국가에 따라, 시대에 따라 다양한 것이다. 그러나 투쟁은 끊임없이 격화할 것이다. 그리고 대중은 이러한 투쟁에 지속적인 반응을 보일 것이다. 기독교인들은 이 세상에 자신들이 복음을 선포하고, 잃은 자를 찾아 내고 구속받은 자의 세포들, 다시 말해서 하나님이 창조하신 의로운 체제의 가장 잠재력있는 요소를 배가시키도록 불리움을 받았다는 사실을 깨달아야 한다.

좋은 소식과 그 당연한 결과

기독교회는 각성된 대중들을 위한 좋은 소식을 소유하고 있다. 첫째는 전능하신 하나님 아버지께서는 의로우시다는 것이며, 둘째는 그를 사랑하고 그에게 복종하는 사람들에게는 다른 사람들을 의롭게 대할 능력을 주시리라는 것이다. 이제 복음의 이 두 부분들을 생각해 보도록 하자.

하나님께서는 의로우시다. 이 간단한 진술의 혁명적인 영향을 우리는 파악해야 한다. 이 진술은 우주의 구조 자체가 보통 사람에게 호의적이라는 사실을 천명한다. 그것은 우리가 전능하신 아버지 하나님이라고 부르는 광대하게 신비스러운 인격적인 힘이 그 가운데서 모든 사람이 정의를 받고 또 받게 될 사회체제를 의도하신다는 것을 선언한다. 대중들의 욕구에 비추어 이 궁극적인 사실을 생각해 보도록 하라. 많은 피상적인 사유와는 대조적으로 대중 및 그 지도자들의 최대의 욕구는 원조도 친절도 아니다. 그들의 최대의 욕구는 기부금이 아니라 그들이 정의를 위하여 투쟁할 때 서서 싸울 수 있는 기반을 그들에게 부여해 주는 세계관, 즉 종교이다.

암베드카를 기독교로 이끈 것은 신약성경이었다. 신약은 그의 백성에게 힌두교의 독소에 대한 해독제를 제공하였다. 이러한 독소들은 30년대와 40년대의 불가촉천민들이 노동하며 겪어야 했던 특정한 장애들이 아니라 **카스트제도에 대한 종교의 궁극적인 제가였다.**

비록 바가바드 기타(Bhagavad Gita)는 최고의 힌두교 경전으로 일반적으로 간주되고 있고, 또한 심원한 아름다움과 지혜가 깃들어 있는 귀절들을 소유하고 있기는 하지만 그것은 의식적으로 카스트제도를 성역화하고 있다는 것이 인정되어야만 한다. 그것은 상류 계층들의 우월성과 대중들의 열등성이 신적 체제 가운데 뿌리를 내리고 있다는 것을 선언한다. 일부 학자들은 기타가 힌두교가 카스트에 대한 거의 성공적인 혁명이었던 불교와 투쟁하였을 때 발생하였다고 생각한다. 그것은 인간들이 그들의 **업보**

(*karma* : 전생에 행한 행위들)에 따라 특정한 카스트들로 출생되고 각자는 그 자신의 **카스트 달마**(*caste dharma*), 다시 말해서 그의 카스트에 적합한, 그리하여 사물의 불변적인 질서의 일부로서 그에게 요구되는 "의무들" 또는 "법"을 수행해야만 한다는 것을 가르친다. 이러한 취지가 아르유나(Arjuna)와 크리쉬나 (Krishna) 사이의 대화의 기초가 되고 있고 몇 귀절들에서 명백하게 제시된다. 다음은 그것들 가운데서 열 여덟 번째 책 또는 과목에 수록된 것이다.

41. **브라만, 크샤트리아, 바이샤** 그리고 **수드라** 중에서 오, 원수의 정복자(아르유나)여! 그 활동들은 그들의 보상들에서 배태된 특성들에 일치하게 구별된다.

42. 평온, 자기 통제, 검소함, 순결, 관용, 강직함, 지혜, 지식, 종교에 대한 신앙, 이러한 것들은 **브라만**의 의무들로서 그의 본성에서 배태된 것이다.

43. 영웅심, 용맹, 침착함, 기략의 풍부함, 전쟁터에서조차 도망하지 않음, 관대함, 지도력, 이러한 것들은 **크샤트리아**의 의무들로서 그의 본성에서 배태된 것이다.

44. 농업, 가축 사육, 상업은 **바이샤**의 의무들로서 그의 본성에서 배태된 것이다. 섬김의 특징을 지니는 노동은 **수드라**의 의무로서 그의 본성에서 배태된 것이다.

45. 각자의 의무에 헌신하므로 인간은 완전을 성취한다. 각자가 자신의 의무에 얼마나 헌신적이냐에 따라 완전이 이룩된다. 그대는 이 사실에 유의하라.

46. 그로부터 만물이 생성되고 그에 의하여 만물에 기운이 스며들게 되는 분, 인간은 그 자신의 의무수행을 통하여 그에게 숭배함으로 완전을 성취한다.

47. 완전하게 수행된 다른 사람의 법보다 비록 불완전하게 수행되었다고 하더라도 자기 자신의 법이 더욱 낫다. 각 사람은 자신의 본성에 의하여 정해진 의무를 수행할 때 죄를 짓지 않는다.

48. 각 사람은 자신의 본성에 적합한 일을 포기하지 않도록 해야 한다.

오, 쿤티의 아들(아르유나)이여! 비록 그 일이 결함이 있을지라도.
(Radhakrishnan, 1957 : 161)

만일 인간관계에 대한 이러한 관점이 올바르다면 사회체제를 변화시키고 대중들을 향상시키려는 모든 노력들은 사악하고 무익하게 된다. 왜냐하면 한 수드라가 훌륭한 교사가 되는 것은 그를 불행하게 하며 도랑을 파는 무분별한 노동자가 되는 것보다 그를 "완성" 또는 "완전"으로부터 더 멀어지게 하기 때문이다. 암베드카가 이러한 유해한 개념들에 대한 해독제를 발견해야만 한다고 느꼈던 것은 당연한 일이었다.

이와 대조적으로 기독교의 대단히 가치있는 선물들은 다음과 같다. 즉 불의를 미워하는 전능하신 아버지 하나님, 대중에 속해 있는 각 사람을 위하여 돌아가신 성자 하나님, 성경, 그리고 보통 사람을 위하여 정의를 요구하시는, 그리하여 모든 인간 존재에 무한한 가치를 부여해 주는 세계관이 그것이다. "사람들을 기독교인으로 만드는 것"은 기타 다른 것들과 더불어 사람들에게 흔히 완만하기는 하나 거역할 수 없도록 기회의 평등을 창조하며 방어된 특전에 대한 모든 투쟁들의 기초가 되는 세계관을 제공하는 것을 의미한다. 대중에 속한 사람은 이 부요함을 손에 쥐고서 모든 부차적인 빈곤들을 정복할 수 있다.

좋은 소식의 두 번째 측면은 다음과 같은 것이다. 즉 하나님께서는 그를 사랑하고자 그에게 복종하는 사람들에게 다른 사람들을 정의롭게 대하는 힘을 주신다는 것이다. 예수 그리스도를 하나님 및 구세주로 받아들이는 사람들은 성령과 그의 은사들, 즉 사랑, 기쁨, 평화, 인내, 선함, 신실함, 상냥함, 자기 억제를 받는다. 그들은 선한 생활을 살아갈 능력을 받는다. 그들은 그들의 사회구조가 어떠하든지 정의롭게 살 수가 있다.

좋은 소식은 오늘날의 대중에게 대단한 호소력이 있는 강력한 귀결을 소유한다. 즉 의로운 사람들은 의로운 사회를 수립할 수 있다는 것이다. 이 정의로운 사회는 궁극적인 하나님 나라와는 명백하게 구별되어야만 한다. 즉 그 사회는 죽음 자체가 사라질, 하나님의 선물로서 오는 완전한 선의 통치와는 구별되어야 한다. 인간은 이러한 하나님 나라를 초래시키기 위하여 아무 것도 할 수 없다. 하지만 내가 말하는 정의로운 사회는 하나님의 은총에 의하여 가족, 이웃, 도시, 국가 가운데 기독교인들의 수효가 증식되는 데 따라 발생하는 보다 온화하고 보다 건실한 체제이다. 의로운 사회는 다른 사람들의 안녕에 심원한 관심을 지니고 있고, 그들에게 정의를 제공하는 구조를 창출하려는 각오가 대단한 사람들로부터-그들에 의하여서는 아니라고 하여도-수립되어야만 하므로 이러한 사람들과 그들의 교회들이 배가될 때 사회의 구조들은 보다 의롭게 될 것이다.

하나님은 의로우시기 때문에 그의 선교는, 의를 향한 모든 움직임은 그를 기쁘시게 한다는 것을 주장한다. 그의 선교는 인간들이 정의를 위하여 싸울 때 그는 그들의 편이시라는 것을 그들에게 확증해 준다. 보다 진실되게 말하자면 그들이 정의와 형제애를 위하여 일할 때 그들은 하나님 편에 서는 것이고 하나님께서는 승리하실 것이다.

인간은 죄인이고 그 스스로는 정의롭게 행할 수 없기 때문에 하나님의 선교는, 인간에게 있어서의 주된 욕구는 정의가 아니라 용서와 깨끗한 마음이라는 것을 주장한다. 그가 위하여 싸우는 질서는 그가 경건한 사람으로 투쟁하지 않는 한, 그가 그것을 형성하는 순간에 사라질 것이다. 그는 정의를 누리는 것보다는 정의롭게 되는 데 관심을 가져야 할 것이다. 애국자들, 게릴라, 유격대와 혁명가들은 모국의 토양으로부터 굶주림, 군대의 행진, 폭격, 공포와 더불어 외국의 제국주의자들을 추방할 수 있다. 그들은 권력을 장악하고 도시들을 불태우고 국내의 귀족들과 압제자들을 살상할 수 있다. 그러나 이러한 전략들은 그들의 백성 또는 그들 자신의 마음으로부터 악을 추방하지 못할 것이다. 다만 사람들이 백성들에게 정의를 보장해 주는 것으로 가정되는 새로운 구조를 수립할 때 새로운 억압과 긴장의 또 다른 사회, 즉 또 다른 죄된 사회가 발생할 수 있다. 고위직에 있는 사람들 사이의(뿐만 아니라 하위직에 있는 사람들 사이의) 해묵은 경쟁들, 상반되는 관점들을 지닌 사람들 사이의 원색적인 투쟁들은 혁명에 의해서는-그 혁명의 영향이 아무리 심원하다 할지라도-종식되지 않는다.

평화스럽고 의로운 사회-천년 왕국이 오기까지는 미미한 정도에 불과한-는 하나님의 뜻이라고 생각하는 것을 이해하고자 하는 구속받은 사람들로부터만이 올 수 있다. 그러므로 그리스도의 선교는 그것이 대중들에게 부여할 수 있는 보다 더 효율적인 봉사가 달리는 있을 수 없다는 신념 아래 사람들을 그리스도에게로 인도하며, 그리스도께서 그들을 그리스도의 몸, 즉 교회 가운데서 구속할 수 있도록 추진할 것이다. 그 교회는 때가 되면, 또한 교회가 도달하여 적어도 최소한의 영향력을 성취해 온 모든 장소들에서 교회가 속해 있는 사회들의 틀을 기독교화할 것이다.

1978년 10월 교황 요한 바오로 II세는 그의 첫 번째 교서 *Redemptor Hominis*를 통하여 보편적인 복음화는 **새로운 체제를 위한 기초작업**이라는 사실을 거듭 강조하였다. 그 교서 33페이지에서 우리는 다음과 같은 내용을 읽게 된다. 모든 기독교인들은 "…현재 우리의 형제자매들의 세대들, 백성들, 민족들, 국가들, 인류를 도우며, 또한 국가들과 풍요한 국가들을 발전시켜…'그리스도의 측량할 수 없는 부요함을 알도록' 하면서 세상에 그리스도를 드러내는 위대한 사명에 의식적으로 협력해야 한다"(John Paul, 1978).

변동이 심한 응답

나는 여러 해 동안 인도의 중부지방들에 거하는 힌두교 사트나미 종파를 대상으로 일하였다. 억압받던 이들 백성들은 그리스도에게로 돌아오기 시작하였다. 1947년에 인도가 독립하면서 50만 명의 그들의 공동체가 주의회에서 4개 의석을 점유하게 되었다. 사트나미 교도들은 선거를 위하여 군중대회에 운집하였고, 정치 세력을 우상화하기 시작하였다. 이 정치적 세력이 그들의 새로운 구세주가 되었다. 그들은 주의회에 보낸 그들의 대표자들이 그들에게 특권, 권력, 교육, 보다 높은 생활수준을 제공하리라고 믿었다. 그들은 훌륭한 생활이란 한 사람이 소유한 사물들의 풍부함에 있지 않다는 것을 몰랐고 또한 믿으려 하지도 않았다. 복음에 대한 그들의 관심은 급격하게 약화되었다.

하지만 다음 20년 동안 그들은 의회에서 의석, 교육을 받는 것, 직업을 얻을 기회를 갖는 것, 기타 외적인 변화들이 비록 좋기는 하나 정의를 향한 진척을 구성하지 않는다는 사실을 깨닫기 시작하였다. 이러한 것들은 죄를 비난하지도 않으며 죄인들로 하여금 회개하도록 촉구하지도 않는다. 이러한 것들은 나쁜 인간을 선한 인간으로 만들지 못한다. 이러한 것들은 친절함, 상냥함, 선함을 증가시키지 못하며 영생에 대한 약속을 제출하지도 못한다. 사트나미 교도들은 이사야가 노래한 것과 정반대되는 것들을 발견하기 시작하였다(55 : 1-3).

"너희 목마른 자들아, 물로 나아오라. 돈 없는 자도 오라.
너희는 와서 사먹되 돈없이 값없이 와서 포도주와 젖을 사라.
너희가 어찌하여 양식 아닌 것을 위하여 은을 달아 주며, 배부르게 못할 것을 위하여 수고하느냐?
나를 청종하라. 그리하면 너희가 좋은 것을 먹을 것이며 너희 마음이 기름진 것으로 즐거움을 얻으리라.
너희는 귀를 기울이고 내게 나아와 들으라. 그리하면 너희 영혼이 살리라."

아마도 그들은 사소한 양보들이 그들의 백성들에게 하층 카스트들은 열등한 인간 종족이라고 여전히 믿고 있는 그 지방의 진정한 통치자들과의 동등성을 결코 부여하지 못하리라는 것을 보다 명백하게 보았던 것 같다. 진보에 대한 환상이 사라지기 시작하고 있다. 사트나미 교도들은 더이상의 것에 대한 착실하게 증대되는 욕망을 소유할 것이다. 그리고 이러한 것은 그들의 다수들로 하여금 복음을 "듣게" 할 것이다. 그리고 듣는 사람들은 복종할 것이다.

다음 몇백 년 동안-아니 그보다 더 오랫동안-나의 사트나미 교도 친구들처럼 대중들은 조절을 하고 또 다시 왕들, 선출된 관리들, 동맹군들, 기병들, 병거들, 튼튼한 성벽으로 둘러싸인 도시들, 도시 재개발, 거액을 투자하여 설립한 학교들, 비료 공장들에 신뢰를 걸 것이다. 그러나 이러한 것들이 떡은 아니며, 또 만족을 줄 수 없으며 새로운 엘리트들은 과거의 엘리트들처럼 탐욕스럽고 부패되었다는 사실을 발견할 때, 그들은 다시 복음을 들을 수 있을 것이다. 이스라엘 자손들처럼 대중들은 그들이 심지 않은 포도원, 그들이 파지 않은 지하수 저장탱크, 그들이 건설하지 않은 성벽으로 둘러싸인 도시들을 소유하게 될 때 자신들이 젖과 꿀이 흐르는 땅에 도착하였다고 결론을 내릴 것이다. 그러나 그들은 반복하여 본질적인 자양분과 감미로움은 그들 내면에 있다는 것, 하나님 그리고 그의 아들 예수 그리스도 외에 어느 것에도 구원은 없다는 것을 깨달을 것이다. 그런 다음 그들은 귀를 기울일 것이다.

예측할 수 있는 장래의 대중들은 본질적으로 응답적이 될 것이다. 그들의 응답은 유동적인 것이다. 그러나 바로 그들이 사회체제의 희생자들이라는 이유 때문에 그들은 좋은 소식에 귀를 기울일 것이다. 우리 주님의 시대의 유대인들처럼 그들은 해방자를 고대한다. 나사렛 예수 편에 가담하였던 사람들처럼 그들은 세상적인 왕국을 고대할 수 있다. 그러나 그와 함께 체류하는 사람들은 하나님 나라를 발견할 것이다.

대중과 계층을 향한 정책

교회가 예수 그리스도에 관하여 약간밖에 모르는 또는 전혀 모르는 30억의 사람들에게 직면하게 될 때 계층들과 대중을 향한 교회의 정책은 어떠해야 하는가?

얻을 수 있는 자를 얻으라

정책은 두 가지 가정 위에 형성되어야 한다. (1) 대중들은 좋은 소식에 점증적으로 응답적이 되고 계속하여 그 소식에 귀를 기울이리라는 것이다. 그 이유는 그들의 삶에 미치는 모든 영향이 그들로 하여금 그들의 현재 신분에 대하여 점증적으로 불만족스럽게 할 것이기 때문이다. (2) 특정 국가들 및 국가들의 부분들에 있는 특정한 대중들은 그들이 군사적 요행, 경제적 세력, 승리와 패배에 의하여 영향을 받는 데 따른 응답에 있어서 유동적이라는 것이다. 어떤 장소들에서 대중들은 일시적으로 대단히 저항적으로 되는가 하면 다른 곳들에서는 대단히 수용적으로 될 것이다. 다른 한편 기독교인 계층들은 일반적으로 복음에 저항적인 것으로 간주될지 모를 것이다. 비록 그들의 태도 또한 유동적일 것이기는 하더라도 말이다. 어떤 지역들은 짧은 기간 동안 대단할 정도로 응답적으로 될지도 모르며, 그렇다면 이러한 시기에 효율적으로 복음화되어야 한다.

복음은 모든 피조물에게 설교되어야 하므로 복음에 수용적인 자나 저항적인 자나 모두 그것에 귀를 기울여야 한다는 것을 어떤 기독교인도 의심치 말아야 할 것이다. 그리고 복음에 대해 수용적인 사람들은 복음에 대해 거부적인 사람들보다 본래적으로 보다 높은 우선성을 소유하므로 익은 곡식을 추수하는 것과 다른 밭에 씨를 뿌리는 것 사이의 선택이 문제될 때는 언제나 전자의 사람들이 하나님의 명령을 받는다는 사실을 의심하지 말아야 한다.

얻을 수 있는 자를 얻을 수 있는 동안에 얻으라는 것은 건전한 절차인 것처럼 보인다. 이것이 "예루살렘에서 시작하여"라는 우리 주님의 말씀의 전략적 의미이다. 팔레스틴 유대인들이 응답적이었을 때 성령께서는 그들에게 초점을 맞추도록 교회를 인도하셨다. 최초의 20년 동안에는 예루살렘과 유대의 거주민들 가운데 강력한 단일민족의 교회가 수립되었다. 대중들이거나 아니면 계층들 어느 한 쪽이 정복될 수 있을 때 그들은 복음을 듣고 세례를 받고 교회들에 더해져야 한다. 이 교회들은 중단하고서 정비하려고 하지 말고 즉각적으로 복음에 대해 여전히 수용적인 사람들을 정복하기 위하여 나아가야 한다.

1967년 가나 북부로부터 초코시 부족(이 부족에서 그 이전 3년 동안에 약 8백 명이 그리스도를 영접하고 세례를 받았다.)에 관하여 저술한 크라스(A. C. Krass) 목사는 앞으로 약 10년 안에 "초코시 부족 전체가 기독교인이 되리라"는 것을 믿어도 좋을 것이라고 말하였다. 기독교 선교는 매우 폭넓은 규모로 이러한 잠재력들을 대할 뿐만 아니라 복음을 신포하고 사람들을 훈련하는 양식들을 섭렵하여 바람직한 가능성들이 현실화되도록 할 필요가 있다. 전체 거민들이 모두 그리스도에게로 돌아와야 한다. 이것이 복음전도에 있어서 최고의 선결과제이다.

만일 어떤 특정지역에서 대중들이 무관심하거나 또는 적대적으로 되면 대중들을 정복하려는 노력들은 사람들이 듣고 복종할 다른 지역들로 옮겨져야 한다. 우리 주님께서는 12제자들에게 명령하셨을 때(눅 9:5) "누구든지 너희를 영접지 아니하거든 그 성에서 떠날 때에 너희 발에서 먼지를 떨어 버려 저희에게 증거를 삼으라 하시니"라고 말씀하셨다. 그는 70제자에게 교훈하시면서(눅 10:10) 그들에게 정확하게 이와 동일한 교훈들을 주셨다. 무관심한 대중들이 다른 사람들보다 더 설득을 받는 응석받이 식의 노력을 받을 권리는 없다. 계층들이든 대중들이든 팔을 벌리고 서 있는 사람들이 그들의 귀를 막고 돌아서 있는 사람들보다 더 높은 들을 권리를 소유하고 있다.

어떠한 형태이든 무관심하고 저항적인 또는 심지어 반역적인 요소들을, 그들이 아브라함의 자손들이라는 것 때문에(그들의 사회의 특권을 지닌 요소들) 공략하는 것이 복음전도 정책이 되지 않도록 해야 한다. 하나님께서는 돌들—거부당한 자, 재산상속이 없는 자, 그리고 자격이 없는 것들—로부터도 만일 그들이 그의 가족의 성원들이 된다는 것이 확실하다면 특권을 지닌 사람들을 일으키실 수 있다.

사회적 행동과 교회성장

대중들 가운데 폭동을 선동하고 그리하여 그들로 하여금 정치적, 경제적, 문화적 목표를 성취하도록 돕는 것이 **선교**정책이 되지 않도록 해야 한다. 선교(선교는 한 나라에서 다른 나라로, 말하자면 인도에서 아프리카로, 한국에서 대만으로, 아메리카에서 중국으로 진행된다.)는 언제나 그것이 지향하는 나라에 대하여 손님이다. 그 사절들은 정부의 허락을 받아 거기에 있게 된다. 그들은 한 시간의 검사결과로 추방될 수 있다. 선교사와 그 기관들의 기능은 사람들을 예수 그리스도의 교리를 통하여 하나님께 화해시키는 것이다. 기독교인들을 바리케이트 앞으로 인도하여 그들에게 화염병을 만들거나 또는 권력을 장악하는 것을 가르치는 것이 그의 의무는 아니다. 오히려 선교사는 하나님에 의하여 임명된 바, 존재하는 정부들에 대한 복종을 가르친다. 이에 대하여 그는 풍부한 성경적인 증거와 교회적 선례를 소유하고 있다.

교회의 경우에는 사정이 다르다. 교회는 그 나라 시민들로 이루어져 있다. 피압박자와 압박자들도 다같이 시민들에 해당된다. 교회는 계층들과 대중들 사이에 계속되는 부단한 투쟁을 피할 수 없다. 그 성원들은 한 순간의 검색에 의하여 어떤 다른 나라로 송환되지 말아야 한다. 그들은 외부적 선동자라고 비난되지 말아야 한다. 그들은 권리에 의하여 내부로부터 말하며 그들이 말하는 것을 그들은 그들을 향하신 하나님의 뜻에 비추어 홀로 결정해야만 한다.

때때로 하나님께서는 신약이 집필되던 시기에 그가 교회에게 향하셨듯이 노예제도와 같은 커다란 불의를 조용히 감수하라고 그들에게 명령하시기도 할 것이다.

"종들아, 두려워하고 떨며 성실한 마음으로 육체의 상전에게 순종하기를 그리스도께 하듯 하여 눈가림만 하여 사람을 기쁘게 하는 자처럼 하지 말고 그리스도의 종들처럼 마음으로 하나님의 뜻을 행하여 단 마음으로 섬기기를 주께 하듯 하고"(엡 6 : 5-7). (만일 그들이 그렇게 하지 않았다면 그들은 구타를 당하였다.)

때때로 하나님께서는 그가 모세에게 하셨듯이 여호와께서 앞에서 진행하신다는 사실을 신뢰하고 압제자를 무시하고 반역하도록 그들을 지시할 것이다.

"내가 애굽에 있는 내 백성의 고통을 정녕히 보고… 내가 내려와서 그들을 애굽인의 손에서 건져내고… 이제 내가 너를 바로에게 보내어 너로 내 백성 이스라엘 자손을 애굽에서 인도하여 내게 하리라. … 내가 아노니 강한 손으로 치기 전에는 애굽왕이 너희의 가기를 허락지 아니하다가… 그후에야 그가 너희를 보내리라. … 너희가 갈 때에 빈손으로 가지 아니하리니… 너희가 애굽 사람의 물품을 취하리라(출 3 : 7 이하).

교회들이 비기독교인 거민 가운데서 증가할 때 그들은 그들이 영향을 미칠 수 있는 사회체제의 특정한 부분을 담당하라는, 그의 자녀들을 향하신 하나님의 목적을 수반할 것이다. 나이제리아 북동부의 히지족 가운데서 기독교화된 부락은 부모들로 하여금 그들의 딸을 희생제물로 드리는 것을 금해야 할 것이다. 미국에 있는 그 시민들의 다수가 복음주의 기독교인들인 군(郡)은 알콜 음료의 주조와 판매를 금하는 편에 투표할 수 있다. 이미 수백개의 군들이 그렇게 하였다. 그 대부분의 시민들이 기독교인이 된 국가는 정당한 고용정책과 정당한 주택법을 통과시키고 그 법률을 강화해야 할 것이다. 개별적인 기독교인들은 이러한 사회적 행동에 참여할 뿐만 아니라 전체 교회들과 교단들은 폐지와 금지의 날들에서처럼 의를 위해 행동해야 할 것이다.

선교와 사회적 행동의 주창자들 사이에 긴장이 있어져서는 안 된다. 복음주의적인 기독교인들이 전혀 없는 모든 공동체들과 지방들에 복음의 유익을 확장시키는 것과 기독교인들이 있는 곳에 기독교적 원리를 모든 생활에 적용시키는 것 양자가 모두 가장 절실하게 요구되는 것이다.

시간은 짧다

오늘의 시대만이 보통 사람의 시대일 뿐만 아니라 미래도 그에게 속한다. 복음주의 정책들은 백 년 전만 해도 세계를 지배하였던 귀족적 봉건체제를 기초로 하여 결정되어서는 안 된다. 하나님께서 그의 교회에 요구하시는 것은 1백년 전에 융성하였던 것이 아니라 현재 사회가 겪고 있는 형태들을 기초로 한다. 기독교 선교는 역사의 한 분기점에 서 있다. 새로운 체제가 출생하고 있다. 그 정확한 형태는 우리에게 감추어 있다. 신세계를 만드는 데 복합적으로 작용하는 세력들은 너무나 복잡하여 어느 누구도 그 결과를 분명하게 내다볼 수 없는 상황이다. 그럼에도 불구하고 어떠한 사태가 일어나든지 간에 보통 사람들이 과거에서보다는 미래에 더 발언권이 강화되리라는 것이 틀림없을 것으로 보인다.

청년기독교근로자협회(Young Christian Workers)의 창설자인 카르딘(Cardijn) 신부는 최근에 다음과 같이 저술하였다. "오늘의 무력한 프로레타리아 대중들이 내일에는 체제, 진보, 평화의 조종자들이 될 것이다. 소경만이 이 사실을 인식하지 못한다. 어떠한 공업기술적인 권력도 이들 아시아의 거민들이 내일 세계의 미래를 결정하는 것을 저지할 수 없다"(Retif, 1962:154). 대중의 힘을 아시아에만 제한시켜야 할 이유는 없다. 모든 대륙이 땅에 속한 수십억 민중들의 힘 아래 있게 된다.

기독교 선교에 있어서 가장 의미심장한 운동은 대중들의 진보적 요소들을 기독교 신앙에 맞게 훈련시키는 것이라고 할 수 있다. 인도의 국민운동, 인도네시아의 부족운동, 아프리카에서 기독교인들이 되고 있는 1억 5천만 명의 사람들, 라틴 아메리카 몇 나라들의 오순절교회들이 그러하다. 얻을 수 있는 자를 얻을 수 있는 동안에 얻으라는 것은 최우선적인 과제로 보인다. 대중들 중 수용적인 단원들을 복음화하고 병합시키는 것은 우리가 그들에게 줄 수 있는 최고의 선물이다.

15
구속과 향상으로 인한 중단

방금 기술한 계층/대중 상황으로부터 다음과 같은 중요한 물음이 발생한다. 선교는 교육적, 의료적, 그리고 아마도 농업적인 원조 프로그램을 통한 "향상"을 포함하는 구속의 효과에 본질적으로 기인되는 성장의 중단을 어떻게 피할 수 있는가? 세계 내의 대중들 가운데 교회가 설립될 때 그것은 그 통행 중에 질식사하고마는 경우가 거듭된다. 3천 명의 교인들로 이루어진 한 침례교회가 30년 동안 그 숫자에 머물러 있다. 1천 명 교인을 지닌 한 루터교회가 14년 동안 1% "성장하였다." 초교파적인 선교에 의하여 설립된 7교회들로 이루어진 한 복음주의 교단은 12년 동안에 4백 명에서 5백 명으로 간신히 "기어올랐다!"

아메리카와 유럽에 있는 많은 정체된 교단들은 구속과 향상으로 인해 성장이 중단된 고전적인 사례들이다. 그들은 그리스도에게 복종하고 또한 그들에게 더하여진 "이 모든 것들을" 소유하는 혜택을 엄청나게 받아서 그들의 동료들 가운데서 복음을 선포하는 가운데 심각한 장애를 겪고 있다. 아메리카 및 기타 지역들에 있는 훌륭한 교단들이 그토록 자주 저성장을 기록하는 것은 바로 이러한 이유 때문이다. 본 장에 수록된 많은 사례들은 개발국가들로부터 취한 것들일 것이나 우리가 탐구하는 문제는 보편적이다. 이 문제는 서구에서는 너무나도 잘 알려진 문제이다.

아프리카-아시아에는 성장을 억류하는 많은 교단들이 있다. 흔히 이 교단의 성직자들은 선교를 지구 저편에 있는 성장이 중지된 작은 교단들을 영구적으로 돕는 것으로 생각한다. 선교자원의 상당 비율이 이들 성장하지 않는 교회들에로 투여된다. 이들 교회들은 형제 사역자들 또는 선교사들로 이루어진 항구적인 간부들의 풍부한 봉사와 상당한 선교자금을 받는다. 그럼에도 불구하고 그들은 몇백 명 또는 몇천 명의 입교인들로 이루어진 폐쇄적인 영토로 존속한다.

예를 들어 대학교, 고등학교, 병원을 대상으로 선교함, 선교사는 열 명, 예산은 3만 파운드 또는 8만 달러, 총교인수는 여러 해가 지나도 변함없이 1천 명 남짓한 일곱 개의 교회 등의 선교사례는 결코 드문 현상은 아니다. 이러한 선교운동은 2천 명 정도의 교회로 성장하는 것도 의도하거나 기대하지 않는다. 그 작은 규모와 정체상태는 몇 사례들에서는 그 교회가 "커다란 연합교회"의 일부가 되어 있다는 사실에 의하여 은닉된다. 그러나 그 정면 배후에는 이 교회들로 이루어진 소교단이 계속해서 도움을 받고 정체되어 있다는 사실은 불가피하다. 명료성―즉 현실을 응시함―이 여기서 아주 중요하므로 나는 용어들의 무딘 또는 단음적인 사용처럼 보일 수 있는 것에 대해 거듭하여 독자의 인내를 요청한다. 이러한 선교는 연합교회들 안과 밖에 있는 수백 선교양상의 전형이다. 그 문제―폐쇄성을 초래하는 "향상"을 포함하는 구속으로 인한 정체―는 오늘날 선교에 있어서 주된 문제이다. 이제 그것이 어떻게 발생하는지를 알아보고 그 해결을 위한 몇 가지 제안들을 검토해 보도록 하자.

그리스도의 구속

모든 참된 교회는 그 교인들 가운데서 인간 마음 속에 일어나는 그리스도의 구속활동으로 인한 구속을 보게 된다. 그리스도께서 임하시면 인간은 새로운 피조물이 된다. 그는 회개를 하고 그의 죄로부터 돌아선다. 그는 거만, 탐욕, 게으름, 음주, 증오, 시기에 대해 승리를 얻는다. 그는 그의 이웃들과 다투고 여자들의 꽁무니를 쫓는 일을 중단한다. 그는 분쟁의 생활로부터 건설적인 활동으로 돌아선다. 그는 그의 자녀들을 교육한다. 그는 하나님께서 그에게 요구하시는 것을 배우며 정규적으로 예배한다. 그는 보다 유능한 인간이 된다.

교회의 친교가 그를 격려한다. 그가 앓아 누웠을 때는 형제들이 그의 병상을 찾아와 기도해 준다. 그는 성경말씀을 읽고 들으며 하나님께서 그를 위하시며 그에게 유익을 주신다는 사실을 깨닫는다. 그는 자신이 하나님의 아들이라는 것을 깨닫고 그와 같이 행동하기 시작한다. 즉 다른 사람들을 위하여 살기 시작한다. 그 가운데서 다른 많은 사람들이 그리스도를 영접한 그의 공동체는 더욱더 살기 좋은 장소가 된다. 확실히 이 모든 구속들은 불완전한 정도로 발생한다. 그러나 그것들은 발생한다. 해외 출신의 성직자는 자신이 기대한 것보다는 진전이 훨씬 미흡함을 발견할 수 있다. 그러나 그러한 것은 그가 개종을 그들의 배경이 아니라 자신의 배경에 비추어 측정하기 때문일 가능성이 크다.

구속은 오로지 성경, 교회, 구세주, 성령, 기도에 의존할 때 무한히 재생산적으로 된다. 인간들이 그리스도를 신뢰하고 그의 말씀을 읽고 그에게 복종하고 그의 식탁을 중심으로 모이는 곳에서는 어디에서나 그들은 이같은 방식으로 구속된다. 설사 그들이 해외로부터의 어떠한 지원도 전적으로 결여한다고 하더라도 그러하다.

선교와 교회활동으로 인한 향상

내가 "향상"이라고 부르고 있는 두 번째 종류의 진보는 교회 및 선교활동으로 말미암는다. 교회 및 성원들은 의료, 교육, 사랑어린 우정, 보호라는 대단한 혜택을 입는다. 기초적인 선교 또는 교회활동은 학교, 병원, 농업 발전센터, 문맹퇴치 학급, 기타 많은 기구들을 운영하는 것을 중심으로 이루어지며 이같이 하여 일반 공민, 특히 그리스도 안에서의 새로운 형제들을 돕는다. 만일 이들이 문맹일 경우 그들에게는 읽기교육이 행하여진다. 교회, 그리고 선교학교들—또는 점증적으로 국가 세금에 의하여 지원받는 학교들—에 출석하면서 그들의 자녀들은 국민학교, 고등학교 나아가서는 대학을 졸업하게 된다. 그들은 경우에 따라 기독교 직업학교를 졸업하여 기술자, 라디오 기술자 또는 장인들이 된다. 간호원 또는 교사

훈련학교에 보냄을 받은 소녀들은 급속하게 신장하는 정부 건강 및 교육 프로그램들에 의하여 기용되어 상당한 봉급을 받게 된다. 유능한 남녀들은 교회에 있어서 국제적 교류를 나누는 위치들로 부상하게 된다. 국가에 따라 소수 또는 다수의 사람들이 공무원에 기용되고 영향력있는 위치를 차지한다. 기독교인들의 생활이 향상된다. 그들은 중간 계층민이 된다. 개인적으로는 별볼 일이 없는 기독교 공동체의 성원들도 그럼에도 불구하고 일반적인 의미의 안녕에 참여한다. 이 모든 것을 나는 "향상"이라고 부르고 있다.

향상이라는 것은 선교예산과 직원들에 제약을 가하는 희생을 통해야만이 번창할 수 있다. 아프리카-아시아 교회들의 전체적인 기관활동은 여전히 유럽과 북아메리카의 원조에 깊이 의존한다. 사실 기독교 기관들이 정부 보조금을 얻을 수 있는 곳들에서는 국가교회가 해외로부터의 원조의 소량을 저축하여 상당 액수를 조성하는 것이 가능할 것 같다. 인도에 있는 일류 고등학교들은 좋은 건물만 마련되면 충분할 정도의 등록금을 부과하고 충분한 보조금을 확보하게 되므로 매우 작은 선교자금으로 그 자체를 운용한다. 많은 선교병원들은 해외로부터 몇천 불을 받고 또한 지역의 의료 혜택을 받는 자들로부터 몇만 불을 받아 내어 상당 규모의 의료사업을 영위한다. 그러나 이 모든 것에도 불구하고 종합기관 및 그 기관의 향상은 무한하게 번창하지 않는다. 소액의 선교원조(현재 교회원조로 불리움)로 중앙부서를 운영하는 "자급적"인 기관들은 한 지방 전체에 존재하는 1천 개의 교회에 결코 비교될 수 없다.

해외로부터(다른 나라에 있는 자매교회들로부터 또한 선교협회들로부터) 받은 원조에 더하여 수십년 또는 수십세기에 걸쳐서 우리 자신과는 다른 기독교인들에 의하여 설립된 종합기구인 교단으로부터 받는 향상이 있을 수 있다. 그러나 단과대학들, 신학교들, 고아원들과 수양관들은 "해외"원조에 의존하여 이룩된 것으로 간주되어야만 한다. 마찬가지로 출판사, 성서공회, 기독교 여성절제협의회, 기독교 면려회, 그리고 대단히 많은 교회 주변 기관들도 마찬가지로 간주되어야만 한다. 어떤 단일 기독교인이나 단일 교회가 이러한 기관들을 설립하는 것이 가능할 수는 없다. 이러한 기구들이 가능하게 하는 좋은 삶, 이러한 기관들이 조성하는 사회개혁,

이 기관들이 촉진시키는 더욱 지성적이고 신선하며 정의로운 사회적 체제는 모두 "외국의" 원조에 힘입는다. 이 모든 것들은 구속보다 향상을 초래한다. 물론 구속과 향상 사이의 경계선은 뚜렷하지는 않다. 그리고 구분이 너무 엄격하게 해석되지 말아야 한다.

기독교인들은 분리된다

"구속받고 생활이 향상된 자"는 그들의 이전의 교제들로부터 분리된다. 흔히 특히 피선교국에 있어서 이같은 분리의 책임은 기독교인들에게 전가되어서는 안 된다. 그들은 배척을 받고 추방을 받으며 유산상속 자격을 상실하며 소홀하게 간주된다. 그들의 친지들은 그들에게 그들의 조상의 가문에 다시는 얼굴을 드러내지 말라고 경고한다. 그들은 달리는 속수무책이기 때문에 교회(또는 선교)에서 일자리를 구한다.

하지만 흔히 아메리카와 그외 지역에서 이 과정은 기독교인들이 세계와 구별된 삶을 살아야만 한다고 주장하는 교회 자체에 의하여 강화된다. 때로는 개종자들이 존립할 여타의 방법이 없다. 그들의 이전의 교제 가운데 머물러 있는 사람들은 너무나 가중한 압력을 받게 되고 그들의 이전의 신앙으로 돌아간다. 기독교에 대한 저항과 적의가 높은 곳에서 외로운 기독교인들은 무섭게 노출된다. 더우기 대부분의 교회들과 선교사들은 교육을 강조하고 기독교인들에게 그들의 자녀를 학교에 보내라고 격려한다. 이러한 것은 분리과정을 촉진시킨다. 기독교 학교에서 교육받은 기독교 청년이 교회들이 주장하는 대로 기독교 공동체에서 결혼할 때, 비록 그 첫 세대는 비기독교인들 가운데서 생활한다고 할지라도 두 번째 세대는 자신들에 대하여 그 친척들과는 다른 존재로 생각하게 된다.

이처럼 그들 자신의 백성에 의하여 추방되고 교회에 의하여 이끌려져 나와, 변형된 교육을 받고 구원을 받은 기독교인들은 분리된 공동체를 형성한다. 그들은 새로운 집단들 가운데서 활동하기 시작한다. 그들은 사투리를 더이상 말하지 않게 되며 표준어를 사용하기 시작한다. 조잡하거나 또한 추잡한 말은 그들에게 혐오감을 준다. 그들은 자녀들이 이러한 말소리를 듣는 것을 원하지 않는다. 그들은 더이상 이전 생활을 좋아하지 않는다. 그들은 더 많이 벌고 더 많이 저축한다. 그들은 보다 높은 생활수준을 소유하게 된다. 원시인들 가운데서 그들은 개인적으로는 더 청결하게 된다. 그들은 의료진들로부터 세균과 불결함, 파리와 오물 처리에 대한 새로운 태도를 배우게 된다. 해가 갈수록 그들과 그들이 이전에 교제하던 사람들 사이의 간격은 심화된다.

이러한 분리로 인하여 그들은 흔히 그들의 이전 지기(知己)들 가운데서 효율적인 복음전달자들이 되기를 중지하게 되고 그들의 새로운 수준에서 비기독교인들과의 친지적인 유대도 끊게 된다. 교회는 세련된 형태의 집단 거주지에서 생활한다. 육체적 분리가 하나의 요소가 될 수도 안 될 수도 있다. 그러나 사회적 분리는 현저해진다. 기독교인들은 별개의 결혼의 장(場)을 소유한다. 그들의 관계망은 근본적으로 다르게 된다. 그들은 시의 문제들 또는 부족의·업무에 별로 관여하지 않는다. 그들은 신전에서가 아니라 교회에서 예배한다. 그들은 비기독교 축제들을 지키지 않는다. 때때로 사회적 분리는 겉으로 모습을 드러내지 않는다. 왜냐하면 그들은 비기독교인 동료들과 더불어 일하며 학교 또는 대학에서 비기독교인 교사들과 교제를 즐기거나 또는 시의회 의원으로 선출되고 그 협의에 참여하기 때문이다. 그럼에도 불구하고 표면적인 일치의 배후에는 분리가 있다. 비기독교인들에게는 "기독교인들은 우리 편이 아니다"라는 예리한 인식이 깃들어 있다.

가난한 기독교인들의 자녀들이 사회로 나갈 때 그들이 중간 계층에로 진입할 수 있게 되었으면 하는 희망이 언제나 표현된다. 이러한 희망이 실현되는 경우는 좀처럼 드물다. 계층들에 속한 비기독교인들은 기독교인들의 천한 출신을 기억하고 이러한 공동체에 합세하기를 제안하지 않는다. 회중은 설사 그 성원들의 3분의 1이 중간 계층으로 격상한다고 하더라도 하류 계층으로 남는다. 만일 하나의 전 회중이 중간 계층이 된다면 그 사매교회들은 힌명하거니 또는 가족적인 사람들이 그렇게 많이 기독교인들이 된 것은 아니라고 주장한다. 사실 어떠한 회중에 있어서이든 중간 계층에로의 격상은 대체로 복음을 전달할 능력을 위축시킨다. 회중은 저항적인 비기독교인 중간 계층들 가운데서 신앙을 전파할 수 없다. 그 회중은 그 단순한 기원으로부터 너무나 멀리 떨어지게 되어 복음에 대해 수용적인 하류 계층을 흡수해 들이기를 원하지 않는다. 그들은 거기에서 안

락감을 느끼지 못한다.

이러한 분리(위에서 홍콩, 마드라스, 루사카 또는 마닐라의 형편에 따라 기술하였음)는 오슬로와 텍사스에서도 관찰될 수 있다. 유럽과 아메리카에서 그것은 사소한 다른 모습으로 나타날 것이다. 그러나 우리 주님께서 명백하게 말씀하셨듯이 기독교인들은 다르고 또한 달라져야만 한다. "내가 세상에 속하지 아니함 같이 아버지께서 내게 주신 사람들도… 세상에 속하지 아니하였삽나이다.… 세상이 저희를 미워하였사오니… 저희도 세상에 속하지 아니함을 인함이니이다"(요 17 : 16, 14).

그렇다면 교회는 어떻게 기독교인들을 향상시키고 구속하며 또한 그럼에도 불구하고 그들로 하여금 그들이 영향을 미칠 수 있는 사회의 복음 수용적인 부분과 효율적인 접촉을 유지하도록 할 수 있는가? 우리는 어떻게 하면 선교교육적 진보로 인하여 분리가 조성되는 것을 저지할 수 있는가? 어떻게 하면 교회는 세상과의 연대성을 유지하면서도 그럼에도 불구하고 교회로 존속할 수 있는가? 어떻게 하면 우리는 대중 가운데서 성장하며 모 교회 또는 선교로부터의 지나치게 많은 원조없이도 스스로 번성을 유지하는 교회들을 수립할 수 있는가? 한마디로 교회는 어떻게 이러한 종류의 성장 중단을 피할 수 있는가? 이것이 문제이다.

몇 가지 잘못된 방법들

1. 많은 수효의 대중들의 명목뿐인 개종이 하나의 해결책으로 나타날 수 있다. 그것은 확실히 "세상과의 신실한 연대감"을 유지한다. 기독교인들은 비기독교인들과 별로 틀리는 것이 없다. 이러한 경우에 구속과 생활 향상은 매우 작게 이루어지므로 분리도 매우 작다. 비기독교인은 기독교인과 사회적으로, 문화적으로, 종교적으로 대단한 친숙감을 느낀다. 연결성은 우수하다. 관계망은 밀착성을 유지한다. 신앙은 그들을 넘어 비개종자에게로 흘러갈 수 있다.

그럼에도 불구하고 이 방법은 용납될 수 없다. 이것은 상당한 수의 사이비 기독교인들을 만든다. 이것은 무지하고 비영적인 무리들을 그리스도의 교회의 항구적인 부분으로 받아들인다. 그것은 인간들을 인간 조직에 끌어들임으로 그리스도의 신부인 교회를 파괴한다. 종교적 형태는 사람들을 교회의 제도에 붙들어 놓는다. 그러나 그것은 그리스도에게로 인도하지 않는다. 대중들을 얻고서도 그들을 구속하고 향상시키는 데 실패한 것이 로마 가톨릭교회가 라틴 아메리카의 일부 지역들과 필리핀에서 사용해 온 방법이다. 우리는 여기서 그리스도를 믿으나 실상은 이교도들(Christo-pagans)인 많은 사람들을 만난다. 특정한 개신교도들의 운동들 또한 그리스도를 믿으나 실상은 이교도들이라는 명칭을 부여받아 마땅한, 매우 명목뿐인 기독교인들을 산출하고 있다.

2. 또 다른 방법은 중간 계층이 되려고 노력하며 거대한 거민 가운데서 소수의 집단을 형성하는 소수의 비성장적인 교회들을 개척하는 것이다. 이러한 "해결"은 중단을 저지하기는커녕 이러한 것을 요구한다. 50만 명의 주민 가운데 형성된 4천 명의 게토(ghetto : 특수 거주집단의 정착지를 말함—역주) 교회는 이를 무시함으로써 이를 "해결한다." 교회는 이들 소수의 기독교인들을 만들므로 무리들의 구원이 효율적으로 저해될 정도로 그들을 그들의 동료 거민들로부터 분리 향상시킨다. 만일 앞의 잘못된 방법이 로마 가톨릭이 즐겨 사용한 것이었다면 후자의 방법은 개신교도들에 의하여 즐겨 사용되어 왔다. 이 또한 해결이 아니다. 그것은 대중들 위로 스쳐 지나가며 민족들을 신앙과 복종에로 인도하는 대신에 "일을 수행하는 것"에 자족한다. 교회는 그 거민들에 대하여 있으나마나 하게 존재할 수 있다. 그러나 교회는 그리스도를 필요로 하고, 할 수 있다면 그의 제자들이 되어야 할 무리들에 대한 그리스도의 능력을 효율적으로 부인한다.

이러한 "개신교의 방법"이 대단한 선교자원들을 흡수하고 수천 선교사들의 삶을 소모시키므로(나는 별로 성장하지 않는 교회들에 대하여 말하고 있다.) 이 방법은 세심한 주의를 받아 마땅하다. 이들 회중들은 내향적일 뿐만 아니라 외국의 돈과 지원에 얽매어 있다. 그들이 무의식적으로 선포하는 것은 그리스도의 구속이 아니라 문화적 향상의 유익이다. 그들이 기독교를 생의 전부에 연결시키고자 할 때 그들은 "교회"의 재정과 인물들로 지원되는 기관들을 통하여 외국 자본을 가지고 그렇게 한다.

이러한 것의 어느 것도 어려운 환경 가운데서 그리스도의 기치를 높이 들고 있는, 별로 성장하지 않는 아프리카—아시아 교회들의 견고한 기독교적 특성에 어떠한 방식으로도 모순되거나 또는 그 특성을 비하시키지도 않는다. 그들은 진지한 기독교인들의 삶을 훌륭하게 감당한다. 그들은 거룩한 삶을 살며 많은 유럽과 북아메리카의 기독교인들을 수치스럽게 하는 방법으로 거리와 장터에서 복음을 전파한다. 그들 중에 일부는 남자답게 박해를 견디어 낸다. 그럼에도 불구하고 (1) 비기독교인들이 이들 폐쇄된 교회들을 바라보며 받는 인상은 외국과 연결되어 풍부한 자원을 누리는 공동체들이라는 것이다. (2) 이들 교회들은 너무나 서서히 성장하므로 그들 자신들이 그들의 교인들을 훈련시킬 엄두도 못낸다. 그들은 문제들에 대한 해결이 없다. 구속받고 향상된 교회들이 어떻게 하면 그들의 이러한 삶의 부분들과 유대를 유지하여 **그들이 공동체들을 해방시키며 구속받은 자의 수효를 배가시킬 수 있는가**? 그들 대부분은 결코 이 문제를 파악하지 못한다.

전체적인 면모의 이러한 측면을 대중들의 기독교화에 의하여 제시되는 엄연한 경제적 현실에 비추어 본다면 그것은 교회성장에 대한 이해에 도움이 될 것이다. 대중이 기독교인이 될 때 그들의 수입은 갑자기 배가되지 않는다. 기독교인 농부가 세례를 받고 나면 그들의 불교도 친척보다 10배나 되는 수입을 올리지 않는다. 기독교인이 된 후에도 대중들은 먹을 양식을 위하여 하루 50센트의 수입 중 80%를 계속해서 소비할 것이다. 그들의 여분은 계속해서 그들의 하루 수입의 20%에 불과할 것이다. 다시 말해서 하루의 수입 중 10%로 그들은 의복, 세금, 자녀교육, 교회봉사를 해결해야만 한다! 대중들이 기독교인이 될 때 교회가 이용할 수 있는 것은 이 빈약한 기반이 전부이다. 땅에 속한 가난한 자 가운데서 그것은 매우 소박한 종류의 기독교만을 공급할 것이다. 풍부한 교회들은 이러한 것을 끊임없이 불충분하다고 판단한다. 그들은 심지어 이러한 것은 기독교가 아니라고까지 말할 수 있다. 이것은 확실히 그들 자신들이 마련할 수 있는 것이 아니다.

이 당혹스러운 상황의 요지는 다음과 같은 것이다. 즉 복음에 대해 수용적인 대중들이 대중들로 남아 있는 대중들에게 가능한 패턴에 따라 기독교인들이 되는 것이 하나님을 더 기쁘게 하느냐 또는 중간 계층 교회들이 지배권을 장악하여 아무리 무의식적이라 하더라도 대중들이 중간 계층

형태의 기독교를 지지할 만큼 충분하게 부자가 될 때까지는 기독교인들이 되지 말게 하는 것이 하나님을 기쁘시게 하느냐 하는 것이다.

올바른 해결

구속과 향상으로 인한 성장 중단문제에 대한 올바른 해결은 다음 두 강조점을 배합하는 데 있다.

첫째로 성장이 중단된 교회의 교인들은 구속을 기독교의 최상의 축복으로 보아야 한다. 구속은 단순히 하나님께서 예수 그리스도에 대한 진실한 신앙의 힘과 그에 대한 흔들리지 않는 봉헌에 의하여, 외부의 원조를 받지 않는 교회들에서 사람들 손에 넣을 수 있게 하신 것으로 정의된다. 이것이 우리가 신약에서 읽게 되는 구속의 종류이다. 그 막대한 잠재력은 분명하게 인정되고 계속해서 강조되어야 한다. 몇 가지 요점들을 검토해 보도록 하자.

성경과 더불어 생활하는 것이 구속의 본질적인 부분으로 이용될 수 있어야 한다. 많은 대중들이 문맹이므로 — 1700년 그리고 그 이전에 유럽과 아메리카의 대중들이 그러했듯이 — 성경을 읽는 것을 **종교적 의무**로, 즉 교회생활에서 필연적인 부분으로 기독교인들에게 가르쳐야 한다는 것과 결부된다. 주의 만찬을 위해 예비하도록 하는 것이 기독교 활동의 성스러운 일부분인 것 못지않게 신자들로 주의 말씀에 참여하도록 준비시키는 것도 그 성스러운 일부분이다. 일반 기독교인들은 성경을 읽으라고 다른 기독교인들을 가르쳐야 한다. 예배에 참석하며 또 거룩한 삶을 사는 교회에게 주어진 바, 이 의무의 생략은 죄이다. 대중들로 구성된 기독교인들은 선교사들에 의해 수행되는 외국 재정지원을 받는 캠페인에 의해서가 아니라, 모든 교회가 이용할 수 있는 영적인 능력에 의하여 성경을 읽는 공동체들이 되어야 한다.

서구 기독교인들 가운데서 즉각적으로 성경숭배에 대하여 경계하게 되는 비판적인 지식인의 경고는 무시되어야 한다. 기독교가 대중들 가운데 전파될 때 위험한 것은 성경숭배가 아니라 영적 기아라는 사실이 얼마나 역설적인가?(그리고 우리는 흔히 이 사실을 얼마나 인식하지 못하였는가?) 수십만의 문맹자들을 교회가 소유한다는 것이 무엇을 의미하는지에 대한 아무런 생각도 없는 상아탑의 전문가들은 수십만의 사람들을 승리로운 기독교 생활로 인도하는 것을 과업으로 하는 사람들에 대하여 법칙들을 설정하지 말아야만 한다.

문자를 해독하는 계층이 교회 건물들 내에 있어야 하며 교회 프로그램들과 밀접하게 연결되어야 하며, 이러한 계층이 성경읽기를 일상적인 기독교인의 의무로 요구하는 분명하게 성문화된 교리를 중심으로 형성되어야 한다. 교인 가운데 상당수의 문맹자들이 있는 곳에서는 어디서나 그 교인들에게 읽는 것을 가르치는 교회에 하나님의 축복을 기원하고 그 학습자들에게 그의 은총을 간구하도록 가르치는 것이 기독교 예배의 정규적인 부분을 형성하고 예전 가운데 수립되어야 한다.

박애활동 또는 복음전도 전략의 일환으로 읽기를 가르치는 것은 전혀 별개의 문제로, 그것에 대하여 나는 여기서 취급을 하지 않겠다.

살아 계신 그리스도의 임재, 성령의 능력부여, 하나님의 인도하심과 보호의 섭리가 일반 기독교인들에게 공개된 것으로 가르쳐져야 한다. 이에 대하여 신약성경은 풍성한 자료를 제공한다. 하지만 이러한 것은 현대 사상의 분위기에서는 깨닫기가 어렵다. 첫 번째 회중들은 인쇄된 성경도, 복음서들의 사본들도 소유하지 못했었다. 비록 그들이 구약성경 두루마리들을 소유하고 있기는 하였지만 그들은 그들의 주님이신 예수 그리스도의 가르침에 관한 구전에, 또한 성령의 인도하심에 크게 의존하였다. 그들은 사랑 많으신 하늘 아버지를 각 신자가 즉각적으로 도움을 받을 수 있는 분으로 알았다. 그들은 그리스도의 능력이 악령을 추방하며 하나님의 말씀이 마음 가운데 거하시며, 하나님의 능력있는 손이 재난을 면케 하시며 주님의 만져 주심이 질병을 치료한다는 것을 가르쳤다.

오늘날도 또한 임마누엘, 즉 우리와 함께 놀랍게 임재해 계시는 하나님이라는 관념을 모든 심오한 부흥운동하는 기독교인들의 정신 가운데 새겨두고자 하는 것이다. 성령의 세례는 매우 겸허한 사람들에게 그들을 위험으로부터 건져 주시고 슬픔 가운데서 그들을 위로하시며, 그들로 하여금 찬양하고 증거하며 하나님의 자녀로 살 수 있도록 그들의 곁에 서 계신다는 확고한 확신을 부여하신다.

이 능력은 매우 가난한 사람들로 구성된 교회들 가운데서 이용될 수 있다. 우리 주님께서는 축복하시기 이전에 문자 해독, 재산 또는 세계를 볼 줄 아는 전망을 요구하시지 않는다. 그는 다만 불타는 신앙만을 요구하신다. 그는 사람들이 전적으로 그리스도의 권위와 성령을 믿을 것을 요구하신다. 교회지도자들의 진정한 신앙이 세속적인 교육과 의술에 쏠려 있는 교회들은 구속을 최상의 축복으로 나타나게 할 수 없다. 교육과 의술에 자신있게 역점을 두는 전통적인 교회는 부지중에 또한 다음과 같이 말하고 있음을 발견할 것이다. "정말로 고려해야 할 일은 세속 교육 및 병원 시설의 이용이다. 우리는 우리의 교회 안에서 행동으로 본을 보여야 한다. 기도와 예배는 우리의 과학적 기술없이는 별 가치가 없다." 어떠한 회중 또는 교회에 있어서 그리스도의 구속을 최상의 축복이 되게 하는 것은 교훈, 예전, 설교, 그리고 아마도 기독교 지도자들의 모든 일상적인 대화의 대부분을 개정하는 것을 요구할 수 있다.

이러한 역점의 중요성은 아무리 강조해도 지나치지 않는다. 성경에 대한 복종, 성령에 충만한 삶은 언제나 강조되지 않으면 안 된다.

둘째로 현대 교육, 의술, 과학기술을 통하여 그리스도의 백성들이 누릴 수 있게 된 향상을 성장이 중단된 교회는 기독교 구속에서 파생된 것으로, 아프리카-아시아 교회들의 자립적인 노력에서 발생할 때 특별히 가치있는 것으로 볼 수 있어야 한다. 보다 풍성한 물질적 생활(이러한 것은 기독교 선교에 의한 것 못지않게 비기독교 정부에 의해서도 확립될 수 있다.)이 또한 그리스도의 축복의 일부분으로 선포되어야 한다. 이는 확실히 부차적인 부분이다. 그러나 그것은 여전히 그 일부를 이룬다.

과학적 의술과 농업의 힘은 너무나도 분명하므로 기독교인들과 비기독교인들에게 그것들을 믿으라고 설득할 필요가 없다. 다만 이러한 것들 또한 하나님이 선물로 보아야 한다는 점이 강조될 필요가 있다. 부차적인 선물들이 쉽사리 지나치게 강조될 수 있으므로 요청되는 것은 조용하게 생활향상을 제공하는 한편 구속에 대하여 강력하게 강조하는 것이다. 국가들이 교육과 의료를 떠맡을 때 교회는 생활향상을 당연시하던 데서 풀려나서 오로지 구속만을 강조해야 한다. 물론 상당 비율의 선교사와 교회연합회 직원이 계속해서 의료, 교육, 농업에 이용되는 곳에서는 어려움이 발생한다. 이러한 지역들에서는 성직자들이 그들의 입술로는 그리스도의 구속의 우선성을 선포한다고 할지라도 그들의 행위는 자신들이 하는 말은 듣지 않아도 된다는 것을 큰 소리로 외치는 것과 같다.

선교원조(교육, 농업, 의술, 구제)로 인한 생활향상은 사람들—기독교인과 비기독교인도 마찬가지로—의 마음에 **성령으로 인한 구속을 대신하거나 또는 심지어 확대되어 보이게 되어서는 안 된다.** 어떠한 성직자도 그것이 더욱 중요한 것처럼 보이기를 원하지 않는다. 그러나 생활향상이 가끔 가다가 구속을 훌륭한 것으로 강조하는 것과 의식적으로 균형을 이루게 된다면 잘못된 인상이 생길 것이다.

선교사들과 목사들은 스스로 그리스도와 성경의 충족성, 다시 말해서 원조를 받지 않는 교회가 삶의 가장 깊은 욕구에 충분히 부응할 수 있다는 사실을 믿어야만 한다. 이러한 점에서 자신들의 삶을 기도와 부흥 및 성령의 충만을 위하여 드리는 성직자들의 사역은 큰 중요성을 지닌다. 목사는 회중과 더불어 일하고 회중을 교육하고 돌보고 상담하며 회중에게 말씀을 전하고 그 젊은이들과 장년들에게 성경공부를 가르치며 세월을 보내며 또한 회중을 연약함, 죄, 긴장, 눈물로 가득 찬 것으로 인식할 수 있다. 그러나 부흥이 임하면 옛 아담의 이러한 추한 모습들은 사라진다. 남자와 여자들, 소년과 소녀들이 변화된다. 그리고 어떤 이는 일 주일 동안을, 어떤 이는 일생을 변화된 삶을 살게 된다. 그때서야 비로소 그는 물을 것도 없이 훌륭한 인간기관들을 창조하시고 사용하시는 하나님 자신이 그의 피조물보다 얼마나 더 위대하신가를 깨닫게 된다. 하나님께서는 인간 경험의 땅을 경작하시는 그 자신의 보조와 방법이 있다. 그런 다음 그가 직접적으로 인간의 삶에 임하실 때 그의 종들이 10년 동안에도 할 수 없었던 것을 하루에 행하신다.

모든 성직자는 어려운 사례를 통하여 자신의 방식을 생각해 보아야 한다. 만일 당신이 학교와 병원을 세우지 못하고 있는 촌락 또는 도시의 구역에 교회를 설립할 기회를 얻게 되었다면 당신은 교회를 세울 것인가? 또는 보다 극단화하여 만일 당신이 어떤 마을에 교회, 학교, 병원을 가지고 있는데 그것들 중에 둘을 없애야 한다면 어떤 것이 제거되어야 할 것인가? 셋 중에 어느 것이 하나님의 자녀들로 사는 데 인간들을 더욱 근본적으로 도울 것인가? 어떤 것이 전반적으로 더욱 중요한가? 그리하여 다른 것들을 파생시킬 수 있을 것인가?

올바른 해결을 담고 있는 일곱 원리들

1. 진정한 구속은 **성장하려는** 대단한 노력을 초래한다. 이것은 대단히 단순한 사실이다. 만일 어떤 사람이 정말로 그리스도의 심정에 동참한다면 그는 다른 사람들을 설득하여 제자들을 삼는 데 있어서 대단히 진지하게 될 것이다. 성만찬 식탁에서 그는 구세주께서 "나는 모든 인간들의 구원을 위하여 십자가에 달렸다. 그대는 얼마까지 가겠는가?"라고 말씀하시는 소리를 들어야 한다. **구세주**와 동행하는 사람들은 복음을 전파하는 일에 자신을 헌신할 것이다. 에드윈 오르(J. Edwin Orr)가 지적하였듯이 구속의 과정들이 정상에 도달한 곳에서의 부흥은 선교운동에 있어서 선취적인 진보를 이룩한다.

이러한 사실을 분명하게 보기 위해서는 구속을 문화적인 견지에서 평가하려는 현대 기독교인들이 계속해서 직면하는 유혹에 저항할 필요가 있다. 이러한 것은 구속을 생활향상과 혼동하는 것이다. 그보다 우리는 구속을 엄격하게 기독교적인 견지에서 측량해야만 한다. 구속은 그것이 오순절날에 그러했듯이 오늘날도 믿는 자들에게 이용될 수 있는 그러한 것이다. 진정으로 구속받은 사람들은 예루살렘을 피하여 사방으로 흩어진 전도자들처럼 어디든지 가서 복음을 전하고 교회를 개척해야 한다.

2. 진정한 성장은 **향상하려는** 대단한 노력을 초래한다. 성장은 단순한 사회론적 증가물은 아니다. 교회성장, 즉 사람들의 회심과 교회의 증가는 하나님의 역사이다. 교회성장에 있어서는 "단순한 수적 증가" 같은 것은 없다. 증가는 언제나 세례받은 신자들, 하나님의 가족에 새로운 인원들의 증가, 새로운 교회들의 설립을 의미한다. 그리스도 예수 안에 있는 새로운 피조물은 선에 직면하고 선을 향하여 여행을 할 것이다. 그는 우회해 갈 수도 있다. 그러나 일반적으로는 선을 지향하는 것이 그의 방향이다. 성령께서 내주하실 때 그는 사랑, 평화, 정의를 향한 나아감을 환영할 것이다. 그는 하나님의 뜻을 배우는 데 굶주리게 된다. 뉴기니아 서부에서

448   V. 교회성장의 특별한 본질

선교사들은 다음 사실을 발견하였다.

> 사람들이 그들의 부적을 태우기 전까지는 그들은 하나님의 말씀에 관심을 두지 않는다. 그들은 말씀을 듣거나 또는 말씀에 복종하려고 생각하지 않았다. 하지만 그들은 부적들을 태운 후에 복음을 듣고 복종하는 데 열심이었고 또한 갈급하였다. 다니족 신자들은 부적을 사르는 것이 복음을 이해하는 데 필요한 단계라는 것을 강력하게 느꼈다 (Sunda, 1963 : 30).

몇 달 후에 이들 그리스도 안에서의 새로운 피조물들은 선을 향한 거보를 내디디면서 그들이 싸우고 죽이는 것으로 일관해 온 모든 것을 정리하는 표시로 그들의 대부분의 무기를 불살라 버리기로 결정하였다.

성장과 구속은 관련되어 있다. 성장에 반대되는 구속 또는 아무런 구속도 나타내지 않는 성장과 같은 것은 없다. 향상의 경우는 사정이 다르다. 향상은 몸, 정신, 영혼의 철저한 기독교적 교양일 수 있다. 그러나 그것은 또한 슬프게도 전적으로 세속적인 것일 수도 있다. 예를 들어 아프리카의 개신교 학교들에 있는 교사들은 교회로 하여금 부족 전체를 통하여 가지처럼 뻗어나가게 할 수 있다. 각 교사를 중심으로 하나의 교회가 성장할 수 있다. 그들은 또한 교회를 설립함으로 보수를 받는 것이 아니라 교육으로 보수를 받기 때문에 교회를 세우려 할 필요가 없다는 입장을 취할 수도 있다.

3. 향상이 신속하여서 그것이 기독교인들과 그들의 비기독교인 친척들 사이의 사회적 접촉을 차단할 때 그것은 무조건적인 선이 되기를 중단한다. 언어, 생활양식, 복장, 직업의 변화는 바람직한 것으로 나타날 수 있다. 성직자들은 이들 기독교인들이 엄청난 진보를 이룩한다고 말한다. 그러나 바로 이러한 변화가 기독교인들을 그들의 공동체들로부터 떼어 놓는다면 이러한 변화들은 의심스러운 축복이다. 물론 기독교인은 모든 우상 숭배적인 의식들, 그리고 그를 비기독교적인 신앙-그것이 무신론적인 공산주의이든, 애니미즘이든 또는 다른 어떤 체제이든-에 얽매이는 것들과 접촉을 끊어야 한다. 그러나 그를 지도하는 사람들은 그가 다른 모든 점들에서는 그의 관계들을 배가해야 한다는 것을 주장해야 옳다. 그의 교회

는 그의 출신의 배경을 이루고 있는 다른 사람들과 동참할 수 없는 활동들에 안주하는 대신에 그가 돌볼 수 있는 사람들을 돌보아야 한다. 깊은 형제의식에 대한 거절이 기독교에로의 그의 첫걸음의 일부가 되지 말아야만 한다. 교육받은 기독교인이 계속해서 강조해야 할 사실은 "나는 여전히 당신들 가운데 한 사람입니다. 당신들은 나의 백성이요, 나의 뼈 중의 뼈입니다. 교육, 기타 요소들을 통하여 생기는 차이들이 당신들과 나와의 본질적인 하나됨을 말살할 수 없습니다"라는 것이어야 한다. 시카고에 사는 스페인 개종자들은 스페인어를 말하는 공동체와 전에 못지않게 훌륭하게 연결되어야만 한다.

향상은 기독교인들을 분리시키고 고립시키지 말아야 한다. 즉 사회적인 이탈로 인도하지 말아야 한다. 이러한 일이 발생할 때는 언제나 개인은 얻을 수 있으되 두려운 희생이 발생한다. 왜냐하면 그가 배출된 사회적 일체감이 상실될 것이기 때문이다. 우리의 현대 세계를 특징짓는 다원사회에서 현존하는 교회는 다양한 아류문화권들에서 교회들을 시작할 것을 계획해야 한다. 그러면서 그 교회들에 아류문화의 역량을 띠고 특별히 그 문화에 속한 사람들과 가족 단위들의 요구에 응하라고 격려할 필요가 있다. 그럴 때 사람들은 그들의 백성 가운데 머물면서 그리스도를 따를 수 있다.

모든 인간들이 하나의 언어와 하나의 문화를 소유할 시대에 대한 선구자임을 자부할 만한 다인종적 교회들(모든 민족들로 이루어진 교회들)을 설립하는 것이 런던 또는 로스앤젤레스 같은 도시지역들에 적합할 수 있다. 이러한 곳에서는 이미 여러 인종들이 대다수가 기독교인이다. 그러나 인종들, 부족들 또는 카스트들이 본질적으로 비기독교적일 때 다인종적 교회들은 덜 바람직한 패턴이다. 이러한 교회들은 교회가 인종들, 부족들, 카스트들로 보급되는 것은 돕기는커녕 그것을 방해한다. 개종자들이 극복해야만 하는 본질적인 종교적, 도덕적 장애들에 인종적, 언어적 장벽들을 더하는 것은 어리석은 일이다. 사람들은 예배가 자신들이 이해할 수 없는 언어로 자행되거나 또는 교인들이 두드러지게 높은 정도의 교육을 소유하였거나 좋은 옷들을 입고, 분명히 별개의 종류에 속하는 교회들에 가입하지 않는다.

확실히 성경은 우리에게 뛰쳐나와 구별될 것을 명령한다. 야고보와 요한이 그물을 수선하고 있을 때 우리 주님께서 그들을 부르시자 그들은 즉시로 "그들의 부친 세베대와 고용한 종들을 배에 남겨 두고 그를 따랐다."결혼에 관한 지시에 있어서 기독교인들에게는 불신자들과 감당 못할 인연을 맺지 말라고 이야기한다. 그럼에도 불구하고 사도들은 그들의 아버지와 어머니를 버리고 예수를 따랐다. 그들이 유대문화 안에서 그렇게 하였다는 사실은 주목할 만한다. 제자들이 그들의 선생들을 따르되 훌륭한 유대인으로 존속하는 것은 관습이었다. 이같이 함으로 그들은 유대민족을 떠나지 않았다. 우리 주님의 이 말씀들과 더불어 우리는 사도 바울의 다음의 말씀을 기억할 필요가 있다. 바울은 우상들에게 희생제물로 드려진 고기를 먹는 어려운 문제에 대하여 기독교인들에게 조언하면서 다음과 같이 말하였다. "불신자 중 누가 너희를 청하매 너희가 가고자 하거든 너희 앞에 무엇이든지 차려 놓은 것은 양심을 위하여 묻지 말고 먹으라. 누가 너희에게 이것이 제물이라 말하거든… 먹지 말라"(고전 10 : 27 28). 사도 바울은 기독교인들에게 가능하면 그들의 비기독교인 동무들과 연대성을 유지하라고 조언하고 있다.

　신입 기독교인들은 진정으로 기독교인이 되고 또한 그들의 친족과 단절없는 접촉을 유지하기 위하여 싸워야만 한다. 이것이 그들의 과제이다. 이것의 성공적인 이행여부에 증거자들로서의 그들의 효율성은 달려 있다. 그들은 그들의 백성과 더불어 견고한 관계를 유지하는 동시에 또한 분리되어야만 한다. 완만한 향상은 이러한 싸움에 승리를 얻게 하도록 도움을 준다.

　4. 향상과 성장을 향한 노력은 향상, 그리고 성장이 실제로 얼마나 많이 진행되고 있느냐 하는 관점에서 비례되어야만 한다. 향상은 교회성장에 비례되어 유지되어야만 한다. 풍부하게 섬김을 받는 기독교인들의 비성장적인 그룹에 제한될 때 그것은 곧 겸비한 나사렛 사람 예수의 삶을 산출하기를 멈춘다. 교회는 성장이 별로 이루어지지 못하면서 이루어지는 지나친 향상을 두려워해야만 한다. 교회는 작은 그룹의 거만스러운 영적 경주자들 또는 보다 좋게 말하자면 문화적인 엘리트들을 산출하는 것을 즐거워하지 말아야 한다.

아래에 있는 도표는 이 문제 그리고 결실있는 절차를 설명해 준다.

A교회는 이미 대단히 성장을 하고 있다. 이 교회는 성장에 많은 노력을 기울이고 있고 향상에는 별 노력을 기울이지 않는다. 이 교회는 향상에 보다 노력을 기울여야 한다. 그러나 또한 성장이 중단하거나 또는 하향추세를 보이지 않기 위하여 성장이 계속 충분히 강조되어야 한다. 향상을 강조하기 위하여 성장을 중단하는 것은 언제나 오류이다.

B교회는 지나치게 기구화되어 있고 10년에 겨우 몇 %만 성장하는 중단된 교회이다. 이 교회는 현재 성장에는 매우 작은 노력을 기울이고 향상에는 대단한 노력을 기울인다. 이 교회가 현재의 이웃들 가운데서 성장하기는 어렵다. 어쩌면 아마도 불가능할지도 모른다. 현존하는 기독교인들의 더 큰 향상과 세련됨은 그들을 더욱 고착시킬 것이다. 이 교회는 선교를 후원함과 동시에 향상에 대한 강조를 감소시키고 효율적인 복음전도와 성장에 더욱 역점을 두어야 한다.

도표 15.1. 성장과 향상의 적정 비례관계

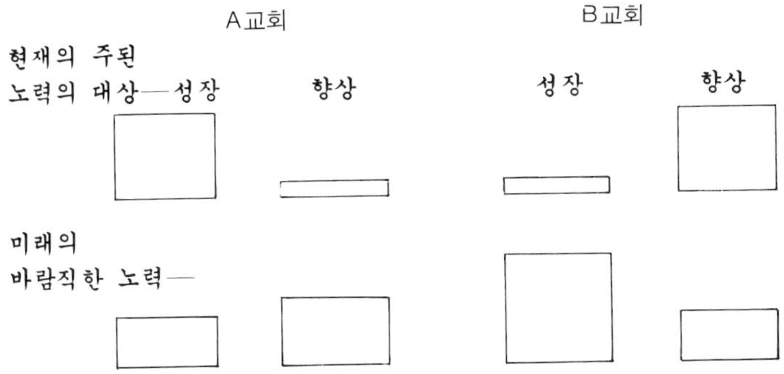

	A교회		B교회	
현재의 주된 노력의 대상	성장	향상	성장	향상
미래의 바람직한 노력				

이 교회는 그 소속해 있는 사방에서 복음에 수용적인 사람들을 발견할 수 있을 것이다. 그러므로 이 교회가 선교에 각성할 때 이 교회는 일반 주민 중 복음에 가장 수용적인 층을 모색하고—그 교회 자신과는 가급적이면 다른 그룹—그 가운데서 교회들을 세우고자 온갖 노력을 기울이도록 해야 한다. 이러한 교회들은 처음에는 모 교회인 B교회와 다만 공식적인 접촉만을 취하는 것이 좋다. 만일 이들 교회들이 그들 자신의 노선대로

출발하면 그들 자신의 동질적인 일체감 가운데서 성장할 것이요, 때가 되면 그 지방에 있는 다른 기독교인들과 병합하여 다면적이고 다양성을 띤 여러 교회를 형성할 것이다.

물론 이 도표는 지나치게 단순화되었다. 향상 및 성장의 필요 사이에 자원을 배당하는 데 있어서는 지속적인 긴장이 존재한다. 이는 최소한 각 요소가 부분적으로 서로 상반작용을 하기 때문이다. 기독교인들이 되는 과정 자체가 사람들을 향상시킨다. 그리고 만일 친족으로부터의 첨예한 분리가 결부되지 않는다면 향상된 기독교인들은 다른 사람들로 구세주를 받아들이도록 하는 데 강력한 논리가 될 수 있다.

5. 향상의 정도를 결정하기 위해서는 선교자 자신의 문화적 유산 또는 성향을 단호하게 벗어나는 것이 절대적으로 필요하다. 지나친 향상은 본질적인 기독교와는 별 관계가 없다. 유럽-북아메리카 선교사들의 특징을 이루는 것은 사람들로 하여금 세계의 일반 문화 가운데로 진입하도록 돕고 그리하여(우리가 앞에서 고찰하였듯이) 복음화보다는 문명화를 지향하는 경향이 있다. 향상은 교회를 건설하는 것보다는 부족주의를 타파하기를 원한다. 농촌 기독교인들을 준비시켜 도시 안에서 상당량의 봉급을 받도록 하는 향상을 영광스러워 한다. 그 일을 위하여 정부와 협동하여 점원, 경리, 경찰, 기능공, 기술자, 간호원, 교사들을 양성한다. 이 모든 것들은 생성하는 신흥 국가들에서 중요한 역할을 한다. 이러한 것들은 모두 훌륭한 활동들이다. 그리고 선교와 교회들은 이러한 활동을 촉진시켜야 한다. 사실상 기독교 선교는 교회성장과는 전혀 별개로 국가를 위해서도 유익하다.

그럼에도 불구하고 성직자들은 전체 소요되는 노력의 얼마 만큼을 문명화에 투여하고, 얼마 만큼을 기독교화에 투여해야 하는지를 구별해야 한다. 우리는 스스로 다음과 같이 자문해야 한다. 유대 산지에 살던 기독교인들은 이러한 정도의 향상을 소유하였는가? 나 자신의 기독교 조상들은 그랬는가? 교육 및 기타 서구적인 유익들을 향한 노력이 교회들을 배가하려는 노력들과 균형을 유지하는가?

6. 특별히 중요한 것은 향상에 투여하는 에너지를 그것이 성장을 향한 작은 노력과 평등하게 될 때까지 **감축시킴으로** 긴장을 해소시키려 해서는

안 된다는 것이다. 그보다 원칙은 다음과 같은 것이어야 한다. **성장을 향한 노력이 향상을 향한 노력을 능가할 때까지 그 노력을 증가시킨다.**

또한(우리가 앞에서 고찰하였듯이) 문화적 노력이 교회의 성장을 초래하리라는 것을 기대하고 그 노력을 증가시키는 것은 별 소득이 없다. B 교회에서 의료원조, 학교 건설, 또는 기타의 박애활동의 증가가 이 교회를 작은 성장에 폐쇄시키는 작용을 극복하지 못하고 있다. 오직 개종자들이 교회로 물밀듯이 들어옴으로써만이 교회는 그 주변 환경과 활력있는 접촉을 가질 수 있다. 내향적인 교회가 행해야 하는 것은 "시민생활에 관심을 갖고 공직에 후보자를 내세우며 국가문제들에 관하여 성명을 하거나 또는 보다 도움을 주는 활동을 착수하는 것"이라고 가정하는 것은 잘못이다. 이러한 것들은 바른 방향에로 나아가는 작은 단계들이다. 그러나 훨씬 유기적인 것이 요구된다. 나는 이 문제를 *Church Growth in Mexico*(멕시코에서의 교회성장)에서 상세하게 논의하였다. 그러므로 이 책에서는 그 책으로부터의 간단한 인용만을 하도록 하겠다.

> 우리가 어떻게 하면 살아 있는 유대를 수립할 것인가? 우리가 어떻게 하면 교회와 그 속한 공동체의 유대를 성취할 것인가? 그 근본적인 대답은 계속적이고 값비싼 희생을 투여하고 또한 성령의 지시를 받아 잃은 자를 발견함에 의해서라는 것이다. 신속한 성장을 이룬 교회들은 훌륭한 관계들을 수립한다. 그 교회들은 그 속한 공동체들과 필연적이고 그 자연적인 연관을 소유하게 된다.… 이 교회들은 결박되기 전의 모든 멍에를 깨뜨린다.… 개종자가 그가 속한 공동체와 분리될 정도로 변형되기 전에 그는 몇 명의 다른 사람들을 그리스도에게로 인도하고, 그들이 다음에 다른 사람들을 인도한다(McGavran, 1963: 110).

제한된 그룹의 향상 또는 건전한 기독교 교회들의 배가만을 주장하는 것은 잘못이다. 둘 다 모두 요구된다. 두 가지 모두 발달할 때 향상과 성장 사이에는 균형이 유지되어야 한다. 올바른 정책은 향상, 다시 말해서 교육, 육체적, 정신적 건강, 생산, 기술공학에 큰 가치를 부여한다. 이러한 것들은 인간의 활동과 누림을 위한 하나님으로부터의 선물이다. 그러나 그것은 부단하게 더 많은 성장을 추구하고 교회의 물리적 성장이 하나님을 기쁘시게 한다는 것을 믿는다. 향상과 문화적 개선을 강조하는 교회는 효율적으로 복음을 전달하고 교회들을 배가시키지 않는 한 시련에 봉착한다. 유럽과 아메리카에 있는 거대한 수효의 교회들은 구속과 향상의 결과로 항구적으로 중간 계층 또는 심지어는 상류 계층이 되어서 그들은 근로 계층들로부터의 대부분의 성장에 이르는 문을 폐쇄하였다. 그들은 복음전도를 위하여 의도적으로 매우 거대한 자원들을 적정 비율로 투여해야 한다. 그들은 개종자들이 꾸준히 교회로 들어오는 역사가 이루어지기까지 그들의 자원들을 적정 비율로 투여해야 한다. 그들은 개종자들이 꾸준히 교회로 들어오는 역사가 이루어지기까지 그들이 하던 다른 모든 일을 중단해야 한다.

7. 정체는 특정한 교회에서 이용될 수 있는 자원들을 이용함으로, 무한하게 번창되는 교회성장의 패턴을 사용함으로 저지된다. 다음의 일반적인 해외의 패턴들은 이 원리를 어기고 있고 정체를 가중시킨다.

(1) 각 교회가 선교사들을 분야별로 충원하여 학교, 병원, 농업센터, 복음전도 부서 등을 둔다. 이러한 패턴은 선교국 또는 교단본부의 경우에는 바람직하다. 그러나 지방에 걸쳐서 마을마을마다 설립되어야 하는 교회를 위해서는 빈약하다. 농촌 마을에서는 이용될 수 있는 자원들이 무한정하지 않다. 교인들 가운데 많은 수효가 교회기관들에서 일을 하는 자원이 풍성한 교회에 가능한 것이 농촌 교회들에서는 불가능하다. 중앙의 교회가 농촌 교회보다 더 나은 교회인 것은 아니다. 그것은 단순히 다른 패턴의 하나에 불과하다. 진정한 구속은 교단본부가 자리한 곳의 교회에 못지 않게 농촌 교회에서도 가능하다. 비록 찬송소리는 투박하고, 성경 지식은 덜 정확하고, 덜 풍부하며, 예배는 엉성하고, 설교들은 설교답기보다는 교훈조라고는 하더라도 말이다. 만일 대중들 가운데서의 복음전파가 모색되는 목적이라면 중앙 교회의 패턴은 사용되지 말아야만 한다. 그것은 이러한 원리를 침해한다.

(2) 각 교회는 주로 선교기금들이나 선교를 후원하는 기독교인들이나 선교사들의 기부금으로 지불받는 임명된 목사를 소유한다. 그는 정규 신학교 과정을 수료하였고 재능과 교육이 그와 견줄 수 있는 처녀와 결혼하

였다. 일견하여 볼 때 바람직한 것처럼 보이는 이러한 패턴의 사역은 사실상 바람직스럽지 못하다. 왜냐하면 새로운 근거를 바탕으로 성장하는 교단에 전형적인 작은 교회들의 원천들을 고갈시키기 때문이다.

(3) 각 교회 건물이 주로 선교기금에 의하여 지불된다. 이 건물은 작은 회중들에게 항구적이고 적절한 예배 장소를 제공한다. 그러나 이러한 건물을 건축하는 데는 보조금이 요구되기 때문에 이러한 것은 생산적인 패턴은 못된다. 이러한 것은 기독교인과 비기독교인들로 하여금 지역 교회들에 의하여 건축될 수 있는 건물 이상의 좋은 건물을 기대하게 된다.

다음의 일반적인 패턴들은 이 원리를 준수한다. ① 일반적으로 교회의 영내 또는 거기 소재한 선교기관 내에 선교생활관을 두지 않는다. 어떠한 교육이든 교육은 교회 건물에서 이룩된다. "기독교인이 되는 것"은 "학교-병원-교회 종합시설의 사람"이 되는 것이 아니라 "교회의 사람"이 되는 것을 의미한다. ② 교회는 봉급을 받지 않는, 그렇지 않으면 파트 타임만 수고하는 지도자들에 의지하거나 아니면 지원할 수 있는 정도의 교육과 봉급을 받는 목사에게 의존해야 한다. ③ 교회 건물은 회중이 세우고 스스로 수리할 수 있는 것이다. 예를 들어 브라질에 있는 오순절 교도들은 가정 교회들, 세낸 회관들, 그리고 그들에 인접한 값싼 작은 기도처들에서 만난다. 수적으로 충분히 성장하였을 때 그들은 그들의 자원을 동원하여 커다란 중앙 교회당을 건축한다. 이러한 결과로서 교인수가 1천 명에서 5천 명에 이르는 교회가 형성되고 이러한 교회는 2백 개의 지교회들을 지원할 수 있다. 이것은 거듭하여 반복될 수 있는 패턴이다.

결론적으로 교회는 **보통 사람들**이 그것을 운영할 수 있고 대중들 가운데서 **그것을 무한하게 배가시킬 수 있는** 구조와 패턴에 속해 있다.

북아메리카에서 매우 탁월한 설교자에 의하여 통솔되고 도시의 한 구역을 점령하는 일련의 건물들을 세우고 교인수가 수천명에 달하는 거대한 성공적인 교회만이 무한하게 재생산적인 패턴인 것은 아니다. 이러한 것은 특정 상황들에서는 하나의 훌륭한 패턴이다. 그러나 대부분의 장소들에서 이러한 교회를 기대하는 것은 불가능하다. 북아메리카에는 무한하게 재생산적인 많은 패턴들이 있다. 각 패턴은 다원화된 주민들의 사회적, 경제적 분야들 가운데 하나에 적합할 것이다. 지켜야 할 법칙은 다음과 같다. "당신이 복음을 전하는 주민들 가운데서 하나님의 교회들을 성장시키는 데 있어서 하나님이 합당하게 여기고 축복하시는 교회생활의 패턴이 무엇인지를 주목하라. 당신의 은사와 당신 교인들의 은사에 가장 적합한 패턴을 사용하라.

질문과 반대들

일부 사람들은 향상을 구속에 종속시키는 이 전체적인 주장에 교회는 사람들을 향상시켜야만 한다는 근거 아래 반대할 것이다. 물론 교회는 부당한 빈곤에 만족하도록 사람들을 가르치지 말아야 한다. 교회의 과업의 일부는 영혼을 침식하는 불필요한 빈곤에 대한 신적 불만을 창조하는 것이다.

반대에 대한 답변은 단순하다. 이 장의 어떠한 내용도 기독교인들을 빈곤에 만족하며 살도록 인도하는 것으로 해석되지 말아야만 한다. 나는 교회는 교인들의 생활향상을 도모해야만 한다는 데 철저하게 동의한다. 우리는 교회가 현재 행하고 있는 것보다 훨씬 폭넓게 향상을 주도하기를 원한다. 우리는 모든 도시의 모든 구역마다, 그리고 지상 전체에 걸쳐서 모든 촌락과 부락에 교회가 존재하기를 원한다. 왜냐하면 그런 다음에야 그의 뜻과 그의 말씀을 먹이는 일에 자신을 헌신할 사람들을 통하여 역사하는 의와 공의를 향한 하나님의 정열이 모든 공동체들에 적용될 것이기 때문이다.

그러나 우리는 이러한 정도에 도달하지 않은 교회들에 의하여 향상에 지불되는 투자는 흔히 기독교를 특징짓는 구속겸 향상의 막대한 확장을 방해한다. 우리가 다음의 물음들을 생각해 볼 때 이러한 생각은 추방될 것이다.

교회는 교회가 중간 계층의 위치로 끌어올릴 수 있는 자들만을 받아들이려고 할 수 있겠는가?
대중들은 그들이 가난하여 아마도 계속해서 가난하게 될 것이라는 점 때문에 교회 밖에 있도록 운명지워진다는 것인가?

교회는 목수, 어부, 짐꾼 등 인류의 대중들을 위한 복음을 소유하지 않았는가?

교회는 참으로 교회가 되기 위하여 사람들이 현재 처하여 있는 경제적 능력의 정도가 어느 수준이든 간에 그들을 받아들여야만 하지 않는가?

그리스도의 구속은 교회가 새로운 기독교인들에게 제공할 수 있는 교육의 양을 정말로 제약하므로 선교를 희생해야 한다는 말인가? 복음 자체가 잠재력을 지니지 않는가?

보통 사람들의 시대에 지배가 중간 계층의 손에서 급속하게 빠져나가고 있는 현재에. 어느 교회가 감히 상류 또는 중간 계층에 자신을 제한시키거나 또는—더욱 나쁘게는—중간 계층 교회가 되는 것을 자랑하려고 하는가?

우리는 교회가 그 현재 수입을 두 배로 향상시킬 수 있게 해준 교인들의 수효에 의하여 그 성공을 평가하는 유럽—북아메리카 교회에 대하여 어떻게 생각해야 하는가? 과연 아프리카—아시아에 있어서 생활수준의 향상을 교회의 신실함의 가치있는 부분으로 고려할 수 있다는 말인가?

결 론

440~443페이지에서 언급한 잘못된 방법들이 전적으로 잘못되지는 않았다는 점을 고려할 필요가 있다. 단지 이러한 문제가 제기되는 것은 시작과 결부되어서이다. 대중들의 철저하고 폭넓은 기독교화를 수행한다는 관점에서 볼 때 양자는 모두 옹호된다.

교회는 위대한 대중운동을 완성할 필요가 있다. 그들은 항구적으로 침체된 영적 상태를 그들의 교인들의 일상적 모습으로 받아들이는 것을 우리가 마치 죽음을 두려워하듯이 두려워해야 한다. 그들은 그들의 대중 교인들이 그들 자신의 원천에 입각하여 듣고, 읽고, 배우는 방법들을 계속적으로 고안해야 한다. 그들은 토착적인 부흥체제를 고안하고 그것으로 초래되는 성경에 대한 연구열과 교회의 확장을 지휘해야 한다. 기독교는 인간운동으로 시작해야 한다. 그러나 기독교는 인간운동으로 마무리 되어서는 안 된다.

티페트(Tippett) 박사가 주장하듯이 인간운동은 부흥으로 완성되어야 한 다. 만일 선교에 투여된 창조적 노력의 10분의 1이라도 커다란 아시아와 아프리카 교회들이 스스로 조직하고 진정한 토착적 기초 위에서 추진해야 하는 부흥겸 복음전도의 한 양식을 고안하는 데 투여되려고 한다면 그 교회들은 이 땅의 30억의 비기독교인들 전체에 걸쳐서 영적 생활의 원천들과 폭발적인 전파의 구심점이 되어야 할 것이다. 세계는 아프리카-아시아의 커다란 교회들이 **그들 자신의 패턴에 입각하여** 선교의 붐을 일으키기를 기다리고 있다. 유럽-북아메리카로부터의 선교방법들은 아프리카-아시아로부터의 그들 자신 또는 다른 지역들에 대한 선교에는 적합하지 않을 것이다. 그러나 진정으로 생명적이고 토착적인 어떤 것이 시도되어야 한다.

하나님께서는 그의 아프리카-아시아 교회의 성직자들을 그의 성령으로 충만하게 하고 또한 대중들로 이루어진 기독교인들을 보다 깊은 헌신에로 인도하는 재능을 허락해 주셨다. 그러나 이러한 사람들은 그들이 본래 사용되어야 하는 식으로 사용되지 않고 있다. 그들은 흔히 그들 자신의 교단들 밖으로는 알려지지 않는다. 그리고 때때로 서방으로부터의 선교 노력으로부터 발생한 교회들에 반발한다.

현존하는 정체된 교회들-아프리카-아시아에 있어서 만큼이나 유럽-북아메리카에서, 카르나타카에 있어서 만큼이나 카나다에서-은 대성장을 필요로 한다. 그 교회들은 저성장적인 중간 계층 교회들의 역할을 항구적인 것으로 받아들이려는 생각을 쇠약하게 하는 질병으로 두려워해야 한다. 그 교회들은 자신들을 그들의 국가의 무리들을 해방시키는 데 헌신된 하나님의 선구적인 프로젝트들로 간주해야 한다. 이 교회들은 교회성장을 이해할 필요가 있다. 성장의 많은 요소들 가운데서 교회들은 이 장에서 취급된 요소를 보아야 한다. 즉 본질적인 기독교에 의하여 제공된 구속과 기독교가 낳게 되는 중간 계층적인 문화적 부수물들에 의하여 제공되는 향상 사이의 구별이 그것이다. 정체된 교회들은 기독교 신앙에 의하여 큰 축복을 받아 왔다. 이 교회들은 이제 자신들의 중간 계층적인 울타리를 깨뜨려 버리고 그들의 이웃에 있는 사람들을 받아들이고 대중들 가운데 살아 있는 교회들의 집단을 수립해야만 한다. 이러한 것들은 그것들 자신들과는 구별되며 그럼에도 불구하고 철저하게 기독교적일 것이다. 왜냐하면 이들 교회들은 성경과 그리스도를 소유할 것이기 때문이다.

16
도시인들에 대한 제자화

기독교는 다윗 성에서 출생하여 가이사의 대도시들에서 성인으로 성장하였다. 아라비아 오지의 작은 마을들과 오아시스에서 강력하게 된 이슬람교와는 달리 기독교의 확장은 고대 세계에 있어서 권력의 중심지들, 즉 안디옥, 에베소, 고린도, 알렉산드리아, 카르타고, 로마와 불가분리하게 결부된다. 사도 바울은 복음에 수용적인 사람들—도시들에서 상업에 종사하며 살았던 유대인들로 이루어진 회당공동체들—에게 복음을 전하면서 도시권에서 도시권으로 여행하였다. 그의 서신들 중에 여덟은 그 편지들이 발송되는 도시권들의 명칭을 따라 명명되었다. 도시들과 이에 준한 커다란 마을들은 초대교회에 큰 의미를 지녔고 그 다음 반세기에 있어서 기독교 선교를 위하여 더 큰 의미심장함을 소유하였다.

성장하는 도시들

교회성장에 있어서 도시들이 지니는 중요성은 지상의 점점 많은 인구들이 도시들에서 산다는 사실을 우리가 인식할 때 더욱 증대된다. 도시들에로의 인구집중은 계속되고 있다. 그리고 다음 몇십 년 내에 아마도 인류의 4분의 3이 농촌지역들보다는 도시지역들에서 출생되고 살고 죽을 것 같다.

이 진술을 행함에 있어서 나는 농토를 통하여 생계비를 벌고 농촌들에서 거하며 그들이 수입하는 대부분을 먹는 데 소요하는 모든 사람들을 농촌 사람들로 구분한다. 나는 상업 중심권에서 생활하고 또한 상업이나 제조업에 의하여 생활을 영위하는 모든 사람들을 도시 사람들로 구분한다. 어떤 이들은 1만 명 이하의 주민들로 이루어진 읍들에서, 어떤 이들은 1만에서 9만 명의 주민들로 이루어진 마을들에서 그리고 어떤 이들은 수십만 명 이상의 주민들이 거하는 거대한 제조공장 도시들에서 생활한다. 거대한 대도시들—동경, 토론토, 캘커타, 애틀란타, 킨샤사, 베를린, 사웅파울루 등등—은 특수한 문제들을 제시한다. 그러나 당분간 우리는 이러한 도시들 또한 단순히 도시들로서 고려할 것이다.

사람들이 도시들로 몰려드는 데는 그럴 만한 이유들이 존재한다. 손으로 2에이커의 땅을 경작하는 데는 상당한 인력이 낭비된다. 기계로는 보다 소수의 사람들이 보다 많은 땅을 경작하여 보다 많은 수확을 거둘 수 있다. 농장은 거대한 식량생산 공장들이 되어 가고 있다. 심지어 160에이커의 농장도 경작하는 데 경제적이지 않다. 기계는 수백 에이커의 땅을 다룰 수 있고 또한 160에이커의 땅만을 소유하는 사람이 지불할 수 있는 것보다 훨씬 많은 비용이 지출되며 또한 그러한 사람을 대체하고 있다. 손으로 채집되었던, 그리하여 수천명의 노동자가 요구되던 목화는 다만 몇 대의 기계들에 의하여 채집된다. 심지어는 채소와 과일도 기계로 수확된다.

아프리카—아시아의 거대한 인구들은 사회 사람들이 하는 일이 기계로 대치되면서 일터에서 쫓겨날 것이다. 이러한 실직의 두려움이 제3세계의 영농기계화를 억제하며 일시적으로 거대한 수효의 사람들을 농촌에 묶어놓아 한 가족이 2 또는 3에이커 정도의 땅을 경작한다. 그러나 단순 노동이 식량을 재배하는 가장 값비싼 방법이라는 단순한 사실이 결국은 이 과잉인구로 넘치는 영토들에서도 역시 조정을 강요할 것이다. 그 국가들의 도시들은 급속히 성장하고 미래에는 더욱더 성장할 것이다.

도시생활은 대단한 유익을 초래한다. 뜨거운 태양과 진흙 속에서 허리가 부러질 정도로 하는 수고는 기계를 통한 작업으로 대체된다. 도시들에서 인간들은 훨씬 많은 산출을 위하여 조직될 수 있다. 하수구, 깨끗한 물, 교육을 위한 배려들이 착착 진행된다. 도시 거주자들은 더 많은 돈을 벌고 보다 많은 물건을 산다. 보다 즐겁고 신나는 삶이 영위된다. 도로가 포장되므로 진흙과 먼지는 추방된다. 또한 필요한 때는 언제나 의료봉사를 받을 수가 있다.

한동안 아프리카-아시아의 도시 거주민들의 다수는 본질적으로는 시골 사람들이다. 그들은 한 발은 그들의 조상 대대로 살아온 고향에 디딘 상태로 새로운 공동체에서 결혼한다. 실직 동안에 그들은 자신들의 고향으로 돌아간다. 리베리아에서 그들은 목표 근로자들이라고 불리운다. 즉 그들은 자신들이 목표한 금액의 돈을 벌면 그것을 쓰고 살기 위하여 그들의 숲속 마을로 돌아간다. 이러한 도시 거류자들은 귀향하여 작은 촌락에서 "거물" 노릇을 할 수 있을 만한 돈을 버는 것을 꿈꾼다. 그러나 이러한 왔다갔다 하는 식의 체류는 일시적 현상이다. 보다 많은 수의 사람들은 도시의 영구적인 거주자들이 되어 간다. 서구에서처럼 그들은 결코 외로운 농촌으로 돌아가지 않는다.

산업의 분산이 도시로의 인구집중을 막지는 못할 것이다. 오히려 그것은 도시들을 국가 전체에로 분산시키기 때문에 농촌으로부터의 탈출을 더욱 용이하게 할 것이다. 처음부터 계획하여 이루어진 도시들은 자생적으로 성장한 도시들보다 살기에 좋은 장소가 되므로 도시화에로의 현상을 돌이킬 수 없을 정도로 가속화시킬 것이다.

교회는 여전히 더욱 거대하게 성장하는 거대한 도시 거민들에 직면한다. 교회의 과제는 이 도시의 무리들을 제자로 삼아 세례를 주고 가르치는 것이다. 주님께서 암탉이 날개 아래 그 새끼들을 품듯이 모아들일 사람들은 바로 도시의 무리들이다. 그리고 그가 거주하시는 그의 교회는 바로 이같은 일을 행하기를 열망한다. 그럼에도 불구하고 유럽-북아메리카와 아프리카-아시아에 있는 대부분의 교회들에서 교회는 성장하지 않는다.

현대 선교가 시작된 지 150년이 지난 현재, 분명한 사실은 교회들이 아프리카-아시아의 대부분의 도시들에서 훌륭하게 역할을 수행하지 못하였다는 것이다. 그리스도에게로 나오는 거대한 운동은 농촌 사람들 가운데서 이루어져 왔다. 예를 들어 5백만의 섬 주민들 중에 4백만이 기독교인들이 된 남태평양에서는 실제로 모든 사람들이 그들 조상 대대의 농촌 고향들에서 개종되었다. 버마에 있는 8십만 침례교도들(그곳의 총침례교도수)은 랑구운과 만달라이에서 세례받지 않았다. 그들은 버마의 벼 재배지와 산림을 통하여 산재된 1만 명 미만의 작은 공동체들에서 기독교인들이 되었다. 인도의 읍들과 도시들은 1980년 1천 6백만 명 가량의 인도인들이 기독교인으로 된 그리스도에로의 대전향의 무대가 되지는 못했다. 이 대전향은 인도의 무수한 촌락들에서 그리스도를 향한 카스트운동들을 통하여 이루어졌다. 아프리카 국가들에 있어서 1980년 최소한 1천만 명을 기독교 울타리로 몰아온 기독교 신앙에로의 보다 거대한 운동들조차 거의 예외없이 농촌운동들이었다. 라틴 아메리카에 있어서의 의미있는 성장의 상당 부분도 농촌지역들에서 발생하였다. 예를 들어 멕시코의 타바스코와 키아파스주들에서의 장로교회의 성장은 그 지역 농민들 가운데서 발생하였다. 대부분의 도시들은 복음주의 교회에 대하여 폐쇄적이어 왔다. 하지만 브라질, 칠레, 기타 소수의 다른 국가들에서 우리는 이러한 법칙에 대한 주목할 만한 예외들을 발견한다. 1970년 후에 도시의 무산 계급자들은 점증적으로 급증하는 전 국가적인 복음운동들에 응답적이어 왔다. 로저 그린웨이(Roger Greenway)는 *Apostles to the City*(도시의 사도들 : 1978)에서 멕시코 대도시인 구아달라야라에서 루즈 델 문도(Luz del Mundo)운동의 충격적 성장에 주의를 환기시킨다. 이 운동을 전개하는 교회는 성경읽기를 배우고 기독교 생활을 실행하는 중요성을 대단히 강조한다.

> 이 운동이 전개된 지방은 알리스코주에서 문맹자가 없는 유일한 자치 도시이다. …이 지역에는 주막이나 술집 또는 사창가는 하나도 없다. 말다툼, 가족들 간의 싸움, 술주정은 찾아 볼 수 없다. …거리는 안전하고 청결하다. …여인들은 정숙하게 옷을 입고 아이들은 언행이 단정하다. 남자들은 일하는 데 있어서 근면과 정직으로 유명하다(52-53).

아프리카-아시아의 도시들과 읍들에서 확실히 교회들은 기반을 다져 왔다. 그러나 대부분 이들 교회들은 선교국들 및 그 관련 기관들을 중심으로 성장하였고, 내향적이고 정체적이며 "바람직하지 않은 식민지 유형의" 교회들을 형성하였다. 그 교인들은 취업을 선교회들에게 상당히 의존하였고 도시 무대에 걸쳐서 교인을 배가시키는 데 있어서 무능력을 노출하였다. 만일 대대적인 농촌운동들의 덕이 없었더라면 그 당시 도시들에서의 교회성장은 전체 인구의 1%도 못미치는 기독교 공동체들을 조성하였을 것이다.

농촌지역들에 있어서 배가되는 교회들과 도시들에 있어서 정체적인 회중들은 지난 150년 동안 아프리카-아시아에 있어서 기독교의 특징이 되었다. 어떤 도시 교회들은 대단히 성장하였다. 그러나 그것은 농촌으로부터 유입된 교인들에 의한 성장이었다. 그 선조들이 농촌에서 개종을 한 기독교인들이 도시로 이사하여 그곳 교인들의 50, 60%, 심지어는 95%를 구성하였다. 어떤 도시들에서는 거대한 교회들이 발견된다. 1977년 킨샤사에서 나는 2,3천 명의 교인을 가진 몇 교회들을 보았다. 그러나 이들 교인들은 부족 중심의 농촌에서 기독교인이 되어 일을 구해 도시로 이사를 온 사람들이었다. 킨샤사에서는 1977년에 2백 50만의 시민 중 약 60만 명이 개신교도들이라고 주장하였다. 그러나 정작 어떠한 개신교회에 소속된 교인들은 전부 10만 명에도 미달하였다. 킨샤사처럼 복음에 대하여 대단히 수용적인 거류민들에 있어서조차도 교회들과 선교회들은 의미있는 제자화에 실패하였다(McGavran-Riddle, 1979 : 145), 바렛(Barrett)이 아프리카의 일반적인 상황에 대하여 말하고 있듯이 "비효율적인 입교 절차"는 교훈과 세례를 구하는 사람들을 충분히 수용할 수 없었다"(1973 : 175).

소수의 국가들에서는 성장이 주로 교회 중심으로 이루어졌다. 예를 들어 일본에서는 교회가 농촌들에서 성장한 사례는 좀처럼 찾기 어렵다. 성장이 발생한 것은 개종한 도시 거민들로부터였다. 그럼에도 불구하고 일본은 그리스도에게로 돌아오는 대대적인 도시운동들을 체험하지는 못하였다. 전체 공동체에 준하여 언급을 하자면 상당한 선교활동 및 두세 기간의 기독교 신앙에로의 예외적인 개방성에도 불구하고 일본 인구의 1% 미만이 기독교인이다.

1965년 인도네시아의 읍들과 도시들에서 중국인 출신들의 7%가 기독교인이었다(Haines, 1966:35). 1968년 홍콩에서는 10%가 그러하였다(Coxill, 1968:150,222). 하지만 이들 교회들이 설립되게 된 방법들은 아직 기술되는 중에 있고 본토로부터의 기독교인의 유업을 감안할 때 비율은 감소된다.

아프리카―아시아의 모든 국가들에서 브라질과 칠레에서만이 농촌지역에서의 대대적 성장, 도시들에 있어서의 작은 성장이라는 일반적인 사진은 도치된다. 칠레와 브라질에 있어서 복음주의 교회들, 특히 오순절교회들의 대대적인 성장은 도시들에서 실현되었다. 복음주의 교회들의 분포도를 보면 이 교회들이 대도시지역에 중점적으로 몰려 있음을 보게 된다. 칠레에서 교회들은 도시 무산 계층들 가운데서 배가되었다. 브라질에서는 한발에 의해 시달린 북동지역으로부터 남쪽 도시들에로의 대이주가 교회성장의 풍성한 원천들이 되어 왔다. 이주민들의 일부는 그들이 남쪽으로 왔을 때 이미 신자들(crentes)이었다. 수십만명의 교인들이 공장공동체들에서 기존 교인들에 합류하였다. 1965~68년의 의미심장한 라틴 아메리카 교회성장 연구조사가 이 시점에 있어서 기독교 선교를 조명해 주었다. 도시화와 교회성장에 대한 그 보고내용들은 내일의 도시들의 기독교화에 관심 있는 세계 모든 곳의 성직자들이 필수적으로 읽어야 하는 내용이다(Read, Monterroso, Johnson, 1969).

대부분의 도시들에 있어서 교회성장 실패는 노력의 결핍으로 인한 것이 아니다. 대부분의 선교사들은 도시들에서 생활하고 일한다. 이러한 주거와 교통 및 통신수단의 센터들은 우편 및 전신체제가 공급되어 있고 선교국들을 위한 훌륭한 지역들이다. 거의 모든 선교회들과 교단본부들이 도시들에 소재되어 있고 커다란 기관들 또한 그러하다. 기독교 재화와 삶의 막대한 양이 "아프리카―아시아의 도시활동"에 투입되어 왔다.

그러나 북아메리카, 또는 기타 지역 어디에 있어서이든 도시활동이 과제는 아니다. 그 과제는 "도시들에 접근하는 것"이 아니다. 교회는 이미 그것을 수행해 왔다. 교회의 과제는 도시 군중들을 신앙과 복종에로 인도하는 것이다. 계속해서 마음에 간직되어야 하는 목표는 복음을 전파하고 생활화하여 세례받은 교인들이 수적으로 증가하여 현존하는 교회들로 유입되고 그들 자신들이 새로운 교회들을 형성하는 것이다. 그리고 이 새로운 교회들이 도시 교회, 새로운 도심들, 구(區)들, *barrios, colonias, mohullas* 및 도시의 여타 지역들에 가지를 쳐서 뻗어나가 곧 25억의 도시 인구들을 그리스도에게로 끌어들이는 것이다. 여기저기서 도시 선교를 특징짓기 시작하는 도시들에서의 교회확장의 성공은 바른 방향을 지시한다. 그린웨이는 *Urban Strategy for Latin America*(라틴 아메리카에 있어서 도시복음화 전략)에서 다음과 같이 기술한다.

> 교회성장 지향의 학교들에서 그 지도자들이 훈련을 받은 활력있는 교회들이 발전하는 시들에서 활약할 수 있다면 교회들의 성장은 1세기 이래로 세계가 경험하지 못할 정도로 놀랍게 실현될 것이다(236).

연구조사의 절실한 필요

북아메리카 및 여타의 대륙들에 있는 도시들에서 교회성장에 도움이 되는 많은 조건들이 발견된다. 낯선 환경들에서 새롭게 생을 시작하며 공동체와 우정을 필요로 하는, 삶의 근거를 떠나 재정착하려는 이주민들이 도시들로 몰려든다. 이들 새로운 도시인들은 가족과 친지의 밀접한 지배로부터 떨어져 있다. 그들의 사제들과 종교적 지도자들은 그들이 어디에 있는지 알지 못한다. 그들이 두려워해 온 과거의 난로의 신, 들의 신, 숲의 신, 악령들은 뒤에 남겨져 있다. 아메리카와 유럽 도시들은 공동체를 구하는 고독한 사람들로 가득 차 있다. 고대 세계의 도시 주민들과 마찬가지로 그들도 복음을 수용하게 되어야 한다. 그들에게 도달되기는 용이하다. 그들은 아주 먼 계곡들, 산악지대, 평원들, 또는 깊은 삼림지대에서 와서 현재는 유능한 국가적 수준의 목사들 또는 선교사들이 살고 있는 곳에서 걷거나 차를 타면 한 시간 내에 도달될 수 있는 거리에서 생활한다. 그들은 또한 대중매체에 대해서도 매우 개방적이다.

사실 도시들의 많은 조건들이 교회성장에 반작용을 한다. 인구는 극도로 유동적이다. 그들은 오늘은 이곳에 있다가 내일은 저곳으로 간다. 때로는 그 고향 마을로 돌아가기도 하고 때로는 동일 도시의 다른 구(區)들 또는 다른 도시들에로 이사한다. 사람들은 노동시간과 꽉 찬 일정에 얽매어 있다. 농촌에서처럼 한발 또는 더위 때문에 들일이 중단되는 것과 같은 계절이 없다. 1905년 한국에서 실시된 한 달 기간의 평신도 사경회는 대부분의 도심지들에서는 실효를 거두지 못하였다. 도시 주민들은 현학적이고 종교에 무관심한 경향이 있다. 그들은 영화, 라디오, 기타의 여가를 즐긴다. 설교는 그들의 주의를 붙잡기 위하여는 매우 극적이거나 강렬해야 한다. 특정 도시에서 한동안 살게 되면 그들은 친구들의 집단을 재구성하게 되며 공동체에 대한 필요를 느끼지 않는다. 그들은 도시에서 성장해 온 종교적 활동들—세속적 힌두교, 불교, 이슬람교, 기타—에 적응한다. 농촌 및 그 봉건적 족장의 억압이 도시에서는 그들을 간섭하지 못한다. 그리고 그들은 해방자를 필요로 하지 않는다.

  기독교회가 당면하고 있는 도시문제는 도시들의 바로 이러한 가능성과 폐쇄성에 있다. 어떤 조건들은 교회성장에 유리하고 또 어떤 조건들은 불리한 도시지역들에서 때때로 교회들은 증가하나 대부분의 경우는 그렇지 못하다. 우리는 그 이유를 묻지 않을 수 없다. 기독교인들은 무엇이 도시들에서 교회를 성장거나 또는 성장을 중단하게 하는지를 알아 내야 할 가장 중대한 이유들을 소유하고 있다. 만일 도시들에서 증거하는 모든 교단들이 비성장상태에 있다면 교회는 그 도시가 복음에 적대적인 분위기를 가지고 있다고 결론을 내릴 수 밖에 없다. 그럴 경우 그곳에서의 복음전도는 단순히 그리스도를 증거하며 모범적인 기독교인의 임재를 제공하며, 나머지는 하나님의 측량할 수 없는 목적에 맡겨 두는 수 밖에 없다. 그러나 어떤 교단들은 잘 성장하고 있다는 사실에 직면하게 된다면 교회는 이러한 값싼 결론을 내리려고 하지 말아야 한다. 교회는 그 대신에 무리들이 믿게 되는 조건들과, 믿지 않게 되는 조건들 및 기독교인들이라는 동질적 단위들, 즉 세포들이 증식되는 조건들과 증식되지 않는 조건들, 그리고 하나님께서 현재 어떤 양식의 복음전도에 그의 교회들이 증가되는 축복을 내려 주시며, 어떤 양식의 복음전도에는 축복을 내리지 않으시는지를 발견하는 어려운 과정에 착수해야 한다. 성장하는 몇 개의 도시 교회들을 살펴 보도록 하자.

  미국과 카나다에서 교회들은 새로운 교회들에서 토착된 백인 개신교 거민들 가운데서 증가하였고 도심지들과 "주민 이동이 많은 지역들"에서는 쇠퇴하였다. 후자의 두 지역들에서 교회가 성장할 수 없다는 개념은 잘못이다. 그곳에서도 교회는 성장할 수 있다. 그러나 새로운 방법들과 강력한 성서적 확신들이 요구될 것이다. 오래된 강한 교회들과 교단들이 바로 이러한 지역들에서 새로운 교회들을 증가시키려는 목표들을 세워야 한다. 1979년 스페인계 교회들이 그들의 인종 가운데 새로운 교회들을 증가시키고 이러한 확장을 지원하기 위하여 교회성장이론과 신학의 모든 통찰들을 사용하기로 결심한 남캘리포니아에서 새로운 교회설립 비율은 급신장하였다. 아메리카의 도시들에는 전도가 용이한 남녀들로 가득 차 있다.

멕시코에서는 한 토착적인 교단인 Iglesia Apostolica de la Fe en Cristo Jesus 교단이 어떠한 선교지원도 없이 잘 성장하고 있다. 1967년에 입교인 수는 1만 6천인데 이들 대부분은 읍들과 도시들에서 살며 하나님을 예배하였다. 이러한 일은 멕시코에서 발생한 것인데 바로 이 교단은 로스앤젤레스 대도시지역들에서 생활하는 라틴 아메리카인들 가운데 50개 이상의 교회를 건설하였다. 커다란 북아메리카 선교회들이 캘리포니아의 다민족이 살고 있는 로스앤젤레스라는 도시에 불과 소수의 교회들을 설립하였을 때 이 이글레시아 아포스톨리카 교단은 어떻게 그토록 많은 교회들을 개척하였는가? 신앙을 효과적으로 전달한 이 교회가 행한 것은 무엇인가?

일본에서 예수성령교회 또한 어떠한 선교지원이 없이 많은 도시지역들에서 교회들을 증가시켰다. 전통적인 교회들이 노력을 하고서도 할 수 없었던 일을 이 교단은 어떻게 수행하였는가?

브라질에서 여섯 개의 주된 개신교 교단들은 수천개의 도시 교회들을 소유하고 있고 일부 교회는 교인들이 몇천 명에 이른다. 1978년 데일 맥카피(Dale McAfee)의 추산에 의하면 장로교인들은 252,516명이요, 제칠재림교회는 263,533명의 세례교인들을 소유하였고, 브라질 파라 크리스토 교단은 105,000명의 세례교인들을, 침례교회는 441,062명의 세례교인들을, 회중교회(Congregacao Christan)는 717,873명을, 하나님의 성회는 3,200,000명의 세례교인들을 소유하고 있다. **대부분의 교인들은 도시에서 생활을 한다.** 이러한 엄청난 증가의 비밀은 무엇인가? 이러한 수적인 증가를 초래한 방법들은 제2차 세계대전 후 브라질에서 사역한 30개 또는 그 이상 군소 선교회들에 의하여 이룩된 교단들의 매우 작은 성장을 초래한 방법들과 대조해 보는 것이 시사적일 것이다.
　어떠한 활동, 생활양식들, 선포의 종류들이 도시들에서 기독교 신앙을 전파하고 또 어떠한 것들이 그러하지 못했는가를 파악하기 위해서는 동구 뿐만 아니라 서구에 있는 모든 주요 국가에서 대대적인 규모의 탐구가 요청된다. 후자와 전자의 많은 사례들이 확보될 수 있을 것이다. 그리고 이러한 사례들은 교회들이 향후 30년 동안 수십억불을 소요하게 될 이 도시 지역에 대한 귀중한 빛을 던져 줄 것이다.
　전체 국가들에 대한 폭넓은 조망은 현재에 있어서 가치를 입증해 주며 몇 년 동안은 계속해서 그러할 가능성이 크다. 그러나 이러한 조망들과 더불어 전체 성장문제에 대해 제한된, 그러나 의미심장한 부분들에 대한 연구들도 진행되어야 한다. 중요한 문제들에 대한 연구는 모든 교회성장 연구조사의 제반 분야에까지 확충되어야 한다.
　예를 들어 많은 미국의 교단들은 중간 계층 시민들로 구성되어 있다. 이들 교단들 중 일부 교단들은 주로 화란, 독일, 메노파 또는 스웨덴 배경을 지니고 있다. 이 교단들은 다른 민족들의 거주지역들에서 성장한다는 것은 "거의 불가능하다." 그들은 자신들의 작은 집단에 국한되어 있다. **이러한 교회들이 어떻게 하면 그들의 종족 계층의 담을 깨뜨릴 수 있을까?** 다행스럽게 얼마 간의 활로는 뚫리었다. 이 분야에 있어서의 조사 연구는 도처의 교회성장에 의미심장한 빛을 던져 줄 것이다. 북아메리카에서 배운 것은 아시아, 유럽, 기타 대륙들에 있는 교단들의 정책 결정에 도움을 줄 것이다.
　또는 과연 브라질의 도시들에서 장로교인의 증가의 70%는 도심으로 이주한 기독교인들로부터이고, 30%는 "도시들 자체의 개종자들"이며 침례교도들에게 있어서 그 비율은 50-50이며, 오순절교도들에게 있어서는 30-70이라는 것이 사실인가라고 물을 수 있다. 이것은 브라질의 일부 통찰력있는 성직자들의 견해이다. 만일 이것이 사실이라면 침례교도들, 장로교도들, 감리교도들, 루터교도들, 기타 교도들은 오순절교도들처럼 잃은 자를 찾기 위하여 무엇을 할 수 있는가? 복음전도의 이러한 제한된 측면에 관한 정보는 확보해 둘 만한 가치를 지닌다. 만일 교회가 도시들에 있어서 복음에 대한 그 청지기직을 감당하는 데 있어서 하나님께 신실하려면 이것은 교회가 필요로 하는 여러 사실들 가운데 하나에 불과하다. 교회는 지난 150년간의 실수를 반복하고 다만 소수의 교회증가만을 이룩하는 "도시활동"에 수십억불을 탕진하는 일을 피해야만 한다.

어떤 종류의 문서배포와 라디오 방송이 길가에 복음의 씨를 뿌려 새들에게 먹히우고, 또한 옥토에 뿌려 백 배, 육십 배, 삼십 배의 교회의 결실을 보게 되는지를 아는 것이 매우 유용할 것이다. 이러한 문제들을 알아내는 것은 인류에게 큰 유익을 줄 수 있다.

진정한 연구조사의 과제들은 6개월 정도 자신의 정규 의무들로부터 해방된 선교사 또는 목사에 의하여 수행될 수 없을 것이다. 이러한 사람들은 고작해야 도시들을 대충 돌아보고 소수의 사람들과 대화를 나누고 자신의 인상을 기술할 것이다. 교단들과 선교본부들은 사회적 종교적인 연구조사의 최상의 기술들을 소유한 유능하고 경건한 사람들—도시들에서 여러 해 동안 교회들을 개척한 경험이 있는 사람들이면 더욱 좋다—을 훈련시켜야 한다. 북아메리카의 2백 개 이상 되는 선교회들은 단독 또는 공동으로 교회성장 연구조사를 그들의 필생의 과제로 연구조사할 고도로 훈련된 소수의 선교사들과 목사들의 집단(육대주의 시민들)을 쉽사리 창출할 수 있다. 전적으로 교회성장을 연구하는 것에만 전념하는 선교회도 조직될 수 있을 것이다. 도시 복음전도에 수고하는 사회 과학자들이 지원을 얻는 데 별 어려움이 없어야 한다.

향후 15년 동안 이러한 교회성장 연구조사들은 수백만불을 필요로 할 것이다. 이러한 연구들은 수억불이 요구되는 복음전도 시도를 조명하고 안내하고 열매맺게 할 것이기 때문에 이러한 것은 작은 필요불가결한 경비로 간주되어야 한다. 교회는 눈을 감고 있으므로 도시복음화의 기회를 망치도록 해서는 안 된다. 어떤 복음전도가 효과적이며 어떤 복음전도가 비효과적인지에 대하여 가능한 한 많은 빛을 조명하는 것이 훌륭한 청지기직이다. 사업 세계에 있어서는 이러한 빛을 얻는 데 실패하는 것은 오늘날 범죄적 태만이라고 불리울 것이다. 우리 주님께서도 이러한 것을 적지 않게 심각하게 간주하실 것이다. 도시 교회성장에 대한 연구는 복음전도를 진지하게 생각하는 모든 사람들에 의하여 즉각적인 발달이 이루어져야 한다. 만일 하나님의 종들이 그가 그들에게 맡기신 과제, 즉 모든 국민들을 그에게 화해시키는 과제를 위하여 가능한 최상의 인내를 획득한다면 그것은 분명 하나님을 기쁘시게 해드릴 것이다.

도시 교회성장의 여덟 가지 열쇠들

앞의 단락들에서 기술한 정밀한 연구조사가 수행되지 못하였기 때문에 어떤 양식의 선교가 도시인에게 기독교 신앙을 전달하는 데 가장 전망이 있는가를 아직은 아무도 알지 못한다. 하지만 내가 언급하려고 하는 여덟 가지 열쇠들은 단순한 추측은 아니다. 이것들은 교회를 성장시킨 인물들이 수긍하는 원리들을 기술한다. 이 책에서 언급하였듯이 이 원리들은 특정한 도시들에서 행해질 필요가 있는 것이 무엇인가를 기술하기에는 너무나 일반적이다. 이를 위하여서는 공식이 나라에 따라서, 문화에 따라서 다양할 것이다. 그럼에도 불구하고 이들 "열쇠들"은 진리에 근접해 있다. 이 열쇠들을 사용하려는 사람들은 누구든지 특수한 동질적 단위들과 후원하는 교회들에 적합하게 그것들을 수정해야만 한다. 이 열쇠들은 미국 및 지구 전체에서 활동하는 교회성장 사유자들이 이 과정을 더욱더 수행하고 특정한 대도시들—교회는 그 도시들에 있어서 많은 아들들을 영광에로 인도하도록 명령을 받고 있다—을 열어야 할 열쇠들을 보다 정확하게 기술할 것이다.

1. **가정 교회들을 강조하라.** 교회가 도시들 가운데서 새로운 주거지역들에서 성장하기 시작할 때 각 회중은 곧 집회 장소를 발견해야만 한다. 이같은 일을 행하는 확실한 방법은 교회를 설립하려는 교단 또는 선교회가 작은 땅을 사서 집회처를 짓는 것이다. 도시들에서는 새로운 작은 기독교인들의 공동체가 땅을 구입하기에는 땅값이 대체로 비싸다. 이 확실한 방법이 대답한 적대적인 지역들에서는 유일한 방법이 될 수 있다. 그러나 그것은 복음에 응답적인 지역들에서는 금기상황이다.

회중들은 불신자들이 쉽게 올 수 있고 개종자 자신들이 봉사할 수 있는 가장 적합한 환경들에서 모여야 한다. 비기독교적인 지도자들이 적대적인 경우에 집회처는 주의를 끌어서도 안 되며 또한 그들에게 도전을 제기해서도 안 된다. 모이는 장소를 확보하는 것이 작은 회중에 재정적인 부담을 부가하게 되어서는 안 된다. 가정 교회는 이러한 모든 조건들을 해결해 준다.

푸에르토리코에 있는 그리스도의 제자교회는 다수의 가정 교회들을 통하여 왕성한 성장을 누렸다. 이 교회들은 성경연구 그룹들로 시작하였다. 이 경우 한 이웃이 다른 이웃들을 초청하여 자신이 새로 발견한 빛을 함께 나누도록 한다. 또는 이러한 교회들은 기도처로 시작하는데 이 경우는 몇몇 신자의 가족들이 편리한 가정에서 함께 모인다. 또는 이러한 교회들은 교회학교 지부로 시작을 한다. 이 경우는 모 교회 출신의 평신도들이 한 주일에 하룻밤을 헌신한다. 또는 이러한 교회들은 주일날 모이는 지교회들로서 시작한다. 많은 가정 교회들은 전혀 재정적인 부담이 없이 수행된다. 평신도 지도자들의 지도 하에(그리고 목사의 간헐적인 방문에 의하여) 번성하는 이들 교회들은 전적으로 그 교회들의 주도 아래 가로 10, 세로 20피트 정도의 작은 오두막을 짓고 처음에는 주일 저녁에, 그리고 그 다음에는 주일 아침에 설교를 중심으로 하는 예배를 그곳에서 드리기 시작한다. 이들 몇 교회들은 번창하여 강력한 교회들로 성장한다.

가정 교회는 약점을 지니고 있다. 만일 가정 교회들이 최소한 홀을 세내거나 또는 "집회처"를 건축할 정도로 신자들이 급속하게 성장하지 않으면 매년 한 가정에서 드리는 예배는 점점 지루하게 된다. 다만 집주인에게 우호적인 사람들만이 그의 집에 있는 교회에 나갈 것이다. 또한 예배 장소를 어정거리는 닭, 개, 암소들이 그들의 주의를 방해한다. 가정에 끼치는 소모도 무시할 수 없다. 그럼에도 불구하고 많은 도시 교회들의 성장은 가정 교회들에서 시작되었으므로 이러한 교회들은 언제나 진지하게 고려되어야 한다. 그러한 점은 처음 개척을 위하여서나 후에 확장을 위하여서 마찬가지이다. 유럽-북아메리카의 예배 패턴들은 일반 가정들의 일반 기독교인들이 그 예배를 인도할 수 있도록 정정되어야 한다. 초대교회는 최소한 처음 70년의 교회생활에 있어서 거의 전적으로 가정들에서 만났다는 것이 기억되어야 한다.

2. **무보수의 평신도 지도자를 개발하라.** 평신도들은 도시 교회확장에 있어서 커다란 역할을 하였다. 라틴 아메리카의 도시들에 있어서 성장의 한 가지 비밀은 처음부터 무보수의 일반인이 교회를 인도하였다는 데 있

다. 이러한 것은 교회를 대중들에게 진정한 칠레적인 또는 브라질적인 일로 보이게 하였다.

노동자들, 기술자들, 점원들 또는 트럭운전사들이 성경을 가르치고 기도를 인도하고 하나님께서 그들을 위하여 행하신 것을 말하고 또는 형제들을 권면하는 모든 지역에서 기독교 신앙은 보통 사람들에게 자연적인 것으로 보이고 또한 간주된다. 무보수의 평신도들—다른 사람들이 하듯이 생계비를 벌며, 동일한 곤경을 당하고 동일한 노동 일정에 의하여 제약을 받는—이 성경을 가르치는 데 정확성을 결여하거나 또는 기도의 아름다움을 결여하는 것은 크게 중요하지가 않다. 그들은 그보다도 그들 자신의 백성과의 친밀한 접촉에 의하여 그 이상의 것을 성취한다. 외부로부터의 어떠한 유급 사역자도 자기 주변에 수십명의 친척들과 친지들을 소유한 사람 만큼 이웃에 관하여 많은 것을 알지 못한다. 실상 외부로부터 온 사람은 새로운 근거에 의하여 새로운 확장을 시작해야 한다. 달리는 어떻게 할 수가 없다. 그러나 그가 그 지역 출신인에게 교회를 빨리 넘겨 줄수록 더욱 좋다.

일부 새로운 개종자들은 지도력을 소유하고 있다. 이러한 능력을 발견하고 기도회, 성경반, 지교회 또는 그들에 대한 가정 교회의 책임을 맡기고 그들이 당황함없이 기능을 발휘할 수 있도록 길에서 비켜 주는 것은 대단히 본질적인 것이다. 이때로부터 그들은 소교회를 인도하고 새로운 사람들을 그리스도에게 인도하고 그들에게 신앙을 교훈한다. 이들과는 충분한 접촉이 유지되어야 하고 또한 그들이 위기 가운데 견딜 수 있도록 충분한 격려가 주어져야 한다. 그러나 그들은 이러한 활동이 성령의 지휘 하에 바로 자신들이 감당해야 할 활동이라는 사실을 깨달아야 한다.

평신도 지도자들은 도시에서든 촌락에서든 많은 훈련을 필요로 한다. 네비우스는 매년 한 달씩 그의 무보수 지도자들을 훈련시켰다. 그는 그들을 그들의 농촌으로부터 200마일이나 떨어진 곳에 있는 그의 선교본부로 초청하였다. 그는 한 달 동안 그들을 먹이고 집으로 돌아갈 수 있도록 재정적인 도움을 그들에게 주었다. 그 기간 동안에 그는 아침 시간에는 성경공부를 강도있게 시켰고, 오후에는 둘씩 짝을 지어 보내서 복음을 증거하게 하였고, 저녁에는 그들을 대상으로 감동적인 부흥회를 인도하였다.

엘살바도르에 있는 하나님의 성회 성경학교(the Assemblies Bible School)는 4개월을 수업기간으로 하여 연 세 차례, 대부분 무보수 평신도 지도자들을 훈련시킨다. 6년내지 8년 동안 매년 이러한 교육을 받은 후 극히 소수가 유급 전도사들이 된다. 그 밖에 다른 곳들에서는 일반 교회들이 시작되면 사람들은 도제 훈련제도에 의해 훈련을 받는다. 그 훈련이 어떻게 수행되든지 간에 평신도가 배우려는 동기를 부여받고 또한 그들에게 배울 기회가 제공되는 것이 필수적이다. 전투에 승리하느냐 패전하느냐 하는 것은 바로 여기에 달려 있다.

3. **저항적인 요소들을 인식하라.** 도시는 동질적인 전체가 아니라 사회의 수백가지의 부분들로 이루어진 모자이크이다. 소수는 응답적이요 많은 사람들은 무관심하고 소수는 대단히 저항적이다. 하나님의 은총에 대한 복종적이고 현명한 청지기는 이러한 점을 인식하고 이러한 점에 비추어 그의 사업을 계획한다.

프랜드(Frend)는 북아프리카의 도나투스파 교회의 성장에 대해 기술하면서 다음과 같이 말한다. 모든 시골 사람들(그리고 시 거주민들 가운데서 응답적인 사람들 또한)은 A.D. 250~300년 사이에 기독교인들이 되었지만 리비아의 도시들에 거하는 정부관리들과 대토지 소유자들은 그후 75년 동안 로마의 남신들과 여신들을 숭배하면서 이교도로 존속하였다(Frend, 1952 : 108). 관리들과 소유자들은 이교에 기존의 관심을 소유하였고 대단히 저항적이었다. 그들은 305년의 대박해를 주도하였다. 만일 A.D. 100년에서 300년 어간에 리비아에 간 기독교 선교사들이 이들에게 복음을 제시하고 복음에 응답적인 사람들을 무시하였다면 교회성장은 매우 미약하였을 것이다.

브라질 사웅파울루에서 일하는 일부 신참 선교사들이 자신들이 이웃을 중심으로 복음전도를 해야 할 것인지를 충고해 달라고 요구하였다(그들이 의미하는 말은 자신들이 이 대도시의 그들의 구역 내에 사는 인접한 이웃에게 자연스러운 방식으로 복음을 제시하는 것이 좋겠느냐는 것이었다). 나는 이에 답변하기를, 그들이 자동차를 소유하고 있고 차고가 있는 집들을 세내어 살고 있으므로 이러한 사실은 그들의 이웃도 자동차 소유자들, 즉 상류 계층의 사람들, 사회제도의 수혜자들, 따라서 복음에 저항적인 사람들임을 뜻한다는 것을 지적하였다. 나는 그들에게 1년 동안 이웃을 중심으로 복음전도를 시도해 보라고 충고하였다. 그리고 만일 1년이 다 되어도 그들이 최소한 다섯의 개종된 가족들로 이루어진 교회를 확보하지 못한다면 그 도시의 복음에 보다 수용적인 지역을 찾으라고 충고하였다. 나는 "개종된 가족들"이라고 말하였는데 왜냐하면 소수의 제 2 또는 제 3세대의 중간 계층 개신교도들, 소수를 모아 그들을 중심으로 새로운 교회를 형성할 수도 있기 때문이었다.

모든 목사들은 "이 구역에 사는 사람들이 확보될 수 없다"는 판단을 내리기를 주저한다. 우리 모두는 우리가 진심어린 관계들을 수립한 사람들을 하나님께서 우리를 보내신 바로 그 대상자들이라고 믿기를 원한다. 그럼에도 불구하고 하나님께서는 확실히 우리가 우리 상식을 사용하기를 기대하신다. 사실 성령께서 친히 우리를 복음을 거절하는 자들을 멀리하게 하시고 복음을 수용하는 자들에게로 인도하시리라는 것을 신뢰해야 되지 않을까? 이것이 신약의 분명한 증거이다.

캘리포니아에서 한 경험 많은 목사는 제 4세대의 스페인계 미국인들은 새로운 이민들보다 복음에 훨씬 더 저항적이라는 사실을 지적하였다. 비록 전자의 무리 가운데 고도로 일부 응답적인 개인들이 있는 것은 사실이기는 하지만 그는 옳았다. 대학교의 교목들은 어떤 부류의 학생들이 다른 부류의 학생들보다 접근하기가 더 어렵다는 것을 안다. 현명한 목사는 그의 교회에 가입하기가 좀처럼 힘든 남녀들에게 대부분의 그의 시간을 낭비하지 않는다.

브라질 레시페의 한 장로교 평신도는 이주민 후세대는 몇 년 동안은 복음에 수용적이나 그들이 경제적으로 번영을 누리고 빈민지역으로부터 벗어날 때 그들은 복음에 무감각하게 된다는 사실을 파악하였다. 그는 기독교인들이 성령께서 자신들을 복음에 귀를 막고 있는 사람들에게로 인도하시는 것이 틀림없다는 모호한 구실 아래 복음에 응답적인 사람들을 스쳐 지나 복음에 저항적인 사람들에게 가지 말아야 한다는 것을 알았다. 기독교인은 하나님의 주권을 믿으므로 성령께서 때로는 기독교인을 저항적인 사람들에게 인도하실 수 있다는 것을 수긍해야만 한다. 만일 성령께서 그렇게 하신다면 기독교인은 분명 복종해야 한다. 그럼에도 불구하고 기독교인은 성령보다는 오히려 그 자신의 계층적 교만이나 또는 편안함에 대한 사랑이 그로 하여금 복음에 수용적인 사람들을 거부하고 저항적인 자를 붙들고 시간을 낭비하도록 인도하게 하지 않도록 유의해야 한다.

흔히 토지 소유권 때문에 저항이 발생한다. 예를 들어 일반적으로 복음에 수용적인 사웅파울루에서 일하게 된 한 선교사는 그 도시의 한 구역에서 5년 동안을 아무 결실없이 복음전도하는 일을 하였다. 그런데 후에 알고 보니 그 구역에 있는 가옥들은 로마 가톨릭교회에 속한 대지에 세워져 있는 것이 아닌가! 복음주의 교인이 된다는 것은 심각한 경제적 손실을 수반하였다. 그가 다른 지역에서 복음전도를 시작하였을 때 그의 노력은 열매를 맺기 시작하였고 교회들이 세워지기 시작하였다.

저항은 유동적이다. 그리고 때로는 복음에 수용적이라고 생각했던 요소들이 저항적임이 판명되기도 한다. 예를 들어 때때로 최근의 이주민들이 그러하다. 그들은 그들이 떠나온 농촌으로 돌아가는 것을 염두에 두고 있고, 그 경우 만일 우리가 기독교인들로서 돌아가게 되면 우리는 어떻게 될 것인가? 하고 스스로 생각한다. 월드(J. C. Wold)는, 리베리아에서 파이어스톤 고무 재배농장에서 일하는 독신 젊은이들은 기독교인들이 되기가 쉽지 않은데 이는 그들이 그들의 산골에 있는 그들의 가족에게로 돌아가야 하기 때문이라고 관찰한다(Wold, 1968:45).

4. 복음에 수용적인 사람들에 초점을 맞추라. 모자이크로 구성된 도시는 복음에 수용적인 요소들도 소유한다. 어떤 요소들이 복음에 수용적이냐 하는 것은 도시에 따라 다르다. 뱅쿠버의 복음에 수용적인 요소들은 내쉬빌의 복음에 수용적인 요소들과는 다르다. 방콕의 복음에 수용적인 요소들은 도쿄 또는 홍콩에 있는 복음에 수용적인 사람들과 동일하지 않을 것이다. 비록 이 세 곳이 모두 주로 아시아의 불교 도시들이기는 하더라도 말이다. 수용성의 정도와 추수할 교회들과 선교회들의 능력 모두 유동적인 것이다. 수천개의 복음에 수용적인 요소들이 있다. 그 중에 소수만이 언급될 수 있을 것이다.

일반적으로 복음에 수용적임이 입증되는 한 그룹은 항구적으로 도시에 살려고 온-특별히 만일 그들이 해외로부터 왔다면-최근의 농촌 이주민들로 이루어진 그룹이다. 한 세대 또는 그 이상에 걸쳐 이 이주민들은 근본적으로 농민들이다. 그들이 좀처럼 드문 탄력있는 이주민 집단 거주지역들에서 살지 않는 한 그들은 공동체를 그리워하고 온갖 종류의 새로운 교제들을 형성한다. 하지만 만일 최초로 세워진 교회들이 외부 교회들로부터 광범위한 원조를 받는다면 그들의 기본적인 수용성은 좌초되고 만다. 그렇게 되면 기독교인이 된다는 것은 "교회"라고 불리우는 외국의 부유한 기관에 의하여 풍성하게 봉사를 받는다는 것을 의미한다. 이러한 사실에 대한 이해는 건전한 성장에는 치명적이다. 더 나아가서 외국 기관은 비록 부유하기는 하지만 결코 무제한한 기금을 소유하지 않고 있다. 그리고 만일 교회가 새롭게 생길 때마다 예산상에 5천 또는 1만 불의 추가경상이 부가된다면 교회성장에 대한 관심은 급속도로 위축되게 된다.

증가하는 도시 교회들은 과거의 제사들과 의식들이 행하는 것 이상으로 훨씬 만족을 주는 연대적인 인격적 삶을 수립한다. 그리고 그것은 교회들 자체들에 의하여 수행될 수 있다.

5. **부족, 카스트, 언어별 교회들을 증가시키라.** 어떤 환경들에서는 동질적인 단위의 교회들을 세우는 것이 성장의 열쇠이다. 도시들에 있어 복음에 수용적인 무리들에 있어서 상실감의 일부는 이 주민들이 도시에서 사용되는 표준어에 친숙감을 느끼지 못한다는 사실로부터 생긴다. 그들이 어느 정도 그 표준어를 말하는 것을 배운다고 할지라도 그것은 그들의 모국어처럼 그들의 귀에 달콤하게 들리지 않는다. 그들은 그들 자신의 언어로 예배하는 사람들과 어울리기를 좋아한다.

하지만 이러한 문제에 있어서 교회들은 가장 경제적인 방법으로 돌보아야 한다는 압력 아래, 그리고 지방 방언과 부족어에 대하여 적대적인 선교들과 교회들은 기도, 설교, 노래 모두가 "공용어"로 수행되는 교회들을 세운다. 도시가 많은 민족들과 많은 언어들로 구성된 곳에서 이러한 것은 바람직하지 못한 절차이다. 이러한 사실은 대부분은 아니라고 해도 많은 기독교인들이 자신들이 불완전하게 이해하는 언어로 하나님을 예배하고 그의 말씀을 듣는다는 것을 의미한다. 설상가상으로 그들은 그들의 비기독교인 친구들에게 낯선 언어로 선포되는 복음을 듣도록 인도하려고 노력해야만 한다.

1954년 레오폴드빌에서 나는 여전히 보다 더 바람직하지 못한 절차를 목격하였다. 한 커다란 건물에서 두세 부족을 위하여 **동시적으로** 예배가 진행되었다. 노래는 그런대로 괜찮았다. 비록 언어의 혼란으로 곡조가 석연치는 않았더라도 말이다. 그러나 기도, 성경봉독, 설교(두 지도자들이 동시에 각각 다른 언어로)는 대혼란이었다. 이러한 고안은 분명 현존하는 기독교인들 가운데 보다 신심이 깊은 자들에게는 도움이 되었을 것이다. 그러나 비기독교인들은 거의 그것에 매력을 느끼지 못하였을 것이다. 이러한 방안은 도시 교회들로 하여금 도시로 유입되는 각 부족에 속한 모든 비기독교인을 확보하도록 결코 돕지 못할 것이다. 예를 들어 캘커타에서는 텔레구, 오오리야, 우라온, 차하티스가히, 힌디, 샌탈어로 예배를 드리는 교회들이 필연적이다. 만일 교회들이 이 도시의 이러한 언어집단들 가운데서 번창하려면 말이다.

교회가 어떠한 도시에서 극히 소수를 형성할 때 그 첫째 사업은 동화, 또는 어떤 국가들에서는 탈부족화를 돕는 것이 아니라 예수 그리스도를 믿도록 설득될 수 있는 모든 사람들을 제자로 삼는 것이다. 교회의 첫 번째 사업은 대도시의 다양한 주민들을 한 백성으로 동화시키는 것이 아니다. 각 언어적, 종족적, 그룹별로 그 성원들이 자신들의 모국어로 기쁘게 하나님께 예배하는 교회들의 설립이 목적으로 되어야 한다. 만일 어떤 사람이 이런 원리에 동의하지 않는다면 그는 자기가 세 마디 중에 한 마디만 이해하는 예배를 드리는 교회에 참석하여 "예배드려 볼 것"을 제안한다. 도시 교회들이 그 가운데 이미 몇 명의 기독교인들이 있는 각각의 종족적인 무리를 제자화하는 과제에 역점을 두고 종족 중심의 교회들을 증가하는 것을 그 과업을 성취시키는 최상의 수단으로 삼을 때 도시들을 제자화하는 것은 오늘날보다 훨씬 더 가능하게 될 것이다.

복음에 수용적인 단위들을 제자화하는 일이 진전될 때 공용어로의 변천 및 그 기초를 확대시켜 "이방인들에게 또한" 호소한다는 것은 바람직하고 사실 필연적이다.

몇 가지 소수의 경우들에 있어서 여러 부류의 사람들이 합류하여 살아간다는 도시의 측면은 각 종족적, 또는 언어적 단위에 속한 다수의 무리가 그들의 과거를 떠나 지배적인 문화에 합류하기를 **진정으로 원한다는** 요소를 함축한다. 이러한 환경 아래에서는 무리들이 표준어로 예배드리며 종족 간의 결혼을 격려하며 도시의 다종족 간의 합류적 성격을 공공연하게 과시하는 교회들로 몰려들 것이다. 그러나 대부분의 경우에 있어서 도시의 이러한 합류적인 측면은 지나치게 과대평가되어 왔다.

이 합류적 특성이 대단히 강력하여 "국제적 성격의 교회"를 이룩하는 것이 바람직한 것이 언제인가를 교회는 어떻게 알 수 있는가? 언제 표준어로 예배드릴 것인가? 종족 교회로부터 언제 탈피하는 것인가? 확실한 시금석이 단 하나가 있다. 즉 "모든 부족들과 카스트들이 하나의 커다란 형제애"를 귀하게 여기는 교인들이 시 전체에 걸쳐서 효소의 세포처럼 증가하고 있는가? 하는 것이다. 만일 그들이 그렇게 한다면 그때야말로 종족 교회들로부터 탈피할 시기이다.

6. 교회 재산 확보상의 장애를 극복하라. 교회들은 집회 장소를 소유해야만 한다. 그리고 가정 교회들은(우리가 검토하였듯이) 처음 시작하는 데 훌륭한 패턴을 제공한다. 그러나 현대 도시들의 인구가 과밀한 여건 아래서 보통 사람들 가운데 수립된 가정 교회들은 대단한 장애들을 소유한다. 전 가족이 하나 또는 두 개의 방에서 생활하며 작은 뜰을 두 가족들이 공동으로 사용하는 수가 있을 수 있다. 홍콩에 수립되어 온 것처럼 고층 아파트에서 생활하는 가정들에서는 각 가족이 방 하나를 소유하고 있고 뜰은 소유하지를 못한다. 브라질의 빈민지역에서는 여섯 명 정도의 성인들이 한 집에서 비좁게 살기도 한다. 도심지역들은 인구가 과밀하다.

새로운 회중이 예배 장소를 마련하는 어떤 방도가 발견되지 않는 한 기독교인들의 수적 증가는 점증적으로 어렵게 된다. 이 문제를 해결하기 위하여 다양한 수단들이 마련되어 왔다. 토착적인 교단들 가운데서 가장 보편적인 것은 작은 교회가 자투리 땅—예를 들어 후미진 곳의 사용되지 않는 모퉁이—을 구입하여 거기에 오두막을 짓는 것이다. 목재 부스러기들도 얽고 깡통을 펴서 만든 양철로 지붕을 덮은 오두막이 처음 예배당이 된다. 교회가 성장하면서 오두막은 시설을 점점 보강하게 되고 마침내 항구적인 교회 건물이 건축된다.

홀, 살롱, 상점, 창고를 세내는 것 또한 한 방편이다. 1965년에 브라질 파라크리스토 교단의 3천 명 교인을 둔 모 교회는 거대한 콘세트 막사에서 모이는데 이 막사는 한때 창고로 사용되던 것이었다. 뉴욕에서는 상점을 사용하는 교회들이 흔히 눈에 띈다.

　많은 가정 교회들, 임대한 홀들, 오두막 교회들, 그리고 "제법 그럴듯한" 모 교회 건물이 잘 조화를 이루는 교단이 브라질의 하나님의 성회이다. 하지만 하나님의 성회는 평균 교인수가 세례교인은 12명 정도요, 대다수가 세례받지 않은 신자들과 그들의 자녀들로 구성된 엘살바도르에서는 가정 교회들이 중심을 이룬다.

　사람들은 저마다 막대하게 부유한 세계 교회가 아프리카—아시아 도시들에 교회들을 증가시키고 비싼 값으로 인하여 대지를 구입하지 못하는 병목현상을 제거하고 적절한 집회처를 마련하도록 도울 수 있는 길을 발견하기를 원한다. 적절한 대지를 구입하여 교회로 하여금 그 위에 훌륭한 건물을 세우도록 돕는 것은 대단히 용이한 일이다. 그러나 세계 교회가 어려운 도움을 무한정하게 계속 제공할 준비가 되어 있지 않는 한, 이러한 것은 다만 초창기의 교회들에게 기독교인이 된다는 것은 해외의 친구들로부터 교회 건물을 받는 것과 결부된다고 가르치는 것에 불과하다. 남침례교회는 장소나 건물 구입비로 1만 5천 불을 투자하여 일본의 모든 현(주에 해당됨)의 수도에 확고한 침례교회 건물을 세워 왔다. 선교회가 일본에 1년에 10만 불을 기꺼이 투자하려고 하는 한 선교회는 매년 여섯 또는 일곱 교회를 건축할 수 있다. 1960년까지 이들 새로운 교회들은 그들 자신의 자원들만을 사용하여 다른 교회들을 개척한 일은 없다(Wright, 1961).

　재정상의 문제를 해결하기 위한 온갖 종류의 제의(提意)들이 제기되어 왔었다. 어떤 이들은 선교회가 적합한 대지를 구입하고 그 위에 기초 건물을 세워 교회에 땅과 건물을 주고 그 교회가 상층만 건축할 수 있도록 할 것을 제안한다. 또 어떤 이들은 자금을 채용해 주어 교회가 일부를 감당하도록 하되 교회분은 20년에 걸쳐 교회가 상환할 것을 제안한다. 또 어떤 이들은 회중이 대지를 사고 벽을 세우면 건물에 훌륭한 지붕을 마련해 줄 것을 제안한다. 또 어떤 이들은 선교회가 아파트의 한 층 전체를 구입하여 그것을 목사의 사택과 교회 집회처로 사용케 할 것을 제의한다. 각각의 계획에는 결점들이 있으며 특수한 환경 하에서만이 재정문제를 해결해 준다.

　성장지수가 이 문제 해결에 큰 비중을 차지한다. 세례받은 신자들의 수효가 계속하여 증가하고 승리의 분위기가 감돌고 있는, 복음을 전달하는 방도를 발견한 교회는 성장하지 않는 교회보다 훨씬 더 훌륭하게 도시에서 건물을 마련한다는 어려운 문제를 해결한다. 훌륭하게 성장하는 교회는 흔히 이로써 그 건물문제를 해결한다.

건물 마련문제는 다만 그렇게 집중하는 것으로는 해결되지 않는다. 가장 훌륭한 방법은 그 도시에 있는 남녀들을 인도하는 보다 효율적인 방법을 발견하는 것이다. 이것이 수행되자마자 건물문제는 절반 이상 해결될 것이다.

7. **그리스도에 대한 강렬한 선앙을 전달하라.** 교부들이 고대 세계의 대도시들을 장악할 수 있었던 일차적인 요소는 강력하고 열렬한 신앙이었다. 이러한 점은 신약의 매페이지들을 통하여 빛나며 모든 초대교회의 개척자들에 의하여 표명된다. 예루살렘교회는 박해 가운데 탄생되었다. 최초의 위대한 신앙의 폭발은 박해에 의하여 점화되었다. 그 박해는 너무나 강력하여 사도들 이외의 모든 사람들을 도시 밖으로 흩어지게 하였다. 바울과 바나바는 회당공동체들에 교회들을 설립할 때마다 구타를 당하였다. 믿을 만한 전승에 의하면 고대 세계의 도시들에서 바울은 참수를 당하였고, 베드로는 십자가 형을 당하였으며, 다른 모든 사도들—도마는 멀리 인도에서 죽었다—도 순교하였다.

화형과 야수들에게 먹힘을 감수할 만큼 열렬하였던 그리스도에 대한 흔들리지 않는 신앙이 그 시대의 도시의 무산 계급자들 가운데 초대교회가 전파되는 것을 부채질하였다. 요한 계시록은 주로 종말론적인 데 중점을 두고 있으나 동시에 그 도시를 정복하는 교회 내의 신앙의 분위기를 증거해 준다.

"네가 장차 받을 고난을 두려워 말라. 볼지어다. 마귀가 장차 니희 가운데서 몇 사람을 옥에 던져 시험을 받게 하리니 너희가 십일 동안 환난을 받으리라. 네가 죽도록 충성하라. 그리하면 내가 생명의 면류관을 네게 주리라. …이기는 자는 둘째 사망의 해를 받지 아니하리라" (계 2:10-11).

"이 일 후에 내가 보니 각 나라와 족속과 백성과 방언에서 아무라도 능히 셀 수 없는 큰 무리가 흰 옷을 입고 손에 종려가지를 들고 보좌 앞과 어린 양 앞에 서서… 장로 중에 하나가 응답하여 내게 이르되… 이는 큰 환난에서 나오는 자들인데"(계 7 : 9, 13, 14).

도시 주민들을 통한 기독교의 전파는 불만스러운 인간 그룹들에 대한 단순한 인간적인 호소력에 기인한 것은 아니었다. 그것은 그보다는 신자들이 하나님께 자신들을 복종시키고 그의 계시를 믿고 그의 아들을 구세주로 받아들이고 성령을 받고 새로운 피조물들로서, 새 하늘과 새 땅의 징조들로서 전진한 때문이었다. 그들은 새 하늘과 새 땅에 더이상 저주받은 것은 없겠고 하나님과 어린 양의 보좌가 그 안에 있을 것이요, 그의 종들이 그에게 예배할 것이요, 주 하나님께서 그들의 빛이 되시고 그들을 영원히 다스릴 것임을 믿었다.

8. **평등사회에 대한 신학적 기초를 제공하라.** 평등사회는 신학적 기반으로부터 발생하며 보급되고 지탱되어야만 하는 신학적 틀을 소유해야만 한다. 사람들은 그들이 하나님의 뜻이라고 알고 있는 것을 위하여, 즉 영원한 진리인 것을 위하여 살고 또 죽으려 한다. 기독교는 세계의 부상하는 대중을 위하여 그 완전한 기초를 제공해야 한다. 사실 보통 사람이 감히 정의에 대한 희망을 품어 보기라도 하는 유일한 장소는 기독교 세계이어 왔다. 마르크스주의는 불활론, 힌두교, 불교 또는 이슬람교의 사회들에서 발생하지 않았다. 그것들의 모든 우수성에도 불구하고 말이다. 그것은 기독교 사회에서 발생하였다. 그리고 그것은 기독교 신앙이 발생시킨 보통 사람을 위한 솟구치는 희망이 아니었더라면 생각될 수조차 없었을 것이다. 비록 교회가 인류의 사회구조들 가운데 희망들을 구현하는 데 실패하기는 하였다고 할지라도 말이다.

기독교 신앙은 그것이 6대주로 전파되어 나갈 때 대체로 그러한 보통 사람의 새로운 세계에 대한 신학적 기초를 **의식적**으로 제공하지는 않았다. 그의 희망은 안개를 통하여 어렴풋이 모습을 드러냈을 뿐이었다. 그럼에도 불구하고 정도는 다르지만 도처에서 무의식적으로 그러한 기초작업은 이루어졌다. 20세기의 아프리카─아시아의 혁명에는 많은 원인들이 있었다. 그 많은 영향 중에 하나는 유럽과 북아메리카에서 발생한 자주

정부와 정의의 개념들이었다. 인도에서는 1천만의 불가촉천민들이 기독교인으로 전향하고 그들 가운데서 교사들, 설교가들, 교육받은 남녀들이 일어난 후에, 그들은 영구적으로 열등한 카스트를 통해 출생한 열등한 영혼들이라는 고대신화는 치명타를 입었다. 한 힌두교 학자가 나에게 다음과 같이 말하였다. "지금이야말로 사실 칼리유그(인간의 최후의 가장 사악한 시대)이다. 왜냐하면 우리는 일부 불가촉천민들이 선하고 박식한 사람들로 되어 가고 있는 한편, 많은 브라만들은 무지하고 사악한 인간들로 존속하기 때문이다." 1천만 명이 기독교인이 되고 힌두교 인도가 사람들이 모두 기독교인이 될 것을 두려워하여 힌두교도, 모슬렘, 기독교인들에 대한 정치적 비중을 변화시키면서 대중들에 관한 인도 기본법에 있어서의 주된 변화들이 가능하게 되었다.

파니커(K. M. Panikker, 1963 : 50)는 이 점을 웅변적으로 역설하고 있다.

> 동일공동체(카스트)의 다수 성원들이 기독교로 개종한 곳에서의 사회적 조건들의 차이는, 힌두교의 울타리 안에 머물러 있는 억압된 계층들 가운데서 폭넓은 불만을 야기시킬 만큼 충분히 두드러졌다. …(이러한 것은) 억압된 계층들의 봉기를 야기시켰다. …이것은 독립을 쟁취하기에 앞서 20년간의 가장 의미심장한 운동들 가운데 하나였다. … 간디의 타오르는 열성은 …불가촉천민들의 향상을 위한 운동이 성공하는 데 대단히 기여하였다. 그러나 그 근원적인 원천은 기독교 선교사의 설교였다.

국제연합이 제정하고 국가들이 언이어 제창한 인권 헌장은 많은 교회들이 위하여 투쟁해 왔고 많은 교회들이 그들의 매일 삶에서 구현해 온 것과의 밀접한 관련을 드러낸다.

현재 북아메리카와 다른 모든 영토에서 평등사회에 대한 배가된 선포에 다른 한편으로는 그러한 사회에 대한 신학적 기초를 제공하려는 것을 결합시키는 것이 교회의 의식적 목표가 되고 있지 않는가? 이러한 신학적 기초는 분명히 성경적이다. 그것이 그리스도의 마음과 일치한다. 이러한 것은 철저히 기독교적 삶을 살고자 하는 기독교인들의 집단들에 의하여 이미 실천에 옮겨져 왔다. 그것이 예루살렘에 있는 오순절 이후의 교회였든, 또는 부요함이 그들을 망치기 이전의 수도원들이었든, 또는 갓 봉헌된 후의 활력있는 교회들이든 간에 그러하다.

이러한 결합은 사회체제를 정의와 자비가 하나님 자신 가운데 성육화되었으며 하나님의 선하신 손길이 그의 아들을 믿는 모든 사람들에게 함께 하시어 모든 시대 중 가장 변화무쌍한 현대에 있어서 인간 삶의 복잡한 문제들에 대한 정의롭고 평화스러우며 자비스러운 해결로 그들을 인도하시고 지도하신다는 확고한 신념으로 견고하게 할 것이다.

정의로운 사회체제에 대한 기독교적 기초는 모든 무신론적인 이념들에 비하여 월등하게 우월하다. 그 이념들은 정의는 선할 뿐만 아니라 영원히 유효한 인간의 고안물로 이생에서 지불된다는 흔들리는 근거 위에서 정의를 주창한다.

기독교적 기초는 세속시대에 무산 계층에 의하여 절실하게 요청된다. 인권을 수립하려는 혁명은 모든 지역에서 좌초될 것이다. 그 이유는 단순히 권력을 장악한 사람들이 의롭고 전능하신 하나님, 그들과 다른 사람들이 내적으로 의롭게 되는 길을 보여 주시는 하나님에 대한 신념이 없는 죄된 사람들일 것이기 때문이다.

평등사회에 대한 건전한 사회적 기초의 제공이 읍들과 도시들에서의 그리스도의 교회들의 배가를 도와야 한다. 기독교는 도시 문명화를 위한 기초를 제공한 종교로 인정되어야 할 것이다.

도시의 주인들을 제자화하는 것은 교회가 당면한 가장 절실한 과제인 것 같다. 현재야말로 그것이 어떻게 수행될 수 있을지를 배우고 또한 실제로 그것을 실행하고 전진해야 할 시기라는 밝은 희망이 나타난다.

17
인간운동

인간운동에 대한 이 장은 부족들 또는 카스트들과 밀착된 종족사회들을 충분히 다루고 **비기독교 신앙으로부터 신앙에로 나아오는 첫번째 운동들의** 제 측면들을 기술한다. 이 장들은 동구와 서구 모두에 있어서 자신들을 "기독교인"으로 간주하는 사람들은 취급대상에서 제외하려고 한다.

그럼에도 불구하고 모든 인간 존재들은 함께 행동하는 경향이 있기 때문에 또한—예를 들어 부흥회에 있어서—확신의 파도가 한 읍 또는 도시를 휩쓸 때 많은 사람들은 그들이 결코 홀로는 취하지 않았을 행동을 취하기 때문에 **인간운동들은 북아메리카와 유럽의 지도자들에 의하여 연구되어야 한다.** 이 1980년도 개정판은 인간운동을 취급하는 두 장들을 1970년판 그대로 수록하였다. 그러나 유럽-북아메리카의 사람들은 이 내용을 주의깊게 읽어야 한다. 서구에 있어서 교회성장에 관한 많은 통찰들이 본 내용으로부터 수확될 수 있을 것이다.

교단들이 복음을 선포하고 교회들을 증가시키기 위하여 새로운 인종적, 사회적 단위들에 들어갈 때 만일 그들이 인간운동 노선을 따라 일한다면 그들의 목표를 훨씬 쉽게 성취할 것이다. 그 목표는 그 다양성에도 불구하고 그리스도를 향한 인간운동으로 출발하는 것이 되어야 한다. 개별적으로 그리스도를 고백하고 서로 다른 사회적 단위들로부터 나온 개인들로 구성된 교회는 어떠한 교회이든 간에 필연적으로 응집된 조직이 되고 서서히 성장하는 경향이 있다. 그것은 쉽사리 적대적 세력에 둘러싸인 폐쇄적인 집단으로 된다.

어떠한 대륙에 있어서든 교회성장에 대한 충분한 이해는 인간운동에 대한 철저한 파악을 필요로 한다. 이러한 운동들은 기독교 확장에 있어서 큰 비중을 차지하여 교회사와 선교확장의 역사에 대한 이해는 우리가 하나님께서 민족들을 제자화하는 데 풍성하게 축복해 오신 인간운동이라는 이 패턴을 명백하게 파악하지 않는 한 심각하게 위태롭게 된다. 인간운동 원리는 양적으로나 질적으로 모두 중요하며 대단한 주의를 기울일 만한 가치가 충분하다.

인간운동에 대한 정의

"인간운동"이라는 개념은 그 중요성에도 불구하고 비교적 새롭고 또한 정확한 정의를 필요로 한다. 이 용어에 대한 오해로 인하여 이 운동 자체에 대한 많은 반대가 일어난다. 이러한 오해는 이 용어를 바람직하지 못한 방법들로 정의한다. 그렇다면 첫째로 "인간"(people)이란 무엇인가? 이 용어는 세 가지 의미를 지닌다. 이 용어는 "나는 오늘 몇 사람(people)을 만났다"는 문장에서처럼 개인들 또는 사람들을 의미할 수 있다. 이 용어는 "인민 공화국"(The People's Republic) 또는 "인민의 뜻"이라는 문귀에서처럼 공중, 대중 또는 보통 사람을 의미할 수 있다. 이 용어는 또한 결혼 및 친밀한 교제생활이 그 사회 내에서만 발생하는 부족, 카스트 또는 여하한 동질의 무리를 의미할 수 있다. "인간운동"이라는 용어는 이 용어를 오로지 세 번째 의미로만 사용한다. 인간은 부족 또는 카스트, 종족, 혈족, 또는 어떤 사회이든 그 사회의 서로 밀착된 유대를 지니는 부분이다.

부족운동은 언제나 인간운동이다. 다시 말해서 그것은 한 단일종족 (people ; 문맥에 따라서 종족으로 번역하였으나 인간이라는 번역어와 맥락을 같이

함-역주) 또는 사회의 운동이다. 하지만 "부족운동"이라는 용어는 여기서는 사용하지 않는다. 왜냐하면 한 부족은 기독교 신앙에로 나올 수 있는 많은 사회들 가운데 하나에 불과하기 때문이다. 운동의 주체가 되는 사회는 카스트, 종족, 광의의 대가족, 또는 부족이나 카스트로 불리우는 것에 분개하는 언어적인 집단이 될 수도 있다. "인간"이라는 용어만이 교회에로 나아올 수 있는 이러한 다양한 종류의 사회들을 기술한다.

미국 내의 유대인들은 하나의 종족(people)이다. 유대인들 가운데서 그리스도를 향한 인간운동이 가능할 수 있다. 그렇게 되면 그들은 돼지고기에 대한 그들의 금기와 그들 자신의 공동체에서만 결혼하려는 그들의 강력한 욕망을 유지시키면서 기독교인들이 될 수 있을 것이다. 일본인들의 최초의 그리스도를 향한 거대한 운동(1882-87)은 일본 무사들, 즉 사무라이의 인간운동이었을 것이다. 브라만의 기독교를 향한 소규모의 인간운동이 인도 오릿사에서 발생하였다. 인간 종족들이 반드시 원시적인 것은 아니다. 비록 이해할 만한 이유들 때문에 가장 성공적인 인간운동들은 비특권층의 대중들(masses) 가운데서 있어 왔다고 하더라도 말이다.

어떤 것이 인간운동이 **아닌가**? 하는 것을 고찰하는 것은 도움이 된다. 그것은 **많은 수효의 사람들이** 기독교인이 되는 것은 아니다. 대부분의 인간운동들은 결단을 행하는 일련의 작은 그룹들로 이루어진다. 어떠한 순간에나 다만 한 그룹이 결단을 하고 교훈을 받고 세례를 받는다. 인간운동은 무사려한 접근 또는 서둘러 베푸는 세례와 결부되지 않는다.

> 인간운동 기독교인들은 단순히 그들이 가족들이라는 단위들을 통하여 기독교 신앙을 소유하게 되었기 때문에 필연적으로 명목적인 기독교인들에 불과하다고 가정하는 것은 오류이다. 이러한 가정은 대체로 사실이 아니라 편견을 기초로 한다. …인간운동 자체가 명목상의 기독교인들을 [산출하지] 않는다(McGavran, 1955:74).

또한 인간운동이라는 것이 질적인 측면과 세례 후의 돌봄에 대한 무시를 의미하지도 않는다. 사실 이러한 무시는 모든 인간운동의 실패만을 초래할 것이다. 또한 인간운동들은 교인수에 대한 선교사의 성급한 염원, 또는 세례에 대한 조급함에 의하여 그렇게 함으로 그의 지원자들에게 대단한 성장을 보고하려는 욕심에 의하여 촉발되는 것도 아니다. 그 운동들 중 많은 것들은 선교사 편에서의 그 운동들이 과연 좋은 것인가 하는 의심과 더불어 출발한다.

인간운동은 대중운동이 아니다. 결코 사용되지 말아야 할 이 불행스러운 용어는 커다란, 잘 이해도 안 된 인간 대중들이 교회로 나아간다는 전적으로 잘못된 관념을 제공한다. 그보다 인간운동을 통하여 진정으로 발생하는 것은 비교적 잘 교훈된 작은 그룹들—한 그룹은 한 달 만에, 또 어떤 그룹은 몇 달 후에—이 기독교인들이 되는 것이다. 수적 증가는 확실히 성취된다. 그러나 대체로 여러 해가 지나고 나서이다.

인간운동이란 무엇인가?

이같은 일들을 염두에 둘 때 이러한 운동의 형태에 대한 정의가 가능할 수 있다. "인간운동은 모두 동일 부족 출신인 다수의 개인들—5명이든, 500명이든—의 공동 결단으로부터 초래된다. 이러한 것은 그들로 하여금 사회적 이동없이 기독교인들이 되게 하여 그들의 비기독교인 친척들과 옛날과 다름없는 접촉을 유지하게 하며, 그 부족의 다른 그룹들이 여러 해가 지나서 교훈에 적합하게 된 후 유사한 결단에 임하게 되고 그리하여 오로지 그 부족의 성원들로 이루어진 기독교 교회들을 형성할 수 있게 하는 것이다." 이 기술의 각 문귀는 의미의 필요한 차원을 더해 준다. 그리고 완전한 정의는 우리로 하여금 인간운동 형태의 교회성장을 이해하도록 돕는다.

와스컴 피케트(Waskom Pickett)는 인간운동에 대해 다음과 같이 말한다.

> 인간운동은 많은 사람들에게 있어서 그리스도에게 나아가는 가장 자연스러운 방법을 구성한다. 서구 국가들에서 선호되는 보다 개별주의적인 방법은 이른 유년기부터 그룹 행동에 훈련된 사람들에게는 호감을 주지 못한다. (인간)운동을 반대하는 것은 이를 따라 인도 기독교인들의 압도적인 비율이 그리스도 예수에 대한 신앙고백을 하게 된 길에 장애물을 놓는 것이다. 우리는 (인간)운동 개종자들의 상당 비

율이 어떤 다른 길을 따라 그리스도에게로 인도되었을 수 있다고 믿어야 할 이유들을 발견하지 못한다. 또한 우리는 그들이 다른 어떤 방법에 의하여 인도되었어야만 한다고 소원해야 할 이유도 없다고 본다(1933 : 330).

라투레트(K. S. Latourette)는 인간운동에 대해 다음과 같이 말하고 있다.

우리는 한층더 단순히 개인들이 아니라 그룹들을 확립하는 견지에서 꿈을 꾸어야만 한다. 우리는 너무나도 자주 개신교의, 19세기 개인주의와 더불어 남녀들을 가족, 부락, 종족으로부터 한 명씩 떼어 내어 기독교인을 만들어 왔다. 그러한 결과로 그들은 항구적으로 탈종족화하고 부적응적이어 왔다. 분명 최종적 분석을 내린다면 개종은 개인과 그의 창조주 사이의 새로운 관계 및 빛나는 변화된 삶을 초래해야만 한다. 하지만 경험은 만일 자연 발생된 전체 그룹—가족, 부락, 카스트 또는 지파—이 급속하게 신앙으로 넘어오는 것이 가능하다면 그것이 훨씬 바람직하다는 것을 보여 준다. 이러한 것은 개별적인 기독교인을 강화시켜 주고 공동체의 전체생활의 기독교화를 보다 용이하게 한다(Latourette, 1936 : 159).

인간운동들의 수적인 중요성

아시아, 아프리카, 오세아니아의 전체 개종자들의 최소한 3분의 2가 인간운동들을 통하여 기독교 신앙을 소유하였다. 많은 주들에서 비기독교 신앙으로부터 기독교를 처음 나온 모든 사람들의 10분의 9가 인간운동들을 통하여서 나왔다. 오늘날 아시아와 아프리카에 있는 대부분의 기독교인들은 인간운동 개종자들의 후손들이다. 그러나 이들 대륙들에 임하고 있는 서구의 교회들은 인간운동들에 대하여 이들 토착 기독교인들과 매우 다르고 훨씬 더 취약하다. 라틴 아메리카에 있어서 상당수의 사람들이 기독교로 개종한 것도 또한 인간운동 성장으로 설명된다.

그리스도에로의 대대적인 운동들이 유럽인, 소아시아인, 북아프리카인들이 기독교인이 된 정상적인 방법이었다는 사실이 잊혀져서는 안 된다. 종교개혁 신앙 또한 오늘날 유럽과 아메리카에 있어서의 회중들과 교회들의 성장과는 매우 다르게 다양하고 특수한 인간운동들을 통하여 독일, 스위스, 스코틀랜드, 잉글랜드, 스칸디나비아, 그리고 기타 지역들로 전파되었다.

그러나 이 이상의 사실이 이야기될 수 있다. 즉 미래의 대성장은 인간운동들에 의하여 이루어지리라는 것이다. 다른 어떤 패턴이 여러 민족들을 신앙과 복종에로 인도하리라는 것은 생각될 수 없다. 예를 들어 이슬람교로부터 대대적인 개종은 기독교에로의 인간운동들에 의하여 이루어질 것이다. 이러한 사실은 1966년부터 1980년 사이에 인도네시아에서 기독교인이 되었던 수만명의 모슬렘들에 의하여 잘 설명된다. 이 무리들은 교회 안으로 한 명씩 유입되지 않았다. 그들은 공동체 단위로 교회에 들어왔다. 전체 대가족, 소혈족, 부락들이 함께 기독교화하였다. 이슬람과 기타 종교들의 주된 저항은 신학적이 아니라 사회적이었다는 점은 논란의 여지가 별로 없다. 인간운동은 복음에 대한 사회적 저항이 극복될 수 있는 하나님께서 부여해 주신 방법이다.

인간운동의 질적 중요성

인간운동들은 개별적 행동이 좀처럼 전달하기 어려운 질적 우수성을 기독교회에 전달한다. 질을 고려함에 있어서 우리는 이교지역들에서의 인간운동을 유럽-북아메리카의 읍들과 도시들에 있어서의 회중들의 증가양태와 비교해서는 안 된다. 유럽-북아메리카의 회중들은 어떤 의미에 있어서 이미 기독교인 사람들의 모임이다. 그들은 분명 모슬렘, 힌두교도, 유교도 또는 물활론의 신봉자도 아니다. 대다수는 기독교 가정들에서 성장하였으며 세례받은 자들로 구성된 사회적 조직의 일부가 된다. "개종자들"은 부요하고 충분한 회집 장소를 소유한 회중들에 합류하며, 많은 평신도들과 고도로 훈련받은 유급 직원들에 의하여 기술적으로 목양된다. 인간운동들은 비기독교인들 가운데서의 다른 주된 증가양식, 즉 새로운 근거 위에서 진출하는 교회들 가운데서 공통적으로 발견되는 "사회적 조류"의 성장패턴에 반대되는 "개별적 성장패턴"과 대조되어야만 한다. 이렇게 할 때 인간운동들은 질적으로 우수한 교회들을 이룩한다는 것이 명백해진다.

공동체들은 사회적인 분산없이, 동일 가족 성원들 사이의 뼈아픈 상처 없이 그들의 일상적인 관계 접촉을 유지하면서 기독교에로 들어온다. 이로써 결과된 회중들은 지도자들 및 가족적 충성을 완벽하게 갖춘 사회적 구조를 소유한다. 인간운동으로 이룩된 회중들은 함께 어울리는 것을 배워야만 하는, 많은 다른 배경들로부터 나온 개종자들의 집결체가 아니라 함께 일하고 사는 데 익숙한 한 종류의 사람들로 이루어진다. 그러므로 인간운동 교회들은 보다 안정적이며 목사와 선교사에 덜 의존적이며 박해 아래서 훨씬 더 잘 견디어 낸다.

확신은 사회적 응집력에 의하여 지원된다. 나의 모든 친척들이 기독교 인이고 기독교 신앙의 배격은 나의 가장 소중한 사람과 결별을 의미할 때 주님에 대한 나의 사랑은 나의 형제에 대한 나의 사랑에 의하여 보강된다.

훈련 역시 더욱 효율적이고 보다 토착적으로 될 수 있다. 한 명씩 운집되어 이룩된 잡다한 무리들로 이루어진 교회의 지도자는 교회의 표준보다는 외국인인 자기의 표준을 앞세우는 교회 규율을 제시하는 오류를 범할 수 밖에 없을 것이다. 인간운동 교회는 이 교인들을 질서있게 다스리는 방법을 안다. 인간운동 교회는 교회가 정말로 믿는 것을 강화시켜 줄 것이다.

사람들이 그룹 결단에 의하여 기독교 신앙에 나아오게 될 때 공동체적 죄들과 나약함은 제거될 수 있다. 새로운 기독교인들이 "우리의 결혼식"에는 더이상 술을 사용하지 말자는 규칙을 정할 때 그들은 금령을 별 어려움없이 강화할 수 있다. 뉴기니아에서 기독교인이 된 종족들이 오래된 종족들의 반목을 포기하려고 작정하였을 때, 그들은 비기독교인 종족들이 여전히 완전무장을 하고 있다는 사실에도 불구하고 그들의 무기의 절반을 소각시키도록 규정하였다. 모든 기독교인들은 그들의 무기의 절반을 태워버렸다. 이는 선교사들이 그렇게 말했기 때문이 아니라 개종한 부락 사람들이 그렇게 하는 것이 좋겠다고 생각했기 때문이었다.

개별인 중심의 성장양식과 대조하는 관점에서의 조명

위에서 언급하였듯이 충분한 이해를 위하여서 성장운동은 복음을 개별적인 중심으로 전하는 관행되는 양식에 대조 조명되어야 한다. 후자는 분리에 의한 기독교화라고 불리울 수 있고 교회가 성장해 오는 데 의존했던 두 번째의 주된 방식이다. 인간운동이 첫째이다.

개별인 중심의 양식에서 지도자들은 오직 개인적인 개종자들만을 **기대한다.** 이러한 것은 기독교인들이 그의 여러 해의 경험을 통하여 알아 온 기독교인이 되는 방법이다. 이것은 그들이 본 바, 기독교적인 결단을 내린 소수의 사람들이 개종하게 된 방법이다.

복음이 설교되는 학교에서 성경이 교수되고 사람들이 기독교 영향에 노출될 때, 간헐적으로 어떤 개인은 기독교 신앙에 매료된다. 그의 기독교인 교사의 인내가 그에게 흥미를 유발시킬 수 있다. 필리핀 사람 청년 로드리그(Rodrigues)의 경우가 그러한데 그는 여러 해 후에 연합 그리스도교회의 감독이 되었다. 또는 어떠한 사람은 병원에서 치료를 받거나 어려움을 당하여 받은 도움으로 기독교인이 될 수 있다. 또한 복음의 직접적인 설교가 그를 감동시킬 수도 있다. 그는 집회에 참석하고 성경을 읽는다. 그리고 그의 가족이 반대할 것을 두려워하며 비밀 신자가 된다. 그는 용기를 모두어 그의 신앙을 선포하고 가족의 반대와 위협에도 불구하고 세례를 받는다. 그는 배척과 박해를 받는다. 그러나 기독교 신앙을 굳건하게 지키고 그리하여 주님의 사람이 된다.

목사, 사역자, 선교사들은 흔히 이러한 것이 신약적인 방법이라고 믿는다. "아비나 어미를 나보다 더 사랑하는 자는…"이라는 말씀이 흔히 인용된다. 이와 유사한 여러 귀절들이 마음에 떠오른다. 성직자들은 "집단으로가 아니라 개별적으로 개종하는 것"이 이 땅에서 발생하는 개종의 방법일 뿐만 아니라 그렇게 되는 것이 올바른 성경적 방법이라고 결론을 내린다. 사람들은 그들의 주님을 위하여 고난을 받을 각오를 해야만 한다.

지도자들이 복음을 전하고 복음의 추구자들과 대화를 할 때 그들은 무의식적으로 이 개별적 패턴을 제시한다. 묻는 사람들은 지도자들이 기대하는 것을 기독교인이 되는 데 있어서 일상적인 패턴이요, 정확한 방법이라고 간주하게 된다. 조회자들이 기독교인이 되었을 때 그들이 이번에는 이러한 패턴을 기대하고 무의식적으로 그것을 선포한다.

비기독교인 공동체 역시 사람들이 가족의 반대와 공동체의 취지에도 불구하고 기독교인들이 되는 것을 보면서 기독교인들은 언제나 공동체에 대하여 반역적이라고 결론을 내린다. 보다 후에 있어지는 기독교인들의 교육적 진보는 이러한 인상을 강화한다. 일반인들의 마음 가운데 기독교인이 된다는 것은 반사회적 행동이라는 이미지가 고착된다. 일단 이러한 확신이 교회지도자들과 기독교인들 및 일반인의 마음을 사로잡게 되면 인간운동은 그것이 정상적으로 발생할 수 있는 환경에 있어서조차 불가능하게 된다.

위대한 암베드카(Ambedkar)로 하여금 기독교 신앙으로부터 돌아서게 하였던 요소들 가운데 하나가 기독교인이 된다는 것이 바로 그러한 의미를 지닌다는 이미지였다. 그는 다음과 같이 말하고 있다.

> 나는 복음서들, 사도행전, 그리고 사도 바울의 서신들의 여러 단락들을 읽으면서 나와 나의 민족은 모두 기독교인들이 되어야만 한다고 생각하였다. 왜냐하면 나는 그 내용들 가운데서 힌두교가 우리의 영혼에 주입한 독에 대한 완전한 해독제 및 우리의 현재의 실추된 지위로부터 우리를 향상시키기에 충분할 정도로 강력한 힘을 발견하였기 때문이다. 그러나 나는 봄베이 주변 지방에서 기독교 선교회들에 의하여 생겨난 교회들을 보았을 때 나는 전혀 다른 느낌을 받았다. 내가 속한 카스트의 많은 성원들이 기독교인들이 되었다. 그러나 그들 대부분은 나머지 우리에게 기독교를 권면하지 않는다. 어떤 이들은 기숙사제 학교를 다니고 대단한 특권을 누린다. 우리는 그들을 당신들의 선교 노력의 결산물들로 생각한다. 그들은 도대체 어떤 부류의 사람들인가? 이기적이고 자기 중심적이다. 그들은 그들과 그들의 가족들 또는 그들과 기독교인들이 된 소그룹이 향상을 누리는 한, 그들의 이전의 카스트에 속한 관련자들이 어떻게 되느냐 하는 데는 전혀 무관심하다. 실로 그들의 이전의 카스트 관련자들과의 관계에 있어서 그들의 주된 관심은 그들이 바로 그 공동체에 있었다는 사실을 숨기는 것이다. 나는 이러한 기독교인들 가운데 하나가 되기를 원하지 않는다.

피케트는 암베드카의 이 말을 인용하면서 다음과 같이 부언한다.

이것은 무서운 고발이다. 우리는 사실은 그렇지 않다는 것을 믿고 싶어한다. 그러나 이러한 점은 상당히 진실이다. 서구로부터 온 기독교 선교사들은 조야한 개인주의가 대단히 존중되는 사회체제의 산물이다.… 그들은 자신들이 어렸을 때부터 익숙해 온 공동체와의 개념적인 관계가 기독교적 규범이라고 가정하고 그것을 그들이 관계맺는 개종자들에게 권하는 경향이 있다.… 그리하여 암베드카 박사의 카스트에 속해 있는 소년에게 학교와 교회에서 "아무든지 나를 따라 오려거든 자기를 부인하고 자기 십자가를 지고 나를 좇을 것이니라"고 말씀하시는 그리스도를 따르라는 것이 의식적으로 가르쳐질 수 있다. … 그리고 한걸음 더 나아가 이 소년이 정말로 배우는 것은 개인으로의 그의 권리를 지키며 그가 그 가운데서 태어난 그룹에 대한 모든 의무들을 부인하며, 개인적 풍요라는 엄격하게 이기적인 방침을 추구하는 것이 될 수 있다(Pickett, 1938 : 29f).

기독교인이 된다는 것이 바로 이러한 의미를 지닌다는 이러한 윤곽, 이미지, 일반적 관념의 배경에 비추어 인간운동 양식의 기독교화는 조명되어야 한다.

복수—개인적인, 상호 의존적인 개종

어떤 성직자들은 신학적 근거에 의거하여 인간운동들로부터 돌아선다. 그들은 그룹 개종이라는 관념 자체가 구원으로 인도하는 개인적 신앙에 배치된다고 느낀다. 사람들은 주 예수를 한 명씩 따랐다. 그는 그들을 무리 가운데서 한 사람씩 부르셨다. 무리를 따라 단순하게 나아가는 것은 개종이 아니며 결코 아무도 구원하지 못한다고 이들 성직자들은 주장한다. 이러한 진정한 걸림돌은 정당하게 취급되어야만 한다.

어려움의 근본은 바로 인간운동들이 기초로 삼고 있는 개종의 종류에 있다. 중요한 질문은 인간운동들이 그룹 개종을 "기초로 하는가?"이다. 그 대답은 "아니오"이다. 그룹 개종과 같은 것은 없다. 그룹은 무슨 신체나 정신을 소유하지 않는다. 그것은 무엇인가를 결단할 수 없다. "그룹 개종"이라는 문귀는 정말로 일어난 것에 대한 편리한 임시 방편적 기술이다.

정말로 발생한 것은 **복수-개인적이고, 상호 의존적인 개종이다**. 이것은 흔히 생각되는 것과 전혀 다른 것이다. 여기서 열거한 정확한 어휘들이 중요하다. 우리는 이 용어들을 정확하게, 불편없이 사용하는 것을 배워야 한다. 원자학에 있어서 **핵융합**과 **핵분열**이라는 용어, 전기학에 있어서 **직류**와 **교류**라는 용어가 바른 생각을 전달하는 데 필수적인 용어들이듯이 선교학에 있어서도 "복수-개인적", "상호 의존적"이라는 용어들은 그 이해를 위하여 필요하다.

내가 확신하는 것은 개종이란 가족의 반대에도 불구하고 취하여진 외로운 개인의 결단이 되지 말아야만 한다는 것이다. 오히려 그것은 상호적인 애정 가운데서 이루어진 많은 개인들의 결단일 때 그것이 훨씬 훌륭한 개종이다. **복수-개인적**이라는 용어는 많은 사람들이 그 행동에 **참여한다는** 것을 의미한다. 각 개인이 그의 마음을 정한다. 그는 예수 그리스도에 관하여 듣는다. 그는 기독교인이 되는 것이 좋은 일인가에 대하여 자기 자신 및 여타의 사람들과 논쟁한다. 그는 믿거나 믿지 않거나 한다. 만일 그가 믿는다면 그는 기독교인이 된 사람들에 합류한다. 만일 믿지 않는다면 그는 기독교인이 되지 않는 사람들에게 합류한다. 사소한 문제로서 자신들이 돕기를 결정한 사람들을 제외하고 아무도 참여하는 사람이 없을 때 그렇게 도우려고 개인적으로 친히 결심한 사람들만이 과연 얼마나 더욱 많이 그들의 옛 신들을 포기하고 기독교인이 될 수 있을 것인가?

상호 의존적이라는 용어는 결단을 행한 모든 사람들이 서로 친숙하게 알며 **다른 사람들이 행하려고 하는 것의 관점에서 조치를 취한다는** 것을 의미한다. 이것은 자연적일 뿐만 아니라 도덕적이다. 사실 다른 사람들이 행하고 있는 것을 개의하지 않고 자신이 행하고자 하는 것을 결단하는 행위는 원칙상 부도덕하다. 성직자들은 자신에게 질문해 오는 사람들에게 자주 다음과 같이 말할 수 있어야 한다. "예수 그리스도는 구세주요, 당신이 발견한 값비싼 진주이기 때문에, 그리고 당신은 당신의 가족의 충성된 성원이므로 당신은 구원을 혼자 은밀하게 누리고자 해서는 안 된다. 당신이 해야 할 첫 번째 일은 당신이 새로 발견한 보화를 당신의 사랑하는 사람들과 나누는 것이다. 주님을 사랑하는 사람은 자신의 친밀한 사람들을 주님에게로 인도하려고 최선을 다해야 할 것이다. 안드레는 그의 형 시몬에게 가서 그를 주님께 인도하였다. 당신도 그렇게 하라."

　인간운동에 있어서는—베를린에서이든 또는 봄베이에서이든—긴밀한 관계를 맺고 있는 그룹의 성원들이 그들의 사랑하는 사람들을 설득하여 예수 그리스도를 믿고 기독교인들이 되는 것이 얼마나 바람직한 것인가를 알리고자 한다. 흔히 그들은 함께 세례를 받기 위하여 그들 자신의 결단을 보류할 것이다. 한 남편이 믿지 않는 아내를 위하여 6개월을 기다린다. 한 형제가 그의 다른 세 형제와 그들의 아내들이 함께 그리스도를 고백하기 위하여 2년 동안 수고한다. 개종은 그것이 그에게 대단히 중요한 사람들과 더불어 이루어졌기 때문에 더욱더 감미롭다. 기독교인이 되려고 결단한 현명한 사람은 그의 많은 친구들을 인도하여 자신이 그리스도를 영접하는 바로 그날에 그들도 그렇게 하도록 약속을 받아 낸다.

　개종은 그리스도에 대한 진정한 결단, 과거 신들과 악령으로부터의 진지한 전환, 그리스도께서 사람들이 따라서 살게 되기를 원하시는 대로 살겠다는 단호한 목적에 참여하는 것을 의미한다. 인간운동 내의 개인적인 결정들은 이러한 모든 특징들을 드러낸다. 그것은 **복수—개인적, 상호 의존적인 개종의 시리즈이다.**

　18세기 후반과 19세기의 대각성은 많은 수효의 명목상의 기독교인들을 그리스도에 대한 확고한 충성에로 인도하였다. 회심자들은 어느 한 부족에 속해 있지는 않았지만 그들은 일반적으로 사회의 한 계층에 속해 있었다. 대체로 그들은 함께 그리스도를 고백하고 세례를 받기로 결단한 것은 아니었으나 그들의 변화된 삶은 그들의 동료들에게 확실한 영향을 미쳤다. 다수의 의식적인 기독교 개종자들(그들의 개종은 단 시간에 인접한 이웃 가운데서 발생하였다.)에 속하여 있기 때문에 죄된 사회적 조건들에 대한 항거가 가능하였고 이 각성에 접한 주민 전체를 통하여 가능하게 되었다. 노예제도를 반대하고 감옥의 개혁, 노동조합의 조직, 학교와 대학들의 보급을 위한 엄청난 운동들이 바로 이러한 서구형태의 인간운동으로부터 발생하였다.

　남인도 라이쿠르주의 한 도시에서 120명 가량의 마디가족들은 그리스도를 따르기로 결심하였다. 그들은 여러 해 동안 이러한 조치를 고려하였다. 그들의 친지들 중 많은 사람들이 기독교인들이었다. 그들은 그리스도의 제자가 되는 일이 바람직한 일이라고 믿었다. 결단의 해에 그들이 그들의 신전, 즉 원통형 반석 위에 우상을 안치한 작고 어두운 방을 어떻게 할 것인가? 하는 문제가 발생하였다. 모든 사람들은 그들이 세례를 받는 날에 마을 연못에 우상을 던져 버리고 원통형 반석을 그들의 강대로 삼고 그 위에 성경을 놓고 하나님께서 정말로 말씀하시는 것을 듣기로 하자는 결단에 참여하였다. 이것은 복수-개인적, 상호의 조직 결단으로 그들의 개종의 일부였다. 그들 중에 어느 한 사람이라도 우상숭배자로 남기로 결단하였다면 나머지는 신전을 기독교 예배를 위해 사용할 수 없었을 것이다. 그러나 그 그룹이 집단으로 행동하였을 때 그 변화는 아무런 문제도 야기시키지 않았다.

서뉴기니아의 8천 명의 다니 부족들이 복수-개인적 양식으로 그리스도를 따르기로 선언하였을 때 그들은 날을 정하여 그들의 주물(呪物)들을 태워 버리기로 결정하였다. 이 상징적 행동은 그들의 이전의 두려움과 충성을 파괴시켰고 그들이 성경 진리를 배울 길을 열어 주었다. 최근 인도네시아의 한 섬에서 이십 군데의 모슬렘 공동체들이 그리스도를 받아들이고 그들의 사원을 교회로 사용하기로 결정하였다. 이 매우 중대한 결정이 이루어지자 관련된 각 사람의 참여가 뒤따랐다. 각 사람은 군중에 합류함으로써가 아니라 **스스로 결단에 참여함으로** 구원을 받았다. 복수-개인적 개종은 가벼운 문제가 아니다. 그것은 박해 또는 죽음을 초래할 수 있다. 주물을 두려워하는 자 또는 이슬람 신앙을 고수하는 자들이 끔찍한 보복을 감행할 수도 있다. 이러한 결단 내의 참여는 진정한 개인적 신앙을 요구한다.

"그룹 개종"이라는 부정확한 말로 불리워지는 이것은 모든 사람들이 다 마침내 침여히는 기간이 투표와 유사하다. 여러 달, 때로는 여러 해 그룹의 각 성원은 거듭하여 그 잇슈에 대한 자신의 입장을 표현한다. 우리가 예수 그리스도를 믿어야 할 것인가? 투표가 찬성 쪽으로 기울어질 때 그룹 행동은 더욱더 가능하게 된다.

대체로 "겉도는 사람들"이 있다. 대부분의 그룹들은 내적으로 갈라진다. 그룹들에는 아류적인 그룹들로 차 있다. 만일 한 사람이 신앙이 없으면 그는 그리스도의 제자들이 되기를 원하지 않는 사람들과 동료를 이루어 겉돌게 된다. 이러한 사실은 결단이 개종에 참여하는 사람들에게 의미 있다는 것을 말해 준다.

복수-개인적 결단은 큰 힘을 발휘한다. 이러한 결단들은 개인들로 하여금 그들이 혼자라면 결코 할 수 없는 것을 함께 행할 수 있게 한다. 화약을 낱개로 태우면 별 위력이 없다. 그러나 그것을 제한된 공간에서 함께 태울 때 그것들은 화강암도 산산조각을 낼 수 있다. 이와 유사하게 한 여성이 그녀의 혼자 힘으로 아버지와 어머니를 떠난다는 것은 어렵겠지만 10명의 여성들이 함께 세례를 받고 그 결과로 그들의 20명의 부모로부터 단절되는 것을 감수하는 상황은 어렵지 않다고 볼 수 있다. 이 여성들은 복수-개인적 개종의 일부분을 이룬다. 그들의 남편들과 자녀들은 기독교인들이 되어 가게 된다. 그들은 언제인가는 그들의 부모들 역시 따라올 것이라고 믿는다. 10명의 여성들은 공동의 행동을 통하여 불가능한 것을 행할 힘을 얻는다.

인간운동에 있어서 교육과 계몽

인간운동은 광범위한 사전 교육에 의존한다. 가끔 복음에 대한 사전의 지식이 별로 없는 상황에서 인간운동이 나타난다. 우리는 아이보리 해안과 아폴로니아에서의 해리스 운동을 즉각 생각한다. 그럼에도 불구하고 실상은 아이보리 해안과 아폴로니아에 상당한 사전 교육이 존재하였다는 점이다. 사전 교육없이 사회가 움직인다는 것은 정말로 불가능하다.

인간운동들은 그 운동들이 시작되기 전에 계몽과 복음의 영향이 작용하는 여러 해-경우에 따라서는 여러 십년-가 요구된다. 1950년 나이제리아 남서부의 위대한 감리교 선교사 앤드류 멜로(Andrew Mellor)는 퇴임을 얼마 안 남긴 몇 년의 기간 내에 부족을 개종시키는 일을 시도하리라고 결심하였다. 에곤 부족은 그 본부를 바다그리에 두고 있는 매우 저항적인 부족이었다. 바다그리는 해안도시로 18세기와 19세기초 동안에 유명한 노예 무역항이었다. 1954년경 이 열광적인 저항의 본부가 복음에 개종하였고 2천 명 정도가 기독교인이 되었다. 결단을 내린 것은 앤드류 멜로였다. 그러

17. 인간운동

나 110여 년의 기독교 사역, 정부의 관리들로 바다그리에 와 있던 교육받은 기독교인 나이제리아 사람들이었던 북부 출신의 요루바 부족의 대개종, 기타 많은 요소들이 에곤 부족을 교육해 왔었다.

많은 대중교육이 계속적으로 진행되고 있다. 오늘날 교회확장의 전망이 밝은 것은 바로 이러한 이유 때문이다. 세계 역사에 있어서 그토록 많은 비기독교인들이 기독교 예배를 지켜보고 또한 그것에 강력한 매력을 느꼈던 시기는 일찌기 없었다. 또한 오늘날 그러하듯이 새로운 종교에 대한 많은 논평이 활발했던 적도 결코 없었다. 사실 어떤 논평은 비호의적이고 또는 심지어 적대적이기조차하다. 그러나 그 논평의 상당수는 기독교 신앙은 훌륭하며 예수 그리스도는 구세주이시며, "우리 모두 언제인가는 기독교인들이 되려 한다"는 데 의견이 일치된다. 도대체 다른 어떤 결과가 과연 가능하겠는가?

기독교인이 되는 것은 무엇을 의미하는가에 대한 많은 대중적인 이미지들이 유포되어 있다. 어떤 이미지들은 기독교 지도자에게는 대수롭지 않게 보이는 요소들을 포함한다. 그가 중요하다고 생각하는 요소들이 결코 없는 경우도 있다. 그러나 그 이미지들은 기독교인이 되는 것은 무엇을 의미하느냐에 대한 것이다. 그리고 많은 사람들에게서 이러한 것들은 호의적이다. 기독교인들은 교육받은 사람들이며 하나님을 더욱 훌륭하게 예배하며 술취하지 않으며 악령들을 두려워하지 않으며 주일에 일하지 않는다. 그들은 보다 신뢰할 만하며 평화로운 마음으로 죽음에 임한다. 그들은 부인들을 보다 훌륭하게 대하며 하나님의 명령을 더 잘 안다. 브라질 캄피나스 근처에 있는 노변 식당에서, 나는 웨이터에게 *crentes*(신자들)에 대하여 어떻게 생각하느냐고 물었다.

그는 다음과 같이 답변하였다. "아 그들은 좋은 사람들이지요. 나의 누이도 기독교인이어요. 그들은 항상 하나님을 예배하고 그들의 돈을 저축합니다. 나도 언제인가는 *crente*가 되려고 합니다."

기독교에 적대적인 사람들로부터는 다른 견해들도 있다. 기독교인들은 그들의 동족들의 배신자들이요, 결함이 많고 육식을 하며 우리보다 낫지 않다고 한다. 고아의 경우라면 기독교인이 되는 것이 아마 좋을지 모르겠다. 그러나 그들의 공동체들에서 존경받는 사람들의 경우라면 그럴 필요가 없다.

　기독교인이 되는 것이 잘하는 일이라고 생각하는 사람들과 그렇지 않게 생각하는 사람들 사이에 끝없는 논쟁들이 난무하고 있다. 앞서 언급하였던 인도네시아에 있어서 모슬렘들의 놀라운 개종이 있기 전에도 분명 여러 달, 어쩌면 여러 해 동안 이러한 종류의 논쟁이 있었다. 비기독교인들도 많은 가르침을 받고 많은 설교를 듣는다. 어떤 이들은 복음서들과 소책자들을 읽는다. 외국을 여행하고 온 사람들은 기독교인들이 무수하며 또한 기독교인이 됨으로 그 사람들이 유익을 경험하고 있는 국가들에 대해 말한다. 이 모든 것은 *Preparatio evangelica*(복음전도의 준비), 즉 개종을 위한 교육이다.

　물론 구두적인 신학교육은 주로 결여되어 있다. 인간운동에 직면하여 두려워하고 있는 어떤 주민들에 있어서 수천명의 사람들은 예수 그리스도의 생애와 죽음에 관하여 단 한 가지 사실도 말할 수 없는 상태에서 기독교는 좋은 종교라고 확고하게 믿을 수 있다. 우리는 이러한 여건을 경멸하지 말아야 한다. 사도행전 9장은 누워서 지내는 지 8년이나 되는 애니아가 베드로에 의하여 고침을 받은 후 "룻다와 사론에 사는 사람들이 다…주께로 돌아가니라"고 기록한다. 베드로가 방문하기 전에 그곳에는 소수의 기독교인들만이 살고 있었으나 이들 두 마을의 거주민들이 주 예수에 대한 정확한 신학적 지식을 소유하였다고 가정하는 것은 지나친 일인 것이다. 그렇지만 그들은 내가 기술한 바, 그러한 종류의 상당한 대중적 교육을 경험하였다. 그들은 복수-개인적, 상호 의존적 개종을 통하여 주님께 돌아갔다.

　이러한 개종에 뒤이어 즉각적으로 세례 이전 및 세례 이후 과정들에서 상당히 구체화된 신학적 교육이 제공되어야 한다. 원래의 결단은 성경을 통한 의식적 교훈에 의하여 더욱 의미있게 된다. 이러한 것은 이미 모든 교회들과 선교회들 가운데서 공통적으로 실행된다. 매년 그룹 결단에 의하여 그리스도에게로 나아오는 수십만의 개종자들이 세례지원자들(수도자, 예비 신자들)로 등록된다. 그리고 교육받고 세례받으며 더한층 교육을 받는다.

　구체적인 종류의 교육은 세례지원자들과 세례신자들을 대상으로 해야 한다. 복수—개인적 결단이 이루어지기 전에 구체적인 교육을 시행하기를 기대하지 말아야 한다. 이같은 초기 단계에는 죽음을 무릅쓸 만큼 강력한 확신들이 일반적이다. 그러나 이러한 행동에 대한 훌륭하게 표현된 신학적, 성경적 이유들은 제시되기가 어렵다. 그렇다면 우리는 그들의 출발점을 구성하는 덜 교육받은 형태의 용기와 신심을 경멸할 수 있겠는가?

선행들과 인간운동

교회들이 도처에 증가할 때 기독교인은 도움이 되는 일들을 행할 많은 기회들을 발견한다. 전달자가 기독교인이라는 것 때문에 미처 생각하지 못하였던 친절을 넘치도록 베푸는 것이 불가피하다. 그의 스승이신 그리스도처럼 그도 선을 행한다. 그의 마음 가운데 성령이 계신데 그가 어떻게 그것을 피할 수 있는가? 인간운동의 초기에 개종자들이 수적으로 소수일 때 이 인간대 인간의 섬김으로부터 하나님에 대한 찬양 외에는 아무 것도 발생하지 않는다.

하지만 운동이 계속되고 멀리 떨어져 있는 부락들과 읍들에서 수천명의 사람들이 기독교인이 될 때 교회 또는 선교회가 어떤 실질적인 방법으로 그 주변에 있는 모든 사람들에게 착한 일들을 행하는 것은 매우 지나치게 과중한 경비를 치루는 불필요한 것이 된다. 만일 잘 통합된 그룹들이 기독교인이 되면 그 결과로 있어지는 공동체는 그들 자신의 가난한 사람들을 돌보는 데 익숙한 중요하고 책임의식이 있는 사람들을 포함한다. 어려운 시기에 가난한 자들은 노동을 하거나 아니면 그들의 허리띠를 졸라 매고 시련을 견디어 내는 데 익숙해 있다. 하지만 구제가 실시되자마자 외부의 기관에나, 의류 또는 음식을 적절하게 배분하기가 대단히 힘들게 되는 새로운 상황이 발생한다. 소수의 개인들에게 직접 도움을 주는 것은 가능할 수 있다. 그러나 기독교인이 되는 과정에 있어서 전체 지방민 모두에게 도움을 준다는 것은 전적으로 다른 별개의 문제이다.

오릿사, 우트쿨 서부의 침례교회로 그리스도를 향한 개종자의 물결이 쇄도하던 1930~36년 동안에 2년의 기근이 발생하였다. 기근에 대한 구제품이 주어졌을 때 자기들도 구제물을 받아야 한다고 생각하였던 두 마을들이 그것을 얻지 못하였다. 또 어떤 마을들은 그들이 충분하다고 느낄 만큼 많이 받지를 못하였다.

"새로운 기독교인들이 저렇게 많이 받는데 우리 오래된 기독교인들은 전혀 구제물을 받지 못하는가?" "오래된 기독교인들은 풍성하게 받는데 왜 우리 새로운 기독교인들은 아무 것도 받지를 못하는가?" 등의 의문들이 제기되었다. 복음은 부정되고 기독교 신앙을 향한 운동은 중단되었다(McGavran, 1956:17).

많은 전도 유망한 인간운동들은 시작되자마자 중단된다. 소규모의 인간 운동들이 도중에서 중단되어 버리는 모습의 대부분은 아프리카-아시아 국가들의 전형적인 모습이다. 흔히 이러한 도중 하차는 시기가 부적당하거나 또는 잘못된 조언으로 이루어진 선행들로 인한다. 그 과정은 어느 정도 다음과 같은 방식으로 작용한다. 기독교인들과 선교사들은 그들의 사역을 지나치게 선행이라는 견지에서 생각한다. 우리는 여기서 이들 가난한 사람들을 섬겨야 한다고 그들은 말한다. 기독교 동포들은 곧 자신들이 교육, 의료, 돈, 물품을 받을 권리를 소유하였다고 생각하게 된다. 비기독교인들은 기독교인이 된다는 것은 무엇인가 유익한 것을 얻는다는 것을 의미한다고 생각하기 시작한다. 개종자들의 수가 증가하거나 또는 유럽-북아메리카의 기금이 감소하면 혜택도 줄어든다. 그렇게 되면 기독교인들과 비기독교인들 모두 자신들이 속고 기만당하였다고 생각한다.

이러한 어려움이 예상된다고 하여 200명으로 교회를 시작하는 그리스도의 대사가 그의 마음을 닫고 그의 연민을 표현하지 말아야 한다는 것을 시사하지 않는다. 사실 그는 그의 도움을 계속해야 한다. 그러나 그는 의도적으로 2,000명의 교회에 가능한 패턴으로 넘어가야 하고 또한 거기로부터 1만 명의 교회에 가능한 패턴으로 넘어가야 한다. 메이저(P. W. Major) 목사는 1963년 나에게 다음과 같은 글을 보냈다.

현재 30개의 부락들에 걸쳐서 2백 명 정도의 개종자들이 산재해 있읍니다. 그들에게 읽기와 쓰기를 가르치고, 그들의 자녀들을 교육시키도록 그들을 격려하고, 병났을 때 그들을 돕고 그들을 대회들과 평신도 훈련기관들에 참석시키는 데 사람들과 돈이 필요합니다. 그렇지만 나는 이들 기독교인들이 도움을 기대하는 습관을 갖기를 원하지 않습니다. 이같은 일들을 행함이 없이도 그들이 적절하게 목양될 수 있는 무슨 신통한 방법은 없을까요?

이것은 인간운동을 시작하는 목양에 임한 성직자들이 직면하는 문제이다. 어떻게 하면 그리스도의 대사가 그의 동료 기독교인들을 망치지 않으면서 그들을 도울 수 있을까?
나는 메이저(Major)씨에게 다음과 같은 답변을 하였다.

신통한 방법은 없습니다. 그리스도 안에서 그대의 형제들을 돕는 일에 진력하십시오. 그러나 읽기, 쓰기를 가르치고 자녀들을 교육시키도록 격려하고 의료상의 도움을 주는 것과 더불어 그들에게 성경을 가르치고 주는 것을 가르치고 그들을 많은 예전 예배에 참석시키며 그들에게 복음을 증거하는 훈련을 시켜 구세주를 받아들이도록 다른 사람들을 설득하게 만드십시오. 물질적 도움은 영적인 도움과 균형이 이루어져야 합니다. 해외로부터 지원되는 혜택들이 인도로부터 지원되는 혜택에 비하여 과하지 않도록 해야 합니다. 해외로부터의 물질적 도움이 주된 도움이 되게 하기가 쉽습니다. 그렇다고 이러한 도움을 중도에서 물리치지 마십시오. 그보다는 영적 지원을 배가시키십시오. 그들에게 성경을 배우고 그들이 배운 것을 그들의 친지들과 동족들에게 가르칠 풍부한 기회를 주십시오. 그대의 교회들이 증가함에 따라 무한하게 재생산될 수 있는 기독교적 생활의 영적 유익들을 더욱더 강조하시고, 선교회에 보조금을 요구하게 되는 혜택들은 덜 강조하도록 하십시오.

개인적 선행은 곧 중앙 선교국에 조직화된 박애사업 기관들, 즉 학교, 병원, 간호원 및 교사 훈련기관 등을 점증시킨다. 이러한 기관들은 어떤 교회에게나 유용한 부설 기구들이다. 더욱 많은 사람들이 섬김을 받는다. 보다 많은 선이 수행된다. 많은 동포들이 이러한 업무에 고용되고 또한 많은 유해한 부수적인 학습들로 나타나기 시작한다. 고용된 거대한 직원들은 박애사업 기관을 그들의 생계수단으로 간주한다. 그리고 이 때문에 그 기관이 있어야 할 것으로 생각한다. 그리고 계속적인 지원을 베푸는 일이 그 기관들의 존재 이유로 생각되지 않는다. "교회"는 그 지역의 읍들에 있는 다수의 교회들의 집합으로서보다는 거대한 중앙 본부에 있는 종합기구로 인식된다. 그러면 사람들을 훈련시키는 데 역점이 부여되는 것이 아니라 "양질의 기관들을 유지하는 데" 역점이 부여된다.

전체 백성을 신앙과 복종으로 인도하기 위한 운동을 관리하는 성직자들이 제도화된 선행들과 교회들의 극대 성장에 균형을 부여하고자 할 때 어떤 원리들이 그들을 인도해야 하는가? 세 가지 원리를 제시해 보겠다.

1. 복음에 수용적인 사람들에 도달할 만큼 번창될 수 있는 이들 제도화된 선행들은 기독교 운동에 보다 가치를 지닌다. 예를 들어 1966년에 나이제리아 티브 부족에서 '있었던 CRI(classes in religious instruction : 종교교육 교실)는 교육을 별로 받지 못한 기독교인들에 의하여 운영된 매우 단순한 부락 학교들이었다. 이들 기독교인들은 정부가 인정하고 지원하는 국민학교들의 유자격 교사들이 기대할 수 있는 봉급과 같은 것을 요구할 수 없었다. CRI는 번창하여 티브족 부락들이 있는 곳에는 어디에서나 설립되었다. 필요한 건물 및 교사들에게 적정 급료를 제공해야 하는 국민학교들은 부락마다 설치되기가 어려웠다. 교회가 확장하는 데 CRI는 기본적인 국민학교들보다 훨씬 더 즉각적인 가치를 지녔다. 이러한 점은 충분한 자격의 목사를 훈련하는 데 있어서 국민학교 및 중학교가 지니는 가치를 어떤 방식으로든 위축시키지 않는다. 다만 이것은 티브족을 포함하는 수백만의 부족민들을 훈련시키는 것과 같은 엄청난 과제의 초기 단계들에서 이러한 비정규 교육들에 대한 비적절한 평가를 경고한다.

2. 기관들은 교회를 충분히 섬겨야 한다. 주로 국가, 무역 업무, 비기독교인 대중 가운데 복음에 저항적인 구역들을 섬기는 제도화된 박애는 기독교 선교가 감당할 본래의 영역이 아니다. 그것은 기독교인들로 하여금 인간들을 하나님에게 화해시키는 일로부터 멀어지게 한다. 그것은 기독교화의 활동이 아니라 운명화의 활동이다. 그것은 복음에 수용적인 억압받는 자들 가운데서 성장하는 교회보다는 복음에 저항적인 억압자들에 대한 교육이다. "형제를 사랑하는" 은총을 너무 편협하게 해석하지 말아야 한다는 것이 사실이기는 하나 그럼에도 불구하고 성경적인 명령은 모든 사

람들에게 선을 행하되 특히 **믿음의 권속들에게** 하라는 것이다.

3. 제도화된 선행들은 지역 상황에 초점을 두어야 한다. 이러한 제도화된 선행들은 교회들이 마침내 그것들을 인수할 수 있겠는가? 그 선행들은 절실한 지역의 욕구에 부응하는가? 만일 이러한 제도화된 선행들이 이미 작용하지 않고 있다면 국가에서 그것들을 착수하지 않을까? 그것들은 당면한 욕구에 부응하는가 또는 정부가 이 분야에 관심을 갖게 되고 그리하여 교회가 보다 다른 시급한 문제들을 다루기 위하여 언제인가 정부에 그 일을 양도하게 될 수 있는가?

인간운동 교회들은 이러한 물음들에 특별히 민감해야 한다. 왜냐하면 만일 교회를 염두에 두어야 하는 선교의 주된 목표가 중앙 선교본부에 조직화된 선행을 정착시키는 데 있다면, 광역에 걸쳐 산재한 교회들 및 교회들에 인접한 지역들로 교회가 더욱 확장되는 데 대한 배려는 불가불 소홀히 되기 때문이다. 조직화된 박애의 주된 목적은 교회로 하여금 복음에 수용적인 사람들을 훈련하도록 돕는 것이지 단순히 현존하는 교회로 하여금 인구 밀집 지대에 선행의 전시장을 건설하도록 돕는 것은 아니다.

인간운동들은 건전한 의미에서 기독교적인가?

교회성장을 연구하는 사람(대체로 인간운동들에 대한 별 이해도 없이, 전 주민으로 하여금 그리스도를 받아들이게 하려는 의도나 또한 그렇게 하는 방법에 대한 관념도 없이 복음전도를 시도해 온 세대들의 후계자인 사람)은 인간운동이 기독교적인가에 대한 물음을 제기해야 한다. 우리는 성경적이 아닌 어떤 것을 반포하는 것은 아닌가? 우리는 교단이 명목상의 기독교인들로부터 자신을 분리시키면서 설정한 높은 표준들이 인간운동들을 통하여 배반당할 중대한 위험은 없는가?

이러한 것들은 정당한 물음이다. 이에 답변함에 있어서 우리는 성경으로 직접 돌아가서 민족들로 제자를 삼으라는 그 권위어린 말씀을 주목해야 한다. 구약은 그 출발부터 하나님께서 민족들을 취급하는 이야기이다. 하나님께서는 히브리 **백성**(*people*), 이스라엘의 후손들인 열두 지파를 애굽에서 불러내셨다. 그는 거듭하여 그들을 **백성들로**(as peoples) 훈련하셨다. 거듭하여 그들은 집단 결단을 하였고 그들의 죄를 회개하였고 그의 길대로 걷겠다는 계약을 하나님과 맺었다.

신약에 이르러서 우리는 기독교인들에게 **민족들로 제자를 삼으라**는 마태복음 28:19의 교훈에 유의하게 된다. 인도의 공용어인 힌디어에서 이 귀절은 *jatiyon Ko chela karo*, 다시 말해서 "카스트들을 제자로 삼으라"는 말로 번역되어 있다. 이는 "민족들로 제자를 삼고"라는 일반적인 영어 번역보다 훨씬 정확한 희랍어 번역이다. 우리 주님께서 말씀하신 것을 정확하게 옮기면 "부족들을 제자들로 삼으라", "인류의 카스트들과 가족들을 제자로 삼으라"는 것이었다. 유대 지파들이 하나님의 백성이었듯이 수다한 이방인 백성들도 하나님의 권속이 되어야 한다.

사도행전의 처음 10장은 무리들이 기독교인이 되는 사실을 여러 번 언급한다. 신약에서 우리는 거듭하여 권속(households)—희랍어로는 *eikoi*—의 개종에 접하게 된다. 앞에서도 한 번 언급하였듯이 *eicos*패턴은 신약 교회성장의 주목할 만한 특징이다. 침례를 강조하는 기독교인들은 이러한 사실을 수긍하기를 주저한다. 이는 이러한 견해가 **신자들은 다만** 침례를 받아야만 한다는 그들의 입장을 위태롭게 할 것을 염려해서였다. 그렇지만 이 **오이코스**(eicos)패턴은 실상 누구가 세례를 받느냐 하는 것과는 별 관계가 없다. 가족 단위로 사람들이 기독교인들이 되었다. 이것이 그 내용이 천명하는 것이다. 그들이 어떤 단계에서 세례를 받았느냐 하는 것은 별개의 문제이다. 우리가 신약에 대하여 보다 진실할수록 우리는 **오이코스및 복수—개인적 개종**을 더욱 환영할 것이다. 동방이나 서구 모두 가족들을 얻는 것이 훌륭한 목표이다.

신약에 나타난 강력한 인간운동

고도로 개인주의적인 회중들 및 해석자들의 입장에서 그들의 신약을 읽는 대부분의 유럽—북아메리카인들은 시카고, 토론토 또는 베를린에서의 자신들의 개종 및 결단과 매우 유사한 개종과 기독교적 결단의 패턴을 본다. 그렇지만 로마제국의 고도의 특수한 주민들에 있어서의 교회성장이 오늘날 유럽—북아메리카의 교회성장과 유사하다고 볼 수 없을 것 같다. 그 한 가지로 이들 개종자들은 대부분 문맹자였던 데 비하여 오늘날 대부분의 유럽-북아메리카인들은 고등학교 졸업자들이다. 그 당시 기독교 신앙에로 나아온 사람들은 전에는 그리스도에 관하여 알지 못했었다. 그러나 서구에서 교회에 들어오는 사람들의 대다수는 현존하는 기독교인들의 자녀들이다. 전체 신약이 저작되는 동안에 어떤 회중들이 과연 집회처를 건축하였겠느냐 하는 것은 모호하다. 유럽-북아메리카에서 교회라고 불리우는 건물들이 예외없이 발견된다. 그 초기 시대에 있어서 여성들은 매우 소수의 권리들을 소유하였고 아버지들이 그들의 가족문제를 결정하였다. 오늘날 서구에서 여성들도 동등한 권리들을 소유하고 있으며 자녀들도 그들이 원하는 대로 행한다. 그 당시에 각 종족은 그 자신을 특별한 인종으로 생각하였고 그 자체의 언어 또는 방언을 소유하였다. 분명 디모데는 코이네 희랍어보다는 갈라디아 지방 방언을 더 유창하게 말하였다. 그가 과연 아람어를 말했겠느냐 하는 것은 의문이다. 오늘날 독일에 있는 사람은 누구나 다 독일어로 말한다. 영국에서는 영어, 미국에서는(영국인은 그렇게 말한다.) 아메리카어를 누구나 사용한다.

전에 내가 출간하였던 *The Bridges of God*(하나님의 가교들)이라는 책에서 제3장은 신약의 인간운동을 설명해 준다. 나는 인간운동이 옳다는 것을 성경으로부터 증명하기 위해서가 아니라 신약이 인간운동의 좋은 예를 보여 주기 때문에 그 장을 기술하였다. 누구든지 성경을 읽고 연구해 보라. 우리가 우리 주님 당시의 유대교 공동체의 경직된 카스트 구조를 이해한다면 신약 교회성장의 인간운동적 성격을 간과하기는 불가능하다. 사도 바울의 여행 또한 현대 선교사의 여행과 유사하기는커녕 그 가운데서 어떤 하나의 도시의 카스트 또는 농촌 부족에 전개된 운동이 관계들의 노선 및 한 가족과 다른 가족의 자연스러운 연결들을 따라 이루어지는 방법이 전형이었다.

하지만 신약이 인간운동을 기술하고 있다는 사실은 우리가 인간운동이 옳으냐 그르냐를 고찰할 때 큰 비중을 지닌다. 만일 예를 들어 베뢰이에 있는 회당공동체가 그리스도를 위하여 결단을 하고 며칠 내에 그 자신을 회중으로 형성시키는 것이 정당하였다면 분명 공동체 행동은 교회에서 받아들여질 수 있는 한 가지 방식이다. 상당한 수효의 가족들이 기독교인이 되고자 이처럼 신속한 결단을 내렸다는 기사(행 17:10-14)는 비록 압축되어 있기는 하지만 대단히 놀라운 정도로 복수-개인적, 상호 의존적 개종이었던 것으로 보인다. 그들은 메시야가 예수님이라는 사실을 받아들였을 뿐만 아니라 희랍인들은 할례를 받지 않고도 기독교인들이 될 수 있었다. 그들은 데살로니가로부터 그들에게 내려온 골수 유대인들임에도 불구하고 교회를 형성하기로 결심을 하였다. 그리고 이 모든 일은 말이 베뢰아에서 데살로니가로 전달되고 그곳의 유대인들이 그들의 대표를 내려보내는 데 소요된 불과 며칠 사이에 일어났다.

The Bridges of God에서 이 문제를 상세하게 기술하였으므로 다시 그것을 재론할 필요는 없다. 여기서는 만일 성령께서 초대교회를 인도하셔서 인간운동 방식으로 성장하게 하셨다면 그 가운데 무슨 본질적 오류는 없으리라는 사실에 주의를 환기시키는 것으로 충분하다. 여기서 내가 호소하고 싶은 것은 인간을 의식한 사회들에서 발생하는 종류의 교회성장은 정당하고 성경적이라는 것이다. 성령께서는 초대교회에서 그것을 사용하셨다. 그는 오늘날도 그것을 사용하실 수도 있고 또한 사용하신다.

연약한 인간운동과 튼튼한 인간운동

인간운동들에 대한 대부분의 반대들은 이 운동들이 보잘것 없고 또한 소홀히 되어 온 것을 목격해 온 사람들로부터 온다. 하나님께서 부여해 주신 이러한 운동들을 잘못 취급하기가 쉽다. 특별히 이러한 것은 고도로 개인주의적인 유럽-북아메리카 국가 출신들에게 그러하다. 이러한 것은 기독교회의 왜곡된 상을 초래한다.

하나님께서는 때때로 선교회의 개척적인 단계에서 솔선하여 일하는 그의 종들에게 인간운동의 귀중한 기회를 제공하신다. 만일 그들이 그 단계에 적합한 행동패턴들을 계속한다면, 다시 말해서 만일 그들이 신앙의 불이 잘 준비된 동질적 단위를 통하여 번지기 시작하기 전에 행하였던 것을 계속해서 행한다면 새로운 교회들은 신앙에 견고해지는 것이 아니라 무지와 명목상의 교인의 위치에 굳어지고 말 것이다. 이 비기독교인들이 그리스도에게로 돌아서는 방법에 잘못이 있는 것이 아니라 목양에 잘못이 있다. 그리스도에로의 인간운동은 특별한 돌봄을 요구한다. 유럽-북아메리카의 선교사가 자신이 섬기는 아프리카—아시아 민족으로부터 사회적으로, 지적으로 격리되어 있을수록(또는 교육받은 동포가 교회로 밀려드는 대중들로부터 격리되어 있을수록) 그가 하나님의 선물을 잘못 취급할 위험은 더욱 크다.

이 모든 사실은 단순히 **잘 목양된 인간운동은 건전한 기독교적 특성을 소유한다**는 중요하고도 유쾌한 사실을 강조한다. 기독교 신앙에로의 잘 양육된 운동의 네 가지 특징들을 살펴 보도록 하자.

첫째, 처음에 개종자들은 연대적으로 "다른 신들"에 대한 충성을 배격한다. 그 신들에 대한 예배, 신전, 사제, 의식들을 배격한다. 배척은 대체로 종교적 대상들 또는 상징들을 파괴하는 형태를 취한다. 주물들이 불태워진다. 우상들이 연못 속으로 던져진다. 신성시된 바다 거북들을 잡아 먹는다. 부적과 호신부들을 내어 버린다. 그리하여 신자를 사로잡고 있던 것들은 부수어지고 그는 자유롭게 되어 그의 양심을 따른다.

조오지 바이스돔(George Vicedom)은 그의 중요한 작은 책인 *Church and People in New Guinea*(뉴기니아의 교회와 민족)에서 형식을 갖춘 배척의식을 생생하게 기술한다. 다음의 인용하는 몇 행으로는 그의 글의 전체적 묘미를 충분히 전달할 수 없다. 그러나 그것들은 연대적인 전환의 깊이를 전달해 준다.

> 다양한 종족들은 그들의 추장들에 의하여 대표된다.… 각 추장은 그의 손에 작은 나무조각들을 갖고 다음과 같이 말한다. "이 나무조각의 이름은 전쟁이다. 우리는 전쟁을 하고 …서로를 죽이곤 하였다. 하나님의 말씀이 도달하였으므로 평화가 도래하였다. …이제 그대들은 무엇을 선택하겠는가? 우리는 또 다시 전투를 할 것인가 …아니면 평화롭게 살 것인가?" 부족민들은 "우리는 평화를 선택하였다"고 답변하였다. 추장은 "이제 보라, 내가 이 나무조각을 던질 때 우리 모두는 전쟁을 던져 버리노라"고 계속 말하였다. 부족민들은 "우리는 더이상 죽이지 않겠노라"고 응답하였다.
>
> 동일한 방식으로 주술, 영아 살해, 도적질, 음행, 조상숭배 등이 하나씩 추방되고 영원히 배격되었다(Vicedom, 1962:19).

둘째, 개종자들은 연대적으로 그리스도를 주와 구세주로 영접하고 주님의 백성으로 등록하며 자신들을 주님의 교회와 동일시한다. 흔히 그들은 공공연하게 기독교인들과 더불어 식사를 한다. 잘 배려된 운동들을 통하여 새로운 기독교인들은 집회처를 세우고 거기서 모이기로 약정을 하고 성경을 듣고 배우며, 정기적인 교육을 그들의 자녀들에게 시키며 찬송과 성귀들을 암기하며 교회에 헌금을 한다.

세째, 새로운 개종자들로부터 배출된 지도자들은 훈련을 받아서, 가능한 최초의 순간에 새로운 회중들은 그들 자신의 집사들, 장로들, 교사들의 지도 하에 모이게 된다. 시먼즈(J. T. Seamands)는 남인도에 있어서 최근의 건강한 감리교회의 확장을 철저한 평신도 훈련체제 덕분으로 간주한다(20년 만에 95,000에서 190,000명으로 성장). 크라스(A. C. Krass)는 가나 북동부 초코시 부족 가운데서의 인간운동의 시작에 대한 그의 괄목할 만한 기술을 통하여 다음과 같이 말한다.

> 이 사역[전 부락을 가르치는]과 병행하여 우리가 사역하고 있는 마을 출신의 청년들을 위한 성경 및 글자교육 중심의 지도력 훈련 프로그램을 시작하였다. 이 훈련은 새로운 교회들을 위한 주간 예배에 지도자들을 제공하였다. 이들 중에 유능한 몇 사람들은 다른 부락들의 복음화에 수고하였고 교회 교인 중 한 무리를 심층적으로 교육하였다. 두 명의 피훈련자들이 현재 보조 복음전도자들이 되었고, 다른 여섯 명은 읽기, 쓰기 교사들이 되었으며, 한 사람은 1백 마일 떨어진 지역에 있는 초코시 부족과 콩콤바 부족 가운데서 선교사로 수고하러 나갔다. 우리의 사역 중 가장 중요한 측면은 개종된 사람들로부터 토착민 출신 지도자들을 즉각 훈련시키는 것이었다(*Church Growth Bulletin* September, 1967).

네째, 주일뿐만 아니라 주 중에도 가급적 자주 드리는 하나님에 대한 정규 예배가 제정되어야 한다. 인도에서는 매일 하나님께 예배를 드리는 인간운동들이 주일날에만 기독교인들이 모여 예배를 드리는 인간운동들보다 은총에 있어서 더 많은 성장을 보였다. 아침과 저녁에 예배를 드린 회중들은 저녁에만 예배를 드렸던 회중들보다 더한 기독교적 성취를 보였다. 예전적 예배는 성경귀절들의 반복 사용을 요구하기 때문에 그것은 특별히 문맹한 회중들을 위하여 적합하다. 교리문답 교육의 일환으로 모든 기독교인들에게는 암기할 성구들이 부과된다. 반복적인 사용은 그들의 마음의 돌판에 이 성귀들을 새겨 준다. 기독교적인 덕목들이 그들의 성격의 부분을 형성하기 시작한다. 정규적인 봉헌 또한 교육될 수 있다. 이것이 네번째 단계의 일부를 이룬다.

이 운동은 열성어린 회중들을 배출하기 때문에 이 네 개의 단계들은 거의 동시적으로 실행된다. 회심 후 처음 몇 달 동안에 기독교인들은 배우려는 열성이 넘친다. 그들은 열심으로 기독교적 방식을 배운다. 물론 최초의 몇 년이 소홀하게 되면 그들은 단순한 명목상의 기독교에 길들게 된다. 그런 다음에는 대단히 바람직한, 참석하고 배우고 예배하고 봉헌하는 이들 습관들을 뿌리내리게 하기는 더욱 어려워진다.

최초의 봉헌과 도덕 개혁

알콜, 인종적 교만, 배타성, 흡연, 댄싱, 일부다처, 도박이 기독교 생활 초창기에 배격될 수 있다. 물론 그것들은 그렇게 되지 않을 수도 있다. 여하간 이러한 일들은 성령의 열매로 간주되어야 한다. 이러한 일들은 사람들이 기독교인이 되기 전에 해결해야만 하는 법적 요구사항들은 아니다. 복음은 하나님의 거져 주시는 은총에 대한 좋은 소식이다. 그것은 우리가 감히 구세주 앞에 자신을 드리기 이전에 극복되어야만 하는 법적, 도덕적 장애물은 아니다. 신약 기독교인들이 그리스도의 제자들이 되기에 앞서 여러 아내들, 알콜 또는 인종적 교만을 배격하지 않았다는 사실은 주목할 만하다.

기독교인들에 있어서 도덕적 순결을 요구하는 성직자들이 저지르는 오류들 가운데 하나는 이교주의를 벗어난 구도자늘이 성팅을 빋기니 또는 세례를 받기에 앞서서 유럽과 아메리카에 있는 수백만의 훌륭한 기독교인들이 교회에서 20여 세대에 걸친 생활을 하면서도 내보이지 못한 행동을 내보이라고 요구하는 것이다. 도덕적 순결을 요구하는 것이 잘못은 아니다. 그것을 아무리 많이 요구한다고 해서 지나칠 것은 없다. 그리고 성령께서 하나님의 백성 가운데 내주하실 때 그는 **순결을 가져오실 것이다**. 오류는 성령께서 오랜 기독교 공동체들에 부여해 오신 열매들을 제자들이 되는 선결조건으로 요구하는 것이다.

하지만 그리스도를 향한 운동이 복음에 수용적인 사람들 가운데서 진행될 때 각각의 새로운 그룹은 새로운 행동 표준에 부응하도록 보다 준비자세를 갖추어야 한다는 것이 즉각적으로 첨부되어야 한다. 만일 새로운 회중들이 알콜을 추방하고 형제애에 있어서 진보를 나타내고 도박을 포기하며 담배를 금지하고 무기를 불태워 버리기를 원하거나 또는 그렇게 설득될 수 있으면서도 그 운동이 힘있게 추진된다면, 이러한 훌륭한 행동들을 요구하지 않는 것이 죄되고 어리석음이 될 것이다. 하지만 위에 언급한 네 단계 모두를 수행할 준비가 되어 있으나 계속해서 돼지고기를 먹고 담배를 피우기를 원하는 그룹들에게 세례를 거부하는 것도 동등하게 죄이며 어리석은 일일 것이다. 일반적인 법칙은 가능한 한 모든 도덕적 개혁들을 부가하되 이러한 것들이 그리스도와 더불어 사는 삶을 시작하는 데 본질적이 아니라는 사실을 기억하고서 법적인 요구들로 인하여 건전한 운동을 결코 중단하지 말아야 한다는 것이다. 롤랜드 알렌(Roland Allen)이 언급하였듯이 성령은 우리들 대부분이 그를 신뢰하기를 원하는 정도 이상으로 신뢰되어야만 한다.

18
인간운동 및 그 돌봄의 종류

인간운동을 이해하는 데 있어지는 일반적인 과오는 그것들은 모두 한 종류에 속하며 오직 원시적인 부족들 가운데서만 나타난다고 가정하는 것이다. 인간운동은 남인도의 천민들, 이디오피아의 왈라모 부족, 멕시코의 첼탈 부족이 그리스도에게 돌아오는 방법으로 이해된다. 일단 이러한 공식이 우리의 마음에 자리잡게 되면 신약에서 기술된 운동은 인간운동이 아니라는 것, 원시적 부족들의 수효는 제한되어 있기 때문에 인간운동은 기독교인들이 모든 6대륙에 있는 확보할 수 있는 사람들과 직면할 때 별 중요성이 없다는 것이 쉽사리 주장된다.

하지만 만일 우리가 인간운동을 이해한다면 그 운동에는 무수한 다양성들이 있으며 각 운동은 특정 교회가 성장하고 있는 특정 사회에 부합하고 또한 제약받고 있다는 것을 인식해야만 한다. 우리는 사람들이 부족적, 인종적, 계층적, 또한 언어학적 장애물에 구애됨이 없이 기독교인들이 되고 싶어한다는 것을 이미 고찰하였다. 다시 말해서 사람들은 그들과 동류의 사람들과 더불어 기독교인이 되고 싶어한다. 복음에 수용적인 사람들 가운데서 이러한 원리에 대한 충분한 고려가 이루어지고 복수—개인적인 접근을 위한 준비가 이루어졌을 때 인간운동은 초래된다. 진보된 사회이든 도시사회이든 농촌사회이든, 계몽된 사회이든 무식한 사회이든 이 모든 사회의 남녀들은 인간운동 경로에 의하여 기독교적 결단에 도달할 수 있다. 비록 각 사회에 있어서 운동의 패턴은 다른 사회에 있어서의 운동과는 다르다고 하더라도 말이다.

강하고 거만한 사람들의 운동은 약하고 복종적인 사람들의 운동과 같지 않을 것이다. 현대 세계와 접촉을 하고 있는 수많은 지역의 백성들은 뉴기니아 고지의 부족들과 동일한 방법으로 기독교 신앙으로 전향하지 않을 것이다. 아메리카의 유대인들—분명 가장 진보되었고 개화된 인종—이 이스라엘 자손들로서의 그들의 동질성을 유지하면서 기독교인들이 되고자 결정한다는 것은 가능한 일일 것이다(어떤 백성이든 기독교인이 되기 위하여 민족의 동질성을 상실할 필요는 없을 것이다. 인종 간의 결혼이 기독교인의 특징들 가운데 하나는 아니다!). 그러나 그렇게 하기 위하여 유대인들은 인간운동을 통하여 기독교 신앙을 채택해야 할 것이다. 이러한 운동은 안드라프라데시의 말라 부족과 마디가 부족들의 운동과는 매우 다를 것이다. 그러나 그럼에도 불구하고 그것은 그리스도를 향한 인간운동인 것이다.

이 시점에서 기독교 신앙에 대한 대부분의 반대는 신학적 명분들로 인하여서가 아니라 사회적 명분들로 인하여 발생한다는 사실을 주목하는 것이 흥미있는 일이다. 사람들은 그들 자신의 민족들로부터 분리되어 다른 사람들과 합류하기를 싫어한다. 이러한 것은 그들의 감정을 자극한다. 그 다음 그들은 공포감과 혐오감을 지지해 줄 이유들을 찾고 그리고는 기독교의 이러저러한 신학적 약점 때문에 기독교를 거절한다고 공표한다. 예를 들어 모슬렘들은 하나님이 아들을 두었다는 신앙은 신성모독적이라고 말한다. 그러나 인도네시아의 모슬렘들 중 수만명에게 있어서 이러한 신학적 반대는 그들이 자신들의 민족을 포기하지 않고서도 삼위일체 신앙을 믿는 기독교인들이 될 수 있다는 사실을 발견하자 곧 아침 안개처럼 사라졌다. 우리는 신학적 반대들이 단순한 합리화의 구실에 불과하다고 주장하지 말아야 한다. 그러나 그것들이 지나치게 평가되어 왔다는 것은 의심의 여지가 없다. 만일 유대인들이 유대인들로서의 그들의 정체성을 상실함이 없이 그리스도에게 나아올 수 있다면 그들의 신학적 난점들이 대부분은 아무리 줄잡아 말한다고 하더라도 크게 감축될 것이다.

또한 어떤 사회이든 그 사회에 있어서의 불만, 분열, 억압, 긴장의 정도는 그 사회에 가능한 운동의 종류에 영향을 미친다. 예를 들어 마지막의 붕괴의 단계들에 있는 사회는 이 책 제 1 장에서 그리스도에로의 집단 개종에 대하여 설명된 바, 아이슬란드처럼 개종할 수 없을 것이다. 인도의 차마 부족과 같은 억압받는 사람들은 기독교를 향한 강력한 욕구를 갖고 있으나 보다 높은 카스트들에 대한 극도의 경제적, 사회적 의존이 그들의 행동능력에 장애가 된다. 북인도의 차마 운동들은 아삼의 독립적인 부족들의 운동들과 다른 패턴을 나타내 왔다. 전체 인구의 5%를 점유하고 있는 민족이 95%를 차지하는 민족과 동일한 방법으로 움직일 수 없다. 복음에 수용적인 한 카스트가 큰 정착지들(부락당 40가구에서 1백 가구)에서 생활할 때 그 성원들은 기독교 신앙으로 보다 쉽사리 나아오며, 그 카스트가 작은 정착지들에서 생활할 때 보다 더 훌륭한 교회들을 형성할 수 있다. 사람들은 그들의 주권자들에 대하여 덜 두려워하며 한번 기독교인이 되면 한 부락에 서너 가정으로 이루어진 흩어진 작은 교회들보다 훨씬 용이하게 교육될 수 있고 토착민 사역을 지원할 수 있는 보다 큰 교회들을 형성한다.

북아메리카에서 사회의 많은 계층들은 각각 다른 정도로 자신들에게 만족하기도 하고 또는 불만족스러워하기도 한다. 각 층은 서로 다른 개종의 정도를 소유한다. 제 1 세대 이민들은 으례 제 3 또는 제 4 세대보다 훨씬 확보가 용이하다. 사회의 각 구역(오래된 백인 주민의 많은 구역들을 포함하여)은 그 자신의 문제들을 제기하며 복수—개인적인 개종에 대한 나름대로의 기회들을 제공한다. 서로 다른 동질적 단위들에의 연계운동들은 전혀 같지 않다.

인간운동들을 이해함에 있어서 다음과 같은 분류의 축을 따라 사회의 구역들을 배열하는 것이 도움이 된다. 세계의 모든 민족들이 이 선상에 위치될 수 있다. 이 축의 왼편 끝에는 견고하고 폐쇄된 사회들, 강력하고 만족스러운 사람들, 고도의 백성—의식을 소유한 잘 훈련된 부족들을 배열하도록 하자. 한 민족이 보다 많은 정치적, 군사적 힘을 소유하였을수록 그것은 선상의 왼편 끝에 더 가깝게 배열될 것이다.

516 V. 교회성장의 특별한 본질

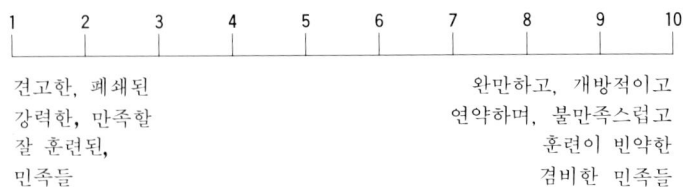

견고한, 폐쇄된
강력한, 만족할
잘 훈련된,
민족들

완만하고, 개방적이고
연약하며, 불만족스럽고
훈련이 빈약한
겸비한 민족들

축의 오른쪽 끝에는 완만하고 개방적이고 불만스러우며 훈련이 빈약한 주민들이 배열될 것이다. 겸손하고 복종적인 부족들 및 붕괴하는 민족들이 오른쪽 제일 끝에 위치될 것이다. 다른 모든 민족들은 3,7 또는 기타 다른 수치 아래 배열될 것이다.

인간운동의 서로 다른 종류가 10개의 주된 분류의 각각의 위치에서 발생할 것이다. 시카고, 버펄로, 기타 도시들로 흘러들어오는 푸에르토리코인들은 축의 중간에 위치할 것이다. 제임스 선다(James Sunda)가 기술한 뉴기니아의 부족들은 왼편 끝에 위치될 것이다. 그들은 잘 통합되어 있고 군사적 및 정치적 권력을 소유하였고 견고하고 응집력있는 사회적 단위들을 형성하였고 결혼, 장례, 노동, 전쟁에 있어서 언제나 일사불란하게 행동하였다. 네델란드는 고지에 경찰력을 두지 않았으므로 각 부족과 종족이 생사권을 소유하였다(뉴기니아가 네델란드 영으로 있었을 당시를 말함-역주). "이러한 밀착된 종족들에 있어서는 전 부족이 그들의 부적을 태우고 그리스도를 위하여 선언하든가 아니면 아무도 그렇게 하지 않든가 어느 하나이다"라고 선다는 말하고 있다.

거대한 인구가 살고 있는 아시아와 아프리카, 라틴 아메리카에서 아직도 일어나고 있는 기독교 신앙에로의 의미있는 전향은 인간운동들에 의하여 도래할 것이다. "사회적 조류에 역행한 개별적 전도"의 어떠한 확장도 인도의 카스트들과 중국과 일본의 도시 민중들에게 그리스도를 통한 하나님과 화해의 축복을 전달할 만큼 충분히 위대하리라고는 생각될 수 없다. 장차 가족들 전체 및 가족들의 그룹들이 사회적 분열없이, 탈부족화 없이 그들의 문화 안에서 그들에게 익숙한 생계수단들을 수행하면서 기독교인이 되어 가고 있다. 그들은 잘 교육될 것이고 다른 사람들에게 기독교 신앙을 권고할 것이다. 다시 말해서 그들은 인간운동 경로에 의하여 신앙과 복종에 도달할 것이다. 이것이 바로 인간운동이다. 하지만 미래의 대대적인 인간운동들은 캘커타 근처의 우라온 부족과 문다 부족 가운데서의 운동들 또는 1980년 케냐에서 시작한 마사이 운동들과는 다를 것이다.

복음전도에 있어서 화급하게 고대되고 있는 위대한 전진들 가운데 하나는 그것에 의하여 진보된 사람들—동구뿐만 아니라 서구—이 그리스도의 제자들이 되는 것을 가능하게 하는 패턴들을 고안하는 것이다. 퀠케랄에 있는 제 3 대의 루터교 목사인 켄자남 가말리엘(Canjanam Gamaliel)은 인도에서 카스트는 "하나님의 보존의 질서들" 중의 하나로 인정되어야 한다고 주장한다. 그는 이 사회적 구조, 이 보존의 질서를 깨뜨리는 것은 기독교인이 되는 필수적인 부분은 아니라는 것을 주장하며, 또한 교회들과 선교회들은 모든 카스트들에서 과감하게 교회들을 개척해야 한다고 주장한다. 이러한 교회들은 얼마 동안 보편적인 교회 가운데 한 카스트로 이루어진 교단들 또는 구역들로 머물러 있을지도 모르겠다. 그럼에도 불구하고 이러한 것의 필요성을 그는 주장한다(Gamaliel, 1967).

그의 제안은 1705년에서 1820년 사이의 인도에 있어서의 선교관행과 일치한다. 그러나 그것은 그 이후 현재까지의 관행과는 대조된다. 이 제의는 거대한 인도의 사회구조 속에서 그리스도를 향한 전 카스트에 걸친 운동들을 가능하게 할 것이다. 그는 기독교인이 되고 성경을 유일한 경전으로 받아들이는 것은 힌두 카스트를 강화하는 종교적 체제들을 무너뜨릴 것이며, 종교적 제제들이 사라짐과 더불어 분리 및 계층 차별의식이 인도 문화의 풍부함을 보존하면서도 한편 점진적으로 사라질 것이라고 믿는다. 점증적인 인류의 통일성, 세계교회의 교제, 구하는 모든 기독교인들에게 부여되는 내주하시는 성령께서 그 폐기를 촉진시키실 것이다. 켄자남 가말리엘의 제안은 만일 실천에 옮겨지기만 한다면 새롭고 흥미로운 인간운동의 형태를 발생시킬 것이다. 현존하는 교회들과 선교회들이 그의 제안을 따르느냐 안 따르느냐에 따라서 아프리카 독립 교회들이 아프리카에서 발생하였듯이 진정으로 이러한 패턴의 토착적인 교회들이 인도 카스트들 가운데서 자생할 것인지의 여부가 결정될 것이다.

운동의 몇 가지 형태들

인간운동들의 분류가 아직 시도되지 아니하였다. 그러나 곧 분류가 시도되어야 한다. 그러면 수십 아니면 아마도 수백개의 다양한 운동들이 명백하게 드러날 것이다. 다만 서로 다른 종류의 운동들을 명명하는 것만으로도 성직자들이 그들의 과제를 이해하도록 도움이 되고 또한 그 복합성과 전망 모두를 드러내 줄 것이다. 분류는 주된 방법으로 제자화를 돕도록 되어야 한다. 몇 년 전에 나는 결과로 이루어진 교회의 종류를 기초로 하여 인간운동들의 네 종류를 분류하였다. 나는 여기서 이 네 운동들을 언급하고자 한다. 이는 단순히 충분한 분류가 앞으로 있어져야 한다는 것을 지적하기 위해서이다.

룻다식 운동들 : 전체 공동체가 기독교화된다(룻다에 거하는 모든 사람들이 주님께 돌아왔다). 편잡주에 있는 연합장로교 교도들은 추흐라 부족 가운데서 룻다운동을 경험하였다. 50년 만에 추흐라 공동체들 중 100여 공동체가 기독교인으로 되었다. 선다는 이러한 종류의 운동을 "완전 일소"라고 부른다. 그리고 그는 이 표제 아래서 우훈두니 운동에 대해 다음과 같이 기술한다. "일라가에 1,400명의 우훈두니 부족이 살고 베오가 계곡에 3,100명의 우훈두니 부족이 살았다. 이 두 계곡들의 거의 모든 성인들이 세례를 받았다"(Sunda, 1963 : 18).

루스드라식 운동들 : 백성 중 일부가 기독교인이 되고 이 균형이 기독교 신앙에 적대적으로 되는 것(루스드라에 있는 회당공동체의 몇 사람이 주님께 돌아왔다. 한편 나머지 사람들은 바나바와 바울을 마을에서 쫓아 냈다). 인간운동은 저항, 반대 및 교회를 설립하는 기독교인들이 그 과정에서 저지른 실수들에 의하여 현존하는 백성을 분열시킨다. 루스드라운동들이 룻다운동보다 훨씬 보편적이다. 비록 여러 십년 후에 그들도 룻다공동체로 되지만 말이다. 그리고 이러한 것이 언제나 추구 목표가 되어야 한다.

라오디게아식 운동들 : 운동이 점점 완만하게 되고 정체된다. 운동에는 명목상의 기독교인만이 가득하다. 그것은 그 처음 사랑을 상실한다. 그리고 그것은 기독교회가 마땅히 되어져야 하는 것의 못생긴 모습에 불과하다. 이러한 것은 대체로 목양의 실패의 결과이다. 굶주리고 소홀하게 된 인간운동이 일반적으로 라오디게아적으로 된다.

에베소식 운동들 : 바울은 그리스도에 관하여 별로 아는 것이 없으며 그

의 이름으로 세례를 받지 않았으며 성령을 받지도 못한 그리스도의 "제자들"로 구성된 작은 교회를 에베소에 세웠다. 12명의 가장들과 그 가족들이 이 교회의 주된 확장의 시초였다.

전통적인 교회들이 토착화하기에 앞서서 비정규적인 형태들의 교회가 흔히 설립된다. 전통적인 교회들이 보기에는 심각한 결함들을 소유한 독자적인 교회들이 발생한다. 우리가 미래에는 보다 많은 이러한 교회들을 예상해야 할 것이다. 6천 개의 아프리카 독립 교회들, 브라질에 있는 그리스도 회중교회(the Congregacao Cristan)와 기타 토착적인 교회들, 일본에 있는 예수의 영 교회, 기타 수많은 교회들을 우리는 열거할 수 있다. 이 모든 것들은 인간운동의 형태들—어떤 것들은 정통이고 어떤 것들은 이단적임—이며 이들은 기독교 선교회에 도전과 문제 모두를 제기한다.

거미줄 조직운동들

미국과 캐나다 전역에 걸쳐서 주목할 만한 거미줄 조직운동이 발생해 왔다. 그 결과 신앙이 현존하는 기독교인들의 친척들 가운데 보급된다. 이러한 전파는 친지들에게만 국한되지 않는다. 그러나 어떤 교단들은 그 복음의 묘판을 스코틀랜드, 아일랜드, 스웨덴, 독일, 웨일즈계 공동체들로 삼는다.

라틴 아메리카의 포르투갈어와 스페인어를 말하는 주민들 가운데서 카스트들 또는 부족들은 없다. 그러나 촘촘한 관계의 거미줄들과 많은 대가족들이 으례 존재한다. 전 세계에 걸쳐서 부족사회가 붕괴되면서 그 자리는 고도로 개인화된 사람들에 의해서가 아니라 강력한 가족생활을 겸한 공동체들에 의하여 대체되고 있다. 가까운 혈연 및 결혼을 통해 형성되는 거미줄은 부족과 카스트가 존재하기를 중단한 오랜 후에도 명백하게 지속될 것이다.

일부 유럽-북아메리카 가족들은 그들의 관계들을 매우 높게 평가한다. 그러나 유럽-북아메리카 사회의 사람들은 대부분 자신의 6촌과 8촌 형제들을 알지 못한다. 그는 자기 친조카 딸과 조카 아들 그리고 외조카들은 대할 수 있다. 그러나 그들이 행하고 있는 것은 그에게 별 관심이 되지 않는다. 개인주의적이고 유동적인 사회들에서는 어떤 이의 지기(知己)들이 그 자신의 집안 사람들인 것 같지 않다. 거미줄은 그렇게 많이 고려되지 않는다.

아프리카–아시아에서는 그 거미줄이 대단히 중시된다. 모든 사람들은 단순히 형제, 누이, 부모, 조부모뿐만 아니라 또한 사촌 형제들, 숙부, 숙모, 증조부, 처제, 장모, 대부, 대모, 조카, 손녀와 손주 기타 많은 인척들을 소유하고, 알고 또 친밀하게 지낸다. 그의 세계에서 이러한 사람들은 소중한 사람들이다. 그는 이들 어떤 집에서도 하룻밤 신세를 질 수 있다. 그는 속하여 있다. 친척들은 그를 법으로부터 보호하고 그에게 직업을 얻어 주려고 노력하며 또는 아내 아니면 황소를 선택해야 하는 경우 그 선택에 도움을 줄 것이다. 거미줄 내의 사망 및 결혼 소식은 번개불처럼 가족 전체에 전하여지고 친척들은 다른 모든 의무를 중지하고 장례식 또는 결혼식에 참여한다. 다른 종족들 또는 다른 가족들의 성원들이 기독교인이 될 수 있고 그래도 그는 별 충격을 받지 않는다. 그러나 "우리(거미줄) 중 하나"가 기독교인이 되면 그는 상당히 충격을 받는다.

"대대적 개종에 반한 개별적 개종"은 이 사회적 기반으로부터 단일 인물을 주목하여 그로 하여금 기독교인 또는 복음인이 되도록 인도하는 개종방식이다. 그것은 그로 하여금 그가 속해 있는 사람들을 배척하도록 격려한다. 그것은 흔히는 그럴듯한 이유로 부족, 가족이 기독교 신앙에 적대적인 것임을 가정한다. 가족은 매달 10일에 모여서 제사를 드리며 "조상들을 봉양하고" 잔치를 벌인다. 이러한 것은 기독교인에게는 금지되었기 때문에(조상들은 귀신들이고 그 때문에 "그들을 봉양하는 것"은 "다른 신들에 대한 예배"라는 근거로) 참석하지 않아 사람들의 주목을 끌게 된다. 종종 그의 증거를 듣지 않으려는 사람들은 다름아닌 "바로 그 자신의 가문에 속한 사람들"이다. 그들은 그를 배신자로 간주하고, 복음전도자를 돌아다니면서 가족들로부터 개인들을 빼돌리는 사람으로 간주한다. 어떤 주민 가운데 일단 이러한 이미지가 확고하게 심기워지면 교회는 매우 서서히 성장한다. 탁월한 브라만 계층 사람이요, 인도의 초대 총독이었던 라자고 팔라카랴(Rajago Palacharya)는 그가 선교사업을 강력하게 비난하고 "개종을 위한 노력들은… 가족과 사회적 조화를 교란시키는 경향이 있고 이러한 것은 바람직한 모습이 아니다"라고 기술하였는데 이때 그는 개별적 개종

패턴을 염두에 두고 말하고 있는 것이다(Levai, 1957 : 6).

우리는 이 개별적인 양식에 대조시켜 기독교 신앙에로의 이 거미줄운동을 보아야만 한다. 거미줄운동은 다소 단속적인 것으로, 또한 장기간적인 인간운동으로 생각될 수 있다. 이 문제는 도표를 통해 설명될 수 있을 것이다(거미줄은 언제나 어떠한 도표보다도 복잡한 법이다. 정확하기 위해서는 보다 많은 관계의 선들이 제시된 개인들 사이에 그어져야 한다. 또한 매우 무수한 관계들을 연결하는 수백개의 선들이 제시되어야 한다). 하지만 그 지나친 단순화에도 불구하고 이 도표는 대부분의 국가들에 있어서 공동체들 내의 진정한 상황을 보도록 도움을 줄 것이다.

북아메리카와 유럽에 있어서조차 많은 공동체들은 관계들의 거미줄을 소유한다. 주민들은 전적으로 관련없는 개인들로 구성되어 있지 않다. 신앙은 흔히 가문노선을 따라 흐른다. 관계들에 초점을 두는 기도는 일반 공중에 초점을 두는 기도보다 훨씬 효율적이다.

멕시코의 모든 *rancho*, 필리핀의 *barrio*, 인도의 *gaon*, 아프리카의 복합 공동체에서(영자로 표기된 명칭은 모두 그 지역 토속의 혈연 중심의 부락 명칭들임-역주) 그리스도의 대사는 단순히 멕시코인들, 필리핀인들, 인도인들 또는 아프리카인들을 대하는 것이 아니라 관계의 거미줄, 다시 말해서 밀접하고 항구적으로 함께 결합된 개인들로 구성된 유기체들을 볼 수 있어야 한다. 복음전도자는 일반 관계들을 기술하는 2,3십 개의 전문 술어들을 암기해야 한다. 그 다음에 그는 새로운 기독교인들의 각 그룹 가운데서 앞으로 확보될 수 있는 관계들에 속한 사람들의 이름을 암기해야 한다. 이렇게 해서 그는 거미줄에 광범위한 성격을 이해할 것이고 그의 과제의 참된 차원들을 볼 수 있을 것이다. 그는 곧 신앙이 거미줄을 구성하는 관계의 선들을 통하여 흐르고 있는지 아니면 이러한 선들을 사용하지 않으므로 결국은 중단되고 마는지를 보게 된다.

도표 18.1에서 숫자들은 이들 개인들이 기독교인이 된 순서들을 나타낸다. 원을 이루는 선들은 기독교인이 되기 위하여 한번에 함께 행동하였던 모든 개인들을 포함한다.

개신교인이 된 첫 번째 사람은 마틴 페레즈(1)였다. 그의 행동은 *rancho* 내의 다른 모든 사람에게 충격적이었다. 그의 아내와 자녀들은 두려움과 혐오로 뒤로 물러섰다. 연로한 그의 장인 페르난데즈는 동정녀 마리아에 대한 그의 사위의 불성실에 격분하였다. 하지만 몇 달 후 그의 아내 마리아와 그의 아들 레온은 자신의 젊은 아내와 더불어(2) 개신교인이 된다는 것이 무엇을 의미하는가를 보고, 성경을 읽고 마틴의 증거에 감동을 받아 개신교인들이 되기를 결정하고 교훈을 받고 세례를 받았다. 네 사람은 성경연구와 기도를 위하여 함께 모였고 근처에 있는 작은 개신교 교회에 예배를 드리러 갔고 또한 훌륭한 기독교인들답게 생활하였다. 레온의 동생 닉과 그의 아내 그리고 마리아의 남동생 주안과 그의 아내(3)가 이 모임에 참석하곤 하다가 연 내에 그 자신들이 신자들이 되었다.

도표 18.1. 거미줄 조직 운동

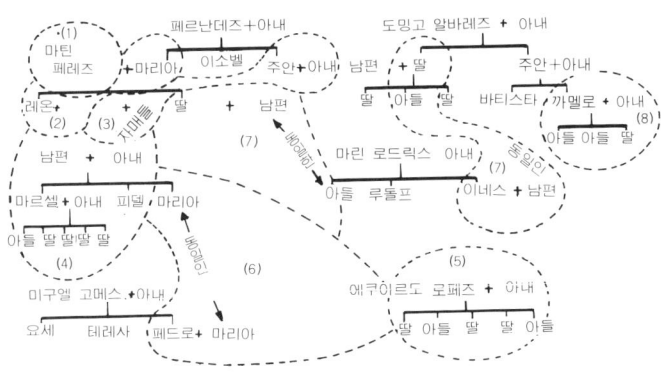

이 모든 일은 숨어서 이루어지지 않았다. 랜초에 있는 다른 모든 사람들은 상당한 충격을 받았다. 어떤 이들은 개신교인들을 저주하였다. 또 어떤 이들은 그들이 예배하거나 기도하는 것을 보기 위하여 방문하였다. 닉의 아내에게는 누이 동생이 있었다. 그런데 그녀의 남편 마르셀은 레온과 닉 모두의 좋은 친구였다. 그들은 자주 함께 일하였다. 마르셀은 그의 아내에게 다음과 같이 말하였다. "우리도 개신교인이 될까? 아버지, 어머니도 괜찮게 생각하시고 피델도 그렇거든(4). 개신교도들은 좋은 사람이야. 그들은 성경말씀대로 살아. 나는 그들의 예배가 좋아." 하지만 이 모든 결단들은 이소벨을 경직되게 하였다. 그녀는 그녀의 형제들과 교류를 중지하고 그녀의 늙은 부모님들과 더 어울려 지냈다.

 랜초에 새로 이사온 에쿠아르도 로페즈와 아내(5)는 가까운 친척들이 없었다. 비록 그들은 그곳에 있는 거의 모든 사람과 먼 친척관계였기는 하더라도 말이다. 그들은 2년 동안 특별집회 정도에만 참석하다가 주님을 영접하기로 결심하였다. 그리고 얼마 안 되어서 마리아(피델과 마르셀의 누이)는 그녀의 남편을 설득하여 신자로 만들었다(6). 그녀는 찬송 부르기를 좋아하였고 변함없이 예배에 참석하였다.

 마틴과 마리아의 외딸이 그녀의 남편과 더불어(7) 간청에 설득되었다. 즉 한편으로는 심방하는 담임목사에 의하여, 다른 한편으로는 마리아와 마틴에 의하여 설득되었다. 동시에 마틴 로드릭스의 딸 이네스와 그녀의 남편이 그녀의 큰 오빠의 세례식에 참여하였다(7). 마틴은 이러한 행동에 적대적이지 않았다. 그는 사실 교회의 집회에 참석하였다. 그러나 그는 결코 신자는 아니었다. 이네스와 그녀의 남편은 홀몸이 된 할머니(도밍고 알바레즈의 딸, 알바레즈는 죽은 지 오래도록 랜초 내에서 유명한 인물로 기억되고 있다.)를 돌보았다. 이네스의 사촌의 아내인 까멜로는 개신교도들에 대한 주된 적대자였었고 그의 사촌과 이네스가 그를 위하여 기도한다는 소리를 듣고 처음에는 크게 웃었다. 그러나 그가 병들었고 그들이 그의 병상 옆에서 기도하여 그가 치유되었을 때 그는 신약을 사서 주의깊게 읽었다. 신약에 동정녀 마리아에 대한 기도들도 없고 연옥에 대한 언급도 없다는 사실을 발견하고 그는 개신교 신앙이 진정한 신앙임을 고백하고 그의 아내 및 자녀와 더불어 그리스도에 대한 신앙을 고백하였다(8).

 대단히 단순화한 이 설명은 교회가 전파되는 데 있어서 관계들의 거미줄이 하는 역할을 제시해 주는 정도이다. 여덟 가지 접근방법을 하나하나 고찰해 보고 침례교회로 인도하는 역할을 한 친척들의 이름을 상기해 보는 것은 교훈적이다. 살펴 보자. 레온은 세례를 받게 되면서 "나는 나의 아버지를 따라 참된 신앙에 가입하였다"고 말하였다. 또한 수안은 "나는 누이 마리아와 매부, 그리고 나의 조카인 레온을 따라 참된 신앙에 가입하였다"고 말하였다. 그러나 이네스가 세례를 받은 무렵에 이르기까지 그녀가 세례를 통하여 가입한 친척들의 이름을 일일이 열거할 필요는 없을 것 같다.

이 도표는 또한 자신들을 위하여 기도했을 많은 사람들이 있었을 것으로 보이는 거미줄의 이들 성원들을 시사해 준다. 여덟 번째 그룹이 세례를 받은 후 마틴 로드릭스와 이소벨은 특별히 그들의 모든 친척들의 기도에 의하여 감동되었을 것이다. 또한 노인인 페르난데즈와 아내도 그러했을 것이다. 특히 만일 그의 개신교 자녀들과 손주들이 애정깊고 도움이 되었다면 말이다.

우리는 거미줄식 전도가 예외없이 전체 공동체를 휩쓰는 복음전도 방식이라고 결론지어서는 안 된다. 사람들은 "휘말려들지를 않는다." 그들은 세일즈활동의 대상이 되는 물품들에 대하여서는 의심을 품게 마련이다. 따라서 복음전도자는 스스로 다음과 같이 말해야 할 것이다. "전체 가족들이 세상에 항거하는 '단독적인 신앙인들보다 더 강하고 훌륭한 기독교인들이 되어야만 하고 상관적인 인물들로 이루어진 회중들은 분리된 개인들로 이루어진 회중들보다 더 인내하고 또 설득력을 지녀야 한다는 사실을 잊으면 안 된다. 그러므로 나는 교회 내에 거미줄을 재수립하도록 하겠다. 확실히 '절뚝발이로 영생에 들어가는 것이 두 발을 가지고 지옥에 던지우는 것보다 나으므로'(막 9:45) 나는 사람들이 그들의 친척들을 설득할 수 있을 때 단독적인 개인들을 받아들이도록 하겠다. 또한 노력을 했는데도 그 친척들이 더불어 개종하기를 거절한다면 단독 가족들을 받아들이도록 한다. 나는 잃은 남자들과 여자들을 찾으면서 꾸준히 노력할 것이다. 나는 각 공동체 내의 거미줄을 파악하여 서로 간의 인척관계가 어떠한지를 파악하겠다. 나는 좋은 소식을 거미줄의 한 구역으로부터 다른 구역으로 전하고 또한 가족 거미줄들이 그리스도 안에서는 더욱 강하고 가족의 기쁨들은 세상 가운데서 보다 더 크다는 것을 계속해서 가르칠 것이다." 이러한 사실을 말하는 모든 복음전도자는 자연적인 집단들—가족들, 소혈연 계통들, 대혈연 계통들, 종족—로 하여금 구세주를 받아들이도록 만들려고 할 때 성령의 인도하심에 자신을 열어 놓아야 한다.

더 이상의 고찰이 현재 가능하다. 앞에서 언급한 일련의 세례들은 북아메리카의 개별주의적 패턴에 의하여 지배되는 교단과 국가에서 일어났다. 여덟 개의 작은 그룹들이 개신교인들이 되기로 결심하는 데는 4년 이상이 소요되었다. 각 집단은 그들을 둘러싸고 있는 전체 그룹에 거슬러서 결단하였다. 비록 개신교도들의 수효가 증가하였을 때 각 사람의 결단은 "현재 개신교도들이 된 나의 종족인들에게 합세하는 것을" 더욱더 의미하였더라도 말이다. 이 경우 복수-개인적 패턴이 지배적이었다고 가정해 보자. 마틴이 그의 친척들과 완전히 견고한 관계를 이룩하면서 그의 새로 발견한 확신들을 그들에게 전달할 수 있기 위하여 그의 세례가 의도적으로 지연되었다고 가정하자. 그가 그의 모든 친척들-후에 점진적으로 믿게 된 사람들과, 후에 완전히 돌아선 사람들 모두에게 그들 모두가 성경적인 기독교인들이 되고 집회처를 세우고 관계들을 그대로 유지하면서 새로운 신앙을 계속할 것을 제안하였다고 가정해 보자. 그룹에 대한 일련의 반대 결정들 대신에 그 그룹의 일체성은 보존되고 함양되지 않았을까? 그 일체성 가운데서 장기적인 결심이 이루어졌을 것이고 일반적인 죄들은 배격되었을 것이다. 많은 가르침이 받아들여졌을 것이고 많은 성경연구가 이루어졌을 것이다. 복수-개인적이고 상호 의존적인 결심이 이루어졌을 것이다.

만일 이러한 것이 그 지역에 있어서의 교회성장의 패턴이었다면 그 결과는 당시에 설립된 회중보다는 더 크고 훌륭한 회중이 될 수 있었을 것이다. 그것은 대단한 일체감을 지닌 회중으로 존재했을 것이다. 물론 친척들이 마틴을 역으로 설득하였을 수도 있다. 그리고 그 결과로 교회가 전혀 성립되지 못했을 수도 있었을 것이다. 이러한 문제는 구체적으로 한 가지 잇슈를 제기한다. 즉 보다 강력하고 응집력있는 보다 큰 단일체들을 추구하는 것이 중요한가, 아니면 작은 교회는 몇 사람이 세례를 받은 후에 성장이 중단할 수 있는 것을 의식하여 오는 대로 각 사람을 붙드는 것이 좋겠는가?

교인들이 이 경우에 그러했듯이 하나씩 점령될 때 기독교인들과 비기독교인들 모두가 대하게 되는 것은 일대 일 패턴이다. 그 결과로 그들은 사람들은 연속성의 확대를 통하여 하나씩 신자들이 되어야 마땅하다고 상상한다. 역으로 만일 복수-개인적 개종이 일어나면 상당한 공통성이 작용하여 그 지방 전체에 걸쳐서 이러한 것들은 사람들이 그리스도의 제자들이 되는 당연한 경로가 될 것이다.

인간운동들의 돌봄

세례 후의 돌봄

인간운동들의 특성은 특별히 세례 이후의 돌봄에 좌우된다. 이러한 운동들에서는 비교적 많은 수효의 개종자들이 신속하게 새로운 교회를 형성한다. 만일 그들이 무시되거나 또는 새로운 기독교인들이 캘리포니아에서 물려받았던 동일한 양과 종류의 돌봄이 여기서 그들에게 충분할 것으로 가정된다면 그 결과는 당연히 초라하고 맹목적인 기독교인들만이 존재하게 될 것이다. 그와는 반대로 오히려 새로운 회중들이 상상과 신실함을 수반하여 양육된다면—그 성원들로 하여금 기독교인의 생활에 있어서의 진정한 전진으로 인도하는 방식으로—건전한 기독교인들로 구성된 견실한 교회들이 있어질 것이다. 인간운동들에 있어서 대부분의 실패는 그들이 그리스도를 위하여 결심하는 복수—개인적 방법의 탓으로 잘못 간주된다. 그러나 그것은 세례 전후 모두에 있어서 그들이 받는 초라한 목양 탓으로 간주되어야 한다.

1933년에 출판된 피케트의 연구는 사람들이 기독교 신앙으로 전향하는 동기들은 기독교인의 성격을 발전시키는 데 있어서 세례 후의 훌륭한 돌봄보다는 비교적 작은 역할을 한다는 사실을 결론적으로 보여 준다. 세속적 또는 사회적 동기들로 인하여 교회로 들어온 개종자들이 하나님을 신실하게 예배하는 회중들의 일부가 될 때 훌륭한 기독교인들이 되었다.

세례 후의 돌봄은 전체적인 복합적 활동들과 결부된다. 이 활동들 가운데 중요한 것은 정규 예배를 편성하고 집회처를 확보하는 것이다. 회중들이 집회 장소없이 오랫동안 존속하는 것은 재난을 초래한다. 만일 회중들이 읍들과 도시들에서 결성되었다면 가정 교회를, 임대한 홀들 또는 기타 준비물, 그렇지 않고 회중들이 농촌에서 결성되었다면 쉽게 축조되는 가벼운 자료들로 이루어진 건물이 초기의 필수품이다. 이러한 집회처와 더불어 하나님에 대한 체제적인 예배가 본질적이다. 글자를 깨우친 기독교인들에게 있어서는 가정에서의 정기적인 성경연구, 주일날의 정규적인 가르침이 가치가 있다. 촌락들에서 생활하는 문맹자들을 위해서는 저녁식사 후의 매일 예배가 대단히 유익하다. 에딘버러 또는 내쉬빌의 훌륭한 기독교인들이 오직 주일 아침 11시에만 모이기 때문에 페루 또는 북경에 있는 새로운 기독교인들이 매일 저녁에 모이는 것은 부담스러울 것이라는 가정이야말로 유럽-북아메리카의 패턴이 새로운 운동들에 가하는 가장 큰 치명타이다. 그와는 반대로 새로운 전체 기독교 공동체를 위한 정규적인 저녁 예배(이 공동체는 어떤 부락에서이든 집회처로부터 1백 야드 안에서 생활한다.)는 가능할 뿐만 아니라 곧 소중한 경험이 되며 참된 기독교적인 성격을 발전시키는 데 있어서 영향을 미친다.

문맹자들과 반(半)문맹자들에게 있어서 주기도문, 십계명, 시편 23편, 로마서 12:9-16, 사도신경, 몇 개의 찬송과 같은 암기된 귀절들을 사용한 예전적 예배가 특별히 가치있다. 만일 성경의 한 단락이 암기될 만한 가치가 있는 것이라면 그것은 예배에서 반복적으로 사용되어야 한다. 한 귀절을 외우게 하고 그것을 정규적으로 사용하지 않는 것은 그것을 암기하는 데 소요된 시간을 낭비하는 것이다. 왜냐하면 그것은 곧 잊혀지기 때문이다. 그와 반대로 1년에 1백 번 사용되는 것은 기독교인의 영적 무장의 일부가 된다. 그는 밤이나 낮이나 언제나 그것을 인용할 수 있다. 그는 스트레스를 받는 시간에 그 말씀에 의지하며 또한 그것을 새로운 개종자들에게 가르친다. 그것은 그에게 소중하고 의미심장한 것이 된다. 유럽-북아메리카 자유교회 출신 선교사들의 기대와 대조적으로 예전적 예배는 농촌 기독교인들에게 지루한 것이 되지 않는다. 그들은 그 친숙감, 위로, 확실성을 즐긴다.

세례 후 돌봄에 있어서 평신도 훈련은 필수적이다. 모든 세례지원자들에 대하여 요구되는 매일 예배와 암기작업은 훈련의 일차 단계이다. 그러나 공동체 구성원의 상당수가 보다 높은 단계들에로 인도되어야 한다. 보다 젊은 사람들은 이러한 훈련을 환영한다. 모든 회중 가운데는 무보수 지도자들이 요구된다. **그것은 무엇인가를 배우자마자 그것을 세례지원자들과 여타 사람들에게 가르쳐야 한다.** 일련의 필수적인 기독교 지식에 대한 이러한 제공—이러한 것은 그 교단, 즉 회중들의 집성체에 있어서 모두에게 동일하다—은 학습이 의미심장하고 새로운 교회를 함께 결속한다는 것을 보장하는 도움을 준다. 얼마 되지 않은 교인들에 있어서는 평신도 남녀들에게 구원의 길을 가르치는 것에 일층 강조점이 부여되어야 한다. 이는 기독교 진리에 대한 일반적인 반대들에 대응하고 또한 다른 사람들에게 기독교 신앙의 가치를 설득하기 위하여 필요한 종류의 지식이다.

세례 후 돌봄에 있어서는 가족 및 부족의 유대가 강화되어야 한다. 제이콥 로웬(Jacob Loewen)은 파나마에 사는 초코 인디언 부족들이 복음으로부터 얻게 된 여러 가지 "만족들"을 열거하였다. 이러한 만족들 가운데서 주목할 만한 것은 가족, 그룹, 혈연, 기타 유대들의 강화에 의하여 새로운 기독교인들 가운데서 교제가 함양된다는 것이다. 의미심장한 예배 및 각 부락의 지역에서 돌려 가며 이루어지는 교제적인 회합, 이에 더하여 가족과 부족 유대들의 의도적인 건설과 이상화는 새로운 기독교인들에게 그들이 기쁨을 발견한 공동체에 대한 고양된 느낌을 제공한다(Loewen, 1967 : 20).

가능하다면 세례 후 돌봄은 자녀들에 대한 주간학교 교육을 제공해야 한다. 어떤 국가들에서 이러한 것은 선교학교 또는 교회 운영학교들을 유지한다는 것을 의미한다. 만일 국가가 학교들을 제공한다면 그것은 기독교 자녀들이 학교에 나아가는 것을 봄을 의미한다. 성경을 읽고 성경에 복종하는 교제가 되기 위하여 교회는 또한 문맹한 기독교인 장년들을 가르쳐서 성경과 찬송가를 읽을 수 있게 해야 한다. 문맹한 기독교인들을 가르쳐 하나님의 말씀을 읽게 하는 모든 기독교인의 의무는 아무리 강조해도 지나치다고 할 수 없다. 제 14 장에서 언급하였듯이 그것은 주의 만찬을 준수하는 것 만큼이나 중요하게 간주되어야 한다.

수년 사이의 부흥

비기독교인들이 하나님과 화해를 하게 되면 기독교 생활에 대한 그들의 처음 이해는 어쩔 수 없이 희박하다. 그들은 아무런 성경적 배경도 소유하고 있지 않다. 그들은 일요일에 예배를 드려 본 일이 없다. 오래된 기독교 공동체의 모든 신자들의 마음을 형성하는 풍부한 성경적 자료는 완전 결여되어 있다.

세례 후의 충분한 돌봄이 이러한 결함을 보충한다. 의식적인 배움, 정규적인 예배, 설교에 의한 교훈, 보다 오래된 기독교인들의 지도 하에 위기를 극복함, 의로우신 하나님 앞에서 살아감과 체계적으로 그의 말씀을 먹음, 이러한 모든 것은 공동체를 다수의 사람들에게 영적 갱신—전적으로 새로운 차원의 기독교적 위임과 경험—이 가능하게 되는 장소로 끌어올린다. 확실히 어떤 이들에게는 새로운 교회의 삶의 처음 몇 달 또는 몇 년 안에 깊은 축복이 허용된다. 그러나 대부분의 사람에게는 그렇지 않다. 갱신을 통하여 다수의 기독교인들이 그들의 죄의 어두움에 맞서도록 하는 의도적인 기도와 계획 및 성령의 활용성은 인간운동들의 돌봄에 있어서 소망스러운 부분이다. 교회가 냉담함 가운데 침체되기를 원하지 않는 한 그것은 도처에서 계속적인 부흥을 필요로 한다. 계속적인 재봉헌은 영적 생활의 비밀이다. 냉담하고 형식적인 교회들은 성장하지 못한다. 인간운동 교회들은 다른 어떤 교회 못지않게 갱신을 필요로 한다. 아마 더욱 필요로 할지도 모른다.

인도가 1947년 공화국으로 독립한 이후 큰 성장을 이룩한 인도의 한 감리교 연회(20년 동안에 95,000명에서 190,000명으로 성장)에서 연례적인 "야영집회"가 교회력의 정규 부분이라는 것은 우연이 아니다. 참석한 모든 사람들 앞에서 성경적 요구의 엄격함, 신자들로 하여금 그 요구들에 부응하도록 돕는 하나님의 은총과 능력을 보존하기 위하여 프로그램들은 계획된다. 아메리카 또는 아시아의 기독교 주간학교들에 있어서 젊은이들을 위한 세속교육 프로그램 및 하루에 한 시간 성경교육은 회중들에 있어서 부흥의 대체물이 되지 못한다. 그것은 다만 그 길을 준비해 줄 뿐이다. 아프리카—아시아에는 다방면에 걸치는 주간학교들을 소유한, 역사가 얼마 되지 않는 교회들이 가득 차 있다. 교회들에 있어서 영적 분위기는 냉냉하기는 하나 학교들을 통하여 부흥과 갱신의 광범하고 아름다운 구조가 그 위에 축조될 수 있는 성경 지식의 훌륭한 기반이 구축되어 왔다.

내가 기술해 온 최소한 몇 가지 방법들을 통하여 훌륭한 세례 후의 돌봄을 행하는 인간운동은 부흥과 기독교인의 삶에 있어서 계속적인 긴건을 이룩하게 된다. 부흥을 위하여 기도하며 부흥을 기대하며 또한 그것들을 위하여 제공하는 것이 교회와 선교 프로그램들의 정규적인 부분이 되어야 한다. 성직자들은 정서적으로 부흥 및 열성어린 기도에 대하여 편견을 지닌, 유럽—북아메리카에 있어서 현재의 이러한 풍토들에 의하여 저지받지 말아야 한다.

 한국, 케냐 및 기타 지역들에서 개종자들의 유입에 뒤이어 기독교적 명분에 대단히 유익한 부흥이 수반되었다. 하지만 어떤 지역들에서는 인간운동들이 소망스럽게 시작된 후에는 정체를 면치 못하였다. 교육을 별로 받지 못한, 또는 문맹하기조차한 사람들이 더욱 많이 기독교인이 될수록 교회와 그 보조적인 선교회들은 대를 이어서 심화된 봉헌을 제공하는 데 심각한 문제를 소유하였다. 기독교인의 삶의 본래적 신선함과 경이로움을 유지하는 것은 일대 일 식의 방법에 의하여 발생한 교회들이나 또는 그룹 결단들을 통하여 발생한 교회들에 있어서나 다같이 용이한 일이 아니다. 그러나 교회가 계속하여 그 머리이신 그리스도와 접촉을 유지하는 것은 영구적인 과제의 일부분이다. 교회의 축복됨과 새로와짐을 보조하는 것은 하나님의 뜻과 완전히 일치하며 대 위임의 두 번째 부분을 형성한다.

인간운동으로부터 시작하는 출발

 수억만명의 사람들이 교회가 아직 미치지 못한 공동체들과 사회구조들 가운데서 살고 있다. 수천의 종족들, 지파들, 카스트들이 기독교를 정말로 진지하게 생각해 보고 선택할 기회를 소유하지 못하고 있다.*

 그 전형적인 사례를 들자면 기독교인들로 구성된 한 교회가 어떤 중심

---

 *일부 선교이론가들은 지역 주민들이 기독교를 진지하게 생각해 보고 선택하게 해야 한다는 제안에 깜짝 놀랄 것이다. 이들은 본질적인 기독교와 유럽-북아메리카 교인들 사이에, 또는 그들이 즐겨 말하듯이 그리스도와 경험적인 교회 사이에 깊은 차이가 존재한다는 사실을 생각하며 기독교 선교는 결코 기독교를 선전하지 말아야 한다고 천명한다. 그렇게 하는 것은 단순히 개종시키는 일에 불과하다. 본래적인 기독교 선교는 다만 그리스도를 선포하는 일이고 그러면 그리스도께서 그가 기뻐하시는 대로 교회를 형성하신다. 이러한 순수함을 내세우는 주장에도 약간의 진리는 있다. 그러나 그것은 사실 오류를 범할 정도로 과장되고 있다. 실상 경험적 교회는 가시적인 그리스도의 몸이다. 기독교는 그리스도께서 그를 믿고 그에게 복종하며 그의 이름으로 세례를 받고 기독교적 세포들, 즉 그의 교회로 자신들을 형성하는 종교이다.

도시에 존속하거나 또한 토착어에 서투른 선교사가 이따금 촌락들에 관하여 이야기하기는 하나 그럼에도 불구하고 기독교 신앙은 그 구역의 사람들에게 **그들을 위한** 어떤 것으로 부각되는 법은 결코 없다. 그들은 미국인들의 마르크스주의를 보듯이 기독교를 보아 왔다. 수백만의 미국인들이 마르크스주의에 관하여 광범위하게 독서를 하였다. 책이나 잡지의 표제들은 끊임없이 사회개혁에 관하여 그리고 공산주의자들이 그 개혁을 억압받는 자들을 위하여 행할 것이라고 주장하는 것에 관하여 말한다. 그럼에도 불구하고 실천적인 마르크스주의자들이 되는 일이 이들 미국인들에게 이루어지는 법은 결코 없다. 마찬가지 방식으로 판티스족의 한 감리교 회중이 수십년 동안 아폴로니아 악심 항구에 존재하고 있으면서도 근처 마을의 느지마족이 기독교인들이 될지도 모른다는 생각은 거의 하지도 못하였었다. 그러다가 1914년에 예언자 해리스가 아이보리 해안에서 아마도 9천 명 정도에게 세례를 베풀고서 동쪽으로 나아가 아폴로니아로 갔다. 아이보리 해안에 있는 그들과 같은 부족들이 몇천 명씩 기독교인들이 되었다는 것을 알면서도 그들의 고대 문명에 머물러 있던 그곳 느지마 부족들에게 갑자기 기독교인이 되는 것이 진정한 가능성으로 부각되었다. 몇 주 안에 1만 명의 느지마 부족이 그리스도를 믿겠다고 선언하였다. 예언자 해리스는 그들에게 세례를 베풀고 교회를 세우고 성경을 구입하고 기독교 교사들이 오기를 기다리라고 말하였다.

　　예수 그리스도께서는 어느 곳에서는 하나님은 비인격적이라고 천명하시며 다른 곳에서는 그는 인격적이라고 천명하시며, 또 어느 곳에서는 그의 추종자들이 성경을 받아들일 것을 정하시고 다른 곳에서는 그들이 그들의 신앙과 실행의 법칙으로 리그베다를 받아들일 것을 정하시는 어떤 우주적 진리의 막연한 정신은 아니다. 즉 그가 창조한 종교는 어느 곳에서나 유사성들을 소유할 것이다. 그것은 기독교기 되어야 한 것이다. 사실 그리스도를 받아들이는 것은 기독교를 받아들이는 것이다. 즉 진실은 서구의 옷을 입은 기독교가 아니라 그의 교회, 그의 말씀, 그의 성례전을 통하여 구현된 그리스도이다. 확실히 그는 이러한 것들보다 위대하다. 그러나 이러한 것들은 그의 임재의 불변의 부수물들이다. 그러므로 반복해서 말하는데 많은 인간들이 기독교를 진지하게 생각해 보고 선택할 기회를 소유하지 못하고 있다.

532 V. 교회성장의 특별한 본질

　우리가 인간운동을 무로부터 출발할 가능성들을 검토할 때 우리는 다음과 같이 물어 보아야만 한다. 교회들은 수용적인 주민들 가운데서 그들을 중심으로 하여 운동들을 시작할 수 있는가? 선교에 있어서 아프리카-아시아 교회들이 점유하고 있는 엄청나게 중요한 위치 때문에 이러한 물음은 현대 선교에 있어서 핵심적인 물음들 가운데 하나이다. 1928년에서 1968년 동안에 아프리카-아시아 교회들에 권위를 이양한다는 데 초점이 집중됨으로 인하여 이에 대한 답변은 무조건적인 「예」인 것으로 가정되어 왔다. 10만 또는 그 이상의 비기독교인 인구 가운데서 어떠한 종류의 한 기독교인 회중이 있다고 한다면 해외 선교의 과제는 대체로 끝난 것으로 당연히 간주되었다. 토착인들이 그들 자신의 백성들을 복음화할 것이었다. 해외 선교사가 할 수 있는 최상의 일은 토속민들의 교회를 부드럽게 지원하는 것이었다. 이 말은 맞다. 토속민들의 교회들이 인간운동들을 시작할 수 있다.

　몇몇 경우에 있어서 이러한 가정은 옳다. 모든 회중이 비기독교인들과 혈연관계에 있고, 고위 성직자들이 인종적으로 서민들과 하나인 인간운동들이 성장하는 교회들에 있어서 교회들은 현존하는 인간운동들을 확대시키고 또한 새로운 인간운동들을 출발시켜 왔다. 이러한 곳들에서 선교사는 유리하게 단순히 급속하게 성장하는 교회를 돕기만 하면 되었다. 우리는 이들 일반적으로 **성장하는** 인간운동들에 있어서 선교사는 단순히 교회로 하여금 더욱 성장하도록 지원하면 되었다고 말할 수 있을 것이다.

　하지만 세계의 대부분에서 이러한 가정은 대단한 오류이다. 실제로 모든 국가들의 대부분의 지방에서 이 물음에 대한 진정한 답변은 「아니오」이다. 지역 회중들이 비전형적인 사람들로 구성되어 있거나 구속이 생활 향상을 초래하여 결국은 기독교 공동체가 너무나도 변화되어 그 공동체가 다른 비기독교인 연고자들과 활발한 접촉을 중단하게 된 곳들에서 지역 교회들은 신앙을 현저하게 그들 자신의 백성들에게 전파할 수 없게 된다. 그리고 이러한 곳에서 선교활동의 중지는 정체된 작은 회중들이 정체상태를 지속하도록 보증해 준다. 왜냐하면 여기서 선교사가 미온적으로 교회를 돕는 것은 자신의 은사들을 낭비하는 것이기 때문이다. 그가 내향적인 교회들을 섬기면 섬길수록 그 교회들은 더욱 내향적으로 된다. 그가 그 교회들에게 모든 사람을 향해 선을 행하라고 가르치면 가르칠수록 그들은 더욱 일반 비기독교인들과 분리하게 된다. 그가 그 교회들에게 국가적 국제적 잇슈들에 대하여 성명을 내라고 권면하면 할수록 그들은 그들의 일가 친척으로부터 더욱 멀리 분리된다. 이러한 선교지원이 아무리 막대하게 투입된다고 하여도 이것이 새로운 인간운동들을 점화시킬 가능성은 희박하다.

하지만 선교사들은 근본적으로 새로운 근거 위에서 또한 폐쇄된 교회들의 이웃에서, 수용적인 주민들 가운데 인간운동들을 출발할 수 있다. 내향적이고 정체된 교회들의 지도자들이 교회성장 통찰력들을 서로 나누게 됨으로 심지어는 그들조차도 인간운동들을 시작할 수 있다. 리베리아 북서지역의 로마부족 및 그 혈연부족들 가운데서 이루어진 큐렌스(Currens) 목사와 월드(Wold) 목사의 활동은 이러한 잘 계획된 행동의 주목할 만한 사례이다. *Gods Impatience in Liberia*(리베리아에 대한 하나님의 선교)에서 월드 박사는 그 마지막 장을 전적으로 다음과 같은 질문에 할애한다. 문화에 유착된 성장이 둔화된 교회들이 그 종족들 가운데서 인간운동들을 어떻게 시작할 수 있겠는가? 이 책은 복음전도자들, 선교부 직원들, 선교사들, 교회지도자들의 필독서이다.

시사적인 사례

가나 북동지역에 있는 초코시 부족 가운데서 소규모로 교회를 시작한 사실에 대한 A. C. 크라스의 아름답고도 명료하게 제시된 설명은 초창기의 인간운동들을 시작하는 데 있어서 많은 중요한 잇슈들을 함축하고 있으므로 이 책에서 상술하는 것이 도움이 될 것이다. 이 방법과 월드(J. C. Wold)에 의하여 옹호된 방법들 사이의 차이는 다소 유사한 주민들 가운데 시고치도 인간운동들이 대체로 다른 패턴들을 따른다는 것을 시사해 준다. 이들 양자에 대한 기술된 방법들에 있어서 유사성들은 또한 "일대 일식 성장방법에 의한 일반적인 회중들의 확장"과 인간운동들 사이의 커다란 간격을 시사한다. 크라스(Krass, 1967)는 다음과 같이 말한다.

1964년 가나 북동부 첨단 체레포니에 있는 회중은 약 40명의 입교인들과 비입교인들로 구성되어 있었다. 이들 중에 절반을 약간 넘는 사람들은 공무원, 교사, 상업에 종사하는 가나 남부 출신 기독교인들이었다. 나머지 교인들은 이곳에서 50마일 떨어진 엔디읍에 있는 중학교에 다니는 동안 기독교인들이 되었던 초코시 부족 청년들과 그들의 부인들 및 면식자들의 일부분이었다.

내가 이곳으로 오기 전에 체레포니 지역은 커다란 엔디 교구에 속해 있었고 60마일 떨어진 엔디에 거주하는, 대체로 남부 가나 출신의 목사가 매분기마다 며칠씩 이곳을 방문하였다. 이 지역의 일반 사역은 초코시 토착민으로, 체레포니에 상주하는 복음전도자에게 일임되었다.

이 복음전도자의 일은 읍 중심에 위치한 회중을 치리하고 그 지역의 초중등학교 아동들을 가르치는 것이었다. 때때로 주변 촌락들에 대한 전도 공략이 이루어졌으나 정규성을 띠지는 않았다. 이러한 방문들의 목적은 읍 중심 교회를 위한 부가적인 교인들을 모집하는 것이었다. 이 복음전도자는 그 자신이 초코시 부족 출신이었으나 촌락들에 있어서 초코시 회중들의 발전을 기대하지는 않았다.

체레포니 교구에는 122개 마을에 약 2만 명의 인구가 분포되어 있었고 체레포니읍에는 1,300명의 주민들이 있었다. 사회적으로나 경제적으로 체레포니는 전체로서의 그 지역 사람들과는 거리가 멀었다. 읍민들은 많은 가나 부족들 출신의 상인, 공무원, 장인, 교사들이었고 반면에 농촌 주민은 거의 모두가 물활론자들이었다. 읍에 있는 많은 사람들은 글자를 깨우친 반면 촌락들에는 대부분의 사람들이 문맹자였다.

내가 그 상황을 조망하였을 때 읍 및 읍의 회중에 대한 복음전도 노력의 집중은 너무나도 일방적이었고 이에 더하여 내게는 농촌 주민에 대한 접근으로는 지나치게 효과가 없는 것으로 보였다. 문맹한 초코시 농촌 사람들은 읍 교회에 참여하는 데 별로 흥미를 느끼지 못할 것으로 생각되었다. 왜냐하면 읍 교인들은, 심지어는 초코시 부족 교인들조차도 가나 남부어로써 유럽식 찬송들을 부르고 외국 스타일의 옷을 입고 영어, 이위 또는 트위어로 예배를 드렸다. 부족민들에게는 그들 자신의 언어로 성경의 교훈을 들어야 할 필요가 있었다. 또한 읍 교회 교인들도 초코시어로 예배를 드린다거나 또는 아프리카 유형의 찬송을 사용하는 것이 별로 탐탁하게 간주되지 않을 것 같았다.

그러므로 체레포니의 예배형식을 계속해서 사용하고 교회활동도 얼마간 문화적으로 변화를 부여하며(설교를 초코시어로 훌륭하게 요약하여 정규적으로 포함시키는 것 등) **읍의 회중들과는 전적으로 별개로 하여** 초코시 교회들을 형성하는 것을 목적으로 농촌들에서 복음전도를 하는 중요한 프로그램을 **동시에 영위하는 것이** 최상일 것으로 생각되었다.

이런 점에서 나는 농촌들을 복음전도하는 데 있어서 읍 교회들의 가능한 역할을 진지하게 취하기를 주저한다는 비난을 들을 소지가 있었다. 실상 나는 주저하였다. 나는 읍 교회가 과연 자신들이 주장하는 이러한 프로그램에 임할 태세가 되어 있겠는가에 대하여 의심을 품고 있었다. 교육받은 자와 문맹자 사이에 유대를 맺은 것이 서아프리카, 아마도 멀리는 더욱 남쪽과 북쪽이 서로 유대를 맺는 것보다도 장벽이 훨씬 두꺼웠다. 읍민들은 영적으로나 또는 정서적으로 문화적 장벽을 초월하여 동질감을 형성할 준비가 되어 있지 않았다. 이러한 동질감은 진정한 복음전도를 위하여 필요하였다. 모슬렘들이 농촌의 물활론 신자들을 개종시키려는 시도를 하였으나 실패한 것도 바로 이런 이유 때문이었다. 그들은 농촌의 물활론 신자들을 "미개인" 그리고 "이교도"로 경시하였다. 그들이 기울인 노력이 아무리 지대하였다고 하더라도 그 노력은 냉소, 토속문화와 그 가치들에 대한 경시 또는 부모가 취하듯 한 우월한 입장에서의 친절감이 수반되는 것이었다.

그리하여 우리는 주간을 이용하여 농촌을 복음전도하는 프로그램에 착수하였다. 우리는 여러 부락들을 예비적으로 방문하였다. 그리고 방문하여서는 추장들 또는 우두머리들에게 정해진 날 아침 일찌기 집회를 갖도록 주민들을 모아 달라고 요청하였다. 대체로 우리의 예배는 남자들이 농토로 일하러 가기 전인 6시 30분경에 이루어졌다. 처음 집회에서 우리는—때때로 부락민들과 대화의 형식으로—창조로부터 하나님 나라의 도래에 이르기까지 복음 전체를 제시하는 설교를 하였다. 우리는 그들에게 좀더 설교를 듣기를 원하는지를 물었다. 그리고 만일 그러고 싶다면 우리가 가서 설교할 정규 날짜를 일 주일에 하루를 정하였다. 일반적으로 첫 집회에는 부락의 모든 주민들이 참석한다. 그리고 출석율은 몇 주 내에 절반 정도로 떨어진다.

우리는 언제나 전체 부락을 대상으로 설교를 한다. 우리는 결코 단순히 개인별로 접근하지 않았다. 우리는 결코 "우리의 가르침을 받아들이고자 하는 사람들에게만 언급하지 않았다." 사실 우리는 복음을 받아들이겠는지 받아들이지 않을 것인지 하는 질문을 결코 하지 않았다. 다만 우리는 다음과 같이 말하였다. "복음이란 다음과 같은 것입니다. 그것은 하나님께서 여러분을 위하여 어떻게 행하셨는가 하는 것입니다. 그것은 하나님께서 파미사 주민들에게 말씀하고 계신다는 것입니다.(또는 우리가 설교하게 될 다른 어떤 부락) 주민들이 행하기를 원하시는 것입니다." 부락 단위로 행동하였었다. 그리고 우리는 설교에 임하는 데 있어서도 그들을 단위로 취급하는 것이 올바를 것이라고 생각하였다.

복음주의 장로교회는 세례지원자들이 세례 전 최소한 1년의 기간 동안 정기적인 기독교교육을 받도록 규정하고 있다. 그러므로 우리는 최소한 1년이 지나가기까지는 복음을 받아들이겠는가 아니면 거절하겠는가 하는 문제 또는 이러한 받아들임의 표시로서의 세례문제를 제기하지 않았다. 1년즈음 되자 많은 부락들은 우리의 가르침을 충분히 이해하였고 우리는 그들이 우리의 가르침을 받아들이리라고 가정하였다. 말씀을 들음으로 기도에 참여하고, 간단한 찬송들을 부르므로 그들은 이미 구속의 공동체에 참여하고 있었다.

우리의 설교는 언제나 긍정적이었다. 우리는 설교를 통하여 긍정적으로 구원의 드라마, 그리스도의 사역과 가르침, 인간을 향한 하나님의 계시된 뜻을 개진하였다. 우리는 후에 그리스도를 모든 것에 넉넉하신 주님으로 제시함으로써만이 기독교인에게는 물활론적인 준행들이 불필요하고 부질없는 것임을 명백히 할 수 있었다. 우리는 "이러한 모든 준행들이 무익하며 신성모독적이다"라고 말함으로 시작하지 않았다. 우리는 그들이 스스로 결론들을 내리게 하였다.

그렇다면 그 결과는 어떠했는가? 우리는 1년간 설교를 행한 다음에 우리는 수용태세가 가장 잘 되어 있는 것으로 느낀 세 부락들 가운데서 세례와 교회 입교의 문제를 제기하였다. 그들은 우리의 초청을 아주 자연스러운 방법으로 받아들였다. 그런 다음 우리는 교리문답 교육을 시작하였다. 처음에 우리는 세례가 기독교 가르침의 졸업을 의미한다는 인상을 주지 않기 위하여 교리문답 가르침을 두세 달에 제한시키려고 노력하였다. 우리는 사람들이 세례를 받은 후에도 기독교 진리를 계속 배워야 한다는 것을 가르쳤다. 세례 전 교육에 있어서 우리가 필요하다고 느낀 모든 것은 세례가 제자들로 등록한다는 성격을 지닌다는 것을 분명히 하고 기독교 관행의 기본적 성격을 개괄하는 것이었다. 만일 교리문답들이 신앙의 근본들을 그들이 이해하고 있다는 것을 드러내 주고 또한 기독교 신앙의 결과들이 무엇인지 그들이 안다는 것을 우리가 확신할 수 있다면 그들에 대한 우리의 의무들은 다 이룩된 것이라고 우리는 생각하였다. 그러면 결과적으로 우리는 십자가 아래서 우리들과 더불어 배우는 완전한 신앙의 형제자매들로 그들을 간주할 것이었다.

사실상 교리문답 지원자들의 많은 수효가 이러한 짧은 교육을 근거로 물활론과의 단호한 결별을 행할 태세를 지닐 수는 없다는 것이 판명되었다. 보다 세부적인 논의가 요구되었다. 또한 그들이 직면하게 될 잇슈들에 대한 보다 많은 성찰, 교리문답을 배우기 위한 보다 많은 시간이 요구되었다. 현재 우리는 교리문답 지원자들이 배워야 할 교리문답을 초코시어로 저술하였다. 그리고 우리는 6개월 정도 교리문답 교육을 시행한다.

여하간 두 개의 부락들과 전 주민들, 그리고 한 부락에는 대다수의 사람이 세례를 받고 주일에 집회를 실시하도록 되어 있음을 교육하는 프로그램에 참석하였다. 이러한 결과, 우리의 주간 프로그램 중에는 3일이 남게 되었다. 그리고 우리는 처음으로 세 개의 다른 부락들에서 사역을 시작할 수 있었고 후에 새로운 복음전도자가 우리 지역에 임명되고 나서는 6개의 다른 부락들에서 사역을 시작할 수 있었다.

우리는 이러한 사역과 일치하게 지도자 훈련 프로그램을 시작하였다. 이는 우리가 사역하고 있는 부락들 출신의 젊은이들을 위하여 성경 및 글공부를 가르치는 것이었다. 이러한 훈련 결과, 새로운 교회들에 있어서 주간 예배를 위한 지도자들이 배출되었고, 또한 다른 부락들을 복음화하는 데 기여하고 교회 교인들의 일익의 심층교육을 담당할 유능한 사람들이 배출되었다. 피훈련자들 중 2명은 현재 보조 복음전도자들이 되었고, 다른 6명은 글자 교사들이 되었고, 1명은 100마일 떨어진 지역의 초코시 및 콘콤바 부족 가운데서 선교사로 섬기기 위하여 임지로 떠났다.

우리는 현재 초코시 지역 중 35개 부락들에서 사역을 하며 6개 교회들을 소유하고 있으며 689명의 세례교인들을 소유하고 있고 급속하게 성장하고 있다. 금년 10월에 4명의 복음전도자들에 더하여 2명의 목사가 부임할 것이다. 그리고 우리는 또한 부락 확장사역을 위하여 농사전문가를 두고 가능하다면 간호원을 1명 두려고 한다.

10년 정도에 초코시 민족 전체가 그리스도를 위하여 제자화되기를 기대한다는 것이 지나치게 무리가 되리라고는 생각되지 않는다.

우리는 문제가 전혀 없다고 주장하지 않는다. 그리고 우리는 초코시 교회를 완전 무결한 교회라고 주장하지도 않는다. 다만 말할 수 있는 것이 있다면 많은 초코시 부락민들이 현재 자신들을 기독교인으로 간주하게 되었다는 것, 또한 그들의 경험을 말씀에 대한 그들의 연구를 통하여 비추어 봄으로 그리스도의 제자들이 된다는 것이 무엇을 의미하는지를 매일매일 계속하여 배우고 있다는 것이다.

우리의 사역의 가장 중요한 측면들을 다음과 같이 요약할 수 있다.
(1) 부락을 그리스도를 위한 하나의 단위로 간주하고자 노력하면서 사회적 단위로서의 부락에 접근한다.
(2) 그리스도를 통하여 나타난 인간을 향한 하나님의 사랑이라는 좋은 소식을 긍정적으로 설교한다.
(3) 토착민 지도자들에 대한 즉각적인 훈련을 한다.
(4) 주간 중 날을 정하여 설교하고 가르친다.
(5) 단기간의 교리문답 교육을 한다.

19
토착적 교회의 원리와 성장하는 교회

    토착적 교회원리들은 매우 널리 홍보되어 있다. 이 원리들은 적절하게 이해될 때 복음의 전파를 위하여 대단한 가치를 소유한다. 이 원리들은 탄자니아에서 뿐만 아니라 텍사스에서도 마찬가지로 유용하다. 또한 이 원리들은 모든 교회성장 연구생들에 의하여 진지하게 받아들여져야 한다. 이 원리들에 관하여 상당한 분량의 저술들이 존재한다. 네비우스, 클라크(clark), 알렌, 리치(Ritchie), 하지스(Hodges) 등에 의한 책들은 모든 선교사들과 많은 목사들이 필수적으로 읽어야 할 책들이다.

    불행하게도 이들 원리들은 때때로 불분명하게 정의된다. 우리의 시대를 특징짓는 선교의 개혁을 통하여서는 옛 체제에 저항적이고 "토착" (indigenous)이라는 용어 정도를 사용하는 것이 그것 자체로 토착적 교회의 원리들의 일부가 되고 있다! 이러한 현상은 유감스러운 일이다. 왜냐하면 옛 체제가 지탄을 받게 되는 원인의 상당 부분은 일시적이요, 파도 위의 단순한 물거품인 것으로 몇 년 내에 사라질 것이기 때문이다.

    토착적 교회원리들은 흔히 민족화와 혼동된다. 그러나 그렇게 혼동되지는 말아야 한다. 왜냐하면 그 원리들은 자기 번식적인 교회들이 개척되는 방법을 다루는 반면, 민족화는 아프리카-아시아 지도자들에게 권위를 이양하는 것과 관련되기 때문이다. 민족화된 교회가 완전히 정체되고 더이상의 교회들을 전혀 개척하지 못하는 것은 대단히 가능하다. 자국 출신의 지도자들의 지도 하에 운영되는 많은 아프리카-아시아 교회들이 내적인 어려움들로 기력을 소모한다. 그들은 그들의 모든 여력을 교회 통합과 사회적 사업에 투여하며 대 위임을 진지하게 취하려는 의도를 전혀 소유하지 않는다. 어떤 아프리카-아시아 교회들은 완전히 자국민들에 의하여 인도되며 그 프로그램에 있어서 토착적 교회의 원리들과는 거리가 먼 복음전도 및 선교 프로그램을 견지하고 그 프로그램을 가부장적 패턴들을 따라 운영한다.

 토착적 교회의 원리들은 신학적, 교회론적인 색채를 너무 짙게 지니어 왔다. 그리하여 오늘날 민족주의 및 기독교의 일치를 향한 열정에 의하여 부추김을 받는 교회는 선교가 유럽 또는 아메리카 교단들의 해외 복제판은 아니라는 것을 주장한다. 우리는 "토착적 교회의 원리들"이 주 예수 그리스도께서 그의 교회들을 개척하시는 방법을 말하는 것이라는 소리를 듣는다. 예수 그리스도의 교회는 아메리카 교회들의 지점들도 아니요, 아메리카 선교에 기대는 의존적 존재들도 아니다. 그 교회들은 그의 교회들이다. 주 예수 그리스도께서 사람들을 세상에서 불러내시고, 그런 다음 그들을 세상에 돌려 보내사 그의 사역을 행하게 하실 때 토착적 교회는 이룩된다는 것이 이야기된다. 그는 유럽-북아메리카인이 아니시다. 그는 주님이시다. 그는 유럽-북아메리카의 예산 또는 선교사들에 의지하시지 않는다. 그는 주님이시다. 그는 그의 종들을 의존적으로 만드시는 것이 아니라 자립적이게 만드신다. 만일 새로운 작은 무리의 기독교인들이 참된 교회(토착적 교회)라면 그 교회는 그 교회를 설립해 준 교회, 즉 모 교회, 선교사 또는 선교예산에 의존함이 없이 존립하고 번창할 것이다. 그것은 그 자체 안에 능력의 샘을 소유할 것이다. 주님 자신이 그 교회를 수호하시고 확장시키실 것이다.

 모든 영토 내의 교회는 그 영토, 그 문화의 교회가 되어야 마땅하기 때문에, 또한 우리 주님은 한 영토 출신 선교사들을 사용하셔서 다른 영토들에 복음을 심으시기 때문에 이러한 주장들은 타당하다. 그러나 본질적인 물음은 다음과 같은 것이다. 외국의 선교사가 어떻게 하면 그를 파송한 교회들의 파리한 복제물들보다는 예수 그리스도의 교회를 증가시킬 수 있을까? 선교사들은 어떻게 하면 성령으로 충만하며 철저히 그 주민들에 속한 교회들을 증가시킬 수 있는가? 중국에서는 정말로 중국적이고 볼리비아에서는 철저하게 볼리비아적이어야 하지 않을까? 상류 계층들 가운데서는 진정으로 상류 계층적이며 대중들 가운데서는 진정으로 대중에 속해야 하지 않을까? 버지니아주 서부에 있는 광산 마을들 또는 토론토에 있는 새로운 이탈리아인 정착지들에 있는 새로운 장로교회들이 어떻게 하면 진정으로 광산 마을들 또는 이탈리아적으로 존속할 수 있는가?

또한 전반적인 토착 선교학파는 실용적인 색채를 너무 짙게 지니어 왔다. 선교사들과 선교학 학자들은 이 책에서 활발하게 거론되고 있는 동일한 문제, 즉 많은 복음선포가 비기독교인들에게 파고들지 못하였다는 사실에 관심을 두어 왔다. 왜 그러하였는가 하는 이유들을 파악하고 치료적인 행동을 고안하여 선포를 통하여 복음이 보다 효율적으로 전파되도록 하고자 그들은 토착 선교원리들을 주창하여 왔다. 그들은 토착원리들이 보다 효율적으로 "작용하며" 이 원리들을 위배하는 선교방법들은 비성장의 주된 원인이라는 것을 주장한다. 전체 주제가 흥미와 중요성을 지닌다.

토착 선교원리들

영국교회 선교사협회의 헨리 벤(Henry Venn)과 아메리카 해외선교회의 루퍼스 앤더슨(Rufus Anderson) 모두 오늘날 토착 선교원리들이라고 불리울 수 있는 것을 주창하였다. 앤더슨은 다음과 같이 기술하였다. "해외선교의 거대한 목적은 토착민 개종자들로 이루어졌고 각 교회가 그것 자체로 완전하며 동족 출신의 사역자들을 소유하고 선교사들의 분별있는 소언의 도움을 받아 스스로 그들의 교회적 관계들을 결정지울 수 있는 교회들을 개척하고 증가시키는 것이다"(Beaver, 1967 : 107). 문제의 핵심이 바로 이 간단한 문장에 포함되어 있다. 이처럼 정의된 "거대한 목적"과 더불어, 이 목적을 성취시킬 토착 선교원리들을 모색해 보도록 하겠다.

우리의 앞에서의 설명들은 해외선교 세계로부터 취하여졌기는 하지만 토착 원리들은 아메리카의 많은 부분들에 있어서의 교회개척에 효율적으로 적용될 수 있다. 현존 교단들은 모자이크처럼 다양성을 띤 미국의 특정 부분들에서 발생하였고 곧 그 교단들 자체의 특수한 생활양식을 발달시켰다. 이 교단들이 이제 모자이크의 새로운 조각들에 접근하고자 할 때 이러한 것은 복음전도의 대상이 되고 있는 사람들에게는 생소하게 보인다. 이러한 교단들은 토착적 방법들을 사용해야 한다. 다시 말해서 그들의 새로운 교회들이 자신들이 속해 있는 사회적 단위들에 적합할 수 있도록 해줄 그러한 방법들을 사용해야 한다.

1880년대에 존 네비우스에게는 토착 선교원리들이 실제로 의미하는 것을 수행하고 이러한 원인들을 글과 말로 공표할 기회가 부여되었다. 운이 좋게도 1894년 한국장로교 선교회가 그의 체제를 전면적으로 채택하였던 것이다. 이 선교회에 속한 교회들이 급속하게 증가하고 증가를 초래한 체계가 소개되자, 존 네비우스에 의하여 상술된 토착 선교원리들은 전 세계를 통하여 유명해지게 되었다. 1888년에 처음 출판된 그의 원 저서는 대단히 중요하므로 그 요점을 여기서 소개하겠다. 네비우스는 다음과 같은 것을 말하고 있다.

오래된 또는 전통적인 선교방법은 개종자들 가운데 유급 선교대행인들을 고용하는 것이다. 피택된 사람들 편에서 볼 때 이러한 것은 신나는 일이다. 그들에게 필요한 것은 다만 돈이다. 그들은 언어를 유창하게 구사한다. 그들은 어디든지 갈 수 있다. 그들은 그 지역을 안다. 그들은 작은 임금으로도 살아간다. 훈련과 일정 시험을 통과하면 그들은 복음전도자들과 부락 담임목사들로 기능을 발휘한다. 이 방법은 선교회와 개종자들 모두에게 건전하고 유익한 것으로 여겨진다.

그러나 이 오랜 방법은 그 배면에 숨겨진 막대한 결함들을 소유하고 있다. 그것은 복음전도자가 된 개종자에게 유해한다. 왜냐하면 그는 돈을 위해서 복음을 증거하게 되기 때문이다. 분명 그는 진지하기는 하지만 이제 그는 유급 직원이 되었다. 이러한 방법은 참된 신자들을 구별하는 것을 불가능하게 한다. 신자들이 되면 봉급을 받게 된다는 것을 알고서 사람들—특별히 유능한 사람일수록—은 때가 되면 자신도 직업을 얻을 자격을 갖추려는 기대로 기독교인이 되려는 유혹을 받게 되기 때문이다. 그리하여 이 방법은 모든 신자들 가운데 돈 때문에 일하려는 생각을 일으킨다. 더 나아가서 복음을 선포하고 호기심을 갖는 자들을 가르치며 예배를 주관하며 소책자들을 분배하며 복음서들을 파는 것은 부락 담임목사들 또는 교리문답 교사들에 의하여 돈 때문에 수행되기 때문에 이 방법은 일반 기독교인들로 하여금 무급으로 복음을 전도하고 양떼를 돌보는 일을 중단하게 만든다. 마침내 이 방법은 일반적 관점에서 볼 때 전체 복음전도 사업을 저조하게 한다. 차(茶) 재배자들이 차 재배를 위한 노동자를 모아오도록 대행자들(일반적으로 노동자 모집인〈coolie catchers〉으로 불리운다.)을 파견하듯이 선교사들은 대리인들을 보내어 기독교인들이 되도록 사람들을 설득시키게 한다. 복음전도자들이 기독교인이 되도록 설득한 사람들의 수효가 많아진 만큼 그들은 돈을 많이 받을 것이라는 생각이 일반인들의 마음에 뿌리를 내리게 된다.

　이같은 설명을 한 다음 존 네비우스는 토착 선교방법을 기술하는 데 여섯 가지 원리 아래서 그것을 제시한다. 첫째, 각 개종자로 하여금 그가 불리움을 받은 부름 가운데 거하게 한다(고전 7 : 20). 각 개종자는 그가 기독교인이 되기 전에 영위하였던 동일한 방식으로 생계비를 벌고 그가 세례받기 이전에 살았던 곳에서 생활한다. 기독교는 일상인들을 위한 새로운 삶의 방식으로 인식된다.

　둘째, 작은 양무리를 치는 무급 평신도 지도자들—장로들과 교사들—을 신뢰한다. "우리 교회들의 특색은 교회들에 대한 주된 돌봄이 그 교회들 위에 세워진 유급 설교자들 및 그들 가운데 거하는 체류자에게가 아니라 교회들에 속한 무급 지도자들에게 맡겨진다는 것이다." 이들 장로들과 교사들은 서서히 지혜롭게 선택된다.

　셋째, 교회 집회를 교인들의 가정에서 모이게 하든가 아니면 그들로 하여금 그들의 수준에 따라 그들에게 속한 집회처를 짓게 한다. 만일 어떤 교인이 그의 소유지에다 큰 방을 지어서 거기서 교회가 모일 수 있게 되기를 원한다면 그것은 바람직한 일이다.

　넷째, 교회들로 하여금 유급 복음전도자들 또는 조력자들, 그리고 선교사 자신들에 의하여 지휘받게 한다. 네비우스는 약 1천 명의 사람들에게 세례를 주었고 약 200명을(이전 생활로의 환원에 의해서 또는 출교에 의하여) 잃었다. 남은 8백 명이 60개의 교회를 구성하였다. 즉 약 12명에 한 교회씩 형성된 셈이었다. 한 유급 사역자가 40개의 소교회들을 지휘하고, 또 한 사역자가 10개의 소교회를 그리고 네비우스 자신이 전체를 총괄 지휘하는 데 더하여 다른 10개의 소교회를 지휘하였다.

다섯째, 광범위한 훈련을 제공하라. (1) 주일 예배는 설교 중심이 아니라 가르침을 중심으로 한다. 가르침은 성경이야기를 말하고 회중으로 하여금 그것을 암기하게 하며 교리문답을 설명하고 기독교인들로 하여금 그 교리문답을 항목별로 암기하게 하는 것으로 구성된다. 예배에는 암기된 자료들이 사용된다. (2) 교리문답 교훈은 무급 지역 지도자들에 의하여 수행된다. 그들이 유급 대리인들보다 훨씬 낫다. 교리문답자들은 *Manual for Inquirers*(교리문답 지침)에 따라 3개월에서 24개월의 교훈을 받는다. 이 교리문답 지침과 성경문답서는 훈련체제의 필수적인 부분들이다. 이러한 것들이 없으면 그들은 속수무책으로 될 것이다. (3) 선교본부(소교회들에서 2백 마일 떨어져 있는)에서 실시하는 한 달 간의 성경훈련반은 지도자들에게 강도높은 훈련을 제공한다(네비우스는 이를 위하여 오는 모든 사람들에게 숙식을 제공하고 그들의 돌아갈 여비를 지불해 주었다. 그는 보다 똑똑한 개종자들을 참석하게 하려고 노력하였다).

여섯째, 새로운 교회들은 현존하는 교회들에 의하여 개척된다. 기독교인들이 그들의 생계비를 벌고 지면관계를 통하여 그들의 친구들과 친척들을 방문함에 따라 그들은 기독교인들이 되는 것을 고려하는 새로운 그룹들을 발견한다. 현존하는 기독교인들은 이들 호기심을 지닌 사람들을 가르치며 감독관 또한 때때로 그들을 교육한다. 그리고 그들이 시험을 치루고 세례를 받을 준비가 되었을 때 선교사가 처음으로 그들을 만난다. 그리하여 교회들은 정상적인 방법으로 배가된다.

이처럼 네비우스는 토착 선교원리들을 실질적 차원에서 주창하였다. 이 체제는 주효하였다. 그것은 심리학적으로도 일리가 있었다. 그것은 선교를 낯설게 인식되지 않게 하였다. 이 체제는 무한정한 확장을 할 수 있었다. 그리고 이 체제는 복음을 참된 빛 가운데 제시하였다. 그것은 건전한, 자립 전도하는 교회들을 배가시켰다.

롤랜드 알렌(Roland Allen)

중국에서 성공회 선교사로 일한 롤랜드 알렌은 20세기의 첫 20년 동안 아마도 네비우스의 통찰의 영향을 받아 토착 선교원리들을 위한 성경적 기초를 발전시켰다. 그는 상층부에 중점이 부여된 현대의 선교관행은 사도 바울의 선교방법들과 전혀 다르다는 것을 지적하였다. 바울은 토착 선교방법들을 사용하였다. 그는 결코 유대 대행자들을 임명하지 않았다. 그는 언제나 새로운 기독교인들 가운데 무급 장로들을 임명하였다. 그는 모든 훈련문제를 성령의 안내 아래 지역 교회들에 맡겼다. 알렌의 역작인 *Missionary Methods : St. Paul's or Ours*(선교방법 : 바울의 방법을 택할 것인가, 우리의 방법을 택할 것인가?)은 50년 동안 World Dominion Press(세계출판사)에 의하여 계속 출판되는, 지금까지 쓰여진 선교방법들에 대한 문서 중 가장 영향력있는 문서들 가운데 하나이다. 이 책의 위대한 공헌은 이 책이 토착 원리들을 초대교회에서 찾아 냈고 그리하여 이 원리들이 실용적일 뿐만 아니라 또한 성경적으로 타당하다는 것을 나타냈다는 것이다. 후에 이 점에 대하여 나는 좀더 언급하도록 할 것이다.

북아메리카에 있는 대단한 성장을 이룬 많은 교단들이 교회들을 개척하는 데 알렌/네비우스 체제를 활용하였고 그것도 이들 인물들이 출생하기 훨씬 전에 그렇게 하였다는 사실은 언급할 만한 가치가 있다. 그 교단들은 신약에는 어떤 중앙 본부에 의하여 임지로 임명된 고도로 훈련 받은 사역자 무리에 대한 아무런 언급도 없다는 사실만을 근거로 하여 그같이 했다. 북아메리카의 많은 교단들은 하나님께서 양떼를 인도하도록 부르신 사람들은 그들이 부름을 받은 그 부르심 가운데 거해야 한다는 가정 아래 **출발하였다.**

전후에 이룩된 이 원리의 확산

제2차 세계대전에 이어 토착적 교회원리들은 정착되었다. (1) 아프리카-아시아 교회들로 하여금 그 교회들 자체의 교역자들과 부락 담임목사들의 생활비를 지불하게 하려는 오랜 싸움에 있어서의 실패는 많은 선교사들로 하여금 교회들을 시작하는 보다 나은 방법이 있어져야만 한다는 것을 생각하게 하였다. 그렇다면 그들로 하여금 처음부터 선교지원으로부터 독립되게 하는 것보다 더 나은 방법이 있을 수 있겠는가? (2) 교회를 개척하는 데 있어서의 실패는 많은 선교사들로 하여금 해외선교사들이 복음전도자들과 목사들에게 생활비를 지불할 때 그들은 복음에 치명적 장애를 초래한다는 생각을 하게 하였다. 만일 처음부터 복음이 돈에 대하여서는 전혀 고려함이 없이 하나님에게 복종하는 문제로 인식된다면 전체적인 분위기는 성장에 도움이 될 것이다. (3) 제2차 세계대전 후 7억 명의 피식민지 백성들이 독립국가들의 시민들이 됨에 따라 본토민들과 그들에게 생활비를 지급하는 선교사들 사이의 마찰은 첨예화되었다. 마찰을 종식시키는 좋은 방법은 유급 선교대행자들을 끊어 버리는 것이었다. 토착적 교회원리들은 이 모든 어려움들에 대한 훌륭한 해결책인 것으로 여겨졌다.

몇몇 선교본부들이 토착 교회원리들 쪽으로 완전히 기울어졌다. 각 분야에서 선교본부가 책임을 지고 있는 유급 전도자들과 부락 담임목사들은 면직되었다. 작은 교회들에는 성경, 성령, 은총의 수단들만 있으면 되며 더이상 담임목사의 유급 봉사는 받지 못할 것이라는 것이 통고되었다. 하나님의 성회가 중앙 아메리카에서 토착적 교회원리들을 어떻게 실제로 적용하였는가를 기술하고 있는 멜빈 하지스(Melvin Hodges)의 책 *The Indigenous Church*(토착 교회)가 광범위하게 판매되었다. 몇몇 선교학 교수들은 자기들의 수업에 들어온 모든 사람들에게 토착적 교회원리들을 성공적인 선교를 위한 밝은 새로운 희망으로 가르쳤다. 이 원리들은 선교로 하여금 그 침체를 벗어날 수 있다는 최선의 희망을 제공하였다. 사도 바울의 방법은 선교사업을 침체의 늪에 빠지지 않도록 지켜 줄 것이다. 제도적인 선교회들의 막대한 비용은 절약될 것이고 무엇보다도 교회는 성장하고 배가될 것이다. 외국의 규제로부터 놓여 난 토착 교회들이 풍요한 삶의 축복을 전 세계에 가져다 주면서 민족들 전체에 걸쳐서 인준될 때 복음의 능력이 인식되게 될 것이다.

전후 토착적 교회방법들이 인기를 누리게 된 배후에는 다음의 8항목 아래에 요약될 수 있는 그럴 만한 이유들이 있다.

토착 교회들이 다른 교회들보다 성장한 여덟 가지 이유들

1. 현명하게 토착적 교회원리들을 따르는 선교사는 선교를 일차적으로

교회개척으로 해석한다. 이 원리들의 핵심은 복음을 전파하고 교회들을 배가하려는 정열이다. 네비우스는 무엇보다도 교회개척자였고 그의 체제는 그가 그의 과제를 수행하는 가장 효율적인 방법이라고 느꼈던 것을 기술한다.

하지만 유급 담임목사들과 복음전도자들을 선교기금으로부터 무조건 배제하는 것은 토착적 교회정책을 따르는 것이 아니다. 또한 80%의 기금을 교육에, 15%를 의료에, 5%의 기금을 현존하는 회중들을 위하여 사용하는 선교정책도 토착적 교회원리들을 따르는 것이 아니다. 만일 선교회의 시간과 자원들의 대부분을 박애적인 활동들에 소모하면서도 선교회가 담임목사들에게나 복음전도자들에게 보수를 지불하지 않는다면 그것도 토착적 원리들을 사용하는 것은 아니다.

2. 비기독교인들은 토착 교회들의 무급 지도자들을 자신들과 같은 사람들로, 사실 대부분 그들 자신의 친척들로 본다. 농촌지역들에서 기독교 지도자들은 또한 계절을 따라 모내기를 하고 추수하며 매주 한 번씩 개최되는 장에 나가며 황소를 구매하며 바구니들을 팔며 직물을 짜며 사냥을 하며 그들의 비기독교인 이웃들과 동일하게 여타의 일들을 하는 농부들이다. 도시지역들에서 그들은 다른 모든 사람들이 그들 자신의 생계비를 벌며 동일한 곤경과 근로조건들에 예속해 있는 노동자들, 하인들, 공장 근로자들, 택시 운전사들, 또는 연관 부설공들이다. 도시 및 농촌 기독교인들은 모두 그들 자신의 무언중의 증언을 나타낼 무수한 기회들을 소유한다. 비기독교인들은 그들의 변화된 삶을 대할 많은 기회들을 소유한다. 기독교인들은 그들 중의 한 사람이다. 결과적으로 이러한 토착 교회들은 성장하게 된다.

3. 지역 교회지도자들은 행함에 의하여 배운다. 다른 사람들을 가르칠 때 그늘은 스스로 곱절을 배운다. 그들의 확신은 계속해서 강력하게 성장한다. (1) 하나님의 뜻을 행하는 데 열심으로 종사하는 단단한 그룹들의 지도자가 됨으로 또한 (2) 하나님의 말씀을 읽고 해석하는 것으로 만족한다.

4. 이것은 기본 선교회로 하여금 새로운 교회를 설립하기 위하여 담임목사들에게 지불할 돈을 절약하게 한다. 각 지역에서는 다른 교회들이 따

라갈 수 있는 패턴을 따라 성장한다. 지역 교회의 가장 유능한 사람(비록 그가 교육받은 교회의 보다 열등한 교인들에 비해서도 더 무지할 수 있기는 하지만)이 교사, 지도자 또는 장로가 되어 급료없이 봉사한다. 새로운 그룹이 기독교인이 되기로 결심하였을 때 그 교인들은 선교회가 그들에게 상주하는 유급 사역자를 제공하리라고 기대하지 않는다. 그들은 그들 성원들 가운데 한 사람이 무급 목자와 장로가 될 것으로 기대한다. 그들은 선교비로 세워진 집회처를 기대하지 않는다. 그들은 어떤 가정에서 예배를 드리거나 또는 그들 자신의 노동과 돈을 투여하여 교회 건물을 지어야 한다고 생각한다.

만일 기독교인이 된 모든 새로운 그룹에게 교회 또는 선교회가 봉급을 지불하는 유급 담임목사가 부여된다면 형성된 그룹들의 수효는 선교예산의 양에 의하여 결정된다. 그러나 모든 새로운 집단이 그 자신의 지도자들을 제공할 때 확장에 있어서 재정적인 문제로 인한 한계는 발생하지 않는다.

하지만 지도자들을 훈련하며 소교회들의 군(群)을 감독하는 부담은 개척을 주관하는 교회의 책임으로 남는다. 토착적 교회원리들은 값싼 복음전도 방식으로 인식되지 말아야 한다. 이전에 복음전도자들에게 봉급을 지불하는 데 재정이 소요된 만큼은 충분하게 기독교 소집단들의 지원 지도자들을 훈련하고 진담으로 소교회들의 군(群)을 지휘하는 사람들에게 봉급을 지불해야 한다.

5. 전체 성원에 의한 자연적인 증거가 더욱 가능하게 된다. 기독교인 생활과 예배, 증거와 배움이 자연스럽게 이루어진다. 성장하는 교회들에 있어서 "무의식적인" 증거가 가장 잠재력을 지닌 요소인 것 같다. 토착적 교회원리들은 성공적으로 수행될 때 기독교인들이 자신들, 그리고 그들의 청중들에게 가능한 선한 생활에 대하여 말하는 그러한 교회들을 창출한다. 그들이 성경적 진리를 설명할 때 그들은 자신들의 문화상태에서 자신들에게 의미를 지니는 사고형태들과 예들을 들어 그렇게 한다. 고지대 뉴기니아에 사는 사람들에게 돼지는 으뜸가는 제물이다. 유럽-북아메리카 선교사는—속으로는 "예수께서 우리의 돼지 제물"이라고 말하는 것이 의미심장하리라는 데 동의하기야 하겠지만—자신들이 그렇게 이야기하기는

정말로 어렵다. 자신의 성경을 읽는 서구화된 뉴기니아의 설교자 역시 세례 요한이 "보라, 하나님의 **어린 양**이로다"라고 말하였다는 것을 알고 그 테두리를 벗어나지 못한다. 그러나 평신도 기독교인은 별 노력없이 그리고 완전한 존경심을 가지고 그의 기독교인, 비기독교인 동료들에게 하나님의 돼지이신 예수에 관하여 말한다. 흔히 전달된 관념은 서구적 개념에 따르면 전적으로 성경적이지 않을 수도 있다. 그러나 그 관념은 아직 믿지 않는 사람들에게 **그들이 이해하는 견지에서** 구세주를 천거해 줄 것이다.

내가 한번은 몇 가정의 기독교인들이 살고 있는 마을 근처에 그늘이 훌륭한 나무 아래에 나의 천막을 쳤다. 그곳에 천막을 설치하는 것은 비기독교인들 가운데 당혹감을 일으켰음이 분명하였다. 왜냐하면 곧 대표로 어떤 사람이 나를 보러 와서 그 천막을 다른 장소로 옮겨 줄 것을 내게 요구했기 때문이었다. 그 마을에서 섬기는 신상이 그 큰 나무의 다른 편에 있었고, 기독교인들이 이처럼 가까이에 있으면 그것이 더럽힘을 받을 것이었다! 나는 그 마을의 한 기독교인이 다음과 같은 말을 하기까지 실은 그들의 요구에 따르고자 하는 생각을 하고 있었다.

"형제들이여, 무엇 때문에 쓸데없이 안절부절하는가? 선교사의 천막이 여기에 있는 한, 부락의 개들이 당신들의 신상에 오줌을 싸지는 않을 것 아닌가?" 나로서는 결코 생각지도 않았던 이 논박은 대단한 효과가 있었다.

"아, 그래. 그 말이 맞는데, 천막을 옮기지 말고 그대로 두지. 우리도 다시 여기서 좋은 소식(복음-역주)을 들어 보도록 하지"라고 그들은 대답하였다.

진정으로 토착적인 교회들에서는 일반 기독교인들이 기독인됨의 유익과 축복에 관하여 공공연하게 말한다. 1935년의 빌운동(Bhil movement)은 어느 날 저녁, 한 평신도 기독교인이 그의 친척들에게 그리스도의 능력에 관하여 말함으로써 시작되었다. 집회가 파하고 상당 시간이 지난 한밤중에 이 평신도의 사촌이 그를 찾아왔다. 사촌의 물소가 병이 들었다는 것이었다. 그는 일어나 그 사람의 집으로 가서 물소의 옆구리에 손을 얹고 물소가 건강하게 해달라고 하나님께 기도하였다. 그리고는 자신있게 그 가족들에게 가서 잠을 자라고 말하였다. 아침에 그 물소는 씻은 듯이 나았고 전체 마을은 깊은 존경심을 가지고 좋은 소식에 귀를 기울이게 되었다.

    6. 일반 기독교인들이 그리스도에 대하여 증거하고 다른 사람들을 설득하여 그의 제자들이 되고 그리스도의 교회의 책임있는 성원들이 되라고 할 때 교회들은 뜻밖의 장소들에서 배가된다. 즉 교회는 가족에서 가족으로, 부락에서 부락으로, 종족에서 종족으로, 그리고 산맥을 넘어서 다음 부락으로 파급된다. 제2차 세계대전 중 일본이 대만을 점령하고 있던 마지막 몇 해 동안 그리스도를 위한 타이알 운동(Tyal movement)이 시작되었을 때 이러한 교회 설립의 교훈적인 사례가 발생하였다. 타이알 부족 가운데서 기독교가 성장한다는 소식을 들은 일본군 당국은 성경연구나 또는 기독교 설교를 엄하게 금하였다. 그런 다음 타이알 부족을 전향시키고 회유하기 위하여 그들은 여러 부락들에서 경기자들의 팀을 구성하여 각 부락에서 경기와 쇼우를 공연하였다. 경기자들 가운데는 세례를 받지 않은 한 기독교인이 있었다. 공연단이 마을들을 순회하면서 공연하였을 때 이 씨름 선수는 경기를 한 후에 그의 부족민들을 조용히 만나서 그들의 비밀 성경연구와 세례받지 않은 기독교인들과 친구들의 모임을 계속하라고 격려하였다. 전쟁이 끝난 후 이 씨름 선수가 순회를 하였던 곳들에 일련의 교회들이 설립되었다. 토착적 교회들의 특징에 어울리는 이러한 자연스러운 증거에 대하여 아무런 저항도 없었다. 성경연구 집단은 비기독교인 "당국자들"로부터의 아무런 반대도 일으킴이 없이 교회로 성장하였다.

    7. 교회들의 규모가 커지고 교인들이 증가하게 되면 토착적 교회원리들은 기독교인들이 모 교회 또는 선교회에 의해서가 아니라 자체 교회에 의하여 생활비가 지급되는 풀-타임 유급 담임목사들을 초청해야 한다는 것을 가르친다. 교회 건물들 역시 가능한 한 빨리 건축되어야 한다. 그러나 그것도 외부의 도움에 의해서가 아니라 기독교인들 자신들에 의하여 이루어져야 한다. 인도의 콘드 산악지역에서 인도인 출신의 순회 기독교인 의사가 가정 교회의 집회에 참석하였다. 그 가정 교회는 서까래가 부서지고 초가지붕은 썩었고 마룻바닥 위에는 물이 고여 있었다.

    "지붕을 수리하는 데 비용이 얼마나 들까요?"라고 그는 질문하였다.

    "약 5루피가 필요합니다"라고 감독하는 사역자가 대답하였다. 의사가 그의 지갑을 열자 곧 사역자는 사양하는 말을 하였다. "고맙지만 사양하겠읍니다. 도우시려는 성의는 고마우나 우리에게는, 교회는 자신의 교회 건물을 스스로 수리한다는 엄한 법칙을 있읍니다."

이러한 모형의 교회들은 토착적 교회원리들을 충실히 따르고 있다고 하겠다.

8. 토착적 교회원리들은 교인 규율이 지역 교회들에 일임되어야 한다는 것을 강조한다. 지역 교회들은 선교사의 교회들이 아니라 그리스도의 교회들이다. 희랍의 환경 아래서 기독교적인 행위가 어떤 것이어야 하느냐 는 것이 유대인 기독교인들이 아니라 희랍인 기독교인들에 의하여 결정되어야 한다. 기독교인이 된 키콩고 부족들 가운데서 기독교적 행위가 어떤 것이어야 하느냐는 것은 성경과 성령에 속하여 있는 키콩고인 기독교인들에 의하여 정해져야 한다.

이러한 원리는 교회성장과 관계가 깊다. 이러한 원리는 외국인들에 의하여 판단을 당한다는 불쾌감을 일거에 제거하며 온갖 종류의 문화적인 적용의 여지를 넓게 해준다. 외국인이라면 누구나 다 자신에게—그가 독일에서 교육을 받았거나 또는 다른 어떤 국가에서 교육을 받았든지간에— 성경적 요구들로 생각되는 것들로부터 진정으로 성경적인 요구들을 구별한다는 것은 어려운 일이다. 켄자남 가말리엘(Canjanam Gamaliel)은 기독교인이 되는 데 있어서 일차적인 단계로 "카스트를 깨뜨리는 것"이 복음의 본질적인 부분이 아니라고 생각한다. 그러나 아직도 이러한 그의 생각에 동의하는 아메리카 선교사들은 별로 없다. 진정한 토착적 교회들이 선교사가 개척한 교회들보다 훨씬 훌륭하게 성장하는 한 가지 이유는—심지어 후자의 교회들이 후에 토착화되고 난 후라고 할지라도—그들이 성령 및 성경이 행하라고 그들에게 지시하는 것을 자유롭게 따른다는 것이다.

몇 가지의 유보

지난 50년 동안에 네비우스와 알렌에 의한 제안들을 놓고 그 확고한 옹호자들과 반대자들이 격렬한 논쟁을 벌여 왔다. 어떤 지역들에서는 토착적 원리들이 건전하고 활발한 교회들이 산출하는 올바른 방법인 것처럼 보였다. 여타의 지역들에서는 토착민들과 선교사들이 이 원리들을 선망의 눈초리로 쳐다보기는 하나 "우리의 환경 아래에서는 그 원리들이 그리 간단하게 효과를 나타내지 않으리라"는 결론을 내렸다. 많은 지도자들은 다음과 같은 유보들을 행한다.

아프리카-아시아에서 시작되어 여러 해 동안 성장한 대부분의 큰 교회들은 처음에는 선교회에 의하여 전적으로 생활비를 지원받고, 그후 여러 십년 동안 부분적으로는 교회에 의하여, 부분적으로는 선교회에 의하여 생활비를 지원받고, 마침내 교회가 크게 성장한 후에는 전적으로 교회에 의하여 지원을 받는 교사-설교자들, 교리문답자들, 그리고 부락 담임목사들(명칭들이야 다양하다.)에 의하여 사역되었다. 5천 교회, 1만 교회들 그리고 수백만의 교인들은 이러한 이전의 방식으로 이루어졌다. 만일 이 방법이 하나님으로부터의 축복의 결과라면 이것은 전적으로 잘못될 수 없다고 이들 지도자들은 주장한다. 더 나아가서 우리가 전체 선교 분야를 신중하게 조망해 볼 때 사역자들이 해외기금들로 생활비를 지급받을 때 교사들이 성장하지 않는다는 것은 사실이 아니라고 말한다. 오히려 토착민에 의하여서든 또는 선교사에 의하여서든 생활비를 지급받는 교회지도자들이 교인들을 훈련시키고 그들에게 책임을 부여하며 신입 교인들을 모으며, 가장 유능한 사람으로 하여금 보다 큰 책임들을 맡게 하며 그들이 전체 사업을 관장하는 체제가 어떤 환경들 아래서는 복음을 확대시키는 유일한 제도이다.

토착적 교회원리에 따르면 교단 또는 선교회가 선교사들, 교사들, 의사들, 농업 지도자들에게 생활비를 지급하는 것은 타당하나 양무리의 목자들에게는 그같이 하지 않아야 한다고 본다. 그러므로 일상적인 기관들을 소지한 어떤 교단 또는 선교회에서 이러한 원리들은 교회 사역자들에게 지급할 기금을 삭감하고 그 기금을 학교 교사들, 차 운전사들, 그리고 기타 조력자들의 생활비를 지급하는데 전가함으로 개체 교회들에 장애를 일으킨다. 이러한 현상이 발생할 때 진정한 목표야 무엇이든지 간에 모든 사람들에게는 교단 또는 선교회가 다음과 같이 말하는 것으로 생각이 들게 된다. 즉 "우리의 기관 프로그램이 중요하지, 우리의 교회 프로그램은 중요하지 않다"고 말하는 것으로 생각이 들게 된다.

많은 교인들이 즉각적으로 확보될 수 있는 곳에서 토착적 교회원리들은 효과적이다. 그러나 소수만이 획득되는 곳에서는 효과적이지를 못하다. 네비우스의 수천의 개종자들은 막대한 기아 구제기금이 그보다 이전의 수십년 동안 지급되어 온 농촌 주민들 가운데서 신속하게 불어났다. 그리스도에게로 나아오는 운동은 단기간에 60개의 교회들을 이룩하였다. 사도 바울 또한 먼저 유대교 회당 공동체들을 찾아갔고 여기서 교회들은 급속하게 성장하였다. 만일 그가 개종자들이 수년에 걸쳐서 한 명씩 생기고 이 드문 개종자들, 기근으로 인한 고아들, 구제를 받은 사람들, 개종을 한 학생들로부터 겨우 이루어지는 저항적인 주민들을 대상으로 복음을 전하였다면 과연 그가 무급의 지역 지도자에게 의지할 수 있었을까? 특히 만일 그가 학교들과 병원들을 운영해야 하는 현대적 선교에 봉착해 있었다면 그렇게 했을까?

"토착적 교회원리들이 어디서나 교회들을 성장시킨다"는 것은 진실이 아니다. 오히려 급속하게 성장하는 교회들이 토착적 교회원리들을 사용할 수 있다고 보아야 한다. 경우가 이러하므로 이 원리들이 훌륭한 결과들을 산출하리라는 것이 예상되는 곳들에서 토착적 원리들을 사용하고 여타의 환경들에서는 이 원리들을 사용하지 않는 것이 올바른 절차이다.

토착적 원리들이 새로운 우상이 될 위험은 크다. 하나님의 종들이 "교회가 성장하든 않든, 교회들이 배가되든 안하든 우리는 토착적 교회원리들을 충실하게 추종했을 따름이다. 이 원리들은 성경에 입각한 것이다. 우리가 훌륭한 기독교인들이라고 하면 그 밖의 다른 원리들은 사용할 수 없다. 우리는 교사들, 하인들, 선교사들, 방송 기술자들, 간호원들에게 생활비를 지급할 수는 있다. 그러나 복음전도자들에게 생활비를 지급하는 것은 용서될 수 없는 죄이다"라고 말할 수도 있을 것이다.

토착적 교회원리들은 훌륭하다. 그러나 이 원리들이 성장 또는 비성장의 유일한 요인 또는 심지어는 주된 요인이라고 상상하는 것은 심각한 지나친 단순화이다. 부흥사가 행하는 막대한 역할도 간과되지 말아야 한다. 또한 견고하게 조직화된 사회들에 있어서 "사회의 조류에 저항하여 한 사람씩" 개종시키는 양식에 대하여 토착적 교회원리들이 지니는 약점도 망각되어서는 안 된다. 또한 많은 여타의 요인들이 성장에 영향을 미친다.

554 V. 교회성장의 특별한 본질

절충적인 시도

세계복음전도의 사명은 토착적 교회원리들을 놓고 찬반 양론으로 진영이 갈라져서는 진전되지 못할 것이다. 그보다는 이를 극도로 유용한 도구들이 민족들을 제자로 삼는 데 있어서 언제 어떻게 사용될 수 있겠는가를 이해함으로써 진전될 것이다. 다음의 소수의 법칙들은 위의 두 입장들을 조화시키는 데 도움이 되리라는 희망 아래 마련된 것으로 결코 완벽한 것은 못된다. 인류는 지역에 따라 그 성격을 달리하므로 각 지역 형편에 모두 해당되는 완벽한 진술을 행한다는 것은 어려울 것이다. 동질적인 하나의 단위 가운데서 형성된 교회들에 익숙한 독자들은 수천의 단위들을 염두에 두고 마련된 이들 법칙들이 그들의 마음에 전적으로 흡족하지는 못할 가능성이 크다. 그러나 아마 그들도 토착적 교회원리들이 가장 잘 주효할 환경들에 대해 기술하려는 시도들은 바람직하다는 데 수긍할 것이다. 그리고 아마도 그들도 자신들의 특별한 욕구들에 보다 충실하게 부응할 일련의 법칙들을 작성할 수도 있을 것이다.

1. 복음전도 노력의 진정한 목표는 자립한 교회들과 교단들이며 대체로 이 목표에 도달하는 최상의 길은 토착적 교회원리들에 따라서 처음 교회들을 개척하는 것이다. 이 원리들은 누가 담임목사에게 봉급을 지불하느냐 또는 전적으로 무급의 지역 지도자들에게 의뢰하느냐 하는 제약된 문제보다는 범위에 있어서 훨씬 넓다.

2. 보다 오래된 교단들이 목사들에게 보조금을 지불하지 않고도 성장을 해온 지역들에 교회들을 설립할 때는 결코 보조금을 지불하지 않도록 하라. 보조금을 지불하는 것은 보다 오래된 교회들을 손상시킬 것이다. 그리고 소득된 어떠한 일시적인 이익도 장차 있게 될 손실보다 더 크게 될 것이다.

3. 대단히 성장하는 교단들에서는 보조금을 지불할 필요가 없다. 새로운 회중들은 무급 지도자들로, 또는 회중들 자신들에 의하여 생활비를 지급받는 지도자들로 변성을 한다. 보조금 지급을 도입하는 것은 어리석은 일이 될 것이다.

4. 이전의 교단들이 보조금을 지급해 온 지역들에 교회들을 설립할 때 새로운 선교는 다음과 같은 세 가지 선택사항에 의한 제약을 받게 된다.

19. 토착적 교회의 원리와 성장하는 교회 555

즉 보조금을 지급하거나 아니면 새로운 교회들과 보다 오래된 교회들 간의 상거를 40마일 정도로 해야 하고 보조금없이 시작하도록 시도해 보든가 아니면 이전의 교회들과 분리된 인식을 지닌 교회들을 설립하는 것이다. 제7안식교회들은 대부분의 지역들에서 세 번째 조항을 선택하였다. 1916년에 감리교, 침례교, 루터교, 장로교, 기타의 교단들의 유급 교역자들이 존재하는 브라질 사웅파울루시에서 완전히 무급 지도자들로 브라질회중교회(Congregacao Cristan of Brazil)는 시작하였다. 이 교단은 50년 만에 40만 명의 세례받은 신자들의 교단으로 성장하였다. 이러한 것은 이 교단이 분리된 동질적 단위(이탈리아어를 말하는 이민자들) 가운데서 성장하였고 자신의 분리에 대한 생생한 의식을 소유하였기 때문에만이 가능하였다.

5. 저항적인 주민들 가운데 교회를 설립할 때는 토착적 교회원리들에 입각하여 출발하도록 하라. 토착적 원리들이 지니는 자연스러움은 때때로 저항을 극복한다. 하지만 교회들이 배가되든 되지 않든 간에 몇십 년씩이라도 단조롭게 토착적 교회원리들을 고집하지는 않도록 하라. 나이제리아 또는 브라질과 같은 나라에서 대단한 토착적인 교회 열성으로 30년 및 200만 달러가 소비되었고, 그래야 전체 신자는 세례인이 400명도 미처 안 되는 그러한 선교는 하나님의 은총에 대한 빈약한 청지기직 수행이라 하겠다. 그런 경우는 오래 전에 제한된 보조금 지급 계획으로 정책을 변환시키거나 또는 그 정책들을 정정하도록 해야 한다. 교회들이 설립되든 안 되든 토착적 교회원리들을 고집하려는 것은 아무런 가치도 없다. 알렌과 네비우스의 제안들의 기본적인 목적은 "이전 방법"보다 더 효율적으로 교회들을 개척하는 것이다. 네비우스는 토착적 교회원리들이 성장하고 배가되는 교회들을 설립시키지 못하는 경우 그 원리들을 수정하거나 심지어는 포기하기까지 한 첫 인물이었을 것이다.

6. 만일 어떤 선교회가 보조금을 부분적으로 또는 전면적으로 지불한다면 그 선교회는 다른 교회들은 무급 시노사들로 새로운 근거 위에서 시작하고자 끊임없이 추구해야 한다. 때때로 처음 시작하는 순간에는 펌프에 물을 집어 넣어 펌프를 작동시키는 작업이 필요하다. 그러나 펌프에 물을 집어 넣는 목표는 보조금이라는 물줄기를 계속 쏟아 넣지 않고도 풍성한 물을 얻으려는 것이라는 사실이 망각되지 말아야 한다. 교단이 무한한 재

생산적인 패턴—그 패턴은 새로운 작은 교회들이 중앙의 자금에 의존함없이 시작됨—에 의하여 움직이게 되기까지 진정한 위대한 성장은 이룩되지 못할 것이다. 자발적인 확장이 의미하는 것은 바로 이러한 것이다.

7. 모든 교회들에서 심지어는 담임목사가 보조금을 받는 교회들에서일지라도 무급 지도자들을 정열적으로 훈련시키도록 하라. 현재의 체제가 어떠하든 간에 평신도들에게 더욱 책임을 부여하도록 하라. 지원해 주는 선교회에 의하여서만이 모든 것이 이루어지는 참담한 상황에 있는 교회들이 소수가 있는데 이런 교회들은 선교부 지원의 모든 복음전도자들을 해산하고 평신도들을 훈련하는 일을 시작해야 한다. 전국 지도자에게 토착적 교회원리들의 유익을 가르쳐 주도록 하라.

8. 교회배가를 위하여 계속하여 노력하라. 교회들이 성장할 때 담임목사들과 사역자들에 대한 보조금 지급은 보다 신축성있게 중단되거나 또는 감축될 수 있다. 새로운 작은 교회들이 형성된다면 그 교회들로 하여금 무급 사역자들에 의하여 인도되게 하라. 오랜 교회들이 규모에 있어서 성장하였을 때 각 교회로 하여금 그 담임목사의 봉급을 더욱더 많이 부담하도록 하라. 혼자서 10개의 작은 교회들을 관리하였던 네비우스가 세워 감독하는 사역자처럼 한 명의 "순회"목사의 지휘 아래 여러 개의 작은 교회들을 맡기도록 하라. 토착적인 무급 지도자가 생기기까지 교회배가를 중단한다는 것은 바람직하지 않다.

9. 여러 교회를 관장하는 수준에 있는 유급 지도자들을 위하여 생활비를 지급하라. 때때로 선교기금으로부터의 직접적인 지급이 필요하다. 그것은 죄가 아니다. 그것이 최상의 그리고 가장 항구적인 조처가 되지는 못한다. 그러나 그러한 것은 수많은 경우 훌륭한 교회들을 생성시켜 왔다. 때때로 교단에 의하여 관리되는 교회기금을 수립하는 것이 좋다. 이 기금은 교회들과 선교회에 의하여 형성되며 이 기금으로부터 사역자들과 담임목사들에게 생활비가 지급되게 한다. 궁극적인 목표는 토착 교단이 개체 교회 담임목사들, 순회목사들, 기타 다른 직원에게 전적으로 그 자체의 기금으로 생활비를 지급하는 것이다. 그러나 아프리카—아시아 교단들 중에 이러한 목표가 전망되는 위치에 도달한 교단들은 몇 개 안 된다.

인간운동과 토착적 교회원리들

　인간운동들을 이해하는 것은 우리로 하여금 토착적 교회원리들 및 그 원리들이 인간들을 하나님에게 화해시키는 데 있어서 효과적인 환경들을 이해하도록 돕는다. 롤랜드 알렌이 예루살렘과 유대의 보통 사람들 가운데서 시작하여 후에 지중해 주변의 회당공동체들로 확장된 번영하는 인간운동들로부터 성경의 토착적 교회방법들의 실예를 취하고 있다는 사실은 주목할 만한 가치가 있다. 그의 천재성 및 선교에 대한 공헌은 그가 신약교회성장의 인간운동적 본질을 이해하지 못하였다는—때로는 이해할 수 없었다는—것으로 인하여 그의 통찰들이 다소 왜곡되었다는 사실을 수긍한다고 해서 결코 축소되지 않는다. 예를 들어 그는 바울이(현재의 선교개척자처럼) 고대 세계의 대도시들로 갔는데 이는 그 도시들이 상업, 행정, 문화의 중심지들이기 때문에 그렇게 한 것이라고 상상하였다. 알렌은 바울이 대도시들에 간 것은 다만 유대인들이 거기 살고 있었기 때문이었다는 사실을 파악하지 못하였다. 바울은 도시들로 감으로 비로소 커다란 회당공동체들과 그리고 기존 기독교인들의 수백명의 친척들 및 사업 관계자들을 발견할 수 있었다. 이러한 요소들이 그의 기독교 신앙을 구성하고 있던 자료들이었다. 그의 교회들은 관계들의 그물을 통하여 성장하였고, 이 관계가 도시들을 근거로 하고 있었으므로 그는 도시들로 간 것이었다. 만일 그것이 농촌지역들을 근거로 하였다면 그는 농촌지역들로 갔었을 것이다.

　알렌은 인간운동을 전혀 파악하지 못하였다. 그러므로 그는 인간운동들이 수용적인 주민들 가운데서 진보하는 방법들이 바로 토착적 원리들로 기술된다는 것을 파악할 수 없었다. 사실상 인간운동들은 **뛰어난 토착적 교회들**이다. 인간운동들이 유일한 토착적 교회들은 아니다. 다시 말해서 어떤 토착적 교회들은 인간운동들에 속하지 않는다. 그러나 적절하게 복양되는 인간운동은 철저한 토착적 교회들을 형성한다.

　우리는 성경 가운데서 토착적 원리들이 저항적인 주민 가운데서 사용되는 사례를 찾아 낼 수 없다. 저항적인 주민 가운데서의 과제는 의존적인 작은 교회들을 양육하면서 수십년 동안 그저 지탱하며 선포하는 것이다.

사도행전의 패턴이 저항적인 주민들 가운데서도 동등하게 주효하리라고 가정하는 것은 어리석은 일이다. 더우기 그 패턴이 저항적 주민들을 수용적이도록 변화시키리라고 상상하는 것은 더욱 어리석은 일이다. 사도 바울도 흔히는 다만 한두 주간의 복음전도를 한 후에 상당 규모의 교회가 급속하게 성장할 수 있는 주민들 가운데서 효과있는 선교방법들을 고안하고 또 실행하였다.

우리는, 수용적인 동질적 단위의 사람들을 복음으로 인도하는 선교들은 토착적 교회원리들을 사용해야 한다고 결론지을 수 있다. 이러한 단위들에 있어서 이 원리들이 유급 사역자 체제보다 훨씬 우월하다. 만일 두 선교회가 대단히 수용적인 주민들 가운데서 사역을 하는데 하나는 토착적 교회원리들을 사용하고, 다른 하나는 옛날 체제를 사용한다면 전자의 경우는 계속적으로 성장하고 후자의 경우는 성장이 부진할 것이다. 칠레와 브라질에 있어서 오순절교회들의 엄청난 성장은 그 교회들이 그러한 사실을 의식하지 못하면서 토착적 교회원리들을 따랐다는 사실에 상당한 이유가 있다. 하지만 두드러지게 저항적인 주민들 가운데서는 유급 선교대리인이 여전히 중요한 위치를 차지한다. 이러한 대리인이 과거의 교회성장에 대단한 기여를 해왔고 미래에 있어서도 중요한 역할을 할 것이다.

여기서도 다시 수용성의 축이라는 견지에서 생각하는 것이 유익할 것이다. 왼쪽 끝—대단히 저항적인 주민들—에서 교회를 개척하려는 교회는 그 자체에 의하여 생활비를 지급하는 선교사들과 토착민들에 의존해야 할 공산이 크다. 극단적인 왼쪽 끝에는 교회가 없거나 또는 존재하는 회중들도 연약하고 의존적이며 그런 상태를 벗어나지 못한다. 오른편 끝—대단히 응답적인 주민들—에서는 선교적인 노력에 앞서서 그들 자신의 무급 지도자들의 지도 아래 회중들이 형성될 것이다. 이러한 경우 보조금체제를 구성하는 것은 어리석은 일이 될 것이다. 하지만 왼편과 오른편의 중간에, 즉 주민 분포의 중간 정도에는 엄격한 토착적 원리들이 이로운지 아닌지가 분명하지 않은 주민들이 있다. 만일 보조금이 사용되어 왔다면 그것이 성장하는 교회의 최상의 이익에 유해한 것으로 간주하고 가능하면 신속하게 그것을 중지하려고 하라. 특히 모든 새로운 지역들에서는 더욱 그러하다.

어떻게 낡은 방법을 종식시키고 토착적인 교회 기초를 정착시키느냐 하는 것은 간단한 문제가 아니다. 만일 모든 선교사들이 한 영토로부터 추방되거나 전쟁과 혁명이 한동안 교회로 하여금 전적으로 스스로 자생하도록 방치되게 한다면 교회들이 무급 지도자들을 개발할 기회들이 좋게 된다. 그러나 선교사들이 추방되지 않고 기관들이 그 간부들에게 계속하여 생활비를 지불하고 있고, 그러면서도 선교회가 복음전도자들과 목사들에게 후하게 생활비를 지급할 때(적어도 혜택을 입지 못하는 목사들과 그들의 연고자들에게는 그렇게 나타난다.) 이러한 철저한 행동은 좀처럼 좋은 결과들을 초래하지 않는다. 그보다는 비교적 유능한 유급 사역자들을 감독하는 위치로 승급시키고 평신도 지도자들을 훈련시키는 데 자금을 투입하고 공부를 마친 교리문답자들에게 넉넉한 퇴수자금을 주어 그들로 하여금 토지를 매입하거나 또는 취업을 하도록 돕고 새로운 교회들을 개척하려는 노력들을 장려하는 것이 좋다. 토착적 원리들에로의 변천은 경비절감의 일환으로 이루어지지는 않도록 해야 한다. 그렇지 않을 경우 선교회에서 봉급을 지급받는 사역자들이 해고되고 작은 교회들에서 불만을 품는 요소를 형성할 때 이들 교회들 자체는 더욱 더 소홀하게 된다.

토착적 원리들과 인간운동 원리들은 서로 버팀목 역할을 한다.

1. 토착적 원리들은 건전한 인간운동들을 수립하는 데 대단히 유익하다. 이러한 것에는 몇 가지 이유들이 있다. 첫째, 이 원리들은 기독교인들로 하여금 그들 자신의 동족, 그들의 일가 친척들에게 나아가고 또한 그리하여 그들의 동족 가운데서 성장하도록 인도한다. 농민들이 다른 농민들과 더불어, 티브 부족들이 티브 부족들과 더불어 성장한다. 북동지역에서 남부 브라질 도시들로 유입된 이주민들이 다른 북동 지방 출신 이주민들을 복음화한다. 북서아르헨티나에서 복음주의자들이 된 아이마라 이주민들이 다른 아이마라 이주민들을 복음화한다. 그들은 오래된 아르헨티나인들을 복음화하지 않는다. 이처럼 토착적 원리들과 선교사들이 같은 심성을 지닌 집단 단위들에서 그룹 행동을 하는 것을 가능하게 한다.

둘째, 이 원리들은 기독교인들과 교회들로 하여금 자신들에게 좋다고 느껴지는 민족적 패턴들을 선택하도록 인도한다. 토착적 교회들은 행동이 자유롭다. 선교사가 그들을 방문하기는 하나 그 경우가 드물다.* 그들의 지도자들은 자신들에게 좋게 보이는 것을 행하는 데 익숙해 있다. 만일 그들이 그들의 교회에서 기타 연주를 원한다면 그들은 그렇게 한다. 만일 그들이 성만찬 식탁에서 춤을 추기를 원한다면 그들은 그렇게 할 수 있다. 이러한 교회들은 그 관습들에 있어서 필연적으로 토착적이요 또한 토착적으로 존속한다. 그 관습들은 비기독교인 친척들에게도 좋게 생각된

＊이러한 것은 교회개척이 한동안 진척된 후에서야 통용될 수 있는 이야기이다. 교회들이 전무하거나 또는 소수의 교회들이 시작되고 있는 곳에서는 선교사가 보다 적극적인 역할을 해야만 한다. 그는 계속해서 함께 있어야만 한다. 그는 하나님께서 그리로 보내신 교회개척자이다. 그는 아무리 활동적이라고 해도 지나치다고 할 수 없다. 토착적 방법들에 있어서 어떤 훈련의 불행한 결과들의 하나는 선교사들을 임지로 보내기는 하되 무엇을 행할까 보아 두려워하며 보내는 것이다. 이는 그들이 토착민들로부터 선취권을 탈취하지는 않을까 하는 데서 비롯된다. 그와는 정반대로 토착적 교회원리들에 의하면 교회개척 초기의 선교사의 역할은 주된 교회개척자가 되는 것이다. 우리는 네비우스의 60개의 교회들이 네비우스가 조심스럽게 뒷짐을 지고 앉아서 교회들로 하여금 자생하도록 토착적 지도자들로 하여금 성경을 연구하고 정규 예배를 인도하는 나름대로의 방법을 터득하게 하는 것으로 이루어지지 않았다는 것을 자신있게 말할 수 있다. 또한 그가 주장하였던 조심스럽게 계획된 전체적인 전후 활동이 필수적이었다고 보아야 한다.

앞 장에서 보고한 A. C. 크라스씨가 가나에서 개척한 교회는 선교사들이 연구하여 유익을 얻을 수 있는 모델이다. 행할 필요가 있는 것이 무엇이라는 것을 파악하면 그는 주저하지 않고 현존하는 읍내 교회의 토착적 지도자들의 앞장을 서서 그가 부락들에서 계획하고 조절한 프로그램을 따라 개척한 교회를 지휘하였다. 사실 그가 60교회들을 세웠을 때 그 교회들이 그를 만나기는 좀처럼 힘들게 되었다. 그러나 가나의 장로교단이 몇몇 유능한 가나인을 임명하여 효과적으로 사역을 수행하게 하기까지 크라스씨는(네비우스 박사처럼) 할 수 있는 대로 많이 그들 교회를 방문하였다. 그는 적극적으로 전체 사업을 지휘하였다. 그의 역할의 일부는 부락 교회들의 지도자들을 발전시키는 것이었다. 이들 지도자들이 단기간 내에 독립하도록 되어서는 안 된다는 것이 그의 생각이었다.

다. 이들 친척들이 기독교인들이 되는 것을 고려하게 될 때 그들은 교회의 관행들에 반발하는 것이 아니라 매료된다. 그러한 까닭에 크고 작은 집단들은 교회를 방문하여 배우고 기독교인이 되는 것에 대한 의논에 호감을 느껴 임하게 되고 마침내 그리스도를 위하여 복수-개인적인 결단을 내리게 된다.

셋째, 토착적 교회들과 그 교인들은 그들의 동족들에게 호소력있는 논증들을 사용한다. 칠레에 있어서 오순절 교파의 커다란 성장의 한 이유는 보통 사람들이 복음주의자가 되는 것이 애국적인 것으로 믿게 되었다는 것이다. 사람은 오순절교인이 됨으로 보다 나은 칠레인이 된다. 일반 선교사는 이러한 논증을 생각해 보지도 못하고 그것을 복음주의자가 되는 데 있어서 가치있는 이유라고 판단하지 않을 것이다. 그러나 칠레의 토착적 교회들은 그것이 효과적이라고 생각한다. 호소력있는 논증들에 설득되어 수다한 동족들이 주님께로 향한다.

주 예수께서는 종종 보통 사람들에게 호소력있는 논증들을 사용하셨다. 누가복음 19:48과 22:6 사이에서 복음서 기자는 예수님의 말씀이 "백성들"에게는 호소력이 있으나 통치 계층들을 분노하게 하여 그들이 마침내 그를 죽이기로 결심하게 되는 여덟 가지 사례들을 기록해 준다.

토착적 교회들은 별 노력없이 교회들이 그 일부를 이루는 동질적인 집단이 어떠하든 그 성원들에게 보다 타당하고 납득할 만한 것으로 나타나며 그 까닭에 집단 행동을 하려는 특별한 노력없이 그러한 행동에 들어가게 된다.

넷째, 집회들은 사회에 있어서 그 관심의 대상으로 하는 성원에 적합한 장소들, 즉 친구들의 가정들이나 또는 도시의 가난한 지역들의 임대 홀에서 또는 시골들의 이엉을 이은 기도처들에서 개최된다. 이러한 장소들에 있어서 분지방은 기독교인들의 비기독교인 친지들에게 높다는 느낌을 주지 않는다. 그들은 예배처의 "장엄함"에 의하여 압도되지 않는다. 그러한 까닭에 보다 많은 사람들이 거기 모이고 편안한 마음으로 보다 손쉽게 그리스도를 위한 집단 결단을 감행한다.

다섯째, 토착적 교회들은 그 지방의 억양으로 말하며 사람들을 친숙하게 알며 자신에게 이해되고 또한 호소력 있는 것을 직관적 판단으로 행하는, 한마디로 말해서 오래 신어서 길들인 구두처럼 편안한 그 지역 사람들에 의하여 인도된다. 그러한 까닭에 이들 지도자들은 그들이 복음을 권면하는 대상들로부터 집단적 행동을 끌어 낸다.

2. 인간운동들은 토착적 교회들을 설립하는 데 대단한 도움을 준다. 인간운동 위주의 교회들은 어쩔 수 없이 그들과 같은 동료들을 대상으로 삼으며 동족들 가운데 번창한다. 그리고 바로 그러한 까닭에 철저하게 토착적으로 될 수 밖에 없다. 인간운동 교회들은 민족적인 패턴들을 선택한다. 정확히 말하자면 그 교회들은 그들 자신의 아문화(亞文化)의 패턴들을 선택한다. 결과적으로 이 교회들은 거의 의도적으로 노력하지 않고서도 철저하게 토착적으로 된다. 인간운동을 하는 기독교인들은 어떻게 하여 그들이 그리스도에게로 인도되었는지를 알며 그러기에 단순히 그들이 설득되어 기독교인이 되게 된 논증들을 반복해서 말하면 된다. 그들이 안다고 하는 것은 고작 이러한 것이다. 이러한 논증들은 다른 계층들, 언어 또는 문화들에 속한 사람들에게는 별 인상을 주지 않을지 모른다. 그러나 그 논증들은 그들 자신의 동족에 속한 성원들에게는 인상을 미친다. 그리하여 기독교적 위탁에 임하게 된 사람들은 별 노력없이 교회의 토착적 특성을 계속 지탱하고 또한 첨가된다.

마찬가지로 인간운동 교회들은 그 교회의 원주민 지도자들에 의하여 통솔되고 멀리 있는 교단본부가 있는 도시들과 서구교육을 받은 원주민들로부터 떨어져 있고 그들 자력으로 운영되며 선교사 또는 교육받은 동족민에 의하여 별로 도움을 받지도 않으며 그 자신들의 자원에만 의존을 하며 성령에 의하여 자유롭게 인도된다. 결과적으로 이 교회들은 건전하고 토착적인 냄새를 지닌다.

남인도의 도르나칼 교구에서는 상당히 성공적인 인간운동을 통하여 약 2만 5천 명의 비기독교인들이 기독교인이 되었다. 40대의 나이에 나는 엘리오트(Elliott)라는 성공회 교역자와 동반하여 그 교구를 방문하였다. 이 교역자는 아자리아 주교의 수석 부제였다. 우리의 첫 번째 기착지는 커다란 강의 서쪽 언덕 위에 세워진 교회였다. 거기에는 약 1천 명이 세례를 받기 위하여 모여 있었다. 시기는 건기여서 건조한 모래로 하상이 이루어진 약 반 마일 가량의 넓이의 바닥의 서쪽 끝으로 2피이트 깊이와 10피이트

넓이 정도의 작은 냇물이 흐르고 있었다. 일단의 젊은 기독교인 남성들이 우리를 환영하기 위하여 동쪽 편 언덕에서 기다리고 있었다. 그들은 상의를 착용하지 않았고 채찍처럼 여위었으며 도우티라는 허리에 두르는 흰천이 그들의 발목에까지 드리워 있었다. 기다란 검은 머리는 그들의 어깨에 흘러내리고 있었다. 주교를 영접한 후 그들은 한 남자를 둘러싸고 원을 형성하였다. 그 남자는 그의 목에 건 손풍금으로 그 지방 노래를 연주하였다. 그들은 우리를 인도하여 모래를 거닐면서 춤추고 노래하였다. 그들은 그렇게 하면서 손풍금을 중심으로 원을 그리며 우리 일행보다 몇 걸음 앞에서 진행하였다. 가사는 기독교적이나 곡조는 인도의 지방 전역에서 힌두교도들이 부르는 곡이라고 하였다. 우리에게 주어진 환영은 전적으로 토착적이었다. 부락민들은 기억할 수도 없는 시기부터 귀빈을 이러한 방식으로 환영해 왔다.

비기독교인들이 이러한 광경을 보게 될 때 그들은 백인들을 포함하여 거기 모인 기독교인들을 어떤 외국 종교의 추종자들로서가 아니라 인도 종교-분명 그들 자신의 종교와 다르기는 하나 핵심에 있어서는 여전히 인도적인-의 추종자들로 생각하였다.

이러한 사례는 삶의 외면들, 즉 음악, 춤, 긴 머리털, 벗은 몸에 초점을 맞추며 그리하여 토착적인 빙산의 일각만을 나타내도록 노출시킨다. 토착적인 외면들은 중요하지 않다. 그것들은 "토착적으로 되기로" 결심한 서구화된 기독교인들에 의하여 모방될 수 있다. 이러한 외면적인 모습들 배후에는 토착적으로 사고하고 사랑하고 미워하며 노동하고 여가를 보내며 생계를 벌며 질서에 복종하는 방법들이 있다. 이들 2만 5천 명의 기독교인들의 가치체계는 그들의 흘러내리는 흰색의 도우티, 검은 피부, 토속 음악 못지않게 토착적이었다. 도로나칼 기독교인들의 진정으로 중요한 토착적 특성들은 생의 내면적인 측면들이다. 이들 보이지 않는 특성들은 여러 십년에 걸쳐 네 개의 카스트에 속한 1천여 개의 그룹들이 인간운동 방식을 통하여 그리스도를 표방하였을 때 교회 안으로 들어왔다.

토착적 교회원리들은 그룹 행동을 조장하며 그 행동을 보다 용이하고 항구적이게 한다. 그룹 행동은 그것과 더불어 토착적인 생활방식을 초래한다. 커다란 도시들에서 지각있는 지도자들이 성취하고자 노력하는 토착성은 그리스도에로의 인간운동들이 주민을 통하여 태동하는 곳에서는 별 노력없이 이룩된다.

　성직자들이 인간운동들에 관하여 많이 알면 알수록 그들은 훨씬 훌륭한 토착적 교회들을 세울 수 있다. 확실히 런던, 파리, 보스턴, 기타 서구 도시에서 발생하는 원리들은 킨샤사, 벨로 호리존테, 리마, 홍콩에서 수립된 원리들과는 어느 정도 다를 것이다. 그러나 그 원리들은 토착적으로 될 것이고 관련된 사람 또는 사람들의 운동들이 될 것이다. 사용되는 복음전도의 형태가 토착적일수록 많은 사람들이 더욱 거기에 응답할 것이다. 그리고 많은 사람들이 응답할 때, 특히 그들이 인간운동 형식을 통하여 응답한다면 결과로 모여진 교회들은 토착적인 교단을 쉽게 형성하게 된다. "토착적 교회원리들을 따랐다느니"—이러한 것이 뉴욕 또는 뉴헤브리데스 어느 곳에서 수행되었든지 간에—교회가 성장하지 않았다느니 복음전도가 비효율적이었느니 하는 구실이 거론되지 말아야 한다는 것이 특별히 절실하다.

VI
교회성장을 위한 행정

20
다리를 통한 왕래

모든 인간 사회는 유리한 곳에 다리가 건설된 강 한편에 있는 도시와 같다. 시민들은 다른 장소들에서도 강을 건널 수 있다. 그러나 다리를 건너가는 것이 훨씬 용이하다. 다리 근처에 사는 사람들은 다리로부터 멀리 있는 사람들보다 훨씬 편리를 누린다. 생각들, 식료품, 행렬들, 신념들이 다리를 통하여 교류된다.

교회들이 성장을 위한 행정을 할 때 미처 연결되기가 어려운 사람들을 위하여 이러한 다리들을 발견하고 사용할 수 있어야 한다. 하나님의 은총의 선한 청지기들은 다리들을 기억하고 그 다리들을 통하여 왕래해야 한다. "다리들을 발견하고 그것들을 사용하라"는 것은 성령의 인도를 받아 좋은 소식을 나누어 주어야 하는 모든 사람을 위한 우수한 전략이다.

여러 해의 연구—이러한 연구결과로 나는 *The Bridges of God*(하나님의 가교들)을 집필하였다—를 통하여 나는 끊임없이 기독교 신앙의 확장에 있어서 기독교인들의 친척들이 행하는 중요한 역할에 의하여 감동을 받았다. 나는 거듭하여서 비록 기독교인들이 수많은 동료 시민들에 둘러싸여 있지만 기독교 신앙은 친척에서 친척, 가까운 친구에서 가까운 친구에게로 가장 잘 흐른다는 사실을 발견하였다. 이러한 사실은 국적이나 언어를 불문하고 진실이었다. 그것은 아메리카의 심장부에 있어서나 우간다 또는 안데스 고지에서도 마찬가지였다.

1955년에 나는 *The Bridges of God*에서 다음과 같이 기술하였다.

> 모든 민족은 사회의 다양한 층들로 이루어졌다. 많은 국가들에서 매 계층은 다른 모든 계층으로부터 명백히 구별된다. 각 계층에 있는 개인들은 전적으로는 아니라고 하더라도 주로 같은 부류와 결혼한다. 그러므로 그들의 친분관계는 그들 자신의 사회, 즉 그들 자신이 속한 부류들에 제한된다. 그들은 다른 사람들과 더불어 일하고 다른 사람들에 속한 개인들로부터 물건을 사고팔 수 있다. 그러나 그들의 친분관계는 그들이 속한 부류의 개인들로 이루어진다.…(이들이) 기독교인이 되기 시작할 때 이 사실은 그들의 삶 자체에 영향을 끼친다(p. 1).

1979년에 조오지 헌터(George Hunter)는 다음과 같이 기술하였다.

> 전략상 중요한 아메리카 교회는 동포들에게 특히 적극적인 기독교인들과 새로운 개종자들의 친구들을 찾아 내서 손을 뻗치기 위하여 계속해서 노력해야 한다. 교회 또한 계속하여 공동체 내에서 새로운 친구들을 만들도록 그 성원들을 격려해야 할 것이다. 사람들은 **그들 자신의 사회적인 네트웍 내의** 신뢰할 만한 기독교인들에 의하여 접근될 때 더욱 수용적으로 된다(P. 126, 강조는 필자가 덧붙인 것임).

다리들은 언제나 중요해 왔다

초대교회는 그 다리들을 효율적으로 사용하였다. 초대교회는 예루살렘의 보통 사람들 가운데서 출발하였다. 그들의 다리들은 보통 사람들, 즉 그들의 친척들과 친지들을 위한 것이었다. 소수의 서기관들과 바리새인들이 기독교인이 되었기는 하였으나(니고데모, 아리마대 요셉, 사울) 대부분의 기독교인들은 그러한 사회의 상류 계층에 속하지 아니하였다. 박해로 인하여 기독교인들이 그 도시를 떠나게 될 때 그들은 당연히 피난처를 유대

촌락들에 사는 그들의 친척들에게서 찾았다. 거기서 그들은 "복음을 전하였다." 다시 말해서 그들은 그들의 친지들에게 주 예수에 관하여, 믿는 모든 사람에게 열려진 구원의 길에 관하여 말하였다. 교회는 유대의 농부들 가운데서 대단히 성장하였다. 룻다와 샤론의 부락은 전체가 기독교인이 되었다. 또한 우리가 믿기로는 다른 많은 촌락들에 다른 많은 집단들이 그러했을 것이다.

바나바는 구브로 출신의 레위인이었다. 최초의 전도여행이 그의 가족이 살고 있던 구브로였다는 사실은 얼마나 당연한가! 또한 바울이 그의 첫번째 전도여행에서 더베, 이고니온, 안디옥을 방문하였다는 것은 얼마나 당연한가! 이들 도시들은 로마 국도를 따라 다소 서쪽으로 125, 150, 200 마일 떨어져 있었다. 사울의 아버지는 이 도시들에 사는 많은 유대인들과 사업상의 거래를 했을 가능성이 높다. 사울은 그들에게는 예루살렘의 가말리엘의 문하에서 공부를 한 전도유망한 다소 출신의 젊은 랍비로 알려졌을 가능성이 크다. 그는 언제나 회당에서 강연을 해달라는 초청을 받았다.

로마서의 마지막 장은 바울이 습관적으로 사용했던 다리들의 명백한 증거를 제시한다. 그는 비록 로마에서 산 일은 결코 없었지만 로마에 사는 26명의 기독교인들의 이름을 들어 열거한다. 그리고 그는 그 외의 다른 몇 사람들도 알았다. 이들 중 몇 사람은 바로 그 자신의 친척이었다. 그 중에 한 사람—루포의 어머니—은 바로 그 자신의 어머니였을 수도 있다. 비록 바울이 의미하고자 했던 것은 "그녀가 나에게는 어머니와 같다"는 것으로 생각되기는 하더라도 말이다. 위에 언급한 26명은 로마 내의 유대인 공동체 내에 친척들과 친지들을 소유하고 있었다. 바울은 자신을 이방인들을 향한 그리스도의 특별한 사자로 간주한 한편, 그는 유대인 공동체 내에서 그의 다리들을 통하여 그들에게로 나아갔고 또한 그들이라는 다리들을 통하여 다른 사람들에게로 나아갔다. 그 다리 가운데는 로마의 기독교인들이 가이사의 권속에 대하여 소유하였던 다리도 있었다(빌 4:22). 그 다리는 바울이 도착한 후에 세워진 것일 수도 있다.

여러 세기를 걸쳐서 신앙의 위대한 확장은 일반적으로 관계의 노선들을 따라서 이루어져 왔다. 라투레트(Latourette)는 A.D. 600년경 잉글랜드에 있어서 앵글로-색슨족의 개종은 관계의 노선을 따라 시작하고 계속되었음을 우리에게 말해 준다. 로마의 대그레고리우스는 아우구스티누스를 선교사로 잉글랜드에 파송하였다. 그의 일행은 템즈 강 입구에 있는 타네트 섬에 토착하여 잉글랜드의 동남단에 있는 왕국인 켄트 왕국의 왕 에델베르트(Ethelbert)에게 나아갔다.

이 왕국은 이미 대륙으로부터 영향을 받고 있었다. 그 통치자인 에델베르트는 기독교인으로 프랑크 왕국의 공주 베르다를 아내로 맞고 있었다. 결혼조건으로 에델베르트는 그녀가 자기의 종교를 지킬 것을 허락하고 루이드하르트 주교가 그녀를 수행한다는 것을 약속하였다. 그녀는 켄트의 수도 켄터베리(현대 런던에서 동남방으로 45마일 떨어져 있는)에서 예배하였다. 거기에는 로마시대에 성 마르티누스에게 봉헌되고 건축된 것으로 전해지고 있는 한 교회가 있었다. …아우구스티누스와 그의 일행은 켄터베리에 정착하였다.… 곧 에델베르트 자신이 세례를 받았다.… 개종자들의 수효는 급속하게 증가하였다. 연대 미상의 그레고리우스의 편지는 어느 크리스마스에 아우구스티누스에 의하여 1만 명이 세례를 받았음을 전해 준다(*The Thousand Years of Uncertainty*, p. 66).

19세기에 버마에 있어서 대대적인 개종은 관계의 노선을 따라 이루어졌다. 아도니람 저드슨(Adoniram Judson)에 의해 이루어진 최초의 개종자는 카렌족 출신인 코 타 뷰(Ko Tha Byu)였다. 저드슨은 그의 주된 전도대상이 불교도인 버마인들이라고 생각하였다. 그러나 코 타 뷰는 카렌족들 가운데 있는 그들의 친척들에게 갔고 이들로부터 여러 집단들이 기독교인들이 되었다. 카렌족 인간운동이 시작되었다. 그 인간운동은 거의 전적으로 접촉에서 접촉으로, 친척에서 친척으로 오늘날까지 보급되어 거의 50만 명의 카렌족이 기독교인들이 되었고 카렌족의 교회는 모든 아시아에서 가장 강력한 교회 가운데 하나이다.

17세기 후반에 미국에서는 본서 제 12 장에서 설명된 교회성장 운동 및 라일 쉘러(Lyle Schaller)의 조직적인 연구조사—제 12 장은 교회에로의 대부분의 개종이 친구들과 친척들의 노력으로 이루어졌음을 보여 주었다—의 영향으로 많은 회중들이 활동적인 신자가 한 사람 있는 가족들의 친척 및 가까운 친구들을 찾아 내고 친근하게 되고자 결심을 하였다. 때때로 이러한 성원은 남편이나 아내, 때로는 아들이나 딸 또는 형제나 자매였다. 모든 경우에 있어서 한 사람에서 열 사람이 회중이 접근할 수 있는 테두리 안으로 즉각적으로 들어왔다. "친근하게 함"은 그들을 교회로 초청하는 것 이상을 의미하였다. 때때로 그것은 그들을 식사에 또는 이웃들을 초대하여 행하는 파티에 참여시킴을 의미하였다. 때때로 그것은 그들에게 잔디 깎는 기계를 빌려 주거나 그들의 자동차 조합에 가입하는 것을 의미하였다. 때로 그것은 함께 골프를 치는 것을 뜻하였다.

한 교회에는 몇 명의 열렬한 직업 미식축구 팬들이 있었다. 이 사람들은 축구 시리즈에 정기 입장권을 사서 동등한 수효의 믿지 않는 남편들(이들의 아내들은 이미 적극적인 기독교인들이었다.)을 초대하여 그들과 더불어 경기에 데리고 갔다. 경기장에 가고 함께 돌아오고 또 그 어간에 갖는 휴식 시간들은 교회와 그리스도에 관한 자연스러운 대화를 나눌 많은 기회들을 제공하였다. 교회에 나가지 않는 남편들은 곧 기독교인 남자들을 마음에 드는 팀들을 응원하고 마음에 드는 선수들의 이름을 알고 있는 평범한 사람들로 생각하게 되었다. 그들은 그들의 새롭게 사귄 친구들(그리고 오랫동안 함께 살아 온 그들의 아내들)과 더불어 교회로 나갔고 그 자신들이 적극적인 기독교인이 되었다.

"다리들을 통한 전도"는 원시적인 부족들 가운데서도 동등하게 효과적이다. 제임스 선다(James Sunda)는 아이리안에 있는 발림계곡 서부 데니족 가운데서의 괄목할 만한 개종의 시작에 대하여 말한다. 그곳에서의 대대적인 개종은 제 7 장에서 간략하게 취급되었다. 그러나 그 운동 초창기에 있어서 친척들이 행한 중요한 역할은 상세히 언급할 만한 가치가 있다. 1954년까지 서부 데니족은 외부 세계와 접촉이 매우 드물었던 석기시대 부족이었다. 1954년 4월 기독교 선교사들이 발림 강을 통하여 상류하여 고원의 계곡(5천 피이트)으로 들어왔다. 아마도 10여 개의 선교센터들이 설립되었고 언어가 학습되었고 의료시술이 베풀어졌고 복음전도가 수행되었다. 그러나 기독교인이 되는 사람은 하나도 없었다. 계곡을 통하여 부락들이 산재해 있는 서부 데니족은 복음에 무관심하고 심지어 저항적이기까지·하였다. 아마도 몇십 년에 걸쳐 복음전도가 수행되어야 할 것처럼 보였다.

그런 상황에서 하가계곡에서 1958년 11월부터 1959년 2월 사이에 나흘 간에 걸치는 1만 1천 피이트의 고냉지 고원을 서쪽으로 가로지르는 행진 중에 2천 명의 서부 데니족들은 그들의 주물들을 불태우고 기독교인이 되었다. 그들은 한 선교학교에서 선교사 도널드 기본즈(Donald Gibbons)에 의하여 잘 교육을 받았다. 이 선교학교에는 개종한 부족들에 의하여 특별히 똑똑한 부부들이 파견되었다. 이들 부부들은 "많은 선교사들이 수고하고 있지만 그리스도에 대하여 전혀 알지 못하는" 주된 부족의 나흘 간의 행진을 기억하였다. 하가계곡의 데니족 기독교인들은 발림계곡으로 그들은 최상의 기독교인들을 보내기로 결심하였다. 그들의 적의 영토를 가로질러 여행을 해야만 하였기 때문에 그들은 자기들과 더불어 그들의 백인 선교사들을 대동하였다. 이 백인 선교사 덕분으로 그들은 1960년 2월의 역사적인 여행길에 안전하게 들어설 수 있었다.

그들은 그들의 친척들 가운데 도착하여 다음과 같이 말하였다. "우리들이 하였듯이 기독교인들이 되시오. 부락 집회를 개최하고 집단으로 선교센터에 가서 그대들의 주물들을 태우도록 결심하시오. 그대들의 모든 주물을 수거하여 장작과 더불어 가져다가 장작을 쌓아 놓고 그 위에 주물들을 올려 놓고 모두 태워 버리도록 하시오. 그리스도를 위하여 선언하시오. 그대들이 그대들의 담임목사로 삼기를 바라는 사람들을 정하시오. 선교사들이 그들을 가르칠 것입니다. 그들이 그대들을 가르칠 시간을 갖도록 그들에게 먹을 것을 주어야 할 것입니다. 하나님께서 그대들을 축복할 것입니다. 이것이 그대들이 기독교인이 되는 방법입니다."

매우 짧은 기간 안에 발림계곡에 사는 8천 명의 서부 데니족들이 집단 개종을 하고 선교센터들로 나아왔다. 기독교인이 되는 이러한 고귀한 방법에 직면한 선교사들은 어떻게 해야 할 바를 몰랐다. 어떤 선교사들은 그리스도를 향한 이러한 결단에 반대하였다. 그러나 대부분의 선교사는 이것을 제 1 단계로 받아들였다. 제 7 장에서 언급하였듯이 1967년경에는 8천 명 중 대부분이 세례를 받았다.

1980년경에는 3만 명의 서부 데니족들과 다른 부족에 속한 수천명의 남녀들이 세례를 받았다. 아이리언의 고원지대는 본질적으로 기독교화하였다. 비록 외곽지대의 부족들은 여전히 복음화되고 세례를 받고 기독교회들로 병합되고 있는 중이기도 하더라도 말이다.

데니족들은 자신들의 동족의 친척들과 친구들에 의하여 전도를 받기까지는 무관심하거나 적대적이었다. 그들은 자신들의 사회적인 네트웍에 속한 사람들로부터 말씀을 들었을 때 그들이 대단히 응답적이라는 것이 입증되었다.

만일 카나다와 미국 내의 무관심한 또는 저항적인 사회의 많은 단원들이 그들의 친척, 곧 그들 자신과 같은 사람들에 의하여 접근된다면 이와 유사하게 응답적으로 될 것이다. 성경적인 기독교인이 된다는 것이 "자기들과는 다른 부류의 사람들에 합세하는 것을 의미하는 것으로 간주되는 한 그들은 그 관념에 냉담할 것이다. 그러나 그들이 자신들로 그대로 존속하며 그들 자신의 모든 귀중한 접촉들이 그대로 존속할 뿐만 아니라 더욱 귀중하게 될 때 그들은 서둘러서 예수의 추종자들이 된다.

70년대 후반에 있어서 카나다에서 이루어진 중국인 연합교회의 괄목할만한 증가는 이 원리를 아름답게 설명해 준다. 기독교인이 된다는 것이 공동체를 떠나서 코카서스족의 교회에 등록하는 것을 의미하였을 때는 소수의 중국인들이 기독교인들이 되었다. 그러나 홍콩 연합교회에서 기독교인들이 되었던 그곳 중국인들이 카나다로 이민을 와서 광동 방언을 말하는 중국인 정착민들이 홍콩 출신의 중국인 연합교회 목사들에 의하여 복음화되었을 때 많은 도시들에서 새로운 중국인 교회들이 설립되었다.

북아메리카에 있어서 최근까지 열성적인 개신교 교단들에 단체적으로 저항적이어 왔던 대단위의 소수 인종들은 서부 데니족들과 카나다의 중국인과 동일하다. 각 소수 인종들은 **그들 자신의 친척들과 가까운 친구들로 이루어진** 전도 팀의 창출을 기다린다.

미국에 있는 30만 이상의 교회들 주변에는 복음에 무관심한 주민이 있다는 사실은 아무리 말해도 지나치지 않다. 이 주민은 대체로 낯선, 그리고 기껏해야 그저 아는 정도의 기독교인들에 의하여 접근되어진다. 이것이 우리로 하여금 이들 주민들이 복음에 비응답적이라고 생각하는 한 가지 요소이다. 만일 개교회들이 다수의 친척들, 친지들, 가까운 친구들을 찾아 내어 명단을 작성하고 그들과 친하게 사귀고 자연스러운 방법으로 그들에게 복음을 증거하면 이들 주민들 중에 많은 사람들이 대단히 응답적으로 될 것이다.

노만 피어스만(Norman Piersman)은 미국 마이애미에서 남쪽으로 불과 1,500마일 떨어진 곳에 있는 인구 2천 5백만의 큰 국가인 콜롬비아에서 이 원리가 작용한 매력적인 사례를 언급한다.

> 1년 전에 요세(Jose)는 블라스 드 레조(Blas De Lezo)에서 예수를 믿고 1970년 종려주일에 그의 아내와 다 자란 세 명의 자녀들과 세례를 받았다. 주님을 받아들이고 세례를 받은 지 4개월째 되는 무렵, 그는 그의 고향 부락으로의 긴 여행 장도에 올랐다. 거기서 그는 그의 많은 친척들에게 간증을 하고 성경책을 남겨 놓았다. 1970년 11월에 주님은 꿈을 통하여 그의 부락민이 세례를 받은 후 강에서 올라오는 모습을 보여 주었다. 이 꿈은 그에게 또 다른 여행을 계획하도록 박차를 가하였다.
> 1971년 1월 2일 토요일에, 그와 나는 부락에 도착하여 다음 날은 "결단의 날"이 될 것임을 시사하는 구원 계획을 제시하였다. 주일 아침 요세가 설교를 하고 나는 결단을 촉구하였다. 19명이 그리스도를 영접하였다. 저녁 집회에서는 30명이 초대에 응답하였다. 성경을 가르친 후에 우리는 사람들에게 특별한 신앙입문 교실을 개설하겠으니 모이라고 요구하였다. 수요일에 많은 부락민들이 그들의 최초의 세례식을 보려고 참여하였다. 우리는 시누 강 언덕에 모였다. 요세의 친척들 중 24명—그의 어머니, 형제자매, 사촌들, 조카들—이 그리스도에 대한 그들의 새로운 신앙을 증거하고 세례를 통하여 말씀에 복종하였다. "주 예수를 믿으라. 그리하면 너와 네 집이 구원을 얻으리라." 이 말씀이 얼마나 진실한가?(*Church Growth Bulletin*, 1971년 3월호)

다리 역할은 친척들만이 하는 것은 아니다.

하나님의 다리들은 친척들만인 것은 아니다. 흔히 훌륭한 친구들은 기독교인들에게 자연적인 의사전달의 통로가 된다. 대학생 선교회(Campus Crusade for Christ)는, 대학생들은 평범하게 그러면서도 효과적으로 다른 대학생들에게 말할 수 있다는 사실에 입각하여 그 거대한 유사 교회기관을 건설하였다.

이와 관련하여 아일랜드 부족들의 개종을 책임진 패트릭(Patrick)이 아일랜드인이 아니었다는 사실을 기억하는 것은 흥미로운 일이다. 그는 아일랜드에 아무 친척도 없었다. 잉글랜드 청년인 그는 일단의 아일랜드 침략자들에 의하여 사로잡혀 여러 해 동안을 아일랜드에서 복역하였다. 그는 아일랜드를 탈출하여 프랑스로 갔다. 그의 기독교 신앙이 확고해지면서 그는 하나님께서 자기에게 아일랜드로 되돌아가서 좋은 소식을, 그를 사로잡았던 자들 및 많은 다른 아일랜드 사람들에게 전하라고 부르신다는 것을 믿었다. 분명 대부분의 선교사들은 그들이 복음을 전하는 대상인 사람들의 출신은 아니다. 선교사들은 다리들을 발견하고(또는 다리들을 만들고) 이 다리들을 통하여 문화 교류적인 복음전도를 수행한다.

다리들을 만든 매우 훌륭한 사례가 1975년과 1976년 잉글랜드에서 발생하였다. 한때는 성전에 3백 명의 예배자들로 가득 찼던 죽어가고 있는 한 교회는 결국은 교인이 27명으로 감소하였다. 그리고 그들은 모두 50세나 그 이상의 사람들이었다. 젊은 미국인 선교사 부부가 이 교회에 그들의 정열을 쏟기로 결심하였다. 그들은 그 공장 도시의 젊은이들이 입는 것처럼 옷을 입고, 그들이 자주 다니는 곳을 자주 가고, 그들의 관심이 되고 있는 경기들과 오락물에 흥미를 갖기로 마음먹었다. 그리하여 그들은 하나의 다리를 만들었다. 그후 2년 만에 그 교회의 출석 교인은 230명으로 올라갔고, 세례교인은 119명이 되었다. 분명 예배의 양식이 신입자들의 욕구에 부합되었고 또한 많은 다른 조처들도 취하여졌음이 사실이었다. 그러나 그 다리를 건설함이 없이는 그후의 어떠한 조처들도 교회성장을 이루지 못했을 것이다. 또는 교회성장이 전혀 가능하지도 않았을 것이다.

대만의 로버트 볼턴(Robert Bolton)은 괄목할 만한 성장의 사례를 연구하고 신앙이 어떻게 한 친척에게서 다른 친척에게로 흘러갔는지를 주의깊게 도표로 그렸다. 필라델피아의 한 평신도 지도자가 다음에 나오는 도표를 보고서 다음과 같이 환호하였다. "그와 매우 유사한 것이 우리 교회에서 이루어졌다. 그들이 모두 친척들인 것은 아니었던 것 같으나 그들은 모두 동일한 사회적 네트웍에 속한 사람들이다."

중환자였던 황씨가 시린(Shi-lin)에 있는 기독교 병원에서 치료를 받게 되면서 중화교회가 시작되었다. 그는 중국인 기독교인 의사의 부드러운 마음에 감동을 받아 그리스도를 그의 구주로 받아들이고 세례를 요구하였다.

그가 세례를 받은 후 매우 기이한 일이 일어났다. 황씨는 자신이 주님을 뵈었으며 주님께서 사흘 만에 자기를 그에게로 부르시리라는 것을 말하였다. 그는 키엘룽으로 돌아갈 준비를 하였고 사흘째 되는 날 오후 4시에 그가 소천하리라는 것을 그의 아내에게 말하였다. 그가 예언하였던 대로 정확하게 황씨는 그가 집에 도착한 지 얼마 후에, 그러니까 3일째 되는 날 오후 4시에 죽었다.

가정을 방문하여 말씀을 가르치는 것을 통하여 복음은 친척, 그리고 친구들을 따라 전파되기 시작하였다. 알렌 스완슨(Allen Swanson)에 의하여 작성된 다음 도표와 본문은 다음 몇 달 동안 복음이 흘러간 관계들의 네트웍을 설명해 준다.

1. 황씨는 개종 후 3일 만에 죽었다.
2. 미망인과 그녀의 모든 자녀들이 형제 이씨에 의하여 그리스도에게로 인도되었다.
3. 가까운 친구가 황씨의 장례식에 참여하였다. 그의 전 가족이 개종하였다.
4. 가까운 또 다른 친구가 황씨의 장례식에 참여하였다. 그는 그의 전체 가족에게 기독교 신앙의 영향을 미쳤다.
5. 나이많은 할머니가 도표 #4의 가정에서 복음을 들었다. 그녀는 중한 내출혈로 고통을 당하고 있었다. 형제 이씨가 그녀를 위해 기도했고 그녀는 치유를 받았다. 72세에 개종한 후 그녀는 세례를 받았다. 그녀는 맏아들 및 손주들과 더불어 산다.
6. 그녀는 기독교인이 된 한 명의 손자와 가깝다.
7. #5의 이전 이웃 한 사람이 복음에 대하여 들었다. 그녀는 7년 동안 정신적으로 병을 앓고 있었지만 그녀 역시 형제 이씨의 기도를 받고 개종하였을 뿐만 아니라 치유를 받았다.
8. 그런 다음에 그녀는 파출소 소장인 그녀의 남편을 주님께로 인도하였다.

20. 다리를 통한 왕래 577

도표 20.1.

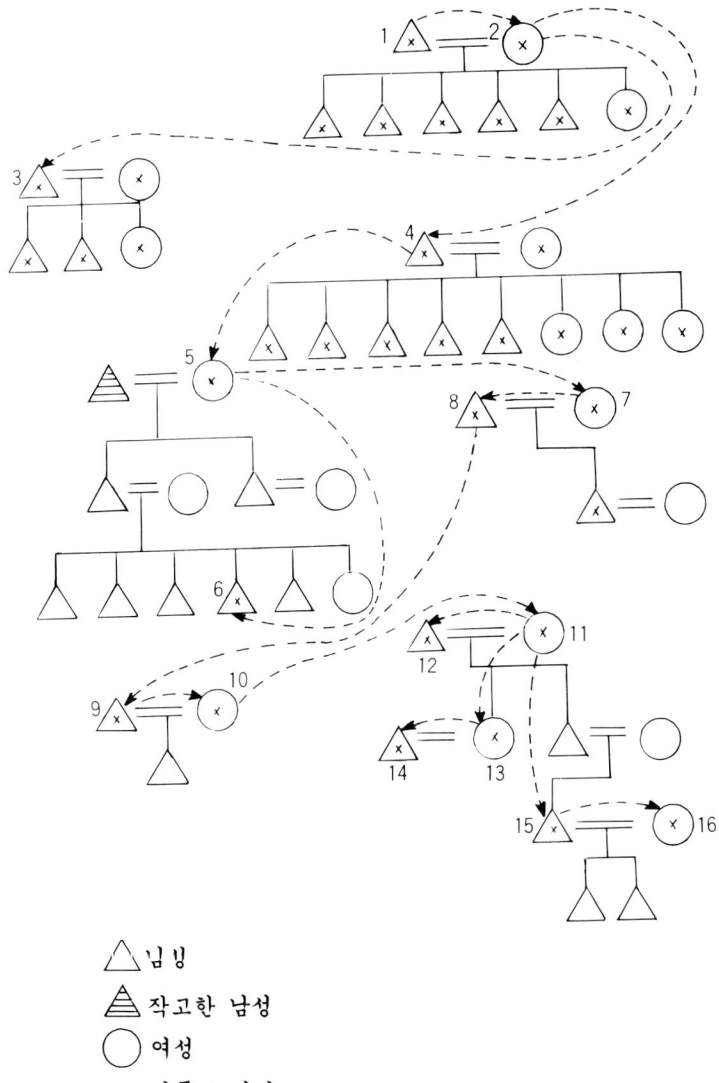

△ 남성
䷀ 작고한 남성
◯ 여성
  x 기독교 신자

9. #8을 보면 동료 경찰관이 그리스도에게로 인도되었다.
10. #9의 아내가 그에 의하여 그리스도에게로 인도되었다.
11. 한 이웃이 #9의 아내에 의하여 개종되었다.
12. #11의 남편이 그리스도에게 개종되었다.
13. #11과 #12의 딸이 그리스도에게 개종되었다.
14. 그녀는 그녀의 남편을 그리스도에게 인도하였다.
15. #11의 할머니가 교회로 인도한 손자.
16. #15의 아내 또한 믿게 된다.

독자들은 서로 관련되는 가족과 이웃이라는 복잡한 네트웍 내에서의 복음의 흐름을 추적해야 한다. 다음의 연계관계들이 식별될 수 있다.

```
부모에서 자녀 ·················································· 19경우
남편에서 아내 ··················································· 4경우
직장 동료에서 동료 ············································· 3경우
부인에서 (이웃)부인 ············································ 3경우
아내에서 남편 ··················································· 3경우
```

그러므로 황씨의 개종을 통하여 34명의 가족들, 이웃들, 친구들이 비교적 짧은 기간 내에 개종하게 되었고 중화교회의 교제 안으로 인도되었다(*Church Growth Bulletin*, 1977년 1월호).

구조가 긴밀한 사회들에서 다리들은 더욱 영향력이 크다

사람들의 상호 의식이 높고 모든 결혼이 관련된 사회의 요소 내에서 일어나는 구조가 긴밀한 사회들에서는 관계의 고리가 특별히 강력하다. 일단 기독교가 수립되고 1천 명의 부부가 기독교인으로 되면 10만의 다리들이 이용될 수 있다. 폭발적인 성장의 잠재력은 높다. 왜냐하면 이 모든 다리들을 통하여 신앙이 흐를 수 있기 때문이다. 많은 기독교인들이 자신

들의 삶 가운데서 하나님의 능력을 예리하게 의식하는 부흥의 시기에는 그들은 많은 다리들을 통하여 흘러간다.

사회의 많은 구역들로부터 개인들이 함께 살며 공통의 언어를 사용하며 다리들이 존재하기는 하나 구조가 느슨한 사회들에서는 그들은 영향력이 많지 않다. 보다 정확히 말하자면 이런 사회에서는 연약하고 좁은 우연적인 접촉의 다리들이 무수하다. 이러한 다리들은 기독교 신앙을 잘 전달하지를 못한다. 이러한 다리들을 가로질러 건널 때 복음은 큰 능력을 수반하지를 못한다. 개인들은 인도되나 집단들은 인도되지 않는다. 그리고 인도된 사람들도 나아가서 다른 사람들을 인도하려고 하지를 않는다.

그럼에도 불구하고 보다 많은 사람들이 구조가 느슨한 사회들에서 살기 때문에 기독교인들은 비록 좁고 연약하다고 할지라도 거기에 있는 무수한 다리들을 통하여 활동해야 한다. 그것들은 하나님의 다리들이다. 그는 우리가 그것들을 사용하기를 원하신다.

다리들은 종종 소홀히 되다

다원화된 사회들에서는 개인들이 믿는 것은 그들 자신의 소관사항이라는 느낌이 강력하다. 다른 사람들은 간섭하지 말아야 한다. 우리는 사람들을 그들이 있는 그대로 받아들여야 한다. 우리는 국가 내에는 서로 다른 많은 생활양식들이 있고 서로 다른 많은 가치척도들이 있다는 것을 수긍해야 한다. 모든 사람이 동등하게 국가의 시민들이다. 한 시민이 다른 사람들을 해칠 수 없다고 한다면 그는 자유롭게 믿고 또한 그가 원하는 것들은 무엇이나 할 수 있어야 한다. 우리는 이러한 관점을 권장하는 것이 아니라 다만 그러한 분위기가 우세하다는 것을 언급할 뿐이다.

이러한 신앙의 분위기 가운데서는 많은 회중들은 아마도 무의식적으로 마치 그들의 주된 의무가 기독교인들로 생활하며 하나님을 예배하고 그의 말씀을 먹으며 자기들을 필요로 하는 사람들을 향하여 친절하면 되는 것으로 행동한다. "우리의 문은 우리와 더불어 예배하기 위하여 오는 사람들에게 언제나 개방되어 있읍니다. 우리는 매우 온화하며 정중합니다. 그러나 솔직하게 말해서 우리는 우리의 신앙을 다른 사람들에게 말하는 것을 우리의 의무라고는 생각하지 않습니다. 아마도 특별히 우리에게 가깝고 소중한 사람들에게 더욱 그러합니다. 그들은 전혀 다른 어떤 것을 믿을 수 있고 우리는 그들의 종교적 신념들이 우리와 다른 것을 인정해야 합니다."이렇게 말한 것은 여러 해 동안 정체를 겪어 왔던 한 영향력있는 교회의 장로의 말이다. 이 이야기는 그 다리들을 소홀히 하고 있을 뿐만 아니라 자신들의 중요성을 부인하는 인생철학을 형성하고 있다.

많은 교회들—최소한 미국 내의 10만 교회들—은 의식적으로 결코 다리들을 구하지 않으며 그 다리들을 어떻게 발견하고 사용하는가에 대하여 교인들을 교육시키지 않는다. 그들의 복음전도의 기회들은 자신들의 교회의 외관을 미려하게 하고 교회를 사람들의 왕래가 빈번한 거리에 위치시키며 안락한 교회를 선택하기로 이미 결정한 방문객들이 이 교회야말로 자신들이 소속될 만한 교회라고 결론을 내릴 편이시설을 제공하는 것에 제한되어 있다.

인도에서 기독교인들의 첫 번째 세대는 자신들의 비기독교인 친척들에 대하여 매우 의식하였다. 그러나 그 대부분이 비기독교 종교로부터의 개종에 의하여서가 아니라 자연적인(기독교인의 자녀들이 성장하여 기독교인이 되는 것을 말함—역주) 교회성장에 의하여 그리스도에게로 나아온 제2, 제3 세대의 기독교인들은 설사 비기독교인 친척들이 있다고 하여도 소수만을 안다. 친척들의 각 그룹은 그 삶으로부터 다른 사람들을 제외시킨다. 오랫동안 소홀하게 되었던 다리들은 파손상태에 처한다. 어떤 다리들은 홍수에 의하여 휩쓸려 내려간다. 이러한 교회들은 다리들이 없으므로 소수민 집단들 또는 쉬운 말로 게토들이 되고 만다. 다리들에 대한 소홀은 절망적인 결과로 인도한다.

"다리들이 사라지기 전에 그것들을 사용하라"는 표어가 도처에 있는 교회들과 기독교인들을 위한 일상적인 절차가 되어야 한다. *Church Growth Bulletin*(교회성장지), 1977년 1월호는 오순절교회들이 성장한 이유를 논하면서 다음과 같은 단락을 실었다.

> 보통 기독교인들은 그들이 주님의 제자들이 된 후에 곧 세속주의자들, 불교도들, 힌두교도들, 유대인들, 유물론자들, 불가지론자들 및 기타 세상적인 사람들 가운데 있는 친구들, 친척들과 다양하고 훌륭

한 관계들을 소유한다. 복음이 흘러가는 것은 바로 이러한 연결들, 즉 하나님의 다리들이다. 여러 해 동안 기독교인으로 지내왔거나 또는 기독교 가정에서 성장하여 기독교인들과 결혼을 했고 그리하여 세속인 가운데 아는 사람들이 몇 명 안 되는 사람들은 이러한 다리들을 소유하지 못한다. 그들은 세속적인 사람들 가운데 소수만을 알고 있고 복음전도를 위한 영향력이 없다. 오래된 오순절교회들은 자기들 가운데서 바로 이러한 원리가 작용하는 것을 발견한다. 복음전도의 영향력이 있는 것은 새로운 교회들이다. 오순절교회들은 대부분의 교단들보다 새로운 교회들이 훨씬 많으며 그러한 교회들을 훨씬 신뢰한다.

그 다리들을 사용하는 교단(즉 친척들과 친구들을 복음전도하는)은 오순절파이든 다른 어떤 교단이든지 간에 성장하는 것으로 판단된다.

인종분리주의의 위험?

다리들을 건너 흐르는 흐름은 인종분리적인 교회들을 산출하는가? 이러한 교회들은 인종차별적이거나 아니면 최소한 내향적이고 주로 그들 자신에 관하여 관심을 두는가? 교회들이 효과적인 복음전도에 관심을 지니게 될 때 각각의 친척들과 친지들에게 가는 것은 교회들에게 주는 위험스러운 충고인가? 이러한 물음들에 대하여는 주의깊은 답변이 주어져야 한다.

이러한 복음전도의 결과로 하나의 획일적인 교회들이 발생한다. 이 사실은 이론의 여지가 없다. 대학교 교수들이 자신들이 일상적인 친분관계를 맺고 있는 그들과 같은 종류의 사람들을 복음화할 때 여기서 결과되는 교회는 주로 대학공동체 성원들로 구성될 것이다. 아르고스 조디에이츠(Argos Zodiates) 목사가 보스턴에 사는 희랍계 미국인들을 복음화할 때 그는 뉴잉글랜드에 거주하는 희랍인들로 거의 독점적으로 구성된 300명 교인의 복음주의 교회를 세웠다.

지역을 초월한 단일인종적 교회들과 이러한 교회들의 집단들도 틀림없이 발생한다. 인도 북동지방에서 루샤이 산악지대에 거하는 최초의 미조족 개종자들이 그들의 다리들을 통하여 확대되게 되자 그들은 자신들의 부족에게로 가야만 하였다. 그 결과로 1980년 새로운 인도의 주인 미조람에 사는 4십만 기독교인들 중에서 90% 이상이 미조족이게 되었다. 성숙한 교단은 미조족 선교사들을 트리푸라, 코르쿨란드, 아루나칼에 사는 다른 부족들에게로 보내고 있다.

20세기의 첫 10년 동안에 적도 부근의 벨기에령 콩고 주(州)에 사는 모노 부족들이 그리스도에게로 돌아오기 시작하였을 때 그들은 오로지 그들 자신의 동료들에게 향하여 갔다. 그들은 수백년 동안 주변 부족들과 전쟁을 해왔다. 그들의 분명한 첫 의무는 그들 자신의 친척들을 기독교화하는 것이었다. 1969년경에 공식통계는 229,856명의 세례신자들이 있는 것으로 기록하고 있다. 실질적으로 이들 모두가 모노 부족에 속하였다(*Zaire : Midday in Missions*, Valley Forge, Judson : 113). 만일 이 교단이 다른 부족들을 복음화하려면 그것은 모노족 선교사들을 보내고 그들로 하여금 문화 교류적 복음전도를 행하도록 해야 할 것이다.

과테말라에서 기독교인들이 된 최초의 소수의 아구아카텍족 인디언들은 중앙 아메리카 선교회 소속의 메스티조족 교회들에 가입해야 하는 것으로 생각했었다. 그러다가 다른 아구아카텍족들이 스페인어를 말하는 메스티조족 교회들에 등록하려고 하지 않는다는 사실을 깨닫고 개종자들은 아구아카텍 교회들의 집단을 형성하였다. 곧 아구아카텍족의 복음주의 교인은 부족의 10분의 1을 헤아리게 되었다. 단일인종 교회들은 초대교회가 15년 동안 그러하였듯이 주로 단일민족에게 국한되는 성향이 있다.

그러므로 우리는 보스턴대학교 캠퍼스들 또는 버마에서 주로 한 부류의 사람들로 이루어진 교회들의 증가는 한 발자국 후퇴라고 결론지어야만 하는가? 우리는 이러한 것에 저항을 하고 모든 사람들에게 형제애를 느끼며 자신들의 교인구조와 예배를 통하여 관련되는 두 부류의 사람들이 실제로 "그리스도 예수 안에서 하나"가 되는 것을 시위해 주는 **진정한** 기독교인들이기를 원한다고 선언해야만 하는가? 이러한 물음들에 대한 답변은 비록 조건부적이기는 하지만 확고한 "아니오"이어야만 한다. 주로 한 부류의 사람들로 이루어진 교회들의 증가는 한걸음 후퇴가 **아니다**. 그것은 본질적인 한걸음 전진이다. **인간 모자이크의 수많은 조각들이 기독교인이 될 수 있는 이외의 다른 방법이 없다.** 이러한 교회들은 이들 조각들의 심장들에 이르는 그리스도의 방법이다. 개종자들에게 여러 요소들이 뭉쳐진 교회들에 가입하라고 요구하는 것은 교회로 하여금 **모든 족속에게**

로 급속하게 전파하는 것을 저지하는 것이 될 것이다.

"우리와 같은 부류의 사람들"의 자연스러운 다리들을 사용하는 것은 상식이다. 새로운 기독교인들이 가장 관심을 가져야만 하는 것이 누구의 구원인가? 그들의 사랑하는 사람들과 친지들이다. 누가 복음을 가장 기쁘게 들어야 할 것인가? 누가 가장 잘 응답해야 할 것인가? 그들 자신의 사랑하는 사람들과 친지들이다. 개종하여 교회에 가입하게 될 때 누가 가장 편안하게 느껴야 할 것인가? 누가 가장 기쁘게 참여해야 할 것인가? 또 다시 그에 대한 답변은 분명히 그 특정한 사회의 네트웍에 속한 남녀들이다. 끝으로 누가 다른 사람들에게 찾아가 그들을 교회로 인도하게 해야 할 것인가? 의심의 여지없이 새로운 기독교인들은 다른 어느 사람들보다도 그들의 친지들과 친족들에게 훨씬 더 효율적으로 도달할 수 있다.

그렇다면 선택의 여지는 다음과 같게 된다. (1) 처음부터 서로 다른 많은 인종적, 언어적, 교육적 배경을 지닌 남녀들을 새로운 하나님의 한 가족에로 인도하는 여러 부류의 사람들로 뭉뚱그려진 교회들을 세우는 것. (2) 신속하게 한 부류의 사람들로 이루어진 교회들을 세우는 것. 많은 거주지들에서 (1)은 작은 선택이다. 다만 다수민족들이 한데 어우러져서 사는 지역들에서만이 선택의 여지가 커진다. 그러한 곳에서는 사회의 이전의 구획들은 사실상 부서지게 된다. 많은 혼합 결혼들이 발생한다. 학교에서 함께 성장하는 어린 아이들은 서로를 본질적으로 한 부류의 사람들로 간주한다. **이러한 곳에서 뭉뚱그려진 교회들은 가능한 동시에 또한 바람직하다.** 이러한 곳에서 성장을 위한 최상의 기회는 진정으로 하나로 형성되고 있는 새로운 사람들의 개종자들을 한 교회로 인도하는 것이 될 수 있다. 기타 지역에서 하나님의 교회들은 **사회의 각각의 단위 안에서** 일어나야 한다는 것을 강조해야 한다. 이러한 교회들은 그 단위의 장로들과 집사들에 의하여 인도되고, 그 단위에 속한 목회자들을 성직임명해야 할 것이다.

만일 어떠한 한 단위가 복음에서 소외되어 교회가 없는 상태라면 그 복음화를 위한 기도와 수고가 많은 교회들 가운데서 이루어져야 한다. 이러한 활동이 수행될 때 성령께서는 "구브로와 구레네의 사람들"(평신도들)을 부르시고 그들을 "안디옥"과 같이 요인들이 많은 곳에 보내어 훈련시키실 것이다.

　나는 이 물음들에 대한 답변이 확고한 "아니오"이기는 하나 조건적이라는 것을 말하였다. 이제 네 가지 조건을 생각해 보자. **첫째로 인간의 대부분의 단위들은 그 자체가 모자이크이다.** 각 단위는 다른 단위들에 속하는 개인들을 포함한다. 많은 백인 교회들은 거주, 교육, 수입의 장소가 그들로 하여금 이러한 백인 교회에서 편안함을 느끼게 하는 흑인 교인들을 소유하고 있다. 스페인계 미국인들은 전혀 스페인어를 할 줄 모르는 제4세대 시민들과 아르헨티나로부터 불과 6개월 전에 도착한 이민들과 그 어중간한 상태에 속한 사람 등 다양하다. 그러므로 모든 각 교회는 광범위하게 다양한 교인들을 소유하고 있다고 하겠다. 친척들과 친구들에게 가는 것이 점증적으로 편협해지는 사회의 단위로 가는 것을 의미하지 않는다. "친구들"은 흔히 사회의 다른 구역들로부터 오며 점증적으로 "친척들" 역시 그러하다. 영국계 미국인이 이탈리아계 미국인과 결혼하고, 중국계 미국인이 화란계 미국인과 결혼하며, 케네디 부인은 아리스토틀 오나시스와 결혼한다. 따라서 그 친척들과 친구 계통을 따라 이루어진 각 교회는 많은 부류의 사람들을 포용한다.

　조건 2는 모든 커다란 교회는 서로 다른 관심사들을 중심으로 만나는 많은 작은 그룹들을 소유하였다는 것이다. 성가대는 음악적 재능이 있는 사람들을 영입하고 또한 그들이 어떤 계층 또는 인종 배경 출신이든지 간에 음량이 풍부한 테너와 음역이 넓고 부드러우며 경쾌한 목소리를 가진 소프라노를 분명 환영할 것이다. 소년단과 자선 재봉회의 지도자들은 이러한 활동에 종사하기를 원하는 사람들을 열심히 구한다. 다리들을 가로질러 나아가는 것은 하나의 교회를 그 주도적인 집단의 친척들에 제한하는 것을 의미하는 것으로 왜곡되지 말아야만 한다. 모든 자료들은, 도시 사회에 있어서 다리들을 사용하는 것은 많은 소그룹들에서 서로 다른 많은 부류의 사람들을 포함시키는 쪽으로 인도한다는 것을 시사한다.

　조건 3은 많은 교인들은 이미 그들 자신의 협의적으로 인식된 관련자들의 대부분을 획득하였다는 것이다. 그리하여 전형적인 한 도시의 성공회 교회는 이미 양육 또는 성향에 의하여 성공회 교도인 사람들을 소유하고 있다. 메노파 교회는 이미 그 교구 내의 모든 메노파 교도들을 포함한다. 다리들을 가로질러 흐르는 것은 확실히 자신을 이러한 작은 영역에 제한시키는 것을 의미하지 않는다.

상식이 전제되어야 한다. **기독교인들은**—바로 그들이 그리스도 안에서 하나이기 때문에—개방을 목표로 하는 사회에서 그 친교를 확장하기 위하여 모든 기회를 활용해야 한다. 그들은 낯선 사람들을 교회로 맞아들여야 한다. 그들은 포용성을 시위해야 한다. 동시에 기독교인들은 교회가 없는 지역들에 새로운 교회들을 세워야 한다. 프랑스의 로마 가톨릭 교도들과 영국 국교회는, 노동조합의 지도자들이 장로들 또는 영향력있는 교인들로 구성된 근로 계층의 남녀로 이루어진 새로운 교회들이, 현존하는 중간 및 상류 계층의 교회가 소수의 근로 계층을 인도하기보다는 훨씬 효율적으로 프랑스와 영국사회의 이들 중요한 단위(근로 계층을 말함—역주)를 복음화시키리라는 것을 발견할 것이다. 물론 중간 및 상류 계층 교회들도 소수의 근로 계층의 사람들을 인도하는 일도 있어지고 있고 또한 수행되어야 한다. 그러나 오로지 거기에 의지하는 것은 현명한 일이 못될 것이다.

우정과 관계의 다리들을 건너 흐르는 것은 일반적으로 인종분리를 야기시키지 않을 것이다. 만일 이러한 쪽으로의 어떤 경향이 분별된다면 그 원리는 잘못 사용된 것이다.

조건 4는 유사한 사람들로 이루어진 교회들과 교단들은 자신들이 배타적이고 기독교의 아류를 이루려는 유혹을 받는다는 사실을 인식해야 한다. 그들 교인들의 대부분이 사회의 한 단층으로 구성되었다는 사실 자체가 그들이 멀리 떨어진 지역들에 있어서의 인종차별 정책을 반대하며 또 그들 자신들은 실행하지 않으면서도 형제애에 관하여 말하는 것을 용이하게 한다. 그들의 이웃들인 이방인들과 사마리아인들을 간과하는 것이 용이하다. 그러므로 각각의 "단일 계층"으로 이루어진 교회와 교단은 모든 기독교인들의 일치를 대단히 강조해야 한다. 모든 사람들이 **그리스도 안에서 한 백성이다.** 자신을 둘러싸고 있는 언어적, 계층적, 인종적 간격을 가로질러 복음을 전해야 한다는 각각의 단일 계층적 교회의 선교적 의무가 진심으로 강조되어야 한다. 예를 들어 미국 내의 흑인 교회들과 교단들은 아시아, 아프리카, 유럽, 기타 지역에 있는 복음화되지 않은, 알려

지지 않은 백성들에게 많은 선교사들을 보내야 한다. 그리스도의 교회에 속한 다른 부류의 사람들이 **자신들을 정당하게 대우한다는 흑인들의 느낌은 그들보다 훨씬 더 착취를 당하는 수많은 다른 사람들에 대한 그들의** 관심에 의하여 강력하게 강화되어야 한다. 미조 부족의 교회는 인도에 있는 다른 계층들과 부족들에게 수십명의 선교사들을 보내야 한다. 모든 기독교인은 섬김을 위하여 구원을 받았다.

　더 나아가서 중간 계층 또는 근로 계층으로 이루어진 교단들은 다른 부류의 인간 사회에서 발생한 교단 출신의 목회자들과 더불어 그들의 목회자를 훈련시켜야 한다. 흔히 여러 문화적 또는 인종적 배경 출신의 기독교인들을 위하여 청년대회가 계획될 수 있다. 청년 캠프는 가급적이면 많은 인종집단들로부터 고등학생들 또는 대학생들을 함께 모은다. 그 캠프는 보편적 교회에 있어서 사회적으로 상거가 먼 부류들로부터 연사들을 초청한다. 캠프는 계속하여 다음과 같은 것을 선포한다. "우리는 모두 아담의 자손들이오. 따라서 한 형제자매라는 사실을 기억하십시오. 우리는 모두 한 가지로 죄인들입니다. 우리는 모두 한 가지로 우리의 지혜 또는 부에 의해서가 아니라 하나님의 은총에 의하여 구원받습니다. 우리 모두는 하나님의 보좌에 동등하게 나아갑니다. 지각있는 기독교인들은 미개종자들에게 문을 개방하기 위하여 일시적인 차이들을 허용합니다. 그러나 우리는 하나님께서 질적으로 서로 다른 남녀들을 만드셨으며 따라서 우월한 인종과 열등한 인종이 있다는 어떠한 사상도 이단으로 거절합니다. 우리는 그리스도 안에서 하나입니다. 그리고 우리는 더욱더 명백하게 하나로 성장하고자 해야 합니다."

　모든 교단과 모든 회중(다인종 구성의 것이든 단일인종 구성의 것이든)의 주의 복음이 미처 도달되지 않은 백성들, 아직도 믿어야 할 30억의 사람들, "그리스도를 소유하지 않은" 그러므로 "영생을 소유하지 못한"(요일 5:12) 30억의 사람들에게 집중되어야 한다. 인류의 일치를 이룩하는 데 가장 도움이 되는 활동은 인류라는 다양한 모자이크 중에서 특정한 한 교회가 소유하지 못한 조각들에 연결하는 다리들을 결코 중단없이 생산하는 활동일 것이다. 이러한 다리들의 계속적인 건설, 다른 편에 있는 사람들을 위한 기도, 문화 교류적인 복음전도는 형제애를 수립하고 정의를 격려하는 가장 효율적인 방법들이다.

그러므로 문제의 요점은 다음과 같은 것이다. 모자이크의 모든 조각 내에서 구속받은 자의 회중들을 증가시켜라. 모든 교회들 가운데서 그리스도 안에서 하나라는 생생한 의식을 창조하라.

다리들을 사용하기 위한 명료한 계획수립

교회들이 복음을 전하기보다 자신들을 유지하는 데 힘을 기울이려는 경향은 강력하다. 물은 아래로 흐른다. 우리가 우리의 다리들을 사용해야 한다는 원리에 대한 지식적인 수긍은 도움을 줄 것이다. 그러나 그러한 수긍만으로는 지속적인 확장을 좀처럼 산출하지 못할 것이다. 지도자들은 이러한 일이 일어나도록 다리들의 계속적인 활용을 계획해야 할 것이다. 필리핀 연합교회의 메트 카스틸로(Met Castillo)박사는 내게 보낸 한 편지에서 다음과 같이 선언한다.

> 만일 우리가 교회의 주님의 명령을 성취하려면 농촌 및 도시의 주거지들에서 교회를 배가시키려는 충분한 계획들이 절실하게 필요하다. … 훌륭한 계획의 수립은 시간, 자원, 인력의 낭비를 극소화한다. 그것은 계속적인 성장을 보장한다.

1975년 이후 5년 동안 그의 교단이 339개의 새로운 교회들을 개척하였고 교인수는 26,830명에서 51,629명으로 증가하였다는 사실을 감안할 때 그의 진술은 특별히 인상적이다.

나의 주의를 끌었던 가장 효과적인 계획들 중에 하나요, 또한 미국과 다른 여러 나라에서 사용될 수 있는 계획은 교회의 모든 교인이 조심스럽게 선택된 개인을 위하여 기도를 집중하는 것이었다. 사정은 다음과 같다. 한 교단에 속한 23개의 소읍 소재 교회들 가운데서 한 교회를 제외한 모든 교회가 정체되어 있었다. 그 교회들은 약 40명 교인에서 성장을 멈추고 있었다. 그들은 자신들의 환경 가운데서 **더이상 성장할 수 없다고 믿었다**. 하지만 한 교회는 그러한 교회들의 전형적인 교인수인 40명에서

220명으로 성장하였다! 무엇이 이런 증가의 현상을 가능하게 하였는가? 그 교회가 소재한 읍이라고 해서 다른 22개의 읍들보다 더 성장이 빠르지도 않았다. 성장에 영향을 미친 여러 요소들 중에서 교인들 자신들이 주된 요인이라고 부르는 요소가 있었다.

매년 1월에 그 성장하는 교회는 모든 교인으로 하여금 자신들의 친척과 친지 중에서 가장 전도용이한 한 사람을 택하도록 유도하였다. 즉 "나는 그를 매우 좋아한다"든가 "우리는 많은 시간을 함께 지낸다"든가 "그녀는 나를 많이 생각한다"든가 할 만한 사람을 선택하게 하였다. 그런 다음 각 교인은 그 사람의 구원을 위하여 이름을 불러가며 매일 기도하기로 약속하였다. 목사는 예배시에 자주 공개적으로 "우리 각자가 위하여 기도하고 있는 우리의 친구들"을 위해 기도하였다. 전체 교회는 수십명의 자신들의 최상의 친구들이요, 사랑하는 사람들을 구원하는 데 하나님의 도구가 되고 있다는 예리한 의식을 소유하였다. 주도적인 역할을 하는 부인 가운데 한 사람은 그 결과를 다음과 같이 말한다. "우리는 기도합니다. 그리고 매년 하나님께서는 우리가 위하여 기도하는 사람들을 우리에게 주십니다. 어느 해에는 10명을, 어느 해에는 20명, 어느 해에는 60명의 새 교인들을 주십니다." 이같은 집중적인 기도는 모든 6대주(六大州)에서 사용될 수 있다.

결 론

교회성장에 영향을 미치는 모든 요소들 중에서 현존하는 교회의 자연적인 주변을 복음화하는 것보다도 모든 기독교인들에게 즉각적으로 이용될 수 있는 것은 아무 것도 없다. 대부분의 성장이 이루어지는 곳은 바로 이러한 곳이다. 이러한 곳들이 추수를 위하여 희어진 들판 중 가장 가까운 곳이다. 이들은 이미 그리스도와 기독교 생활에 대하여 어느 정도의 지식을 소유한 사람들이다. 사회적 연결의 매네트웍 중에서 교회의 주변들을 복음화하는 것이 언제나 건전한 절차이다. 물론 여기에는 유대인들이 아무런 친척도 소유하지 못했고 친구들도 별로 없는 사마리아인들에게 나아가려는 신중한 시도들이 언제나 보충되어야만 한다. 복음을 미처 전달받지 못한 세계의 막대한 수효의 사람들은 복음전도를 친구들의 네트웍에 제한시키지 말도록 우리에게 경고한다. 만일 기독교인들이 그리스도의 대위임에 복종한다면 지상의 **모든 인종** 가운데 세워진 새로운 교회들은 필수적인 전략이 된다. 그럼에도 불구하고 일단 새로운 출발이 이루어졌을 때 친척들과 친지들의 네트웍은 교회확장을 위한 최상의 대로(大路)이다. **다리들을 사용하라.**

21
목표를 설정하라

목표를 설정하는 것이야말로 중요한 노력이다. 기독교인들이 효율적인 복음전도를 수행하고자 할 때 그들은 교인들의 목표를 설정할 필요가 있다. 이러한 것은 그들의 노력을 주된 과제에 초점을 두게 한다.

목표의 설정은 요구되는 사실들을 확립하는 것을 요구한다. 그것은 목사들과 선교사들에게 그들의 기본적인 책임들과 이용할 수 있는 자원들을 상기시킨다. 그것은 그들의 우선 사항들을 바르게 배열하도록 그들에게 작용한다. 그것은 그들의 목표에 붙잡아 맨다.

기독교 지도자들이 그들의 기본적인 목적들을 예수 그리스도에 대한 신앙을 통하여 사람들을 구원하시려는 하나님의 영원하신 목적과 일치시키는 것이 본질적이다. 이것은 그 이후 수반되는 교회의 성장과 발달에 있어서의 첫 단계이다. 목표의 설정은 이러한 일치를 이룩하는 데 도움을 준다.

세계복음화는 매우 광범위한 사업이다. 그것은 선포를 통한 전(前)복음화, 설득됨, 세례 또는 교인됨, 주님의 은혜와 그에 대한 지식에 있어서의 성장으로부터 그리스도 안에서 남녀들의 성숙에 이르기까지 폭이 넓다. 그것은 필연적으로 인생의 제반 측면들을 포함한다. 사회적 구조들은 더욱더 철저하게 기독교화되어야만 한다. 학문적 분야에 있어서, 그 자국의 문화에 있어서의 복음화에 타문화권에 있어서의 선교가 동시에 관심사로 된다. 이 두 가지 **모든** 족속을 제자화하려는 한 가지 목표에 많은 분야들과 학문들을 이용해야만 한다. 사회학, 매체학, 논증학, 인류학, 교육의 이론과 실제, 세계 교회연합적인 관계, 복음화와 선교의 역사, 성경연구들 이 모든 것이 본질적인 공헌들을 이룩해야 한다.

하지만 이 모든 광범위한 사업은 언제나 그 중심, 즉 모든 무릎이 꿇어야 할 하나님의 확고하신 목적을 기억해야만 한다. 목표의 설정은 그러한 일이 이루어지도록 돕는다. 선교학은 서로 다른 많은 성분들의 잡동사니가 아니다. 오히려 그것은 확고한 목표를 아시아뿐만 아니라 유럽, 아프리카와 아메리카 등 6대주 모두에 있어서 세계의 복음화로 삼는 학문이다. 구세주가 그 중심이요 주축이시다. 국내 복음화와 선교는 모두 다 동등한 가치를 지니어서 수행되거나 생략되거나 별 차이가 없는 훌륭한 사업들로 이루어져 있지 않다. 전체주의적 선교/복음화는 그러한 것을 의미하지 않는다. 오히려 그것은 **모든 민족들을** 주님께서 분명하게 명령하신 명령에 부응하여 **제자로 삼아야 한다.** 특별한 목적을 위하여 수행되어야만 한다. 복음을 접하지 못한 수많은 사람들, 아직 믿지 않고 있는 30억의 사람이 복음전도와 선교를 가르치는 모든 선교사들에게 비난과 도전을 던지고 있다.

목표설정은 목사들과 선교사들로 하여금 그들의 우선 사항들을 하나님을 기쁘시게 하는 것에 일치시키도록 돕는다. 그것은 그들로 하여금 직업 및 선행의 유지라는 정글 가운데서 길을 잃지 않게 해준다. 그것은 선교학자들로 하여금 모든 족속을 제자로 삼는 것이 확고한 목표가 되지 않는 한 그들은 어쩌면 그들의 뜻에 반하게 세계복음화가 아니라 모호한 인도주의 또는 지적인 탐구에 몰두하게 된다는 것을 기억하도록 돕는다. 기독교인들이 아메리카 또는 다른 어떤 대륙에서 무엇을 행하거나 또는 가르치든지 간에 목표설정은 그들로 하여금 그들의 머리가 되시는 위대하신 예수께서 그들을 언제나 인도하시고 성령께서 그들을 복음화에 언제나 매진하게 하신다는 것을 기억하도록 돕는다.

난관들의 극복

교인들의 목표를 설정하는 것은 다만 최근에야 일반화되고 있다. 사자들이 언제나 길을 막아 서 있었다. 1980년의 상황 그리고 피터 와그너(Peter Wagner)와 버질 거버(Vergil Gerber)가 이 원리를 복음화와 교회성장에 적용함에 있어서 이룩한 주목할 만한 업적은 성장목표들이 설정되지도 또한 적절한 것으로 생각되지도 않았던 오랜 세월들에 비추어 조명되어야만 한다.

북아메리카의 교회들

카나다와 미국에 있는 교회들은 좀처럼 교인들의 목표를 설정하지 않는다. 사실상 교인들의 대다수는 자신들의 과거 성장의 직선 도표를 대하거나 미래의 성장이 어떻게 이루어질 것인가에 대한 측정을 하지 못하여 왔다. 어느 목사에게 그의 교회의 성장률이 어떠하였는가를 묻는다면 대개의 목사는 그를 알지 못하고 있을 것이다.

아메리카의 교회들은 그 교회들의 전체 교인에 대하여서나 또는 청장년, 장년, 중년, 대학생과 같은 다양한 부서들에 대해 목표를 설정하는 경우가 없다. "이 공동체에 항구적으로 거주하는 입교자들의 수효가 감소하고 있는가?"라는 질문에 대해서는 확실한 대답이 주어지지를 않는다.

교인증가를 위한 목표를 설정하는 일은 대부분의 기독교인들은 생각도 하지 않는다. 그들은 자신들의 사업활동, 그들이 판매할 자동차의 수, 그들이 생산할 강철의 분량, 그들이 세워야 할 새로운 건축물의 수효에 대해서는 목표들을 설정하나 그들의 교회가 확보해야 할 개종자들의 수효에 대하여서는 목표를 설정하지 않는다.

확실히 복음전도 캠페인은 증가되고 담임목사들은 교회를 어쩌다가 들린 또는 이웃으로 이사를 온 감정적인 교인들을 심방한다. 그러나 1972년 이전에는 과거의 성장을 연구하였고 미래의 성장에 대한 신앙 기획들을 행한 교회나 교단은 좀처럼 드물었다.

미국의 발전지역들, 즉 중서지방, 남서지방, 그리고 극서지방에 있어서 새로운 교회들을 배가하는 특별한 의무를 설정했던 국내 선교회는 물론 어느 정도의 계획을 수립하였다. 하지만 국내 선교회들조차 목표를 설정하기보다 그냥 일을 추진하고 그 다음에는 결과가 무엇이 되든지 방치하는 형국이었다. 일부 국내 선교회들은 복음전도와 교회개척으로부터 등을 돌리고 소수인종들 가운데서 공익사업을 하는 것을 그들의 주된 과업으로 삼았다. 선교사업은 복음을 전파하고 토착 교회들을 증가시키는 것이 아니라 국가의 침체된 부분들을 섬기는 것이 되었다. 국내 선교회는 교인들 또는 교회들의 증가에 관련하여 좀처럼 목표들을 설정하지 않는다.

해외 선교

해외 선교회들 또한 전통적으로 교인들의 증가 목표를 설정하지 않아 왔다. 선교사들이 어떤 새로운 지역에 도착하였을 때 그들은 언어를 배우고 체류할 장소를 마련하고 무관심 또는 적개심을 극복하며 어려운 여건들 아래서 건강을 유지하는 것 등 개척활동에 여러 해를 보내게 된다. 흔히는 최초의 개종자들이 얻어지기까지 상당 시기가 소요된다. 때때로 기근, 열병, 혁명 등이 조직적인 활동을 저해한다. 주민들은 기독교나 또는 그리스도에 대하여 결코 들어 본 일도 없으며 성경은 그 나라 말로 이용될 수 없다. 이러한 환경 아래서 교인증가 목표를 세우는 것은 어리석은 것이 될지도 모른다. 이러한 선교사들은 단순히 버티는 것만으로도 잘한다고 할 수 있다.

사업의 확고한 양식 및 확고한 활동 기초가 수립된 후라고 할지라도 개종자들은 아주 서서히 나타나므로 그 목표는 교인 증가라기보다는 "선교사업"이라고 간주되어야 할 정도가 된다. 교회성장에 대한 많은 반대는 정확히 다음과 같은 이유 때문에 일어난다. 왜냐하면 심지어도 오늘날이리고 할지라도 이러한 환경들 가운데서의 선교는 교인의 증가는 우연이요, 진정한 과업은 그리스도에 대한 선포요, 백성에 대한 섬김이라는 느낌 아래 교인증가가 표준이 되어야 한다는 관념 자체를 거절하기 때문이다. 다음 10년 안에 교인수를 배가한다는 것과 같은 목표를 설정한다는 것은 어리석은 일로 생각될 것이다.

지구 위성의 대부분의 지역들에 있어서 선교가 초창기의 단계에 있는 동안에는 선교적 과업이 선한 사업에 의하여 복음을 선양하며 언어를 배우고 성경을 번역하고 기독교 문서를 발간 배포하며 의료, 농업, 교육, 개발, 기타 연장들로 사람들을 섬기는 것이다.

선교사들은 흔히 다음과 같이 말한다. "교인들에 관한 한 하나님께서 우리에게 주신 것을 취하여 그들을 사랑하고 그들을 좋은 기독교인들로 양육하도록 하자. 그들에게 성경을 가르치며 매주 예배에 참석하는 것을 습관화시키고 그들을 위한 토착 지도자들을 훈련시키자. 십일조 헌금이 가르쳐지고 교회들이 조직되며 새로운 교회들의 문제들이 해결되고 기독교인들은 훌륭한 기독교인들로 양육되어야만 한다. 우리는 현존하는 경제 수준과 지배적인 문화에 합당한 기독교의 형태를 수립해야만 한다. 문화의 불미스러운 요소들(이를테면 우상숭배)이 숙정되어야 하지만 그렇지 않은 대부분의 요소들은 교회로 수용되어 교회는 점증적으로 철저하게 토착적인 색채를 지녀야 할 것이다. 과업은 교인증가 목표를 설정하는 것이 아니라 철저하게 기독교적이며 그 문화 가운데 철저하게 동화된 그러한 종류의 기독교 공동체를 근면하고도 애정을 가지고 형성하는 것이다."

더 나아가서 교인증가라는 관심사는 선교사들 및 지원단체들의 실행 총무들의 마음을 무겁게 짓누른다. 교회의 성장이 어렵게 보이는 판국에 거창한 목표들이 설정되고 세례받는 사람들은 소수이라면 어찌할 것인가? 이러한 것은 지지자들을 낙심시키지 않겠는가? 한 선교 실무자가 한번은 내게 다음과 같이 말한 일이 있다. "내가 저지를 수 있는 가장 위험스러운 일은 파키스탄에서의 우리의 선교사업에 대한 지원자들로 하여금 그곳의 교회는 성장할 수 있고 또 성장해야 마땅하다고 생각하게 하는 것일 것이다. 교회가 성장하지 않는다는 사실을 그들이 알았을 때 그들의 헌금은 현저히 줄어들 것이다."

아메리카와 해외에 있어서 교인증가 목표를 설정하는 길에는 이러한 난관들이 가로놓여 있다.

더욱 위협적인 것은 신학적 난관들이다. 느린 성장 또는 비성장이 다반사이어 왔기 때문에 과제는 현존하는 교인들과 그들의 자녀들을 돌보는 것으로 간주되어져 왔다. 현상유지라는 정신상태가 대부분의 교회들과 교단들의 특징이 되어 왔고 **성경적인 근거 아래 옹호되었다.** 우리 안에 있는 양들을 돌보는 일이 신성시되고 잃은 양을 찾는 일은 무시되었다. 어떤 이들은 복음전도란 자신의 신념을 다른 사람들에게 강압적으로 강요하는 일이라고 말하게까지 되었다. 어떤 이들은 모든 복음전도는 "저돌적인 자기 과시"라고 불렀다. 목표를 설정하는 일은 하나님께 혐오스러우며 기독교의 친절 정신에 위배되는 것으로 간주되었다.

이러한 빛에서 성경이 읽혀져 왔다는 사실은 어느 정도 놀라운 일이다. 폐쇄적이고 감소일로를 걷고 있는 교단들에게 성경은 오로지 기독교인들에게 말하는 것으로 생각된다. 예를 들어 에베소서 3:18에서 바울은 에베소의 기독교인들에게 힘을 주어 "그리스도의 사랑의 넓이와 길이와 높이와 깊이가 어떠함을 깨닫게 해주시기를" 무릎을 꿇고 하나님께 간구한다. 바울의 기도가 "땅에 있는 각 족속"이 하나님 아버지로부터 그 이름을 취한다는 사실을 그의 독자들에게 상기시킴으로 시작하여 "영광이 대대로 영원 무궁하기를" 비는 말로 종결짓고 있다는 사실에 비추어 볼 때 영감이 담긴 말씀이 여기서 모든 세대에 걸쳐서 모든 인류에게 확장되는 사랑에 대하여 언급하고 있음이 분명하다. 기도는 다음과 같은 것이다. 그리스도께서 기독교인들의 마음에 거하시므로 그들이 자신들의 지방색과 자신들만을 생각하는 경향을 극복하면서 복음이 모든 인류에게 전파되기를 바라는 그리스도의 목적을 파악할 만큼 강건하게 되었으면 하는 것이다. 그들은 그리스도의 사랑 중에서 그 **길이**(땅의 가장 먼 경계)와 **넓이**(인류의 무수히 많은 사회들), **높이**(위로 모든 정사들과 권세들), **깊이**(구원받지 못한 자의 가장 절박한 욕구)를 알아야 한다. 이 귀절에 대한 이러한 선교적인 해석 대신에 정체된 교회들 내의 기독교인들은 이 네 단어들을 기독교인들과 교회를 향한 그리스도의 사랑의 절대적인 질(質)을 의미하는 것으로 받아들인다.

올바른 해석은 양면 모두를 강조한다. 이 성귀가 오로지 먼 지역에 있는 구원받지 못한 자들을 가리키거나 또는 오로지 현존하는 기독교인들을 가리킨다고 주장하는 것은 잘못이다. 이 말씀 가운데서 두 가지 강조점 모두가 파악될 수 있어야 할 뿐만 아니라 이 말씀의 외적인 지향도 그 내적인 지향 만큼이나 충분히 잠정적 세력을 지닌 것으로 인식되어야만 한다. 현상유지라는 정신상태에 의하여 지배되는 교회들과 교단들은 좀처럼 이러한 사실을 보지 못한다.

성경에 대한 이러한 결함있는 민족 중심적 관점으로는 다음과 같은 신학적 난관들이 버티고 있으면서 목표를 설정하는 것을 가로막는다는 것은 놀라운 일이 아니다.

우리는 개종시킬 수 없다. 성령께서 하신다. 따라서 우리가 이러이러한 몇 명의 사람들을 기독교 신앙으로 이끌어들이겠다는 목표를 설정하거나 가정하는 것은 불경건한 일이 될 것이다.

우리는 전체 피조물에게 복음을 전파하라는 명령을 받았다(막 16장, 행 1장). 우리는 땅으로 하여금 그의 음성을 듣게 해야 한다. 그러나 우리는 민족들을 교회로 안내하라는 명령을 받지는 않았다. 하나님께서는 그가 합당하다고 생각하시는 만큼 교인들을 증가시킨다.

우리는 소수의 기독교인들만을 기대해야 한다. 문은 좁다. 많은 사람들은 구원받으려 하지 않는다(마 22:14, 눅 18:8 등).

과제는 진정한 기독교인들을 만드는 것이다. 전적인 희생을 치루기를 피하는 것은 값싼 은총이다. 우리는 뛰쳐 나가서 우리의 교인수를 증가시키려고 하지 말아야 한다. 많은 수의 이교도들을 세례받게 하는 것이 목표는 아니다. 양떼를 돌보아야 한다는 사실을 우리는 성경 도처에서 찾아 볼 수 있다. 그러나 기독교인들이 복음전도의 노력에 전력을 투구하라는 강렬한 호소는 발견할 수 없다. 1979년 7월호 *International Review of Missions*(국제선교회보)에서 레슬리 뉴비긴(Lesslie Newbigin)씨는 다음과 같이 기술하였다.

> 여러분은 바울의 편지에서 그가 그의 독자들에게 복음전도에 더욱 힘쓰라고 촉구한 단 한 귀절도 발견할 수 없다. 신약성경 가운데는 개신교의 선교 관행에서 다반사가 되어 온 선교활동에의 거의 광적인 호소에 일치하는 귀절은 절대로 아무 데도 없다(308).

난관은 붙들어 매어 두어야 한다

천로역정에서 번연이 언급하고 있듯이 사자들(본 맥락에서 난관으로 번역된 영어는 사자로도 번역되는 lion이다. 문맥에 따라서 번역을 달리하였다—역주)

은 다만 심약한 자들만을 저지한다. 용감한 기독교인들이 하나님의 뜻을 수행할 때 그들은 방금 기술한 사자들(난관들)이 안전하게 사슬에 결박되어 있음을 발견한다.

성경은 납득할 수 있도록 사용되어야만 한다. 영감있는 말씀 전체를 읽어 보면 우리는 성령께서 개종시키시는 한편, 그는 대부분의 사례들에 있어서 기독교인들을 통하여 작용하신다는 사실을 발견한다. 성령께서는 "나를 위하여 바나바와 사울을 구별하여 세우라"고 말씀하셨다. 주님께서는 "**가서 모든 족속으로 제자를 삼으라**"고 말씀하셨다. 바울은 "어떻게 해서든지 한 사람이라도 얻고자 하는 나를 본받으라"고 말하였다.

주님께서 그의 제자들에게 "진실로 너희에게 이르노니 무엇이든지 너희가 땅에서 매면 하늘에서도 매일 것이요, 무엇이든지 땅에서 풀면 하늘에서도 풀리리라"라고 말씀하셨을 때 복음전도가 단순한 선포라고 주장하기는 어렵다. 주님께서는 그의 추종자들에게 사람들을 믿도록 설득하고 그런 다음 목적의식을 가지고 신자들을 가시적이고 헤아릴 수 있는 교회들과 교단들에 합세시키는 어려운 과제를 완성시키는 의무를 부여하셨다. 성령께서는 확실히 이 모든 것 가운데서, 즉 **성령으로 충만한 남녀들을 통하여** 역사하셨다.

사도행전 18장에 보면 다음과 같은 내용이 있다.

> "안식일마다 바울이 회당에서 강론하고 유대인과 헬라인을 권면하니라. 실라와 디모데가 마게도냐로서 내려오매 바울이 하나님의 말씀에 붙잡혀 유대인들에게 예수는 그리스도라 밝히 증거하니⋯ 두려워하지 말며 잠잠하지 말고 말하라."

유대인들이 바울을 총독 갈리오에게 끌어갔을 때 그들은 그가 "사람들을 설득하였다"는 말로 고소하였다. 이러한 귀절들에 비추어 볼 때 예수의 추종자들이 되도록 사람들을 설득하며, 그들을 교회로 이끌어들이기 위한 의도적인 계획들이 어떤 의미에서든지 불경하다고 주장하기는 어렵다. 대 위임을 수행하고자 목표를 설정하는 것은 하나님을 기쁘시게 한다. 사자들이 으르렁거릴 수 있다. 그러나 그것들은 사슬에 매어 있다.

성경은 교회성장을 위한 주도 면밀한 계획을 확고하게 지지한다.

목표설정의 역사

이러한 배경에 비추어 지난 15년 동안 교회성장의 목표설정이 기독교운동의 도움을 주는 부분이 되게 한 세 가지 추진력들을 간략하게 고찰해 보도록 하자.

목표설정을 위한 기초들을 놓음

선교가 퇴조하던 시기에 The Bridges of God(하나님의 가교들)은 교회의 위대한 성장이 하나님께서 바라시는 것임을 주장하였다. 다음 문장은 이 책의 내용을 잘 요약하고 있다.

> 오늘날 기독교회들은 가장 괄목할 만한 승리를 획득할 수 있다. 절박한 재난으로부터…교회들은 민족적인 안녕의 지속적인 유일한 기초들을 기여할 수 있다. 그러므로 참되고 영원히 살아 계시는 하나님을 두려워하고 사랑하고 예배하는 살아 있는 교회들의 수효는 늘어나야 한다(155).
>
> 오늘날 제자가 될 수 있는 사람들은 하나님께서 그 구원을 뜻하고 계시는 수십억의 개인들로 구성되어 있다(156).
>
> 조오지 폭스(George Fox)는 곧 잉글랜드의 수많은 주민을 신우회로 이끌어들이게 되는 대대적인 인간운동을 시작하면서 "햇빛 속에 떠다니는 먼지처럼 많은 무수한 사람이 한 목자와 한 울(Fold) 안으로 들어오는" 환상을 보았다. 바로 이러한 환상을 보는 기회가 우리 모두에게 제공되었다(157).

The Bridges of God 서문에서 케네드 스코트 라투레트(Kenneth Scott Latourette)가 이 책을 "선교방법에 있어서 오랫동안 등장해 왔던 가장 중요한 책들" 가운데 하나라고 불렀던 것은 놀라운 일이 아니다.

Understanding Church Growth(교회성장 이해, 1970년)의 초판은 그 전의 15년 동안에 교회성장 세미나, 학급, 강의, 기사들의 본체를 형성하였던 것을 수록하였다. 처음부터 끝까지 이 책은 교회의 양적인 성장이 하나님의 뜻이요, 이것이 평가되고 기술되고 논의되고 복음전도 및 선교 노력을 위한 기초가 되어야 마땅하다는 것을 가정하였다.

제 1 장은 양적인 교회성장이 하나님께 신실한 것임을 선언하였다. 제 2 장은 탐색 신학(search theology : 성장을 전혀 요구하지 않는)은 비성경적이고 추수 신학(객관적인 발견물을 요구하고 잃은 자를 양우리로 인도하는)은 철저하게 성경적이라는 것을 설명하였다. 제 4 장은 교회들의 진정한 모양과 규모를 효과적으로 모호하게 하는 안개를 파악하고 분산시키는 일의 절대적인 필요성을 강조하였다. 매장마다 수록된 도표들은 교회성장의 양, 성장의 비율, 교인증가 역사를 묘사하였다. 전체 책은 목표는 인간들의 모든 계층과 조건들의 제자화요, 이러한 제자화는 측량되고, 도표화되어야 한다는 폭발적인 관념을 독자들에게 주지시켰다. 다른 장들은 부흥회로부터 사회개선에 이르기까지 선교의 주된 활동들을 예수 그리스도의 헤아릴 수 있는 추종자들에 대한 그 활동들의 효과라는 견지에서 개진한다. 결론을 이루는 장은 교회성장을 위한 어렵고도 과감한 계획들은 성경적이고 존경할 만하며 실행으로 옮겨질 수 있음을 선언하였다.

1955년에서 1965년 사이에 이와 같은, 그리고 여타 교회성장의 개념들이 등장하였다. 어떤 교회들과 선교회들은 이 개념들을 환영하고 이 가운데서 새로운 용기와 새로운 방향을 발견하였다. 어떤 교회들과 선교회들은 이에 저항하였다. 그 어느 경우에 있어서나 성장 개념들은 목표를 설정함의 근거를 준비하였다. 이러한 개념들이 10년 이상 토양을 갈아 엎지 않았더라면 목표의 설정은 어디에 있어서고 불가능하였거나 어려움에 직면하였을 것이다.

오레곤에 있는 교회성장 재단(1961-65)과 캘리포니아에 있는 세계선교학교(1965-70)에서 수십명의 유경험 선교사들이 대 위임을 역학적인 센터로 하는 선교학을 공부하였다. 선교학은 모든 민족들을 제자로 삼으라는 그리스도의 명령 이외의 여러 가지를 포함하였다. 그것은 비교종교, 사회학, 인류학, 선교방법, 성경연구, 선교신학, 세계 교회연합적 시도들을 포함하였다. 그러나 이것들 중의 어느 하나도 선교학의 중심이 되지는 않았다. 그 어느 것도 교회의 세계선교를 창출할 수는 없었다. 그러한 것은 독특하게 구세주 예수 그리스도에 대한 신앙을 통하여 인간을 구원하시려는 하나님의 영원하신 목적에 의존된다. 하나님의 목적이 수로 헤아릴 수 있는 사람들을 구원하는 것으로 될 때 광대한 선교사업 및 교회성장의 기초적 개념들이 필연적으로 수반된다.

이곳에서 공부를 하였던 사람들은 복음을 전파하고 신앙을 보급해야 한다는 명백한 성경적 지시의 빛에서 신학과 선교를 수행하겠다는 결심을 갖고 그들의 고향으로 돌아갔다.

1963년 오레곤 유진에 있는 교회성장재단 책임자는 많은 재단들에게 라틴 아메리카에 있어서 전 대륙을 대상으로 교회성장을 조사하기 위한 기금을 신청하였다. 1965년 1월에 그는 릴리 재단에서 5만 4천 불의 사용을 허락받았고, 5월경에는 조사관들로 리드(Read), 몬 로소(Monterroso), 존슨(Johnson)씨를 확보하였다. 그후 3년 동안 이 사람들은(내가 선교학교의 초대학장으로 간 곳인 캘리포니아 패사디나에서 일에 착수하여) 17개국에 대한 교회성장 연구를 수행하였다. 이러한 조사의 수행은 교단들, 교회들, 선교회들, 선교사들에게 그들이 측정되고 도표화될 수 있고 또 그렇게 되어야 하는 사업에 임하고 있다는 사실을 깨닫게 하는 수많은 기회들을 제공해 주었다.

1969년에 *Latin American Church Growth*(라틴 아메리카 교회성장)가 출판되었을 때 라틴 아메리카에서 일하는 선교회들, 특별히 노력에 비해 비교적 교회성장이 저조하였던, EFMA/IFMA 표준에 따라 분류되는 보수적인 복음주의 교단들에게 폭탄처럼 떨어졌다. 그들은 자신들이 신학적으로 건전하다고 믿었고 자신들이 열심히 일하고 있는 것으로 알았다. 그럼에도 불구하고 그들은 주요 선교회들과 오순절교회들보다 낮은 성장을 경험하였음을 알았다. 그들은 괴로와하였다.

따라서 그들은 1970년 9월에 일리노이주 엘번에서 협의회를 소집하였다. 50명 이상의 선교 실무자들이 참여하여 자신들의 주된 과제를 달성하는 방법들과 수단들을 논의하면서 이틀을 보냈다. 그들은 전에는 결코 자신들의 노력에 대한 권위있고 양적인 분석을 경험해 본 적이 없었다. 그들은 찬란한 선교를 수행하고 있었고 얼마 안 되는 성장에 만족해 하고 있었다. 생생한 성장 사례들을 174페이지에 걸쳐서 담고 있고 209페이지에 걸쳐서 성장을 지배하는 요소들에 대한 확신어린 분석을 담고 있는 교회성장의 이정표를 이룩한 책 *Latin America Church Growth*(라틴 아메리카 교회성장)은 그들로 하여금 탁월하게 유용한 교회성장적인 사고방법을 보급하는 새로운 매체를 고안하도록 촉구하였다. 그들은 "어떻게 하면 우리는 라틴 아메리카에 있는 우리의 선교사들과 교회 목사들로 하여금 자신들의 기본적인 과제가 복음을 더 많은 사람들에게 전달하는 것임을 깨닫게 하겠는가?"(고후 4:15)라고 자문하였다. 교회성장의 역동력이 전체 빵 반죽덩이에 발효작용을 하였다.

  교회성장에 있어서 다른 조사결과들이 출판되었을 때 그것들 역시 많은 지역들에 있는 지도자들을 일깨웠다. 리드의 *New Patterns of Church Growth in Brazil*(브라질에 있어서 교회성장의 새로운 패턴들), 쉐어러의 *Wildfire : The Growth of the Church in Korea*(요원의 불길 : 한국에 있어서 교회성장)는 심원한 영향을 미쳤고, 그림리(Grimley)와 로빈슨(Robinson) 공저 *Nigeria*, 월드(Wold)의 *God's Impatience in Liberia*(리베리아에서의 하나님의 초조하심), 몽고메리(Montgomery)의 *New Testament Fire in the Philippines*(필리핀에 있어서 신약의 불길), 맥가브란의 *Church Growth in Jamaica*(자메이카에 있어서 교회성장), 해밀턴(Hamilton)의 *Church Growth in the High Andes*(안데스 고지에 있어서 교회성장)는 많은 국가들의 선교지도자들로 하여금 교회의 실질적 상태에 눈을 뜨게 하였다. 교회가 건전하게 기독교적인지 아니면 명목뿐인지를 아는 것도 중요함을 인정하면서 또한 교회가 주민의 1%의 10분의 1인지 아니면 주민의 절반인지, 교회가 왕성하게 성장하고 있는지 아니면 쇠퇴하고 있는지를 아는 것도 중요하다.

  1970년에 앨런 티페트(Alan Tippett)는 교회성장에 대한 계속적인 공격은 비성경적이며 중지되어야만 한다는 것을 결정하였다. 그 결과로 그는 가장 영향력있는 책인 *Church Growth and the Word of God*(교회성장과 하나님의 말씀)을 저술하였다. 그 책과 여타의 책들에서 입증된 성경적 기초는 목사들과 지도자들을 어쨌든 교회성장은 죄된 것이라는 죄책감으로부터 해방시켰다. 그 책은 하나님의 말씀은 교회성장을 공인해 준다는 사실을 입증해 주었다.

1970년경에 체계적인 목표설정을 본질적인 선교전략으로 삼는 쪽으로 무대는 바뀌어졌다. 토양은 갈아 엎어지고 씨가 뿌려졌다. 체계화를 위한 기초가 놓여지게 되었다.

기초를 놓는 마지막 단계는 레오나드 터기(Leonard Tuggy)에 의하여 이루어졌다. 터기에 관한 이야기는 언급할 만한 가치가 있다. 그는 1967년~68년에 이 학교에서 공부를 하였고 보수적인 침례교단에 의하여 필리핀 교회성장 조사단의 일원으로 임명되었다. 그는 랄프 톨리버(Ralph Tolliver)와 더불어 2년 이상에 걸쳐서 필리핀에 있는 복음주의 교회를 구성하는 많은 교단들의 성장을 도표화하였다. 1971년에 터기-톨리버의 조사결과는 *Seeing the Church in the Philippines*(필리핀에 있어서의 교회현황)라는 제목으로 출판되었다. 교회성장을 열렬히 신봉하였으며 대대적인 성장이 가능하다는 사실을 목격한 터기는 1971년에 그의 침례교 동료들에게 1981년까지 200교회와 1만 명 세례신자의 목표를 세우자고 제안하였다(당시에 그들은 30교회와 2천 명 교인들을 거느리고 있었다)! 그리하여 "200교회 개척운동"이 탄생되었다.

이 학교의 많은 졸업생들이 교회성장을 위하여 일을 하고 조사결과들, 도표들, 혁신적인 개념들이 다수의 목사들과 선교사들로 하여금 복음을 보다 효과적으로 전달하도록 자극하였던 한편, 터기가 한 일은 우선 신중하게 목표를 설정하는 것이었다. 더 나아가서 그는 심사숙고하여 계획을 세우고 매년 개정하면서 그의 목표를 추진하였다. 성장이 어느 정도 이루어졌는가에 비추어 자원들은 할당되었다. 이 목표는 보수 침례교회 및 그것을 지원하는 선교회의 북극성이 되었다. 이제 기초는 완료되었다. 목표설정이 모든 사람에게 주지되었다. 곧 벽돌이 세워질 것이다. 선교전략은 가장 효율적인 연장에 의하여 강화될 것이다.

해외에서 벽을 건설함, 즉 목표를 설정함

벽돌은 숫자로 헤아릴 수 있는 기독교인들에 대한 공공연한 인정을 기독교 선교에 있어서 신실함에 대한 적법한 시사로 요구하는 이론적, 신학적 기초 위에 세워져야 한다. 피터 와그너와 버질 거버는 이들 벽돌을 세우는 데 있어서 결정적 역할을 하였다. 즉 목표를 설정함을 복음전도의 필수적 전략으로 보고 그것을 어떻게 수행하느냐 하는 것을 시범적으로 나타내었다.

와그너는 그의 영향력있는 책 *Frontiers of Missionary Strategy*(선교전략의 미개척지 : 1971)에서 전략의 시급성을 지적한 바 있었고 "전략은 적절한 목표들 없이는 정확하게 계획될 수도, 효과적으로 평가될 수도 없다는 것을 설파했었다(132). 더 나아가 그는 모든 복음전도의 목표들의 **궁극적인 대상**은 예수 그리스도의 신실한 추종자들의 숫자로 증가되어야만 한다는 것을 선언하였다. "모든 복음전도·프로그램의 양보될 수 없는 목표들은 제자삼기가 되어야 한다"(145).

1971년말에 라틴 아메리카 복음전도협의회(ECLA)는 와그너로 하여금 베네수엘라에서 선구적인 워샵을 수행하도록 임명하였다. 그리고 버질 거버와 에드워드 머피로 그를 돕게 하였다. 그 목적은 참가한 목사들의 마음 가운데 **제자들을 삼는 것**이 그들의 수고의 필요하고 적절한 목적이라는 것을 강렬하게 인식시키는 것이었다. 이 워샵은 1972년 6월에 이루어졌고 47명의 목사들이 참석하였다. 1972년 7월호 교회성장회보에서 와그너는 그 역사적 모험의 이야기에 대하여 말한다.

1973년 11월에 *Church Growth Bulletin*은 베네수엘라 워샵 프로그램을 다음과 같이 요약 소개해 주고 있다. 이것은 그 당시로서는 다른 많은 국가들에 있어서 워샵의 표준이 되었다.

> 일반 교회의 스페인어를 말하는 목사들은 지난 10년 동안 그들의 교인에 대한 기록들(대단히 불충분한)을 가져왔다. 워샵 지도자들은 이루어져 왔고 이루어지고 있는 성장을 어떻게 분석하고 도표화하고 이해하는가 하는 것을 그들에게 가르쳤다. 그것은 현실에 대한 배경을 제공하였다. 목사들은 그들 자신의 문제들, 과제들과 기회들에 관하여 이야기하였다. 그들은 새로운 북아메리카의 구상에 항거하지 않았다! 이러한 배경에서 교회성장 원리들을 개진하는 것은 설득력을 지니게 되었다. 이 원리들은 "**우리가** 필요한 어떤 것"으로 인식될 수 있었다. 세 번째 단계는 참여자들에게 그들의 과거의 경험을 기초로

하여(믿음을 가지고 기도를 한 후에) 하나님께서 자신들에게 시도하라고 요구하신다고 그들이 믿는 성장을 제시하라고 요구하는 것이었다. 네 번째 단계는 지난 10년 동안에 평균 성장률이 어떠하였으며 앞으로 5년 동안에는 어떠할 것인지를 계산하는 것이었다. 마지막 단계는 1년 후에 동일한 사람들이 참석하는, 사실상 어떤 결과가 이루어졌는지를 점검하는 또 다른 웍샵을 개최하도록 계획하는 것이었다.

베네수엘라에서의 경험은 교회에 있어서 복음전도를 배가하는 데 의미심장한 전진을 이룩하는 기초를 제공하였다. 거버 박사는 어떠한 목사들 그리고/또는 선교사들의 집단이 어떻게 성장 웍샵을 개최할 수 있는가를 알려 주는 *A Manual For Evangelism Church Growth*(복음전도/교회성장을 위한 지침)이라는 작은 책을 준비하였다.

세계 도처에서 교회성장 관념들을 흡수해 왔고 또한 교회의 첫 번째 사업은 남녀들을 그리스도에게로 인도하는 것임을 믿었던 기독교 지도자들은 그들이 목사들로 하여금 기독교 신앙의 보급을 위한 거대한 기회들에 관하여 생각하도록 하는 데 사용할 수 있는 연장을 고대하고 있었다. 거버의 지침서(곧 이 책은 *God's Way to Keep a Church Going and Growing* 「교회로 하여금 계속 성장하도록 하시는 하나님의 방법」이라는 제목으로 재출판되었다.)가 바로 그 연장이었다. 지도자들은 그 책을 습득하자마자 곧 유사한 웍샵들을 개최하였고 다른 웍샵들도 계획하였다. 거버 박사는 여러 나라로부터 시범 웍샵을 개최해 달라는 초청을 무수히 받았다. 1973년 8월에 그는 한 팀을 구성하여 케냐, 나이제리아, 아이보리 해안으로 갔고 해를 거듭하면서 세계의 많은 나라들을 찾아갔다. 1978년경에 그는 48개의 여러 나라들을 방문했었다. *God's Way*(하나님의 방법)가 32개 국어로 출판되었고 그 외의 여러 나라 말로 번역되었다. 건강상의 이유로 1978년~79년 어간에 휴식을 취한 후 그는 성장목표를 설정하고 그들에게 그같이 하는 방법을 보여 주면서 지구 구석구석에 있는 교회들을 다시 자극하는 일을 시작하였다. 그의 영향은 전 세계적이었다.

교회성장 운동의 기본적인 강조점들 가운데 하나는 방법들이 실제로 성장을 산출하느냐의 여부에 비추어 평가되어야 한다는 것이다. 다른 어느 곳에서 실시되었거나 또는 "마땅히 실시되어야 한다고는 하나 그리스도의 몸으로 나아오는 사람들이 소수에 불과하다면 그 방법들은 너무나 진부하다. 세계를 무대로 한 와그너-거버의 계획의 만족스러운 특징들 가운데 하나는 많은 지역들에서 세미나 및 워샵을 통하여 목표를 설정한 후 교회들과 교단들이 현저한 성장을 나타냈다는 것이다. 예를 들어 필리핀 제도(諸島)에서 1964년~1974년 어간에 네 개의 교단들(보수 침례교, 연합교회, 남침례교, 포스퀘어 교단)의 정규 교회들은 1,148개 교회에서 1,331개 교회로 증가하였다. 즉 183개 교회의 증가를 보였다. 그런 다음 제임스 몽고메리가 소집 후원하였고 거버 박사와 맥가브란 박사가 지도한 1974년 교회성장 워샵 이후에는 위의 교단들은 불과 4년 만에 879개의 새로운 교회들을 개척하였다. 10년을 단위로 할 때 교회성장 비율(새로운 교회들이 얼마나 빨리 성장하였는가 하는 것)은 16%였고 4년을 단위로 한 교회성장률은 225%였다. 교인수 또한 현격하게 성장하였다. 로버트 웨이마이어(Robert Waymire)의 주도면밀한 1980년의 연구조사는 이 사실을 상세하게 제시해 준다. 물론 이 폭발적인 교회성장에는 1964년에서 1974년 사이에 몽고메리, 터기, 톨리버, 카스틸로, 아더(Arthur)에 의하여 수립된 기반들과 그 10년 동안의 복음전도 캠페인과 교회성장 사고에 참여한 기타 많은 참여자들의 공이 절대적이었다. 교회성장이라는 구조는 바로 이들 기반들 위에 수립되었다.

모든 곳에서 목표를 설정하면 폭발적인 교회성장이 이루어진다고 가정되지 말아야만 한다. 먼저 기초작업이 이루어지지 못하였다거나 지지자들이 별로 없을 때는 목표설정은 흔히 반짝하는 성장만을 초래한다. 대단히 거부적인 주민들 가운데서는 전혀 성장을 초래하지 않을 수도 있다.

그럼에도 불구하고 세계 도처에서 목표설정의 결과는 만족스러운 것이었다. 목표들이 설정된 곳에서 대부분의 교회들은 성장하였다. 목표설정은 대 위임을 수행하는 데 있어서 가장 성과가 큰 단계이다.

아메리카에 있어서의 교회성장

1971년에 있어서 카나다와 미국에서의 교회성장 사고(思考)에 대한 욕구는 엄청났다. 양국의 2억 2천 1백만의 인구 중에서 대충 추산해 볼 때 6천 5백만 명만이 진정한 의미의 기독교인들이라 할 수 있는 사람들이었다.

약 9천만 명은 명목상의 기독교인들이었고 약 6천 6백만 명은 변절한 기독교인들이거나 아니면 의도적인 비기독교인 남녀들이었다. 대부분의 교단들(개신교와 로마 가톨릭교회)은 정체되어 있거나 아니면 쇠퇴하고 있었고, 대부분의 기독교 지도자들은 자신들은 양이 아니라 질을 원한다고 말하고 있었다. 분명 교회는 유럽의 선예를 따르고 있었고 기독교 이후의 시기로 접어들고 있었다. 교회는 이러한 문제에 전혀 무관심하였다. 실로 교회성장이 바람직한 목표가 되리라는 데 대한 반대 분위기가 고조되어 있었다. 교회성장 운동이 해외에서는 괄목할 만한 업적을 이룩하였으나 1971년에 그것이 아메리카에서 거론될 때는 여전히 실소를 자아낸다.

아메리카에서의 교회성장에 대한 각성은 피터 와그너와 윈필드 안(Winfield Arn) 두 사람의 공으로 인한 것이다. 1971년 아메리카는 교회성장을 필요로 한다는 것을 확신한 와그너 교수는 패사디나와 그 인근에 사는 저명한 목사들과 평신도 지도자들을 정규 교회성장 세미나 과정에 초청 등록하게 하였다. 그는 나에게 그와 더불어 팀 교수를 해줄 것을 요구하였다. 우리는 매주 화요일 아침 레이크 애비뉴 회중교회에서 7명내지 10명과 더불어 모였다. 등록금이 부과되었고 신학교 학점이 제공되었다.

목회 현장에 있어서 공통되고 있었던 패배에 대한 다양한 합리화가 검토되고 조명되고 일소에 붙여지고 매장된 후에 목사들은 교회성장에 몰두하기 시작하였다. 교회성장이 그들의 심원한 확신으로 되었다. 그들은 그들의 교회들의 과거의 성장을 도표화하고 미래의 성장을 구상하기 시작하였다. 물론 그들은 보다 많은 기독교인들을 확보하는 데 관심이 있었다! 이러한 식으로 그들은 70년대와 80년대의 목사와 평신도들의 무수한 집회가 행하게 될 방식을 무의식적으로 시도하고 있었다.

윈필드 안 박사는 이 유명한 학급의 한 회원이었다. 당시에 그는 아메리카 복음주의 계약교회 태평양 남서지역 연회의 기독교교육 총무였다. 그는 성장의 결정적인 필요 및 교회성장 운동의 잠재력을 깨달았을 때 총무를 사임하고 아메리카 교회성장재단을 시작하기로 결심하였다. 그는 목사들을 세미나에 초대하여 교회성장에 대한 2,3일의 집중훈련을 시켜 그들의 교회로 돌려보냈다. 그는 "교회성장 : 아메리카"라고 하는 회지를 출판하였다. 그는 교회성장에 대하여 설교하는 천연색 필름들을 제작하였다. 그의 유일한 수입원은 세미나에 참석하는 사람들이 지불하는 등록비였다. 1972년 무의 상태에서 출발한 그의 프로그램이 1980년에는 매년 2천명의 목사와 핵심되는 평신도 지도자들을 훈련시켰고 이를 행하는 데 1년에 30만 불 이상을 투자하였다. "교회성장 방법", "교회성장을 향한 시도", "그들은 교회성장이 불가능하다고 말하였다", "계획적인 교인양육"과 같은 그가 제작한 필름들이 수천의 교회들에서 상영되었다. 이 모든 필름들을 통하여서는 제자를 만들라는 성경의 명령에 대한 수긍, 과거 성장의 도표화, 미래 교인성장을 위한 실현가능하고 열성적인 목표의 설정이 당연한 절차로 되었다.

와그너 박사 역시 훌러선교신학교 교회성장 교수로서의 그의 의무들에 더하여 훌러복음주의협회를 또 다른 세미나 개최기구로 전환시키고 다른 수백의 교회들을 세미나에 끌어들였다. 안과 와그너는 자주 동일한 세미나, 동일한 강단에서 말하였다. 복음전도 전략을 주된 분야로 하였고 와그너는 자연히 목표설정을 강조하였다.

교단들에 불이 붙기 시작하였다. 예를 들어 1975년 이전의 10년 동안에 연합감리교회는 교인수가 1천 1백만 명에서 1천만 명으로 감소하였다. 그 교단의 주된 강조점은 사회 행동, 형제애, 평화, 기타 다른 명분들이었다. 복음전도는 쇠퇴하였다. 쇠퇴가 역전되지 않는 한, 교단은 점차로 영향력을 상실할 것이 명백하게 되었다. 감리교도들은 텍사스 퍼킨스신학교의 복음전도학 교수인 조오지 헌터 박사를 연합감리교회 제자훈련국의 복음전도 총무로 임명하고, 1년에 250만 달러의 예산을 그에게 제공하고 하향추세를 역전시키라는 명령을 내렸다. 그는 와그너와 안과 마찬가지로 교회성장 세미나들을 시작하였다. 또한 그와 동시에 교회성장 서적들을 집필하고 교회성장 서적들의 독서를 권장하고 감리교도들을 위한 교회성장 필름을 제작하였다. 그는 감리교의 성장과 쇠퇴의 모든 측면을 연구하였다. 그의 지휘 아래 감리교도들은 그들 교단의 양적 차원들을 인식하기 시작하였다. 그들 역시 목표를 설정하기 시작하였다.

1906년에 시작된 나사렛 교파는 초창기에는 매우 활발하게 성장하였으나 50년대에는 쇠퇴하기 시작하였다. 1970년 무렵에 60만 명의 교인에 이르면서 그 교회는 정체의 징조들을 나타냈다. 1974년에 그 교단은 성장의 회복세를 보였다. 나사렛교회의 전국 지도자들은 모든 목사들의 집회를 소집하였다. 국내 전도국의 책임자인 레이몬드 헌(Raymond Hurn) 박사는 그의 기관을 통하여 많은 새로운 교회들을 개척하고 인력과 돈을 그 목표에 투자하였다.

내가 이 책의 이 장을 집필하고 있을 때 명망있는 개혁교회 회보인 *Hot Line*, 1979년 9월호를 받았다. 그 첫 페이지에서 그 잡지는 "교회성장이 전 국가에 걸쳐서 진행되고 있다"고 선언하였다.

다른 많은 교단들과 수천개의 다양한 수준의 교회들이 양적인 교회성장에 관하여 생각하기 시작하였다.

어떤 교단들도 양적인 성장에서 질적인 성장으로 전향한 교단은 없었다. 그보다 그들은 모든 진정한 질적인 성장은 잃은 자를 찾아 우리로 인도하는 것에 무관심할 수 없다는 사실을 인식하였다. 그들은 다수의 무리의 구원에 대하여 무관심한 질이라는 것이 기독교적이라고 할 수는 없음을 인식하였다.

교회들, 교단들, 교회지도자들의 이 모든 활동들은 교회의 성장과 쇠퇴에 대한 진리의 불빛을 터뜨렸다. 이 모든 활동들은 기독교인들을 헤아리고 숫자의 증가를 위한 목표를 설정하는 것을 필수요건으로 하였다. 1980년 무렵에 교회성장이라는 복잡한 주제를 과학적으로 분석하여 세밀하게 살펴 보는 것이 수천의 교회들에게서 흔히 볼 수 있는 일이 되었다. 다양한 성장의 흐름들이 도표화되고 분석되고 논의되고 시간이라는 전망에서 검토되었다. 목표설정은 카나다나 미국 교회에 있어서 철저히 낯익은 것이 되었다.

하지만 많은 과제가 남아 있었다. 30만 이상의 아메리카 교회들 중에서 극히 일부만이 교회성장에 관심을 기울였다. 많은 교회들이 잠들어 있었다. 교회성장 목표들을 세운 교회들 중 일부조차도 성장에 지원들을 할당하는 데 실패하고 최근의 이러한 일시적 유행이 별 효과가 없다는 슬픈 결론을 내렸다. 80년대 초반에 교회의 위대한 성장은 여전히 보장되지를 않았다. 그러나 목표설정은 교회들로 하여금 자신들이 행하였던 것을 평가하고 그들이 행하고자 의도하는 것을 명백하게 제시하도록 도왔다.

목표를 설정하는 방법

1. 기본적인 세 단계들

첫 번째 단계는 복음전도가 철저하게 성경적인 활동이라는 사실을 강조하는 것이다. 수행해야 할 선행들이 수백가지가 있지만 바꿀 수 없는 주된 과제는 언제나 불신자들을 그리스도를 통한 구원 신앙에로 인도하고 그리스도의 교회의 교인이 되게 하는 것이다. 잃은 자를 찾아 그들을 우리로 이끌어들이며 "그들에게 모든 것을 가르쳐" 파송하여 그들로 하여금 다른 사람들을 찾도록 하는 것이 주된 사업, 아마도 신약의 제일가는 주된 과제이다. 목표설정은 측정할 수 있는 교회성장이 성경적으로 요구된다는 사실을 가르침으로 출발해야 한다.

두 번째 단계는 과거의 성장을 도표로 나타내는 것이다. 경우에 따라서 도표는 50년까지 소급하여 그려질 수 있을 것이다. 그러나 보다 흔히는 10년이면 충분하다. 그리고 그렇게 하는 작업이 훨씬 용이하다.

매년 한 교회의 전체 교인수 또는 한 교단의 교회들의 수가 확인되고 직선 그래프가 이룩되어야 한다. 그 그래프는 성장, 정체, 쇠퇴의 발생을 보여 줄 것이다.

전 교인을 살펴 보면 다양한 흐름들이 있다. 정착된 교인들, 일시적인 교인들, 지주들, 임대 거주자들, 대학생들, 사업체, 청장년들, 중년 시민들 등이 있다. 1935년에서 1965년 사이에 서해안의 남침례교회들 가운데는 서부로 이사온 남침례교도들과 기타의 교인들이 있었다. 회중 가운데서 어떤 부류의 그룹이 얼마를 차지하고 있느냐 하는 것이 도표로 제시되었다. 나이로비에서 도표는 스와힐리에서 예배를 하며 여러 상이한 부족들 출신의 기독교인들로 구성된 교회들이 대체로 한 부족으로 구성되었고, 그 부족의 언어로 예배하는 교회들처럼 성장하지 않았다. 선교사들과 목사들은 그들의 교인구성에 있어서 보다 중요한 경향들을 도표를 통하여 발견할 것이다.

제 5 장에서 제시되었듯이 교인들이 어떻게 하여 발생하는지를 아는 것이 바람직하다. 그들은 현존하는 교인들의 자녀들인가? 아니면 이사와서

이명한 기독교인들인가? 또는 이 세상으로부터 개종한 사람들인가? 실질적인 목표들은 이러한 사실들에 비추어 설정되어야만 한다.

과거 성장의 도표화는 성장률 산출과 결부된다. 만일 어떤 교회가 복음전도에 대한 특별한 관심없이도 1년에 2% 성장해 왔다면 교회가 복음전도를 강조할 때 훨씬 높은 성장률이 가능하리라고 판단해도 된다.

목사들과 선교사들은 모 교회의 성장이 산출될 때 지교회 교인수도 포함되어야 하는가를 자주 물어야 한다. 그 답변은 '예'인 동시에 '아니오'이다. 확실히 모 교회는 새로운 교회들과 그 교회들의 일차적 성장에 대해 자신의 것으로 돌릴 자격이 있다. 동시에 그것들은 이제는 분리된 교회들이기 때문에 도표는 그것을 분명히 해야 한다.

세 번째 단계는 신앙에 입각한 기획을 하는 것이다. 그것은 다름아니라 이러이러한 환경들 또한 이러이러한 교인들의 지류들로 구성되었다는 사실에 비추어 하나님께서는 이 교회 또는 교단에 어떠한 성장을 허락하시려고 하는가를 헤아리는 것이다. 우리는 애팔래치아 산맥 근처에 사는 공장 근로자들로부터 성장을 꾀하려는가 아니면 사업공동체로부터 성장을 꾀하려는가? 교인은 대학생들로부터 증가하겠는가? 아니면 교외에 집을 마련하고 있는 사람들로부터인가? 마드라스에서는 교회들이 말라 또는 마디가 부족의 개종자들에 비하여 더 증가할 것인가? 민다나오에서 우리의 교단은 기독교 이주민들로부터 더 급속하게 증가할 것인가, 아니면 부족 주민들로부터 증가할 것인가? 과테말라에서 과거의 성장, 기타 다른 관련 사실들을 근거로 할 때 우리는 퀴쳐 부족으로부터 더 큰 성장을 예상해야 하는가, 아니면 맘 부족으로부터 성장을 기대해야 하는가?

기획을 수립하는 데 있어서 우리는 현재의 생물학적 성장률이 계속되리라는 것을 감안해야 한다. 그러한 가정을 내리는 데는 아무런 신앙도 요구되지 않는다. 그러므로 신앙에 입각한 기획은 확실한 생물학적 성장을 기본적으로 하고 그 위에서 수립되어야 한다. 마찬가지로 만일 지난 10년 동안 전체 성장의 4분의 3이 우리의 공장지대 마을로 투입된 시골 출신의 기독교인들로부터였다고 한다면 신앙에 입각한 기획은 이명으로 인한 성장을 기본으로 하고 그 위에서 수립되어야 한다. 만일 인간운동이 완전 가동된다면 신앙에 입각한 기획은 개인대 개인 전도를 통한 성장패턴의 지속에 의한 것보다 훨씬 과감해야 할 것이다.

신앙에 입각한 기획들은 기도 및 성령의 계속적 임재에 대한 확신어린 가정을 전제로 이루어진다. 신앙에 입각한 기획, 우리는 그것을 하나님께서 허락해 주시도록 간구해야 한다. 우리는 하나님의 은총의 책임있는 청지기들로서 우리가 믿는 것이 그의 뜻에 일치하기를 간구해야 한다.

2. 특수한 상황들에 대한 적응

모든 족속의 제자화는 급속한 사회변화의 한가운데서 진행된다. 거대한 도시화는 전체 주민의 특성을 변화시킨다. 출판물, 대학수준의 학력, 라디오, 텔리비전은 근본적으로 새로운 관념들에 날개를 달아 준다. 기대들이 발생한다. 요구가 증가한다. 마르크스주의자들은 자본주의 국가들이 개발도상국들의 피를 빨아 먹는다고 가르친다. 쿠바 군대들은 아프리카 국가들을 "해방시킨다." 캄보디아의 인구의 절반이 희생되었다. 2백만의 중국인들이 베트남에서 쫓겨났다. 아메리카 내륙 도시들의 큰 지역들에서 "부도덕 사회"가 발달한다. 세속주의, 물질주의가 수십억의 사람들의 종교가 되었다. 어떤 국가는 선교사들에게 개방적이고 어떤 국가들은 폐쇄적이다.

선교와 복음전도는 이러한 종류의 세계에서 진행된다. 교회들과 교단들이 성장하고 쇠퇴하는 것은 바로 이러한 환경 가운데서이다. 그러므로 모든 선교와 복음전도는 그 특수한 상황에 비추어서 자신의 성장목표들을 설정해야만 한다. 이러한 모든 요소들과 기타 많은 요소들이 과거 성장에 영향을 미쳐 왔고 미래의 성장에 영향을 미칠 것이다.

목표설정의 각 경우는 독특하다. 스데반 사후 대박해가 교회에 가해지고 대부분의 기독교인들이 예루살렘에서 도피할 수 밖에 없었을 때 유대촌락들에서 대성장이 즉각적으로 가능해지게 되었다. 사도들이 목표를 설정했다는 암시는 없다. 그러나 그들은 도피한 기독교인들이 도처에서 하나님의 메시지의 좋은 소식들을 설교하며 다녔을 때(행 8:4) 그들은 자신들이 대성장에 직면하였음을 확실하게 깨달았다. 유입 인구를 통하여 주민이 급속하게 증가하는 지역의 목사는 무리들이 이사를 가버리는 지역의 목사보다는 더 큰 목표들을 설정해야 할 것이다.

3. 연간 평균 성장률을 산출할 것

미래의 성장을 측정하는 데 있어서 가장 유용한 도구는 연간 평균 성장률(Average Annual Growth Rate : AAGR)이다. 절대수치를 아는 것에 더하여 (이 교회는 2년 만에 교인이 149명에서 191명으로 성장하였다.) 지도자들은 그 교회가 얼마나 **빨리** 성장하였는가를 알아야 한다. 이 교회의 AAGR은 어떠한가? 그 교회가 **그 비율로 계속해서 성장하는 것**은 가능하다. 만일 어떤 자동차가 한 시간에 30마일을 가고 있다면 그것은 그 스피드로 계속 질주할 수 있다고 가정하는 것이 타당하다.

AAGR은 기독교 지도자들을 절대수치에 의하여 생겨난 환상으로부터 자유롭게 하는 데 특별히 유용하다. 예를 들어 만일 1백 명 교인의 H교회가 5년 만에 2백 명 교인으로 성장한다면 그 교회는 동일 기간 내에 7백 명 교인으로 성장한 6백 명 교인의 S교회보다 더 빨리 성장하였다. 두 교회 모두 1백 명의 교인이 늘어났다. 그러나 첫 번째 교회는 연평균 성장률이 15%인 반면 두 번째 교회는 3%에 불과하였다.

윈터(Winter) 박사는 AAGR을 산출하는 데 필수적인 방법들과 그 개념을 강조한 선교학자이다. 그 과정은 매년 복리로 늘어나는 이자를 계산하는 것과 동일하다. 저축 계산에 있어서 이자가 투자되면 더 많은 이자를 발생시키듯이 교회들에 있어서도 새로운 개종자들은 효율적인 복음전도에로 인도될 수 있다. 이들의 복음전도에 의하여 새로운 교인들(구 기독교인들이 획득하지 못했을)이 교회에 추가된다. 매년 높은 성장률을 보존하는 교회는 성장률이 느린 교회보다 대 위임에 더 잘 복종한다.

연간 평균 성장률을 산출하는 공식은 다음과 같다.

1. 기존 교인수로, 늘어난 현재의 총교인수를 나누라.
2. 얻어진 수치에 100을 곱하라. 즉 소수점을 두 자리 오른쪽으로 이동하라.
3. 100을 공제하라. 남는 수치가 기본 퍼센트이다. 다음 연간 성장률 도표에 있어서 기본 퍼센트는 윈터 박사가 고안하였다.
4. 이 도표의 왼쪽 난(기본 퍼센트)에서 당신이 획득한 기본 퍼센트를 확인하라. 그 기본 퍼센트를 얻기까지 걸린 연수 아래의 수치를 읽으라. 이

것이 당신이 구하는 AAGR이다.

예를 들어 위의 S교회의 AAGR을 산출하기 위하여 공식과 도표를 사용해 보도록 하자.

1. 700을 600으로 나눈다. 얻어진 수치는 1.1666이다.
2. 소수점을 오른쪽으로 두 자리 이동한다. 116.66
3. 100을 감한다 : 16(다시 말해서 16%)
4. 왼쪽 난 16%와 5년의 난이 합치되는 곳의 수치를 읽으라. 그곳의 수는 3.01%이다. S교회는 3% 비율로 성장하고 있다. 즉 3%의 AAGR을 지닌다.

연간 평균 성장률 도표는 근사한 방법으로 활용될 수 있다. 기술한 절차들이 이러한 결과들을 나타내는 이유를 알 필요는 없다. 다만 지시에 따르도록 하라. 가장 가까운 전체수에 대하여 계산을 완성하라. 만일 수치가 두 행들 또는 난들 사이에 놓여 있다면 근사치를 취해야 한다. 당신이 다루는 교인수는 정확하지 않다. 그러므로 근사치를 사용할 수 밖에 없다. 수직난 10과 수평행 100%가 특별히 활용된다.

예를 들어 우리는 S교회가 3의 연간 평균 성장률을 지닌다고 산출하였다. 그렇다면 그 10년간의 **성장률은 무엇인가?**

  지시사항 : 수직난 10에서 3.01을 찾도록 하라……3.05
              그 수평행에 해당되는 기본 퍼센트난을 확인하라……35
              S교회는 35%의 10년 동안의 성장률(Decadal Growth Rate : DGR)를 소유한다.
              즉 이 교회는 10년간 35%를 성장하고 있다.

S교회가 3의 AAGR 또는 35의 DGR로 계속 성장한다고 가정한다면 교인수가 배가되는 데는 **얼마나 많은 해가 걸릴 것인가?**

  지시사항 : 100% 수평행에서 3.01이란 AAGR은 3.53과 2.81사이에 있다.
              3.53과 2.81의 위에 기록된 연수를 보라.
              20과 25

S교회의 교인수가 배로 되는 데에도 약 23년이 걸릴 것이다.

614 Ⅵ. 교회성장을 위한 행정

연간 평균성장률 도표

기간	1	2	3	4	5	6	7	8	9	10	15	20	25	50	75
성장비															
1%	1.00%	0.50%	0.33%	0.25%	0.20%	0.17%	0.14%	0.12%	0.11%	0.10%	0.07%	0.05%	0.04%	0.02%	0.01%
2%	2.00%	1.00%	0.66%	0.50%	0.40%	0.33%	0.28%	0.25%	0.22%	0.20%	0.13%	0.10%	0.08%	0.04%	0.03%
4%	4.00%	1.98%	1.32%	0.99%	0.79%	0.66%	0.56%	0.49%	0.44%	0.39%	0.26%	0.20%	0.16%	0.08%	0.05%
6%	6.00%	2.96%	1.96%	1.47%	1.17%	0.98%	0.84%	0.73%	0.65%	0.58%	0.39%	0.29%	0.23%	0.12%	0.08%
8%	8.00%	3.92%	2.60%	1.94%	1.55%	1.29%	1.11%	0.97%	0.86%	0.77%	0.51%	0.39%	0.31%	0.15%	0.10%
10%	10.00%	4.88%	3.23%	2.41%	1.92%	1.60%	1.37%	1.20%	1.06%	0.96%	0.64%	0.48%	0.38%	0.19%	0.13%
12%	12.00%	5.83%	3.85%	2.87%	2.29%	1.91%	1.63%	1.43%	1.27%	1.14%	0.76%	0.57%	0.45%	0.23%	0.15%
14%	14.00%	6.77%	4.46%	3.33%	2.66%	2.21%	1.89%	1.65%	1.47%	1.32%	0.88%	0.66%	0.53%	0.26%	0.17%
16%	16.00%	7.70%	5.07%	3.78%	3.01%	2.50%	2.14%	1.87%	1.66%	1.50%	0.99%	0.74%	0.60%	0.30%	0.20%
18%	18.00%	8.63%	5.67%	4.22%	3.37%	2.80%	2.39%	2.09%	1.86%	1.67%	1.11%	0.83%	0.66%	0.33%	0.22%
20%	20.00%	9.54%	6.27%	4.66%	3.71%	3.09%	2.64%	2.31%	2.05%	1.84%	1.22%	0.92%	0.73%	0.37%	0.24%
25%	25.00%	11.80%	7.72%	5.74%	4.56%	3.79%	3.24%	2.83%	2.51%	2.26%	1.50%	1.12%	0.90%	0.45%	0.30%
30%	30.00%	14.02%	9.14%	6.78%	5.39%	4.47%	3.82%	3.33%	2.96%	2.66%	1.76%	1.32%	1.05%	0.53%	0.35%
35%	35.00%	16.19%	10.52%	7.79%	6.19%	5.13%	4.38%	3.82%	3.39%	3.05%	2.02%	1.51%	1.21%	0.60%	0.40%
40%	40.00%	18.32%	11.87%	8.78%	6.96%	5.77%	4.92%	4.30%	3.81%	3.42%	2.27%	1.70%	1.35%	0.68%	0.45%
45%	45.00%	20.42%	13.19%	9.73%	7.71%	6.39%	5.45%	4.75%	4.21%	3.79%	2.51%	1.88%	1.50%	0.75%	0.50%
50%	50.00%	22.47%	14.47%	10.67%	8.45%	6.99%	5.96%	5.20%	4.61%	4.14%	2.74%	2.05%	1.64%	0.81%	0.54%
60%	60.00%	26.49%	16.96%	12.47%	9.86%	8.15%	6.94%	6.05%	5.36%	4.81%	3.18%	2.38%	1.90%	0.94%	0.63%
80%	80.00%	34.16%	21.64%	15.83%	12.47%	10.29%	8.76%	7.62%	6.75%	6.05%	4.00%	2.98%	2.38%	1.18%	0.79%
100%	100.00%	41.42%	25.99%	18.92%	14.87%	12.25%	10.41%	9.05%	8.01%	7.18%	4.73%	3.53%	2.81%	1.40%	0.93%
120%	120.00%	48.32%	30.06%	21.79%	17.08%	14.04%	11.92%	10.36%	9.16%	8.20%	5.40%	4.02%	3.20%	1.59%	1.06%
140%	140.00%	54.92%	33.89%	24.47%	19.14%	15.71%	13.32%	11.56%	10.22%	9.15%	6.01%	4.47%	3.56%	1.77%	1.17%
160%	160.00%	61.25%	37.51%	26.98%	21.06%	17.26%	14.63%	12.69%	11.20%	10.03%	6.58%	4.89%	3.90%	1.93%	1.28%
180%	180.00%	67.33%	40.95%	29.36%	22.87%	18.72%	15.85%	13.74%	12.12%	10.84%	7.11%	5.28%	4.20%	2.08%	1.38%

21. 목표를 설정하라

200%	73.2 %	44.22%	31.61%	24.57%	20.09%	16.99%	14.72%	12.98%	11.61%	7.60%	5.65%	4.49%	2.22%	1.48%
220%	78.83%	47.36%	33.75%	26.19%	21.39%	18.08%	15.65%	13.80%	12.33%	8.06%	5.99%	4.76%	2.35%	1.56%
240%	84.33%	50.37%	35.79%	27.73%	22.63%	19.10%	16.53%	14.57%	13.02%	8.50%	6.31%	5.02%	2.43%	1.65%
260%	89.74%	53.26%	37.74%	29.20%	23.80%	20.08%	17.36%	15.30%	13.67%	8.91%	6.61%	5.26%	2.59%	1.72%
280%	94.94%	56.05%	39.62%	30.60%	24.92%	21.01%	18.16%	15.99%	14.28%	9.31%	6.90%	5.49%	2.71%	1.80%
300%	100.00%	58.74%	41.42%	31.95%	25.99%	21.90%	18.92%	16.65%	14.87%	9.68%	7.18%	5.70%	2.81%	1.87%
320%	104.94%	61.34%	43.16%	33.24%	27.02%	22.75%	19.65%	17.29%	15.43%	10.04%	7.44%	5.91%	2.91%	1.93%
340%	109.76%	63.86%	44.83%	34.49%	28.01%	23.57%	20.35%	17.89%	15.97%	10.38%	7.69%	6.11%	3.01%	2.00%
360%	114.48%	66.31%	46.45%	35.69%	28.96%	24.36%	21.02%	18.48%	16.49%	10.71%	7.93%	6.29%	3.10%	2.06%
380%	119.09%	68.69%	48.02%	36.85%	29.88%	25.12%	21.66%	19.04%	16.98%	11.02%	8.16%	6.48%	3.19%	2.11%
400%	123.61%	71.00%	49.53%	37.97%	30.77%	25.85%	22.28%	19.58%	17.46%	11.33%	8.38%	6.65%	3.27%	2.17%
450%	134.52%	76.52%	53.14%	40.63%	32.86%	27.58%	23.75%	20.85%	18.59%	12.04%	8.90%	7.06%	3.47%	2.30%
500%	144.95%	81.71%	56.51%	43.10%	34.80%	29.17%	25.10%	22.03%	19.62%	12.69%	9.37%	7.43%	3.65%	2.42%
600%	164.58%	91.29%	62.66%	47.58%	38.31%	32.05%	27.54%	24.14%	21.48%	13.85%	10.22%	8.09%	3.97%	2.63%
700%	182.84%	100.00%	68.18%	51.57%	41.42%	34.59%	29.68%	25.99%	23.11%	14.87%	10.96%	8.67%	4.25%	2.81%
800%	200.00%	108.01%	73.21%	55.18%	44.22%	36.87%	31.61%	27.65%	24.57%	15.78%	11.61%	9.19%	4.49%	2.97%
900%	216.23%	115.44%	77.83%	58.49%	46.78%	38.95%	33.35%	29.15%	25.89%	16.59%	12.20%	9.65%	4.71%	3.12%
1000%	231.56%	122.40%	82.12%	61.54%	49.13%	40.85%	34.95%	30.53%	27.10%	17.33%	12.74%	10.07%	4.91%	3.25%
1500%	300.00%	151.98%	100.00%	74.11%	58.74%	48.60%	41.42%	36.06%	31.95%	20.30%	14.87%	11.73%	5.70%	3.77%
2000%	358.26%	175.89%	114.07%	83.84%	66.10%	54.49%	46.31%	40.25%	35.59%	22.50%	16.44%	12.95%	6.28%	4.14%
2500%	409.30%	196.25%	125.81%	91.86%	72.12%	59.27%	50.27%	43.62%	38.52%	24.26%	17.69%	13.92%	6.73%	4.44%
3000%	456.78%	214.14%	135.96%	98.73%	77.24%	63.32%	53.61%	46.46%	40.97%	25.73%	18.73%	14.72%	7.11%	4.69%
3500%	500.00%	230.19%	144.95%	104.77%	81.71%	66.85%	56.51%	48.91%	43.10%	26.99%	19.62%	15.41%	7.43%	4.89%
4000%	540.31%	244.82%	153.04%	110.16%	85.69%	69.98%	59.07%	51.08%	44.97%	28.09%	20.40%	16.01%	7.71%	5.08%
4500%	578.23%	258.30%	160.43%	115.06%	89.29%	72.80%	61.38%	53.02%	46.65%	29.08%	21.10%	16.55%	7.96%	5.24%
5000%	614.14%	270.84%	167.23%	119.54%	92.57%	75.36%	63.47%	54.79%	48.17%	29.97%	21.72%	17.03%	8.18%	5.38%
6000%	681.02%	293.65%	179.47%	127.54%	98.41%	79.91%	67.17%	57.90%	50.85%	31.53%	22.82%	17.87%	8.57%	5.63%
7000%	742.61%	314.08%	190.28%	134.56%	103.49%	83.85%	70.38%	60.58%	53.15%	32.87%	23.76%	18.59%	8.90%	5.85%
8000%	800.00%	332.67%	200.00%	140.82%	108.01%	87.34%	73.21%	62.95%	55.18%	34.04%	24.57%	19.22%	9.19%	6.03%
9000%	853.94%	349.79%	208.86%	146.50%	112.08%	90.49%	75.74%	65.07%	57.00%	35.08%	25.30%	19.77%	9.44%	6.20%
10000%	904.99%	365.70%	217.02%	151.69%	115.80%	93.34%	78.05%	66.99%	58.65%	36.03%	25.96%	20.27%	9.67%	6.35%

어떤 교회 또는 교단이 7년 뒤를 중요 시점으로 잡았다고 가정하자. 그 교회 또는 교단은 교인수의 50% 성장을 목표로 삼는다. 필요한 연간 평균 성장률은 무엇인가?

 지시사항 : 기준 퍼센트난에서 50%를 찾으라.
      수직난의 7년을 확인하라.
      5.96이 7년 만에 그 목표에 도달하기 위하여 요구되는 AAGR이다.

독자는 공식문과 지시를 따라서 다음의 각 교회들에 대하여 연간 평균 성장률, 10년간의 성장률, "교인수가 배로 되는 데 소요되는 연수"를 계산해 보도록 하라. 정답은 다음 괄호 가운데 제시되어 있다.

H교회는 5년 만에 교인수가 100에서 200으로 성장하였다(14.87, 300, 5년).

D교회는 4년 만에 교인수가 40에서 90으로 성장하였다(22.50, 750, 3½년).

J교회는 8년 만에 교인수가 200에서 220으로 성장하였다(1.20, 13, 60년).

당신이 쉽게 AAGR, DGR, 그리고 교인수가 배로 되는 해를 알게 되기까지 연간 교인 성장률 도표를 사용하여 성장의 사례들을 살펴 보라.

주의사항들

만일 10년간의 교인수치가 사용된다면 10년간의 교회성장률이 교회 또는 교단이 할 수 있는 것을 정말로 나타내는 확률은 훨씬 높아진다. 만일 2년간의 실질적 경험을 근거로 하여 10년간의 성장률을 산출한다면 그것은 믿을 수 없는 수치이다. 해당 교회가 갑작스러운 성장을 누렸거나 또는 짧은 쇠퇴기를 겪을 수 있다. 그 어느 경우도 필수적으로 지속되지는 못할 것이다. 그러나 만일 우리가 "지난 10년 동안에 이 교회는 112에서 336으로 교인수가 성장하였고" 별 다른 변화는 없다고 정직하게 말할 수 있다면 그 교회는 그 비율로 계속 성장하리라고 가정하는 것이 당연할 것이다.

마찬가지로 만일 한 군락의 교회들이 그리스도를 향한 인간운동에 참여하였고 결과로 급속한 성장을 경험해 왔다면, 만일 인간운동이 증가된 자원들의 지원을 받아 계속된다는 것이 가정될 때만이 그 성장률이 반영될 수 있다.

목표를 설정하고 교회성장 세미나를 하고 난 뒤의 2,3년간은 해당 지도자들의 관심이 교회성장에 집중되고 또한 그들이 다음 연례집회에 그들의 성장을 보고해야 되리라는 것이 전제되므로 AAGR은 높기가 쉽다. 만일 **동일한 동기유발이 계속된다면** 그러한 비율로 그 교회는 계속 성장할 것이다.

1972년에 오리건주 퀘이커교의 쿠엔틴 노다이크(Quentin Nordyke)씨는 볼리비아의 아이마라 부족들로부터 성장을 조사하였다. 그는 퀘이커교회가 13.6%로 계속 성장한다면(그것은 지난 13년 동안의 성장률이었다.) 1980년에는 교인수가 4만 명으로 되고, 1990년에는 22만 명으로 될 것임을 언급하였다(Nordyke, 1972:140, 145).

그는 그것이 예언이 아니라 가능하다는 것을 지적하였다. 그는 아이마라교회가 계속해서 활력적이고 복음전도적이며 또한 오리건 퀘이커교회가 자원을 계속해서 투입한다는 조건이라면 그것이 가능하다는 것으로 말하였을 것이다. 물론 그 자원은 교회의 세력과 규모에 대하여 그들의 선교사들 및 자금이 1959년~1972년 동안에 지녔던 동일한 관계를 유지한다고 할 때 그러하다.

교회성장에 영향을 미치는 요소들은 많으므로 장기적인 예고는 기껏해야 근사치에 불과하다. 그럼에도 불구하고 다음과 같은 가정은 바람직하다. 1) 동일한 동기유발과 자원들이 주어질 때 지난 10년간의 성장방식에 의하여 이루어진 것이 계속될 것이다. 2) 대단히 증가된 동기유발과 자원들이 주어질 때 성장은 의미심장하게 증가될 수 있다. 목표설정은 동기유발과 자원들이 계속될 뿐만 아니라 증가될 것을 전제한다. 방법들이 개선되어야 할 것이다. 우선 사항들이 성경에 비추어서 조정되어야 할 것이고, 대사명을 수행하고 아직 믿지 않는 30억의 사람들에게 도달하는 것에 초점을 두어야 할 것이다.

22
힘들고 과감한 계획을 세우라

많은 복음전도에 있어서 교회성장은 계획의 수립없이도 발생하리라고 가정하는 것, 다시 말해서 교회개척(말과 행위에 의한 복음선포의 결과, 개종이 일어나고 개종자들이 교회를 통해 함께 결속됨)은 간접적 결과라고 가정하는 것이 일반적이다. 복음전도는 많은 예비적인 활동들, 많은 부수적인 사업들, 여러 해에 걸친 씨뿌림, 여러 십년에 걸친 목양, 교육함, 소수의 교회들을 발전시킴, 교회들로 하여금 기독교를 삶의 모든 국면에 적용시키도록 도우려는 많은 시도들로 이루어진다고 흔히 믿어진다. 미묘한 전체적인 작용이 수행되면서 하나님이 기뻐하시는 정도대로, 그의 시간표에 따라서 교회성장은 이루어진다는 것을 주장한다. 여러 해의 수고가 있은 후에 교회는 그 누구도 예견할 수 없었던 방식으로 성장을 시작한다. 교회성장이 어느 정도는 주된 목표이다. 그러나 그것은 지도자들이 건전한 기독교 사업을 행하고 교회가 성장하는지의 여부에 관하여 초조해 하지 않을 때 주로 발생한다는 것이다.

지난 30년 동안에 증대되는 목회자들과 교역자들의 집단 그리고 아마도 구태의연한 선교를 지휘하는 대다수의 사람들은 교회성장이 어느 정도는 주된 목표라는 위의 문장을 일부 수정하려고 한다. 그들의 수정은 다양하다. 그러나 전형적인 수정을 예시한다면 다음과 같을 것이다. "세상에서 하나님의 전체 프로그램을 수행하는 것이 교회의 선교이다. 사람들을 기독교 신앙에로 인도하는 것이 분명 이 하나님의 프로그램의 일부이기는 하지만 그것은 결코 주된 부분은 아니다. 여러 부분에서 교회개척 위주의 복음전도는 약화되어야만 한다. 그래야 오케스트라의 다른 악기들의 소리가 들릴 수 있을 것이다. 기독교의 일치, 인종적 조화, 경제적 정의, 가난한 자와 무지한 자에 대한 섬김, 현존하는 교회들에 대한 교육, 기타 많은 강조점들, 이 모든 것이 선교의 부분들이다." 이러한 신념들을 지닌 지도자들은 막대한 전제적 프로그램이 차분하게 추진될 때 교회성장은 발생할 수도, 발생하지 않을 수도 있다고 가정한다. 그러나 선교가 수행되고 있으므로 교회성장은 정말로 문제가 되지 않는다는 것이다.

이러한 가정에 보조를 맞추어 목사들, 평신도 지도자들, 심지어는 일부 선교사들까지 교회성장 여부에 구애되지 않고 그들에게 할당된 일을 행한다. 때때로 의무들은 선교회에 의하여, 때로는 교회에 의하여 할당된다. 어떤 목사는 주해 설교를 강조하는가 하면 어떤 목사는 양떼들을 돌보는 일을 강조한다. 어떤 선교사는 신학교에서 가르치는 일에 종사하는가 하면 어떤 선교사는 병원을 운영하고 또 다른 선교사는 "학원사업을 하거나" 아니면 복음전도 순회여행을 한다. 이 모든 사람들은 **각자가 자신의 일을 행할 때 사람들은 그들이 화해될 수 있는 만큼 예수 그리스도를 통하여 하나님께 화해될 것이라는 비공식화된 가정에 입각하여** 자신들에게 할당된 일들을 수행한다.

전문 선교사들을 요구하는 아프리카-아시아 교회들의 점증하는 경향("우리의 민족지도자들이 행할 수 없는 것을 할 수 있는"), 건축가들, 방송 기술자들, 훈련된 간호원들, 의사들, 농업 전문가들, 회계사들, 번역가들, 신학교 교수들을 파송해 달라는 기관들의 점증하는 경향은 다음과 같이 말하는 선교사들의 수효를 크게 증가시키고 있다. "복음을 전파하는 것은 나의 책임이 아니다. 나는 총체적인 과제의 일부를 행하고 다른 이들은 그들의 일을 행한다. 민족 교회는 또 나름대로의 역할을 수행한다. 전체 노력이 교회들을 증가시킨다는 사실을 파악할 책임을 진 사람은 아무도 없다. 다만 나는 그러한 결과가 나오기를 희망한다. 나는 사람들을 섬기고 복음을 선포하고 말과 친절한 행동에 의하여 예수 그리스도를 증거할 뿐이다. 교회성장은 환경에 따라 발생하기도(발생하지 않기도) 한다." 어떤 이들은 간단하게 "나는 교회성장에 우호적이다. 그러나 그것이 나의 주된 직업은 아니다"라고 말한다.

북아메리카와 유럽에서 많은 교회들도 본질적으로 이와 동일한 교리를 믿는다. 그러나 교회들은 그것을 지역 교회들에 적합한 방식으로 진술한다. "우리는 우리의 프로그램을 수행하고, 정기적으로 하나님께 예배하며, 훌륭한 교회학교를 소유하며, 건물을 깨끗하고 아름답게 보존하며, 방문객들에게 친절하다. 우리는 뛰어난 성가대와 훌륭한 유치원을 소유하고 있다. 그러나 이런 모든 노력에도 불구하고 다른 많은 교회들처럼 우리 교회도 쇠약해 가고 있다. 우리는 매우 무관심한 주민에 직면한다."

이러한 입장에 대한 신학적 합리화는 매우 보편적이다. 어떤 이들은 마가복음 6:15과 같은 귀절들에 상당히 의존하며 믿든 안 믿든, 교회들이 설립되든 안 되든 문헌, 라디오, 육성 또는 친절한 행동에 의하여 복음이 선포될 때 임무는 수행된 것이라고 믿는다. 어떤 이들은 성경적인 근거없이 교회를 개척하는 시대는 끝났다고 주장하는가 하면… 또 어떤 이들은 교회를 개척하는 것이 선교의 주된 목적은 아니라고 주장한다. 그리하여 호켄다이크(J. C. Hoekendijk)는 진정한 복음전도는 (교회가 아니라) 하나님 나라의 전초기지들을 그 완전한 순결, 사랑, 능력의 모습으로 창조하는 것을 추구해야만 한다고 주장하면서 복음전도가 교회의 개척(또는 심지어 교회의 확장)이라는 "잘못된 개념"을 대단히 완강하게 거절한다. 그는 다음과 같이 말한다.

> 이러한 오해에는 존경할 만한 과거가 있다. 17세기에 보에티우스는 교회의 개척을 선교의 목표로 정의하였다. …(그러나) … 이러한 제도적인 사고방식으로 교회를 개척하는 것이 선교의 목표는 될 수 없다. 복음전도와 교회화는 동일시될 수 없으며 그것들은 매우 흔히 대단한 적들이다. …교회개척을 복음전도의 목적으로 생각하는 것은 불가능하다(1963:7,8).

교회개척이 바로 사도 바울이 그토록 헌신적으로 자신을 투신하였으며 현대 선교사업의 창설자들이 일심으로 천명하였던 것이라는 사실에도 불구하고 호켄다이크 박사가 교회개척은 선교의 목적이 아니라고 한마디로 일축하는 것은 선교의 주된 과제를 다른 어떤 것으로 간주하려는 현대의 유해한 경향의 강도를 시사한다. 교회성장은 특별한 노력없이도 기독교 생활의 부산물로 자리잡혀야 할 것이다. 호켄다이크는 만일 하나님의 **평화**가 있다면 제도적 형태의 교회는 물론 나타날 것이라고 주장하는 것으로 보인다. 이는 생물학적인 실재를 무시하고서 도대체 알 가운데 생명 배아가 존재한다면 껍질이 무슨 필요가 있겠는가 하고 주장하는 것과 같다. 조만간에 그 생명의 배아는 자신의 껍질을 만들리라는 것이다.

교회 세력의 증대에 대한 두려움, 전후 유럽에 있어서 용기의 감소, 제국상실의 충격, 교회보다는 그리스도의 위치에 대한 세심한 배려, 교회개척의 결여에 의해 도입된 방어적인 사고, 여타의 모든 요소들이 성직자들로 하여금 복음의 실질적인 전달을 위한 계획들을 격하시키도록 유혹한다. 즉 그것들은 믿음의 세포들의 설립 및 세례받은 기독교인들로 하여금 성령의 비추임에 개방되게 하며 사람들과 사회들의 긴급한 욕구들에 민감하게 하려는 계획들을 격하시키도록 유혹한다.

제 2 차 바티칸 공의회의 선교에 대한 문서들은 로마교회가 그 선교의 개념에 있어서 일부 개신교 지도자들보다 신약 교회에 훨씬 더 가깝다는 것을 시사한다. 이들 개신교 지도자들은 바로 주요 선교회들을 장악하고 있었고 60년대와 70년대에 있어서 선교를 복음전달과 신자들의 증가 외의 모든 것을 의미한다고 정의하고 있었다. 하비 호익스트라(Harvey Hoekstra)의 *The WCC and the Demise of Evangelism*(WCC와 복음전도의 종언)은 이러한 사태가 발생한 경위에 대해 냉정하고도 훌륭하게 기술된 책이다. 일부 교회의 견해들에 의하면 성장을 목표로 하는 것은 죄가 되었다. 올바른 절차는 복음전도가 특별한 노력없이도 있어져야 할 만큼 이루어지리라고 가정하고서 다만 사회적 관심을 지닌 기독교인들로 사는 것이라고 그들은 생각한다.

이 가정의 심각한 오류성

교회성장을 이해하고자 할 때 우리는 이 일반적인 가정이 심각한 오류라는 것을 인식해야 한다. 교회성장은 그를 위한 과감한 계획없이는 좀처럼 이룩되지 않는다. 그 증거를 무시하는 사람들만이 교회성장은 다면적인 기독교인의 활동의 부산물이라고 믿을 수 있다. 이러한 가정은 신약의 관행에 반대된다. 우리는 많은 교인들의 열매를 맺은 코이노니아, 디아코니아, 케리그마의 프로그램을 수행한 사도들, 그리고 물을 잘 준 잔디밭에서 민들레가 자라나듯이 여기저기서 신나게 솟아나는 교회들을 인식하지 못한다. 그러나 우리는 신약에서 주님이 재림하시기 전에 구원의 메시지를 가급적이면 많은 사람들에게 전하려고 시간과 경쟁을 벌이며 교회를 개척하는 엄청난 프로그램에 자신들의 삶을 던진 바나바를 대하게 된다. 거기서 우리는 매안식일마다 유대인들, 희랍인들과 논쟁을 하여 그들을 설득하는 고린도에서의 바울의 모습을 대하게 된다. 그 기록은 바울이 "그리스도께서 예수라는 사실을 (율법, 시편, 예언서들로부터의 풍성한 증거를 가지고) 유대인들에게 증거하면서 말씀전하는 일에 전념하였음"을 조심스럽게 지적한다. 유대인들이 그를 반대하고 비난하였을 때 그는 그의 옷을 털면서 "너희 피가 너희 머리로 돌아갈 것이요, 나는 깨끗하니라. 이후에는 이방인에게로 가리라"(행 18:4-11)고 그들에게 말하였다. 그러나 그는 빈 손으로 가지 않았다. 그는 회당장 그리스보와 회당에 참석하여 거의 유대교 개종자가 되었었던 그의 모든 권속, 디도 유스도와 그의 모든 권속, 기타 많은 사람들을 자신이 세운 새로운 교회로 이끌어들였다.

주로 자유주의자들에 의하여 주장된(그러나 때로는 다른 이유 때문이기는 하지만 보수주의자들에 의하여서도 주장된) 위에서 말한 가정은 1세기에서 19세기까지의 교회의 선교 관행과는 상반된다. 그것은 지난 150년간의 현대 선교의 보편적인 관행과도 상반된다. 그것은 세계구원에 대한 그리스도의 열정에도 상반된다. 그것은 상식에 위배된다.

예수 그리스도의 좋은 소식이 땅의 무수한 사람들에게 도달하는 것이 가능하게 되는 유일한 방법은 환상적인 교회개척이 발생하는 것이다. 기독교 가치, 경제적 정의, 인종 간의 인류애, 사회적 개선, 또는 민주주의가 보급될 수 있는 유일한 방법은 말씀이 선포되고 성례전이 준수되는 세례신자들의 수다한 세포들이 형성되는 것이다. 이 격동과 혁명의 시기에 있어서 하나님의 성령이 사람들에게 작용하여 예수 그리스도와 성경에 대하여 아무 것도 알지 못하는 어떤 새로운 종교가 발생하여 모든 사람들을 끌어모으리라는 것은 생각도 할 수 없는 일이다. 이러한 종교가 나타나기도 전에 이러한 종교를 선정하는 것은 어리석음의 극치가 될 것이다.

성령과 성경의 인도 아래 아프리카-아시아 교회 출신의 열성어린 기독교인들이 하나님이요, 구세주로서의 예수 그리스도에게 충성되며 자신들의 신앙과 실행의 유일한 법칙으로 성경을 믿는 새로운 형태의 교회를 발전시키리라고 믿을 수 있을 것이다. 그러나 이러한 형태의 교회들이 발생한다고 하여도 그것들이 자생하지는 않을 것이다. 그 교회들은 헌신적인 아프리카-아시아 기독교인들과 교회들 편에서의 세심한 계획, 이에 더하여 그들의 유럽-북아메리카 친구들의 협조의 결과로 생겨날 것이다.

우리는 또한 아메리카에 있는 소수인종들의-중국인, 쿠바인, 스페인인, 월남인, 프랑스계 카나다인-더욱 큰 몫이 제자화될 때 교회의 형태는 그들의 공헌에 의하여 풍부하게 되리라고 믿을 수 있다. 그러나 이들을 그리스도에게 인도하여 그들을 수십만의 교회들에 영입하는 것은 우연히 이루어지지 않을 것이다. 미국을 포함하여 **모든 국가에 있는 모든 민족을 제자화하는 데는 세심한 계획수립 및 우리의 목적을 하나님의 흔들림없는 목적에 접합시키려는 의도적인 결심이 있어야** 할 것이다.

모든 위대한 전진운동은 교회성장을 계획해 왔다

우리가 교회성장에 있어서 계획수립의 위치를 생각해 볼 때 우리는 전세계에 걸쳐서의 감리교회의 위대한 성장을 회상하게 된다. 웨슬레의 속회들은 그가 경건한 기독교 생활을 영도함에 따라 우연히 발생하지 않았다. 그는 속회들을 창조하였다. 그는 속회들의 표준을 설정하였다. 그는 새로운 신자들에게 스스로 속회들을 형성할 것을 요구하였다. 그는 속회들을 통하여 영국 국교회가 새로와질 수 있기를 희망하였고 그러기에 그는 그 집회들을 속회라고 불렀다. 그러한 희망이 사그러들게 되었을 때 또 영국 국교회가 단지 많은 교단들 가운데 하나에 불과하였던 국가들에서 속회들은 감리교회들이 되었고 계획을 따라 계속해서 개척되었다. 사람들을 구원하기 위하여 대규모의 부흥회들이 개최되었다. 이들의 구원은 그들이 감리교회의 확고한 일원이 될 때까지는 완료된 것으로 생각되지 않았다. 웨슬레, 에스베리, 코우크를 비롯한 여러 사람들은 교회성장이 아무런 계획의 수립도 없이 저절로 발생하지 않았느냐는 이야기를 들으면 아마 웃을 것이다.

세계 6대주에 걸친 교회들의 위대한 확장의 기초를 이루었던 과감한 계획들을 일일이 열거하려면 시간이 부족할 것이다. 브라질에 있어서 1916년에는 한 명의 교인도 없던 오순절교회가 1980년에 수십만으로 증가한 것 —이제껏 유래를 찾을 수 없는 비구조적인 보급— 은 생의 전반을 다루는 통괄적 선교의 비의도적 부산물은 확실히 아니었다. 브라질 하나님의 성회의 일부 유명한 지도자들은 만 명, 2만 명, 또는 3만 명에서 세례를 베풀었다. 이러한 세례들은 우연히 발생하지 않았다. 그 세례들은 계획되었다. 브라질 하나님의 성회의 위대한 성장은 보통 사람들에 의해 수행된 과감한 계획들의 결과였다. 이러한 계획들의 본질적 요소는 신자(crente)는 어느 곳으로 가든지 그의 친구들을 주님에 대한 자기와 같은 신앙으로 인도하고 그들을 정규적으로 예배하고 기도하며, 찬양하며 복음을 전도하는 교회에 결부시키는 것이 그의 의무요, 특권이라는 확신이었다.

"기독교인의 존재" "세속화를 위한 작업" "친절한 행동에 의하여 그리스도를 증거함" "노동조건을 개선하고자 하는 산업전도" "혁명 가운데서 하나님을 발견하고 그와 보조를 같이함" 이러한 모든 것은 어떤 신비스러운 과정을 통하여 있어져야 할 만큼의 많은 복음의 전달을 초래하리라는 일부 사람들의 감상주의적인 가정은 그것을 지원할 만한 일말의 성경적 또는 합리적 증거도 없이 세워진 공중누각이다. 세계 복음전도는 아직도 완전히 교회 밖에 머물러 있고 아(亞)기독교적 또는 반(反)기독교적 이데올로기들, 가치체계들, 종교들의 지배 아래 완전히 예속해 있는 30억(1980년 미국 인구의 15배)의 사람들에 관심을 둔다. 이 수십억의 사람들을 교인으로 만드는 것은 관후한 기독교적 활동의 무계획적 부산물로 스스로 발생하지 않을 것이다.

　하지만 교회의 개척은 대사명의 전반부에 불과하다는 것이 즉각적으로 부언되어야만 한다. 후반부는 "내가 너희에게 명한 모든 것을 가르치는 것"이다. 우리 모두는 그리스도의 제자들이 된 사람들을 완전하게 하기 위하여 전진하는 교회, 그리고 그리스도의 원리들을 자신들의 이웃들과 민족들의 사회적, 경제적, 정치적 구조들에 적용하는 사람들을 격려해야만 한다. 그리스도의 제자들이 된 수십억의 사람들을 완전케 하는 프로그램은 전적으로 칭송될 만하다. 그들로 하여금 더욱더 그리스도의 마음을 소유하고, 더욱더 성령으로 충만하며, 더욱더 윤리적으로, 심미적으로 진보하도록 하는 것은 무조건적으로 선하다. 이 점에 대하여 대부분의 사람들이 동의할 것이다.

　그럼에도 불구하고 만일 사람들이 자신들이 대면하고 있는 진정한 세계에 있어서 교회의 위치를 이해한다면 위대한 윤리적 목표들이 성취될 수 있기 이전에 **먼저 많은 교회들이 생겨나야만 한다**는 것을 인식해야만 한다. 교회가 존재하거나 해야 완전해질 수 있다. 어린이들이 태어나거나 해야 교육을 받을 수 있다. 실천적인 기독교인들이 그들의 사회들의 어느 정도의 규모라도 소수를 형성하게 되어야 그들은 자신들의 존재가 사회적, 경제적, 정치적 구조들에 영향을 미칠 것을 진지하게 기대할 수 있다. 진정으로 교회는 "그들에게 모든 것을 가르쳐야만" 한다. 그러나 이에 앞서서 교회는 최소한 얼마 간의 기독교인들과 얼마 간의 교회들을 소유해야만 한다. 교회가 전적으로 거절해야만 하는 것은 하나님께서는 그의 아들과 계시를 받아들이는 사람들을 통하여서 보다 훨씬 훌륭하게, 그의 아들과 그의 계시를 거절하는 사람들 가운데서 그리고 그들을 통하여 역사하시리라는, 그리하여 교회는 즉각적으로 계획적인 교회개척을 중단하고 보는 사람들 가운데서 막연한 정의와 선의의 공동체를 창조하려 해야 한다는 소박한 생각이다.

교회 설립을 위한
과감한 계획이라는 말의 의미는 무엇인가?

　막연한 전반적인 활동, 그리고 제자화로부터 완전 추구의 어떠한 형태로의 강조점의 변천이 우리가 의미하는 것은 아니다. 또한 이러한 강조는 인간들을 악에의 속박으로부터 해방케 할 것이라든가 또는 "그리스도의 지식의 향기를 사방에 드날리게 할 것이라"는 의도는 아니다(고후 2 : 14). 과감한 계획들은 이보다 훨씬 적극적인 어떤 것을 의미한다. 교회성장을 이해하는 데 있어서 건전한 교회들의 최대의 증가를 저해하는 잘못된 가정들을 파악하는 것으로 충분하지 않다. 우리는 주민 전체에 걸쳐서 교회에 교회를 이어 건설하는 납득할 만하고 충분한 계획들을 고안하고 추진하는 일을 계속해야만 한다.

선교의 역동성 및 그리스도의 교회들의 성장에 대한 한두 권의 책을 읽는 것은 단지 바른 방향을 일별하는 것에 불과하다. 교회성장적 선교 개념을 천명하는 것만으로 충분하지 않다. 교회를 개척하기 위한 목적을 지지하는 것은 시작에 불과하다. 주님께서 다른 어느 곳에서 교회들을 증가시키시는 데 활용하신 계획을 복사하는 것은 예비적인 연구의 일부에 불과하다. 무엇이 사람들을 그리스도와 그의 교회에로 이끌 수 있는가에 대하여 위험을 무릎쓴 추정을 하기 위하여 모자이크 한 조각에 관하여 충분히 안다는 것은 기초에 있어서 벽돌들 가운데 하나에 불과하지 그 이상은 아니다. 하나님의 순종하는 종은 이러한 예비적인 활동들 가운데 어떠한 하나가 하나님의 목표라고 자신을 기만하지 말아야 한다.

그의 목표는 교회들을 설립하기 위한 납득할 만한 계획을 고안하는 것이다. 즉 그 주민에 적합하고 또한 동일한 종류의 다른 주민들 가운데서 교회들을 증가시켜 왔고, 또한 하나님께서 그의 손에 맡기신 자원들을 가지고 수행될 수 있는 계획들에 걸맞는 그러한 계획을 고안하는 것이다. 계획은 충분한 것이어야 한다. 만일 모자이크 가운데서 그가 설정한 조각이 5만 명을 포함한다면 그의 계획은 전체 조각을 제자화할 만큼 충분한 규모이어야 한다. 아무도 5만 명 전부가 독실한 기독교인들이 되고 그렇게 존속하리라고 기대하지 않는다. 그러나 연민이 많으신 주님께서 모든 사람을 위하여 문을 계속 열어 놓으시고, 또한 신실한 대사는 각자가 하나님께 화해하게 되기를 구해야 하기 때문에 충분한 계획은 그리스도의 제자가 되는 일이 5만 명 한사람 한사람에게 진정한 선택의 기회를 제공하는 것이어야 한다. 2백 명의 작은 집단을 창조하고 생활 향상과 구속에 의하여 그 성원들을 높여서 그들이 그들의 친족들에게 그리스도를 전달할 수 없게 하는 계획은 충분하다고 할 수 없다. 교회지도자들은 조잡스러운 계획들에 대하여 경계해야 한다. 그렇다면 "해방된 그리고 해방하는 사람들의 권력 중심부들"(교회들)을 설립하기 위한 계획들은 납득할 만한 동시에 충분한 것이어야 한다.

이러한 목표들을 작동시키는 것이 진정한 목표이다. 서류상의 훌륭한 계획은 무익하다. 그 계획이 살과 피를 입을 때만이 그것은 무엇인가를 성취한다. 그 계획이 형상으로 탄생될 수도 있고 또는 꿈을 통하여 기독교인에게 주어질 수도 있다. 그러나 그것이 땀에 젖고 그것에 피가 튀기기까지는 그것은 헛되이 묻혀 달란트로 머물게 된다. 화려한 교회와 선교사업을 수행하기 위하여 완전한 계획이 나타나기를 기다리기보다는 불완전한 계획을 작동시키는 것이 더 낫다. 수많은 경우에 교단 또는 복음전도자가 납득할 만한 계획을 소유하지 않았고 그러한 계획을 마련하고자 하지 않기 때문에 나름대로의 계획에 착수해야 할 것이다. 실현되는 계획들이야말로 고려할 만한 가치가 있는 것이다.

오늘날에 있어서 아프리카-아시아 및 유럽-북아메리카 교회는 복음 수용이 가능한 주민들을 제자화하기 위한 의욕적이고 과감한 계획을 준비해야 한다. 이들 교회들의 화려한 지도자들과 더불어 그들의 지역의 복음 수용이 가능한 주민들을 향한 충분한 복음전도 태도를 서로 나누는 것이 시급하다. 비록 교회들의 내적인 욕구들이 지대하다고 할지라도 그러하다. 해방되고 구속받은 자들의 집단들을 증가시키기 위한 계획들은 교회 내의 모든 문제들이 해결될 때까지 연기되지 말아야 한다. 많은 교회가 그 설립자들에 의한 애정어린 보호를 여러 해 받다가 독립을 하게 되면—지극히 당연하게—교회의 내적인 세력 싸움에 휩싸인다. 예를 들어 클레이톤 키친(L. Clayton Kitchen)은 힌도를 방문된 후에 슬픔어린 투로 다음과 같이 기술하고 있다.

> 나는 교회마다 분파와 분열에 의하여 찢기어진 것을 발견하였다. 어떤 교회에서는 애찬 대신에 상호간의 기소가 판을 친다. 코이노니아는 개인적인 세력 강화에의 욕망과 세력에 대한 욕망으로 인한 싸움

에 의하여 부수어지고 있다. 디아코니아 대신에 종종 기독교인과 비기독교인 모두의 욕구에 대한 저주스러운 무관심이 나타났다(Kitchen, 1965 : 2ff.).

이러한 육욕성(아메리카 및 여타의 국가들에서 이러한 모습이 많이 발견된다.)은 교회개척을 중심한 선교가 수행되기 **이전**에 제거되어야만 한다. 세속적인 기독교인들 가운데 거하는 경건한 자들이 선교회들을 조직하고 교회의 가장 거대한 확장에 착수하였을 때 세속적인 기독교인들로 가득 찬 경쟁적인 파당들이 말싸움만 일삼는다면 서구의 교회들(로마 가톨릭으로부터 퀘이커교에 이르기까지)은 완전과는 거리가 멀다.

사실 이들 세속적인 기독교인들 가운데 있는 경건한 사람들은 19세기를 특징짓는 부흥운동과 대각성운동의 소산이었다(그런데 이러한 사실은 어느 정도는 인식되지 못하고 있다). 조오지 모건(George E. Morgan)은 다음과 같이 말한다.

> 국내 선교의 거대한 성장을 조망하면서 얻게 되는 확신은 1859년 부흥운동 이후의 시기는 미국에 있어서의 기독교 연감상 가장 결실이 풍성한 시기 중 하나였다. 또한… **대대적인 국내 선교운동은 부흥회를 통한 개종자들 및 그 운동의 지지자들에 의하여 착수되고 인력이 공급되었을 뿐만 아니라 또한 재정이 지원되었다**(Orr가 *The Second Evangelical Awakening* : 1964 : 91에서 인용).

하지만 이 사실은 영혼이 소생된 사람들이 좋은 소식을 해외에도 나누어 주기 전에 자신들의 교회들을 완전히 정의롭고 사랑스럽게 만들어야만 한다는 의미로 왜곡되지 말아야만 한다. 1870년에 영혼이 소생된 사람들은 그렇게 하지 않았다. 그리고 그들은 오늘날도 그렇게 하지 말아야 한다. 만일 예루살렘교회가 이방인들을 신앙 그리고 복종에로 인도하고자 노력하기에 앞서서 예루살렘의 "미개종자들"을 정복하기까지 기다리고자 하였다면 그 교회는 매우 오랜 기간을 기다려야 했을 것이다. 교회개척, 심령부흥, 성도들을 온전하게 함은 일반적으로 서로 상대방을 버팅겨 주면서 함께 전진한다.

아시아 교회들이 자신들에 대한 집착을 떨쳐 버리고 그 봉헌을 통하여 "분파주의와 분열에 의하여 찢겨진 교회들"에 도전할 아시아 선교사들의 세대를 양육할 때(자신들의 백성이 아니라 다른 백성들을 대상으로 하는) 그들은 선교적인 교회가 지역 선교에도 힘쓰는 최상의 지역 교회라는 것을 발견할 것이다(유럽-북아메리카의 수많은 교회들이 그러하였듯이). 교단들이 진지하게 복음에 수용적인 주민들을 교회에 영입하기 시작할 때 그들은 하나님의 권속의 상처를 치유할 것이다. 아시아-아프리카, 라틴 아메리카 교회들의 열심있는 신도들은 자신들의 이웃들에 있는 교회로 영입가능한 사람들의 복음화를 위한 납득할 만하고 충분한 계획들을 수립해야 마땅하다. 또한 북아메리카의 열심있는 성도들도 마땅히 그렇게 해야 한다.

"각각의 모든 민족 교회가 그 이웃을 복음화하고 그곳에 거하는 선교사들이 그 교회로 하여금 그렇게 행하도록 돕는 것이 건전한 원리이다." 그러나 일부 민족 교회가 가만히 앉아 있으면서, 복음을 받아들일 자세가 있는 동일 민족을 소홀히 하는 경우에 하나님께서는 마찬가지로 가만히 앉아 있으면서 게으름을 함께 부리는 선교회를 무죄하다고 하시지 않을 것이다. 만일 선교회가 교회로 하여금 행동하도록 고무할 수 없다면 그 선교회는 죽음 직전에 있는 매교회 둘레에 원을 긋고 그 원들 바깥에 있는 거대한 영역에서 교회들을 배가시키기 위한 납득할 만하고 충분한 계획을 실시해야 한다. 이 일은 절실하고 날은 많이 지나갔다. 그리고 하나님께서 그의 잃은 자녀들을 찾기를 원하신다. 어떠한 교회-아프리카-아시아 또는 유럽-북아메리카의-도 말씀에 굶주린 주민들을 묵과하고 자신도 그들에게 말씀을 먹이지 않고 다른 교회들도 그렇게 하지 못하도록 할 권리는 없다. 심술 사나운 자의 예의는 하나님을 기쁘시게 하지 못한다. 각 교회의 주권이라는 것이 그 땅의 백성들의 구원에 대한 무관심이 나쁜 곳에 있는 하나님의 백성의 손들을 묶는 것을 의미하는 것으로 확대 해석되지 말아야 한다. 성령께서 바울을 로마로 보내셨을 때, 만일 그가 이미 그곳에 있는 교회가 그의 메시지에 저항하는 유대화하려는 자들로 구성되었다는 것을 발견하였다면 그는, 선교사는 그 자신 및 그의 확신들을 "이탈리아에 있는 큰 민족 교회"에 복종시켜야만 한다고 주장하지 말아야 할 것이다.

1977년 현재 19만 2천 명의 교인을 소유한 북아메리카의 한 교단인 기독교 선교동맹교파(The Christian and Missionary Alliance)는 다른 교단들에게 좋은 모본을 보여 주었다. 이 교단은 1987년에는 교인수를 배가하여 38만 4천 명으로 만들 것을 결심하였다. 그런 다음 이 교파는 해외 교인들도 덧붙였고 그렇게 하여 교인수가 95만 2천 명이었다. 이 교파는 또한 배가하기로 결심을 했고 결과로 1987년 예상 교인수를 1,904,000명으로 잡았다. 당시 전체 교단의 회장인 루이스 킹(Louis L. King)은 다음과 같은 의미심장한 말을 남겼다.

> 이러한 목표에 도달하기 위하여 우리는 교회에 다음의 사항을 요청한다. 복음전도에 대한 새로운 강조, 최대의 참여, 모든 차원에서의 계획수립, 확장을 위한 가르침과 훈련, 정확한 보고, 희생적인 헌금, 많은 중재적 기도가 그것이다.

전후 내용은 1979년 9월호 *Church Growth Bulletin*에 수록되어 있다. 이 계획은 내가 알고 있는 의욕적이고 과감한 계획의 아주 훌륭한 사례였다.

지역 곳곳에 교회들을 세우려는 납득할 만하고 충분한 계획들을 작동시키는 데는 반드시 결과에 입각하여 이들 계획들을 조정하는 것이 필요하다. 계획의 어떤 측면들은 작용을 하지 않는가 하면 다른 측면들은 예상 이상의 결과를 낳는다. 그런가 하면 어떤 측면들은 만일 수정되고 조절된다면 좋은 실적을 예상하게 된다. 조정, 수정, 조절은 신약에서 발견되는 단어들은 아니다. 그러나 그것들은 신약의 현실을 기술한다. 누가는 초기 30년간의 교회개척을 설명하면서 변화된 환경에 적응하기 위한 계획의 수정을 거듭하여 말한다. **에클레시아**에 날적부터 유대인들인 사람들 뿐만 아니라 할례를 받지 않았으되 하나님을 경외하는 자들이 영입되기 시작하였을 때 바울에 의하여 케리그마에 있어서 새로운 출발이 이루어졌다. 회당이 율법, 시편, 예언서에 따라 메시야께서 나사렛 예수라는 사실을 논증하고 증거하고 증명하는 장소로 더이상 사용될 수 없게 되자 복음전도와 예배의 새로운 센터들이 발견되어야만 하였다. 희랍 기독인들 중 가난한 사람들이 소홀히 취급받았을 때 집사들이 식탁을 시중드는 일에 임명되어야 했다. 예루살렘으로부터 도피한 사람들을 통한 자발적인 복음의 확장의 기세가 줄어들기 시작하자 교회에 의하여 파송된 교회 대표자들을 통해 복음전도를 하는 새로운 형태가 조직되었다.

선교의 각 단계에 적합한 계획의 수립

기독교 선교는 하나님께서 이를 통하여 자신의 구원 계획을 모든 사람들에게 알리시고 그들을 죽음에서 생명으로 불러내시고 그의 교회의 책임 있는 교인으로 삼으시는 과정으로 간주될 수 있다.

이러한 선교의 역군들의 관점에서 살펴 보면 이 땅의 대부분의 지역들에서 기독교 선교는 네 개의 단계들, 즉 조사, 개척의 수고, 성공의 확산, 본질적인 기독교화를 거친다고 할 수 있다. 계획들은 각 단계에 적합해야만 한다. 성취된 결과의 관점에서 보면 교회는 이 네 단계들을 거쳤다고 할 수 있다. **조사**는 새로운 주민을 복음화하려는 선교사들의 결심으로 결과된다. **개척의 수고**는 "교회의 훌륭한 지원을 받은 전초기지로 결과된다." **성공의 확산**은 "여러 교회들의 강력한 군락을 형성하여 소수의 주민들에 뿌리를 내린 노회들, 대회들, 연회들, 주교구들로서 결과된다. **본질적인 기독교화**는 "전국 주민을 구성하는 경이로운 모자이크의 대부분의 조각들에 훌륭하게 뿌리를 내린 항구적인 연합체들, 연회들, 대회들, 노회들, 주교구들, 시노드들로 조직되는 교회"로 결과된다.

복음의 선포를 위한 **충분한 계획들**은 이러한 단계들을 인식하는 각 단계에 적합해야만 한다. 예를 들어 북아메리카의 전체 기독교를 볼 때 선교는 제 4 단계에 있다. **이** 단계에 어울리는 계획들은 북아메리카의 교회가 팔레스틴 또는 칼리만탄에서 선교를 수행할 때, 그 교회가 이용하는 계획들과는 전혀 다르다.

현실적으로 되기 위하여 우리는 전체로서의 북아메리카가 동질적인 전체라고 하기에는 거리가 멀다는 사실을 첨가해야만 한다. 카나다의 상황은 플로리다의 상황과는 다르다. 예를 들어 카나다의 한 주인 브리티쉬 컬럼비아주의 전 인구의 5분의 1을 포함하는 뿌리가 튼튼한 교회는 홍콩, 우간다로부터 온 카나다 신입 이주민들에 대하여는 제 1 단계 선교를, 여러 세대 동안 카나다에 거주해 왔던 이주민들 가운데서는 제 4 단계 선교를 동시에 수행해야 할 것이다. 이와 유사하게 자바에서 교회가 성령의 강압을 받아 적절한 확장의 사역을 수행할 때, 그 교회는 주민의 어떤 구역들에서는 제4단계 선교를, 어떤 구역들에서는 제3단계의 선교를, 또 어떤 구역들에서는 제2단계 또는 1단계의 선교를 동시적으로 수행해야 할 것이다. 남인도의 안드라주에서 기독교를 믿지 않는 말라 및 마디가 부족들 가운데 존립하는 텔레구 침례교회 대회는 제4단계의 선교를, 그러나 브라만과 크샤트리아 계층들 가운데서는 제1단계, 즉 연구조사 단계를 수행해야 될 것이다. 후자의 계층들이 침례교회들의 사역지역 내에서 생활한다고 할지라도 이러한 것은 마찬가지이다. 한 교회가 복음화하기로 결심한 새로운 주민이 같은 도시에 살고 있다고 하더라도 언어적으로 그리고/또는 문화적으로 상당한 거리를 두고 있기 때문에 상당 기간 동안 **연구조사 또는 훌륭한 지원을 받는 전초기지의** 설립을 요청할 수 있다.

교회확장(선교)의 네 단계들에 적절한 조망을 부여하였으므로 이제 각 단계들을 고찰해 보도록 하자.

첫째는 연구조사의 단계이다. 한 교회(또는 보다 일반적으로는 어떤 교회들의 집단)가 인류의 어떤 새로운 부분을 복음화하고자 결심한다. 지극히 당연하게 그 교회는 이 동질적인 단위에 관하여 가능한 모든 것을 발견하는 일에 착수한다. 그 단위는 대학교들의 핵심적 합리주의자들로 구성될 수도 있고 뉴욕, 상부의 프랑스계 카나다인들로 구성될 수도 있고, 독일에서 일하는 6천 명의 한국인 광부들로 구성될 수도 있고, 인도 북동부의 니쉬스 부족, 또는 자이레 중남부의 교회에 나오지 않는 무리들로 구성될 수도 있다. 그 교회는 사회의 그 단위에 대하여 배워야 할 뿐만 아니라 또한 그 단위를 복음화하는 방법 그리고 복음전도자들이, 이 교회들이 그 단위에서 증가할 때까지 복음전도를 계속할 방법을 연구해야 할 것이다.

해외 선교사들에게 있어서 이러한 것은 살아야 할 장소를 발견하여 언어를 배우며 오해와 박해를 받으며 추방당하거나 살해당하며 이런저런 종류의 발판을 설립하며, 선한 사업과 거룩한 삶에 의하여 자신들을 드러내며, 최초의 개종자들을 얻으며 소수의 첫 교회들을 설립하는 것을 의미할 것이다. 자신의 국가에서 연구조사의 A, B, C, D, 그 어떤 단계에서 종사하는 복음전도자들에게 있어서 이러한 것은 아(亞)문화를 배우며 최대의 복음전달을 가능하게 하고 새로운 주민 모두에게 받아들여질 수 있는 삶의 방식을 수립하는 것을 의미할 것이다.

최초의 교회들은 국외자들에 의하여 출발하기 때문에 그 교회들은 필연적으로 외국적인 맛을 풍길 것이다. 창립자들의 최선의 노력에도 불구하고 복음화된 주민들은 기독교인이 된다는 것은 "우리의 공동체를 떠나는 것"이라고 생각할 것이다. 만일 그 확장이 새로운 언어를 구사하는 지역을 향한 것이라면 복음서들 또는 성경의 여타 부분들의 처음 번역본들은 어색하게 되는 경향이 있다. 최초의 교회들은 도처에서 그들의 개종 전에 이미 그들 자신의 백성들로부터 따돌림을 받는 사람들로 이루어지는 경향이 있다. 그럼에도 불구하고 이들 최초의 교회들은 **위대한 승리를 나타낸**다. 그 문화 또는 아(亞)문화에 속한 많은 사람들이 이제는 기독교인들로서 산다. 그리스도께서는 그들의 삶을 통해 자신을 나타내신다. 그들은 그를 믿고 그의 안에서 새로운 창조물들이 된다. 그들은 그의 말씀을 먹고 그의 모습으로 변화된다. 그들은 자신들의 사회에 유익한 영향들을 미친다.

선교의 제2단계는 **훌륭한 지원을 받은 전초기지의** 단계이다. 분산된 그러나 조직적인 방법으로 전체 주민은 복음에 노출되어 왔고 전초기지들이 그 전체에 걸쳐서 설립되었다. 만일 주민이 텍사스에 있는 멕시코계 아메리카인들이고(말하자면) 복음전도자들은 남침례교도들이라고 한다면 남침례교의 선교 전략가들은 멕시코계 아메리카인들이 어디에 제일 많은지, 그 공동체의 구역들에 따라 복음에 대한 수용도가 어떻게 다른지를 파악하고서 주의 모든 군(郡)에다 침례교회들의 네트웍을 형성하였다. 그리하여 교회들은 스페인식 이름을 지닌 아메리카인들이 집중된 곳에 가장 수가 많다. 최초의 이주민들에 대하여 특별한 주의가 부여되는데 이는 대체로 이들이 복음에 응답적이기 때문이다.

선교의 제2단계 동안에는 교회들은 여전히 다소 외국적인 분위기를 소유한다. 기독교인이 된다는 것, 이 새로운 교회들에 등록한다는 것은 여전히 대다수의 주민에 의하여 "우리의 동족을 떠나는 것"으로 간주된다. 그러므로 기독교인이 된다는 것은 종교적인 단계라기보다는 사회적 단계로 되는 경향이 있다. 예를 들어 독실한 루터교 가문 출신의 한 아들이 로마 가톨릭교도가 될 때 그의 부모들은 그가 그들을 배반한 것으로 느낀다. 이슬람교도가 기독교 신앙으로 개종할 때 그의 가족의 전 성원들은 그가 "우리를 떠났다"고 느낀다. 그러므로 대규모적인 개종은 가능하지를 않다. 제2단계의 교회들(잘 지원을 받은 전초기지들)은 서서히 성장한다. 그럼에도 불구하고 만일 개척을 주관하는 교단 또는 선교회가 이들 전초기지들을 계속해서 지원하고 버팅겨 준다면 이들은 꾸준히 성장한다. **이러한 전초기지들이 거기에 있기 때문에 제3단계는 가능하게 된다.**

제3단계에서는 교회들의 힘있는 군락들이 다양한 지역들에서 발생한다. 제3단계는 목표로 하는 주민들 여기 저기서 발생한다. 복음에 응답적인 구역들은 성령의 문화적 충동 또는 기타 행동에 의하여 감동을 받아 복수적인 개인의 방식으로 그리스도에게 전향하기 시작한다. 상당한 수효의 사람들이 예수 그리스도의 추종자들이 된다. 그리하여 기독교인들은 무수하게 된다. 개종자들은 "우리는 우리 민족을 떠나지 않는다. 우리는 조만간에 그들 모두가 따라야 할 길을 따른다"고 느낀다. 교회들은 그들의 백성들의 전위라고 스스로를 생각하기 시작한다. 미국에 사는 수십만 명의 한국인들 가운데서는 "우리 모두가 기독교인들이 되려고 하고 있다. 남한에 있는 대부분의 한국인들 또한 곧 기독교인들이 되려 하고 있다"는 감정이 아주 지배적이다. 카사스 포플라레스 지역(모든 중산층 산업도시들에서 인기있는 정부 개발주택지역)으로 이사하는 수십만 명의 브라질 사람들 가운데서는 침례교, 오순절교, 장로교, 기타 교단들의 교인이 되는 것이 상류로 올라가는 계단으로 생각된다. 그러므로 이러한 산업사회들에 있어서 선교는 제3단계에 속한다.

이 단계 동안에 교회는 강력하게 성장한다. 교단들은 5만 명, 10만 명 또는 50만 명의 입교인들을 확보한다. 학교들과 신학교들은 지도자들을 양성시킨다. 찬송가, 기도서들, 훌륭한 성경 번역본들이 출판된다. 훌륭한 건물에서 정규적으로 예배드리는 것이 일반적이게 된다. 장례를 치르고 결혼을 하고 명절을 지키는 기독교적 방법들이 개발되고 기독교인들에게 소중하게 된다. 담임목사들, 장로들, 집사들, 교사들, 감리사들, 복음 전도자들, 신학교 교수들이 **토착적 방식으로** 활동하도록 훈련된다. 제도적인 교회는 하나님과 성경에 충성스러운 한편 철저하게 민족적인 색채를 취한다.

　기독인들의 훌륭한 생활, 그들이 하는 선행들, 정의와 공익을 위한 그들의 수고, 그리스도에 대한 신앙이 가져오는 생활의 변화가 이웃들의 주목을 받는다. 교회의 초기 단계들을 괴롭혔던 박해와 추방이 소멸된다. 교회(지역 전체에 걸쳐서 복음에 수용적인 주민들 가운데 흩어져 존재하는 교회들의 **강력한 군락**)가 번영하고 존립한다. 교회는 국가 전체에 걸쳐서 더욱더 많은 공동체들 가운데서 강력하게 된다.

　제 3 단계 동안에는 그 민족 출신 지도자들로 변모된다. 제 3 단계에서 선교사들은 귀국해서는 안 되고 권위를 이양하고 아직도 개종하지 않은 주민들에게로 나아가야 한다. 많은 일반인의 견해와는 달리 선교사들은 젊은 교회들을 돕기 위해서가 아니라 새로운 주민들이 사는 지역에 교회들을 배가하기 위하여 파송된다. 그럼에도 불구하고 이러한 이양에는 대체로 수십년이 소요되므로 많은 선교사들은 일시적으로 초창기의 교단들을 돕게 된다. 그러나 이러한 일이 그들의 항구적인 일은 아니다. 그들은 우호적인 사역자들이 아니라 사람들을 복음화해야 할 때 초창기 교회를 "돕는 데" 그치는 상황을 초래한다.

　교회가 확장하는 제 4 단계에서 주민들의 **본질적 기독교화**가 이루어진다. 주민의 3분의 1, 절반, 3분의 2, 또는 10분의 9가 기독교인으로 된다.

　한 교회가 어떤 하나의 동질적인 단위에 관하여는 제 4 단계가 될 수 있으나 또 다른 동질적인 단위에 관하여는 제 1 단계에 있을 수 있다는 사실도 기억되어야만 한다. 그리하여 A.D. 45년의 예루살렘교회는 유대인 대중들에 관하여는 제 4 단계였고, 점령군인 이탈리아 군대에 관하여는 제 1 단계였다. 마찬가지로 아메리카의 개혁교회도 미국의 수십개의 교외지역의 부유한 백인들에 관하여는 제 4 단계였으나 뉴욕, 버팔로, 클리브랜드, 디트로이트, 시카고에 사는 푸에르토리코 출신의 대중들에 관하여는 제 1 단계에 돌입하려는 상태였다. 마찬가지로 60만 명의 교인을 갖고 있는 북인도의 성공회는 제 4 단계의 교단으로 고려될 수 있으나 그 교회들 주변에 살고 있는 **1천 계층이 넘는 카스트들**에 관하여는 **제 1 단계에 돌입하려는 상태였다.**

이러한 사실은 교회성장을 위한 의욕적이고 과감한 계획들에 관하여는 무엇을 의미하는가? 이것이 의미하는 바는 각 교회와 교단의 필수적 의무는 자신이 처한 선교의 단계를 숙고하고 그 단계에 적합하고 충분한 계획들을 고안하는 것이다. 이에 더하여 이러한 사실은 **세계** 복음전도라는 지속적인 과제에 있어서 각 단계의 고유한 역할을 담당하도록 해야 함을 의미할 것이다. 이러한 사실은 인접 주민들에 있어서의 제1, 제2, 제3단계의 복음전도화를 위한 부가적인 계획들을 의미할 수 있다.

특별히 제4단계 동안에 교회는 두 궤도를 달리며 두 종류의 열매를 맺는 부단히 열성어린 복음전도를 이루어야 할 것이다. 한 궤도를 따라서 교회는 동질적 단위들이냐 또는 서로 다른 종류의 사람들이냐 하는 사실에 개의하지 말고 인근 이웃을 향한 복음전도를 수행해야 할 것이다. 만일 수로보니게 여인의 딸이 치료를 필요로 한다면 교회는 그녀를 치료해야 할 것이다. 교회는 모든 죄인들을 초대하여 회개하고 그 안에서 모두가 동등하게 하나님의 백성으로 영입되고 보좌에 동등하게 나아가는 교회의 교인들이 되게 해야 할 것이다. "유대인이나 헬라인이나 종이나 자주자나 남자나 여자 없이"(갈 3:28) 교회들이 생겨나야 할 것이다. 이러한 교회들은 집성체의 또는 다인종적 교회들로 불리울 수 있다. 유대가 긴밀한 사회들에서 이러한 사실은 개종자들이 하나씩 그들의 가족들을 떠나는, 아니 그보다는 떠날 수 밖에 없는, 그리하여 결과적으로 큰 성장을 위한 기회들이 막연한 것을 의미할 것이다. 유대가 긴밀하지 않은 사회들에서 개종자들은 추방당하지 않으며 괄목할 만한 성장이 발생할 수 있다. 결국 하나님께서는 이러한 종류의 교회성장을 축복해 오셨고 또한 계속해서 축복하신다. 그러나 전체 교회들의 제자화는 이런 식으로는 이루어지지 않는다.

제2궤도를 따라서 복음전도가 믿는 사람들을 그들 자신의 일가 친척, 즉 그들과 같은 종류의 백성으로 구성된 교회들로 이끌어오도록 추구해야 할 것이다. 인도의 경우에는 그들 자신의 카스트에 속하는 친구들로 이루어진 교회로 그들을 이끌어들여야 할 것이다. 이러한 사실은 다른 많은 배경들 출신의 개별적 개종자들을 통하여 성장을 이루어 온, 집합적인 교회들에서 양육되어 온, 기독교인들에게는 불가능한 것으로 들릴 수 있다.

형제애를 위하여 투쟁하는 사람들에게 동일 종류의 사람으로 구성된 교회들로 인도한다는 두 번째 궤도의 복음전도라는 개념 자체가 분리주의의 냄새를 느끼게 한다. 그 신학적 타당성이 의문시된다. 성직자들은 과연 이 두 번째 궤도가 정말로 기독교적인지를 의심한다. 하지만 하나의 동질적 단위를 통한, 사회의 한 구성 단위를 통한 교회들의 급속한 성장이 하나님께서 풍성하게 축복해 주신 성장의 한 방식이라는 것이 기억된다면 의문은 해소될 것이다. 여러 시대에 걸쳐서 남녀들이 그리스도를 위하여 비기독교적 신앙들과 결별하였을 때 **그들 대부분은 두 번째 궤도를 따라 복음에로 들어왔다.** 하나님께서는 첫 번째 궤도를 축복하신다. 과제는 그리스도에 이르는 이들 두 방법들 가운데 어느 하나를 공격하는 것이라기보다 그 두 방법을 이해하고 사용하는 것이다.

그러나 한 가지 의문이 제기된다. 성경은 "불리움을 받은 자는 많으나 선택된 자는 소수라고 말씀하지 않는가? 전 인류가 복음을 듣고 믿어 구원을 받게 되리라고 가정할 무슨 성경적 근거라도 있는가? 우리는 인간의 모든 단위들, 경이로운 모자이크의 모든 조각을 제자화하기 위하여 수고해야 하는가? 이러한 질문들은 당연하고 또한 답변되어야만 한다.

성경은 그리스도께서 모든 인류의 주님이시라고 가르친다. 따라서 기독교인들은 그렇게 믿어야 한다(마 28:19, 눅 24:47, 요 1:29, 3:16, 롬 16:26, 고후 4:15, 빌 2:9-11, 계 5:9,10, 7:9 기타 여러 귀절들을 보라). 복합적인 모자이크의 모든 조각을 통하여 예수 그리스도께서는 하나님 아버지의 영광을 위한 주님으로 인정될 것이다. 모든 지파, 언어, 민족과 국가, 모든 계층과 경제적 단위, 농촌과 도시의 모든 공동체가 그를 통하여 자신의 참된 성취를 이룩할 것이다.

하지만 성경은 이 모든 일들이 주님께서 재림하시기 전에 일어나리라는 개념을 지워하지는 않는다. 오히려 그가 재림하시기 전에 좋은 소식에 대한 심한 거절과 하나님에 대한 극심한 반역이 예상된다. 그러나 성경의 어떤 내용도 인간 역사가 지속되는 동안에는 유럽과 북아메리카에서 수억의 사람들이 구원받은 사람들 가운데 있을 것이고 다른 대륙들에서는 인간의 한 작은 한 지류(그리고 매우 소수의 인종 단위들 출신의 사람들)만이 구세주를 영접할 것이라는 기이한 인종차별적 개념을 지지하지 않는다. 타당한 입장은 모자이크의 매조각 가운데서 믿음을 소유할 정확한 부분이 의로우신 재판관의 손에 안전하게 맡겨지리라는 것이다. 그 동안에 모든 기독교인의 의무는 예수 그리스도를 하나님이요, 유일한 구세주로서 열성적으로 전파하고 남자와 여자들을 설득하여 그의 제자들 및 그의 교회의 책임있는 일원들이 되도록 하는 것이다. 우리는 하나님께서 정하신 시기에 모든 사람이 그에게 무릎을 꿇고 모든 혀가 신앙을 고백하리라는 것을 신뢰해야 한다.

우리가 기술공학, 과학, 우주여행, 공중의 건강, 형제애의 일시적 승리를 기뻐하듯이 우리는 복음의 영원한 승리를 기뻐한다. 우리는 부끄러움이 없는 승리자들이다. 과오는 진리 앞에 무릎을 꿇게 되리라는 것을 우리는 믿는다. 잔악함은 친절함 앞에 무릎을 꿇을 것이다. 하나님과 인간에 대한 거짓되고 불충분한 관념들은 하나님께서 성경과 우리의 구세주인 그의 아들을 통하여 모든 인류에게 주시기를 기뻐하신 계시 앞에서 물러날 것이다.

이러한 사실은 다원화된 세계의 풍부한 문화적 다양성이 사라지고 우둔한 획일성으로 대체된다는 것을 의미할 것인가? 결코 그렇지 않다. 성경은 이 점에 대하여 매우 분명하다. 선한 것은 어떠한 것도 유실되지 않을 것이다. 세상의 모든 보석들이 그 도성(都城)의 기초를 장식할 것이다. 모든 영광, 모든 영예, 모든 참된 것과 아름다운 것이 존속할 것이다. 말씀에 귀를 기울여 보라. 그것은 직접적으로 다원적 세계에 대하여 말해 준다. 다음과 같은 것이 다원적 세계에 있어서 그리스도의 주권이 의미하는 것이다.

"성안에 성전을 내가 보지 못하였으니 이는 주 하나님 곧 전능하신 이와 및 어린 양이 그 성전이심이라. 그 성은 해나 달의 비췸이 쓸데 없으니 이는 하나님의 영광이 비취고 어린 양이 그 등이 되심이라. 만국이 그 빛 가운데로 다니고 땅의 왕들이 자기 영광을 가지고 그리로 들어오리라. 성문들을 낮에 도무지 닫지 아니하리니 거기는 밤이 없음이라. 사람들이 만국의 영광과 존귀를 가지고 그리로 들어오겠고 무엇이든지 속된 것이나 가증한 일 또는 거짓말하는 자는 결코 그리로 들어오지 못하되 오직 어린 양의 생명책에 기록된 자들 뿐이라(계 21 : 22-27).

그리스도께서는 다원적 사회에서 주님이 되실 것이다. 사회의 모든 단위 가운데서 그의 뜻이 이루어질 것이다. 그의 뜻은 무엇이 영광스럽고 영예스러운가에 대하여, 무엇이 불결하고 거짓되며 가증스러운가에 대하여 최종적인 말씀이 될 것이다. 결과적으로 완전한 아름다움, 완전한 정의, 완전한 평화, 완전한 진리가 모든 문화의 매단면을 영원한 영광으로 빛나게 할 것이다.

모든 계획에는 그것이 끊임없는 교회증가를 이룰 수 있기 위하여 계속적인 수정이 요구된다. 한 교단이 수십만명이 사는 도시로 성장할 수 있는 교외지역에 첫 교회를 시작하게 되는 초기에 수행되어야 하는 것은 그곳에 많은 교단들에 속한 20개의 교회들이 있는 30년 후에 수행될 필요가 있는 것과는 매우 다르다. 첫 번째 계획은 주로 새로운 기회들에 적합하도록 수정되어야만 한다. 선교사(그는 유럽인일 수도 있겠으나 또한 아시아인이나 아프리카인일 수도 있다.)와 소수의 토착민들이 교회와 선교회 모두를 구성하는 매우 초창기에 수행되어야 하는 것은 복음에 수용적인 주민의 절반을 차지하는 교회가 설립되고 주된 과제가 인근 위주의 복음전도인 때 과감한 계획이 수반해야 하는 것과는 매우 다르다.

몇몇 구체적인 계획들의 검토

이 책에서 설명한 대다수의 교회성장 사례들은 과감한 계획의 결과였다. 만일 제1장에서 언급한 여덟 개 사례들의 하나하나를 분석해 보면 교회들을 개척하려는 신중한 노력이 파악될 것이다. 일본 점령시 필리핀인들 가운데서 행한 디아(Dia)씨의 교회개척은 과감한 계획의 아름다운 실예이다. 이와 반대되는 경우들을 생각해 보도록 하자. 당시는 전시였고 애국적인 필리핀 사람 누구에게나 있어서 행할 수 있는 가장 안전한 것은 가만히 때를 기다리는 것이었다. 디아씨는 산악지대의 교회들에 필요한 것은 목양을 하고 성경을 가르치고 조용하게 결핍을 당하는 남녀들을 섬기고 일본인을 격퇴하기 위한 애국적 노력을 하거나 또는 다만 기독교인으로 가만히 있는 것이라고 주장할 수 있었을 것이다. 이러한 어려운 상황들에 있어서 기독교인으로 머물러 있는 것만으로도 충분하였다. 기존 세계의 교회들을 규모에 있어서 4배로 늘리고 많은 국외자들을 복음주의 신앙에로 인도하고 부모들, 친척들, 천주교 사제들에 항거하게 함으로 자신에게 주의를 환기시킬 이유가 있었겠는가? 일본인들이 멀지 않은 곳에 있었다. 이러한 손쉬운 합리화 대신에 디아씨는 교회배가를 위한 적극적 계획을 작성하고 실시하였다.

옹골로 지방 마디가족들 가운데서의 괄목할 만한 교회증가는 "대화"로 인한 것이거나 "섬기는 교회"의 수적인 증가로 인한 것은 아니었다. 그것은 저절로 이루어지지 않았다. 존 클라우(John Clough)가 상류 카스트들에 대한 무익한 복음전도로부터 돌아서서 복음에 수용적인 마디가족들에게 돌아선 순간부터 향후 10년간 매달을 통하여 과감한 계획이 수행된 증거가 뚜렷하다. 그는 자기의 계획에 의하여 얽매이지 않았다. 그는 그 계획을 환경에 맞게 변화시켰다. 그러나 모든 환경은 교회개척에 크게 이용되었다. 비기독교인 마디가 부족들을 운하를 파는 공사에 고용한 것은 기독교인들의 친척들을 기아상태로부터 구원하기 위한 인도적 행동으로 시작되었다. 그러나 클라우는 이들 사람들이 기독교 예배에 기쁘게 참여하고 잘 배우는 것을 보았을 때 그는 그들의 관심사를 자기의 계획에 도입하였다. 즉 처음에는 그가 그들에게 임금을 지불하는 한 그들에게 세례를 베풀지 말자는 것이었고 두 번째는 기근이 끝났을 때 그들의 마을들과 동족의 성원들을 복음화한다는 것이었다. 3천 명이 사흘에 걸쳐 침례를 받게 되는 행사조차도 그 계획의 일부였다. 즉 아직도 복음을 믿지 않는 무리들에게 복음을 선포하려는 극적인 방법이었다. 이같이 하였으니 1년에 1만 명이 주님에게로 돌아왔다고 하여 별 놀랄 일은 아니었다.

그러므로 우리가 제1장에 열거된 사례들을 살펴 볼 때 만일 우리가 매 사례를 상세하게 보고하였다면 이 계획의 규모와 의식적인 의도가 함양되리라는 것을 자신있게 지적할 수 있을 것이다.

교회성장을 위한 현대의 계획들

현재 이루어지는 교회성장을 위한 현대의 계획들은 선교의 역할을 이해하고자 원하는 모든 사람들에게 주는 교훈으로 충만하다. 이 계획들은 각각 다른 주민들, 선교회들, 교회들에 적합하도록 되어 있다. 모든 곳에 교회를 개척하는 데 있어서 규범적인 계획이라고 하여 제시된 것은 하나도 없다. 각 계획들은 한 교회 또는 선교회가 특정한 동질적 단위에 직면하여 특정한 정도의 복음에 대한 수용성을 보일 때 어떻게 복음을 선포해야 하는가를 제시한다. 모든 계획들은 한 가지 점에서 일치한다. 즉 그 계획들은 매우 교회성장에 초점을 맞추고 있다는 사실이다. 그 계획들은 교회가 없는 주거지역들에 교회를 배가시키는 것을 의도한다. 그 계획들의 목표는 많은 교회들을 설립하는 것이고 각 계획들은 그 목표에 도달하고 있다.

필리핀인들 가운데서의 과감한 계획

필라델피아에 본부를 두고 있는 선교회인 침례교 세계 복음전도협회(The Association of Baptists for World Evangelism)는 1927년 필리핀에서 사역을 시작하였고, 1962년에는 1만 2천 명의 성실한 교인들로 구성된 215개의 교회들을 이룩하였다. 처음에 이 협회는 새로운 교회 목사들에게 상당액을 지원하였다. 그러나 제2차 세계대전 이후 그 협회는 지원금을 제공하지 않았다. 그 분명한 목적은 토착 교회들을 세우는 것이었다. 그리고 이러한 목적을 추진하기 위한 계획은 다음과 같다.

현존하는 교회들과 현지 선교사들과 긴밀하게 협조하는 신학 훈련학교가 그 계획의 핵심이다. 이 과정은 전형적인 사례를 추적해 봄으로써 가장 잘 파악될 수 있다. 주변의 많은 읍들에 대하여 상세한 지식을 지니고 있는 현지 선교사가 새로운 교회를 어디서 시작할 것인가에 대하여 학교의 목회지원 부서와 협의한다. 이러한 목적을 향한 첫 번째 단계로 신학생들에게는 특정한 읍 또는 한 읍의 특정 구역에서 교회학교를 시작하여 발전시킬 것이 할당된다. 다시 말해서 성경을 정기적으로 공부하고 함께 노래하며 기도하고 또한 초보적인 교회로 기능하기를 원하는 복음전도자들과 거기에 동조하는 자들이 모인다.

때가 되면 교회학교 공동체가 선교사를 초청하여 캠페인을 벌이게 한다. 필리핀인 복음전도자, 학생 전도사들, 선교사가 함께 팀을 구성하여 막사에 거하면서 6주 내지 2주간의 강도높은 복음전도 캠페인을 벌인다. 이 때에는 집회에 대한 사람들의 관심을 끌기 위하여 모든 수단들을 사용한다. 확보된 개종자들은 교회학교 공동체에 귀속된다. 이 교회학교 공동체는 점진적으로 새로운 교회가 되고 학생 전도사의 지휘 아래 발전해 간다. 교회는 이 학생 전도사의 학교를 다니는 왕복 교통비와 최소한 15페소의 학비를 감당한다. 학생 전도사는 보다 많은 시간을 교회에 바친다. 그리하여 새로운 교회가 개척된다.

모든 시도가 다 성공적인 것은 아니다. 어떤 학생들은 다른 학생들보다 더 많은 재능을 지니고 있다. 어떤 새로운 개종자들은 자신들의 동료들을 끌어들이는 데 있어서 다른 사람들보다 잠재력이 더 높다. 충분한 개척들은 교회들의 지속적 발생이 원활하게 이루어지고 교회개척과 발전을 통하여 신학교 학생들이 끊임없이 훈련되도록 하기 위하여 존립하고 성장한다.

현지 선교사는 여러 주간 동안의 연례적인 복음전도 캠페인으로 각각의 새로운 교회를 돕는다. 새로운 교회학교들은 신학교에서 배출되는 졸업생들의 수효에 약간 앞서는 비율로 개척된다. 한 학생이 졸업할 때 그는 대체로 교회를 섬겨 달라는 청을 몇 군데에서 받는다.

매12월에는 방학을 이용하여 모든 교회들의 젊은이들을 위한 대회가 개최된다. 새로운 교회들 출신의 어떤 청년들은 훌타임 성직활동에로의 부름에 응답한다. 그리하여 이러한 교회들이 시작된 1,2년 내에 새로운 교회들은 학생들을 학교에 보낸다. 즉 새로운 개종자들이 장래의 목회자로 변화된다. 청년대회는 참석한 모든 사람의 영적 생활을 심화시키는 한편, 특별히 미래의 교회개척자들을 모집하는 것을 목표로 한다.

1학년 학생들에게는 사역의 기회가 부여되지 않는다. 그들의 부모들과 개체 교회들이 그들의 등록금, 숙식비를 책임지도록 권장한다. 2,3학년 학생들은 선교 분야에 근로장학금을 신청할 수 있다. 새로운 작은 교회들로부터의 수입 또한 이 교회들에서 일하는 학생들을 위하여 이용된다. 새로운 교회가 더욱 크게 성장할수록 그 교회는 그 학생 전도사에게 더 많은 생활비를 지원할 수 있다.

이 계획은 선교회, 신학교, 교회들의 첫 번째 사업은 더 많은 교회들을 설립하는 것임을 가정한다. 만일 "신학교" 교수단이 주로 학문적인 우수성에 관심을 두거나 또는 "현장 실습"을 가난한 학생들의 수업을 계속하도록 기금을 얻는 수단으로 단순히 간주한다면 그 계획은 별 효력이 없을 것이다. 이 계획은 교수단의 모든 성원이 일차적으로 교회개척자이기 때문에 효과를 나타낸다. 청년대회를 맡고 있는 사람들은 참석자들 중에 가장 우수한 사람들을 교회를 개척하는 일에 헌신하도록 권유하는 것을 그들의 주된 과업으로 생각한다. 더우기 현장의 선교사는 사람들로 하여금 어쩌다가 우연히 기쁨으로 복음에 귀를 기울일 수 있게 하는 막연한 복음전도 또는 자선사업 또는 교육사업에 종사하지 않는다. 현장의 선교사는 주민들에게 복음전도를 한다. 그리고 그는 사람들이 그리스도를 영접하리라고 믿는다. 그리고 그 주민들로부터 새로운 교회들이 형성되기를 기대한다. 결국 이 계획은 가급적이면 여러 섬들에 있는 많은 읍들과 도시들에 교회를 개척하고자 의도하며 또한 그 성공을 어떤 교단 또는 선교회가 그 특별한 목표에 기여하는 정도에 의하여 측정한다.

초코시(Chokosi) 계획

제17장에 소개된 바, 가나의 초코시 부족 가운데서 교회를 개척하는 일에 대한 크라스(A.C. Krass) 목사의 계획은 현대의 상황에 잘 어울린다. 이 계획의 과감성을 제대로 알기 위해서는 이러한 환경들에 직면한 많은 선교사들이 어떻게 행하였을 것인가를 상상하기만 하면 된다. 모슬렘들이 사는 체레포니 읍에는 교육받은 기독교인들로 구성된 한 작은 교회가 있었다. 이 교회는 가끔씩 초코시 부족들이 사는 촌락에 전도를 하였다. 토착적 교회로 더불어 시작을 하여 기독교인들과 더불어 일하고 기도하며, 교회와 선교회는 도움을 주는 곳이라는 인상을 제공하며 이웃의 모스렘들을 대상으로 문맹 퇴치운동, 개인전도, 문헌 판매를 하는 데 많은 시간을 할애하며, 이슬람교 율법학자와 그 종교를 토론하며, 일기가 좋을 때는

초코시 부락들을 관광하며, 말라리아, 파리의 생태, 그리스도의 생애에 대한 슬라이드를 보여 주며, 초코시 부족 청년들에게 배구를 가르쳐 주는 등 이러한 식으로 출발하는 것이 얼마나 자연스러운가! 이러한 다양한 프로그램을 통하여 우리는 사람들이 주님께 돌아올 것을 기대할 수 있을 것이다. 그러나 그러한 것은 초코시 부족처럼 곤란하고 저항적인 사람들에게는 거의 기대할 수 없는 일이었다.

크라스씨는 이러한 일반적인 선한 사업 대신에, 읍의 교회는 초코시 부족들을 제자로 만들기에는 문화적으로 그들로부터 너무나 거리가 멀다는 결론을 내리고 그 영적 돌봄을 위한 준비를 제공하고, 그런 다음 초코시 부락들에 있어서 교회들을 배가시키기 위한 완벽한 계획을 마련하는 일에 전력을 투입하였다. 그는 3년 동안 이 계획에 매달렸고 부락들이 기독교화하는 매번마다 계획을 수정하였고, 그의 복음전도 팀을 재구성하여 비기독교 부락들로 파송하였다. 그 결과로 그는 1967년 만3년 만에 교인 약 800명에 달하는 여러 교회들을 소유하였다. 그는 얻은 경험에 의거하여 약 10년 정도가 되면 2만 2천 명의 전체 초코시 "민족"이 제자화될 때까지 자신의 계획에 의거하여 일하기로 하였다.

교회가 성장하지 않는 지역들의 선교사들은 크라스씨가 지녔던 사명을 가지고 체레포니로 파송되었던 많은 선교사들이 어떤 교회도 성장하는 모습을 보지 못하고 3년 만에 되돌아갔다는 사실을 생각해 보는 것이 좋을 것이다. 정말로 저항적인 주민들 가운데서는 교회가 성장하지 않음도 사실이다. 그러나 이러한 사실이 납득할 만하고 충분한 교회성장 계획의 결과로 인하여 추수할 밭에서 빈 손으로 돌아서는 일반적인 관행과 혼돈되지 말아야 한다.

시바브(Sevav) 계획

나이제리아는 사람들을 기독교 신앙으로 인도하기 위한 효율적인 계획과 이러한 계획이 결여된 찬란한 선교사업이 두드러진 대조를 보인 곳이다. 관련 선교회는 그 미국 본부를 미시건주 그랜드 래피즈에 두고 있는 크리스천 개혁교회(The Christian Reformed)이다. 아메리카 개혁교회는 칼빈주의 전통을 따르는 건전한 보수주의 교단으로 19세기에 네덜란드 개혁교회 이민들의 후손들로 주로 구성된 작은 교단이다. 남아프리카, 네덜란드 개혁교회 나이제리아 선교회가 남아프리카 연방의 인종차별 정책의 결과로 적대감을 경험하기 시작하자 미시건의 크리스천 개혁교회가 임무를 인계받았다. 나이제리아의 선교대상은 티브 부족으로 나이제리아 중앙에 약 1백만 명이 거주하고 있었다. 네덜란드 개혁교회의 선교학교들과 고된 3년간의 세례예비자 교육을 거친 티브 부족들로 구성된, 안정권에 돌입한 나이제리아 교회는 1956년에 2천 명의 교인을 소유하고 있었다.

시바브에서 유진 루빙그(Eugene Rubingh) 목사는 대부분의 사람들이 학교라는 루트를 경유하여 한 사람씩 그리스도에게로 나아왔기 때문에 대부분의 기독교인들이 선교부가 있는 중심부에 집중되어 있고 나머지 사람들은 여러 지역에 흩어져 있었다. 그는 이파벤(ipaven)이라고 불리우는 부족의 최소 단위가 있는데 이는 각각 20명 정도를 성원으로 하는 10개의 복합체(초옥)로 구성된 확대 가족이라는 사실을 발견하였다. 그가 부락들을 방문하였을 때 그는 선교부 영역 밖에서는 기독교인들이 분산되어 있는 이파벤 가운데서 고립된 존재들이라는 사실을 알았다. 8 또는 10의 복합체들이 생활하는 200명 정도의 특정 단위(이파벤) 안에 한 사람의 기독교인이 있는 정도였다. 또한 몇 개의 인접해 있는 이파벤들 가운데 기독교인들이 전혀 없고 몇 마일 떨어진 곳에서야 다른 기독교인들이 발견될 정도였다.

그는 부락들에 대한 복음전도 여행을 겸비한 학교를 통한 접근방식(낡은 선교 활동방법)이 여기저기 간헐적인 기독교인을 만들어 내기는 하나 광범위한 나머지 가족에게 그리스도를 위하여 결단할 진정한 기회는 제공하지 못한다고 결론을 내렸다. 한 명의 기독교인이 그가 속한 이파벤의 나머지를 복음화하리라는 이론은 실효를 나타내지 못하였는데 이는 아마도 기독교인이 되는 데는 오랜 동안의 학업 또는 장기적인 세례 예비교육을 받아야 했기 때문이었던 것 같았다. 사람들은 이 교훈을 위하여 정해진 센터로 정기적으로 나가야 했었다. 대부분의 부락민들은 새로운 종교에 관하여 듣는 데 많은 노력을 기울이거나 또는 많은 시간을 투입하려 하지 않았다.

이같은 상황 파악을 한 후에 그는 시바브 계획이라고 불리우는 의욕적이고 과감한 복음전도 방식을 고안하였다. 그는 하나의 이파벤을 선정하고 추장을 방문하여 12주 동안 매주 하루씩 정한 날에 10명의 기독교인들로 이루어진 한 팀이 그 이파벤을 방문할 것을 약속하였다. 그들 기독교인들은 한 명씩 각 초옥을 찾아가 사람들을 모아 놓고 잘 계획된 세 시간짜리 수업을 수행하기로 하였다. 프로그램은 흥미롭게 교리 위주로 이루어졌고 많은 노래와 복습이 중간중간 삽입되었다. 각 이파벤에 속한 사람들에게 12주 동안 수행된 교육내용은 인간의 타락, 하나님의 구원 계획, 구세주의 탄생, 병자를 치유하고 악마를 내쫓은 그의 능력의 사역, 그의 희생적인 죽음, 그의 부활이었다. 수업이 완료될 무렵에는 모든 사람들이 추장의 초옥에서 열리는 대담장에 초대되었다. 그리고 그들에게는 그리스도에 대한 선언을 하고 세례예비자들이 될 기회들이 주어졌다. 이파벤의 성인들 중 약 20%가 그리스도에 대한 결단을 하였다. 그들이 교육을 받겠다는 약속이 이루어졌다. 1년 뒤에 이들은 여전히 충실한 학습자들로 머물렀다.

이 계획은 문맹자에게는 세례를 주지 않았고 일부다처주의자에게는 세례교육조차 베풀지 않았던 티브교회의 엄격한 법칙들과 이전의 패턴으로 인하여 어려움을 겪었다. 그럼에도 불구하고 서로 혈연관계가 있는 열 개의 초옥으로 이루어진 한 이파벤으로부터 긴밀한 혈연관계를 지닌 20명의 개인들이 기독교인들이 되기로 결심하였고, 세례 예비교육을 정기적으로 받았다는 사실은 대단히 의미심장하다. 세례를 받은 후에 그들은 그 이파벤 안에 교회를 결성하였다. 루빙그 목사는 자선사업 위주의 선교사업에서 교회개척을 위한 과감한 계획으로 방향을 전환하였다.

크라스 목사의 계획에는 몇 가지의 이점이 있다. 그것은 부락 내의 상당 부분의 사람들을 그리스도에게로 인도하며 보다 강력하고 응집력있는 교회를 창조한다. 그러나 크리스천 개혁교회는 교리적인 근거로 인하여 아니면 그들이 티브교회에 결부되고자 한 것 때문에 시바브 계획에 운명을 걸었을 수도 있다. 나는 어느 한 면을 두둔할 의향은 없다. 다만 두 가지 모두 교회를 개척하기 위한 용기있는 계획들이라는 평가를 받아 마땅하다는 사실을 지적하고 싶다.

중심과제

교회지도자들과 선교사들은 선교를 오로지 이런저런 종류의 자선사업의 견지에서 생각하고 현존하는 교회들 가운데 책임있는 개종자들을 병합시키고, 이러한 개종자들을 자연적인 사회 단위들 가운데서 배가시킨다는 견지에서 **중심과제**를 생각하려고 하는 관습을 중단하는 것이 세계복음화를 위하여 급선무이다. 그 목표는 지상의 모든 민족, 모든 동질적인 단위 가운데 건전한 교회들을 증가시키는 것이다. 중심과제는 아직 믿지 않는 수십억 인구에게 복음을 전달하는 것이다. 성과의 정도는 하나님의 말씀 아래 그의 교회에 모여 그를 찬양하고 그의 사역을 수행하는 그리스도의 제자들의 몇 사람이냐에 의해 측정된다. 이러한 중심과제를 수행하기 위하여 의욕적이고 과감한 계획들이 수립될 수 있다. 남자들, 여자들, 돈, 기도, 희생을 드릴 수 있는 원천들이 할당될 수 있다. 지금이야말로 선교의 주된 목적에 초점을 맞추고 이 경건한 목적을 성취하고자 관리의 학문을 효율적으로 사용할 시기이다.

로마 가톨릭교회는 이 점에 대하여 분명하게 말해 왔다. 1964년에 세계 제 2차 바티칸 공의회는 복음전도를 "교회의 가장 위대하고 거룩한 사업"이라고 불렀다. 1975년에 교황 바오로 6세는 "전 세계의 모든 신자"에게 *Evangelii Nuntiandi*(현대 세계에 있어서 복음전도)라는 제하의 사목교서를 보냈다. 모든 기독교인들은 이 권위있는 성명서를 통하여 교훈을 받아야 할 것이다. 그는 다음과 같이 말한다.

> 복음의 제시는 교회가 해도 좋고 안해도 좋은 일은 아니다. 그것은 사람들로 믿어 구원을 받게 하라는 주 예수의 명령에 의하여 교회에 부여된 의무이다.…(8) 만일 모든 새로운 사람들의 첫 열매가 없다면 새로운 인간성은 없다. 그러므로 복음전도의 목적은 정확히 이러한 내면적 변화이다.… (16)

1979년에 요한 바오로 2세(John Paul Ⅱ)는 *Redemptor Hominis*(인간의 구속

자)에서 다음과 같이 선언하였다.

> 우리는 모두 이 선교에 동참해야만 하며 또한 우리의 모든 힘을 거기에 집중해야만 한다. 왜냐하면 선교가 현대 인류를 위하여 그 어느 때보다 필요하기 때문이다. [그는 기독교인들이] 그리스도를 세상에 소개하고 각 사람으로 하여금 그리스도 안에서 자신을 발견하도록 돕는 대사명에 의식적으로 참여할 것을…[촉구하였다].

무수한 개신교들이 세계복음화에 관하여 이와 동일한 강력한 입장을 견지한다. 선교운동의 결과로 매십 년을 단위로 볼 때 북아메리카에서만 3만 명의 선교사들이 파견된다. 아시아, 아프리카, 라틴 아메리카로부터 급속하게 확장되는 선교운동은 전 지구의 자유케 하는 군대인 선교사들에 수천명을 더하고 있다. 현재 아메리카와 다른 많은 국가들에서 강력한 교회성장 운동은 수천만의 명목상의 또는 변절한 기독교인들, 그리고 대부분의 현대 사회의 탁월한 부분을 차지하는 수십억의 세속주의자들, 마르크스주의자들, 휴머니스트, 쾌락주의자들, 그리고 이교도들의 개종을 강조한다.

이 모든 6대주에서 세계 복음전도-기독교 선교-가 훌륭하게 시작되고 있다. 교회는 세계 기독교 선교의 황혼기에 서 있지 않다. 오히려 선교운동은 아침 10시에 처하여 있다. 위대한 전진의 시대가 앞에 있다. 수많은 증인들과 평신도 복음전도자들이 하나님의 다리들을 건너서 어두움 가운데서 생활하는 수십억 인구에게 흘러갈 것이다. 이들 중에는 우리의 이웃들과 친척들도 있다. 미국 그리고 여타의 나라들에도 복음에 접하지 않은 사람들은 무수하다. 하나님께서는 그들 모두가 복음을 듣게 되기를 원하신다. 사도 바울은 로마서 끝절들에서 복음이 영원하신 하나님 자신의 명령에 의하여 계시되었는데 이는 바로 무수한 인간들(인종적 단위들)을 믿음의 복종에로 인도하고자 함이라고 선언한다. 그리스도께서 그의 제자들에게 전 세계로 나아가서 6대주에 있는 모든 족속-모든 계층들, 카스트들, 인류의 여타 부분들을 제자로 삼으라고 명령하신다.

하나님의 이 단호하신 목적을 수행할 의욕적이고 과감한 계획들이 요구된다. 성령께서는 교회에 이 중심과제를 강요하시고 기독교인들이 어떤 계획들, 자원의 할당, 하나님에 대한 간구를 행하기를 원하시는가 하는 것을 계시하신다. 교회성장에 대한 이해는 이 그리스도의 명분에 대한 복종적 응답으로 시작하며 성장에 영향을 미치는 많은 요소들에 대한 지각있는 분별을 통하여 계속되며 기독교인들이 많은 추수단을 들고 나아와 그들의 주님께서 "잘 하였도다. 착하고 충성된 종아"라고 말씀하시는 것을 들으며 맛보는 큰 기쁨으로 끝난다.

에필로그

이제 교회는 정체되어 있을 뿐만 아니라 쇠퇴 중이라는 확신을 우리에게 심어 주는 패배주의적 태도를 포기하도록 하자. 비기독교적 사유의 몇 가지 측면들을 좀 낫게 변화시키는 것으로 만족해 버리는 태도를 포기하도록 하자. 우리의 비전을 가로막고 기독교적 기초로부터 발생하는 도덕성과 타인들을 위한 관심은 비기독교적인 기초로부터도 마찬가지로 잘 발생할 수 있다는 신념을 우리에게 불어 넣는 간계들을 쓸어 버리도록 하자.

우리가 세상에서 바라고 희망하는 모든 것은 하나님을 주님으로, 그리스도를 구세주로, 성령을 신실한 안내자로 인정하는 사람들로부터만이 온다는 것을 깨닫도록 하자.

우리가 그리스도를 선포하는 일에 복종하는 정도 만큼 세상은 그를 신앙하는 일에 개방적으로 된다는 사실을 직시하도록 하자. 교회는 힘있게 앞으로 전진할 수 있다. 교회가 그렇게 하는 것이 하나님의 뜻이다. 우리가 마음과 뜻과 정성을 다하여 땅의 이 끝에서 저 끝까지 교회를 배가하는 일에 자신을 헌신할 때 그의 능력은 우리를 축복하실 것이다.

너희 젊은이는 환상을 보겠고
너희 늙은이는 꿈을 꾸리라.

세계 사람들이 그리스도를 따를 때 있어질 세계를 그려 보라. 그리스도 안에서 참된 형제애가 발견될 하나님 중심의 민족들의 공동체를 꿈꾸어 보라.

"꿈에 불과하다고? 그러나 그것은 하나님의 꿈이다!"
고 어느 시인은 외친다.

"추수기가 되었으니… 세상으로 가라!"
고 주님은 말씀하신다.

"내가 누구를 보내며 누가 우리를 위하여 갈꼬?"

선교가 어떤 것이 되어야 하는가에 대한 새로운 비전이 우리 앞에 열려 있다. 제자화하고 일하며 예배하는 세계의 비전이 우리의 눈 앞에 나타나고 있다.
  오, 주님! 우리로 하여금 당신의 꿈에 신실하고 당신의 명령을 우리의 삶의 활동법칙으로 삼게 하소서.

참고문헌

ALLEN, Roland
    1962 *Mission Methods: St. Paul's or Ours?* Grand Rapids, Eerdmans. (First published 1912, London, World Dominion).

ANDERSON, Gerald H. (Ed.)
    1961 *The Theology of Christian Mission*. New York and London, McGraw-Hill.

ANDERSON, Rufus
    1967 "The Value of Native Churches," pp. 107-119 in R. Pierce Beaver, *To Advance the Gospel*. Grand Rapids, Eerdmans. (Chapter VIII of *Foreign Missions: Their Relations and Claims*, New York, Scribner, 1869).

ARN, Winfield and McGAVRAN, Donald
    1973 *How to Grow a Church*. Glendale, Regal Books.
    1977 *Ten Steps to Church Growth*. New York, Harper & Row.

BARRETT, David B.
    1975 *Kenya Churches Handbook*. Kenya, Evangelical Publishing House.

BEAVER, R. Pierce
    1967 *To Advance the Gospel: Selections From the Writings of Rufus Anderson*. Grand Rapids, Eerdmans.

BOALS, Barbara M.
    1961 *The Church in the Kond Hills — An Encounter with Animism*. Nagpur, National Christian Council of India.

BOLTON, Robert
    1977 "Gathering a People in Taiwan" in *Church Growth Bulletin*.

CASTILLO, Met
    1979 "Alliance Plants 339 Churches" in *Mindanao Church Growth Bulletin*, September 1979.

CHURCH GROWTH BULLETIN
    1964- Edited by McGavran, Wagner, and Montgomery. Bimonthly. From Box 66,

BIBLIOGRAPHY

    Santa Clara, CA 95052. Consolidated Five Year Volumes: 1964-69, 1969-75, 1975-80 from William Carey Library, Pasadena, CA 91104.

CLOUGH, John E.
    1915 *Social Christianity in the Orient: The Story of a Man, a Mission, and a Movement.* Philadelphia, American Baptist Publication Society.

COXILL, H. Wakelin, and GRUBB, Kenneth (Eds.)
    1968 *World Christian Handbook.* London, Lutterworth.

CULLMANN, Oscar
    1961 "Eschatology and Missions in the New Testament" (An essay in Anderson, Gerald H.).

D'ANTONIO, William V. and PIKE, Frederick B. (Eds.)
    1964 *Religion, Revolution, and Reform: New Forces for Change in Latin America.* New York, Praeger (Chapter 5, "Protestantism and Culture Change" by Emilio Willems).

DASENT, G. W.
    1960 *The Story of Burnt Nyal.* London, Dent & Sons; New York, E. P. Dutton. First published 1861.

DAVIS, John Merle
    1943 *How the Church Grows in Brazil.* New York, London, Dept. of Social & Economic Research and Counsel, International Missionary Council.

DILWORTH, Donald
    1967 "Historical, Ethnological, and Sociological Factors in the Evangelization of the Quechuas of Ecuador." A Master of Arts Thesis in the School of Missions and Institute of Church Growth, Fuller Theological Seminary, Pasadena.

DRUMMOND, Richard H.
    1961 "Hendrik Kraemer in Japan," *International Review of Missions*, pp. 453-459.

ELKIN, A. P.
    1937 "The Reaction of Primitive Races to the White Man's Culture: A Study in Culture Contact," *Hibbert Journal*, July 1937, XXXV, 4, pp. 537-545.

FILSON, Floyd V.
    1919 "House Churches," in the *Journal of Biblical Literature*, Vol. 58, pp. 105-112.

FREND, W. H. C.
    1952 *The Donatist Church.* Oxford, Oxford University.

GAMALIEL, James Canjanam
    1967 "The Church in Kerala: A People Movement Study." A Master of Arts Thesis in the School of Missions and Institute of Church Growth, Fuller Theological Seminary, Pasadena.

GERBER, Vergil
    1973 *God's Way to Keep a Church Going and Growing.* Pasadena, William Carey Library.

GLASSER, Arthur F.
    1976 "An Introduction to the Church Growth Perspective of Donald Anderson McGavran" in *Theological Perspectives on Church Growth*, ed. H. M. Conn, Den Dulk Foundation.

GOFORTH, Jonathan
    1943 *When the Spirit's Fire Swept Korea.* Grand Rapids, Zondervan.

GRAHAM, Billy
    1975 "Why Lausanne?" in *Let The Earth Hear His Voice.* Minneapolis, World Wide Publications.

BIBLIOGRAPHY

GREENWAY, Roger
  1971 *Urban Strategy for Latin America*. Grand Rapids, Baker.
  1978 *Apostles to the City*. Grand Rapids, Baker.
GRIMLEY, John B., and ROBINSON, Gordon E.
  1966 *Church Growth in Central and Southern Nigeria*. Grand Rapids, Eerdmans.

HAINES, J. Harry
  1966 *The Chinese of the Diaspora*. London, Edinburgh House.
HAMILTON, Keith E.
  1963 *Church Growth in the High Andes*. Lucknow, Lucknow Publishing House.
HAVIGHURST, Robert J., and MOREIRA, J. Roberto
  1964 *Society and Education in Brazil*. Pittsburgh, University of Pittsburgh.
HOEKENDIJK, J. C.
  1963 "The Call to Evangelism." Occasional Papers, WCC, Geneva.
HOEKSTRA, Harvey
  1979 *The World Council of Churches and the Demise of Evangelism*. Wheaton, Tyndale House.
HUMPHREY, Hubert H.
  1967 "Partnership With the Poor," *Los Angeles Times*, August 8, 1967.
HUNTER, George G.
  1979 *The Contagious Congregation*. Nashville, Abingdon.
  1979 *Finding the Way Forward*. Nashville, Discipleship Resources.
  1980 *Church Growth: Strategies That Work*. Co-authored with Donald McGavran. Nashville, Abingdon.

IGLEHART, Charles
  1957 *Cross and Crisis in Japan*. New York, Friendship.
INTERNATIONAL CONGRESS ON WORLD EVANGELIZATION.
  1975 *Let the Earth Hear His Voice*. Minneapolis, World Wide Publications.

JACQUET, Constant H. (Ed.)
  1967 *Yearbook of American Churches*. New York, National Council of the Churches of Christ.
JOHN PAUL II
  1978 *Redemptor Hominis*. Rome, Libreria Editrice Vaticana.

KESSLER, J. B. A.
  1967 *A Study of the Older Protestant Missions and Churches in Peru and Chile, with Special Reference to the Problems of Division Nationalism and Native Ministry*. Goes, Netherlands, Oosterbaan & Le Cointre, N.V.
KING, Louis L.
  1979 "A Rising Tide of Expectation," *Church Growth Bulletin*, September Issue, Santa Clara, CA.
KITCHEN, L. Clayton
  1965 "Discussion on Evangelism," *Occasional Papers*. Division of Studies, World Council of Churches, Geneva.
KRASS, A. C.
  1967 "A Case Study in Effective Evangelism in West Africa," *Church Growth Bulletin*, Vol. IV, No. 1, Pasadena.

LATOURETTE, Kenneth S.
  1936 *Missions Tomorrow*. New York, Harper.
  1938 *The Thousand Years of Uncertainty*. New York, Harper.

BIBLIOGRAPHY

LEHMANN, E. Arno
   1956 *It Began at Tranquebar*. Madras, The Christian Literature Society.

LEVAI, Blaise (Ed.)
   1957 *Revolution in Missions*. Vellore, South India, The Popular Press.

LOEWEN, Jacob
   1967 "The Christian Encounter with Culture," *World Vision*, Vol. 11, No. 1, Monrovia, CA.

MACNICOL, N.
   1948 *Hindu Scriptures*. London, J. M. Dent; New York, Dutton.

MALDONADO, Oscar
   1966 "Camillo Torres," *CIF Reports*, Vol. V, No. 6, Cuernavaca, Mexico, Center of Intercultural Formations.

MASIH, Samuel M.
   1964 "Civil Rights and the World Mission of the Church." Social Action Letter, February 1964, Indianapolis, United Christian Missionary Society.

McGAVRAN, Donald A.
   1955 *The Bridges of God*. London, World Dominion; New York, Friendship.
   1955 "The Church in a Revolutionary Age." St. Louis, Christian Board of Publication, mimeographed book.
   1956 "A Study of the Life and Growth of the Disciples of Christ in Puerto Rico." Indianapolis, United Christian Missionary Society, mimeographed book.
   1956 "Church Growth in West Utkul, Orissa, India." Indianapolis, United Christian Missionary Society, mimeographed book.
   1958 *Multiplying Churches in the Philippines*. Manila, United Church of Christ in the Philippines. Republished in 1980 by O. C. Ministries in the Philippines.
   1959 *How Churches Grow*. London, World Dominion; New York, Friendship.
   1962 *Church Growth in Jamaica*. Lucknow, Lucknow Publishing House.
   1963 *Church Growth in Mexico*. Grand Rapids, Eerdmans.
   1965-1976 *Church Growth and Christian Mission*. McGavran (Ed.). New York, Harper and Row. Pasadena, William Carey Library.
   1965 "Wrong Strategy: The Real Crisis in Missions," *International Review of Missions*, Vol. LIV, No. 216, Geneva.
   1966 "The Church Growth Point of View and Christian Mission," *The Journal of the Christian Brethren Research Fellowship*, October 1966, 60 Park Street, Bristol, England.
   1967 "Contemporary Arguments Against the Missionary Society." "What About Non-Muslim Resistant Peoples?" "The National Church and Resistant Peoples." *IFMA Study Papers*. Interdenominational Foreign Mission Association, Ridgefield Park, NJ.
   1967 "Kann Man Das Wachstum Der Kirche Planen?" *Das Word in Der Welt*, No. 1, 1967, Hamburg, Germany.
   1968 "Church Growth in Japan." *Japan Harvest*, Vol. 18, No. 1, Tokyo.
   1970 *Understanding Church Growth*. Grand Rapids, Eerdmans Publishing Company.
   1972 *Crucial Issues in Missions Tomorrow*. McGavran (Ed.). Chicago, Moody.
   1973 *How to Grow a Church*. With Winfield Arn. Glendale, Regal Books.
   1974 *The Clash Between Christianity and Cultures*. Grand Rapids, Baker.
   1976 *Church Growth and Group Conversion*. With J. W. Pickett. First printed 1956, Pasadena, William Carey Library.
   1977 *Ten Steps to Church Growth*. With Winfield Arn. New York, Harper and Row.
   1977 *Conciliar Evangelical Debate: The Crucial Documents 1964-1976*. Pasadena, William Carey Library.
   1979 *Zaire: Midday in Missions*. With Norman Riddle. Valley Forge, Judson Press.

BIBLIOGRAPHY

   1979 *Ethnic Realities and the Church: Lessons From India*. Pasadena, William Carey Library.
   1980 *Church Growth Strategies That Work*. Co-authored with G. G. Hunter. Nashville, Abingdon.

MONTGOMERY, James.
   1978 *Fire in the Philippines*. Wheaton, Creation House.

NEILL, Stephen
   1964 *A History of Christian Missions*. Baltimore, Penguin Books.

NORDYKE, Quentin
   1972 *Animistic Aymaras and Church Growth*. Newberg, Oregon, Barclay Press.

NOREN, Loren E.
   c. 1963 *Urban Church Growth in Hong Kong 1958-1962: Third Hong Kong Study*. 3 Lancashire Rd., Kowloon, Hong Kong, privately produced.

NOVAK, Michael
   1971 *The Rise of the Unmeltable Ethnics*. New York, Macmillan.

ORR, J. Edwin
   1949 *The Second Evangelical Awakening in Britain*. London, Marshall.
   1953 *The Second Evangelical Awakening in America*. London, Marshall.
   1964 *The Second Evangelical Awakening: An Account of the Second Worldwide Evangelical Revival Beginning in the Mid-Nineteenth Century*. Fort Washington, Christian Literature Crusade.
   1965 *The Light of the Nations: Evangelical Renewal and Advance in the Nineteenth Century*. Grand Rapids, Eerdmans.

PANIKKER, K. M.
   1963 *The Foundations of New India*. London, Allen and Unwin.

PICKETT, Jarrell Waskom
   1933 *Christian Mass Movements in India*. Lucknow, Lucknow Publishing House.
   1956 *Church Growth and Group Conversion*. Lucknow, Lucknow Publishing House.
   1960 *Christ's Way to India's Heart*. Lucknow, Lucknow Publishing House, Third Edition.

POPE PAUL VI
   1975 *On Evangelization in the Modern World*. Washington, U.S. Catholic Conference.

RADHAKRISHNAN, Sarvepalli, and MOORE, C. A. (Eds.)
   1957 A Source Book in Indian Philosophy. Princeton, Princeton University.

RAJU, S. P.
   c. 1965 *Are the CSI Churches Growing — A Study of Trends and Growth*. Madras, privately printed.

READ, William R.
   1965 *New Patterns of Church Growth in Brazil*. Grand Rapids, Eerdmans.

READ, Wm. R., MONTERROSO, Victor and JOHNSON, Harmon A.
   1969 *Latin American Church Growth*. Grand Rapids, Eerdmans.

REDFIELD, Robert
   1950 *The Village That Chose Progress*. Chicago, University of Chicago.

RETIF, Louis and Andre
   1962 *The Church's Mission in the World*. New York, Hawthorn Books.

RHODES, Harry A.
   1934 *History of the Korea Mission, Presbyterian Church U.S.A.* Vol. 1. Seoul, Korea, Chosen Mission of the Presbyterian Church U.S.A.

BIBLIOGRAPHY

WORLD-WIDE MISSION STATISTICS
- 1856 Newcomb, Harvey (Ed.), *A Cyclopedia of Missions — containing a comprehensive view of missionary operations throughout the world*. New York, Scribner.
- 1891 Bliss, Edward Munsell, *Encylopaedia of Missions*. Vols. I & II. New York, London, Funk and Wagnalls.
- 1901 Beach, Harlan Page, *A Geography and Atlas of Protestant Missions*. New York, Student Volunteer Movement. Two volumes.
- 1911 Dennis, James S., Beach, Harlan P., Fahs, Charles H. (Eds.), *World Atlas of Christian Missions*. New York, Student Volunteer Movement for Foreign Missions.
- 1925 Beach, Harlan P. and Fahs, Charles H. (Eds.), *World Missionary Atlas*. New York, Institute of Social and Religious Research.
- 1938 Parker, Joseph I. (Ed.), *Interpretive Statistical Survey of the World Mission of the Christian Church*. New York, London, International Missionary Council.
- 1949 Grubb, Kenneth and Bingle, E. J. (Eds.), *World Christian Handbook*. London, World Dominion.
- 1952 Grubb, Kenneth and Bingle, E. J. (Eds.), *World Christian Handbook*.
- 1957 Bingle, E. J. and Grubb, Kenneth (Eds.), *World Christian Handbook*.
- 1962 Coxill, H. Wakelin and Grubb, Kenneth (Eds.), *World Christian Handbook*.
- 1968 Coxill, H. Wakelin and Grubb, Kenneth (Eds.), *World Christian Handbook*.

WRIGHT, Morris
- 1961 "Survey and Growth Evaluation of the Japan Baptist Convention." Unpublished thesis at Southwestern Baptist Theological Seminary, Fort Worth.

YEARBOOK OF AMERICAN CHURCHES, Jacquet (Ed).

YEARBOOK OF CONVENTION OF CHURCHES
- 1940 and 1948 Indianapolis, IN, *The International Convention of Churches of Christ*.

저자소개

맥가브란 박사는 교회성장 연구의 대가이며, 교회성장의 중대성과 그 실천에 대한 예언자로 인정받고 있으며, 세계교회 성장을 위해 일생을 헌신하였다.
인도의 오지에서 복음을 전하는 선교사 생활을 한 행동가이다. 훌러신학교의 세계선교대학원 초대학장과 교회성장 재단의 교수를 역임, 은퇴한 지금도 패사디나에 있는 연구실에서 계속 연구 활동을 하고 있다.

역자소개

· 전재옥 박사
 이화여자대학교 영문학과, 영국 런던대학교 신학과, 미국 훌러신학교(선교신학박사), 파키스탄 선교사, 이화여자대학교 인문과학대학 기독교학과 선교신학교수
· 이요한 박사
 감리교신학대학교, 연세대 연합신학대학원, 중앙대 사회개발대학원, 미국 클레어몬트신학원(목회학박사), 미국 훌러신학원(철학박사), 한국세계선교연구소 소장
· 김종일 박사
 감리교신학대학교, 미국 아일리프신학교, 미국 훌러신학교 세계선교대학원(철학박사), 아세아연합신학대학교 교수

교회성장이해

초판발행 · 1987년 11월 30일
11쇄발행 · 2012년 9월 10일

저　　자 · 도날드 A. 맥가브란
역　　자 · 한국복음주의선교학회
발 행 인 · 채형욱
발 행 소 · 한국장로교출판사
주　　소 · 110-470 | 서울특별시 종로구 연지동 135
　　　　　한국교회100주년기념관(별관)
전　　화 · (02)741-4381 | (F)741-7886
홈페이지 · www.pckbook.co.kr
등록번호 · No. 1-84(1951. 8. 3.)

ISBN · 978-89-398-0305-3　　　　　　　Printed in Korea

값 30,000원